國家社科基金
GUOJIA SHEKE JIJIN HOUQI ZIZHU XIANGMU
後期資助項目

U0815349

班馬異同評

A Critique of the Differences and Similarities in the Works of Ban Gu and Sima Qian

〔宋〕倪思　編　〔元〕劉辰翁　評
王曉鵑　整理

陝西新華出版傳媒集團
陝 西 人 民 出 版 社

圖書在版編目（CIP）數據

班馬異同評 / 王曉鵑整理；（宋）倪思編；（元）
劉辰翁評. —西安：陝西人民出版社，2022.10
ISBN 978-7-224-14693-6

Ⅰ.①班… Ⅱ.①王… ②倪… ③劉… Ⅲ.①《史記》
—研究 ②《漢書》—研究 Ⅳ.①K204.2 ②K234.104.2

中國版本圖書館 CIP 數據核字(2022)第 179042 號

責任編輯：晏　藜
封面設計：蒲夢雅

班馬異同評

編　　者	〔宋〕倪　思
評　　者	〔元〕劉辰翁
整　　理	王曉鵑
出版發行	陝西新華出版傳媒集團　陝西人民出版社 （西安市北大街 147 號　郵編：710003）
印　　刷	陝西隆昌印刷有限公司
開　　本	787 毫米×1092 毫米　1/16
印　　張	22.25 印張
字　　數	390 千字
版　　次	2022 年 10 月第 1 版
印　　次	2022 年 10 月第 1 次印刷
書　　號	ISBN 978-7-224-14693-6
定　　價	88.00 元

如有印裝質量問題，請與本社聯繫調換。電話：029-87205094

國家社科基金後期資助項目出版説明

後期資助項目是國家社科基金設立的一類重要項目,旨在鼓勵廣大社科研究者潛心治學,支持基礎研究多出優秀成果。它是經過嚴格評審,從接近完成的科研成果中遴選立項的。爲擴大後期資助項目的影響,更好地推動學術發展,促進成果轉化,全國哲學社會科學工作辦公室按照"統一設計、統一標識、統一版式,形成系列"的總體要求,組織出版國家社科基金後期資助項目成果。

全國哲學社會科學工作辦公室

序　言

張新科

漢代是中國史學發展的重要階段,其中最有代表性的著作是西漢司馬遷的《史記》和東漢班固的《漢書》。《史記》是中國第一部紀傳體通史,記載了從傳説中的黄帝到漢武帝時期三千年歷史;《漢書》是中國第一部紀傳體斷代史,記載了從漢高祖劉邦到王莽時期二百多年的西漢歷史。兩部著作都具有開創性的功績,在中國文化史上佔有重要地位。

雖然兩部著作産生的時代文化背景不同,編纂思想不同,體例也不盡相同,但是,兩部著作都涉及西漢從高祖劉邦到武帝劉徹這段歷史,從淵源來説,《漢書》記載此期歷史的基本資料來源於《史記》,有四篇紀、六篇表、三篇志、四十篇列傳是在《史記》基礎上改寫而成,或者説脱胎於《史記》,加之兩部著作體例上都是紀傳體,具有文學色彩,叙事寫人既有相同又有不同,這就有比較研究的可能性和必要性。於是,從漢魏六朝開始就有了對兩部著作的比較分析,王充《論衡》中説班氏父子"文義浹備,紀事詳贍,觀者以爲勝於《史記》",著眼於"文義"和"叙事",認爲《漢書》優於《史記》。《晉書》記載,張輔撰《班馬優劣論》,認爲:"遷之著述,辭約而事舉,叙三千年事唯五十萬言;班固叙二百年事乃八十萬言,煩省不同,不如遷一也。良史述事,善足以獎勸,惡足以監誡,人道之常。中流小事,亦無取焉,而班皆書之,不如二也。毁貶晁錯,傷忠臣之道,不如三也。遷既造創,固又因循,難易益不同矣。又遷爲蘇秦、張儀、范雎、蔡澤作傳,逞辭流離,亦足以明其大才。故述辯士則辭藻華靡,叙實録則隱核名檢,此所以遷稱良史也。"張輔明確指出班固《漢書》有三個方面不如《史記》,雖有一定道理,但不夠全面深入,尤其是以文字的多少、叙事的詳略來判斷《史記》《漢書》的優劣,有些牽强。東晉文學家、史學家袁宏,對"班馬優劣"也發表了自己的見解,在《後漢紀·序》中説:"史遷剖判六家,建立十書,非徒記事而已,信足以扶明義教,網羅治體,然未盡之。班固源流周贍,近乎通人之作,然因借史遷,無所甄明。"范曄《後漢書·班固傳》曰:"遷文直而事核,固文贍而事詳。若固之序事,不激詭,不抑抗,贍而不穢,詳而有體,使讀之者亹亹而不厭,信哉其能成名也。"較公允地指出了兩書的不同特徵,也特别注重文學叙事。他們的評論,在後代也引起了無休止的争議。唐代史學家劉知幾《史通·雜説上》:“然遷雖叙三千年事,其間詳備者,唯漢興七十餘載而已。其省也則如彼,其繁也則如此,求諸折中,未見其宜。班氏《漢書》全取《史記》,仍去其《日者》《倉公》等傳,以爲其事繁蕪,不足編次故也。若使馬遷易地而處,撰成《漢書》,將恐多言費辭,有逾班氏,安得以此而定其優劣邪?”一方面反駁張輔,另一方面揚班抑馬。到宋代,班馬異同問題引起更多人的注意,蘇洵、鄭樵、朱熹、葉適、黄履翁、洪邁、王若虚等人都發表過評論,各種看法都有,涉及思想、體例、文學等方面的比較。特别值得注意的是,這個時期出現了專門的《史記》《漢書》比較研究著作,《班馬異同評》就是其中的代表。

《班馬異同》共三十五卷,舊本或題宋倪思撰,或題劉辰翁撰,或認爲倪思撰,劉辰翁評。該書不同於以往的零散評論,而是對《漢書》改寫《史記》的部分逐字逐句進行比較,但也有缺憾,《史記》十二本紀中《孝文》《孝景》二篇,八書中《天官》《封禪》《河渠》《平准》四篇,七十列傳中賈誼、黥布、韓王信、東越、西南夷、儒林、大宛等傳及《太史公自序》没有進行比較。從研究方法上説,它很獨特,《史記》原文用大字,《漢書》增加的文字用細筆。凡是被《漢書》删削的文字則在旁邊劃一條墨綫;凡是《漢書》前後竄動《史記》文字的地方,即注明“《漢書》上連某文,下連某文”。如某文被《漢書》移入其他紀傳,就注明“《漢書》見某傳。”倪思、劉辰翁所加評語,一一列在眉端,使《史記》與《漢書》的異同,一目了然,爲研讀者提供了方便。《四庫提要》也肯定了此書體例上的創造。從内容上看,《班馬異同評》對《史記》《漢書》的比較,或比較體例,或比較人物,或比較章法結構,或比較語言,非常細緻,對於讀者認識兩部著作的特點有很大的幫助。對《史記》和《漢書》的評價,絶不偏執一端,而是嚴格根據兩書對勘得出的實際差别,判斷是非優劣。當然,從總的傾向上看,對《史記》還是比較偏愛,對《漢書》修改《史記》的地方往往諷刺爲“兒童之見”。總體來説,《班馬異同評》的價值意義在於他是第一部較爲系統的班馬比較研究著作,標誌著從漢魏六朝以來關於《史》《漢》比較問題進入一個新的階段,對後來的班馬比較研究奠定了重要基礎。《班馬異同評》之後,《史記》《漢書》比較研究繼續深入,明清時期更爲興盛,許多文史著作涉及這一問題,專門著作如明代許相卿《史漢方駕》,清代楊於果《史記箋論》、楊琪光《史漢求是》等。近現代到當代,班馬異同問題仍然是《史記》研究中一個不可回避的重要課題,有大量的成果問世,專題論著如鄭鶴聲《史漢研究》、徐朔方《史漢論稿》等。海外學者也很關注這一問題,如韓國樸宰雨《史記漢書比較研究》,就是代表著作之一。當然,後來的比較研究不再局限於《史記》《漢書》内容相同的部分，學者們從各個方面進行比較，或全書，或分篇；或考辨事實，或分析字句；或偏于史學，或偏于文學；或分析《漢書》如何繼承和發展《史記》，或探討《史記》《漢書》的共同價值，等等。觀點也各不相同，或甲馬乙班，或甲班乙馬，或平分秋色。由此可見，《班馬異同評》在《史記》研究史上産生了重要影響。

對於古代《史記》研究著作和研究資料的整理，是《史記》研究的基礎。二十世紀以來，一些有代表性的著作逐漸被整理出版，給研究者提供了方便。但《班馬異同評》一直還没有新的整理本。王曉鵑教授以此申請國家課題，得到批准，並順利結項。我覺得這個整理本有幾個明顯的特點：

首先，是底本選擇。《班馬異同》的版本，主要有明嘉靖李元陽刻本、高灊覆校本、明萬曆韓敬序刻本、明天啓聞啓祥刻本、明末傅昌辰版築居據天啓四年聞啓祥小築藏版重梓本、明末刻本和四庫本等。其中，李元陽刻本是《班馬異同》諸本祖本，高灊本和韓敬本從李元陽本而來，聞啓祥本從韓敬本而來。在衆多版本中，作者以國家圖書館所藏明嘉靖十六年李元陽所刻《班馬異同》三十五卷爲底本，以陝西師範大學圖書館所藏明萬曆韓敬序刻本爲校本，同時參校臺灣"國圖"所藏明天啓甲子四年聞啓祥刻本、中華書局2014年版《史記》和中華書局1962年版《漢書》。這一版本選擇，體現出獨到的學術眼光和實事求是的學術態度。

其次，是校勘工作。在整理過程中，除了校勘劉辰翁評語，以及《史記》和《漢書》原文的訛錯衍倒現象外，還需對《漢書》删減《史記》文字部分進行校勘。《班馬異同》全書以《史記》原文爲主幹，凡是《漢書》删減《史記》文字處，原書都應有細綫勒之，而嘉靖本没有細綫勒之而萬曆本有，對勘聞啓祥本和今本《漢書》，亦當有細綫勒之的地方，在嘉靖本中高達千餘處。這些工作是瑣碎的，需要一定的耐心才能做到。

再次，是標點工作。劉辰翁評語，大約有1300餘條，既涉及《史記》和《漢書》對應篇目的具體字、詞、句等基本内容，以及《史記》《漢書》二書的句法、文法等寫作特點，又涉及漢初的衆多歷史人物和歷史事件。標點時，需要查閲相關的衆多史料。整體而言，標點是科學的，也是符合古籍整理規範的。

第四，是附録工作。經過竭澤而漁式的工作，整理出52則關於《班馬異同》的歷代叙録。其中，既有楊士奇、汪佃和韓敬等人的序跋，也有劉伯燮、張彦琦、周中孚、錢泰吉和葉德輝等人的評議，又有陳振孫、馬端臨、朱睦㮮、祁承㸁、錢謙益、季振宜、陳夢雷、紀昀、永瑢、丁丙、張之洞、陸心源和丁仁等人的目録記載，以及其他書籍的相關記録。這些資料，對我們進一步瞭解《班馬異同》及劉辰翁評語在歷史上的的流傳，以及本書的主要内容，無疑大有裨益。

此外，圍繞《班馬異同評》，曉鵑教授還進行了系列研究，如認爲劉辰翁能夠運用評價小説的方法來點評歷史人物，劉辰翁評語體現出“尚奇”的傾向等觀點，都頗有見地。我們相信，《班馬異同評》一書的整理出版，對豐富《史記》《漢書》的研究，尤其是“馬班異同”研究，將定有幫助。

《史記》與《漢書》不僅是中國史學史上的經典，而且是中國文學史、思想史等領域的經典，深入研究以《史記》《漢書》爲代表的中國優秀傳統文化，對於我們堅定文化自信，挖掘民族精神，建設當代文化，具有重要的學術價值和現實意義。期望曉鵑教授以此爲契機，繼續努力，爲弘揚優秀傳統文化貢獻力量。

2022 年 2 月 25 日於古都西安

前　言

《班馬異同》35 卷，舊未有刻本，明代嘉靖十六年（1537）李元陽付梓時，據《文獻通考》題作《班馬異同》，明人又稱《史漢異同》。元人劉辰翁曾對此書做過評語，史稱《班馬異同評》。遺憾的是，劉辰翁評語舊無專刻，僅附《班馬異同》以行。

關於《班馬異同》的作者，南宋以來目録書題爲倪思。如，陳振孫《直齋書録解題》卷 14、馬端臨《文獻通考》卷 200、彭大翼《山堂肆考》卷 123、朱睦㮮《萬卷堂書目》卷 2、陳鴻墀《全唐文紀事》卷 110、李培《（萬曆）秀水縣誌》卷 7、羅炌《（崇禎）嘉興縣誌》卷 18、馮繼科《（嘉靖）建陽縣誌》卷 5、錢謙益《絳雲樓書目》卷 1、《清通志》卷 111、嵇曾筠《（雍正）浙江通志》卷 243、季振宜《季滄葦藏書目》、梁玉繩《史記志疑》卷 6、劉毓崧《通義堂文集》卷 5、瞿鳳起《虞山錢遵王藏書目録彙編》卷 3、王太嶽《四庫全書考證》卷 25、祝文鬱《（康熙）寧化縣誌》卷 6、李亨特《（乾隆）紹興府志》卷 77 和宗源瀚《（同治）湖州府志》卷 57 等，都明確記載《班馬異同》35 卷是南宋倪思所編。

不過，明代大學士楊士奇（1366—1444）在《班馬異同》跋語中，認爲評語"臻極精妙"，不會出自倪思之手。倪思（1147—1220），字正甫，南宋湖州歸安人，乾道二年（1166）進士，著有《齊山甲乙稿》《兼山集》和《經鉏堂雜誌》等。雖然倪思是南宋知名學者，但是并不擅長點評，故楊士奇猜測"豈非書作於倪，而評論批點出於須溪邪？"對這一問題，《四庫全書總目》卷 45"史部・正史類一"《班馬異同》條論述道：

> 舊本或題宋倪思撰，或題劉辰翁撰。楊士奇《跋》曰："《班馬異同》三十五卷，相傳作於須溪。觀其評泊批點，臻極精妙，信非須溪不能。而《文獻通考》載爲倪思所撰，豈作於倪，而評泊出於須溪耶？"其語亦兩持不决。案《通考》之載是書，實據《直齋書録解題》，使果出於辰翁，則陳振孫時何得先爲著録？是固可不辨而明矣。①

① 四庫全書研究所《欽定四庫全書總目》，北京：中華書局 1997 年版，第 620 頁。

四庫館臣可謂高屋建瓴。劉辰翁(1232—1297),字會孟,廬陵人,宋亡以後隱居不仕,埋頭著書,以此終老,其文集散佚,僅存《四景詩》及《須溪記鈔》等。吴企明認爲劉辰翁“卒於元成宗元貞三年(1297)”①。陳振孫(1179—1262),字伯玉,號直齋,南宋著名目録學家,何廣棪考訂其“卒於景定三年(1262)”②。《文獻通考》所據材料來自《直齋書録解題》。如果《班馬異同》真的出自劉辰翁之手,比劉辰翁年長53歲的陳振孫又是如何未卜先知的?顯然,這是楊士奇疏於考證。此外,《四庫全書總目》卷46“史部·正史類”存目《班馬異同評》條又著録道:

> 舊無專刻,僅附倪思書以行,然究爲以辰翁之書亂思之書,故有疑《班馬異同》即爲辰翁作者。今各著録,俾兩不相淆焉。③

葉德輝《郎園讀書志》卷3辨析得更清楚:

> 《文獻通考》以爲倪思撰者,明引“陳氏曰”,即《直齋書録解題》也。陳氏先於須溪,使果爲須溪之書,《直齋》胡爲著録?緣當時須溪評點諸書風行,坊肆刻是書者,但題須溪名,不題撰人名,故士奇未之深考,遂有此兩可之詞。亦足見須溪議論入人之深,故使讀者數典而忘其祖矣。④

至此,《班馬異同》一書的作者流變就十分清晰了:《班馬異同》35卷,《直齋書録解題》題作倪思《馬班異辭》(盧文弨《直齋書録解題》校本作《班馬異辭》),李元陽付梓時據《文獻通考》題作《班馬異同》,明人又稱《史漢異同》,可謂一書五名。後來,劉辰翁《班馬異同評》與之合刻,明清以來的許多目録書記載的正是這種合刻本,如《新編天一閣書目》、祁承㸁《澹生堂藏書目》、丁丙《善本書室藏書志》卷6、錢泰吉《甘泉鄉人稿》卷8、丁仁《八千卷樓書目》卷4、嵇璜《續通志》卷158、陸心源《皕宋樓藏書志》卷18、徐乾學《憺園文集》卷15、永瑢《四庫全書總目》卷45和許瑶光《(光緒)嘉興府志》卷80等,都曾著録倪思撰、劉辰翁評《班馬異同》一書。由於劉辰翁評語是《班馬異同》的重要組成部分,明初劉辰翁評點之書又十

① 吴企明《劉辰翁年譜》,《中國韻文學刊》1990年第2期,第56—73頁。
② 何廣棪《陳振孫生卒年新考》,《文獻》2001年第1期,第158—161頁。
③ 四庫全書研究所《欽定四庫全書總目》,北京:中華書局1997年版,第642—643頁。
④ 葉德輝《郎園讀書志》,上海:上海古籍出版社2010年版,第118頁。

分流行，以至於人們忽略了《班馬異同》的真正作者倪思，而認爲此書出自劉辰翁之手，以致以訛傳訛。

《班馬異同》主要有兩個版本系統，明嘉靖李元陽刻本和明萬曆韓敬序刻本。明嘉靖十六年李元陽刻本是《班馬異同評》諸本祖本。汪佃（？—1540）《序刻班馬異同後》云：

> 舊未有刻本，吉郡士大夫家多私相傳寫，予始獲見於今少宰鐘石費公所，手録以歸。丙戌秋，被命校書於建，將攜刻焉。既，中尼不行，乃今復官於兹。一日，侍御中溪李公出所輯《史記題評》一帙，將校刻，以廣其傳。其爲評訂，殆且百家，而《史漢異同》具焉，蓋攻古文者牖也。然不欲廢《異同》原書，將并存之，而無善本。予具以告，公亟命致之，以屬前侍御高君世魁、隱士高生瀔，精校入梓，且屬予一言見書之所自。予謂是書沉淪之久，自今始顯，固陳編之幸。然四方之士，得見史氏繁省之旨，與夫作史述史之法，豈非學者之幸？予不佞，獲相兹役，用成中溪公之美，因附名不朽，且償宿願焉，又非予之大幸歟！寫本凡三冊，名《史漢異同》，今名與卷數則仍倪氏之舊。云中溪公發身詞苑，繡斧所臨，風紀大振，興滯刬弊，百度維新，而尤以興文作士爲首務，異蹟不可殫書，此特其一節爾。①

可見，《班馬異同》在明代嘉靖以前没有刻本，只在士大夫之間互相傳抄，汪佃從費寀手中得到《班馬異同》抄本。費寀（1483—1548），字子和，號鐘石，江西鉛山人，正德六年（1511）進士，官至禮部尚書。汪佃，江西廣信府弋陽人，正德丁丑科（1517）進士，兩年後被選授爲翰林院編修。嘉靖丙戌（1526），汪佃選充經筵講官，旋又受命赴福建建陽擔任校書官，但因嘉靖丁亥（1527）的《尚書・洪範》講習事件，遭到了明世宗貶斥，調爲寧國府通判，终未能成行。十年後的嘉靖乙未（1535），汪佃再次受命任福建按察司簽事奉敕整飭建寧道兵備。嘉靖丁酉（1537），在李元陽和汪佃的鼎力相助下，在高世魁和高瀔的精心校勘下，《班馬異同》終以較好的版本在建陽刊刻問世，楊士奇和汪佃分别做了跋語。李元陽（1497—1580）字仁甫，號中溪，大理太和人，白族，嘉靖丙戌（1526）進士。高瀔，约公元1544年前后在世，《明史》卷99志第75記有其《石門集》一卷存世。高世魁，生卒年不詳。

---

① 倪思撰，劉辰翁評《班馬異同》，明嘉靖16年李元陽刻本。下同。

此本每頁18行,行19字,單魚尾,白口,左右雙欄,刻工依次有張田、江逵、周道員、余本丘、詹弟、余員、王浩、華文輝、陳珪、官福郎、陳友、王仲元、余海、華福、華壽、劉俊、石伯勝、黄文利、元生、羅福勝、江盛、江仁、游文、劉福成、王景英、江茂、華來、黄福英、施元友、江長深、黄文、順生、陳天禄、余農、石勝等。此本孫星衍《平津館鑒藏書籍記》卷2有記載:

《班馬異同》卅五卷,題宋倪思撰,元劉會孟評,明李元陽校,前有目録一卷,後有永樂壬寅楊士奇跋、嘉靖丁酉汪佃序。據楊、汪兩跋,此書本名《史漢異同》,不題撰人姓名,舊未有刻本,李元陽付梓,據《文獻通考》題作倪思,改名《班馬異同》,每頁十八行,行十九字。《史記》大字作正文,《漢書》小字注末。後有"嘉靖十六年歲次丁酉山人高瀫覆校"十五字。收藏有"新安汪氏"朱文方印,"啓淑信印"白文方印。①

孫星衍(1753—1818)所提到的"新安汪氏"和"啓淑信印"均是清代藏書家汪啓淑(1728—1799)的印章,可知此書原是"開萬樓"藏品,後歸孫星衍。《藏園訂補邵亭知見傳本書目》卷4也著録有劉辰翁評點的《班馬異同》,爲嘉靖十六年李元陽刻本。現《史記考證文獻彙編》所采用的底本即爲明嘉靖十六年李元陽刻本。此刻本現國家圖書館、浙江大學圖書館和臺灣"國圖"、故宫博物院及中研院傅斯年圖書館均有藏。

明萬曆韓敬序刻本是《班馬異同》的另一刻本,見丁丙《善本書室藏書志》卷6記載:

舊有李元陽校,弋陽汪佃跋本。此則韓敬所序刊也。思字正甫,歸安人,乾道二年進士,歷官寶文閣學士,《宋史》有傳。有"沈令聞印""歙鮑氏知不足齋藏書""鮑廷博印"三印。廷博,字以文,號渌飲,本歙人,寄居桐鄉,嘉慶十八年特恩賞給舉人。"知不足齋者",其藏書處也。所刊叢書,多人間秘本。②

韓敬(1580—?),浙江歸安人,字簡與,號止修,明代狀元。沈孚聞(1535—1583),原名沈令聞,萬曆丁丑(1577)進士,明代藏書家。鮑廷博

① 孫星衍《平津館鑒藏書籍記》,清光緒10年刻本。
② 丁丙《善本書室藏書志》,清光緒10年刻本。

(1729—1814),字以文,號淥飲,清代藏書家。可知此本曾先後經沈令聞和鮑廷博收藏。此本明天啓甲子年(1624)聞啓祥曾經重新刊刻。此種明刻本現藏於北京大學圖書館、上海圖書館和臺灣"國圖"。陝西師範大學也藏有一種明萬曆韓敬序刻本,2 函 12 册,每頁 18 行,行 20 字,單魚尾,單邊。

明嘉靖李元陽刻本和明萬曆韓敬序刻本的區别主要有三:一是從體例上來看,是篇目編排次序和所附序跋不同。李元陽刻本卷 33 爲《滑稽》,卷 34 爲《日者》,卷 35 爲《貨殖》。韓敬序刻本卷 33 爲《貨殖》,卷 34 爲《滑稽》,卷 35 爲《日者》。其他各卷次序相同,只是叙述偶有異者,如嘉靖本卷 2 爲《漢高》,萬曆本卷 2 稱《高祖》;嘉靖本卷 12 爲《張蒼周昌趙堯任敖申屠嘉》,萬曆本卷 12 稱《張蒼周昌任敖申屠嘉》,題目缺少《趙堯》;嘉靖本卷 31 爲《魯朱家劇孟王孟郭解》,萬曆本卷 31 則稱《魯朱家劇孟郭解》,題目缺少《王孟》等。嘉靖本附有楊士奇跋和汪佃序文,萬曆本附有韓敬序文和楊士奇跋文。對勘《四庫全書》所收之《班馬異同》,發現其次序與明萬曆韓敬序刻本完全相同,可以肯定四庫本是據萬曆本抄録而成。

二是從校勘角度看,萬曆本校勘優於嘉靖本。最能顯出這個特點的是兩種版本對《漢書》删减《史記》文字的校勘。凡是《漢書》删减《史記》文字處,原書都應有細綫勒之。《班馬異同》兩個版本中,嘉靖本没有細綫勒之而萬曆本有細綫勒之,對勘聞啓祥本和今本《漢書》,亦當有細綫勒之的地方,在嘉靖本中高達千餘處。同時,嘉靖本有細綫勒之而萬曆本没有細綫勒之,對勘聞啓祥本和今本《漢書》,亦不應有細綫勒之的地方亦有百餘處。兩相對比,顯然後出轉精。這些情況在正文中已經一一標明。兹不贅。

三是《班馬異同》的體例具有獨創性。本書比較《史記》和《漢書》兩書對應的篇目,考其字句異同,以觀二書得失。全書以《史記》原文爲主幹,用大字書寫,《漢書》增加的文字則用細筆小寫,凡是被《漢書》删去的文字,就在其旁畫一墨綫標識;凡是《漢書》移動《史記》文字的地方,即注明《漢書》"上連某文,下連某文"。如某文被《漢書》移入其他紀傳,即注明"《漢書》見某傳"。劉辰翁的評語,一一列於眉端,十分醒目。如此一來,《史記》和《漢書》二書的同異,一目了然,不但爲研究品評提供了方便,而且創造出一種新興的史書研究方式,如明代著名目録學家、書法家張萱(約 1553—1636)《西園匯史》200 卷就采用了這一體例。見清劉溎年《(光緒)惠州府志》卷 27 記載:

故余匯史，凡《左氏傳》、《國語》、《公》《穀》二傳、《戰國策》爲司馬遷所采，其間字句互異者，皆仿宋倪文節公思《班馬異同》，以《史記》爲正文，五書爲小注，而互存之，匯之爲一。若太史公所未采者，又別匯之爲史。餘別詳義例。蓋匯二十九史，非匯二十一史而已也。①

更重要的是，《班馬異同》從文字入手比較《史》《漢》異同的體例，直接開創了馬班異同比較學，爲《史記》研究開拓了一個新的研究領域，如明人許相卿撰著《史漢方駕》，就是對《班馬異同》的直接繼承和改造。吴廣霈（生卒年不詳）對此書的行款和流變曾有細緻的描述：

此書《書録解題》原作《班馬異辭》，名似較正，不知何時乃易今名，其作俑於《文獻通考》耶？國朝海昌許黄門相卿，苦其細書，文相連屬，易於混淆，乃另爲《史漢方駕》。同者從中大書，異者分左右行書，右《史》左《漢》，《四庫提要》謂其條理井然，較思書爲勝。此書曾校勘於乾嘉一代，顧從未獲見者何？欲會當訪求而并讀之。②

清錢泰吉（1791—1863）《甘泉鄉人稿》卷 8 亦記叙了此書的流變及影響：

《班馬異同》三十五卷，嘉靖丁酉福建刊本，蓋劉須溪評點，倪文節公思之書也。……海昌許黄門相卿苦其細書，文相連屬，但以字形廣狹爲分，不便疾讀，別爲《史漢方駕》。《史》《漢》同者從中大書，《史》《漢》異者分左右行書，右《史》左《漢》，《四庫提要》謂其條理井然，較思書爲勝。余得於郡城書肆，蓋黄門既殁，而仲君長孺侍御校刊者。侍御爲先太常公女夫，兩世皆以直諫著。黄門與先太常爲道義交，其遺集余亦得藏之。③

顯然，僅從《班馬異同》的表述形式來看，作者仍有甲馬乙班的意味。不過，倪思只從字形大小入手區別《史記》和《漢書》的方法，在實際閲讀中自然容易混淆，故明人許相卿乃改進《班馬異同》的體例，別爲《史漢方駕》，見《四庫全書總目》卷 45“史部・正史類一”《史漢方駕》條：

---

① 劉湝年《（光緒）惠州府志》，清光緒 10 年刊本。
② 吴廣霈《班馬異同序》，續修四庫全書本。
③ 錢泰吉《甘泉鄉人稿》，清同治 11 年刻光緒 11 年增修本。

> 惟思書《史記》大書，《漢書》細書，文相連屬，但以字形廣狹爲分，頗易混淆。又字旁鉤勒，傳寫尤舛誤。相卿變其體例，以《史》《漢》相同者直書行中，不同者分行夾注。凡《史記》有而《漢書》無者，偏列於右；《漢書》有而《史記》無者，偏列於左。條理井然，較思書爲勝。所列評語，亦因劉辰翁之本稍爲損益，頗不及舊文。又舊文皆標置簡端，相卿意取便覽，或移附句旁，如批點時文之例，反參錯難觀，則未免於不善變矣。①

許相卿（1479—1557），字伯台，海寧袁花人，正德十二年（1517）進士。許氏將《史》《漢》相同的文字直書行中，不同者分行夾注；凡《史記》有而《漢書》無者，列於右；凡《漢書》有而《史記》無者，列於左。這樣一來，《史》《漢》異同更爲清楚，條理也更清晰，閱讀速度大大增加，爲覽者節省了不少時間。同時，劉辰翁的評語不再書於眉端，而移附於正文之旁，如同批點，表現了明人習氣，獲得四庫館臣的較高評價。

遺憾的是，倪思所編《班馬異同》雖然使用新穎的研究手法，但是局限於《史記》《漢書》對應篇目的文字比較，對歷史的宏觀把握還是不足，仍然是一種比較粗淺的比較，而且所考亦不周全，正如清周中孚《鄭堂讀書記》卷 15 所質疑：

> 《四庫全書》存目，有《班馬異同評》三十五卷，云宋倪思撰，劉辰翁評，知東里所言洵然。是本所題，不知何以不稱名而稱字也？且是書雖有三十五卷，而考之不全，如《孝文》《孝景》二本紀，《天官》《封禪》《河渠》《平準》四書，《陳涉》《外戚》《楚元王》《荆燕》《齊悼惠王》《梁孝王》《五宗》《三王》八世家，《鄒陽》《賈誼》《黥布》《韓王信》《盧綰》《田儋》《萬石》《張叔》《田叔》《南越》《東越》《朝鮮》《西南夷》《儒林》《大宛》十五傳及《太史公自序》，俱與《漢書》有異同詳略處，而皆不及考，未知何意？豈倪之原本久佚？（倪又有選史删改《古書異辭》十二卷，見《書録解題》《通考》，已佚。）今所傳者，係劉氏評本。劉或選取一半而評之，故非倪之原本，而陳氏所著卷數，又出後人依評本妄改耶？明許台仲相卿因倪之本，稍爲釐訂，改爲《史漢方駕》三十五卷，《四庫存目》衹頂入《陳勝》《英布》二傳，而卷數不增，又不遍補

① 四庫全書研究所《欽定四庫全書總目》，中華書局 1997 年版，第 643 頁。

倪氏所遺，莫測其意例之所在矣。①

《班馬異同》所失考的篇目，周中孚指出有2紀、4書、8世家、15傳及《大史公自序》，總計30篇。失考的原因，周中孚認爲可能是倪思《班馬異同》原本久佚。倪思又有選史删改《古書異辭》12卷。那麼，《古書異辭》與《班馬異同》之間是怎樣的關係？許相卿《史漢方駕》旨在補倪思之作，爲什麼没有增補倪思失考的篇目？這些都尚待考證。至於"劉或選取一半而評之，故非倪之原本，而陳氏所著卷數又出後人依評本妄改耶"，應該是周氏的猜測之詞。整體而言，還是四庫館臣對倪思的評價較爲中肯：

是編大旨以班固《漢書》多因《史記》之舊，而增損其文，乃考其字句異同，以參觀得失。其例以《史記》本文大書，凡《史記》無而《漢書》所加者，則以細字書之；《史記》有而《漢書》所删者，則以墨筆勒字旁。或《漢書》移其先後者，則注曰《漢書》上連某文，下連某文。或《漢書》移入别篇者，則注曰《漢書》見某傳。二書互勘，長短較然，於史學頗爲有功。昔歐陽棐編《集古録》跋尾，以真迹與集本并存，使讀者尋删改之意，以見前人之用心。思撰是書，盖即此意。特棐所列者一人之異同，思所列者兩人之異同，遂爲創例耳。其中如"戮力"作"勠力"、"沈船"作"湛船"、"由是"作"繇是"、"無狀"作"亡狀"之類，"鈇質"作"斧質"、"數却"作"數卻"之類，特今古異文。"半菽"作"芋菽"、"蛟龍"作"交龍"之類，特傳寫訛舛。至於"秦軍"作"秦卒"、"人言"作"人謂"、"三兩人"作"兩三人"之類，尤無關文義，皆非有意竄改。思一一贅列，似未免稍傷繁瑣。然既以異同名書，則隻字單詞皆不容略，失之過密，終勝於失之過疏也。至英布、陳涉諸傳，軼而未録，明許相卿作《史漢方駕》，始補入之，則誠千慮之一失矣。②

儘管倪思撰述顯得"稍傷繁瑣"，但館臣還是肯定其"失之過密，終勝於失之過疏"，對歷史學的發展大有貢獻。倪思創造出從文字入手比較《史記》和《漢書》異同的體例，獨立成著，開創了馬班異同比較學，把馬班優劣論大大向前推進了一步，故其價值不容忽視。

劉辰翁評語是《班馬異同》的重要組成部分。雖然《班馬異同》是一部

① 周中孚《鄭堂讀書記》，民國吴興叢書本。
② 四庫全書研究所《欽定四庫全書總目》，北京：中華書局1997年版，第620頁。

史學著作,但亦是劉辰翁散文評點的一個重要領地,在所有他評點的散文中,此書的評語最多。劉氏評語是建立在文字比較和審慎分析的基礎之上的,應該説"功勞甚偉",後人對此評語評價甚高,如明萬曆《班馬異同》刻本所録韓敬《班馬異同序》云:

鄉先正宋倪文節公有《班馬異同》一書,當時館閣極貴重之,又得須溪先生評定,遂使龍門、蘭臺精神面目從故紙生動,真讀史者一快助也。文節以直諫著光、寧時,重華之對,姜氏之講,明大倫於天下,皆言人所不能言。當侂胄柄國,士大夫捐棄廉恥,匍匐私門,恩主、恩父之稱遍於縉紳,誰敢以騎虎不下面斥之者?既彌遠拜相,制詞僭錯,公抗疏引董賢事折之,遂得罷歸。其生平如此。歸而逍遥兼山、霅水之間,讀書談道,自謂有十五樂而無一憂,有三十幸而無一敗意;此其胸次洒洒,真足上下千古,宜乎爲須溪先生所服膺也。余又嘗見元人張浩贈須溪詩曰:"首陽餓夫甘一死,叩馬何曾罪辛巳。淵明頭上漉酒巾,義熙以後全無人。"盖宋祀既移,終身不出,與《史記》之避紂、《漢書》之不事莽者,同一風致,豈獨以賞鑒擅長耶?先生視文節爲前輩,偶得其書,親爲品隲,條分縷析,比他秩更精。繇其薑桂性合,蘭茝臭同,故於操觚之中,寓執鞭之意。不然,當日蓬山、鳳池之間,著述殊夥,豈無有作《南園記》,撰《元龜策》者,何足辱先生一唾哉?余既爲文節鄉人,而發先生遺書頗多,故尚論其世,以告世之善讀班馬者。西吴後學韓敬題。①

作爲湖州後學,韓敬對鄉前輩倪思的人品十分仰慕,對劉辰翁評語也評價很高,認爲體現出了劉辰翁高潔的性情和淵博的學識。整體而言,劉辰翁評語有四個特點:

首先,雖然《班馬異同》是歷史著作,但是劉辰翁點評時却十分注重文學特徵,尤其注重对字詞句的評析。這緣於倪思《班馬異同》的出發點與宗旨便是比較《史記》和《漢書》兩書對應篇目的字句異同。因此,劉辰翁點評的重點自然也在字詞句,很少涉及歷史事實,正如四庫館臣所論:

辰翁人品頗高潔,而文章多涉僻澀。其點論古書,尤好爲纖詭新穎之詞,實於數百年前預開明末竟陵之派。此書據文義以評得失,尚

① 韓敬《須溪評點班馬異同》,明萬曆韓敬序刻本。

較爲切實。然於顯然共見者,往往贅論,而筆削微意罕所發明。又倪思原書,本較其文之異同。辰翁所評,乃多及其事之是非,大抵以意斷制,無所考證。既非論文,又非論古,未免兩無所取。楊士奇跋,以爲臻極精妙,過矣。①

館臣認爲劉辰翁雖然一向好發"纖詭新穎之詞",但是《班馬異同》的語言却顯得切實自然。不足之處是對大家熟悉的情節和已成定論處,往往贅論,所論却并無新意,進而指出其"以意斷制,無所考證"的評點傾向。通觀全書,可以肯定這確實是劉辰翁評語的最大特色。

其次,除字詞外,劉辰翁批點也關注《史記》《漢書》二書的句法、文法等寫作特點。如《班馬異同》卷1《項籍》巨鹿之戰一節,劉辰翁批云:"叙巨鹿之戰,踴躍震動,極羽平生。"鴻門宴一節,批曰:"叙楚漢會鴻門宴事,歷歷目睹,無毫髮滲流,非十分筆力,模寫不出。"死葬項羽一節,批云:"其以魯公葬,本未可傷。至泣之而去,二字情辭俱塞。結傳少得如此。"在這三節,劉辰翁都提到《史記》的叙述方法與叙述效果,充分肯定了司馬遷高超的叙事能力,正如清徐乾學《憺園文集》卷15《班馬異同辨》所稱讚:"司馬遷《項羽本紀》載起兵時及鴻門事,千載以下,歷歷如見。班固多從裁省,似少脱略矣。《高祖本紀》亦然。垓下之戰,孔將軍居左,費將軍居右,諸語勃勃氣色,而班固删之。如此甚多。"②

再次,劉辰翁還能夠運用評價小説的方法來點評歷史人物。如《班馬異同》卷26《司馬相如上》:"(梁孝王令與諸生同舍。)相如得與諸生游士居數歲,乃著《子丘之賦》。會梁孝王卒(薨),相如歸而家貧,無以自業。素與臨邛令王吉相善,吉曰:'長卿久宦游,不遂而困,來過我。'於是相如往舍都亭。"【眉批】"賦成而王卒,而困,是臨邛令哀故人之困,豈無他料理,顧相與設畫,次第出此言,是一段小説耳。子長以奇著之,如聞如見,乃并與其精神意氣,隱微曲折盡就,蓋至理褻而尤可觀。使後人爲之,則穢矣。"劉辰翁認爲司馬相如作賦,賦成梁孝王卒等情節太過奇特,有明顯的虚構成分。卓文君一節,劉氏論道"字字如盡,亦字字小説",而卓文君私奔相如之事,在後世也屢屢被視爲傳奇與小説。

最後,劉辰翁評語體現出"尚奇"的傾向。縱觀《班馬異同》全書,劉辰翁多處提到"奇"字。如張良評語,劉辰翁使用了"極神奇""最健""已怪"

① 四庫全書研究所《欽定四庫全書總目》,北京:中華書局1997年版,第642頁。
② 徐乾學《憺園文集》,清康熙刻冠山堂印本。

“此大怪事”“此處模寫，難於夢卜”“忽有山中布衣四人”“帝異之”“諸臣有不異者乎”“詭怪”“多端”“愈怪”“險”“非仙乎”“情文俱見”與“擊代奇計”等一連串奇詭怪異的字句，從中也不難看出劉辰翁對“奇”字的喜愛。張良是漢初三傑中唯一全身而退的人。對此，劉辰翁評價道：

> 此傳自東海君、力士、圮上老父以至四皓，必有姓名哉！殆以天人助興漢業，故屢見不爲怪。末著子房學道，欲輕舉，與黄石俱葬，首尾奇事。

劉辰翁認爲東海君、力士、圮上老父和商山四皓都應是名垂青史的奇異倜儻之人，遺憾他們在歷史上没有能夠留下姓名，進一步指出張良最終“學道”“欲輕舉”與“黄石俱葬”等情節的奇特之處，不減開篇“擊殺始皇”和“黄石授書”的傳奇性。太史公以“奇”開篇，劉辰翁又以“奇”結尾，可謂評論與《史記》的叙述遥相呼應，堪稱經典。這些評語，對我們進一步理解司馬遷與《史記》，無疑大有裨益。

認真選擇《班馬異同》底本。本次點校，以國家圖書館所藏明嘉靖十六年李元陽所刻《班馬異同》三十五卷爲底本，以陝西師範大學圖書館所藏明萬曆韓敬序刻《班馬異同》爲校本，同時參校臺灣“國圖”所藏明天啓甲子四年聞啓祥《班馬異同》刊本、中華書局 2014 年版《史記》和中華書局 1962 年版《漢書》，在校記中分别稱爲底本、萬曆本、天啓本、今本《史記》和今本《漢書》。

整理時，《班馬異同》原書所載《史記》本文，現一律用宋體大書，凡《史記》無而《漢書》所加者，原書以細字書之，今則按原書以小一號楷體和方括號標注；凡《史記》有而《漢書》所删者，原書以墨筆勒字旁，今則以圓括弧標注；《漢書》移其先後者，原書則注曰《漢書》上連某文，下連某文，或《漢書》移入别篇者，原書則注曰《漢書》見某傳，今仍用原書“○”，外加楷體標出。劉辰翁評論原書在頁眉，今爲方便排版，均置於所評具體字句處，用黑方括弧和仿宋字標明。

經這次整理出版的新校本，由繁體字竪排改爲繁體字横排。仍用繁體爲避免産生文字上的歧義，改爲横排則爲適应當今讀者的閲讀習慣。異體字、俗體字和避諱字，根據國家最新出版要求，統一做了修訂。

目　録

第一卷　項籍 …… 1
第二卷　漢高 …… 19
第三卷　蕭何 …… 47
第四卷　曹参 …… 51
第五卷　張良 …… 55
第六卷　陳平 …… 64
第七卷　周勃 …… 72
第八卷　張耳　陳餘 …… 79
第九卷　魏豹　彭越 …… 87
第十卷　韓信 …… 91
第十一卷　樊噲　酈商　夏侯嬰　灌嬰 …… 104
第十二卷　張蒼　周昌　趙堯　任敖　申屠嘉 …… 115
第十三卷　酈食其　陸賈　朱建 …… 121
第十四卷　傅寬　靳歙　周緤 …… 129
第十五卷　劉敬　叔孫通 …… 132
第十六卷　季布　欒布 …… 138
第十七卷　袁盎　晁錯 …… 142
第十八卷　張釋之　馮唐 …… 155
第十九卷　吴王濞 …… 161
第二十卷　竇嬰　田蚡　灌夫 …… 171
第二十一卷　韓長孺 …… 180
第二十二卷　李廣　孫陵 …… 186
第二十三卷　匈奴 …… 195
第二十四卷　衛青　霍去病　公孫賀　李息　公孫敖　李沮　趙食其　曹襄　韓説　郭昌　荀彘　李蔡　張次公　蘇建　趙信　張騫　路博德　趙破奴 …… 215
第二十五卷　公孫弘　主父偃　徐樂　嚴安 …… 225
第二十六卷　司馬相如傳上 …… 235

第二十七卷　司馬相如傳下 …… 247
第二十八卷　淮南厲王長　淮南王安　衡山王賜 …… 258
第二十九卷　汲黯　鄭當時 …… 273
第三十卷　酷吏　郅都　甯成　周陽由　趙禹　張湯　義縱　王温舒　尹齊　楊僕　減宣　杜周 …… 279
第三十一卷　游俠　魯朱家　田仲　劇孟　王孟　郭解 …… 292
第三十二卷　佞幸　鄧通　韓嫣　李延年 …… 297
第三十三卷　滑稽　淳于髡　優孟　優旃 …… 300
第三十四卷　日者　司馬季主 …… 303
第三十五卷　貨殖　范蠡　子貢　陶朱　白圭　猗頓　卓氏　烏氏　程鄭　宛孔氏　宣曲　刁間　師史　任氏 …… 306
附録一:《班馬異同評》歷代叙録與題跋 …… 316
附録二:《宋史・倪思傳》 …… 329
參考文獻 …… 331
後記 …… 333

第一卷　項籍

項籍(本紀)[列傳]第(七)[一]

(史記七)[漢書三十一]

項籍(者)[字羽],下相人也,(字羽)。初起(時)年二十四。其季父(項)梁,梁父即楚[名]將項燕,(爲秦將王翦所戮)者也。【此處著事始太鄭重,宜在封後。】(項氏世)[家]世(爲)楚將,封於項,故姓項氏。

籍少時,學書不成,去;學劍,又不成[去]。【多下一去字。】①(項)梁怒之。籍曰:"書足(以)記(名)姓[名]而已。劍一人敵,不足學,學萬人敵[耳]。"【多一耳字。】於是(項)梁[奇其意],乃教(籍)[以]兵法,籍大喜,略知其意,又不肯竟(學)。(項)梁常有櫟陽逮,(乃)請蘄獄掾曹咎書抵櫟陽獄(掾)[吏]②司馬欣,以故事(得)[皆]已。(項)梁[嘗]殺人,與籍避仇(於)吴中。吴中賢士大夫皆出(項)梁下。【吴中子弟憚籍易,吴中賢士大夫皆出自梁下難,此梁所以尤賢也。】每(吴中)有大繇役及喪,(項)梁常爲主辦,陰以兵法部勒賓客(及)子弟,以(是)知其能。秦始皇帝[東]游會稽,渡浙江,梁與籍(俱)觀。籍曰:"彼可取而代也。"梁掩其口,曰:"(毋)③[無]妄言,族矣!"【一本無曰字,不用曰字,是赫兒語。】④梁以此奇籍。籍長八尺(餘)[二寸],力(能)扛鼎,才氣過人,(雖)吴中子弟皆(已)憚籍(矣)。

秦二世元年(七月),陳(涉)[勝](等)起(大澤中)。(其)九月,會稽[假]守通[素賢梁,乃召與計事]。【《漢書》非,《史記》是,從《史記》,則守通本有用梁意,先發通志也。《漢書》以爲梁語。求桓楚非守意,同時傳聞造締迥别,卒亦不見桓楚。所謂奇者,梁客吴中,部勒豪杰,如在掌握,故應以視假守。守召梁計事謂何?然亦不可泥也。】(謂)梁曰:"[方今]江西皆反

---

① 案:萬曆本和天啓本無此眉批,却多另一眉批:【又不成,下比《史》增一去字,是。】
② [吏]案:此字唯今本《漢書》作"吏"字。
③ (毋)案:底本原作"母",誤,兹據萬曆本和今本《史記》卷七《項羽本紀》改。下同。
④ 赫兒案:萬曆本和天啓本此二字作"亦成"。

[秦],此亦天亡秦(之)時也。(吾聞①)先[發](即)制人,後[發](則爲)[制於]人(所制)。[守歎曰:聞夫子楚將世家,唯足下耳!](吾欲發兵,使公及桓楚將。"是時桓楚亡在澤中)。梁曰:"[吴有奇士]桓楚亡[在澤中],人莫知其處,獨籍知之(耳)。"梁乃(出),(誡)[戒]籍持劍居外待。梁復入,與守(坐),[語]曰:"請召籍,使受(命)[令]召桓楚。"(守曰:"諾。"梁召)籍入。(須②臾),梁眴籍曰:"可行矣!"【師古曰:"眴音舜,動目面使之也。"】③(於是)籍遂拔劍[擊]④斬守(頭)。(項)梁持守頭,佩其印綬。門下(大)驚,擾(亂),籍所擊殺數十百人。(一)府中皆(慴)[讋]伏,莫敢[復]起。梁乃召故[人]所知豪吏,諭以所爲(起大事),【要起大事,字甚俚。】遂舉吴中兵。使人收下縣,得精兵八千人。(梁)部署(吴中)豪杰爲校尉、候、司馬。有一人不得(用)[官],自言(於梁)。梁曰(前)[某]時[某]喪,【不必某時。】使公主[某]事,不能辦,以(此)[故]不任(用)公。"衆乃皆[服](伏)。(於是)梁爲會稽(守)[將],【守字,是。】籍爲裨將,徇下縣。

[秦二年],廣陵人召平(於是)爲陳(王)[勝]徇廣陵,未(能)下。聞陳(王)[勝]敗走,(秦兵)[將章⑤邯]又且至,乃渡江矯陳王(命)[令],拜梁爲楚(王)上柱國,曰:"江東已定,急引兵西擊秦。"【此召平不自了事,乃能作此度外事,所以發亡秦之蹤在此。】項梁乃以八千人渡江而西。聞陳嬰已下東陽,使使欲與連和俱西。陳嬰者,故東陽令史,居縣(中),素信(謹),(稱)爲長者。東陽少年殺其令,相聚數千人,欲(置)[立]長,無適用,乃請陳嬰。嬰謝不能,遂强立(嬰爲長)[之],縣中從[之]者得二萬人。(少年)欲立嬰(便)爲王,異軍蒼頭特起。(陳)嬰母謂嬰曰:"(自我)[吾]爲(汝)[廼]家婦,(未常)聞(汝)先(古之有)[故未曾]貴(者)。今暴得大名,不祥。不如有所屬,事成猶得封侯,事敗易以亡,非世所指名也。"【樸直,有氣勢。】嬰乃不敢爲王。謂其軍(吏)曰:"項氏世世將家,有名於楚。今欲舉大事,【大字,似怯。】將非其人,不可。我倚名族,亡秦必矣。"(於是)[其]衆從(其言)[之],廼以[其]兵屬(項)梁。(項)梁渡淮,(黥)[英]布、蒲將軍亦以[其]兵屬焉。凡六七萬人,軍下邳。

(當)是時,秦嘉已立景駒爲楚王,軍彭城東,欲[以]距(項)梁。(項)

---

① 案:底本此二字無細綫勒之,據萬曆本、天啓本和今本《漢書》亦當有細綫勒之。此種情況除加圓括号"( )"表示《史記》本文被《漢書》删除外,亦用下劃綫"______"標明。下同。

② (須)案:底本作"湏",萬曆本、天啓本與今本《史記》均作"須",兹據校本改。

③ 案:萬曆本、天啓本無此條眉批。

④ [擊]案:底本原脱此字,兹據萬曆本、天啓本及今本《漢書》卷三十一《陳勝項籍傳》補。

⑤ [章]案:底本作"軍",兹據萬曆本、天啓本與今本《漢書》卷三十一《陳勝項籍傳》改。

梁謂軍吏曰:"陳王(先)首事,戰不利,未聞所在。今秦嘉背陳王(而)立景駒,[大]逆(無)[亡]①道。"廼(進)[引]兵擊秦嘉。(秦嘉)軍敗走,追(之)至胡陵,嘉還戰一日,嘉死,軍降。景駒走死梁地。(項)梁已并秦嘉軍,軍胡陵,將引(軍)而西。章邯(軍)至栗,(項)梁使别將朱雞石、餘樊君與戰。餘樊君死。朱雞石(軍)敗,亡走胡陵。(項)梁乃引兵入薛,誅朱雞石。(項)梁前使(項)羽别攻襄城,襄城堅守不下。已拔,皆阬之。還報(項梁)。(項)梁聞陳王定死,召諸别將會薛計事。【立六國後,樹黨益敵者,亡秦之上策。然梁敗景駒,亦非急於楚增,又發明懷王三户之悲,感以楚誼。至立爲懷王,號曰懷,此古所未有,殆與公子扶蘇等。當時人事如此,而非不可及之奇計也。使梁如陳勝,即蚤自立矣。賢哉!】(此)時沛公亦(起)[從]沛,往(焉)。

居鄛人范增,年七十,素(居家),好奇計,往説(項)梁曰:"陳勝敗固當。夫秦滅六國,楚最(無)[亡]罪,自懷王入秦不反,楚人憐之至今,故(楚)南公[稱]曰,'楚雖三户,亡秦必楚'(也)。今陳勝首事,不立楚後(而自立),其勢不長。今君起江東,楚蜂起之將皆争附君者,以君世世楚將,爲能復立楚之後也。"於是(項)梁(然其言),乃求楚懷王孫心[在]民間,爲人牧羊,立以爲楚懷王,從民(所)望也。陳嬰爲(楚)上柱國,封五縣,與懷王都盱台。(項)梁自號(爲)武信君。

(居數月),引兵攻亢父。[初,章邯既殺齊王田儋於臨菑,田假復自立爲齊王。儋弟榮走保東阿,章邯追圍之。梁引兵]【《漢書》甚明,《史記》欠。】(與齊田榮、司馬龍且軍)救東阿,大破秦軍(於)東阿。田榮即引兵歸,逐(其)王假。假亡走楚。(假)相田角亡走趙。角弟(田)間故齊將,居趙不敢歸。田榮立(田)儋子市爲齊王。(項)梁已破東阿下軍,遂追秦軍。數使使趣齊兵,(欲與)俱西。(田)榮曰:"楚殺田假,趙殺田角、田間,乃發兵。"(項)梁曰:"田假(爲)與國之王,窮來(從)[歸]我,不忍殺(之)。"趙亦不殺(田)角、(田)間以市於齊。齊遂不肯發兵助楚。(項)梁使[羽與]沛公(及項羽)别攻城陽,屠之。西破秦軍濮陽東,秦兵收入濮陽。沛公、(項)羽(乃)攻定陶。定陶未下,去,西略地至(雎)[雍]丘,大破秦軍,斬李由。還攻外黄,外黄未下。

(項)梁起東阿,(西),(北)[比]至定陶,再破秦軍。(項)羽等又斬李由,益輕秦,有驕色。宋義(乃)諫(項梁)曰:"戰勝而將驕卒惰者敗。今

---

① (無)[亡]案:底本原作一大字"亡",無墨綫勒之,前脱"無"字,玆據萬曆本、天啓本、今本《史記》卷七《項羽本紀》及《漢書》卷三十一《陳勝項籍傳》補。

(卒)少惰矣,秦兵日益,臣爲君畏之。"(項)梁(弗)[不]聽。(乃)[廼]使宋義(使)於齊。道遇齊使者高陵君顯,曰:"公將見武信君乎?"曰:"然。"[義]曰:"臣論武信君軍必敗。公徐行(即)[則]免(死),疾行則及禍。"秦果悉起兵益章邯,[夜銜枚]擊楚(軍),大破之定陶,(項)梁死。沛公[與](項)羽去外黄攻陳留,陳留堅守不(能)下。沛公、(項)羽相與謀曰:"今(項)梁軍(破)[敗],士卒恐。"乃與吕臣(軍)俱引兵而東。吕臣軍彭城東,(項)羽軍彭城西,沛公軍碭。

章邯已破(項)梁軍,則以爲楚地兵不足憂,(乃)[廼]渡河[北]擊趙,大破之。當此[之]時,趙歇爲王,陳餘爲將,張耳爲相,(皆)走入鉅鹿城。(章邯令)秦將王離、涉間圍鉅鹿,章邯軍其南,築甬道而輸之粟。陳餘(爲將),將卒數萬人(而)軍鉅鹿(之)北,(此)所謂河北(之)軍也。

楚兵已破于定陶,懷王恐,從盱台之彭城,并項羽、吕臣軍自將之。以吕臣爲司徒,以其父吕青爲令尹。以沛公爲碭郡長,封爲武安侯,將碭郡兵。

(初),宋義所遇齊使者高陵君顯(在楚軍),見楚[懷]王,曰:"宋義論武信君(之軍)必敗,(居)數日,(軍)果敗。(兵)[軍]未戰(而)先見敗徵,(此)可謂知兵矣。"王召宋義與計事而(大)説之,因(置)以爲上將軍;(項)羽爲魯公,爲次將,范增爲末將,(救趙)。諸别將皆屬(宋義),號(爲)卿子冠軍。[北救趙](行)至安陽,留(四十六日)不進。[秦三年],(項)羽[謂宋義]曰:"(吾聞)[今][1]秦軍圍(趙王)鉅鹿,疾引兵渡河,楚擊其外,趙應其内,破秦軍必矣。"宋義曰:"不然。夫搏牛之虻不可以破(蟣)虱。今秦攻趙,戰勝則兵罷,我乘其敝;不勝,則我引兵鼓行而西,必舉秦矣。故不如先鬥秦趙。夫(被堅執)[擊輕]鋭,(義)[我]不如公;坐(而)運[籌]策,公不如(義)[我]。"因下令軍中曰:"猛如虎,狠如羊,貪如狼,彊不可(使)[令]者,皆斬(之)。"(乃)遣其子(宋)襄相齊,身送之(至)無鹽,飲酒高會,天寒大雨,士卒凍饑。【此舉亦高陵宋義誤懷王耳。宋義所言,策士之常耳,而下令軍中斥羽,則書生之大言,取禍之尤速者。倘無飲酒高會,但四十六日不進,士卒亦且疑之,况以凍饑,道羽其短。羽出梁敗後,又陳留不下,亦無可爲者,賴此誅義,亦然復立。其言趙舉秦强,皆事實感激,非空言者。】(項)羽曰:"將(戮)[勠]力而攻秦,久留不行。今歲饑民貧,士卒食(芋)[半]菽,【半菽,是。】軍無見粮,(乃)[廼]飲酒高會,不引兵渡河

① [今]案:底本原作一大字"今",無墨綫勒之,兹據萬曆本、天啓本及今本《漢書》卷三十一《陳勝項籍傳》改。

因趙食,與(趙并)[并]力(攻)[擊]秦,(乃)[廼]曰:'承其敝'。夫以秦之彊,攻新造之趙,其勢必舉趙。趙舉(而)秦彊,何敝之承!且國兵新破,王坐不安席,掃境内而(專)屬(於)將軍,國家安危,在此一舉。今不恤士卒而狥(其)私[宴]①,非社稷之臣[也]。"(項)羽晨朝上將軍宋義,即其帳中斬(宋)義頭,出令軍中曰:"宋義與齊謀反楚,楚王陰令(羽)[籍]誅之。"【羽甚杰,牧羊兒乃能奪其軍將之,殆倚重沛公故。】(當是時),諸將(皆慴)[讋]服,莫敢枝梧。【瓚曰:"小柱爲枝,邪柱爲梧。"】②皆曰:"首立楚者,將軍家也。今將軍誅亂。"(乃)[廼]相與共立羽爲假上將軍,使人追宋義子,及之齊,殺之。【梁死兵敗,復奪其權他屬,然殺上將軍,得上將軍軍中耳目,固自不同。以此沈舟誓衆,非無本末者,後人效爲之,非也。】使桓楚報命於(懷)王。(懷)王因使[使立](項)羽爲上將軍,(當陽君、蒲將軍皆屬項羽)。

(項)羽已殺卿子冠軍,威震楚國,名聞諸侯。乃遣當陽君、蒲將軍將卒二萬[人]渡河,救鉅鹿。戰少利,陳餘復請兵。(項)羽(乃)[廼]悉引兵渡河,[已渡],皆(沉)[湛]船,破釜甑,燒廬舍,持三日粮,(以示)[視]士(卒)必死,無(一)還心。於是至則圍王離,與秦軍遇,九戰,絶(其)甬道,大破之,殺蘇角,虜王離。涉間不降(楚),自燒殺。當是時,楚兵冠諸侯。諸侯軍救鉅鹿(下)者十余壁,莫敢縱兵。【戰勝自奇,諸將驚動,極羽平生。】③及楚擊秦,諸(將)[侯]皆從壁上觀。楚戰士無不(以)一當十,(楚兵)呼聲動天[地],諸侯軍(無不)人人惴恐。於是[楚]已破秦軍,(項)羽(召)見諸侯將,諸侯將入轅門,(無不)膝行而前,莫敢仰視。(項)羽[繇](由)是始爲諸侯上將軍,(諸侯)[兵]皆屬焉。

章邯軍棘原,(項)羽軍漳南,相持未戰。秦軍數(却)[卻],二世使人讓章邯。章邯恐,使長史欣請事。至咸陽,留司馬門三日,趙高不見,有不信之心。長史欣恐,還走(其軍),不敢出故道,趙高果使人追之,不及。【二世不聞敗,讓章邯者,即趙高也。不得見,還走,其意已决。不敢出故道,又高。】欣至軍,報曰:"(趙高用)事(於中),(下無)[亡]可爲者。[相國趙高顓國主斷],今戰[而](能)勝,高(必疾)[嫉](妬)吾功;(戰)不(能)勝,不免於死。願將軍(孰)[熟]計之。"陳餘亦遺章邯書曰:"白起爲秦將,南(征)[并]鄢郢,北阬馬服,攻城略地,不可勝計,而(竟)[卒]賜死。蒙恬爲

---

① 私[宴]案:底本原倒爲"[宴]私",兹據萬曆本、天啓本及今本《漢書》卷三十一《陳勝項籍傳》乙正。

② 案:萬曆本、天啓本無此條眉批。

③ 案:此條眉批萬曆本、天啓本爲:【叙鉅鹿之戰,踴躍震動,極羽平生。】

秦將,北逐戎人,開榆中地數千里,竟斬陽周。何者?功多,秦不能(盡)封,因以法誅之。今將軍爲秦將三歲矣,所亡失(以)[已]十萬數,而諸侯并起(滋)[茲]益多。彼趙高素諛日久,今事急,亦恐二世誅之,故欲以法誅將軍以塞責,使人更代(將軍)以脱其禍。(夫)將軍居外久,多内(郤)[隙],有功亦誅;(無)[亡]功亦誅。且天之亡秦,無愚智皆知之。今將軍内不直諫,外爲亡國將,孤(特獨)立而欲(常)[長]存,豈不哀哉!將軍何不還兵與諸侯爲從,(約共攻秦,分王其地),南面稱孤。(此)孰與身伏(鈇)[斧]質,妻子爲(僇)[戮]乎?"

章邯狐疑,陰使候始成使(項)羽,欲約。約未成,(項)羽使蒲將軍(日夜)引兵度三户,軍漳南,與秦戰,再破之。(項)羽悉引兵擊秦軍汙水上,大破之。(章)邯使(人)[使]見(項)羽,欲約。(項)羽召軍吏,謀曰:"粮少,欲聽其約。"軍吏皆曰:"善。"(項)羽乃與(期)[盟]洹水南殷虚上。已盟,章邯見(項)羽(而)流涕,爲言趙高。(項)羽(乃)[廼]立章邯爲雍王,置(楚)軍中。使長史欣爲上將(軍),將秦軍(爲)[行]前(行)。

[漢元年,羽將諸侯兵三十餘萬,行略地至河南,遂西]到新安。[異時]諸侯吏卒(異時故繇)[徭役](使)屯戍過秦中,秦中(吏卒)遇之多(無)[亡]狀,及秦軍降諸侯。諸侯吏卒乘勝(多)奴虜使之,輕重折辱秦吏卒。(秦)吏卒多竊言曰:【三多字,是。多者,不盡然也。】"章將軍等詐吾屬降諸侯,今能入關破秦,大善;即不能,諸侯虜吾屬而東,秦(必)[又]盡誅吾父母妻子。"諸將微聞其計,以告(項)羽。(項)羽[廼](乃)召(黥)[英]布、蒲將軍計曰:"秦吏卒尚衆,其心不服,至關(中)不聽,事必危,不如擊(殺)之,(而)獨與章邯、長史欣、都尉翳入秦。"於是(楚軍)夜擊阬秦(卒)[軍]二十餘萬人(新安城南)。

(行略定秦地。)[至]函谷關,有兵守(關),不得入。(又)聞沛公已(破)[屠]咸陽,(項)羽大怒,使當陽君(等)擊關。(項)羽遂入,至(於)戲西[鴻門,聞沛公欲王關中,獨有秦府庫珍寶。亞父范增亦大怒,勸羽擊沛公。饗士,旦日合戰。羽季父項伯素善張良。良時從沛公,項伯夜以語良。良與俱見沛公,因伯自解于羽。明日,沛公從百餘騎至鴻門謝羽,自陳"封秦府庫,還軍霸上以待大王,閉關以備它盗,不敢背德。"羽意既解,范增欲害沛公,賴張良、樊噲得免。語在《高紀》。]〇連下"後數日,羽乃屠咸陽。"(沛公軍霸上,未得與項羽相見。)沛公左司馬曹無傷使人言(於)項羽曰:"沛公欲王關中,(使)[令]子嬰(爲)相,珍寶盡有之。[欲以求封]。"(項羽大怒,曰:"旦日饗士卒,爲擊破沛公軍!"當是時,項羽兵四十萬,在新豐鴻門,沛公兵十餘萬,在霸上。)[亞父]范增説(項羽)曰:【范增語與曹無傷不同,增蓋得之。此樊噲、張子房諫後所見聞,增乃知其志不在小。使羽於此有見，何至秦人一日失望哉！曹無傷讒語也，不足信。羽知不實，怒，亦怠增此語，故以爲沛公游説耳，羽所重乃竊在此。使人望氣之謂好奇，既知其如此，又曰急擊勿失，徒自可笑。】"沛公居山東時，貪(於)財貨，好(美姬)[色]，今[聞其]入關，(財)[珍]物無所取，婦女無所幸，此其志不(在)小。吾(令)[使]人望其氣，皆爲龍(虎)，【或如龍如虎，或青或黄，獨指爲龍，過矣。】成五(采)[色]，此天子氣(也)。急擊[之]勿失。"

[於是饗士，旦日合戰。時，羽兵四十萬，號百萬；沛公兵十萬，號二十萬，力不敵。會](楚左尹項伯者)，(項)羽季父[左尹項伯](也)，素善(留侯)張良。(張良是時從沛公)。(項伯乃)夜馳(之沛公軍)，(私)見張良，具告(以事)[其實]，欲(呼張良)與俱去。(曰)："毋(從)[特]俱死(也)。"(張)良曰："臣爲韓王送沛公，(沛公今事有急)，[不可不告]。亡去不義，[乃與項伯俱見沛公]①，(不可不語。"良乃入，具告沛公。沛公大驚曰："爲之奈何？"張良曰："誰爲大王爲此計者？"曰："鯫生【服虔曰："鯫，音淺，小人貌也。"】②説我曰：'距關，毋内諸侯，秦地可盡王也。'故聽之)。"【此處問答如見，備極情事。削此，豈他有功哉！】(良曰："料大王士卒足以當項王乎？")【《史記》婉。】(沛公默然，曰："固不如也，且爲之奈何？"張良曰："請往謂項伯，言沛公不敢背項王也。"沛公曰："君安與項伯有故？"張良曰："秦時與臣游，項伯殺人，臣活之，今事有急，故幸來告良。"沛公曰："孰與君少長？"良曰："長於臣。"沛公曰："君爲我呼入，吾得兄事之。"張良出，要項伯。)[乃與]項伯(即入)，[俱]見沛公。沛公(奉卮酒爲壽)，[與伯]約爲婚姻，曰："吾入關，秋毫(不)[無所]敢(有所近)[取]，籍吏民，封府庫，(而)待將軍。所以(遣將)守關者，備他盗(之出入與非常)也。【遣將、出入與非常，一字豈可少。】日夜望將軍(至)[到]，豈敢反(乎)[邪]！願伯(具)[明]言(臣之)不敢背德(也)。"項伯許諾，[即夜復去]，(謂)[戒]沛公曰："旦日不可不蚤自來謝(項王。"沛公曰："諾。"於是)項伯(復夜去，至軍中)[還]，具以沛公言(報項王)[告羽]，因(言)曰："沛公不先破關中[兵]，公(豈敢)[巨能]入乎？[且](今)人有大功(而)擊之，不(義)[祥](也)。不如因善(遇)之。"(項王)[羽]許諾。

沛公旦日從百餘騎(來)見(項王)[羽]。(至)鴻門，謝曰："臣與將軍(戮)[勠]力(而)攻秦，將軍戰河北，臣戰河南，(然)不自意(能)先入關，

① 案：萬曆本、天啓本脱"乃與項伯俱見沛公"8字。

② 案：萬曆本、天啓本無此條眉批。

【然不自意能,甚善,於此有力。】[能]①破秦,(得復見)[與]將軍[復相見](於此)。今者有小人(之)言,令將軍與臣有(郤)[隙]。"(項王)[羽]曰:"此沛公左司馬曹(無)[毋]②傷言之,不然,籍何以(至)[生]③此?"【生此好至此。】(項王)[羽](即日)因留沛公(與)飲。(項王、項伯東嚮坐,亞父南嚮坐。亞父者,范增也。沛公北嚮坐,張良西嚮待)。④ 范增數目(項王)[羽],(舉所佩玉玦以示之者三)[擊沛公],(項王)[羽](默然)不應。【項王爲人不忍,於此可見。此伯之所以敢語,增之所以不敢怒也。】范增起,出(召)[謂]項莊,(謂)曰:"君王爲人不忍,(若)[汝]入(前爲壽,壽畢,請)以劍舞,因擊沛公(於坐),殺之。不者,(若)[汝]屬(皆)且爲所虜。"莊(則)入爲壽,壽畢,曰:"(君王與沛公飲)軍中,無以爲樂,請以劍舞。"(項王曰:"諾。"項莊)[因]拔劍起舞,項伯亦(拔劍)起舞,常以身翼蔽沛公,(莊不得擊。於是張良至軍門,見)樊噲。(樊噲曰:"今日之事何如?"良曰:"甚)[聞事]急,(今日項莊拔劍舞,其意常在沛公也。"噲曰:"此迫矣。臣請入,與之同命。"噲即帶劍擁盾入軍門,交戟之衛士欲止不内,樊噲側其盾以撞,衛士仆地,噲遂)[直]入,[怒甚],(披帷西嚮立,瞋目視項王,頭髮上指,目眥盡裂。項王按劍而跽曰:"客何爲者?"張良曰:"沛公之參乘樊噲者也。"項王)[羽](曰):"壯(士)[之],賜(之)[以](巵)酒。"(則與斗巵酒)。噲[因譙讓羽],(拜謝,起,立而飲之。項王曰:"賜之彘肩。"則與一生彘肩。樊噲覆其盾於地,加彘肩上,拔劍切而啗之。項王曰:"壯士,能復飲乎?"樊噲曰:"臣死且不避,巵酒安足辭!夫秦王有虎狼之心,殺人如不能舉,刑人如恐不勝,天下皆叛之。懷王與諸將約,曰:'先破秦入咸陽者王之。'今沛公先破秦入咸陽,毫毛不敢有所近,封閉宫室,還軍霸上,以待大王來)。【還軍霸上,本非初意,然謀臣之諫是。基帝王之業,息奸雄之心,獨藉此耳。】(故遣將守關者,備他盜出入與非常也。勞苦而功高如此,未有封侯之賞,而聽細説,欲誅有功之人,此亡秦之續耳。竊爲大王不取也。"項王未有以應,曰:"坐。"樊噲從良坐。坐須臾)[有頃],沛公起如厠,(因)招樊噲出。

(沛公已出,項王使都尉陳平召沛公,沛公曰:"今者出未辭也,爲之奈何?"樊噲曰:"大行不顧細謹,大禮不辭小讓。如今人方爲刀俎,我爲魚

① [能]案:底本脱此小字,兹據萬曆本、天啓本及今本《漢書》卷一《高帝紀》補。

② 案:底本原倒为[毋](無),兹據萬曆本、天啓本改。

③ 案:底本原倒为[生](至),且"至"字無細綫勒之,兹據萬曆本、天啓本改。

④ 案:此處萬曆本、天啓本衍一眉批:【叙楚漢會鴻門事,歷歷如目睹,無毫髮滲漏,非十分筆力,模寫不出。】

肉,何辭爲?”於是遂去。乃令張良留謝。良問曰:“大王來何操?”曰:“我持白璧一雙,欲獻項王,玉斗一雙,欲與亞父。會其怒,不敢獻。公爲我獻之。”張良曰:“謹諾。”當是時,項王軍在鴻門下,沛公軍在霸上,相去四十里。沛公則)置車[官屬](騎,脱身)獨騎,與樊噲、(夏侯嬰)、靳彊[滕公]、紀(信)[成](等四人持劍盾)步(走),從(酈山下,道芷陽)間(行。沛公謂張良曰:“從此)道(至)[走](吾)軍,(不過二十里耳。度我至軍中,公乃入。”沛公已去,間至軍中),[使]張良[留](入)謝[羽](曰:“沛公不勝杯杓,不能辭。謹使臣良奉白璧一雙,再拜獻大王足下,玉斗一雙,再拜奉大將軍足下。”項王曰)[羽問]:“沛公安在?”(良)曰:“聞(大王)[將軍]有意督過之,脱身(獨)去,(已)[間]①至軍(矣),[故使臣獻璧]。”[羽](項王則)受(璧,置)之(坐上。亞父受)[又獻]玉斗[范增,增怒],(置之地,拔劍)撞[其斗起](而破之),曰:“(唉!豎子不足與謀。奪項王天下者,必沛公也),吾屬今爲(之)[沛公]虜矣。”(沛公至軍,立誅殺曹無傷。)

(居)[後]數日,(項)羽[廼](引兵西)屠咸陽,殺秦降王子嬰,燒(秦)[其]宫室,火三月不滅;(取)[收]其(貨)寶[貨],[略]婦女而東。[秦民失望。於是](人或)[韓生]説(項王)[羽]曰:“關中阻山[帶]河,四塞[之]地,肥饒,可都以(霸)[伯]。”(項王)[羽]見秦宫室皆(以)[已]燒殘(破),又(心)懷思(欲)東歸,曰:“富貴不歸故鄉,如衣(繡)[錦]夜行,(誰知之者!”説者)[韓生]曰:“人(言)[謂]楚人沐猴而冠(耳),果然。”(項王)[羽]聞之,(烹説者)[斬韓生]。【《史記》録此,謂最盡懷王情實。秦未亡前須出此,秦亡之後非利也。事之利害,旦暮有不同者,酈生後時猶執此説,真腐儒也。】[初,懷王與諸將約,先入關者王其地,羽既背約],(項王)使人致命(於)懷王。懷王曰:“如約。”[羽廼曰:“懷王者,吾家武信君所立耳,非有功伐,何以得顓主約?”](乃尊懷王爲義帝。項王欲自王,先王諸將相。謂曰):“天下初發難(時),假立諸侯後以伐秦。然身被堅執鋭首事,暴露於野三年,滅秦定天下者,皆將相諸君與籍(之)力也。(義帝)[懷王](雖無)[亡]功,(故)[固]當分其地(而)王之。”諸將皆曰:“善。”[羽廼陽尊懷王爲義帝,曰:“古之王者,地方千里,必居上游。”徙之長沙,都郴。](乃)[廼]分天下,(立)[以王]諸(將爲)侯(王)。

(項王)[羽與]范增疑沛公(之有天下),業已講解,又惡(負)[背]約,恐諸侯叛之,(乃)陰謀曰:“巴、蜀道險,秦之遷(人)[民]皆居(蜀)[之]。”乃曰:“巴、蜀亦關中地(也)。”故立沛公爲漢王,王巴、蜀、漢中,(都南鄭)。

---

① [間]案:底本原脱此小字,兹據萬曆本、天啓本及今本《漢書》卷一《高帝紀》補。

而(三)[参]分關中,王秦降將以距塞漢(王)[道]。(項王)乃立章邯爲雍王,王咸陽以西,(都廢丘)。長史[司馬]欣(者),故(爲)櫟陽獄(掾)[吏],嘗有德於(項)梁;都尉董翳(者),本勸章邯降(楚)。(故)立(司馬)欣爲塞王,王咸陽以東至河,(都櫟陽);立(董)翳爲翟王,王上郡,(都高奴)。徙魏王豹爲西魏王,王河東,(都平陽)。瑕丘[公]申陽者,張耳嬖臣也,先下河南(郡),迎楚河上,(故)立(申)陽爲河南王,(都雒陽。韓王成因故都,都陽翟)。趙將司馬卬定河内,數有功,(故)立卬爲殷王,王河内,(都朝歌)。徙趙王歇(爲)[王]代(王)。趙相張耳素賢,又從入關,(故)立(耳)爲常山王,王趙地,(都襄國)。當陽君(黥)[英]布爲楚將,常冠軍,(故)立布爲九江王,(都六)。(鄱)[番]君吴芮(率)[帥]百(越)[粤]佐諸侯,(又)從入關,(故)立芮爲衡山王,(都邾)。義帝柱國共敖將兵擊南郡,功多,因立(敖)爲臨江王,(都江陵)。徙燕王韓廣爲遼東王。燕將臧荼從楚救趙,因從入關,(故)立荼爲燕王,(都薊)。徙齊王田市爲膠東王。齊將田都從共救趙,(因從)入關,(故)立都爲齊王,(都臨菑)。故秦所滅齊王建孫田安,(項)羽方渡河救趙,(田)安下濟北數城,引(其)兵降(項)羽,(故)立安爲濟北王,(都博陽)。田榮者,(數負)[背](項)梁,(又)不肯(將兵從)[助]楚擊秦,以故不[得]封。(成安君)陳餘棄將印去,不從入關,然素聞其賢,有功於趙,聞其在南皮,故因環封[之]三縣。【環三縣封之,如字足矣。又音爲宦,後人之好奇也。】番君將梅鋗功多,故封十萬户侯。【梅鋗功多,封十萬户侯,漢初所未有。然番君者,甲令不見。所謂梅鋗者,豈羽死鋗歿,故不遇高帝邪?士之有功,或不得其時,與無等耳。】(項王)[羽]自立爲西楚(霸)[伯]王,王[梁楚地]九郡,都彭城。

(漢之元年四月),諸侯(罷戲下),各就國。○連下文"田榮聞羽徙齊王市膠东"①。(項王出之國,使人徙義帝,曰:"古之帝者,地方千里,必居上游。"乃使使徙義帝長沙郴縣。趣義帝行,其群臣稍稍背叛之,乃陰令衡山、臨江王擊殺之江中。韓王成無軍功,項王不使之國,與俱至彭城,廢以爲侯,已又殺之。臧荼之國,因逐韓廣之遼東,廣弗聽,荼擊殺廣,無終,并王其地。)【《漢書》是。】

田榮聞(項)羽徙齊王市膠東,而立(齊將)田都爲齊王,(乃)大怒,不肯遣(齊王)[市]之膠東,因以齊反,迎擊(田)都。(田)都走楚,(齊王)市畏(項王)[羽],(乃)[廼]亡之膠東就國。(田)榮怒,追(擊)殺之即墨。【《史記》連上田榮,是。】(榮因)自立爲齊王,(而西擊殺濟北王田安,并王

---

① 萬曆本、天啓本脱此條注釋。

三齊。榮與)[予]彭越將軍印,令反梁地。[越迺擊殺濟北王田安,田榮遂并王三齊之地。]○連下“時,漢王還定三秦”。陳餘(陰)使張同、夏説説齊王(田)榮,曰:“項(羽)[王]爲天下宰,不平。今盡王故王於醜地,而王(其)群臣諸將善地,逐其故主趙王,(乃)[迺]北居代,餘以爲不可。聞大王起兵,且不聽不義,願大王資餘兵,(請以)[使]擊常山,以復趙王,請以國爲扞蔽。”【羽封諸將有功,獨魏、趙、齊、韓因其故耳。然或徙或分,非謂故主,必當王也。定功如此,大略可觀。陳餘小人,徒以張耳一常山不平,謂盡王故王醜地。且歇居代,歇何爲於當世?餘又豈有功於諸將哉?一田榮不封,遂生此。故知立功易,爲宰難也,非羽之罪。】齊王許之,因遣兵(之)[往]趙。(陳)餘悉(發)三縣兵,與齊并力擊常山,大破之。張耳走歸漢。陳餘迎故趙王歇(於代),反之趙。趙王因立(陳)餘爲代王。○連下文“羽至城陽”。

是時,漢王還定三秦。(項)羽聞漢(王皆已)并關中,且東,齊、(趙)[梁](叛)[畔]①之,大怒,乃以故吴令鄭昌爲韓王,以距漢。令蕭公角等擊彭越。(彭)越敗蕭公角等。[時](漢使)張良徇韓,(乃)遺項王書曰:“漢王失職,欲得關中,如約即止,不敢東。”又以齊、梁反書遺(項王)[羽]②(曰):“(齊欲與趙并滅楚。”楚)[羽]以此故無西意,而北擊齊。【子房從韓致書,自以意言之,妙在并及反書以聞。使羽留齊本此。】徵兵九江王布。布稱疾不(往)[行],使將將數千人(行)[往]。(項王由此怨布也。漢之)二年(冬),[羽陰使九江王布殺義帝]。○接上“陳餘使張同”。

(項)羽(遂北)至城陽,田榮亦將兵會戰。(田)榮不勝,走至平原,平原民殺之。[羽]遂北燒夷齊城郭室屋,皆阬(田榮)降卒,繫虜(其)老弱婦女。徇齊至北海,(多)所[過]殘滅。齊人相聚而(叛)[畔]③之。於是田榮弟(田)横,收[得](齊)亡卒(得)數萬人,反城陽。(項王)[羽]因留,連戰未能下。

(春),漢王(部)[劫]五諸侯兵,凡五十六萬人,東伐楚。【劫字創見,深得事實,故敗復畔。】(項王)[羽]聞之,即令諸將擊齊,而自以精兵三萬人南從魯出胡陵。(四月),漢[王]皆已(入)[破]彭城,收其貨(寶)[賂]美人,日置酒高會。(項王乃)[羽迺](西)從蕭,晨擊漢軍而東,至彭城,日中,

---

① (叛)[畔]案:底本原作大字“叛”,無墨綫勒之,後脱一小字“畔”,兹據萬曆本、天啓本及今本《漢書》卷三十一《陳勝項籍傳》補。

② (項王)[羽]案:底本“項王”字後原脱一小字“羽”,兹據萬曆本、天啓本及今本《漢書》卷三十一《陳勝項籍傳》補。

③ (叛)[畔]案:底本原作大字“叛”,無墨綫勒之,後脱一小字“畔”,兹據萬曆本、天啓本及今本《漢書》卷三十一《陳勝項籍傳》補。

大破漢軍。漢軍皆走,[追之],(相隨入)穀、泗水,(殺漢卒十餘萬人)。漢(卒)[軍]皆南走山,楚又追擊至靈壁東睢水上。漢軍(却)[郤],爲楚所擠,多殺,漢卒十餘萬(人)皆入睢水,睢水爲(之)不流。圍漢王三匝。(於是)大風從西北(而)起,折木發屋,揚(沙)[砂]石,(窈冥)晝晦,(逢迎楚軍)。楚軍大亂,(壞散),而漢王(乃)得與數十騎遁去。【自西而東,晨至,日中,穀、泗水陷十餘萬,睢水又擠入,殺十餘萬,皆節次不可得删。逢迎楚軍,楚軍故大亂壞散,本大勝,不應壞散,此四字何可無?】(欲)過沛,[使人](收)[求](家)室[家](而西,楚亦使人追之沛,取漢王家)[室],家[亦已](皆)亡,不(與漢王)相(見)[得]。漢王道逢(得)孝惠、魯元,(乃)載行。楚騎追漢王,漢王急,推墮(孝惠、魯元)[二子](車下),滕公(常)下收載之。(如是者三。曰:"雖急不可以驅,奈何棄之?"於是)遂得脱。【滕公曰在羽傳,皆不切。】(求太公、吕后不相遇)。審食其從太公、吕后間行,(求漢王),反遇楚軍。(遂)與歸,(報項王,項王)[羽]常置軍中。

(是時,吕后兄周吕侯爲漢將兵,居下邑),漢王(間往從之)。○自"圍漢王三匝"至此,用高紀文羽傳①"睢水爲不流"下止云。["漢王乃與數十騎遁去",語在《高紀》。太公、吕后間行,求漢王,反遇楚軍。楚軍與歸,羽常置軍中以爲質。]遂接下"漢王稍收散卒"。稍(稍)收(其士)[散]卒。(至滎陽,諸敗軍皆會),蕭何(亦)發關中(老弱未傅)[卒]悉詣滎陽,(復大振)。【孟康曰:"古者二十而傅,三年耕有一年儲,故二十三年而後役之。"如淳曰:"律,年二十二傅之疇官,各從其父疇内學之,高不滿六尺一寸下爲罷癃。"《漢儀注》曰:"年五十六衰老,乃得免爲庶民,就田里。"今老弱未當傅者皆發之,未二十三爲弱,過五十爲老。】(楚起於彭城,常乘勝逐北,與漢)戰(滎陽南京)、索間,(漢)敗楚,楚以故不能過滎陽而西。○連下文"漢軍滎陽"。

(項王之救彭城,追漢王至滎陽,田横亦得收齊,立田榮子廣爲齊王。漢王之敗彭城,諸侯皆復與楚而背漢)。漢軍滎陽,築甬道(屬之河,以)取敖(倉)(粟)[食]。(漢之)三年,(項王)[羽]數(侵奪)[擊絶]漢甬道,漢王食乏,(恐),請和,割滎陽以西爲漢。

(項王)[羽]欲聽之。歷陽侯范增曰:"漢易與耳,今(釋弗)[不]取,後必悔之。"(項王)[羽]乃(與范增)急圍滎陽。漢王患之,乃(用)[與]陳平(計),[金四萬斤以]間(項王)。[楚君臣語在《陳平傳》]。○連下文"羽以故疑范增"②。【食盡講和,和後通使。當時事勢之急,不減垓下,徒以小人兒子之

① 萬曆本、天啓本作"自'圍漢王三匝'至此,《漢書》高紀文"。
② 萬曆本、天啓本脱此條注文。

術間其君臣,非甚奇計。難測必相疑者也,增撞玉斗,有以知之矣。方迫人於險而瓦解,可憤恨。至夜出女子軍、黄屋車始亡,且甚真,玩羽掌上而漢業以成,非平實智,乃羽衰兆也。世有夜戰披甲降者哉!不然,受降如受敵,漢王安得間出哉!】(項王使者來,爲太牢具,舉欲進之。見使者,佯驚愕曰:"吾以爲亞父使者,乃反項王使者。"更持去,以惡食食項王使者。使者歸報項王,項王)[羽以故](乃)疑范增(與漢有私),稍奪之權。范增(大)怒,曰:"天下事大定矣,君王自爲之。願賜骸骨歸(卒伍)。"(項王許之)。行未至彭城,疽發背(而)死。

[於是]漢將紀信(說漢王曰:"事已急矣,請)[詐]爲[漢]王[出降以]誑楚[軍](爲王,王可以間出)。"○連下文"漢王得與數十騎"①。

(於是漢王夜出女子滎陽東門被甲二千人,楚兵四面擊之。紀信乘黄屋車,傅左纛,曰:"城中食盡,漢王降。"楚軍皆呼萬歲)。[故]漢王亦(得)與數十騎從(城)西門出。○連下文"令周苛、樅公"②。(走成皋。項王見紀信,問:"漢王安在?"信曰:"漢王已出矣。"項王燒殺紀信。)

(漢王使)[令](御史大夫)周苛、樅公、魏豹守滎陽。○連下文"漢西入關。"(周苛、樅公謀曰:"反國之王,難與守城。"乃共殺魏豹。楚下滎陽城),(生)得周苛。(項王)[羽]謂周苛(曰):"爲我將,(我)以公爲上將軍,封三萬户。"周苛罵曰:"若不趣降漢,漢今[爲]虜(若)[矣],若非漢[王]敵也。"(項王)[羽](怒),[亨](烹)周苛,并殺樅公。○"生得周苛"以下《漢書·高紀》文。

漢王(之出滎陽),[西入關收兵,還,](南走)[出]宛、葉[間],(得)[與]九江王[黥]布,行收兵,(復入保成皋)。[羽聞之,即引兵南。漢王堅壁不與戰。]○連下文"是時彭越渡睢"。(漢之四年,項王)進(兵)圍成皋。漢王(逃)[跳],獨與滕公[得]出(成皋)北門③,渡河(走)[至]修武,從張耳、韓信(軍。諸將稍稍得出成皋,從漢王)。楚遂拔成皋,(欲西。漢使兵距之鞏,令其不得西)。○連下文"漢王得韓信軍"。

是時,彭越渡(河)[睢](擊楚東阿),[與項声、薛公戰下邳],殺(楚將軍)薛公。(項王)[羽]乃(自)東擊彭越。[漢王亦引兵北軍成皋。羽已破走彭越,引兵西下滎陽城,烹周苛,殺樅公,虜韓王信。]○接上"進圍成皋"。漢王得(淮陰侯)[韓信軍](兵,欲渡河南。鄭忠説漢王,乃)[留]止(壁河内)。使[盧綰]、劉

---

① 萬曆本、天啓本脱此條注文。
② 萬曆本、天啓本脱此條注文。
③ 成皋北門案:今本《漢書》作"成皋玉門"。張晏注曰:"玉門,成皋北門。"

賈(將兵)[渡白馬津,入楚地],佐彭越,[共擊破楚軍燕郭西],燒(楚)[其]積聚。[攻下梁地十餘城,羽聞之。]○漢下接"謂海春侯"。(項王東擊破之,走彭越。漢王則引兵渡河,復取成皋,軍廣武,就敖倉食。項王已定東海,來西與漢俱臨廣武而軍,相守數月)。

(當此時,彭越數反梁地,絶楚粮食,項王患之)。[乃]爲高俎,置太公其上,告漢王曰:"今不急下,吾(烹)[亨]太公。"漢王曰:"吾與[若](項羽)俱北面受命懷王,(曰)'約爲兄弟',吾翁即(若)[汝]翁,必欲(烹)[亨](而)[乃]翁,(則)幸分我一(桮)[杯]羹。"(項王)[羽]怒,欲殺之。項伯曰:"天下事未可知,且爲天下者不顧家,雖殺之無益,(袛)[但]益(禍)[怨]耳。"(項王)[羽]從之。【項伯有大功於其父子間,然語如此,羽反不疑,何也?又不似猜忌者。】

(楚漢久相持未決,丁壯苦軍旅,老弱罷轉漕,項王)[迺使人]謂漢王曰:"天下匈匈(數歲者),徒以吾兩人(耳),願與(漢)王挑戰決雌雄,毋徒(苦)[罷]天下(之民)父子爲也。"漢王笑謝曰:"吾寧鬥智,不能鬥力。"(項王)[羽]令壯士出挑戰。漢有善騎射(者)[曰]樓煩,楚挑戰三合,樓煩輒射殺之。(項王)[羽]大怒,(乃)自被甲持戟挑戰。樓煩欲射(之),(項王)[羽]瞋目叱之,樓煩目不(敢)[能]視,手不(敢)[能]發,(遂)走還入壁,不敢復出。漢王使(人)間問之,(乃)[迺](項王)[羽]也。漢王大驚。於是(項王)[羽](乃即)[與]漢王相與臨廣武間而語。漢王數(之)[羽十罪]。[語在《高紀》](項王)[羽]怒,(欲一戰。漢王不聽,項王)伏弩射(中)[傷]漢王。漢王(傷,走)入成皋。[時,彭越數反梁地,絶楚粮食。]【《漢書》易置時時異,然皆無甚錯,惟獨以確實似整。】

(項王聞淮陰侯)[又韓信](已舉河北),破齊、(趙),且欲擊楚,[羽](乃)使[從兄子項它爲大將],龍且[爲裨將救齊],(往擊之。淮陰侯與戰,騎將灌嬰擊之),[韓信](大)破(楚軍),殺龍且,[追至城陽,虜齊王廣。](韓)信(因)[遂]自立爲齊王。(項王)[羽]聞(龍且軍破)[之],(則)恐,使(盱台人)武涉往説(淮陰侯)[信]。(淮陰侯弗聽)。[語在《信傳》。]○連下文"時,漢關中兵益出"。(是時,彭越復反,下梁地,絶楚粮)。(項王乃)謂海春侯大司馬曹咎(等)曰:"謹守成皋,(則)[即]漢欲挑戰,慎(勿)[毋]與戰,(毋)[勿]令得東而已。我十五日必(誅彭越),定梁地,復從將軍。"(乃)[於是引兵]東,(行)。[四年,羽]擊陳留、外黄。

外黄不下。數日,(已)降,(項王)[羽](怒),悉令男子年十五以上詣城東,欲阬之。外黄令舍人兒年十三,往説(項王)[羽]曰:"彭越彊劫外黄,外黄恐,故且降,待大王。大王至,又皆阬之,百姓豈有[所]歸心[哉]?

從此以東,梁地十餘城皆恐,莫肯下矣。"(項王)[羽]然其言,乃赦外黄當阬者。[而]東至睢陽,聞之皆爭下(項王)。

漢果數挑楚軍戰,楚軍不出。使人辱之,五六日,大司馬怒,渡兵汜水。(士)(卒)半渡,漢擊(之),大破[之](楚軍),盡得楚國[金玉]貨賂。大司馬咎、長史(翳、塞王)欣皆自剄汜水上。(大司馬)咎(者),故蘄獄掾,(長史)欣(亦)故(櫟陽獄史)[塞王](兩人嘗有德於項梁,是以項王)[羽]信任之。(當是時,項王)[羽至](在)睢陽,(聞海春侯軍敗)[咎等破],則引兵還。漢軍方圍鍾離昧於滎陽東,(項王)[羽軍]至,漢軍畏楚,盡走險阻,[羽亦軍廣武,相守]。○連上文"乃爲高組,置太公"。

(是)時,漢[關中]兵(盛)[益出]食多,(項王)[羽]兵(罷)食(絶)[少]①。漢遣陸賈説(項王)[羽],請太公,(項王)[羽]弗聽。漢(王)復使侯公(往)説(項王)[羽],(項王)[羽](乃)[廼]與漢(王)約,中分天下,割(鴻)[洪]溝以西(者爲)漢,(鴻溝而)[以]東(者)爲楚。(項王許之,即歸漢王父母妻子)。[九月,歸太公、吕后]。軍皆[稱](呼)萬歲。(漢王)乃封侯公爲平國君。(匿弗肯復見。曰:"此天下辨士,所居傾國,故號爲平國君)。"【亦漢王曰,非史意。】(項王已約),[羽](乃引兵)解而東歸。

漢王欲西歸,張良、陳平(説)[諫]曰:"[今]漢有天下大半,而諸侯皆附(之)。楚兵罷食盡,此天亡(楚)之時(也),不(如)因其(機)[幾]而遂取之。(今釋弗擊,此)所謂'養虎自遺患'也。"漢王(聽)[從]之。○"自漢遣陸賈"至此,《漢書·高紀》文。[漢王使侯公説羽,羽廼與漢王約,中分天下,割鴻溝而西者爲漢,東者爲楚,歸漢王父母妻子。已約,羽解而東。]遂接下"五年"②。

(漢)五年,漢王(乃)[進兵]追(項王)[羽]至(陽夏南,止軍,與淮陰侯韓信、建成侯彭越期會而擊楚軍)。(至)固陵,[復爲羽所敗。漢王用張良計,致齊王信、建成侯彭越兵。]○連下文"及劉賈入楚地"③。(而信、越之兵不會。楚擊漢軍,大破之。漢王復入壁,深塹而自守。謂張子房曰:"諸侯不從約,爲之奈何?"對曰:"楚兵且破,信、越未有分地,其不至固宜。君王能與共分天下,今可立致也。即不能,事未可知也。君王能自陳以東傅海,盡與韓信;睢陽以北至穀城,以與彭越;使各自爲戰,則楚易敗也。"漢王曰:"善。"於是乃發使者告韓信、彭越曰:"并力擊楚。楚破,自陳以東傅海與齊王,睢陽以北至穀城與彭相國。"使者至,韓信、彭越皆報曰:"請今進兵。"韓信乃從齊往),【《漢書》此等置别傳,良是。】[及](劉賈軍從)[入楚

---

① 萬曆本、天啓本此處衍一條注文"連下'漢王使侯公説羽'"。

② 萬曆本、天啓本脱"遂接下'五年'"五字。

③ 萬曆本、天啓本脱此條注文。

地]圍壽春(并行,屠城父,至垓下)。大司馬周殷叛楚,(以舒屠六),舉九江兵,隨劉賈、[迎黥布與齊梁諸侯](彭越)皆[大]會(垓下,詣項王)。【《漢書》節節改英布,至此作黥。此詣項王,殊似可笑。】

(項王)[羽](軍)壁垓下,(兵)[軍]少食盡,漢(軍及)[率]諸侯兵圍之數重。[羽]夜聞漢軍四面皆楚歌,(項王乃)[廼](大)驚曰:"漢皆已得楚乎?是何楚人(之)多也!"【食盡事大,非獨誤驚也。】(項王則夜)起,飲帳中。有美人(名)[姓]虞[氏],常幸從;駿馬名騅,常騎(之。於是項王乃)[廼]悲歌忼慨,自爲[歌]詩曰:"力拔山兮氣盖世,時不利兮騅不逝。騅不逝兮可奈何,虞兮虞兮奈若何!"歌數(闋)[曲],美人和之。(項王)[羽]泣[下]數行(下),左右皆泣,莫能仰視。

於是(項王)[羽,遂](乃)上馬(騎),(麾)[戲]下(壯士)騎從者八百餘人,[夜]直(夜)潰圍南出,馳(走)。平明,漢軍(乃)[廼]覺之,令騎將灌嬰以五千騎追(之)[羽]。(項王)[羽]渡淮,騎能屬者百餘人(耳)。(項王)[羽]至陰陵,迷失道,問一田父,田父紿曰:"左。"左,乃陷大澤中。以故漢追及[之]。(項王)[羽](乃)復引(兵)而東,至東城,(乃)[廼]有二十八騎。(漢騎)追者數千(人)。(項王)[羽]自度不得脱。謂其騎曰:"吾起兵至今八歲矣,身七十餘戰,所當者破,所擊者服,未嘗敗北,遂(霸)[伯]有天下。然今卒困於此,此天(之)亡我,非戰之罪也。今日固决死,願爲諸君決戰,必三勝(之,爲諸君潰圍),斬將,(割)[艾]旗,[廼後死]①[使](令)諸君知[吾非用兵罪]天亡我,(非戰之罪也)。"[於是](乃分)[引]其騎(以爲四隊),[因四隤山而爲圜陳外](四)嚮。【四隊四嚮,故復會爲三處,開合使不可測。若因四隤山爲圜陣,則天隊耳。圜雖四嚮,山隊事别。】漢(軍)[騎]圍之數重。(項王)[羽]謂其騎曰:"吾爲公取彼一將。"令四面騎馳下,期山東爲三處。於是(項王)[羽]大呼馳下,漢軍皆披靡,遂(斬)[殺]漢一將。是時,(赤泉侯)[楊喜]爲[郎]騎(將),追(項王)[羽],(項王)[羽](瞋目而)[還]叱之,(赤泉侯)[喜]人馬俱驚,辟易數里。(與其騎)會(爲)三處。漢軍不知(項王)[羽]所(在)[居],(乃)分軍爲三,復圍之。(項王)[羽](乃)[廼]馳,復斬漢一都尉,殺數十百人,復聚其騎,亡(其)兩騎(耳)。【去其字,留耳字,是。】(乃)[廼]謂(其)騎曰:"何如?"騎皆[服](伏)曰:"如大王言。"

於是(項王)[羽](乃欲)[遂引]東[欲]渡烏江。烏江亭長舣船待【孟康

① [廼後死]案:底本原脱此三小字,兹據萬曆本、天啓本及今本《漢書》卷三十一《陳勝項籍傳》補。

曰:“舣,附也,附船著岸也。”】,①謂(項王)[羽]曰:“江東雖小,地方千里,衆數十萬(人),亦足王也。願大王急渡。今獨臣有船,漢軍至,(無)[亡]以渡。”(項王)[羽]笑曰:“[廼]天(之)亡我,(我)何渡爲!且籍與江東子弟八千人渡(江)而西,今(無)[亡]一人還,縱江東父兄憐而王我,我何面目見之[哉]?縱彼不言,籍獨不愧於心乎?”(乃)謂亭長曰:“吾知公長者[也]。吾騎此馬五歲,所當(無)[亡]敵,嘗一日(行)千里,[吾]不忍殺(之),以賜公。”(乃)[廼]令騎皆(下)[去]馬步(行),持短兵接戰。[羽]獨(籍)所殺漢軍數百人。【《漢書》籍傳,必不稱項王而稱羽。羽,字也。《史記》世家首尾項王,至是獨籍,皆語勢宜然。】(項王)[羽](身)亦被十餘創。顧見漢騎司馬吕馬童,曰:“若非吾故人乎?”馬童面之,指王翳曰:“此項王也。”【古人謂面爲背,殊不可曉,殆面復背也。如説,亦似吕馬童,不切,於獨收功乎?如淳曰:“面,不正視也。”樓煩勇如楊喜,獨承顧盼如此,婦人之仁。】(項王)[羽](乃)[廼]曰:“吾聞漢購我頭千金,邑萬户,吾爲(若德)[公得]。”乃自(刎)[剄](而死)。王翳取其頭,(餘騎)[亂]相(蹂)[輮]②(踐)[蹈]争(項王)[羽],相殺者數十人。最(其)後,(郎中騎)楊喜,(騎司馬)吕馬童,郎中吕勝、楊武各得其一體。(五人共會其體,皆是)。[故]分其地(爲五)[以封五人皆爲列侯]:(封吕馬童爲中水侯,封王翳爲杜衍侯,封楊喜爲赤泉侯,封楊武爲吴防侯,封吕勝爲涅陽侯)。

(項王已死,楚地皆降漢,獨魯不下。漢乃引天下兵欲屠之,爲其守禮義,爲主死節,乃持項王頭視魯,魯父兄乃降。始,楚懷王初封項籍爲魯公,及其死,魯最後下,故)[漢王廼]以魯公(禮)[號]葬(項王)[羽於]穀城。(漢王爲發哀,泣之而去)。【其以魯公葬,本未可傷。至泣之而去,二字情辭俱塞。結傳少得如此。】

諸項(氏枝)[支]屬,(漢王)皆不誅。(乃)封項伯(爲)[等四人爲列侯](射陽侯。桃侯、平臯侯、玄武侯皆項氏),賜姓劉氏。

(太史公曰:吾聞之)周生(曰)[亦有言]“舜(目)蓋重瞳子”,(又聞)項羽(亦)[又]重瞳子。【一傳霸力已極,獨從重瞳著異聞。③】(羽)豈其苗裔邪?何[其]興之暴也!夫秦失其政,陳涉首難,豪杰蜂起,相與并争,不可勝數,然羽非有尺寸,乘勢[拔]起隴畝④之中,三年,遂將五諸侯[兵]滅秦,

---

① 案:萬曆本、天啓本無此條眉批。

② (蹂)[輮]案:底本原作大字“蹂”,無墨綫勒之,後脱一小字“輮”,兹據萬曆本、天啓本及今本《漢書》卷三十一《陳勝項籍傳》補。

③ 案:萬曆本、天啓本后衍“贊自佚宕”四字。

④ 畝案:萬曆本、天啓本作“畆”,今本《漢書》作“畝”。

分裂天下,而[威海内]封[立]王侯,政(由)[繇]羽出,號爲"(霸)[伯]王",位雖不終,近古以來未嘗有也。及羽背關懷楚,放逐義帝而(自立),怨王侯(叛)[畔]己,難矣。自矜功伐,奮其私智而不師古,[始](謂)霸王之(業)[國],欲以力征經營天下,五年卒亡其國,身死東城,尚不覺寤(而)不自責過(矣)[失],乃引"天亡我,非用兵之罪(也)",豈不謬哉!【過矣、謬哉,自太史公始不可改。】①○《漢書》贊用賈生《過秦論》上篇。

① 案:萬曆本、天啓本此條眉批作:【過矣、謬哉,文相唤應,《漢書》改過失,陋矣!】

第二卷　漢高

高(祖)[帝]本紀第(八)[一][上下]

(史記八)[漢書一]

高祖,沛豐邑中陽里人[也],姓劉氏,(字季。父曰太公),母(曰劉媪。其先劉媪)【姓劉,母劉固舛,母媪又禿,甚或隨俗所稱,以見其初,則曰劉媪耳。】嘗息大澤之陂,夢與神遇。是時雷電晦冥,[父]太公往視,則見(蛟)[交]龍於(其)上。【見蛟龍於其上,猶范增言吾使人望其氣,皆成龍耳。《漢書》作交龍,是與龍交也,此非人理。不知爲蛟爲龍,但見其上有如此者,或感其氣不可知。交字,大礙。】已而有[娠](身),遂産高祖。

高祖爲人,隆準而龍顔,美須髯,左股有七十二黑子。[寬]仁(而)愛人,(喜施),意豁如也。常有大度,不事家人生産作業。及壯,試(爲)吏,爲泗(水)[上]亭長,廷中吏無所不狎侮。好酒及色。常從王媪、武負貰酒,[時飲]醉卧,武負、王媪見其上常有(龍),怪(之)。【應劭曰:"顔,額顙也。"顔是面貌,非謂顙也。王媪、武負,疑爲一人,故又言武負、王媪以别之。】高祖每酤留飲,酒讎數倍。及見怪,歲竟,此兩家常折券棄責。【又言此兩家,愈明高祖於羹頡侯報矣,不知此婦猶無恙否。】

高祖常繇咸陽,縱觀,(觀)秦皇帝,喟然太息曰:"嗟乎,大丈夫當如此(也)[矣]!"

單父人吕公善沛令,避仇從之客,因家(沛)焉。沛中豪(傑)[桀]吏聞令有重客,皆往賀。蕭何爲主吏,主進,令諸大夫曰:"進不滿千錢,坐之堂下。"高祖爲亭長,素易諸吏,乃紿爲謁曰"賀錢萬",實不持一錢。謁入,吕公大驚,起,迎之門。吕公者,好相人,見高祖狀貌,因重敬之,引入坐[上坐]。蕭何曰:"劉季固多大言,少成事。"高祖因狎侮諸客,遂坐上坐,無所詘。酒闌,【文穎曰:"飲酒者半罷半在,謂之闌。"】①吕公因目固留高祖。(高祖)竟酒,後。吕公曰:"臣少好相人,相人多矣,無如季相,願季自愛。

① 案:萬曆本、天啓本無此條眉批。

臣有息女,願爲(季)箕帚妾。"【四百年之業成於吕公。吕公以其女貴,必自極喜,求人於天下,此天作之合者,非區區禎祥比也。項羽欲以力争經營,難矣。】酒罷,吕媪怒吕公曰:"公始常欲奇此女,與貴人。沛令善公,求之不與,何自妄許與劉季?"吕公曰:"此非兒女子所知(也)。"卒與(劉季)[高祖]。吕公女(乃)[即]吕后也,生孝惠帝、魯元公主。

高祖(爲亭長時),常告歸之田。吕后與兩子居田中(耨),有一老父過請飲,吕后因餔之。老父相(吕)后曰:"夫人天下貴人[也]。"令相兩子,見孝惠帝,曰:"夫人所以貴者,乃此男也。"相魯元[公主],亦皆貴。老父已去,高祖適從旁舍來,吕后具言客有過,相我子母皆大貴。高祖問,曰:"未遠。"乃追及,問老父。老父曰:"鄉者夫人(嬰)兒[子]皆(似)[以]君,【以字,最是。】君相貴不可言。"高祖乃謝曰:"誠如父言,不敢忘德。"及高祖貴,遂不知老父處。

高祖爲亭長,乃以竹皮爲冠,令求盗之薛治(之),【去之字,又秃。】時時冠之,【冠之,復見其風流志趣。於竹皮冠見之,甚自矜重。此偉量,又非狎侮之比。】及貴常冠,所謂"劉氏冠"(乃是)也。

高祖以亭長爲縣送徒驪山,徒多道亡。自度比至皆亡之,到豐西泽中[亭],止飲,夜(乃)①[皆]解縱所送徒。曰:"公等皆去,吾亦從此逝矣。"徒中壯士願從者十餘人。高祖被酒,夜徑澤中,令一人行前。行前者還報曰:"前有大蛇當徑,願還。"高祖醉,曰:"壯士行,何畏!"乃前,拔劍(擊)斬蛇。蛇(遂)分爲兩,(徑)[道]開。行數里,醉,因[困]卧。【因字,多。】②後人來至蛇所,有一老嫗夜哭。人問嫗何哭,嫗曰:"人殺吾子,(故哭之)。"人曰:"嫗子何爲見殺?"嫗曰:"吾子,白帝子也,化爲蛇,當道,今[者](爲)赤帝子斬之,故哭。"人乃以嫗爲不誠,欲(笞)[苦]之,嫗因忽不見。後人至,高祖覺。(後人)告高祖,高祖乃心獨喜,自負。諸從者日益畏之。【一代興君,自宜特有是異者,然非相傳與自言,何自知之?斷蛇固多見者,若吕后得之雲氣,家人夫婦語,沛中有聞於帝,何如焉?後人往往爲之辭。】

秦始皇帝(常)[嘗]曰"東南有天子氣",於是(因)東游以(厭)[猒當]之。高祖(即自疑,亡匿),隱於芒、碭山澤(岩石之間)。吕后與人俱求,常得之。高祖怪問之。吕后曰:"季所居上常有雲氣,故從往常得季。"高祖(心)[又]喜。沛中子弟或聞之,多欲附者矣。

---

① 夜(乃)案:底本原倒爲"(乃)夜",兹據萬曆本、天啓本及今本《史記》卷八《高祖本紀》乙正。

② 案:萬曆本、天啓本脱此條眉批。

秦二世元年秋[七月],陳(勝)[涉]等起蘄,至陳(而)[自立爲楚]王,(號爲“張楚”)。[遣武臣張耳、陳餘略趙地。八月,武臣自立爲趙王。]諸郡縣(皆)多殺(其)長吏以應(陳)涉。[九月],沛令(恐),欲以沛應(涉)[之]。掾、主吏蕭何、曹參(乃)曰:“君爲秦吏,今欲背之,(率)[帥]沛子弟,恐不聽。願君召諸亡在外者,可得數百人,因[以]劫衆,衆不敢不聽。”【蕭何在吕公時,以季多大言,少成事,及爲沛公謀則召之,爲身謀則托之,殆吕公之教也。一沛邑耳,時相聚焉,此吕公所以不去也。此處只稱季,順。】乃令樊噲召(劉季)[高祖]。(劉季)[高祖]之衆已數(十)百人矣。

於是樊噲從(劉季)[高祖]來。沛令後悔,恐其有變,乃閉城城守,欲誅蕭、曹。蕭、曹恐,踰城保(劉季)[高祖]。(劉季)[高祖]乃書帛射城上,(謂)[與]沛父老曰:“天下[同]苦秦久矣。今父老雖爲沛令守,諸侯并起,今屠沛。沛今共誅令,擇子弟可立(者)立之,以應諸侯,(則)[即](家)室[家]完。不然,父子俱屠,無爲也。”父老乃(率)[帥]子弟共殺沛令,開城門迎(劉季)[高祖],欲以爲沛令。(劉季)[高祖]曰:“天下方擾,諸侯并起,今置將不善,(壹)[一]敗塗地。吾非敢自愛,恐能薄,不能完父兄子弟。此大事,願更(相推)擇可者。”【真長者之言。】蕭、曹等皆文吏,自愛,恐事不就,後秦種族其家,盡讓(劉季)[高祖]。【只種族語,即事不濟。】諸父老皆曰:“平生所聞劉季(諸珍)[奇]怪,當貴,且卜筮之,莫如劉季最吉。”(於是劉季)[高祖]數讓。衆莫(敢)[肯]爲,[高祖]乃立(季)爲沛公。祠黄帝,祭蚩尤於沛庭,而釁鼓旗,幟皆赤。由所殺蛇白帝子,[所]殺者赤帝子,故(上赤)[也]。於是少年豪吏如蕭何、樊噲等皆爲收沛子弟[得](二)三千人。[是月,項梁與兄子羽起吴。田儋與從弟榮、横起齊,自立爲齊王,韓廣自立爲燕王。魏咎自立爲魏王。陳涉之將周章西入關,至戲,秦將章邯距破之。秦二年十月,沛公]攻胡陵、方與,還守豐。

(秦二世二年,陳涉之將周章軍西至戲而還。燕、趙、齊、魏皆自立爲王。項氏起吴)。秦泗川監平將兵圍豐,二日,出與戰,破之。(命)[令]雍齒守豐,[十一月,沛公]引兵之薛。秦泗川守壯[兵]敗於薛,走至戚,沛公左司馬得(泗川守壯),殺之。沛公還軍亢父,至方與,(周市來攻方與,未戰)。[趙王武臣爲其將所殺。十二月,楚王陳涉爲其御莊賈所殺。](陳王使)魏人周市略地[豐、沛]。(周市)使人謂雍齒曰:“豐,故梁徙也。今魏地已定者數十城。齒今下魏,魏以齒爲侯守豐。不下,且屠豐。”雍齒雅不欲屬沛公,及魏招之,即反爲魏守豐。沛公(引兵)攻豐,不能取。沛公(病),還之沛。

(沛公)怨雍齒與豐子弟(叛)[畔]①之[正月,張耳等立趙後趙歇爲趙王],(聞)東陽甯君、秦嘉立景駒爲(假)[楚]王,在留,[沛公](乃)往從之,[道得張良,遂與俱見景駒],(欲)請兵以攻豐。(是)時,(秦將)章邯從陳,【師古曰:"從謂追討也。《尚書》曰:'夏師敗績,湯遂從之。'"貢父曰:"謂别將當在下句讀之,言章邯身從陳,而别將定楚耳。"《漢書注》以陳從如從禽之從,以爲追也。師古不引從禽,而别從之貢父,又欲以從陳爲句,皆非也。觀史如出吾筆,肯如此惑後人?書自有法,疑者闕之。《索隱》曰:"謂章邯從陳别將,向他處,而遣司馬尼將領兵士,北定楚地。"此理亦通也。此從陳字,疑。】别將司馬尼將兵北定楚地,屠相,至碭。東陽甯君、沛公引兵西,與戰蕭西,不利。還收兵聚留,[二月],(引兵)攻碭,三日(乃取碭)[拔之]。(因)收碭兵,得(五)六千人[與故合九千人。三月],攻下邑,拔之。還(軍)[擊]豐,[不下]。[四月],(聞)項梁[擊殺景駒、秦嘉,止](在)薛,[沛公](從騎百餘)往見之。項梁益沛公卒五千人,五大夫將十人。沛公還。引兵攻豐。[拔之,雍齒奔魏。]

(從項梁月餘),[五月],項羽(已)拔襄城還。項梁盡召别將(居薛)。[六月,沛公如薛],(聞陳王定死),(因)[與項梁共]立楚[懷王](後懷王)孫心爲楚[懷]王,【項梁於沛公有恩,非獨與共事比也。與項梁共立懷王者,史筆爲縞素張本也。其時不在薛,則無此義舉。盡召諸將時,殆共收兵耳,意非在共立也。】(治盱台。項梁號武信君。居數月),[章邯破殺魏王咎、齊王田儋於臨濟。七月,大霖雨,沛公](北)攻亢父。[章邯圍田榮於東阿。沛公與項梁共]救[田榮](東阿),[大]破(秦軍)[章邯東阿]。(齊軍)[田榮]歸,(楚獨追北,使)沛公、項羽[追北至](别攻)城陽,[攻]屠[其城](之)。【《史記》齊軍歸,楚獨追北,上無救齊,則東阿無所止。《漢書》此上有救齊一節,是。】軍濮陽(之)東,[復]與(秦軍)[章邯]戰,[又]破之。

(秦軍)[章邯]復振,守濮陽,環水。【環水,或地名,或水自環其地。以爲洪水自環,則無此兵法。注家好奇,獨可以資小兒引用,甚非事實,非筆意。】(楚軍)[沛公項羽]去(而)攻定陶,[八月,田榮立田儋子市爲齊王。]定陶未下。沛公與項羽西略地至雍丘(之下),與秦軍戰,大(破)[敗]之,斬[三川守]李由。還攻外黄,外黄未下。

項梁再破秦軍,有驕色。宋義諫,不聽。秦益章邯兵,[九月,章邯]夜銜枚擊項梁[定陶],大破之(定陶),[殺]項梁(死)。[時連雨自七月至九月。]【梁

① (叛)[畔]案:底本原作一大字"畔",無墨綫勒之,前脱一大字"叛",兹據萬曆本、天啓本及今本《史記》卷八《高祖本紀》及今本《漢書》卷一《高帝紀》補。

死之兆。梁死，士卒恐，天雨數月，忽忽徙盱台，三軍布置彭城，最可觀，此則懷王之爲累也。】沛公(與)項羽方攻陳留，聞(項)梁死，[士卒恐，乃](引兵)與(吕)將軍[吕臣引兵而]俱東。[徙懷王自盱台都彭城。]吕臣軍彭城東，項羽軍彭城西，沛公軍碭。○連下文“魏咎弟豹自立”。

章邯已破項梁(軍，則)以爲楚地兵不足憂，乃渡河，北擊趙[王歇]，大破之。(當是之時，趙)歇(爲王)[保鉅鹿城]，秦將王離圍之。○連下文“趙數請救”。(鉅鹿城，此所謂河北之軍也。)

(秦二世三年，楚懷王見項梁軍破，恐，徙盱台都彭城)，[魏咎弟豹自立爲魏王。後九月，懷王]并吕臣、項羽軍自將之。【懷王起田間，都未定，即自將二雄，非不能左右，坐受羈制。使非宋義踈庸，范增迂儒，以沛公問諸將，尚有足爲分遣破秦。雖以此爲漢，而失其爲楚矣。】①以沛公爲碭郡長，封(爲)武安侯，將碭郡兵。[以](封項)羽爲[魯公封]長安侯，(號爲魯公)。吕臣爲司徒，其父吕青爲令尹。○連上文“章邯已破項梁”。

趙數請救，懷王乃以宋義爲上將(軍)，項羽爲次將，范增爲末將，北救趙。(令沛公西略地入關)。[初，懷王]與諸將約，先入定關中者王之。

當是時，秦兵彊，常乘勝逐北，諸將莫利先入關。獨(項)羽怨秦破項梁(軍)，奮[勢]，願與沛公西入關。懷王諸老將【遣沛公，非懷王意也。諸老將不知何人，定出范增上矣②，然獨無姓名，惜哉。】皆曰：“項羽爲人(僄)[慓]悍(猾)[禍]賊。(項羽)嘗攻襄城，襄城無(遺)[噍]類，(皆阬之，諸)所過無不殘滅。且楚數進取，前陳王、項梁皆敗。不如更遣長者扶義而西，告諭秦父兄。秦父兄苦其主久矣，今誠得長者往，毋侵暴，宜可下。(今)項羽(僄悍，今)不可遣。獨沛公素寬大長者，(可遣)。”卒不許(項)羽，而遣沛公西(略地)，收陳王、項梁散卒。乃道碭，至(成)陽[城]與杠里，[攻]秦軍(夾)壁，破[其](魏)二軍。[秦三年十月，齊將田都畔田榮，將兵助項羽救趙。](楚軍出兵擊王離，大破之)。【太史公自出胸臆，記破前後各不暇者。當沛公西入關，道碭，與羽分道，雖不書載楚事，互見羽傳可也。補楚軍於破二軍下，則疑於楚、漢與彭越俱攻秦。】[沛公攻破東郡尉于成武。十一月，項羽殺宋義，并其兵渡河，自立爲上將軍，諸將黥布等皆屬。十二月]，沛公引兵(西，遇彭越昌邑，因與俱攻秦軍，戰不利。還)至栗，遇剛武侯，奪其軍，(可)四千餘人，并之。與魏將皇欣、(魏申徒武蒲之)軍[合攻秦軍，破之。故齊王建孫田

---

① 案：萬曆本、天啓本此條評語爲：【懷王起田間者，未定，即自將兵進，非不能左右，坐受羈制。使非宋義踈庸，范增迂儒，以沛公問諸將，尚有足爲分遣破秦。雖以此爲漢，而失其爲楚矣。】

② 上矣案：萬曆本、天啓本此二字作“大夫”。

安下濟北,從項羽救趙。羽大破秦軍鉅鹿下,虜王離,走章邯。二月,沛公從碭北攻昌邑,遇彭越,越助](并)攻昌邑,(昌邑)未(拔)[下,沛公]西過高陽。【軍還,西過高陽,則楚、漢似至此始分。《漢書》月日不同,未論,且得兩道,各戰處明。】酈食其(謂)[爲里]監門,曰:"諸將過此者多,吾視沛公大(人長者)[度]。"乃求見(説)沛公。沛公方踞床,使兩女子洗(足)。酈生不拜,長揖,曰:"足下必欲誅無道秦,不宜踞見長者。"於是沛公起,攝衣謝之,延上坐。食其説沛公襲陳留,(得秦積粟)。【自有酈食其傳,此處但當略見時處,與襲陳留得粟用其計,足矣。踞、洗,雖其平生,可不用見。《漢書》因《史記》,而去得秦積粟,愈非。】[沛公]乃以(酈食其)爲廣野君,[以其弟](酈)商爲將,將陳留兵,(與偕)[三月]攻開封,(開封)未拔。西與秦將楊熊[會]戰白馬,又戰曲遇東,大破之。楊熊走之滎陽,二世使使(者)斬[之]以徇。[四月],南攻潁(陽)[川],屠之。【以高帝寬大長者,而不免於屠潁川。謂殺一不辜而得天下不爲,漂杵以來,未見其實。】因張良遂略韓地(轘轅)。

(當是)時,趙別將司馬卬方欲渡河入關,沛公乃北攻平陰,絶河津。南,戰雒陽東,軍不利,[從轘轅](還)至陽城,收軍中馬騎。[六月],與南陽守齮戰犨東,[大]破之。略南陽郡,南陽守(齮)走,保城守宛。沛公引兵過[宛](而)西。張良諫曰:"沛公雖欲急入關,秦兵尚衆,距險。今不下宛,宛從後擊,强秦在前,此危道也。"於是沛公乃夜引(兵)[軍]從他道還,(更)[偃]旗幟,(黎)[遲]明,圍宛城三匝。南陽守欲自剄。其舍人陳恢曰:"死未晚也。"【更旗幟與偃旗幟迥别,從他道還,則更爲欲令見者驚,謂非昨比也。自項梁以來,攻定陶未下,攻外黄,外黄未下,而通行無忌,殆欲汲汲赴要害檮虚邑耳。此最兵家要妙,令人不及掩耳。而過關自保,得敵去爲幸,何暇追襲?而先聲振動,必以爲已不及,此横行之道也。若每邑頓兵,得尺寸,畏首畏尾,聲實皆喪,故高祖攻昌邑未拔,過高陽;攻開封未拔,攻潁川,盖深喻此。獨宛强大,追敵近,復欲過而西,則前後相應,非他邑比也,故子房憂之。子房虽憂之,試正使攻,亦未見即拔,惟漢事將成,又有陳恢者謀之,非宛計,實漢計也。】乃踰城見沛公,曰:"臣聞足下約,先入咸陽者王之。今足下留守宛。宛,(大)郡[縣](之都也),連城數十,(人民衆,積蓄多),[其]吏(人)[民]自以爲降必死,故皆堅守乘城。今足下盡日止攻,士死傷者必多;引兵去宛,宛必隨足下(後)。足下前則失咸陽之約,後又有彊宛之患。爲足下計,莫若約降,封其守,因使止守,引其甲卒與之西。諸城未下者,聞聲爭開門而待足下,[足下]通行無所累。"沛公曰:"善。"[七月,南陽守齮降封。](乃以宛守)爲殷侯,封陳恢千户。引兵西,無不下者。至丹水,高武侯鰓、襄侯王陵降(西陵)。還攻胡陽,遇番君別將梅鋗,與偕[攻],降析、酈,[皆降。所過毋得鹵掠,秦民喜。]【《史記》疏,《漢書》整,整近是。惟所過毋得鹵掠,秦民喜,置前析、酈下,頗不合作一意。此析字,何爲於此?】遣魏人甯昌使秦,(使者未來)。是(時)[月]①,章邯(已以)[舉]軍降項羽(於趙矣)。[羽以爲雍王。瑕丘申陽下河南。]

(初,項羽與宋義北救趙,及項羽殺宋義,代爲上將軍,諸將黥布皆屬,破秦將王離軍,降章邯,諸侯皆附)。[八月,沛公攻武關,入秦。](及)[秦相]趙高[恐,乃](已)殺二世,使人來,欲約分王關中。沛公(以爲詐),[不許。九月,趙高立二世兄子子嬰爲秦王。子嬰誅滅趙高,遣將將兵距嶢關。沛公欲擊之],(乃用)張良(計),[曰:"秦兵尚彊,未可輕。願先遣人益張旗幟於山上爲疑兵],使酈(生)[食其]、陸賈往説秦將,啖以利。"[秦將果欲連和,沛公欲許之。張良曰:"此獨其將欲叛,恐其士卒不從,不如因其怠懈擊之。"沛公引兵繞嶢關,踰蕢山,擊秦軍。](因襲攻武關,破之。又與秦軍戰於藍田南,益張疑兵旗幟,諸所過毋得掠鹵,秦人喜,秦軍解,因)大破之[藍田南,遂至藍田。]又戰其北,[秦兵]大(破)[敗](之)。(乘勝,遂破之)。【兩言大破之,又言遂破之,勢如破竹。】

(漢)元年[冬]十月,[五星聚於東井],沛公(兵遂先諸侯)至霸上。秦王子嬰素車白馬,繫頸以組,封皇帝璽符節,降(軹)[枳]道旁。諸將或言誅秦王。沛公曰:"始懷王遣我,固以能寬容;且人已服降,(又)殺之,不祥。"乃以(秦王)屬吏,遂西入咸陽。欲止宫休舍,樊噲、張良諫,乃封秦重寶財物府庫,還軍霸上。[蕭何盡收秦丞相府圖籍文書。]【兵入人國都,重寶財物滿前,委而去之,還軍霸上,極是難事,此則可謂節制之師也。諸將起屠販,不惟不貪,又能諫,無不可仰可服。蕭何獨收相府圖籍,真相道也。】(十一月],召諸縣(父老)豪(杰)②[桀]曰:"父老苦秦苛法久矣,誹謗者族,(偶)[耦]語者棄市。吾與諸侯約,先入關者王之,吾當王關中。與父老約,法三章耳:殺人者死,傷人及盗抵罪。餘悉除去秦法。(諸)吏(人)[民]皆[按](案)堵如故。【按堵如故,非古語也,出於帝王之口如此,可謂簡盡。】凡吾所以來,爲父(老)[兄]除害,非有所侵暴,(無)[毋]恐!且吾所以還軍霸上,待諸侯至而定(約)[要]束耳。"乃使人與秦吏行至縣鄉邑,告諭之。秦(人)[民]大喜,争持牛羊酒食獻[享](饗)軍士。沛公(又)讓不受,曰:"倉

① (時)[月]案:底本原作一大字"時",無墨綫勒之,後脱一小字"月",兹據萬曆本、天啓本及今本《漢書》卷一《高帝紀》補。

② (杰)案:底本原作一大字"傑",無墨綫勒之,後脱一小字"桀",兹據萬曆本、天啓本及今本《漢書》卷一《高帝紀》補。

粟多,(非乏),不欲費(人)[民]。"【此小節耳,亦不得不謹。】(人)[民]又益喜,唯恐沛公不爲秦王。

或説沛公曰:"秦富十倍天下,地形彊。今聞章邯降項羽,(項)羽(乃)號(爲)[曰]雍王,王關中。(今則)[即]來,沛公恐不得有此。可急使(兵)守函谷關,(無)[毋]内諸侯軍,稍征關中兵以自益,距之。"沛公然其計,從之。十(一)[二]月(中),項羽果(率)[帥]①諸侯兵(西),欲[西]入關,關門閉。聞沛公已定關中,[羽]大怒,使黥布等攻破函谷關。(十二月中),遂至戲[下]。沛公左司馬曹(無)[毋]傷聞(項王)[羽]怒,欲攻沛公,使人言(項)羽曰:"沛公欲王關中,令子嬰(爲)相,珍寶盡有之。"欲以求封。○以下至"誅曹無傷",《漢書》見《項羽紀》,接"亞父范增説羽"②。【子長草草,殊不曲暢,文字拙。】亞父勸項羽擊沛公。方饗士,旦日合戰。是時,(項)羽兵四十萬,號百萬。沛公兵十萬,號二十萬,力不敵。會項伯欲活張良,夜往見良,因以文諭項羽,項羽乃止。沛公從百餘騎,驅之鴻門,見謝項羽。項羽曰:"此沛公左司馬曹無傷言之。不然,籍何以至此!"沛公以樊噲、張良故,得解歸。歸,立誅曹無傷③。

[沛公歸數日],(項)羽(遂)[引兵]西,屠(燒)咸陽,[殺秦降王子嬰,燒]秦宫室,所過無不殘(破)[滅],秦(人)[民]大失望,(然恐,不敢不服耳)。

(項)羽使人還報懷王,懷王曰:"如約。"(項)羽怨懷王不肯令與沛公俱西入關,而北救趙,後天下約。乃曰:"懷王者,吾家(項梁)所立耳,非有功伐,何以得[專]主約!本定天下,諸將(及)[與]籍也。"[春正月],(乃佯)[陽]尊懷王爲義帝,實不用其命。

(正)[二]月,(項)羽自立爲西楚霸王,王梁、楚地九郡,都彭城。(負)[背]約,更立沛公爲漢王,王巴、蜀、漢中[四十一縣],都南鄭。三分關中,立秦三將章邯爲雍王,都廢丘;司馬欣爲塞王,都櫟陽;董翳爲翟王,都高奴。楚將瑕丘申陽爲河南王,都洛陽。趙將司馬卬爲殷王,都朝歌。(趙王歇徙王代。趙相張耳爲常山王,都襄國)。當陽君(黥)[英]布爲九江王,都六。懷王柱國共敖爲臨江王,都江陵。番君吴芮爲衡山王,都邾。[故齊王建孫田安爲濟北王。徙魏王豹爲西魏王,都平陽。徙燕王韓廣爲遼東王。]燕將臧荼爲燕王,都薊。(故燕王韓廣徙王遼東。廣不聽,臧荼攻殺之無終)。[徙齊王田市爲膠東王。齊將田都爲齊王,都臨菑。徙趙王歇爲代王。趙相張耳爲常山王。](封

① 案:底本原倒为[帥](率),兹據萬曆本、天啓本改。
② 萬曆本、本啓本此條注文作"以下接'亞父范增説羽'至'誅曹無傷',《漢書》見項羽傳"。
③ 萬曆本、天啓本衍一條注文"上接項羽紀文'吾屬今爲沛公虜矣'"。

成安君陳餘河間三縣,居南皮。封梅鋗十萬户)。[漢王怨項羽之背約,欲攻之,丞相蕭何諫,乃止。]【哀哉！懷王之爲王也。其分遣諸將,氣焰何如,獨毅然曰如約,此春秋賢王、後世英君,所以見稱不衰者也。而以滅亡,逢時不祥,無腹心股肱之助,徒可隱悼,論其志氣,察其辭令,非敗之道也。此非書法,特欲其突兀耳。然近史文。三分關中,立秦三將,本反覆危道,項氏因人成事,又忽忽急歸,以餘燼不復念,雖無高帝,已失天下於此,何待彭城?高祖紀載項籍封拜,於此本無謂,此直項世家耳。子長欲見羽負入關約,又不用懷王命,故直列諸將,以見沛公之屈,故特詳如此。】

[夏]四月,[諸侯](兵)罷戲下,(諸侯)各就國。(漢王之國,項王)[羽]使卒三萬人從[漢王],楚[子](與)諸侯[人]之慕從者數萬人,從杜南人[①]蝕中。[張良辭歸韓。漢王送至襃中,因説漢王](去輒[②])燒絶棧道,以備諸侯盜兵(襲之)。【《漢書》楚子諸侯人,更奇。項之三萬人,始防卒也,有楚子慕焉,有諸侯人焉,此高帝所以無患也。從杜南入蝕中,去輒燒棧道,語甚悲涼。慕從者衆,襲之者豈無人哉?】亦[視](示)項羽無東意。[漢王既]至南鄭,諸將及士卒(多道亡歸,士卒)皆歌[謳]思東歸[多道亡還者]。【張良辭歸説語,自可良傳互見,增入此筆意,因辭歸,又啓後人謂良爲韓地不爲漢地,亦儒者之見,非事實。士卒,是謂不亡而與俱東者,不必謳字。】韓信[爲治粟都尉,亦亡去。蕭何追還之,因薦於漢王],【蕭何薦韓信,自有信及何傳,不必省文於此而後爲備。若如韓信傳,則蕭何薦語乃設之於此,《漢書》過。】[曰:"必欲争天下,非信無可與計事者。"於是漢王齋戒設壇場,拜信爲大將軍,問以計策,信對曰](説漢王曰):"項羽[背約](王諸將之有功者),而王[君王](獨居)[於]南鄭,是遷也。(軍)吏(士)卒皆山東之人(也),日夜[企](跂)而望歸,及其鋒而用之,可以有大功。天下已定,(人)[民]皆自寧,不可復用。不如决策東鄉,(争權天下)。"[因陳羽可圖、三秦易并之計。漢王大説,遂聽信策,部署諸將。留蕭何收巴蜀租,給軍粮食。]○連下文"五月,漢王引兵"。【天下已定,皆自寧,不可復用,此最識時知勢之論,儒生姑息安足以知此。争權天下,此四字好,不可去。部署諸將,留蕭何收巴蜀租,給軍粮食,非不得次第者,顧帝紀可不須此,亦爲失本末也。信數語,非特儒者姑息不足以知此,雖張懷章亦不曾念到此。蓋萬世争權天下者不易之論,韓信真人杰矣。】

(項羽出關,使人徙義帝。曰:'古之帝者,地方千里,必居上游。"乃使

---

① 案:底本有墨綫勒之,而萬曆本、天啓本無,且萬曆本、天啓本與今《史記》《漢書》同者,下皆以下划线"﹏﹏"標出。下同。

② (輒)案:底本作"轍",萬曆本、天啓本與今本《史記》爲"輒"字。

使徙義帝長沙郴縣,趣義帝行,群臣稍倍叛之,乃陰令衡山王、臨江王擊之,殺義帝江南。項羽怨田榮,立齊將田都爲齊王。田榮怒,因自立爲齊王,殺田都而反楚;予彭越將軍印,令反梁地。楚令蕭公角擊彭越,彭越大破之。陳餘怨項羽之弗王己也,令夏説説田榮,請兵擊張耳。齊予陳餘兵,擊破常山王張耳,張耳亡歸漢。迎趙王歇於代,復立爲趙王。趙王因立陳餘爲代王。項羽大怒,北擊齊。)

(八)[五]月,漢王(用韓信之計),[引兵]從故道(還)[出],襲雍。【只漢王用韓信之計一語,甚捷。還與出大異,還是止,出是行。】[雍]王(章邯)邯迎擊漢陳倉,雍兵敗,還走;(止)戰好畤,又(復)[大]敗,走廢丘。漢王遂定雍地。東(至)[如]咸陽,引兵圍雍王廢丘,而遣諸將略[地](定隴西、北地、上郡)。[田榮聞羽徙齊王市於膠東而立田都爲齊王,大怒,以齊兵迎擊田都。都走降楚。六月,田榮殺田市,自立爲齊王。時彭越在距野,衆萬餘人,無所屬。榮與越將軍印,因令反梁地。越擊殺濟北王安,榮遂并三齊之地。燕王韓廣亦不肯徙遼東。秋八月,臧荼殺韓廣并其地。塞王欣、翟王翳皆降漢。初,項梁立韓後公子成爲韓王,張良爲韓司徒。羽以良從漢王,韓王成又無功,故不遣就國,與俱至彭城,殺之。及聞漢王并關中,而齊、梁叛之,羽大怒,乃以故吴令鄭昌爲韓王,距漢。令蕭公角擊彭越,越敗角兵。時張良徇韓地,遺羽書曰:"漢欲得關中,如約即止,不敢復東。"羽以故無西意,而北擊齊。九月,漢王遣]【《漢書》欲以殺義帝連下縞素,故入叛楚、擊齊等,而多其枝節,有似縝密。若以修帝紀言之,則子長大略已具布置,此後爲得也。唯張良遺羽書數語,使羽無西意,在此處較有眼目耳。】(令)將軍薛歐、王吸出武關,因王陵兵,[從]南陽(,以)迎太公、吕后於沛。【此因字是,不用得從字。】(楚)[羽]聞之,發兵距之陽夏,不得前。(令故吴令鄭昌爲韓王,距漢兵。)

二年[冬十月,項羽使九江王布殺義帝於郴。陳餘亦怨羽獨不王己,從田榮籍助兵,以擊常山王張耳。耳敗走降漢,漢王厚遇之。陳餘迎代王歇還趙,歇立餘爲代王。張良自韓間行歸漢,漢王以爲成信侯。]漢王(東略地),[如陜,鎮撫關外父老],(塞王欣、翟王翳)、(河南王申陽皆降),[置河南郡]。(韓王昌不聽),使[韓太尉]韓信擊[韓](破之),[韓王鄭昌降]。(於是置隴西、北地、上郡、渭南、河上、中地郡;關外置河南郡)。[十一月],(更)立韓太尉信爲韓王,[漢王還歸,都櫟陽,使]諸將[略地拔隴西]以萬人若(以)一郡降者,封萬户。繕治河上塞,(諸)故秦苑囿園池,(皆)令(人)[民]得田之。[春]正月,[羽擊田榮城陽,榮敗走平原,平原民殺之。齊皆降楚,楚焚其城郭,齊人復畔之。諸將拔北地],虜雍王弟章平。(大)赦罪人。

(漢王之出關至陜,撫關外父老,還,張耳來見,漢王厚遇之)。二月

[癸未],令[民]除秦社稷,(更)立漢社稷。【漢王之出關至陝,撫關外父老,還,張耳來見,漢王厚遇之,如特筆拈出,意氣具見,作史如此,自不多得也。】[施恩德,賜民爵。蜀漢民給軍士勞苦,復勿租税二歲。關中卒從軍者,復家一歲。舉民年五十以上,有修行,能帥衆爲善,置以爲三老,鄉一人。擇鄉三老一人爲縣三老,與縣令丞尉以事相教,復勿繇戍。以十月賜酒肉。]

三月,漢王(從)[自]臨晋渡[河],魏王豹[降]將兵從。下河内,虜殷王[卬],置河内郡。[至修武,陳平亡楚,來降。漢王與語,説之,使參乘,監諸將。]南渡平陰津,至(雒)[洛]陽。新城三老董公遮説漢王(以義帝死故)。[曰:"臣聞'順德者昌,逆德者亡','兵出無名,事故不成'。故曰:'明其爲賊,敵乃可服。'項羽爲無道,放殺其主,天下之賊也。夫仁不以勇,義不以力,三軍之衆爲之素服,以告之諸侯,爲此東伐,四海之内莫不仰德。此三王之舉也。"漢王曰:"善,非夫子無所聞。"於是]漢王(聞之),[爲義帝發喪],袒而大哭。(遂爲義帝發喪)[哀],臨三日。發使(者)告諸侯曰:"天下共立義帝,北面事之。今項羽放殺義帝(於)江南,大逆無道。寡人親爲發喪,(諸侯)[兵]皆縞素。悉發關(内)[中]兵,收三河士,南浮江漢以下,願從諸侯王擊楚之殺義帝者。"【義帝死兵間,日月本無分曉。《史記》自去年如先事張本,最有筆力,至此,但云以義帝死故,漢王聞之若驚絶,出於本心之哀痛,袒哭發喪。三老董公,不過當時報事者。雖遮説兩字,必有何語,然不害高帝,大宜感發,是爲造漢之本。一經班固筆削,但覺高帝許多時失覺察,方尋題目。告發喪語至善,先秦以來,初見此耳。兵皆縞素與諸侯不同,論文字,則兵字是;論其聲動告諭,爲張皇之詞,則諸侯字似是,後世亦不能及。】

(是時項王北擊齊,田榮與戰城陽)。(田榮敗,走平原,平原民殺之。齊皆降楚。楚因焚燒其城郭,繫虜【《漢書》無繫虜,非。】其子女。齊人叛之)。【是時項王北擊齊至畔之,勝逐年逐月逐事附人一句兩句。《漢書》此處有復關中、除租税、置三老、舉行能、賜酒肉等政,是兵間規模宏大,收拾人心處,子長失之一。睢水不流之後,若無大風揚沙,晝晦,楚安得亂?高帝安得走?子長失之二。至當時相失本末,則他傳可互見也。】[夏四月],田榮弟横[收得數萬人],立榮子廣爲齊王,(齊王反楚城陽。項)羽雖聞漢東,既[擊](已連)齊(兵),欲遂破之而[後]擊漢。漢王以故得劫五諸侯兵,【劫字,下得險絶。】[東伐楚。到外黄,彭越將三萬人歸漢,漢王拜越爲魏相國,令定梁地。漢王]遂入彭城,[收羽美人貨賂,置酒高會]。(項)羽聞之,(乃引兵去齊),[令其將擊齊,而自以精兵三萬人]從魯出胡陵,至蕭,[晨擊],(與)漢[軍]大戰彭城靈壁東睢水上,大破漢軍,多殺士卒,睢水爲之不流。【劫五諸侯兵,遂入彭城,語最徑可觀。《漢書》到外黄,還彭城,雖一事如三,又路引而他復合境,似可少。雖收美人貨賂,置酒高會,只是羽動心處。晨擊漢軍,高帝大敗,亦與初入關中意象别,羽雖從此事力不振,然數十萬人殺入睢水,何可忽哉!】○“圍漢王三匝,大風從西北起”以下,至“羽常置軍中以爲質”,《漢書》見《項羽紀》。(乃取漢王父母妻子於沛),[羽常]置(之)軍中以爲質。(當是時),諸侯見(楚彊)漢敗,(還)皆[亡]去(漢復爲楚)。塞王欣[翟王翳降](亡入)楚。[殷王卬死。]【此當是時,與楚彊、還、亡入爲漢,字字不可去。】

吕后兄周吕侯(爲漢)將兵,居下邑。漢王[往]①從之,稍收士卒,軍碭。漢王(乃)西過梁地,至虞。(使)[謂]謁者隨何(之九江王布所),曰:“公能(令)[説九江王]布[使]舉兵(叛)[畔]楚,項(羽)[王]必留擊之。得留數月,吾取天下必矣。”隨何往説(九江王布),【此語兩②九江王布,鄭重有晶采,文語内無緊要。】布果[使][畔](背)楚。【只如此,是。】[五月],○連下文“漢王屯滎陽”。(楚使龍且往擊之。)

(漢王之敗彭城而西行,使人求家室,家室亦亡,不相得。敗後乃獨得孝惠)。六月,[漢王還櫟陽。壬午],立(爲)太子,【惠帝六歲耳,漢以前亦無立孺子之例,一時權宜。】(大)赦罪人。令(太子守櫟陽),諸侯子在關中者皆集櫟陽爲衛。【係諸侯子之在關中者,即與劫五諸侯兵意似,謂即位立太子本此。】引水灌廢丘,廢丘降,章邯自殺。(更名廢丘爲槐里)。[雍州定,八十餘縣,置河上、渭南、中地、隴西、上郡。](於是)令祠官祀天地四方上帝山川,以時(祀)[祠]之。興關[中](内)卒乘[邊]塞。[關中大饑,米斛萬錢,人相食。令民就食蜀漢。秋八月]【是時雖屢敗,而所置郡如故,關中事力終非他處。羽自破彭城,陵,陵不競,亦由貨賂盡失,兵事以利爲本是耳。關中饑,令民就粟蜀漢,則大勢優厚可見。】○連下文③“漢王如滎陽”。

(是時),[隨何既説黥布,布起兵攻楚,楚使項聲、龍且攻布。](九江王)布(與龍且)戰,不勝。[十二月,布]與隨何間行歸漢。[漢王分之兵,與俱收兵至成皋。]○連下年“項羽數侵奪”。漢王(稍收士卒),[屯滎陽],(與諸將及)[蕭何發]關中(卒)[老弱未傅者悉詣軍](益出),(韓信亦收兵與漢王會],(是以)兵[復]大振,[與楚戰]滎陽[南],(破楚)京、索間,[破之]。○連下“築甬道”。

(三年),魏王豹謁歸視親疾,至(即)[則]絶河津,反爲楚。○連上年“六月,漢王還櫟陽”。漢王[如滎陽],(使)[謂]酈(生)[食其曰,緩頰往]説[魏王]

---

① [往]案:底本此字原作一大字“往”,無墨綫勒之,兹據萬曆本、天啓本、今本《史記》卷八《高祖本紀》及今本《漢書》卷一《高帝紀》改。

② 兩案:底本無此字,萬曆本、天啓本有此字。查文意,當據萬曆本。

③ 文:萬曆本、天啓本作“年”。

豹,[能下之,以魏地萬户封生。食其往]豹不聽。【只當如此寫。】漢王(遣將軍)[以]韓信[爲左丞相與曹參、灌嬰俱擊魏],【《漢書》皆他傳所有,可互見者。】[食其還,漢王問:“魏大將誰也?”對曰:“柏直。”王曰:“是口尚乳臭,不能當韓信。騎將誰也?”曰:“馮敬。”曰:“是秦將馮無擇子也,雖賢,不能當灌嬰。步卒將誰也?”曰:“項它。”曰:“是不能當曹參。吾無患矣。”九月,信等](大破之,)虜豹,[傳詣滎陽](遂)定魏地,置(三郡,曰)河東、太原、上黨[郡。信使人請兵三萬人,願以北舉燕趙,東擊齊,南絶楚粮道。漢王與之。三年,冬十月],(漢王乃令)[韓信]張耳(與韓信遂)東下井陘擊趙,斬陳餘,[獲]趙王歇,[置常山代郡]。(其明年,立張耳爲趙王)。[甲戌晦,日有食之。十一月癸卯晦,日有食之。]【十月晦、十一月晦連日食,宜書。《史記》主戰爭,如此等皆不暇,此在它時,帝紀真不可缺。楚漢間難論耳。大抵紀與傳體不同,紀欲疏明,載大事如綱領;傳反覆迂曲,見詳盡如問對。《漢書》時時省且雜,非是。】○連上年“隨何既説黥布”。

(漢王軍滎陽南),築甬道屬(之)河,以取敖倉[粟]。○連上“魏王豹謁歸”(與項羽相距歲餘)。項羽數侵奪漢甬道,漢軍乏食,[與酈食其謀橈楚權。食其欲立六國後以樹党,漢王刻印,將遣食其立之。以問張良,良發八難。漢王輟飯吐哺,曰:“豎儒,幾敗乃公事!”令趣銷印。]○連下文“又問陳平”。[夏四月,項羽](遂)圍漢(王)[滎陽]。漢王請和,割滎陽以西者爲漢,[亞父勸](項王不聽),[羽急攻滎陽],漢王患之。○連下文“陳平反間既行”。(乃用)[又問]陳平(之)[乃從其]計,[與](予陳)平[黄]金四萬斤,以間疏楚君臣。【高祖初興,在關中無所取,可見者唯彭城所得貨賂耳。以泗上亭長,視萬斤金如糞土,委一夫不疑,其志氣吞羽數倍,豈涕泣飯食間比哉!愚意謝羽之白璧,謝亞夫之玉斗,師入關無所取,所謂封府庫,還軍霸上者,特不如燕之遷齊重器耳,非全無所取也。彭城取貨賂,睢水之敗危急如此,雖孝惠、魯元推之者三,又豈有重愛於子女者?觀此,恐不可如此拘。萬斤者,高祖一時口語;四萬斤者,史所記實也。】○連上文“夏四月,項羽圍漢滎陽”。[陳平反間既行](於是項)羽乃[果]疑亞父。亞父(是時勸項羽遂下滎陽,及其見疑,乃)[大]怒,(辭老,願賜骸骨歸卒伍)[而去],(未至彭城)[發病](而)死。

(漢軍絶食),[五月,將軍紀信曰:“事急矣!臣請誑楚,可以間出。”於是陳平](乃)夜出女子東門二千餘人,(被甲),楚因四面擊之。(將軍)紀信乃乘王(駕)[車,黄屋左纛],(詐爲漢王,誑楚)[曰:“食盡,漢王降楚。”]楚皆呼萬歲,之城東觀,以故漢王得與數十騎出西門遁。【《漢書》勸羽攻滎陽,漢王患之,較直。《史記》再出絶食,愈窘,不是重出。《漢書》説食盡降楚,是看得此時項王左右皆爲漢金所餌,故呼萬歲。之城東觀,暮夜夾擊,皆爲子長叙事磊磊不可及處。】

令御史大夫周苛、魏豹、樅公守滎陽。(諸將卒不能從者,盡在城中)。[羽見紀信,問:"漢王安在?"曰:"已出去矣。"羽燒殺信。而]周苛、樅公相謂曰:"反國之王,難與守城。"因殺魏豹。漢王(之)出滎陽,[至成皋,自成皋]入關,收兵欲復東。【當事後復出,如漢王之出關至陝,與漢王出滎陽入關,不止一二處,皆是創意出入,去一之字,則不復有照應矣。】(袁)[轅]①生說漢王曰:"漢與楚相距滎陽數歲,漢常困。願君王出武關,項(羽)[王]必引兵南走,王深壁,令滎陽、成皋間且得休[息]。使韓信等[得]輯河北趙地,連燕齊,君王乃復走滎陽,(未晚也)。如此,則楚所備者多,力分,漢得休[息],復與之戰,破(楚)[之]必矣。"【此袁生大是知士,他人入關而守,獨勸之出關,棄滎陽以全滎陽,又開之以分軍河北,著數甚遠,死中得活,良、平所未及也。休、復,自是謂其力當還耳。】漢王從其計,出軍宛葉間,與黥布行收兵。

(項)羽聞漢王在宛,果引兵南。漢王堅壁不與戰。是(時)[月],彭越度睢(水),與項聲、薛公戰下邳,(彭越大破楚軍),[殺薛公]。(項)羽(乃)[使終公守成皋,而自](引兵)東擊彭越,漢王(亦)引兵北[擊,破終公,復]軍成皋。[六月],(項)羽已破走彭越,聞漢(王)復軍成皋,乃(復)引兵西,拔滎陽[城生得周苛。羽謂苛:"爲我將,以公爲上將軍,封三萬户。"周苛罵曰:"若不趣降漢,今爲虜矣!若非漢王敵也。"羽亨](誅)周苛,[并殺]樅公,而虜韓王信,遂圍成皋。

漢王跳,獨與滕公共車出成皋玉門,北渡河,(馳)宿[小]修武。自稱使者,晨馳入張耳、韓信壁,而奪之軍。乃使張耳北(益)收兵趙地,(使韓信東擊齊)。【使韓信東擊齊,本是不切,齊本叛楚,收之爲與國可也。敵方對壘,又增敵,激使歸楚,皆未爲得。袁生爲帝區畫,張皇分表,知韓信可用,舉齊於楚所不能得,則楚復乘間兼并,齊、楚俱出不意,信方鷹揚規地以自利,故兵雖奪取,出兵間道,實甘心焉。以情而言,所掌兵驟奪,又使人收兵擊齊,爲用事之莫難者也。帝雖屢敗,其英雄不衰,觀其自稱使者入壁,能使二人失措。信雖桀悍耳,復以厚故却也,如臂使指,最是敗後所生。收兵而人從之,不待撫循教習,秦漢間事,豈可以人耳目坐論哉!】[秋七月,有星孛於大角。]漢王得韓信軍,(則)復[大]振。[八月],(引兵)臨河,南(饗)[鄉]②軍小修武(南),欲復戰。郎中鄭忠(乃)説止漢王,(使)高壘深塹,勿(與)戰。漢王聽其計使盧綰、劉賈將卒二萬人,騎數百,渡白馬津,入楚

① 案:底本原倒为[轅](袁),兹據萬曆本、天啓本改。
② 案:底本原倒为[鄉](饗),兹據萬曆本、天啓本改。

地,(與)[佐]彭越[燒楚積聚]復擊破楚軍燕郭西,【燒楚積聚最要,此小小曲折,却少不得。信之欲王齊,東擊時,雖征蒯通,亦豈肯出食其下,徒手而反哉!】(遂復)[攻]下(梁地)[睢陽、外黄]十(餘)[七]城。

[九月],○連下"羽謂海春侯"。(淮陰已受命東,未渡平原)。漢王使酈(生)[食其](往)説齊王田廣,(廣叛楚),[罷守兵],與漢和,(共擊項羽)。[四年冬十月],韓信用蒯通計,遂襲破齊。齊王(烹)[亨]①酈生,東走高密。項羽聞韓信(已舉河北兵)破齊、(趙),且欲擊楚,【項羽聞韓信已舉河北兵破齊、趙,且欲擊楚,此史家揣摩語。】(則)使龍且、(周蘭往擊之)[救齊]。○連下文"漢果數挑成皋戰"。韓信與(戰,騎將)灌嬰擊,(大)破楚軍,殺[楚將]龍且,[追至城陽,虜]齊王廣[齊相田横自立爲齊王](犇)[奔]彭越。【廣奔越,與虜廣時異。】○《漢書》在下年十一月連"立張耳。"②(當此時,彭越將兵居梁地,往來苦楚兵,絶其粮食)。【當此時,彭越將兵居梁地,往來苦楚兵,絶其粮食,此所謂漢事將成也。子長重出此語,未必無意。】

(四年)[九月],(項)羽(乃)謂海春侯大司馬曹咎曰:"謹守成皋。(若)[即]漢[王欲]挑戰,慎勿與戰,(無)[勿]令得東而已。我十五日必定梁地,復從將軍。"[羽](乃行)[引兵東]擊[彭越](陳留、外黄、睢陽,下之)。○連上年"漢王使酈食其説齊"。

漢果數挑[成皋](楚軍)戰,楚軍不出,使人辱之(五六)[數]日,大司馬[咎]怒,渡兵汜水。士卒半渡,漢擊之,大破楚軍,盡得楚國金玉貨賂。【羽於是盡失金貨,力再屈矣。當日彭城、成皋立於四戰之地,而守非其人,前出後空,巢破迹削,利害如此,安得不以丞相何功爲第一哉!】大司馬咎、長史欣皆自剄汜水上。[漢王引兵渡河,復取成皋,軍廣武,就敖倉食。](項)羽[下梁地十餘城],(至睢陽),聞海春侯破,乃引兵還。漢軍方圍鍾離眜於滎陽東,[聞](項)羽至,盡走險阻。[羽亦軍廣武,與漢相守。]○連下文"丁壯苦軍旅"。

韓信已破齊,使人言曰:"齊邊楚,權輕,不爲假王,恐不能安齊。"漢王[怒]欲攻之,(留侯)[張良]曰:"不如因而立之,使自爲守。"[春二月],(乃)遣張良操印綬立韓信爲齊王。○連下文"秋七月,立黥布"。

(項羽聞龍且軍破,則恐,使盱台人武涉往説韓信。不聽。)

(楚漢久相持未决),丁壯苦軍旅,老弱罷轉(饟)[餉]③。漢王(項)羽相與臨廣武之間而語。(項)羽欲與漢王獨身挑戰。

---

① 案:底本原倒为[亨](烹),兹據萬曆本、天啓本改。

② 萬曆本、天啓本此條注文作"連下年'漢立張耳爲趙王'"。

③ (饟)[餉]案:底本原作一大字"餉",無墨綫勒之,前脱一大字"饟",兹據萬曆本、天啓本及今本《漢書》卷一《高帝紀》補。

漢王數(項)羽曰:“[吾]始與(項)羽俱受命懷王,曰先(入)定關中者王之,(項)羽負約,王我於蜀漢,罪一[也]。(項)羽矯殺卿子冠軍(而)自尊,罪二[也]。項羽[當以](已)救趙,(當)還報,而擅劫諸侯兵入關,罪三[也]。懷王約入秦無暴掠,(項)羽燒秦宮室,掘始皇帝冢,(私)收[私]其財(物),罪四[也]。又彊殺秦降王子嬰,罪五[也]。詐坑秦子弟新安二十萬,王其將,罪六[也]。(項羽)皆王諸將善地,而徙逐故(王)[主],令臣下爭(叛)[畔]逆,罪七[也]。(項羽)出逐義帝彭城,自都之,奪韓王地,并王梁楚,多自[與](予),罪八[也]。(項羽)使人陰(弒)[殺]義帝江南,罪九[也]。【稱諸項羽字,皆當有讀點。罪八、九皆不用也字,是罵口。此八、九者,惟第一句負約是本情,餘屬收拾坐罪,亦不見項羽何語。臨廣武之間而語,此一段史增飭之耳。掘始皇冢獨見於此,當是事以爲罪亦厚,强殺子嬰尤厚。令臣下爭叛逆,是人君語。】夫爲人臣而(弒)[殺]其主,殺[其]已降,爲政不平,主約不信,天下所不容,大逆無道,罪十[也]。吾以義兵從諸侯誅殘賊,使刑餘罪人擊(殺項羽)[公],何苦乃與公挑戰!”【總得有力。增其字,贅。】(項)羽大怒,伏弩射中漢王。漢王傷胸,乃捫足曰:“虜中吾指!”漢王病創卧,張良彊請漢王起行勞軍,以安士卒,毋令楚乘勝(於漢)。【虜傷胸要害,倉卒捫足,語極未易矯。毋令楚乘勝於漢,語重有力。汲汲入關,置酒,留四日,安父老心,盖懼傳聞之訛也。】漢王出行軍,(病)[疾]甚,因馳入成皋。[十一月]。○連上文“韓信與灌嬰擊破楚軍”。[漢立張耳爲趙王]。

[漢王](病)[疾瘉](愈),西入關,至櫟陽,存問父老,置酒,梟故塞王欣頭櫟陽市。【高帝始終得關中之力,關中民心所以不忘者,秋毫無犯,約法三章之效也。】留四日,復如軍,軍廣武。關中兵益出[而]。【《漢書》嚴,不如《史記》暢。】

(當此時),彭越、[田横](將兵)居梁地,往來苦楚兵,絶其粮食。【重出此一語,似有意。下文有田横往從之句,《漢書》稍省。又謂彭越、田横居梁地,是共苦楚,爲漢功臣也,事情大異。前云彭越、田横苦楚,似孟堅誤。】田横往從之。○連上“韓信已破齊”。[秋七月,立黥布爲淮南王。八月,初爲筭賦。北貉、燕人來致梟騎助漢。]【初算賦與北貉、燕集騎來助,二事皆合載於此,則自知羽兵少助。良、平諫歸語最是。疊遣陸賈、侯公,亦屬事体。如固陵分王,諸將却合,各傳互見。】[漢王下令:軍士不幸死者,吏爲衣衾棺斂,轉送其家。四方歸心焉。]

項羽(數擊彭越等),[自知少助食盡],(齊王)[韓]信又進[兵]擊楚。(項)羽(恐),[患之。漢遣陸賈説羽,請太公,羽弗聽。漢復使侯公説羽,羽]乃與漢(王)約,中分天下,割鴻溝(而)[以]西(者)爲漢,(鴻溝而)[以]東(者)爲楚。[九月],(項王)歸(漢王父母妻子)[太公、吕后],軍(中)皆(呼)[稱]萬歲,乃[封侯公爲平國君](歸而别去)。【歸而别去,與下西歸,不是重下兩句,是重起得父母、妻子,即歸而别去,復何求哉?此高祖最是處,雖天下不與易也,故歸而别去,有愧感不忘之心焉。】

(項)羽解而東歸。漢王欲(引而)西歸,[張良、陳平諫曰:"今漢有天下大半,而諸侯皆附,楚兵罷食盡,此天亡之時,不因其幾而遂取之,所謂養虎自遺患也。"漢王從之。]①(用留侯陳平計,乃進兵)[五年冬十月,漢王]追項羽,至陽夏南止軍。與齊王信、[魏相國](建成侯彭)越期會(而)擊楚(軍)。至固陵,不會。楚擊漢軍,大破之。漢王復入壁,深塹而守(之)。[謂張良曰:"諸侯不從,奈何?"良對曰:"楚兵且破,未有分地,其不至固宜。君王能與共天下,可立致也。齊王信之立,非君王意,信亦不自堅。彭越本定梁地,始君王以魏豹故,拜越爲相國。今豹死,越亦望王,而君王不早定。今能取睢陽以北至穀城皆以王彭越,從陳以東傅海與齊王信,信家在楚,其意欲得復故邑。能出捐此地以許兩人,使各自爲戰,則楚易敗也。"](用張良計),於是[漢王發使使]韓信、彭越[至]皆(往)[引兵來。十一月]②,(及)劉賈入楚地,圍壽春,漢(王敗固陵,乃使使者召)[亦遣人誘楚]大司馬周殷[殷畔楚以舒屠六]舉九江兵而迎(之)[黥布](武王),③[并]行屠城父,隨(何)劉賈、(齊梁諸侯)皆(大)會。[十二月,圍羽]垓下。○《漢書》接下年"羽聞漢軍四面"。(立武王布爲淮南王)。

(五年,高祖與諸侯兵共擊楚軍,與項羽決勝垓下。淮陰侯將三十萬)【淮陰將三十萬,盛甚!燕、貉之騎必在焉,皆前此所未有也。】(自當之,孔將軍居左,費將軍居右),【孔將軍、費將軍復自何來?何漢初人物之多?何一時得助之多?】(皇帝在後,絳侯、柴將軍在皇帝後。項羽之卒可十萬。淮陰先合,不利却。孔將軍、費將軍縱,楚兵不利,淮陰侯復乘之,大敗垓下。)【《史記》此處部分如畫圖,一却一縱,皆可觀。《漢書》塗改太多,了結去,亦自可恨。】(項)羽[夜](卒)聞漢軍[四面皆]楚歌,【項羽卒聞楚歌,以爲漢盡得楚地,極是。此軍相疑所致,自反間以來,在在處處宜有。此深得情狀,謂羽夜聞漢軍楚歌,則非其下解,本羽之愚不至此,然夜字,四面皆字,有緊。】(以爲漢)[知]盡得楚地,(項)羽(乃敗而)[與數百騎]走,【知字,非。乃敗,無稽甚。】是以兵大敗。(使騎將)灌嬰追(殺)[斬](項)羽東城,(斬首八萬,遂略定)楚地[悉定。獨]魯(爲楚堅守)不下。漢王引[天下](諸侯)兵(北),[欲屠之,爲其守節禮義之國,乃持羽頭]示(魯)[其]父(老)[兄](項

① 萬曆本、天啓本衍一條注文"以下《漢書》高帝紀下"。

② 案:此處萬曆本、天啓本衍一眉批:【使至,皆引兵來,勝皆往字,亦字無留。】

③ 案:此處萬曆本、天啓本衍一眉批:【周殷下合再有周殷字,急出武王字,無謂。】

羽頭),魯乃降。[初懷王封羽爲魯公,及死,魯又爲之堅守,故](遂)以魯公(號)葬(項)羽[於]穀城。[漢王爲發喪,哭臨而去。封項伯等四人爲列侯,賜姓劉氏。諸民略在楚者皆歸之]。【《史記》簡明,《漢書》又有首尾,至要俱盡,天下纔定。】[漢王]還至定陶,馳入齊王信壁,奪其軍。【還至定陶,便馳信壁,奪其軍,英君遠識,萬世赫如也。】[初項羽所立臨江王共敖前死,子尉嗣立爲王,不降。遣盧綰、劉賈擊虜尉。春正月,追尊兄伯號曰武哀侯。下令曰:"楚地已定,義帝亡後,欲存恤楚衆,以定其主。齊王信習楚風俗,更立爲楚王,王淮北,都下邳。魏相國建成侯彭越勤勞魏民,卑下士卒,常以少擊衆,數破楚軍,其以魏故地王之,號曰梁王,都定陶。"又曰:"兵不得休八年,萬民與苦甚,今天下事畢,其赦天下殊死以下。"]

(正月),[於是]諸侯(及將相相與共請尊漢王爲皇帝)。[上疏曰:"楚王韓信、韓王信、淮南王英布、梁王彭越、故衡山王吴芮、趙王張敖、燕王臧荼昧死再拜言,大王陛下:先時秦爲亡道,天下誅之。大王先得秦王,定關中,於天下功最多。存亡定危,救敗繼絶,以安萬民,功盛德厚。又加惠於諸侯王有功者,使得立社稷。地分已定,而位號比擬,亡上下之分,大王功德之著,於後世不宣。昧死再拜上皇帝尊號。"]漢王曰:"[寡人]吾聞帝[者]賢者有也,(空言)虛(語)[言①亡實之名],非所(守)[取]也。(吾不敢當帝位)。[今諸侯王皆推高,寡人將何以處之哉?]"(群臣)[諸侯王]皆曰:"大王起[於](微)細[微,滅亂秦,威動海内。又以辟陋之地,自漢中行威德],誅(暴逆)[不義,立有功],平定(四)海[内],(有功者輒裂地而封爲王侯。大王不尊號,皆疑不信。臣等以死守之)。【吾聞帝,不用者字好,守字勝取字,微細勝細微。《漢書》修爲群臣之辭,雖節次文雅,曾不如《史記》一兩句高妙。大王不尊號,皆疑不信,雖寫得疏鹵,直是到便如大夫與之,大夫何尊寵之有。】[功臣皆受地食邑,非私之也。大王德施四海,諸侯王不足以道之,居帝位甚實宜,願大王以幸天下。"]漢王(三讓,不得已),曰:"諸(君)[侯王幸](必)以爲便,(便國家)【便國家,如不可解,是高祖口語。】[於天下之民,則可矣。"於是,諸侯王及太尉長安侯臣綰等三百人,與博士稷嗣君、叔孫通謹擇良日二月]甲午,(乃)[上尊號。漢王]即皇帝位[于]汜水之陽。[尊王后曰皇后,太子曰皇太子,追尊先媪曰昭靈夫人。)

(皇帝曰義帝無後),【皇帝曰義帝無後,讀至此使人神觀頓改,庶幾哉。縞素之有本末。】(齊王韓信習楚風俗,徙爲楚王,都下邳。立建成侯彭越爲梁王,都定陶。故韓王信爲韓王,都陽翟。徙衡山王吴芮爲長沙王,都臨湘。番君之將梅鋗有功,從入武關,故德番君。【番君之將梅鋗者,死矣,故德番君。《史記》如此,何其明也!至天下大定,高祖都洛陽,諸侯皆臣屬,蠢甚。】淮南王布、燕王臧荼、趙王敖皆如故。)[詔曰:"故衡山王吴芮與

---

① [言]案:底本原脱此字,兹據萬曆本、天啓本及今本《漢書》卷一《高帝紀》補。

子二人、兄子一人],【《漢書》連引詔曰,甚善,而吴芮所爲功者,又與《史記》别,子長殆以意述所傳聞故也。】[從百粤之兵,以佐諸侯,誅暴秦,有大功,諸侯立以爲王。項羽侵奪之地,謂之番君。其以長沙、豫章、象郡、桂林、南海立番君芮爲長沙王。"又曰:"故粤王亡諸世奉粤祀,秦侵奪其地,使其社稷不得血食。諸侯伐秦。亡諸身帥閩中兵以佐滅秦,項羽廢而弗立。今以爲閩粤王,王閩中地。勿使失職。"]

(天下大定,高祖)[帝乃西]都[洛](雒)陽,(諸侯皆臣屬。故臨江王驩爲項羽叛漢,令盧綰、劉賈圍之,不下。數月而降,殺之雒陽。)

[夏]五月,兵皆罷歸家。[詔曰]:"諸侯子在關中者復之十二歲,其歸者(復之六歲)[半之],(食之一歲)。【食之,即免租税耳,未必給之也。】[民前或相聚保山澤,不書名數,今天下已定,令各歸其縣,復故爵田宅,吏以文法教訓辨告,勿笞辱。民以饑餓自賣爲人奴婢者,皆免爲庶人。軍吏卒會赦,其亡罪而亡爵及不滿大夫者,皆賜爵爲大夫。故大夫以上賜爵各一級,其七大夫以上,皆令食邑,非七大夫以下,皆復其身及户,勿事。"又曰:"七大夫、公乘以上,皆高爵也。諸侯子及從軍歸者,甚多高爵,吾數詔吏先與田宅,及所當求於吏者,亟與。爵或人君,上所尊禮,久立吏前,曾不爲決,甚亡謂也。異日秦民爵公大夫以上,令丞與亢禮。今吾於爵非輕也,吏獨安取此!且法以有功勞行田宅,今小吏未嘗從軍者多滿,而有功者顧不得,背公立私,守尉長吏教訓甚不善。其令諸吏善遇高爵,稱吾意。且廉問,有不如吾詔者,以重論之]。"【漢初諸詔,皆極人情所不能道,雖後世號爲古雅者,仿佛不能及,非史官能自爲也,即諸臣上尊號可見,何一時口語之妙至此!】

(高祖)[帝]置酒雒陽南宫。(高祖)[上]曰:"(列)[通]侯諸將(無)[毋]敢隱朕,皆言其情。吾所以有天下者何?項氏之所以失天下者何?"高起、王陵對曰:"陛下[嫚](慢)而侮人,項羽仁而(愛)[敬]人。【陛下嫚而侮人,項羽仁而敬人,兩句驚異,猶有先秦策士之風,其發明仁敬之無益,亦後人所不能及也。】然陛下使人攻城略地,所降下者因以(予)[與]①之,與天下同利也。項羽妬賢嫉能,有功者害之,賢者疑之,戰勝而不(予)[與]人功,得地而不(予)[與]人利,此[其]所以失天下也。"(高祖)[上]曰:"公知其一,未知其二。夫運籌(策)帷(帳)[幄]之中,决勝(於)千里之外,吾不如子房。[填](鎮)國家,撫百姓,給[餉]餽(饟),不絶粮道,吾不如蕭何。連百萬之(軍)[衆],戰必勝,攻必取,吾不如韓信。【三吾不如,不獨君臣相知之深,其推明切實,折服諸將,總在是矣。以子房在何上,復非他人所及。】(此)三者,皆人杰(也),吾能用之,此吾所以取天下[者]也。項羽有一范增而不能用,此(其)所以爲我(擒)[禽]也。"【少一兩字,但覺吶吶

① (予)[與]案:底本原作一大字"予",無墨綫勒之,後脱一小字"與",兹據萬曆本、天啓本及今本《漢書》卷一《高帝紀》補。

耳。】[群臣説服。【《漢書》群臣説服,又贊,何居信上,已出意表。】初田横歸彭越。項羽已滅,横懼誅,與賓客亡入海。上恐其久爲亂,遣使者赦横,曰:"横來,大者王,小者侯;不來,且發兵加誅。"][横懼,乘傳詣洛陽,未至三十里,自殺。上壯其節,爲流涕,發卒二千人,以王禮葬焉。]

(高祖欲長都雒陽),[戍卒](齊人劉)[婁]敬[求見]説[上曰:"陛下取天下與周異,而都雒陽,不便,不如入關,據秦之固。"上以問](及留侯)[張良,良因]勸上(入都關中,高祖)是日[車]駕,[西](入)都(關中)[長安,拜婁敬爲奉春君,賜姓劉氏]。六月[壬辰],大赦天下。[秋](十)[七]月,燕王臧荼反,(攻下代地。高祖)[上]自將(擊)[征]之。[九月,虜](得燕王臧)荼。[詔諸侯王視有功者立以爲燕王。荆王臣信等十人皆曰:"太尉長安侯盧綰功最多,請](即)立(太尉盧綰)[以]爲燕王。"使丞相噲將兵(攻)[平]代[地]。

(其秋),利幾反,(高祖)[上]自(將兵)擊[破]之,(利幾走)。利幾者,項(氏)[羽](之)將。(項氏)[羽]敗,利幾爲陳(公),[令](不隨項羽,亡)降(高祖,高祖)[上]侯之潁川。(高祖)[上]至雒陽,舉通侯籍召之,而利幾恐,(故)反。【利幾與燕同時反,若無不隨項羽,亡降高祖八字,則爲項羽報仇。舉通侯籍召之,又見當時便有侯籍曰通侯,須要此句。】[後九月,徙諸侯子關中,治長樂宫。]

六年,[冬十月,令天下縣邑城]〇連下文"人告楚王信謀反"。(高祖)[上歸櫟陽。]五日一朝太公,(如家人父子禮)。【五日一朝,古未有此典也,文王世子宜不爲此。】太公家令説太公曰:"天[亡](無)二日,土[亡](無)二王。(今高祖)[皇帝]雖子,人主也,太公雖父,人臣也。奈何令人主拜人臣!如此,則威重不行。"後(高祖)[上]朝,太公擁[彗](篲),迎門(却)[卻]行。(高祖)[上]大驚,下扶太公。太公曰:"帝,人主(也),奈何以我亂天下法!"於是(高祖乃尊太公爲太上皇)。[上]心善家令言,賜[黄]金五百斤。【家令敗人國家,殆見帝幾微,以姑息愛人主,以謬敬陷人主父。心若惡之,何賜金之有?是大不掩可恨。惟太上皇創見,師表萬世,謂宜定爲家法,雖人主,子也。】[夏五月丙午,詔曰:"人之至親,莫親於父子,故父有天下傳歸於子,子有天下尊歸於父,此人道之極也。前日天下大亂,兵革并起,萬民苦殃,朕親披堅執鋭,自帥士卒,犯危難,平暴亂,立諸侯,偃兵息民,天下大安,此皆太公之教訓也。諸王、通侯、將軍、群卿、大夫已尊朕爲皇帝,而太公未有號。今上尊太公曰太上皇。"]〇連下文"秋九月,匈奴"。

(十二月),人(有上變事)告楚王信謀反,上問左右,左右争欲擊之。用陳平計,乃僞游雲夢。[十二月],會諸侯(於)[于]陳,楚王信迎[謁],(即)因執之。(是日),[詔曰:"天下既安,豪杰有功者封侯,新立,【新立二字,史所删潤之辭也。或以其故犯法,似謂恃有故素者耳。】未能盡圖其功。身居軍九年,或未習法令,或以其故犯法,大者死刑,吾甚憐之。其](大)赦天下。”田肯賀,(因説高祖)[上]曰:“甚善。陛下得韓信,又治秦中。秦,形勝之國[也],帶河[阻]山(之險),縣隔千里,持戟百萬,秦得百二焉。【百二,必當時里有此語,故以言十二,以百二較之,其不然,創爲之解説者,且費辭不能喻也。】地勢便利,其以下兵于諸侯,譬猶居高屋之上建瓴水也。夫齊,東有琅邪、即墨之饒,南有泰山之固,西有濁河之限,北有(渤)[勃]海之利。地方二千里,持戟百萬,縣隔千里之外,齊得十二焉。(故)此東西秦也。非親子弟,莫可使王齊(矣)[者]。”(高祖)[上]曰:“善。”賜(黄)金五百斤。【田肯此人以韓信之故,竊計諸侯必多有欲得齊者,輒先事白言形勢以啓人主之機心,爲此東西秦也,非親子弟莫可王,則他皆莫可者矣。帝悟,遂賜之金,善之,以不可使有第二韓信也。貢父疑東西秦也四字,非分其地爲二國,此最不可删,此即田肯之謀也。肯雖不言楚,概有意也,此帝所以爲明達也。《史記》如此,而《漢書》未悟,帝所以爲明達也,其私意偏厚有如此者。帝因田肯言分齊、楚,重齊本爲子肥王地。又言先劉賈,且欲得寬惠修潔者,兼齊、荆言之。《漢書》又載韓王信等奏請,然封三庶孽,分天下半,此事在秦後,爲借公議之始,以始皇、高祖何不可者?高祖之異於始皇以此,然與後王好利遠矣。】

(後十餘日),[上還至雒陽,赦](封)韓信,[封]爲淮陰侯。(分其地爲二國)。[甲申,始剖符封功臣曹參等爲通侯]。【《史記》剖符封列侯在封三庶後,《漢書》曹參等在前,甚不同也。】(高祖)[詔]曰:“[齊,古之建國也,今爲郡縣,其復以爲諸侯]。將軍劉賈數有[大]①功,[及擇寬惠修絜者,王齊、荆地。”春正月丙午,韓王信等奏請以故東陽郡、鄣郡、吴郡五十三縣立劉賈](以)爲荆王,(王淮東)。[以碭郡、薛郡、郯郡三十六縣立]弟[文信君]交爲楚王,(王淮西)。[壬子,以雲中、雁門、代郡五十三縣立兄宜信侯喜爲代王,以膠東、膠西、臨淄、濟北、博陽、城陽郡七十三縣立]子肥爲齊王,(王七十餘城,民能齊言者皆屬齊。乃論功,與諸列侯剖符行封)。[以太原郡三十一縣爲韓國],徙韓王信(太原),[都晋陽。上已封大功臣三十餘人,其餘争功,未得行封。上居南宫,從復道上見諸將往往耦語,以問張良。良曰:“陛下與此屬共取天下,今已爲天子,而所封皆故人所愛,所誅皆平生仇怨。今軍吏計功,以天下爲不足用徧封,而恐以過失及誅,故相聚謀反耳。”上曰:“爲之奈何?”良曰:“取上素所不快,計群臣所共知最甚者一人,先封以示群臣。”三月,上置酒,封雍齒,因趣丞相急定功行封。罷酒,群臣皆喜,曰:“雍齒且侯,吾屬無患矣。”]○

---

① [大]案:底本原作一大字“大”,無墨綫勒之,兹據萬曆本、天啓本及今本《漢書》卷一《高帝紀》改。

連上文"上歸櫟陽"。[秋九月,匈奴圍韓王信於馬邑,信降匈奴。]

七年,(匈奴攻韓王信馬邑,信因與同謀反太原。白土)[冬十月,上自將擊韓王信於銅鞮,斬其將。信亡走匈奴,與其將]曼丘臣、王黄[共]立故趙(將)[後]趙利爲王(以反),[收信散兵,與匈奴共距漢],(高祖自往擊之)。[上從晋陽連戰,乘勝逐北,至樓煩,]會(天)[大]寒,士卒墮指者什二三。遂至平城,[爲]匈奴[所]圍(我平城,七日),[用陳平秘計得出](而後罷去。令)[使]樊噲[留](止)定代地。(立兄劉仲爲代王)。[十二月,上還過趙,不禮趙王。是月,匈奴攻代。]【匈奴圍我平城,七日,簡易得本體。不載秘計,語可諱也,所謂削則削也。獨載不禮趙王,非禮。】○連下文"代王喜棄國"。[春,令郎中有罪耐以上,請之。民産子,復勿事二歲。]

二月,(高祖自平城過趙、雒陽)至長安。【過趙、雒陽,至長安,多雒陽字。】(長樂宫成,丞相已下徙治長安)。○連下"蕭何治未央宫"。

八年[冬],(高祖)[上]東擊韓王信餘(反)寇於東垣。○連下文"還,過趙"。

蕭(丞相)[何](營作)[治]未央宫,立東闕、北闕、前殿、武庫、太倉。(高祖)[上](還),見[其](宫闕)壯[麗]甚,怒,謂(蕭)何曰:"天下匈匈[勞苦](戰)數歲,成敗未可知,是何治宫室過度也?"(蕭)何曰:"天下方未定,故可因(遂)[以]就宫室。且夫天子以四海爲家,非[令]壯麗(無)[亡]以重威,且(無)[亡]令後世有以加也。"【成敗未可知,五字最是,高祖有天下不與之意。王者雖有天命,然英雄盖世之見,豈以天命爲必不可易哉!以此創業,雖無宫室可也。天下未定,故可因以就宫室,此語與韓信人將自寧意同,此真開國之臣之見。君臣如此,豈復有憾哉?未易爲書生言也。且無令後世有以加,正言似反,謂一勞永逸,無累後人,則生侈心。】(高祖)[上](乃)説,[自櫟陽徙都長安。置宗正官以序九族。夏四月,行如雒陽。]○《漢書》在上年"二月",連"八年冬"。

(高祖之東垣),[還]過[趙](柏人),趙相貫高等[耻上不禮其王]陰謀[欲]弑(高祖)[上]。(高祖)[上欲宿],心動,[問"縣名何?"曰:"柏人。"上曰:"柏人者,迫於人也。"去,弗宿。](因不留)。○連下文"十一月"。

代王(劉仲)[喜]棄國,(亡)自歸雒陽,(廢以)[赦]爲合陽侯。[辛卯,立子如意爲代王]。○《漢書》在上年十二月下,連"春,令郎中有罪"。[十一月,令士卒從軍死者爲槥,歸其縣,縣給衣衾棺葬具,祠以少牢,長吏視葬。十二月,行自東垣至。春三月,行如雒陽。令吏卒從軍至平城及守城邑者,皆復終身勿事。爵非公乘以上毋得冠劉氏冠。賈人毋得衣錦繡綺縠絺紵罽,操兵,乘騎馬。秋八月,吏有罪未覺者,赦之。九月,行自雒陽至,淮南王、梁王、趙王、楚王皆從。]

九年,○連下文“冬十月”。[十二月,行如雒陽。](趙相)貫高等[謀逆](事)發覺,[逮捕高等,并捕趙王敖下獄。詔敢有隨王罪,](夷)三族。[郎中田叔、孟舒等十人自髡鉗爲王家奴,從王就獄。王實不知其謀。春正月,]廢趙王敖爲宣平侯。[徙代王如意爲趙王,王趙國。丙寅,前有罪殊死以下,皆赦之。二月,行自雒陽至。賢趙臣田叔、孟舒等十人,召見與語,漢廷臣無能出其右者。上説,盡拜爲郡守、諸侯相。]○連下文“夏六月”。(是歲)[十一月],徙[齊楚](貴)[大]族(楚)昭[氏]、屈[氏]、景[氏]、懷[氏]、(齊)田氏[五姓]關中,【是歲,徙貴族楚昭、屈、景、懷、齊田氏關中,峻潔明麗,不足復增。】[與利田宅。]○連上文“十二月,行如雒陽”。[冬十月,淮南王、梁王、趙王、楚王朝。]

未央宫(成。高祖大朝諸侯群臣),置酒(未央)前殿。(高祖)[上]奉玉卮,(起)爲太上皇壽,曰:“始大人常以臣[亡](無)賴,不能治産業,不如仲力。今某之業所就孰與仲多?”殿上群臣皆(呼)[稱]萬歲,大笑爲樂。【高帝起無賴,成帝業。一日,置酒新殿,雜諸將道舊爲樂,猶有布衣山野之氣,其英邁傾人,猶施於父子兄弟之間,亦不能不啓齊東野人之笑。所謂大笑爲樂,在仲亡歸後,尤有可慙,則上皇無乃病之。因文想像,恨不同時。】○連上文“十一月”。[夏六月乙未晦,日有蝕之。]

十年[冬]十月,淮南王(黥布、梁王彭越)、燕王(盧綰)、荆王(劉賈)[梁王]、楚王(劉交)、齊王(劉肥)、長沙王(吴芮皆)來朝(長樂宫。春)夏(無事)。【春夏無事,與前天下大定,諸侯皆臣屬語,皆可笑。】[五月,太上皇后崩。秋]七月[癸卯],太上皇崩(櫟陽宫),[葬萬年]。(楚王、梁王皆來送葬),【楚王、梁王皆來送葬,語俚,文極索①莫,豈諸侯王無在者邪。】赦櫟陽囚[死罪以下]。(更命酈邑曰新豐)。八月,[令諸侯王皆立太上皇廟于國都。]

[九月],趙[代]相國陳豨反(代地)。上曰:“豨嘗爲吾使,甚有信。代地吾所急(也),故封豨爲列侯,以相國守代,今乃與王黄等劫掠代地!(代地)吏民非有罪也,(其赦代吏民)。”【《史記》好。】[能去豨、黄來歸者,皆赦之。](九月),上自東(往擊之)。至邯鄲,上喜曰:“豨不南據邯戰而阻漳水,吾知其(無)[亡]能爲[矣](也)。”[趙相周昌奏常山二十五城亡其二十城,請誅守尉。上曰:“守尉反乎?”對曰:“不。”上曰:“是力不足,亡罪。”【是力不足,亡罪,斷案賢於春秋特筆矣,韙哉!】上令周昌選趙壯士可令將者,白見四人。上嫚罵曰:“豎子能爲將乎?”四人慙,皆伏地。上封各千户,以爲將。左右諫曰:“從入蜀漢,伐楚,賞未徧行,今封此,何功?”上曰:“非汝所知。陳豨反,趙代地皆豨有。吾以羽檄征天下兵,未有至者,今計唯獨邯鄲中兵耳。吾何愛四千户,不以慰趙子弟。”皆曰:“善。”又求

① 索案:萬曆本、天啓本作“受”。

"樂毅有後乎?"得其孫叔,封之樂鄉,號華成君。]【封趙子弟,收樂毅孫,造次傾動,百世之下,猶起而從之也。此復移在本紀中。】(聞)[問]豨將,皆故賈人(也),上曰:"吾知(所以)與之[矣]。"乃多以金(啖)[購]豨將,豨將多降(者)。

十一年[冬],(高祖)[上]在邯鄲(誅豨等未畢),豨將侯敞將萬餘人游行,王黄[將騎千余]軍曲逆,張春[將卒萬餘人]渡河(擊)[攻]聊城。漢(使)將軍郭蒙與齊將擊,大破之。太尉周勃道太原,入定代地。至馬邑,馬邑不下,(即)攻殘之。

豨將趙利守東垣,高祖攻之,不下。(月餘),卒罵(高祖,高祖)[上]怒。城降,(令)[卒](出)罵者斬之,(不罵者原之)。【不罵者原之,此句何可去也?】[諸縣堅守不降反寇者,復租賦三歲。](於是乃分趙山北,立子恒以爲代王,都晋陽。)

春[正月],淮陰侯韓信謀反(關中)[長安],夷三族。[將軍柴武斬韓王信於參合。上還雒陽,詔曰:"代地居常山之北,與夷狄邊,趙乃從山南有之,遠,數有胡寇,難以爲國。頗取中南太原之地益屬代,代之雲中以西爲雲中郡,則代受邊寇益少矣。王、相國、通侯、吏二千石擇可立爲代王者。"燕王綰、相國何等三十三人皆曰:"子恒賢知温良,請立以爲代王,都晋陽。"大赦天下。二月,詔曰:"欲省賦甚。今獻未有程,吏或多賦以爲獻,而諸侯王尤多,民疾之。令諸侯王、通侯常以十月朝獻,及郡各以其口數率,人歲六十三錢,以給獻費。"又曰:"蓋聞王者莫高於周文,伯者莫高於齊桓,皆待賢人而成名。今天下賢者智慧,豈特古之人乎?患在人主不交故也,士奚由進!]【三、四句皆好,至豈特古之人乎?不交故也,古難言之,重以士奚由進,讀之感動。】["今吾以天之靈,賢士大夫定有天下,以爲一家,欲其長久,世世奉宗廟亡絶也。賢人已與我共平之矣,而不與我共安利之,可乎?賢士大夫有肯從我游者,吾能尊顯之。布告天下,使明知朕意。御史大夫昌下相國,相國酇侯下諸侯王,御史中執法下郡守,其有意稱明德者,必身勸爲之駕,遣詣相國府,署行、義、年。有而弗言,覺,免。年老癃病,勿遣。"]

(夏)[三月],梁王彭越謀反,(廢遷蜀,復欲反,遂)夷三族。【廢遷蜀,復欲反,如不滿,非越之罪,吕后之過也。每定反地,輒以與孺子,而皆出於臣下奏請,殆諸將有以窺帝矣。】[詔曰:"擇可以爲梁王、淮陽王者。"燕王綰、相國何等請]立子恢爲梁王,子友爲淮陽王。[罷東郡,頗益梁;罷潁川郡,頗益淮陽。夏四月,行自雒陽至。令豐人徙關中者皆復終身。五月,詔曰:"粤人之俗,好相攻擊,前時秦徙中縣之民南方三郡,使與百粤相處。會天下誅秦,南海尉它居南方長治之,甚有文理,中縣人以故不耗减,粤人相攻擊之俗益止,俱賴其力。今立它爲南粤王。"使陸賈即授璽綬。它稽首稱臣。六月,令士卒從入蜀、漢、關中者皆復終身。]

秋七月,淮南王(黥)布反。[上問諸將,滕公言故楚令尹薛公有籌策。上召見,薛公言布形勢,上善之,封薛公千户。]○連下文“詔王、相國擇”。[上乃發上郡、北地、隴西車騎,巴蜀材官及中尉卒三萬人爲皇太子衛,軍霸上。布果如薛公言,]東(并)[擊殺]荆王劉賈(地),[劫其兵],(北)[度](渡)淮[擊楚],楚王交走入薛。[上赦天下死罪以下,皆令從軍;征諸侯兵,](高祖)[上]自[將以](往)擊(之)[布]。[詔王、相國擇可立爲淮南王者,群臣請]立子長爲(淮南王)。○連上文“上乃發上郡”。

十二年[冬]十月,(高祖)[上](已擊)[破]布軍[于]會(甀)[缶],布走,令别將追之。

(高祖)[上]還(歸),過沛,留。置酒沛宫,悉召故人父老子弟(縱)[佐]酒,發沛中兒得百二十人,教之歌。酒酣,(高祖)[上]擊筑,自(爲)歌(詩)曰:“大風起兮雲飛揚,威加海内兮歸故鄉,安得猛士兮守四方!”【安得猛士兮守四方,古人以爲霸心之存,非也。自韓信死,彭越死,黥布反,同時諸將皆盡,於是四顧寂寥,有傷心者矣。語雖壯而意悲,而自是亦道病矣,或者其悔心之存乎?後之爲史者曰,還沛,置酒,召故人極歡云云,足矣。看他發沛中兒教歌,酒酣擊筑,歌呼起舞,輾轉泣下,缕缕不絶,俯仰具見,直至空縣出獻,已去復留,其中與諸母故人道舊又佳,對父老説豐恨①事又佳,古今文字,淋漓發粤,言笑有情,少可及此。區區爲之减一字兩字,非也。】令兒皆和習之。(高祖)[上]乃起舞,慷慨傷懷,泣數行下。謂沛父兄曰:“游子悲故鄉。吾雖都關中,萬歲[之]後吾魂魄猶(樂)思[樂]沛。且朕自沛公以誅暴逆,遂有天下,其以沛爲朕湯沐邑,復其民,世世無有所與。”沛父(兄)[老]諸母故人日樂飲極(驩)[歡]②,道舊故爲笑樂。十餘日,(高祖)[上]欲去,沛父兄固請(留高祖。高祖)[上]曰:“吾人衆多,父兄不能給。”乃去。沛中空縣皆之邑西獻。(高祖)[上](復)留止,張飲三日。沛父兄皆頓首曰:“沛幸得復,豐未(復)[得],惟陛下哀(憐)[矜](之)。”(高祖)[上]曰:“豐[者]吾所生長,極不忘耳,吾特(爲)[以]其[爲](以)雍齒故反我爲魏。沛父兄固請[之],[廼](乃)并復豐,比沛。○連下文“漢别將擊布”。(於是)[詔曰:“吴,古之建國也,日者荆王兼有其地,今死亡後。朕欲復立吴王,其議可者。”長沙王臣等言]:“(拜)沛侯(劉)濞[重厚,請立]爲吴王。”[已拜,上召謂濞曰:“汝狀有反相。”因拊其背曰:“漢後五十年東南有亂,豈汝邪?然天下同姓一家,汝慎毋反。”濞頓首曰:“不敢。]”○連下文“十一月”。

漢别將擊布軍洮水南北,皆大破之,追(得)斬布鄱陽。

---

① 恨案:萬曆本、天啓本作“根”。

② (驩)[歡]案:底本原作一大字“驩”,無墨綫勒之,後脱一小字“歡”,兹據萬曆本、天啓本及今本《漢書》卷一《高帝紀》補。

[周勃]、(樊噲别將兵)定代,斬陳豨[於]當城。○連上文"詔曰,吴,古之建國"。

十一月,(高祖)[行]自(布軍)[淮南還過魯乙太牢祠孔子](至長安)。【過魯,祠孔子,宜載之本紀,《史記》失之。】十二月,(高祖)[詔]曰:"秦始皇帝、楚隱王(陳涉)、魏安釐王、齊(愍)[湣]王、趙悼襄王皆絶(無)[亡]後,[其與](予守冢各十家),秦[始]皇帝[守冢]二十家,[楚、魏、齊各十家,趙及]魏公子[亡](無)忌[各]五家。【《史記》是。】[令視其冢,復亡與他事。]"(赦代地吏民,爲陳豨、趙利所劫掠者皆赦之。)陳豨降將言豨反時,燕王盧綰使人之豨所,(與)陰謀。上使辟陽侯[審食其]迎綰,綰稱[疾](病)。(辟陽侯)[食其](歸,具)言綰反有端(矣)。[春]二月,使樊噲、周勃將兵擊(燕王)綰。(赦燕吏民與反者。)【可不必反字。】[詔曰:"燕王綰與吾有故,愛之如子,聞與陳豨有謀,吾以爲亡有,故使人迎綰。綰稱疾不來,謀反明矣。燕吏民非有罪也,賜其吏六百石以上爵各一級。與綰居,去來歸者,赦之,加爵亦一級。"詔諸侯王議可立爲燕王者,長沙王臣等請]立(皇)子建爲燕王。[詔曰:"南武侯織亦粤之世也,立以爲南海王。"三月,詔曰:"吾立爲天子,帝有天下,十二年於今矣。與天下之豪士賢大夫共定天下,同安輯之。其有功者上致之王,次爲列侯,下乃食邑。而重臣之親,或爲列侯,皆令自置吏,得賦斂,女子公主。爲列侯食邑者,皆佩之印,賜大第室。吏二千石,徙之長安,受小第室。入蜀漢定三秦者,皆世世復。吾於天下賢士功臣,可謂亡負矣。其有不義背天子擅起兵者,與天下共伐誅之。布告天下,使明知朕意。"]

(高祖)[上]擊布時,爲流矢所中,行道(病)[疾]。(病)[疾]甚,吕后迎良醫。醫入見,(高祖)[上]問醫[曰:"疾可治不?"]醫曰:"(病)可治。"於是(高祖)[上]嫚罵之曰:"吾以布衣提三尺(劍)取天下,【劍字,本不可去。】此非天命乎? 命乃在天,雖扁鵲何益!"遂不使治(病)[疾],賜[黄]金五十斤罷之。(已而)【無已而字,則問太遽。】吕后問曰:"陛下百歲後,蕭相國(即)[既]死,(令)誰[令]代之?"【誰令字,勝。】上曰:"曹參可。"問其次,上曰:"王陵可。然(陵)少戇,陳平可以助之。陳平(智)[知][1]有餘,然難(以)獨任。周勃厚重少文,然安劉氏者必勃也,可令爲太尉。"吕后復問其次,上曰:"此後亦非(而)[乃]所知也。"【寫得如神明。吕后以一婦人問國事,時蕭相國無恙,既問及相國死後,又問其次如何,何其慮遠也! 王陵、周勃在當時不以杰稱,帝所優劣時置之,平生知人善任,使於是益信。安劉氏語異甚,如老蘇云。】

盧綰與數千(騎)[人]居塞下候伺,幸上(病)[疾]愈,自入謝。

① (智)[知]案:底本原作一大字"智",無墨綫勒之,後脱一小字"知",兹據萬曆本、天啓本及今本《漢書》卷一《高帝紀》補。

[夏]四月甲辰,(高祖)[帝]崩[于]長樂宫。【高祖生甲寅,始皇即位之前一年。始皇在位三十七年,至胡亥死,帝年四十矣。又六年而羽亡,其在位七年耳。即位之秋,利幾反。冬,臧荼反。六年,韓信反。七年,韓王信反,爲平陳。八年,討韓王信餘寇,過趙。九年,趙謀反。十年,陳豨反。十一年,信反、越反、布反,自擊布歸,道病,綰反。七年之間,無歲不戰,無人不反。計其從容,獨奉卮太上與過沛時耳。過沛時以乙巳十月,其崩以丙午四月,年五十三。項羽少帝十六歲,死年三十一。】○連下文"盧綰聞之"。(四日不發喪。)吕后與審食其謀曰:"諸將[故]與帝爲編户民,(今)北面爲臣,(此)[心]常[鞅鞅](怏怏),今乃事少主,非盡族是,天下不安。"[以故不發喪。]人或聞(之),[以]語酈(將軍)[商]。酈商(往)見審食其,曰:"(吾)聞帝已崩,四日不發喪,欲誅諸將。誠如此,天下危矣。陳平、灌嬰將十萬守滎陽,樊噲、周勃將二十萬定燕、代,比聞帝崩,諸將皆誅,必連兵還鄉以攻關中。大臣内[畔](叛),諸(侯)[將外]反,亡可(翹)[蹻]足(而)待也。"審食其入言之,乃以丁未發喪,大赦天下。○連下文"五月"。

盧綰聞(高祖崩)[之],遂亡入匈奴。○連上文"吕氏與審食其"。

[五月]丙寅,葬[長陵]。己[下](巳),(立)太子,[群臣皆反,]至太上皇廟。【己下,不可解,以爲下棺又蠢,只似多一立字。己巳,太子至太上皇廟,群臣曰云云,甚順。】群臣(皆)曰:"(高祖)[帝]起(微細)[細微]①,撥亂世反之正,平定天下,爲漢太祖,功最高。"上尊號(爲)[曰]高皇帝。[初,高祖不修文學,而性明達,好謀,能聽,自監門戍卒,見之如舊。【《漢書》精神,全在收拾諸詔,不知子長何故放佚,又不知班氏何從得之,以爲潤色。諸臣無此筆力,雖賈生、晁錯固在其時,亦未必辦此,何其委曲,在《春秋》《國策》之後,别爲辭令之祖。如曰是力不足亡罪六字,想見必皆高祖口語。後來如光武好奇②,尚自難及,即修文學何益?】[初順民心作三章之約。天下既定,命蕭何次律令,韓信申軍法,張蒼定章程,叔孫通制禮儀,陸賈造《新語》。又與功臣剖符作誓,丹書鐵契,金匱石室,藏之宗廟。雖日不暇給,規摹宏遠矣。](太子襲號爲皇帝,孝惠帝也。令郡國諸侯各立高祖廟,以歲時祠。)

(及孝惠五年,思高祖之悲樂沛,以沛宫爲高祖原廟。高祖所教歌兒百二十人,皆令爲吹樂,後有缺,輒補之)。

(高祖八男:長庶齊悼惠王肥;次孝惠吕后子;次戚夫人子趙隱王如意;

---

① (微細)[細微]案:底本原作兩大字"微細",無墨綫勒之,後脱二小字"細微",兹據萬曆本、天啓本及今本《漢書》卷一《高帝紀》補。

② 奇案:萬曆本、天啓本作"可"。

次代王恒,已立爲孝文皇帝,薄太后子;次梁王恢,吕太后時徙爲趙共王;次淮陽王友,吕太后時徙爲趙幽王;次淮南厲王長;次燕王建)。【八男,惟肥長大不可知,自惠以下六孺子,計十歲或十餘歲耳,而皆遠封近也。】

太史公曰:夏之政忠,忠之敝,小人以野,故殷人承之以敬。敬之敝,小人以鬼,故周人承之以文。文之敝,小人以僿,故救僿莫若以忠。三王之道若循环終而復始。周秦之間,可謂文敝矣。秦政不改,反酷刑法,豈不謬乎?故漢興,承敝易變,使人不倦,得天統矣。朝以十月。車服黄屋左纛。葬長陵。【車服黄屋左纛,不成語,常疑此贊有缺文。子長舉漢繼周黜秦如項,猶自有説,故曰得天統矣。朝以十月,頗寄不滿焉。】①

[贊曰:《春秋》晋史蔡墨有言,陶唐氏既衰,其後有劉累,學擾龍,事孔甲,范氏其後也。而大夫范宣子亦曰:"祖自虞以上爲陶唐氏,在夏爲御龍氏,在商爲豕韋氏,在周爲唐杜氏,晋主夏盟爲范氏。"范氏爲晋士師,魯文公世奔秦。後歸于晋,其處者爲劉氏。劉向云戰國時劉氏自秦獲於魏,秦滅魏,遷大梁,都於豐,故周市説雍齒曰"豐,故梁徙也。"是以頌高祖云:"漢帝本系,出自唐帝。降及于周,在秦作劉。涉魏而東,遂爲豐公。"豐公,蓋太上皇父。其遷日淺,墳墓在豐鮮焉。及高祖即位,置祠祀官,則有秦、晋、梁、荆之巫,世祠天地,綴之以祀,豈不信哉!由是推之,漢承堯運,德祚已盛,斷蛇著符,旗幟上赤,協於大德,自然之應,得天統矣。]【班氏述劉氏承堯,愈疏,至下取周市語、劉嚮頌,徒成曲説。本著旗幟上赤,亦循《史記》車服,而非其意。以此爲得天統,與兒童無異。】

① 案:萬曆本、天啓本脱此條眉批。

第三卷　蕭何

蕭相國世家第二十三　史記五十三

蕭何曹參傳第九 漢書三十九

蕭(相國)何(者),沛(豐)人也。以文無害爲沛主吏掾。【文無害意者,老成之極,無得破也。主吏,主文也。《漢書音義》曰:"無害者,猶言無比,陳留間語也。"非常言,雖得之,難用。】

高祖爲布衣時,(何)數以吏事護高祖。高祖爲亭長,常(左右)[佑]之。高祖以吏繇咸陽,吏皆送奉錢三,何獨以五。

秦御史監郡者與從事,(常)辨之。【辨,當作辯。】何乃給泗水卒史事,第一。秦御史欲入言徵何,何固請,得毋行。

及高祖起爲沛公,何常爲丞督事。沛公至咸陽,諸將皆争走金帛財物之府分之,何獨先入收秦丞相御史律令圖書藏之。沛公(爲漢王,以何爲丞相。項王與諸侯屠燒咸陽而去)。【從争走金帛之府至屠燒咸陽而去,乃見何所以有識,漢所以興。《漢書》去屠燒語,非是。觀其意,獨欲載勸王漢中語耳。漢中語,雖何傳大節不可遺者,然使子長寫,當又别,此處未易言。】(漢王所以)具知天下阸厄塞,户口多少,彊弱(之)處,民所疾苦者,以何(具)得秦圖書也。

[初,諸侯相與約,先入關破秦者王其地。沛公既先定秦,項羽後至,欲攻沛公,沛公謝之得解。羽遂屠燒咸陽,與范增謀曰:"巴蜀道險,秦之遷民皆居蜀。"廼曰:"蜀漢亦關中地也。"故立沛公爲漢王,而三分關中地,王秦降將以距漢王。漢王怒,欲謀攻項羽。周勃、灌嬰、樊噲皆勸之,何諫之曰:"雖王漢中之惡,不猶愈於死乎?"漢王曰:"何爲乃死也?"何曰:"今衆弗如,百戰百敗,不死何爲?《周書》曰'天予不取,反受其咎'。語曰'天漢',其稱甚美。夫能詘於一人之下,而信於萬乘之上者,湯武是也。臣願大王王漢中,養其民以致賢人,收用巴蜀,還定三秦,天下可圖也。"漢王曰:"善。"乃遂就國,以何爲丞相。]

何進(言)韓信,漢王以(信)爲大將軍。(語在《淮陰侯》事中)。[説]漢王[令]引兵東定三秦。[語在《信傳》]。何以丞相留收巴蜀,填撫諭告,使給軍食。【爲何傳而稱信説漢,碍。合以填撫字,收巴蜀、填撫,見當時亦未定在。】漢二年,漢王與諸侯擊楚,何守關中,侍太子,治櫟陽。爲(法)令約束,立宗廟社稷宫室縣邑,輒奏(上),可許以從事;即不及奏(上),【班去下一上字,則上可字爲句。】輒以便宜施行,上來以聞。(關中事)計户(口)轉漕給軍,【關中事三字,去得似是,然計户語禿,蓋事字加每事斟酌處之,正要關中字耳。】漢王數失軍遁去,何常興關中卒,輒補缺。上以此(專)[剸]屬任何關中事。

漢三年,(漢王)與項羽相距京索(之)間,上數使使勞苦丞相。鮑生謂(丞相)[何]曰:"[今]王暴衣露蓋,數(使)使勞苦君者,有疑君心(也)。爲君計,莫若遣君子孫昆弟能勝兵者悉詣軍所,上(必)益信君。"於是何從其計,漢王大説。

漢五年,(既)[已]殺項羽,(定天下),[即皇帝位],論功行封。群臣爭功,歲餘(功)不決。(高祖)[上]以蕭何功最盛,[先]封爲酇侯,【先字,頗欠考。】①(所)食邑(多)[八千户]。功臣皆曰:"臣等身被堅執(鋭)[兵],多者百餘戰,少者數十合,攻城略地,大小各有差。今蕭何未(嘗)有汗馬之勞,徒持文墨議論,不戰,【今人則以不戰,贅上汗馬意矣。】顧(反)居臣等上,何也?"(高帝)[上]曰:"諸君知獵乎?"曰:"知之。""知獵狗乎?"曰:"知之。"(高帝)[上]曰:"夫獵,追殺獸(兔)者狗也,而發(蹤)[縱]指示獸處者人也。今諸君徒能[走②]得(走)獸耳,【走得,勝得走字。】功狗也。至於蕭何,發(蹤)[縱]指示,功人也。且諸君獨以身(隨)[從]我,多者[三]兩(三)人;(今)蕭何舉宗數十人皆隨我,功不可忘也。"【舉宗數十人,皆無聞名,未必皆有能戰功,想見何爲吏,宗強力衆,非諸將亡命比耳。若徒以兄弟、諸子與諸將較智勇,論功數,未必足以屈其心也。】群臣[後]皆莫敢言。

列侯畢已受封,(及)奏位次,皆曰:"平陽侯曹參身被七十創,攻城略地,功最多,宜第一。"上已撓功臣多封(蕭)何,至位次未有以復難之,然心欲何第一。關内侯鄂(君)[千秋時爲謁者],進曰:"群臣議皆誤。夫曹參雖有野戰略地之功,此特一時之事。夫上與楚相距五歲,常失軍亡衆,(逃)[跳]身遁者數矣。然蕭何常從關中遣軍補其處,非上所詔令召,而數萬衆會上(之)乏絶者數矣。夫漢與楚相守滎陽數年,軍無見粮,蕭何轉漕關中,給食不乏。陛下雖數亡山東,蕭何常全關中(以)待陛下,此萬世之功也。今雖無曹參等百數,何缺於漢?漢得之不必待以全。奈何欲以一旦之

---

① 案:萬曆本無此眉批。

② 走案:底本字右側有圓圈標之,文中以此方式標示。下同。

功而加萬世之功哉！蕭何[當]第一，曹參次之。"(高祖)[上]曰："善。"於是乃令(蕭)何[第一]，賜帶劍履上殿，入朝不趨。

上曰："吾聞進賢受上賞。蕭何功雖高，[待](得)鄂君(乃)[廼](益)[得]明。"於是因鄂(君)[千秋]故所食關内侯邑[二千户]，封爲安平侯。是日，悉封何父(子)[母]兄弟十餘人，皆(有)食邑。乃益封何二千户，"以(帝)嘗繇咸陽時何送我獨贏(奉)錢二也"。

(漢十一年)，陳豨反，(高祖)[上]自將，至邯鄲。(未罷)，[而](淮陰侯)[韓信]謀反關中，吕后用(蕭)何計，誅(淮陰侯)[信]，語在(《淮陰》事中)。[《信傳》]。上已聞[誅](淮陰侯)[信](誅)，使使拜丞相(何)爲相國，益封五千户，令卒五百人一都尉爲相國衛。諸君皆賀，召平獨吊。召平者，故秦東陵侯。秦破，爲布衣，貧，種瓜(於)長安城東，瓜美，故世(俗)謂(之)"東陵瓜"，從召平(以爲名)[始]也。(召)平謂(相國)[何]曰："禍自此始矣。上暴露於外而君守於(中)[内]，非被矢石之(事)[難]而益君封置衛者，以今者淮陰(侯)新反於中，[有]疑君心(矣)。夫置衛衛君，非以寵君也。願君讓封勿受，悉以家私財佐軍，(則上心説)。"(相國)[何]從其計，(高帝乃大喜)[上説。]

(漢十二年)，[其]秋，黥布反，上自將擊之，數使使問相國何爲。[曰]："(相國)爲上在軍，(乃)拊循勉(力)百姓，悉(以)所有佐軍，如陳豨時。"客(有)[又]説(相國)[何]曰："君滅族不久矣。夫君位爲相國，功第一，[不]可復加(哉)，然君初入關(中)，[本]得百姓心，十餘年矣，皆附君，(常)[尚]復孳孳得民和。上所(爲)[謂]數問君(者)，畏君傾動關中。今君胡不多買田地，賤貰(貸)[貣]以自汙？上心(乃)[必]安。"於是(相國)[何]從其計，上乃大説。

上罷布軍歸，民道遮行上書，言相國(賤)彊[賤]買民田宅數千(萬)[人]。上至，(相國)[何]謁。上笑曰："(夫)[今]相國乃利民！"民所上書皆以與(相國)[何]，曰："君自謝民。"[後](相國)[何](因)爲民請曰："長安地(狹)[陿]，上林中多空地，棄，願令民得入田，毋收槁爲(禽)獸食。"上大怒曰："相國多受賈人財物，(乃)爲請吾苑！"乃下(相國)[何]廷尉，械繫之。數日，王衛尉侍，前問曰："相國(何)[胡]大罪，陛下繫之暴也。"上曰："吾聞李斯相秦皇帝，有善歸主，有惡自(與)[予]。今相國多受賈豎金(而)爲(民)請吾苑，以自媚於民，故繫治之。"王衛尉曰："夫職事苟有便於民而請之，真宰相事[也]。陛下奈何乃疑相國受賈(人)[民]錢乎！且陛下距楚數歲，陳豨、黥布反[時]，陛下自將(而)往，當是時，相國守關中，[關中]摇足則關(以)西非陛下有也。相國不以此時爲利，(今)乃利賈人之金乎？且秦以不聞其過亡天下，[夫]李斯之分過，又何足法哉。陛下何疑宰相之淺也。"(高帝)[上]不懌。是日，使使持節赦出(相國)[何]。(相國)[何]年老，素恭謹，(入)，徒跣[入]謝。(高帝)[上]曰："相國休矣！相國爲民請[吾]苑，(吾)不許，我不過爲桀紂主，而相國爲賢相。吾故擊相國，欲令百姓聞吾過(也)。"

[高帝崩，何事惠帝。](何素不與曹參相能，及)何病，(孝惠)[上親]自臨視(相國病)[何疾]，因問曰："君即百歲後，誰可代君(者)？"對曰："知臣莫(如)[若]主。"(孝惠)[帝]曰："曹參何如？"何頓首曰："帝得之矣！(臣)[何]死不恨矣！"

何(置)[買]田宅必居窮[僻]處，爲家不治垣屋。曰："[令]後世賢，師吾儉；不賢，毋爲勢家所奪。"

孝惠二年，(相國)何(卒)[薨]，謚(爲)[曰]文終侯。

(後嗣以罪失侯者四世，絶，天子輒復求何後，封續酇侯，功臣莫得比焉。)

[子禄嗣，薨，無子。高后乃封何夫人同爲酇侯，小子延爲筑陽侯。孝文元年，罷同，更封延爲酇侯。薨，子遺嗣。薨，無子。文帝復以遺弟則嗣，有罪免。景帝二年，制詔御史："故相國蕭何，高皇帝大功臣，所與爲天下也。今其祀絶，朕甚憐之。其以武陽縣户二千封何孫嘉爲列侯。"嘉，則弟也。薨，子勝嗣，後有罪免。武帝元狩中，復下詔御史："以酇户二千四百封何曾孫慶爲酇侯，布告天下，令明知朕報蕭相國德也。"慶，則子也。薨，子壽成嗣，坐爲太常犧牲瘦免。宣帝時，詔丞相御史求問蕭相國後在者，得玄孫建世等十二人，復下詔以酇户二千封建世爲酇侯。傳子至孫獲，坐使奴殺人減死論。成帝時，復封何玄孫之子南䜌長喜爲酇侯。傳子至曾孫，王莽敗乃絶。]

太史公曰：蕭相國何於秦時爲刀筆吏，録録未有奇節。及漢興，依日月之末光，【依日月之末光，本亦如與日月争光語，欲其頗别而不相碍高帝，故云然。】何謹守管籥，因民之疾秦法，順流與之更始。淮陰、黥布等皆以誅滅，而何之勛爛焉。位冠群臣，聲施後世，與閎夭、散宜生等争烈矣。

第四卷　曹參

曹參世家第二十四　史記五十四

蕭何曹參傳第九 漢書三十九

(平陽侯)曹參(者),沛人也。秦時爲(沛)獄掾,而蕭何爲主吏,居縣爲豪吏矣。

高祖爲沛公(而初起)也,參以中涓從。(將)擊胡陵、方與,攻秦監公軍,大破之。【此數語,正要初起應而初字,不唯舂容,精神自此始。監公,似是當時俗言。將,是别隊。】東下薛,擊泗水守軍薛郭西。復攻胡陵,取之。徙守方與。方與反爲魏,擊之。豐反爲魏,攻之。賜爵七大夫。[北]擊(秦)司馬(尼)[欣]軍碭東,(破之),取(碭)、狐父、祁善置。【此北字無謂,不如秦,不必减碭字。】又攻下邑以西,至虞,擊[秦將]章邯車騎。攻(爰)[轅]戚及亢父,先登。遷爲五大夫。北救東阿,擊章邯軍,陷陣,追至濮陽。攻定陶,取臨濟。南救雍丘,擊李由軍,破之,殺李由,虜秦候一人。(秦將軍)章邯破殺項梁也,沛公與項羽引[兵]而東。楚懷王以沛公爲碭郡長,將碭郡兵。於是乃封參(爲)執帛,號曰建成君。遷爲戚公,屬碭郡。

其後從攻東郡尉軍,破之成武南。擊王離軍成陽南,(復)[又]①攻(之)杠里,大破之,追北,西至開封,擊趙賁軍,破之,圍趙賁開封城中。西擊秦將楊熊軍於曲遇,破之,虜秦司馬及御史各一人。遷爲執珪。從[西]攻陽武,【多西字。】下轘轅、緱氏,絶河津,(還)擊趙賁軍尸北,破之。【此還字,亦不可闕,蓋與上文互見。】從南攻犨,與南陽守齮戰陽城郭東,陷陳,取宛,虜齮,(盡)定南陽郡。從西攻武關、嶢關,取之。前攻秦軍藍田南,又夜擊其北,【前、東、西不是泛,此前字與夜字如畫。】(秦)軍大破[之],遂至咸陽,(滅)[破]秦。

項羽至,以沛公爲漢王。漢王封參爲建成侯。從至漢中,遷爲將軍。

---

① [又]案:底本原作一大字"又",無墨綫勒之,兹據萬曆本、天啓本及今本《漢書》卷三十九《蕭何曹參傳》改。

從還定三秦,(初)攻下辯、故道、雍、斄。擊章平軍於好畤南,破之,圍好畤,取壤鄉。擊三秦軍壤東及高櫟,破之。復圍章平,(章)平出好畤走。因擊趙賁、内史保軍,破之。東取咸陽,更(命)[名]曰新城。參將兵守景陵二十[三]日,三秦使章平等攻參,參出擊,大破之。賜食邑於寧秦。(參)以將軍引兵圍章邯(於)廢丘。以中尉從漢王出臨晋關。至河内,下修武,渡圍津,東擊龍且、項他定陶,破之。東取碭、蕭、彭城。擊項籍軍,漢軍大敗走。參以中尉圍取雍丘。王武反於[外]黄,程處反於燕,往擊,盡破之。柱天侯反於衍氏,(又)進破取衍氏。擊羽嬰於昆陽,追至葉。還攻武彊,因至滎陽。參自漢中爲將軍、中尉,【又總書將軍、中尉,見先①後所至滎陽,皆極分曉。】從擊諸侯及項(羽)[王],敗,還至滎陽,(凡二歲)。

[漢](高祖三)[二]年,拜爲假左丞相,入屯兵關中。月餘,魏王豹反,以假(左)丞相别與韓信東攻魏將(軍)孫遬軍東張,【將與將軍,必不同。】大破之。因攻安邑,得魏將王襄。擊魏王於曲陽,追至[東](武)垣,生(得)[獲]魏王豹。取平陽,得(魏王)[豹]母妻子,盡定魏地,凡五十二(城)[縣]。賜食邑平陽。因從韓信擊趙相國夏説軍於鄔東,大破之,斬夏説。韓信與故常山王張耳引兵下井陘,擊成安君[陳餘],而令參還圍趙别將戚(將軍)[公]於鄔城中。戚(將軍)【此將軍不可易,前有參爲戚公。】[公]出走,追斬之。迺引兵詣(敖倉)漢王(之)[在]所。【詣敖倉漢王之所,寫得諄至。】韓信已破趙,爲相國,東擊齊。參以(右)[左]丞相屬(韓信)[焉],攻破齊歷下軍,遂取臨(菑)[淄]。還定濟北郡,(攻)[收]著、漯陰、平原、鬲、盧。已而從韓信擊龍且軍於上假密,大破之,斬龍且,虜(其)[亞]將(軍)周蘭。定齊[郡],凡得七十(餘)縣。得故齊王田廣相田光,其守相許章,及故(齊膠東)將軍田既。韓信[立]爲齊王,引兵[東]詣陳,與漢王共破項羽,而參留平齊未服者。

(項籍已死,天下定),漢王(爲)[即]皇帝[位],韓信徙爲楚王,(齊爲郡)。參歸(漢)相印[焉]。高(帝)[祖]以長子肥爲齊王,而以參爲齊相國。(以)高祖六年(賜爵列侯),與諸侯剖符,[賜參爵列侯],(世世勿絶)。食邑平賜萬六百三十户,[世世勿絶],(號曰平陽侯,除前所食邑)。

[參]【此參字可不須矣,却合去。】以齊相國擊陳豨將張春(軍),破之。黥布反,參(以齊相國)從悼惠王將(兵)車騎十二萬(人),與高祖會擊黥布軍,大破之。南至蘄,還定竹邑、相、蕭、留。

參功:凡下二國,縣(一)百二十二;得王二人,相三人,將軍六人,大莫

① 先案:底本作"先",萬曆本、天啓本作"沉"。

(敖)[囂]、郡守、司馬、候、御史各一人。

孝惠(帝)元年,除諸侯相國法,更以參爲齊丞相。參之相齊,齊七十城。【時著齊七十城,以見所以酬參者自不薄。史勝。】天下初定,悼惠王富於春秋,參盡召長老諸[先]生,問所以安集百姓(如)[而]齊故(俗),諸儒以百數,言人人殊,參未知所定。聞膠西有蓋公,善治黄老言,使人厚幣請之。既見蓋公,蓋公爲言治道貴清静而民自定,推此類具言之。參(爲)於是避正堂,舍蓋公焉。其治要用黄老術,故相齊九年,齊國安集,大稱賢相。

(惠帝二年),蕭何(卒)[薨]。參聞之,告舍人趣治行,"吾(將)[且]入相"。居無何,使者果召參。參去,屬其後相曰:"以齊獄市爲寄,慎勿擾也。"後相曰:"治無大於此者乎?"參曰:"不然。夫獄市者,所以并容也,今君擾之,奸人安所容(也)[乎]? 吾是以先之。"

(參)始[參]微時,與蕭何善;及爲(將)[宰]①相,有(郤)[隙]。至何且死,所推賢唯參。參代何爲(漢)相國,舉事無所變更,(一)[壹]遵(蕭)何[之]約束。

擇郡國吏(木詘)[長大訥]於文辭,【木詘,即木訥。長大,不可解。】(重)[謹]厚長者,即召除爲丞相史。吏(之)言文刻深,欲務聲名(者),輒斥去之。日夜飲(醇)酒。卿大夫以下吏及賓客見參不事事,來者皆欲有言。至者,參輒飲以醇酒,(間)[度]之,欲有(所)言,復飲(之)[酒],【間,即伺也。復飲之,之字是。】醉而後去,終莫得開説,以爲常。

相舍後園近吏舍,吏舍日飲歌呼。從吏(惡)[患]之,無如(之)何,迺請參游[後]園(中),聞吏醉歌呼,從吏幸相國召按之。乃反取酒張坐飲,(亦)[大]歌呼與相(應)和。

參見人之有細過,(專)掩匿覆蓋之,府中無事。

參子窋爲中大夫。惠帝怪相國不治事,以爲"豈少朕與"? 乃謂窋曰:"(若)[女]歸,試私從容問(而)[乃]父曰:'高帝新棄群臣,帝富於春秋,君爲相[國],日飲,無所請事,何以憂天下(乎)?'然無言吾告(若)[女]也。"窋既洗沐歸,[時]間(侍),自從其所諫參。參怒,而笞(窋)[之]二百,曰:"趣入侍,天下事非(若)[乃]所當言也。"至朝時,(惠)帝讓參曰:"與窋胡治乎? 乃者我使諫君也。"參免冠謝曰:"陛下自察聖武孰與高[皇]帝?"上曰:"朕乃安敢望先帝(乎)!"參曰:"陛下觀(臣)[參](能)孰與蕭何賢?"【何用參曰?】上曰:"君似不及也。"參曰:"陛下言之是也。且高[皇]帝與

---

① [宰]案:底本原作一大字"宰",無墨綫勒之,兹據萬曆本、天啓本及今本《漢書》卷三十九《蕭何曹參傳》改。

蕭何定天下,法令既明[具],(今)陛下垂拱,參等守職,遵而勿失,不亦可乎?”惠帝曰:“善。君休矣!”

參爲(漢)相國,(出入)三年。(卒)[薨],謚[曰]懿侯。(子窋代侯)。百姓歌之曰:“蕭何爲法,(顜)[講]若畫一;【顜即項,故曰畫,《漢書》改爲講,固佳,而去畫遠。】曹參代之,守而勿失。載其清(靖)[淨],民以寧(一)[壹]。”

(平陽侯)窋[嗣侯],高后時(爲)[至]御史大夫。(孝文帝立,免爲侯。立二十九年卒,謚爲靜侯。子奇代侯,立七年卒,謚爲簡侯。子時代侯。時尚平陽公主,生子襄。時病癘,歸國。立二十三年卒,謚夷侯)。[傳國至曾孫](子)襄(代侯),[武帝時爲將軍,擊匈奴]。(襄尚衛長公主,生子宗。立十六年卒)[薨],(謚爲共侯)。子宗(代侯)[嗣]。(征和三年中,宗坐太子死),[有罪免爲城旦],(國除)。[至哀帝時,乃封參玄孫之孫本始爲平陽侯,二千户,王莽時薨。子宏嗣,建武中先降河北,封平陽侯。至今八侯。]

太史公曰:曹相國參攻城野戰之功所以多若此者,以與淮陰侯俱。及信已滅,而列侯成功,唯獨參擅其名。參爲漢相國,清靜極言合道。然百姓離秦之酷後,參與休息無爲,故天下俱稱其美矣。【參,攻城野戰材也。及爲相國,獨遵用齊人一語,遂能養漢初氣脉,在亡秦之後,文、景之前。非太史公發越,即師用某人,止不知此漢之所以爲漢也。又因參傳見何所爲畫一者,何傳得參乃全,終是見得别老人語。極言合道,猶言其語最合道,第倒一極字。】

[贊曰:蕭何、曹參皆起秦刀筆吏,當時録録未有奇節。漢興,依日月之末光,何以信謹守管籥,參與韓信俱征伐。天下既定,因民之疾秦法,順流與之更始,二人同心,遂安海內。【孟堅取子長蕭相國贊附參其間,辛苦著二人同心一語,獨不碍中有隙乎?其破碎牽補,自不足辯也。】淮陰、黥布等已滅,唯何、參擅功名,位冠群臣,聲施後世,爲一代之宗臣,慶流苗裔,盛矣哉!]

第五卷　張良

留侯世家第二十五　史記五十五

張陳王周傳第十 漢書四十

(留侯)張良(者),[字子房],其先韓人也。大父開地,相韓昭侯、宣惠王、襄哀王。父平,相釐王、悼惠王。悼惠王二十三年,平卒。卒二十歲,秦滅韓。良年少,未宦事韓。韓破,良家僮三百人,弟死不葬,悉以家財求客刺秦王,爲韓報仇,以(大父、父)五世相韓故。良嘗學禮淮陽。東見倉海君。得力士,爲鐵椎重百二十斤。秦皇帝東游[至博狼沙中],良與客狙擊秦皇帝(博浪沙中),誤中副車。秦皇帝大怒,大索天下,求賊(甚)急[甚],(爲張良故也)。【大父、父,不可去。寫五世相韓及弟死不葬,甚恨。東見滄海君,得力士,不言滄海君何如,極神奇。狙擊秦皇帝博浪沙中,最健。爲張良故也五字,刪之,是。】良乃更名姓,亡匿下邳。

良嘗閒從容步游下邳圯上,有一老父,衣褐,至良所,直墮其履圯下,顧謂良曰:"孺子,下取履!"良愕然,欲毆之。爲其老,[迺]彊忍,下取履。(父曰:"履我!"良業爲取履),因(長)跪[進](履之)。父以足受[之],笑(而)去。良殊大驚,(隨目之)。父去里所,復還,曰:"孺子可教矣。後五日平明,與我(會)[期]此。"良因怪之,跪曰:"諾。"五日平明,良往。父已先在,怒曰:"與老人期,後,何也?"去,(曰):"後五日(早)[蚤]會。"五日雞鳴,(良)往。父又先在,復怒曰:"後,何也?"去,(曰):"後五日復(早)[蚤]來。"五日,良夜(未)半往。有頃,父亦來,喜曰:"當如是。"出一編書,曰:"讀(此)[是]則爲王者師(矣)。後十年興。十三年,孺子見我濟北,穀城山下黄石即我[已](矣)。"遂去,(無他言),不(復)見。旦日視其書,(乃)[迺]《太公兵法》(也)。良因異之,常習誦(讀之)。【從滄海君得力士,已怪。百二十斤椎舉於曠野之外,而正中副車,雖架砲不如也。如此大索而不能得,良非自免,并隱力士,此大怪事。卒歸圯上,老父又極從容,如同時親見,乃今人以爲小説不足信者,即子房時時自道,容有疑之者矣。此皆不可意測,不可語解,但覺古人如在目前,亦不足辨。妙處正在履我,又業已如此，省此，頓失數倍意態。隨目之，亦不可失。此去下曰字換文目①，盖如見其人，如聞其語。黄石句、常習誦讀禿，寫得皆不偶然。試使子房自己或後人得傳，必爲不能知子長之曲折，具略不少省，何也？】居下邳，爲任俠。項伯嘗殺人，從良匿。

後十年，陳涉等起（兵），良亦聚少年百餘人。景駒自立爲楚假王，在留。良欲往從之，［行］道遇沛公。沛公將數千人，略地下邳（西），遂屬焉。沛公拜良爲厩將。良數以《太公兵法》説沛公，【良數以《太公兵法》説沛公，亦何從知之？政是史耳。】沛公（善之）［喜］，常用其策。良爲（他）［它］②人言，皆不省。良曰："沛公殆天授。"故遂從（之），不去（見景駒）。

（及）沛公之薛，見項梁。（項梁）［共］立楚懷王。【皆作良口中語，首尾是要項梁，方有首從。】良乃説項梁曰："君已立楚後，而韓諸公子横陽君成賢，可立爲王，益樹黨。"項梁使良求韓成，立（以）爲韓王。以良爲韓（申）［司］徒，與韓王將千餘人西略韓地，得數城，秦輒復取之，往來爲游兵潁川。

沛公之從雒陽南出轘轅，良引兵從沛公，下韓十餘城，擊（破）楊熊軍。沛公乃令韓王成留守陽翟，與良俱南，攻下宛，西入武關。沛公欲以（兵）二萬人擊秦嶢［關］下軍，良（説）曰："秦兵尚彊，未可輕。臣聞其將屠者子，賈豎易動以利。願沛公且留壁，使人先行，爲五萬人具食，益（爲）張旗幟諸山上，爲疑兵，令酈食其持重寶啖秦將。"秦將果（畔），欲連和俱西襲咸陽，沛公欲聽之。良曰："此獨其將欲叛（耳，恐）士卒［恐］不從。不從必危，不如因其解擊之。"沛公迺引兵擊秦軍，大破之。【啖而怠之，怠而擊之，乃本謀也，然用之從容，雖高帝不能盡識也，皆史筆鋪叙悠然。】遂北至藍田，再戰，秦兵竟敗。遂至咸陽，秦王子嬰降沛公。

沛公入秦宫，（宫）室帷帳狗馬重寶婦女以千數，意欲留居之。樊噲諫沛公（出舍），（沛公）不聽。【屠狗者有此識，爲此言。】［徐廣曰："一本"噲諫曰：'沛公欲有天下耶？將欲爲富家翁耶？'沛公曰：'吾欲有天下。'噲曰：'今臣從入秦宫，所觀宫室帷帳珠玉重寶鍾鼓之飾，奇物不可勝極；入其後宫，美人婦女以千數，此皆秦所以亡天下也。願沛公急還霸上，無留宫中。'沛公不聽。"］【《漢書》勝。】

良曰："夫秦爲無道，故沛公得至此。（夫）爲天下除殘［去］賊，宜縞素爲資。今始入秦，即安其樂，此所謂'助桀爲虐'。且'忠言逆耳利於行，毒藥苦口利於病'，願沛公聽樊噲言。"沛公迺還軍霸上。

---

① 目案：萬曆本、天啓本作"非"。

② （他）［它］案：底本原作一大字"他"，無墨綫勒之，萬曆本僅一小字"它"，兹據萬曆本、天啓本、今本《史記》卷五十五《留侯世家》及今本《漢書》卷四十《張陳王周傳》補。

項羽至鴻門(下),欲擊沛公,項伯乃夜馳[至](入)沛公軍,私見(張)良,欲與俱去。良曰:“臣爲韓王送沛公,今事有急,亡去不義。”廼具(以)語沛公。沛公大驚,曰:“爲[之](將)奈何?”良曰:“沛公誠欲背項(羽)[王]邪?”沛公曰:“鯫生(教)[説]我距關(無)[毋]①内諸侯,秦地可(盡)王[也],故聽之。”良曰:“沛公自度却項(羽)[王]乎?”沛公默然(良久),曰:“(固不能也)。今爲奈何?”良(乃)[因](固)要項伯。(項伯)見沛公。沛公與[伯]飲爲壽,結(賓)婚。令(項)伯具言沛公不敢(倍)[背]②項(羽)[王],所以距關者,備(他)[它]③盜也。(及見)項羽後解。語在《(項)羽》(事中)。[《傳》]。

漢元年(正月),沛公爲漢王,王巴、蜀。(漢王)賜良金百溢,珠二斗,良具以獻項伯。【金、珠事淺,不見子房所以高高帝者。服虔曰:“二十四兩曰溢。”師古曰:“秦以溢名金,若漢之論斤也。”】漢王亦因令良厚遺項伯,使請漢中地。項王(乃)許之,(遂得漢中地)。漢王之國,良送至褒中,遣良歸韓。良因説漢王(曰:“王何不)燒絶(所過)棧道,示天下無還心,以固項王意。”【王何不燒絶所過棧道,説得不著迹。前輩以其爲韓,此語似是。】乃使良還,行燒絶棧道。

良[歸]至韓,(韓王成)[聞項羽]以良從漢王故,【聞項羽,字極明。《史》《漢》叙韓成,雖先後不可知,然移易分晝,如《漢書》爲是。】(項王)不遣[韓王]成之國,(從)與俱東,[至彭城殺之]。(良説項王曰:“漢王燒絶棧道,無還心矣)。”[時漢王還定三秦,良乃遺項羽書,曰:“漢王失職,欲得關中,如約即止,不敢東。”又](乃)以齊(王田榮)反書(告項王)[遺羽,曰:“齊與趙欲并滅楚。]”項(王)[羽]以(此)[故](無西憂漢心,而發兵)北擊齊。

(項王竟不肯遣韓王,乃以爲侯,又殺之彭城)。良[廼](亡),間行歸漢(王),漢王(亦已還定三秦矣。復)以良爲成信侯,從東擊楚。至彭城,漢[王兵]敗而還。至下邑,漢王下馬踞鞍而問曰:“吾欲捐關以東等棄之,誰可與共功者?”良(進)曰:“九江王(黥)布,楚梟將,與項王有(郄)[隙]④;彭越與齊王(田榮)反梁地:此兩人可急使。而漢王之將獨韓信可

---

① (無)[毋]案:底本原作一大字“無”,無墨綫勒之,后脱一小字“毋”,兹據萬曆本、天啓本及今本《漢書》卷四十《張陳王周傳》補。

② (倍)[背]案:底本原作一大字“倍”,無墨綫勒之,后脱一小字“背”,兹據萬曆本、天啓本及今本《漢書》卷四十《張陳王周傳》補。

③ (他)[它]案:底本原作一大字“他”,無墨綫勒之,后脱一小字“它”,兹據萬曆本、天啓本及今本《漢書》卷四十《張陳王周傳》補。

④ (郄)[隙]案:底本原作一大字“郄”,無墨綫勒之,后脱一小字“隙”,兹據萬曆本、天啓本及今本《漢書》卷四十《張陳王周傳》補。

屬大事,當一面。即欲捐之,捐之此三人,(則)楚可破也。"【子房因事進言,胸中便有三人者化①作三處,倉卒數語,并其人平生無不備。】漢王乃遣隨何説九江王布,而使人連彭越。及魏王豹反,使韓信[特]將(兵)[北]擊之,【有特字,方是。】因舉燕、(代)[伐]、齊、趙。然卒破楚者,此三人力也。

(張)良多病,未嘗特將[兵](也),常爲畫策臣,時時從(漢王)。

漢三年,項羽急圍漢王[於]滎陽,漢王(恐)憂[恐],與酈食其謀撓楚權。(食其)[酈生]曰:"昔湯伐桀,封其後(於)杞。武王(伐)[誅]紂,封其後(於)宋。今秦(失)[無](德棄義,侵)[道]伐(諸侯社稷),滅六國(之後,使)無立錐之地。陛下誠(能)復立六國後(世,畢已受印),【去世、畢已受等字,是。】②此(其君臣百姓必)皆[争]戴陛下之德,(莫不鄉風慕)義,願爲臣妾。德義已行,(陛下)南(鄉)[面]稱(霸)[伯],楚必斂衽而朝。"漢王曰:"善。趣刻印,先生因行佩之(矣)。"【矣字,豪。】③

(食其)[酈生]未行,(張)良從外來謁[漢王]。漢王方食,曰:"(子房前)!客有爲我計撓楚權者。"具以酈生(語)[計]告(於子房)[良],曰:"[於子房]何如?"良曰:"誰爲陛下畫此計者?陛下事去矣。"漢王曰:"何哉?"(張)良(對)曰:"臣請(藉)[借]前箸[以](爲大王)籌之。"【當疑此借箸語謂能不能,每下一箸所謂其不可,八則無其事無其語,空取桀紂、閭墓、財粟、牛馬雜爲六七,實不過最後游士一語,利害情實可反復。《漢書》去其二,增楚以下爲八,雖是,而所删不盡,未免隨俗,於此傳爲冗。傳皆若此,何以讀兵法爲?】(曰):"昔(者)湯[武]伐桀[紂](而)封其後(於杞)者,度能制(桀之)[其]死命也。今陛下能制項籍(之)死命乎?"(曰:"未能也)。""其不可一(也)[矣]。(武王伐紂封其後于宋者,度能得紂之頭也。今陛下能得項籍之頭乎?"曰:"未能也。""其不可二也)。武王入殷,表商容之閭,(釋)[式]箕子(之拘)[門],封比干(之)墓。今陛下能(封聖人之墓,表賢人之閭,式智者之門)乎?"(曰:"未能也。)""其不可(三也)[二矣]。發鉅橋之粟,散鹿台之(錢)[財]④,以賜貧窮。今陛下能(散府庫以賜貧窮)乎?"(曰:"未能也)。""其不可(四)[三矣]。殷事(已)[以]畢,偃革爲軒,倒(置)[載]干戈,(覆以虎皮,以)示(天下)不復用(兵)。今陛下能(偃武行文不復用兵)乎?"(曰:"未能也)。""其不可(五)[四]矣。休馬

① 化案:底本作"化",萬曆本、天啓本作"畫"。

② 案:萬曆本、天啓本脱此眉批。

③ 案:萬曆本、天啓本脱此眉批。

④ (錢)[財]案:底本原作一大字"錢",無墨綫勒之,后脱一小字"財",兹據萬曆本、天啓本及今本《漢書》卷四十《張陳王周傳》補。

華山之陽,示(以)無所爲。今陛下能(休馬無所用)乎?”(曰:“未能也)。”“其不可(六)[五]矣。(放)[息]牛桃林之(陰)[野],(以)示[天下]不復輸積。今陛下能(放牛不復輸積)乎?”(曰:“未能也。)”“其不可(七)[六矣]。且[夫]天下游士(離)[左](其)親戚,棄墳墓,去故舊,從陛下(游)者,[但](徒欲)日夜望咫尺之地。今(復)[乃立]六國,(立韓、魏、燕、趙、齊、楚之)後,【六國下復出韓、魏、燕、趙、齊、楚,雖贅,曰借箸而論,與其下疊數其字,子長語終壯,利害緊要獨在此。】[唯無復立者],(天下)游士各歸事其主,從(其)親戚,反(其)故舊(墳墓),陛下[誰]與(誰)取天下乎?其不可(八)[七]矣。且(夫)楚唯毋彊,六國(立者)復撓而從之,陛下焉得而臣之?[其不可八矣。]誠用(客)[此](之)謀,陛下事去矣。”漢王輟食哺吐,罵曰:“豎儒,幾敗(而)[乃]公事!”【緅生、豎儒,皆出此傳。好而字。】

令趣銷印。

[後](漢四年),韓信破齊(而)欲自立爲[假]齊王,漢王怒。(張)良説漢王,漢王使良授齊王信印,語在(《淮陰》事中)[《信傳》]。

(其秋)。[五年冬]。漢王追楚至陽夏南,戰不利(而)壁固陵,諸侯期不至。良説漢王,漢王用其計,諸侯皆至。語在(《項羽》事中)[《高紀》]。

漢六年(正月),封功臣。良未嘗有戰鬥功,【漢王用其計,諸侯皆至,皆極意爲子房提出,與卒破楚同,故重出未嘗字。】高帝曰:“運籌策帷(帳)[幄][1]中,決勝千里外,子房功也。自擇齊三萬户。”良曰:“始臣起下邳,與上會留,此天以臣授陛下。陛下用臣計,幸而時中,臣願封留足矣,不敢當三萬户。”乃封(張)良爲留侯,與蕭何等俱封。

(六年),上已封大功臣二十餘人,其餘日夜争功[而]不決,未得行封。上(在)[居]雒陽南宫,【在字,是。】從復道望見諸將往往[數人](相與坐沙中)[偶]語。上曰:“此何語?”(留侯)[良]曰:“陛下不知乎?此謀反耳。”上曰:“天下屬安定,何故[而]反(乎)?”(留侯)[良]曰:“陛下起布衣,(以)[與]此屬取天下,今陛下[已]爲天子,而所封皆蕭、曹故人所親愛,而所誅者皆平生(所)仇怨。今軍吏計功,(以)天下不足[以]【倒以字連上語,《漢書》得之。】遍封,此屬畏陛下不能盡封,恐又見疑(平生)過失及誅,故(即)相聚[而]謀反耳。”上迺憂曰:“爲(之)[將]奈何?”(留侯)[良]曰:“上平生所憎,群臣所共知,誰最甚者?”上曰:“雍齒與我[有]故(怨),【《漢書》增有、怨字,全不同。謀得,别;説得,又别。】數(嘗)窘辱我。我欲殺之,爲

---

① (帳)[幄]案:底本原作一大字“帳”,無墨綫勒之,后脱一小字“幄”,兹據萬曆本、天啓本及今本《漢書》卷四十《張陳王周傳》補。

(其)功多,(故)不忍。"(留侯)[良]曰:"今急先封雍齒以示群臣,群臣見雍齒[先]封,則人人自堅矣。"【耦語雖聞,不問不言,言即危甚。銷怨之道,復非人意所及,而人意靡然,各隨所料,於是子長之張惶道盡矣。直至四皓稱説不衰,寫得突兀驚人。】於是上(乃)置酒,封雍齒爲什方侯,而急趣丞相、御史定功行封。群臣罷酒,皆喜曰:"雍齒(尚爲)[且]侯,我屬無患矣。"

劉敬説(高帝)[上](曰):"都關中。"上疑之。左右大臣皆山東人,多勸上都雒陽:"雒陽東有成皋,西有殽黽,(倍)[背]河,鄉(伊)雒,其固亦足恃。"(留侯)[良]曰:"雒陽雖有此固,其中小,不過數百里,田地薄,四面受敵,此非用武之國(也)。夫關中左殽函,右隴蜀,沃野千里,南有巴蜀之饒,北有胡苑之利,阻三面而[固]守,獨以一面東制諸侯。諸侯安定,河渭漕輓天下,西給京師;諸侯有變,順流而下,足以委輸。此所謂金城千里,天府之國(也),劉敬説是也。"於是(高帝)[上]即日駕,西都關中。

(留侯)[良]從入關。(留侯)性多(病)[疾],即道引不食穀,(杜)[閉]門不出歲餘。

上欲廢太子,立戚夫人子趙王如意。大臣多(諫)争,未能得堅决(者)也。吕后恐,不知所爲。(人)或謂吕后曰:"留侯善畫計(策),上信用之。"吕后乃使建成侯吕澤劫留侯[良],曰:"君常爲上謀臣,今上[日]欲易太子,君安得高枕而卧(乎)?"(留侯)[良]曰:"始上數在(困)急[困]之中,幸用臣策。今天下安定,以愛欲易太子,骨肉之間,雖臣等百(餘)人何益。"吕澤彊要曰:"爲我畫計。"(留侯)[良]曰:"此難以口舌争也。顧上有[所]不能致者,(天下有)四人。四人(者)年老矣,皆以(爲)上嫚侮(人)[士],故逃匿山中,義不爲漢臣。然上高此四人。【四人者,在當時必知名,又高帝常招之不出,而人不知,獨子房知之。上高此四人,意見迥别,此處模寫,難於夢卜。】今公誠能毋愛金玉璧帛,令太子爲書,卑辭安車,因使辯士固請,宜來。來,以爲客,時(時)從入朝,令上見之,(則必異而問之。問之,上知此四人賢),則一助也。"於是吕后令吕澤使人奉太子書,卑辭厚禮,迎此四人。四人至,客建成侯所。

漢十一年,黥布反,上(病)[疾],欲使太子(將),往擊之。四人相謂曰:"凡來者,將以存太子。太子將兵,事危矣。"廼説建成侯曰:"太子將兵,有功(則)[即]位不益(太子);無功(還),則從此受禍(矣)。且太子所與俱諸將,皆(嘗)與上定天下梟將也,【皆《戰國策》之餘論。】今[廼]使太子將之,此無異使羊將狼(也),皆不肯爲(盡力)[用],其無功必矣。臣聞'母愛者子抱',今戚夫人日夜侍御,趙王(如意)常(抱)居前,上(曰)'終不使不肖子居愛子(之)上',明(乎)(其)代太子位必矣。【乎字,是。】君何不急請吕后承間爲上泣言:'黥布,天下猛將(也),善用兵,今諸將皆陛下故等夷,廼令太子將此屬,(無異使羊將狼),莫肯爲用,且(使)布聞之,(則)鼓行而西耳。上雖(病)[疾],【《漢書》好。】彊載輜車,卧而護之,諸將不敢不盡力。上雖苦,[彊]爲妻子[計](自彊)。"於是吕澤(立)夜見吕后,吕后承間爲上泣(涕)而言,如四人意。上曰:"吾惟[之]①豎子固不足遣,(而)[廼]公自行耳。"於是上自將(兵)而東,群臣居守,皆送至(灞)[霸]上。(留侯病)[良疾],【又間及群臣送至霸上,良病狀。】(自)彊起,至曲郵,見上曰:"臣宜從,(病)[疾]甚。楚人剽疾,願上[慎],(無)[毋]與楚(人)争鋒。"因説上(曰)【去曰字,是。】:"令太子爲將軍,監關中②兵。"上(曰)[謂]:"子房雖(病)[疾],彊卧(而)傅太子。"是時叔孫通[已]爲太傅,(留侯)[良]行少傅事。【看他轉移,高祖不覺,《漢書》皆是。】

漢十二年,上從(擊)破布軍歸。疾益甚,愈欲易太子。(留侯)[良]諫,不聽,因疾不視事。叔孫太傅稱説引古(今),以死争太子。上(詳)[陽]許之,猶欲易之。及(燕)[宴],置酒,太子侍。四人者從太子,年皆八十有餘,鬚眉皓白,衣冠甚偉。上怪(之),【徒疾不視事,何益?有四老人在,又以身謝事,先感動之。置酒朝廷之上,而忽有山中布衣四人從太子以來,不惟帝異之,諸臣有不異者乎?若子房常言此四人,高帝知爲子房設此,謀相感悟,即此詭怪,疑似多端,豈獨不能感悟而已?觀史别當有眼。】問曰:"(彼)何爲者?"四人前對,各言[其](名)姓[名]③,(曰東園公,角里先生,綺里季,夏黄公)。【謂《漢書》不載四人,似是。盖出於隱約,未得傳聞之悉也,有之不加,無之不損。《索隱》又兼著名字,愈怪。】上廼(大)驚,曰:"吾求公(數歲,公)避逃我,今公何自從吾兒游乎?"四人(皆)曰:"陛下輕士善罵,臣等義不(受)辱,故恐而亡匿。[今]④(竊)聞太子(爲人)仁孝,恭敬愛士,天下莫不延頸(欲)[願]爲太子死者,【此願爲太子死,險。】故臣等來(耳)。"【《索隱》曰:按《陳留志》云,園公姓唐,字宣明,居園中,因以爲號。夏黄公姓崔,名廣,字少通,齊人,隱居夏里修道,故號曰夏黄公。角里先生,河内軹人,太伯之後,姓周名術,字元道,京師號曰霸上先

---

① 吾惟[之]案:底本"吾惟"後原脱一小字"之",兹據萬曆本、天啓本及今本《漢書》卷四十《張陳王周傳》補。

② 中案:底本原作一小字"中",兹據萬曆本、天啓本、今本《史記》卷五十五《留侯世家》及今本《漢書》卷四十《張陳王周傳》改。

③ (名)姓[名]案:底本原作"姓名[姓]",兹據萬曆本、天啓本、今本《史記》卷五十五《留侯世家》及今本《漢書》卷四十《張陳王周傳》改。

④ [今]案:底本原作一大字"今",無墨綫勒之,兹據萬曆本、天啓本、今本《史記》卷五十五《留侯世家》及今本《漢書》卷四十《張陳王周傳》改。

生,一曰甪里先生,《孔父秘記》作禄里,皆王劭據崔氏《周氏世譜》及陶潛《四八目》而爲此説。】上曰:"煩公幸卒調護太子。"

四人爲壽已畢,趨去。上目送之,召戚夫人指(示)[視]①(四人者)曰:"我欲易之,彼四人[爲之]輔(之),羽翼已成,難動矣。吕氏真(而)[迺]主矣。"戚夫人泣[涕],上曰:"爲我楚舞,吾爲若楚歌。"歌曰:"鴻鵠高飛,一舉千里。羽(翮)[翼]已就,横絶四海。横絶四海,(當)[又]可奈何!雖有矰繳,尚安所施!"歌數闋,戚夫人(嘘唏)[歔欷]流涕,上起去,罷酒。竟不易太子者,(留侯)[良]本招此四人之力也。【何物老人,能使乃翁至此無可奈何,非仙乎?太史公於此傳最費心力。子房爲謀臣第一,不容無數事實迹。看他每事不放過,開闔如不可測,類以己意揣之,情文俱見,皆他人以爲必無者。其言漢之爲漢,多出其力。雖如項伯劍舞與請漢中地小者,尤繫成敗。末又著擊代奇計與立蕭相國,又仿佛不盡言,枝葉愈多。】

(留侯)[良]從上擊代,出奇計[下]馬邑(下),及立蕭(何)相國,所與上從容言天下事甚衆,非天下所以存亡,故不著。[良迺](留侯乃)稱曰:"家世相韓,及韓滅,不愛萬金之資,爲韓報[仇](讎)彊秦,天下(震)[振]動。今以三寸舌爲帝者師,封萬户,位列侯,此布衣之極,於良足矣。願棄人間事,欲從赤松子游耳。"乃學(辟穀),道(引)[欲]輕[舉]②(身)。(會)高帝崩,吕后德[良迺](留侯),(乃)彊食之,曰:"人生一世間,如白駒[之]過隙,何(至)自苦如此(乎)!"(留侯)[良]不得已,彊聽(而)食。【此傳自東海君、力士、圯上老父以至四皓,必有姓名哉!殆以天人助興漢業,故屢見不爲怪。末著子房學道欲輕舉,與黄石俱葬,首尾奇事。】

後(八年卒),[六歲薨],謚(爲)[曰]文成侯。(子不疑代侯。)

(子房)[良]始所見下邳圯上老父與《(太公)書》者,後十三(年)[歲]從高帝過濟北,果(見)[得]穀城山下黄石,取而(葆)[寶]祠之。[及](留侯)[良]死,并葬黄石(冢)。【太史公粗率,《漢書》後半傳删削多是,惟此冢字、留侯字,又好,不當去。】每上冢伏臘,祠黄石。

(留侯)[子]不疑[嗣侯],孝文(帝五)[三]年坐不敬,國除。

太史公曰:學者多言無鬼神,然言有物。至於留侯所見老父予書,亦可怪矣。【兩語便怪。】高祖離困者數矣,而留侯常有功力焉,豈可謂非天乎?上曰:"夫運籌策帷帳之中,决勝千里之外,吾不如子房。"余以爲其人計魁

① (示)[視]案:底本原作一大字"示",無墨綫勒之,後脱一小字"視",兹據萬曆本、天啓本及今本《漢書》卷四十《張陳王周傳》補。

② [欲]輕[舉]案:底本輕字前後各脱小字"欲"與"舉",兹據萬曆本、天啓本及今本《漢書》卷四十《張陳王周傳》補。

梧奇偉,至見其圖,狀貌如婦人好女。【將極言有鬼神,却從無鬼神説。滿傳奇怪,亦不得不尔①引而歸之天,正鄭重。及論其形貌,亦爽然自失,言笑有情,却不鄭重,極間散。】盖孔子曰:"以貌取人,失之子羽。"留侯亦云。

① 尔案:底本作"尔",萬曆本、天啓本作"爾"。

第六卷　陳平

陳丞相世家第二十六　史記五十六

張陳王周傳第十 漢書四十

陳(丞相)平(者),陽武户牖鄉人也。少時家貧,好讀書,[治黄帝老子之術],【不見平治老子術,《漢書》據贊特著於此,然贊語本平道家口語,非事實也。】有田三十畝,(獨)與兄伯居。伯常耕田,縱平使游學。平爲人長[大]美色。【大字刺眼,此去亦是。】人或謂(陳)平(曰):"貧何食而肥若是?"其嫂(嫉)[疾]①平之不(視)[親]家生産,曰:"亦食糠覈耳。有叔如此,不如無有。"【意平語。】伯聞之,逐其婦(而)棄之。

及平長,可(娶妻)[取婦],富人莫(肯)與者,貧者平亦(耻)[媿]之。久之,户牖富人(有)張負,(張負)[有]女孫五嫁(而)夫輒死,人莫敢[取](娶)。平欲得之。邑中有[大]②喪,平[家]貧,侍喪,以先往後罷爲助。【而夫輒死,非必已歸也。古無此語,謂此時送葬者多來過之。《史記》三平貧,獨首增一家字,可。】張負既見之喪所,獨視偉平,平亦以故後去。負隨平至其家,家乃負郭窮巷,以(弊)席爲門,然門外多(有)長者車轍。張負歸,謂其子仲曰:"吾欲以女孫予陳平。"(張)仲曰:"平貧不事事,一縣中盡笑其所爲,獨奈何予[之]女(乎)?"【乎,是,《漢書》語好。】負曰:"(人)固有(好)美如陳平(而)長貧(賤)者乎?"卒與女。爲平貧,乃假貸幣以聘,予酒肉之資以内婦。負(誡)[戒]③其孫曰:"毋以貧故,事人不謹。事兄伯如事[廼]父,事嫂如[事廼]母。"【似不必增。】平既(娶)[取]張氏女,(齎)[資]用益饒,游道日廣。

---

① (嫉)[疾]案:底本原作一大字"嫉",無墨綫勒之,後脱一小字"疾",兹據萬曆本、天啓本、今本《史記》卷五十五《陳丞相世家》及今本《漢書》卷四十《張陳王周傳》補。

② [大]案:底本原作一大字"大",無墨綫勒之,兹據萬曆本、天啓本及今本《漢書》卷四十《張陳王周傳》改。

③ (誡)[戒]案:底本原作一大字"誡",無墨綫勒之,後脱一小字"戒",兹據萬曆本、天啓本、今本《史記》卷五十五《陳丞相世家》及今本《漢書》卷四十《張陳王周傳》補。

里中社，平爲宰，分肉（食）甚均。［里］父老曰：【《漢書》多里字。】“善，陳孺子之爲宰！”平曰：“嗟乎，使平得宰天下，亦如（是）［此］肉矣！”

陳涉起（而）王（陳），使周市略（定魏）地，立魏咎爲魏王，與秦軍相攻於臨濟。（陳）平（固）已前謝（其）兄伯，從少年往事魏王咎（於臨濟。魏王以）爲太僕。【平已前謝其兄伯，往事魏，此語本不足書，用見古人文字原處。然終平之傳，不復見户牖曲逆，於伯何與哉！】説魏王［王］不聽，人或讒之，（陳）平亡去。

（久之），項羽略地至河上，（陳）平往歸之，從入破秦，賜（平）爵卿。項羽之東王彭城也，漢王還定三秦而東，殷王反楚。項羽乃以平爲信武君，將魏王（咎）客在楚者（以）往，擊（降）殷［降］（王）而還。項王使項悍拜平爲都尉，賜金二十（鎰）［溢］①。居無何，漢（王）攻下殷（王）。項王怒，將誅定殷者（將吏。陳）平懼誅，（乃）［廼］封其金與印，使使歸項王，而平身間行杖劍亡。【下平身字，俚。】（渡）［度］②河，船人見其美丈夫獨行，疑其亡將，要（中）［下］當有（金玉）寶器［金玉］，目之，欲殺平。平［心］恐，乃解衣（裸）［臝］而佐刺船。船人知其無有，［廼］（乃）止。

平遂至修武降漢，因魏無知求見漢王，漢王召入。是時萬石君［石］奮爲（漢王）中涓，受平謁，（入見平）。【因著萬石君，見平於高帝從此。入見，不可去。】平等（七）［十］人俱進，賜食。王曰：“罷，就舍矣。”平曰：“臣爲事來，所言不可以過今日。”於是漢王與語而説之，問曰：“子（之）居楚何官？”［平］曰：“爲都尉。”是日（乃）拜平爲都尉，使（爲）參乘，典護軍。諸將盡讙，曰：“大王一日得楚之亡卒，未知（其）高下，而即與（同）［共］載，（反）使監護（軍）長者。”【監護軍長，如上定殷者。將吏，謂舊自有護軍吏，使監之。若去監軍③字，則不成語。長者，謂卒長，非齒之長也。】漢王聞之，愈益幸平。遂與東伐項王。至彭城，爲楚所敗。引［師］而還，收散兵至滎陽，以平爲亞將，屬（於）韓王信，軍廣武。

絳（侯）、灌（嬰）等（咸）［或］讒（陳）平曰：“平雖美丈夫，如冠玉耳，其中未必有也。（臣）聞平居家時，盜其嫂；【兄有逐婦，外人不知，此平所以見疑也。】事魏［王］不容，亡［而］歸楚；【王字、而字，極不須，《史記》語意是。】歸楚不中，又亡歸漢。今（日）大王尊官之，令護軍。臣聞平（受）［使］

① （鎰）［溢］案：底本原作一大字“鎰”，無墨綫勒之，後脱一小字“溢”，兹據萬曆本、天啓本、今本《史記》卷五十五《陳丞相世家》及今本《漢書》卷四十《張陳王周傳》補。

② （渡）［度］案：底本大字“渡”無墨綫勒之，兹據萬曆本、天啓本、今本《史記》卷五十五《陳丞相世家》及今本《漢書》卷四十《張陳王周傳》補。

③ 監軍案：萬曆本、天啓本倒作“軍監”。

諸將(金),金多者得善處,【《史記》疊金字,是。雖無嫂事,實負伯多。】金少者得惡處。平,反覆亂臣也,願王察之。”漢王疑之,(召)以讓(魏)無知,[問曰:“有之乎?”]無知曰:“[有。”漢王曰:“公言其賢人何也?”對曰]:“臣[之]所言者,能也;陛下所問者,行也。今有尾生、孝己之行而無益於勝(負)[敗]之數,陛下何暇用之乎?【此語,亦古人所不敢道。】[今]楚漢相距,臣進奇謀之士,顧其計誠足以利國家(不)耳。(且)盜嫂受金又(何)[安]足疑乎?”漢王召(讓)平[而問]曰:“[吾聞]先生事魏不(中),遂事楚而去,【去中字,連遂字,則又別。】今又從吾游,信者固多心乎?”平曰:“臣事魏王,魏王不能用臣説,故去;事項王,項王不(能)信人,其所任愛,非諸項即妻之昆弟,雖有奇士不能用,(平乃去)。[臣居]楚,聞漢王之能用人,故歸大王。(臣裸)[贏]身來,不受金無以爲資。誠臣計畫有可采者,(顧)[願]大王用之;使無可用者,[大王所賜]金具在,請封輸官,得請骸骨。”漢王乃謝,厚賜,拜[以]爲護軍中尉,盡護諸將。諸將乃不敢復言。

其後,楚急(攻)[擊],絶漢甬道,圍漢王於滎陽城。(久之),漢王患之,請割滎陽以西(以)和。【去以字,是。】項王(不)[弗]聽。漢王謂(陳)平曰:“天下紛紛,何時定乎?”(陳)平曰:“項王爲人,恭敬愛人,士之廉節好禮者多歸之。【恭敬愛人,乃成病痛,可鑒。】至於行功[賞]爵邑,重之,士亦以此不附。今大王嫚而少禮,士[之]廉節者不來;【有下之字,不用上之字。】然大王能饒人以爵邑,士之頑(鈍)[頓](嗜)[耆]利無耻者亦多歸漢。誠各去(其)兩短,(襲其)[集]兩長,天下指麾(則)[即]定矣。然大王(恣)[資](侮)[侮]人,不能得廉節之士。【此多歸處,本是不好。去兩短,集兩長,最是好,語高帝不能盡用,項亦未嘗不有所長也。然大王恣侮人,不能盡廉節之士,語意謂項王諸臣招之不可,獨有間耳。且廉節之士一爲人所疑,即潔身而走,故可間。廉節,更精。《國語》謂申生可辱,類。】顧楚有可亂者,彼項王骨鯁之臣亞父、鍾離眛、龍且、周殷之屬,不過數人耳。大王(誠)能出捐數萬斤金,行反間,間其君臣,以疑其心,項王爲人意忌信讒,必内相誅。漢因舉兵而攻之,破楚必矣。”漢王以爲然,乃出黄金四萬斤,[予](與陳)平,恣所爲,不問(其)出入。

(陳)平既多以金縱反間於楚軍,宣言諸將鍾離眛等爲項王將,功多矣,然(而)終不得裂地而王,欲與漢爲一,以滅項氏(而)分王其地。(項羽果意不信鍾離眛等)。項王(既)[果]疑之,使使至漢。【意欲不信,非盡不信也。既有所疑,而後亞父之間得行。此意字、既字,不當去。】漢(王)爲太牢[之]具,舉進。【爲太牢之具,若無之字,只合具舉句絶。《史記》得之,《漢書》詳之也。太牢草具,極似兒戲,由黄金行間於前,独如書盟以謬證之耳，謂此爲間，非也。《漢書》不必增而增。】見楚使，即[陽]（詳）驚曰："（吾）以爲亞父使，（乃）[廼]項王使[也]！"復持去，（更）以惡草具進楚使。（楚）使歸，具以報項王。（項王）果大疑亞父。亞父欲急（攻）[擊]下滎陽城，項王不信，不肯聽[亞父]。亞父聞項王疑之，（乃）[廼大]怒曰："天下事大定矣，君王自爲之！願（請）[乞]骸骨歸！"歸未至彭城，疽發背而死。（陳）平（乃）[廼]夜出女子二千人滎陽（城）東門，楚因擊之，（陳）平（乃）[廼]與漢王從城西門（夜）出去。【此女子軍窘甚，政要重夜字。】遂入關，收[聚]（散）兵[而]復東。【有收，何用聚。】

（其）明年，淮陰侯[信]破齊，自立爲[假]齊王，使使言之漢王。漢王（大）怒而罵，（陳）平躡漢王。漢王亦（悟）[寤]，乃厚遇齊使，使張（子房）[良往]，【有使，何用往。】（卒）立信爲齊王。[於是]封平以户牖鄉。用其（奇）計策，卒滅楚。（常以護軍中尉從定燕王臧荼。）

漢六年，人有上書告楚王韓信反。高帝問諸將，諸將曰："亟發兵坑豎子耳！"高帝默然。[以]問（陳）平，平固辭謝，曰："諸將云何？"上具告之。（陳）平曰："人之上書言信反，[人]有[聞]知（之）者乎？"【去之字，是。】曰："未有。"曰："信知之乎？"曰："（不）[弗]知。"（陳）平曰："陛下（精）兵[精]孰與楚？"上曰："不能過[也]。"平曰："陛下將用兵有能（過）[敵]韓信者乎？"【過字，是。】上曰："莫及也。"平曰："今兵不如楚精，【上兵精，此楚精，是。】（而）將（不）[弗]（能）及，而舉兵（攻）[擊]之，是趣之戰也，竊爲陛下危之。"上曰："爲之奈何？"平曰："古者天子巡狩，會諸侯。南方有雲夢，陛下第出僞游雲夢，會諸侯於陳。陳，楚之西界，信聞天子以好出游，其勢必（無事而）郊迎謁。【無事，謂無兵事。而字，尤不可少。】（謁），而陛下因禽之，（此）特一力士之事耳。"高帝以爲然，（乃）[廼]發使告諸侯會陳，"吾將南游雲夢"。上因隨以行。【隨以行，謂即日行，使其不測。】行（未）至陳，楚王信果郊迎道中。高帝豫具武士，見信（至），即執縛之，（載後車。信呼曰："天下已定，我固當烹！"高帝顧謂信曰："若毋聲！而反，明矣！"武士反接之）。【奇計不難，用奇計難。僞游之事，使與儒生謀之，不惟鄭重難舉，疏駁更多，漏泄尤易。以一力士，自數萬兵直戲耳，非奇乎？】[語在《信傳》]。遂會諸侯（于）[於]陳，（盡定楚地）。還至雒陽，（赦信以爲淮陰侯，而）與功臣剖符定封。

（於是與）[封]平（剖符），[爲户牖侯]，世世勿絶，（爲户牖侯）。平辭曰："此非臣之功也。"上曰："吾用先生[計]謀（計），戰勝（剋）[克]敵，非功而何？"平曰："非魏無知，臣安得進？"上曰："若子可謂不背本矣。"[廼]（乃）復賞魏無知。【當其受金，即頑頓亡耻者耳。及讓無知，風流可愛。】

其明年,[平](以護軍中尉)從(攻)[擊](反者)韓王信於代。(卒)至平城,爲匈奴(所)圍,七日不得食。高帝用(陳)平奇計,使單於閼氏,[解]圍以得開。高帝既出,其計秘,世莫得聞。【有奇計字,但言使單於閼氏,隱約可見,然難使之解圍。《史記》使,去聲,只合如此。《漢書》增一解字,無益事情,而使字異矣。其秘計莫得聞,又形容語也。】

高帝南過曲逆,上其城,望(見其屋)室[屋]甚大,曰:"壯哉縣! 吾行天下,獨見(洛)[雒]陽與是耳。"顧問御史(曰):"曲逆户口幾何?"對曰:"始秦時三萬餘戸,間者兵數起,多亡匿,今見五千[餘]户。"【去此曰字,只曲逆户數,見劉、項之銷亡,存者六之一耳,可畏哉!】於是(乃)詔御史,更(以)[封](陳)平爲曲逆侯,盡食之,除前所食户牖。

[平自初從,至天下定],(其後)常以護軍中尉從(攻)[擊臧荼]、陳豨(及)黥布。凡六出奇計,輒益邑,(凡六益)封。奇計或頗秘,世莫(能)[得]聞也。【此處入常擊臧荼等,不知有何奇計。《漢書》於此會功六出,與《史記》本異。重出凡六字,精神又增。或頗字,皆疑而不必疑,此史之所以著實者。】

高帝從[擊](破)布軍還,病創,徐行至長安。燕王盧綰反,上使樊噲以相國將兵(攻)[擊]之。既行,人有短惡噲者。高帝怒曰:"噲見吾病,乃(冀)[幾]我死也!"用(陳)平(謀)[計]而召絳侯周勃受詔床下,曰:"(陳)平(亟)[乘]馳傳載勃代噲將,平至軍中即斬噲頭!"【此兩平字,皆作帝口中語,《漢書》直。】二人既受詔,馳傳未至軍,行計(之)曰:"樊噲,帝之故人(也),功多,(且)又(乃)吕后[女]弟吕(嬃)[須](之)夫,有親且貴,帝以忿怒故,欲斬之,(則)[即]恐後悔。寧囚而致上,[令]上自誅之。"【即,不如則字。令字,亦不用。】未至軍,爲壇,以節召樊噲。噲受詔,即反接載檻車,(傳)詣長安,而令(絳侯)[周]勃代(將),將兵定燕(反縣)。【反縣,字亦奇。】

平行聞高帝崩,平恐吕(太)后及吕(嬃讒)[須]怒,乃馳傳先去。【爲壇以節召噲,非詔意,平所謂謀此易耳。使上自誅之,非平不能。雖不能知帝崩,而料事詳審不失,謂其遺憂於後者,好事議論之口也。】逢使者詔平與灌嬰屯於滎陽。平受詔,立復馳至宫,哭(甚哀)[殊悲],因奏事喪前。吕(太)后哀之,曰:"君(勞),出休矣。"平畏讒之就,因固請[之]得宿衛中。【不知改甚哀爲殊悲,有何勝處? 哀者,本色,殊悲,近婦啼,哀,自不得不哀。奏事喪前,必大慷慨,明自所以不斬噲者可言矣,此意有達帝語,意使后聞之。勞字,見平用意,遂不用之字。】太后乃以爲郎中令,(曰)[日]:"傅教(孝惠)[帝]。"是後吕(嬃)[須]讒乃不得行。樊噲至,(則)[即]赦復爵邑。

(孝)惠帝六年,相國曹參(卒)[薨],(以)安國侯王陵爲右丞相,(陳)平爲左丞相。【因王陵相乃傳,陵又傳,審食其皆傳,体當然《左傳》,編年体也。《漢書》拆之,徒使首尾不全,其失牽聯之正。】

王陵(者,故)沛人[也],始爲縣豪,高祖微時,兄事陵。○連下文"及高祖"。陵[爲人]少文,任氣,好直言。【少文,任氣,自其平生,不在諸吕時始直言,《史記》是。】及高祖起沛,入(至)咸陽,陵亦(自)聚黨數千人,居南陽,不肯從沛公。及漢王之還(攻)[擊]項籍,陵乃以兵屬漢。項羽取陵母置軍中,陵使至,則東鄉坐陵母,欲以招陵。陵母既私送使者,泣曰:"[願]爲老妾語陵,(謹)[善]事漢王。漢王,長者(也),(無)[毋]以老妾故,持二心。妾以死送使者。"遂伏劍而死。項王怒,(烹)[亨]陵母。陵卒從漢王定天下。以善雍齒,雍齒,高(帝)[祖]之仇,(而)陵[又]本無[從漢之]意(從高帝),以故(晚)[後]封[陵],爲安國侯。【從漢與從高帝大異,當時豈即知爲漢哉?沛公耳。晚字,好。】○連上文"陵爲人"。

(安國侯既)爲右丞相,二歲,(孝)惠帝崩。高后欲立諸吕爲王,問(王)陵,(王)陵曰:"(不可。"問陳平,陳平曰:"可。)"【即兩語而盡妙。】["高皇帝刑白馬而盟曰:'非劉氏而王者,天下共擊之。'今王吕氏,非約也。"太后不悦。問左丞相平及絳侯周勃等,皆曰:"高帝定天下,王子弟;今太后稱制,欲王昆弟諸吕,無所不可。"太后喜。罷朝,陵讓平、勃曰:"始與高帝喋血而盟,諸君不在耶?今高帝崩,太后女主,欲王吕氏,諸君縱欲阿意背約,何面目見高帝於地下乎!"]【陵傳附平、陵語,載諸吕后紀,史法當然,無一處盡見之理。移彼於此,未見爲得,而令紀略,非是。】[平曰:"於面折廷争,臣不如君;全社稷,定劉氏後,君亦不如臣。"陵無以應之。於是吕太后欲廢陵。](吕太后怒),乃(詳)[陽]遷陵爲帝太傅,實[奪之相權],(不用陵)。陵怒,謝(疾)[病]①免,杜門竟不朝請,(七)[十]年而(卒)[薨]。

陵之免(丞相),吕太后(乃)徙平爲右丞相,以辟陽侯審食其爲左丞相。(左丞相不治,常給事於中)。

食其亦沛人[也]。漢王之敗彭城西,楚取太上皇、吕后爲質,食其以舍人侍吕后。其後從破項籍爲侯,幸於吕太后。及爲相,(居中),[不治,監宫中,如郎中令,公卿]百官皆因决事。

吕(嬃)[須]常以(前陳)平[前]爲高帝謀執樊噲,數讒[平]曰:"(陳

---

① (疾)[病]案:底本"疾"後原脱一小字"病",兹據萬曆本、天啓本及今本《漢書》卷四十《張陳王周傳》補。

平)爲[丞]相(非)[不]治事,日飲醇酒,戲婦(女)[人]。"(陳)平聞,日益甚。吕太后聞之,私(獨)喜。【太后私獨喜,亦以其與右丞相無異同耳,乃女子私人之監誡。】面質吕(嬃)[須]於(陳)平[前]曰:"鄙語曰'兒婦人口不可用',顧君與我何如耳。無畏吕(嬃)[須]之(讒)[譖](也)。"

吕太后[多]立諸吕爲王,(陳)平僞聽之。及吕太后崩,平與太尉勃合謀,卒誅諸吕,立(孝)文(皇)帝,(陳)平本謀也。【誰爲者,贊云自脱,信然。只平本謀也四字,出豁許多,勉强詭譎,卒如其志。他傳附見,本不在云如何也。】審食其免相。

(孝)文帝立[舉],以爲[相]太尉勃親以兵誅吕氏,功多;(陳)平欲讓勃(尊)位,乃謝病。(孝)文帝初立,怪平病,問之。平曰:"高(祖)[帝]時,勃功不如臣(平)。及誅諸吕,臣功亦不如勃。願以(右丞)相讓勃。"於是(孝文帝)乃以[太尉](絳侯)勃爲右丞相,位(次)第一;平徙爲左丞相,位(次)第二。【去次,是。】賜平金千斤,益封三千户。

居頃之,(孝文皇帝)[上](既)益明習國家事,朝而問右丞相勃曰:"天下一歲決獄幾何?"勃謝(曰):"不知。"問:"天下(一歲)錢穀[一歲]出入幾何?"勃又謝不知,汗出(沾)[洽]背,愧不能對。(於是)上亦問左丞相平。平曰:"[各]有主者。"上曰:"主者(謂)[爲]誰[乎]?"平曰:"陛下即問決獄,責廷尉;問錢穀,責治粟内史。"上曰:"苟各有主者,而君所主(者)何事也?"平謝曰:"主臣!【常疑主臣字,諸解不通,韋昭較近之。如此呼天號父皇恐,固然以爲皇恐。擊服,則非。韋昭曰:"言主臣道,不敢敗也。"晋灼:"主,擊。臣,服也。言其擊服,皇恐之辭。"辭辨亦達。】陛下不知其駑下,使待罪宰相。宰相者,上佐天子理陰陽,順四時,下(育)[遂]萬物之宜,外[填](鎮)撫四夷諸侯,内親附百姓,使卿大夫各得任其職(焉)[也]。"(孝文帝)[上](乃)稱善。(右丞相)[勃]大慙,出而讓(陳)平曰:"君獨不素教我(對)[乎]!"(陳)平笑曰:"君居其位,[獨]不知其任耶?且陛下即問長安(中)盜賊數,(君)[又]欲彊對耶?"於是絳侯自知其能(不)[弗]如平遠矣。居頃之,(絳侯)[勃]謝病請免相,[而](陳)平(專)[顓]爲(一)丞相。

孝文(帝)二年,(丞相陳)平(卒)[薨],謚(爲)[曰]獻侯。[傳]子(共侯買代侯。二年卒,子簡侯恢代侯。二十三年卒,子何代侯。三十三年),[至曾孫]何,坐略人妻,棄市[王陵亦至玄孫,坐酎金國除。辟陽侯食其免後三歲而爲淮南王所殺,文帝令其子平嗣侯。淄川王反,辟陽近淄川,平降之],國除。

始(陳)平曰:"我多陰謀,(是)道家之所禁。吾世即廢,亦已矣,終不能復起,以吾多陰禍也。"【陰謀、陰禍,平所自知,故其奇計無得聞也。此語其證。道家二字,自其畏禍之辭。贊以爲黄老,推見之耳。贊語可,傳語不可。安國全家而自愧陰謀,謂爲反間等耳。】(然)其後曾孫陳掌以衛氏親(貴)戚[貴],願得續封(陳氏),然終不得[也]①。

太史公曰:陳丞相平少時,本好黄帝、老子之術。方其割肉俎上之時,其意固已遠矣。傾側擾攘楚魏之間,卒歸高帝。常出奇計,救紛糾之難,振國家之患。及吕后時,事多故矣,然平竟自脱,定宗廟,以榮名終,稱賢相,豈不善始善終哉!非智謀孰能當此者乎?

---

① [也]案:底本原作一大字"也",無墨綫勒之,兹據萬曆本、天啓本及今本《史記》卷五十六《陳丞相世家》及今本《漢書》卷四十《張陳王周傳》改。

第七卷 周勃

絳侯世家第二十七 史記五十七

張陳王周傳第十 漢書四十

(絳侯)周勃(者),沛人(也)。其先卷人[也],徙沛。勃以織薄曲爲生,常(爲人)[以]吹簫給喪事,材官引彊。【爲人吹簫給喪,爲人挽强,爲字不可闕,是非自爲材官引强也。】

高祖(之)爲沛公初起,勃以中涓從攻胡陵,下方與。方與反,與戰,却[敵](適)。攻豐,擊秦軍碭東。還軍留及蕭。復攻碭,破之。下下邑,先登。賜爵五大夫。攻(蒙)[蘭]、虞,取之。擊章邯車騎,殿。[略]定魏地。攻(爰)[轅]、戚、東緡,以往至栗,取之。攻齧桑,先登。擊秦軍阿下,破之。追至濮陽,下(甄)[薪]城。攻都關、定陶,襲取宛朐,得單父令。夜襲取臨濟,攻[壽]張,以前至卷,破(之)。(擊)李由(軍)雍丘下。攻開封,先至城下爲多。【他傳每如此。】後章邯破(殺)項梁,沛公與項羽引兵東如碭。自初起沛還至碭一歲二月。楚懷王封沛公號武安侯,爲碭郡長。沛公拜勃爲(虎)[襄]賁令,(以令)從沛公定魏地。攻東郡尉於(城)[成]武,破之。(擊王離軍,破之)。攻長社,先登。攻潁陽、緱氏,絶河津。擊趙賁軍尸北。南攻南陽守齮,破武關、嶢關。【尸北,雖尸縣北,即地名,擊之尸北之南耳。若南攻南陽,無謂。】(破)[攻]秦軍于藍田,至咸陽,滅秦。

項羽至,以沛公爲漢王。漢王賜勃爵爲威武侯。從入漢中,拜爲將軍。還定三秦,(至秦),賜食邑懷德。攻槐里、好畤,最。[北]擊趙賁、内史保於咸陽,最。北(攻)[救]漆。擊章平、姚卬軍。西定汧。還下郿、頻陽。圍章邯廢丘,破[之]西(丞)。擊(盗巴)[益已]軍,破之。攻上邽。東守嶢關。【如徐廣注,則西爲縣句絶。徐廣曰:"天水有西縣。"此東字抑與南字不同,爲上有北有西。】(轉)擊項籍。攻曲(逆)[遇],最。【曲逆,《漢書》作曲遇,而曲音丘禹反,遇音顒,爲曲逆之説爲曲遇,《文選》乃以曲遇之音音曲逆。如去遇,又并曲遇之顒訛爲遇,兩失之。據《漢書》縣志,曲水逆流,無别音,志字應誤。】還守敖倉,追(項)籍。籍已死,因東定楚地泗(川)[水]、東海郡，凡得二十二縣。還守雒陽、櫟陽，賜與潁（陽）［陰］侯共食鍾離。以將軍從高（帝）［祖］擊（反者）燕王臧荼，破之易下。所將卒當馳道爲多。賜爵列侯，剖符世世（勿）［不］絶。食絳八千（三）［二］百八十户，（號絳侯）。

以將軍從高帝擊（反）韓王信於代，降下霍人。以前至武泉，擊胡騎，破之武泉北。轉攻韓信軍銅鞮①，破之。還，降太原六城。擊韓信胡騎晋陽下，破之，下晋陽。後擊韓信軍於硰石，破之，追北八十里。還攻樓煩三城，因擊胡騎平城下，所將卒當馳道爲多。【從來者以雜傳誤之，馳道，即御前之比也。】勃遷爲太尉。

擊陳豨，屠馬邑。所將卒斬豨將軍乘馬絺。［降轉］擊韓信、陳豨、趙利軍於樓煩，破之。得豨將宋最、雁門守圂。因轉攻得雲中守遫、丞相箕（肆）［肆］、將［軍］（勳）［博］。【《漢書》是。】定雁門郡十七縣，雲中郡十二縣。因復擊豨靈丘，破之，斬豨，（得豨）丞相程縱、將軍陳武、都尉高（肆）［肆］。定代郡九縣。

燕王盧［綰］反，勃以相國代樊噲將，擊下薊，得綰大將抵、丞相偃、守陘、太尉弱、御史大夫施，屠渾都。【屠渾都，似是謂人名，非《索隱》曰"屠，滅之也"。《地里志》："渾都縣屬上谷。一云，御史大夫姓施屠名渾都。"】破綰軍上蘭，（復）［後］擊（破）綰軍沮陽。追至長城，定上谷十二縣，右北平十六縣，（遼西）、遼東二十九縣，漁陽二十二縣。最從高帝得相國一人，丞相二人，將軍、二千石各三人；别破軍二，下城三，定郡五，縣七十九，得丞相、大將各一人。

勃爲人木彊敦厚，高帝以爲可屬大事。勃不好文學，每召諸生説士，東鄉坐（而）責之："趣爲我語。"其椎少文如此。【木彊又椎，其形容非史所常有。强，上去聲。東鄉坐責諸生，趣爲我語，甚奇。椎少文，不成語，然足引用。】

勃既定燕而歸，高（祖）［帝］已崩矣，以列侯事（孝）惠帝。（孝）惠帝六年，置太尉官，以勃爲太尉。十（歲）［年］，高后崩。吕禄以趙王爲漢上將軍，吕産以吕王爲（漢）相國，秉（漢）權，欲危劉氏。【三漢字，是。】（勃爲太尉，不得入軍門。陳平爲丞相，不得任事。於是勃與平謀，卒誅諸吕而立孝文皇帝。其語在《吕后》《孝文》事中。）【絳侯之功，莫大於誅諸吕，立文帝。然其人木彊，無論議可書，故他傳具載，此并左袒略之。他處孰非絳侯

① 銅鞮案：底本原作"銅鍉"。《正義·括地志》云："銅鞮故城在潞州銅鞮縣東十五里，州西六十五里，在并州東南也。"兹據萬曆本、天啓本及今本《史記》改。

傳也，此筆意也。《漢書》取清宫事，曾無益於絳侯，以爲連事，則正宜别見。然使無獄吏一事，則平生直功狀而止，及牘背冒絮，與既出而歎，乃最精神。】

［勃與丞相平、朱虚侯章共誅諸吕。語在《高后紀》。於是陰謀以爲"少帝及濟川、淮陽、恒山王皆非惠帝子，吕后以計詐名他人子，殺其母，養之後宫，令孝惠子之，立以爲後，用彊吕氏。今已滅諸吕，少帝即長用事，吾屬無類矣，不如視諸侯賢者立之。"遂迎立代王，是爲孝文皇帝。

東牟侯興居，朱虚侯章弟也，曰："誅諸吕，臣無功，請得除宫。"廼與太僕汝陰滕公入宫。滕公前謂少帝曰："足下非劉氏，不當立。"廼顧麾左右執戟，皆仆兵罷。有數人不肯去，宦者令張釋諭告，亦去。滕公召乘輿車載少帝出。少帝曰："欲持我安之乎？"滕公曰："就①少府。"廼奉天子法駕，迎皇帝代邸，報曰："宫謹除。"皇帝入未央宫，有謁者十人持戟衛端門，曰："天子在也，足下何爲者？"不得入。太尉往喻，廼引兵去，皇帝遂入。是夜，有司分部誅濟川、淮陽、恒山王及少帝於邸。］

文帝(既立)［即位］，以勃爲右丞相，賜金五十斤，食邑萬户。居(月)［十］餘［月］，【不論爲相月餘與十餘月，但一上相印，即許與詔，使就國，不待請。本無疑譖，而操縱進退如此，見得後來告捕，乃文帝收威權自爲之道。】人或説勃曰："君既誅諸吕，立代王，威震天下，而君受厚賞，處尊位，以(寵)［厭］，(久)之(即)［則］禍及身矣。"【《漢書》厭之，如厭勝之厭，無謂，宜如厭，亦音厭耳。師古曰："厭，音一切反，又音烏押反。"】勃懼，亦自危，廼謝請歸相印。上許之。歲餘，陳丞相平卒，上復(以)［用］勃爲丞相。十餘月，上曰："前日吾詔列侯就國，或［頗］未能行，丞相(吾)［朕］所重，其［爲朕］率(先之)［列侯之國］。"乃免相就國。

歲餘，每河東守尉行縣至絳，絳侯勃自畏恐誅，常被甲、令家人持兵以見(之)。其後人有上書告勃欲反，下廷尉。(廷尉下其事長安)，逮捕勃治之。勃恐，不知置辭。吏稍侵辱之。勃以千金與獄吏，獄吏乃書牘背示之，曰"以公主爲證。"公主者，孝文帝女也，勃太子勝之尚之，【稱勃太子，嫌。】故獄吏教引爲證。［初］，勃之益封(受賜)，盡以予薄昭。【封，不可予。】及繫急，薄昭爲言薄太后，太后亦以爲無反事。文帝朝，太后以冒絮提文帝，【提，爲之招也，音弟，是，如歸飛提。提，謂翼垂屈也，急欲招之狀。】曰："絳侯綰皇帝璽，將兵於北軍，不以此時反，今居一小縣，顧欲反邪！"【薄后語雖切當，文帝非不知也，頗婉。】文帝既見(絳侯)［勃］獄辭，乃謝曰："吏(事)方驗而出之。"【吏事，是帝本意，謂此吏事也。爲句方驗而出之，較有

---

① 就案：底本"就"字后衍一"舍"字，兹據萬曆本、天啓本、今本《史記》卷五十七《絳侯周勃世家》及今本《漢書》卷四十《張陳王周傳》改。

曲折。】於是使使持節赦(絳侯)[勃],復爵邑。(絳侯)[勃]既出,曰:"吾嘗將百萬軍,(然)安知獄吏之貴(乎)[也]!"【木强之極。】

(絳侯)[勃]復就國。孝文帝十一年(卒)[薨],謚(爲)[曰]武侯。子勝之[嗣](代侯。六歲),尚公主,不相中,坐殺人[死],國(除)絶。一(歲)[年],(文帝乃擇絳侯勃子賢者河内太守)【《漢書》削此處,是。】亞夫,[復](封)爲(條)侯,(續絳侯後)。

(條侯)亞夫(自未侯)爲河内守時,許負相之,(曰):"君後三歲而侯。【無此曰字,勝如有。】侯八歲爲將相,持國秉,貴重矣,於人臣無(兩)[二]。【兩字較奇。】(其)後九(歲)[年]而(君)餓死。"亞夫笑曰:"臣之兄已代父侯矣,有如卒,子當代,(亞夫)[我]何説侯乎?然既已貴如負言,又何説餓死?【他人,則何説餓而止?】指(示)[視][①]我。"(許)負指其口曰:"(有)從理入口,此餓死法也。"居三歲,(其)兄絳侯勝之有罪,(孝)文帝擇(絳侯)[勃]子賢者,皆推亞夫,乃封(亞夫)爲條侯,(續絳侯後)。

文帝(之)後六(歲)[年],匈奴大入邊。乃以宗正劉禮爲將軍,軍霸上;祝兹侯徐厲爲將軍,軍棘門;以河内守亞夫爲將軍,軍細柳:以備胡。上自勞軍。至霸上及棘門軍,直馳入,將以下騎[出入]送迎。【增出入字,得。】已而之細柳軍,軍士吏被甲,鋭兵刃,彀弓弩,持滿。天子先驅至,不得入。先驅曰:"天子且至!"軍門都尉曰:"(將軍令曰)'軍中聞將軍[之]令,不聞天子之詔'。"(居無何)[有頃],上至,又不得入。於是上(乃)使使持節詔將軍[曰]:"吾欲(入)勞軍。"亞夫乃傳言開壁門。壁門士(吏謂)[請](從屬)車騎曰:"將軍約,軍中不得驅馳。"於是天子乃按轡徐行。【聞將軍令不得入字爲峻,將軍令曰似是引古,非亞夫語也。可言曰古,不可言曰亞夫令。若教軍士以不受天子之詔,非古今之大戒乎?鋭兵刃,彀弓弩,持滿,寫得如見凜凜。受命宿軍,先驅至,不得入,可謂車騎無馳驅可,獨天子又不得入,彷徨壁門之外,非所以觀示軍士。天子千乘萬騎,如雷厭境,豈可與備他盜?閫境外之事必先知之,知而不納,詐也,非順也。至營中見謁,敵以上將不堪也。小丈夫取信一時而信威無上,以爲不可得而犯,則其後軍夜驚至太尉帳下,安在其爲肅也?】至[中]營,將軍亞夫(持兵)揖曰:"介胄之士不拜,請以軍禮見。"天子爲動,改容式車。使人稱謝:"皇帝敬勞將軍。"成禮而去。既出軍門,群臣皆驚。文帝曰:"嗟乎,此真將軍矣!(曩)[卿]者霸上、棘門(軍,若)[如]兒戲耳,其將固可襲而虜也。至於亞

① (示)[視] 案:底本原作一大字"示",無墨綫勒之,後脱一小字"視",兹據萬曆本、天啓本、今本《史記》卷五十七《絳侯周勃世家》及今本《漢書》卷四十《張陳王周傳》補。

夫,可得而犯耶!”稱善者久之。【群臣皆驚,與稱善久之,是模寫至處。】月餘,三軍皆罷。乃拜亞夫爲中尉。

(孝)文[帝]①且崩時,(誡)[戒]②太子曰:“即有緩急,周亞夫真可任將兵。”文帝崩,(拜)亞夫爲車騎將軍。

孝景[帝]三年,吴楚反。亞夫以中尉爲太尉,東擊吴楚。因自請上曰:“楚兵剽輕,難與争鋒。願以梁委之,絶其(粮)[食]道,乃可制[也]。”【以梁委之,絶其粮道,自是兩事,妙在絶粮。然雖爲梁,宜甚怨。】上許之。

[亞夫既發,至霸上,趙涉遮説亞夫曰:“將軍東誅吴楚,起則宗廟安,不勝則天下危,能用臣之言乎?”亞夫下車,禮而問之。涉曰:“吴王素富,懷輯死士久矣。此知將軍且行,必置間人於殽黽阸陿之間。且兵事上神密,將軍何不從此右去,走藍田,出武關,抵雒陽,間不過差一二日,直入武庫,擊鳴鼓。諸侯聞之,以爲將軍從天而下也。”太尉如其計。至雒陽,使吏搜殽黽間,果得吴伏兵。乃請涉爲護軍。]

(太尉)[亞夫](既)[至]會兵滎陽,吴方攻梁,梁急,請救。(太尉)[亞夫]引兵東北走昌邑,深壁而守。梁[王](日)使使請(太尉)[亞夫],【此日字,何可易?】(太尉)[亞夫]守便宜,不(肯)往。梁上書言景帝,景帝(使使)詔[使]救梁。(太尉)[亞夫]不奉詔,堅壁不出,而使輕騎兵弓高侯等絶吴楚兵後食道。吴[楚]兵乏粮,饑,[欲退]數(欲)挑戰,終不出。夜,軍中驚,内相攻擊擾亂,至於(太尉)帳下。(太尉)[亞夫]終[堅]卧不起。頃之,復定。(後)吴奔壁東南陬,(太尉)[亞夫]使備西北。【此則可爲後法,即起何益?乃不知備是宿備,申言是已。】已而其精兵果奔西北,不得入。吴[楚](兵)既餓,乃引而去。(太尉)[亞夫]出精兵追擊,大破[吴王濞](之)。吴王濞棄其軍,(而)與壯士數千人亡走,保於江南丹徒。漢兵因乘勝,遂盡虜之,降其(兵),[縣]購吴王千金。月餘,越人斬吴王頭以告。【皆是,一句盡事實。】凡相攻守三月,而吴楚破平。於是諸將乃以太尉計謀爲是。由此梁孝王與(太尉)[亞夫]有[隙](郤)。

歸,復置太尉官。五歲,遷爲丞相,景帝甚重之。(景帝)[上]廢栗太子,(丞相)[亞夫]固争之,不得。(景帝)[上]由此疏之。而梁孝王每朝,常與太后言(條侯)[亞夫]之短。

竇太后曰:“皇后兄王信可侯也。”(景帝)[上]讓曰:“始南皮[及]章武(侯)先帝不侯,及臣即位乃侯之。信未得封也。”竇太后曰:“人(主)[生]

---

① [帝] 案:底本原作一大字“帝”,無墨綫勒之,兹據萬曆本、天啓本、今本《史記》卷五十七《絳侯周勃世家》及今本《漢書》卷四十《張陳王周傳》改。

② (誡)[戒] 案:底本原作一大字“誡”,無墨綫勒之,後脱一小字“戒”,兹據萬曆本、天啓本、今本《史記》卷五十七《絳侯周勃世家》及今本《漢書》卷四十《張陳王周傳》補。

各以時行耳。自竇長君在時,竟不得侯,死後乃(封)其子彭祖顧得侯。吾甚恨之。帝趣侯信也!"(景帝)[上]曰:"請得與丞相(議)[計]之。"(丞相議之),【似多封字。然彭祖顧得侯,别自爲句,甚悲。再出丞相議之,甚有態。】亞夫曰:"高(皇)帝約'非劉氏不得王,非有功不得侯。不如約,天下共擊之'。今信雖皇后兄,無功,侯之,非約也。"【無功,侯之,非約,六字三語。】(景帝)[上]默默而(止)[沮]。

其後匈奴王徐盧等五人降[漢],(景帝)[上]欲侯之以勸後。(丞相)亞夫曰:"彼背其主降陛下,陛下侯之,(則)[即]何以責人臣不守節者乎?"【亞夫言論可稱,非不知体者也。此五人侯後不聞來者,來者可盡侯乎?】(景帝)[上]曰:"丞相議不可用。"乃悉封徐盧等爲列侯。亞夫因謝病。(景帝中三年,以病)免相。

頃之,(景帝)[上]居禁中,召(條侯)[亞夫],賜食。獨置大胾,無切肉,又不置(櫡)[箸]。(條侯)[亞夫]心不平,顧謂尚席取[箸](櫡)。(景帝)[上]視而笑曰:"此[非]不足君所乎?"(條侯)[亞夫]免冠謝上。[上曰]:"起。"(條侯)[亞夫]因趨出。(景帝)[上](以)目送之,曰:"此怏怏(者)非少主臣也。"【上甚重之,方免相耳,故設意蔪會之如此。又視而笑,甚非君道。不足君所,謂於君所而有所不足也。怏怏非少主臣,語甚精。景帝設此試之,而亞夫不悟。】

居無何,(條侯)[亞夫]子爲父買工官尚方甲楯五百被可以葬者。取庸苦之,不(予)[與][①]錢。庸知其盗買縣官器,(怒)[怨]而上變告子,事連汙(條侯)[亞夫]。書既聞上,(上)下吏。【此愚騃子累父,不知豫凶事,何用?又侈僭如此也!】吏簿責(條侯)[亞夫],(條侯)[亞夫]不對。(景帝)[上]罵之曰:"吾不用也。"召詣廷尉。廷尉責[問]曰:"君侯欲反(耶)[何]?"亞夫曰:"臣所買器,乃葬器也,何謂反(耶)[乎]?"吏曰:"君(侯)縱不[欲]反地上,即欲反地下耳。"吏侵之益急。【反者,貪富貴耳。地下何富貴之有?小人語取給類耳,千古見之,猶爲氣塞。其父子兩朝遭遇如此,不可咎其不遜。】初,吏捕(條侯)[亞夫],(條侯)[亞夫]欲自殺,[其][②]夫人止之,以故不得死,遂入廷尉。因不食五日,嘔血而死。國(除)絶。

---

① (予)[與] 案:底本原作一大字"予",無墨綫勒之,後脱一小字"與",兹據萬曆本、天啓本、今本《史記》卷五十七《絳侯周勃世家》及今本《漢書》卷四十《張陳王周傳》補。

② [其] 案:底本原作一大字"其",無墨綫勒之,兹據萬曆本、天啓本、今本《史記》卷五十七《絳侯周勃世家》及今本《漢書》卷四十《張陳王周傳》改。

一歲,(景帝)[上]乃更封絳侯勃(他)[它]①子堅爲平曲侯,續絳侯後。(十九年卒,謚爲共侯)。[傳]子建德(代侯,十三年),爲太子太傅。坐酎金(不善),[免官。後](元鼎五年),有罪,國除。

(條侯)[亞夫]果餓死。死後,(景帝)[上]乃封王信爲盖侯。[至平帝元始二年,繼絶世,復封勃玄孫之子恭爲絳侯,千戶。]

太史公曰:絳侯周勃始爲布衣時,鄙樸人也,才能不過凡庸。及從高帝定天下,在將相位,諸吕欲作亂,勃匡②國家難,復之乎正。雖伊尹、周公,何以加哉!亞夫之用兵,持威重,執堅刃,攘苴曷有加焉!足已而不學,【足已而不學,儒者精語,施之此父子間,不切。】守節不遜,終以窮困。悲夫!

[贊曰:聞張良之智勇,以爲其貌魁梧奇偉,反若婦人女子。故孔子稱"以貌取人,失之子羽"。學者多疑於鬼神,如良受書老父,亦異矣。高祖雖離困阸,良常有力,豈可謂非天乎!陳平之志,見於社下,傾側擾攘魏、楚之間,卒歸於漢,而爲謀臣。及吕后時,事多故矣,平竟自免,以智終。王陵廷爭,杜門自絶,亦各其志也。周勃爲布衣時,鄙樸庸人,至登輔佐,匡國家難,誅諸吕,立孝文,爲漢伊周,何其盛也!始吕后問宰相,高祖曰:"陳平智有餘,王陵少戇,可以佐之;安劉氏者必勃也。"又問其次,云"過此以後,非廼所及"。終皆如言,聖矣夫!]

---

① (他)[它] 案:底本原作一大字"他",無墨綫勒之,後脱一小字"它",兹據萬曆本、天啓本及今本《史記》卷五十七《絳侯周勃世家》及今本《漢書》卷四十《張陳王周傳》補。

② 匡案:底本此字作"亂",兹據萬曆本、天啓本及今本《史記》卷五十七《絳侯周勃世家》改。

第八卷　張耳　陳餘

張耳陳餘列傳　史記八十九

張耳陳餘列傳第二 漢書三十二

張耳(者),大梁人也。(其)少時,及魏公子毋忌爲客。(張耳)嘗亡命游外黄。外黄富人女甚美,(嫁)庸奴,(亡)其夫(去,抵)[亡邸]父客。【亡其夫去,抵,直改爲邸,大精。】父客(素知張耳,乃)謂(女)曰:“必欲求賢夫,從張耳。”女聽,(乃卒)爲請决,嫁之(張耳)。(張耳是時脱身游),【本用此句,但脱身游三字。】女家厚奉給(張)耳,(張)耳以故致千里客。乃宦(魏)爲外黄令。(名由此益賢。)

陳餘(者),亦大梁人(也),好儒術,(數)游趙苦陘。富人公乘氏以其女妻之,(亦知陳餘非庸人也)。餘年少,父事(張)耳,(兩人)相與爲刎頸交。

(秦之滅大梁也,張耳家外黄)。高祖爲布衣時,嘗(數)從(張)耳游,【耳乃魏公子,高祖數從耳游,所聞多矣,布衣交前輩人也。雖謂爲帝者師可也,其存有隱德。】(客數月)。秦滅魏(數歲,已聞此兩人魏之名士也),購求(有得張)耳千金,(陳)餘五百金。【四公子之後,此必秦、項間人,類從小事偎處鋪張閑野,他所不能及。】(張耳、陳餘)[兩人](乃)變名姓,俱之陳,爲里監門(以自食。兩人相對。里)吏嘗(有)[以]過笞(陳)餘,(陳)餘欲起,(張)耳(躡)[攝]之,使受笞。吏去,(張)耳(乃引陳餘之桑下而)數之曰:“始吾與公言何如?今見小辱而欲死一吏乎?”(陳)餘(然之),[謝罪]。(秦詔書購求兩人,兩人亦反用門者以令里中。)

陳涉起蘄,至(入)陳,(兵數萬)。(張)耳、(陳)餘上謁(陳)涉。涉及左右生平數聞(張)耳、(陳)餘賢,(未嘗見),見(即)大喜。

陳(中)豪(杰)[桀](父老乃)説(陳)涉曰:“將軍(身)被堅執鋭,(率)[帥]士卒以誅暴秦,復立楚社稷,(存亡繼絶),功德宜爲王。(且夫監臨天下諸將,不爲王不可,願將軍立爲楚王也)。”陳涉問(此)兩人,兩人對曰:“(夫秦爲無道,破人家國,滅人社稷,絶人後世,罷百姓之力,盡百姓之財)。將軍瞋目張膽,出萬死不顧(一生)之計,爲天下除殘(也)。今始至陳而王之,(示)[視]天下私。願將軍毋王,急引兵而西,遣人立六國後,自爲樹黨,(爲秦益敵也。敵多則力分,與衆則兵彊)。【《漢書》傳首數行删潤皆是,至此,句句失之。】如此野無交兵,(縣無守城),誅暴秦,據咸陽以令諸侯。(諸侯亡而得立,以德服之,如此)則帝業成矣。今獨王陳,恐天下解也。"(陳)涉不聽,遂立爲王。

(陳)[耳]①餘(乃)復説陳王曰:"大王(舉)[興]梁、楚(而西),務在入關,未及收河北也。臣嘗游趙,知其豪(杰)[桀](及地形),願請奇兵(北)略趙地。"於是陳王[許之],以(故)所善陳人武臣爲將軍,(邵騷爲護軍,以張)耳、(陳)余爲左右校尉,(予)[與]卒三千人,(北略趙地)。

(武臣等)從白馬渡河,至諸縣,説其豪(杰)[桀]曰:"秦爲亂政雹[虐]刑【四字極形容之巧。】(以)殘(賊)[滅]天下,(數十年矣)。北(有)[爲]長城之(域)[役],南有五(嶺)[領]之戍,外内騷動,百姓罷敝,頭會箕斂,以供軍費,財匱力盡,(民不聊生)。重(之)以苛法(峻刑),使天下父子不相(安)[聊]。[今]陳王奮臂爲天下倡始,(王楚之地,方二千里),莫不(響)[嚮]應,家自爲怒,(人自爲鬥),各報其怨(而攻其讎),縣殺其令丞,郡殺其守尉。今(已)[以]張大楚,王陳,使吴廣、周文將卒百萬西擊秦。於此時而不成封侯之業者,非人豪也。(諸君試相與計之)!夫(天下同心苦秦久矣)。因天下之力而攻無道之君,報父兄之怨而成割地(有土)之業,此(士之)一時也。"豪(杰)[桀]皆然其言。(乃)[迺]行收兵,得數萬人,號(武臣爲)武信君。下趙十[餘]城,餘皆城守,莫肯下。

乃引兵東北擊范陽。范陽人蒯通説(范陽)[其]令(曰)[徐公降武信君,又説武信君以侯印封范陽令,語在《通傳》②。通説范陽令徐公曰:"臣,范陽百姓蒯通也。]竊(聞)[閔]公之將死,故吊[之]。雖然,賀公得通而生[也]。"(范陽令)[徐公再拜]曰:"何以吊之?"(對)[通]曰:"(秦法重),足下爲(范陽)令十[餘]年矣,殺人之父,孤人之子,斷人之足,黥人之首,[甚衆],(不可勝數。然而)慈父孝子[所以不](莫)敢(剚)[事]刃[於]公之腹(中)者,畏秦法(耳)[也]。今天下大亂,秦(法)[政]不施,然則慈父孝子(且剚)[將争接]刃[於]公之腹(中)以[復其怨,而]成其[功]名,此(臣)[通]之所以吊(公)[者]也。(今諸侯畔秦矣,武信君兵且至,而君堅守范陽,少年皆争殺

① (陳)[耳] 案:底本"陳"字後脱一小字"耳",兹據萬曆本、天啓本及今本《漢書》卷三十二《張耳陳餘傳》補。

② 萬曆本、天啓本此處衍"連下'趙地聞之'"六字。

君,下武信君。君急遣臣見武信君,可轉禍爲福,在今矣)。”[曰:“何以賀得子而生也?”曰:“趙武信君不知通不肖,使人候問其死生,通且見武信君而説之。”]

(范陽令乃使蒯通見武信君)曰:“(足下)必將戰勝(然)[而]後略地,攻得(然)[而]後下城,臣竊以爲(過)[殆]矣。(誠聽)[用]臣之計,(可不攻而降城,不)[毋]戰而略地[不攻而下城],傳檄而千里定,可乎?”(武信君)[彼將]曰:“何謂也?”[臣因對](蒯通)曰:“(今)范陽令宜整頓其士卒以守戰者也,怯而畏死,貪而(重)[好]富貴,故欲[以其城]先(天)下(降)[君],(畏君以爲秦所置吏,誅殺如前十城也。然今范陽少年亦方殺其令,自以城距君。君何不齎臣侯印,拜范陽令,范陽令則以城下君,少年亦不敢殺其令。令范陽令乘朱輪華轂)。[先下君而君不利,則邊地之城皆將相告曰‘范陽令先降而身死’,必將嬰城固守,皆爲金城湯池,不可攻也。爲君計者,莫若以黄屋朱輪迎范陽令],使(驅)馳[騖於]燕、趙[之]郊。(燕、趙郊見之,皆)[則邊城皆將相告]曰‘(此)范陽令先下(者也),[而身富貴]’,[必相率而降,猶如阪上走丸也]。(即喜矣,燕、趙城可毋戰而降也)。此臣(之)所謂傳檄而千里定者也。”(武信君從其計,因使蒯通賜范陽令侯印)。[徐公再拜,具車馬遣通。通遂以此説武臣。武臣以車百乘,騎二百,侯印迎徐公]。燕趙(地)聞之,(不戰以城)下者三十餘城。[如通策焉,自通説徐公降至此,用《通傳》。]

至邯鄲,(張)耳、(陳)餘聞周章軍入關,至戲(却)[卻];又聞諸將爲陳王徇地,多以讒毁得罪誅,怨陳王(不用其策)不以爲將[軍]而以爲校尉。(乃)[廼]説武臣曰:“陳王(起蘄,至陳而王),非必立六國後。[今]將軍(今以三千人)下趙數十城,獨介居河北,不王無以填之。且陳王聽讒,還報,恐不[得]脱於禍。(又不如立其兄弟;不,即立趙後。)[願]①將軍毋失時,(時間不容息)。”【不用其策,最是怨處。不以爲將軍,是連四五意作三語,如結証叙事之妙。當時,六國皆亡,民厭秦,思其故主,立六國後爲名義,極至耳、餘建策出此有見。及其説武臣,又言涉,非必立六國後,知衆觖望,此功名之會與激發之機也。將立武臣,謾言立其兄弟,此兄弟未可知,語宜有此。不,即立趙後,則夫人可立也。《史記》兩不字,兩時字,得語勢。】武臣乃聽(之),遂立爲趙王。以(陳)餘爲大將軍,(張)耳爲(右)丞相,(邵騷爲左丞相)。

使人報陳王,陳王大怒,欲盡族武臣等家,而發兵擊趙。(陳王)相國房君諫曰:“秦未亡(而)[今又]誅武臣等家,此(又)生一秦也。不如因而

① [願]案:底本原作一大字“願”,無墨綫勒之,兹據萬曆本、天啓本、今本《史記》卷八十九《張耳陳餘列傳》及今本《漢書》卷三十二《張耳陳餘傳》改。

賀之,使急引兵西擊秦。”陳王(然之),從其計,徙繫武臣等家宫中,封(張)耳子敖爲成都君。[張王本此。]

(陳王)使使者賀趙,(令)趣(發)兵西入關。(張)耳、(陳)餘説武臣曰:“王王趙,非楚意,特以計賀王。楚已滅秦,必加兵於趙。願王毋西兵,北徇燕、代,南收河内以自廣。趙南據大河,北有燕、代,楚雖勝秦,必不敢制趙。”趙王以爲然,因不西兵,而使韓廣略燕,李良略常山,張黶略上黨。

韓廣至燕,燕人因立廣爲燕王。趙王乃與(張)耳、(陳)餘北略地燕界。趙王間出,爲燕軍所得。燕將囚之,欲與分(趙)地(半,乃歸王)。使者往,燕輒殺之以[固]求地。(張)耳、(陳)餘患之。有厮養卒謝其舍(中)曰:“吾爲[二]公説燕,與趙王載歸。”舍中[人]皆笑曰:“使者往十(餘)輩,(輒)[皆]死,若何以能得王?”乃走燕壁。燕將見之,問(燕將)【此燕將字,何可去?】曰:“知臣何欲?”燕將曰:“若欲得(趙)王耳。”曰:“君知張耳、陳餘何如人也?”燕將曰:“賢人也。”曰:“(知)其志何欲?”[燕將]【此燕將,乃可去。】曰:“欲得其王耳。”趙(養)卒(乃)笑曰:“君未知(此)兩人所欲也。夫武臣、張耳、陳餘杖馬箠下趙數十城,(此)亦各欲南面而王,(豈欲爲卿相終已耶)?夫臣[之]【此之字,無不可。】與主豈可同日(而)道哉,顧其勢初定,(未敢三分而王),且以(少)長[少]【少長,是謂次第。】先立武臣(爲王),以持趙心。今趙地已服,(此)兩人亦欲分趙而王,時未可耳。今君(乃)囚趙王。[念]此兩人名爲求(趙)王,【念字甚雅。】實欲燕殺之,此兩人①分趙(自立)[而王]。夫以一趙尚易燕,況以兩賢王左提右挈,而責殺王(之罪),滅燕易矣。”燕(將)以爲[然],乃歸趙王,養卒爲御而歸。

李良已定常山,還報趙王,[趙王]復使良略太原。至石邑,秦兵塞井陘,未能前。秦將詐稱二世使(人)[使]遺(李)良書,不封,曰:“良嘗事我得顯幸。(良)誠能反趙爲秦,赦良罪,貴良。”良得書,疑不信。(乃還)之邯鄲,益請兵。【作請益,是。】未至,道逢趙王姊(出飲),從百餘騎。(李)良望見,以爲王,伏謁道旁。王姊醉,不知其將,使騎謝(李)良。(李)良素貴,起,慙其從官。從官有一人曰:“天下(畔)[叛]秦,能者先立。且趙王素出將軍下,今女兒乃不爲將軍下車,請追殺之。”(李)良(已)[以]得秦書,(固)欲反趙,未決,因此怒,遣人追殺王姊(道中,乃)遂(將其兵)襲邯鄲,邯鄲不知。【傳常患無奇,此養卒甚奇。又道逢趙王姊出,復秦使間,何疊疊也。】竟殺武臣、(邵騷)。趙人多爲(張)耳、(陳)餘耳目者,(以)故得

---

① 兩人案:底本“兩人”後有一小字“者”,兹據萬曆本、天啓本及今本《漢書》卷三十二《張耳陳餘傳》删。

脱出。收(其)兵,得數萬人。客有説(張)耳[餘]曰:"兩君羈旅,而欲附趙,難;[可]獨立,立趙後,(扶)[輔]以(義)[誼],可就功。"乃求得趙歇,立爲趙王,居信都。李良進兵擊(陳)餘,(陳)餘敗(李)良,(李)良走歸章邯。

章邯引兵至邯鄲,皆徙其民河内,夷其城郭。(張)耳與趙王歇走入鉅鹿城,王離圍之。(陳)餘北收常山兵,得數萬人,軍鉅鹿北。章邯軍鉅鹿南棘原,築甬道屬河,(餉)[饟]王離。王離兵食多,急攻鉅鹿。鉅鹿城中食盡(兵少,張)耳數使人召(前陳)餘,(陳)餘自度兵少,不[能]敵秦,不敢前。數月,(張)耳大怒,怨(陳)餘,使張黶、陳(澤)[釋]往讓(陳)餘曰:"始吾與公爲刎頸交,今王與耳旦暮(且)死,而公擁兵數萬,不肯相救,(安在其相爲死!苟必信),胡不赴秦(軍)俱死?且(有)十[有]一二相全。"【十有勝有十。】(陳)餘曰:"(吾度前終不能救趙,徒盡亡軍。且餘)所以不俱死,欲爲趙王、張君報秦。今(必)俱死,如以肉(委)[餧](餓)虎,何益?"張黶、陳(澤)[釋]曰:"事(已)[以]急,要以俱死立信,安知後慮!"【黶,釋,亦如張耳口語,卒死之。】(陳)餘曰:"吾(死)顧以(爲)無益。(必如公言)。"(乃)[廼]使五千人令張黶、陳(澤)[釋]先嘗秦軍,至皆没。

當是時,燕、齊、楚聞趙急,皆來救。【燕、齊、楚聞趙急,皆來救,此最見張耳得諸侯心。諸侯來爲張耳故,非趙王能使人至此,又非以趙形勢與同約,不得不救與不救壞事也。但爲張耳求趙後,立之身爲輔,其義以感動激切之耳。燕,其所遣也。】張敖亦北收代(兵),得萬餘人,來,皆壁餘旁,(未敢擊秦)。項羽兵數絶章邯甬道,王離軍乏食,項羽悉引兵渡河,(遂)破章邯[軍]。(章邯引兵解),諸侯軍乃敢擊(圍鉅鹿)秦軍,遂虜王離。(涉間自殺。卒存鉅鹿者,楚力也。)【《史記》語好。】

於是趙王歇、張耳(乃)得出鉅鹿,(謝諸侯。張耳)與(陳)餘相見,責讓(陳)餘(以不肯救趙,及)問張黶、陳(澤)[釋]所在。(陳)餘(怒)曰:"(張)黶、(陳澤)[釋]以必死責臣,臣使將五千人先嘗秦軍,皆没(不出)。"(張)耳不信,以爲殺之,數問(陳)餘。(陳)餘怒曰:"不意君之望臣深也!豈以臣(爲)重去將哉?"(乃)[廼]脱解印綬,(推予)[與](張)耳。(張)耳(亦愕)不[敢]受。(陳)餘起如厠。客有説(張)耳曰:"(臣聞)'天予不取,反受其咎'。今陳將軍(予)[與]君印[綬],(君)不受,反天不祥。急取之!"(張)耳乃佩其印,收其麾下。(而陳)餘還,亦望(張)耳不讓,(遂)趨出。(張)耳遂收其兵。【望耳不讓,怨也。遂趨出者,餘也,故耳遂收其兵。增一耳字,不惟耳趨出,非是,又重,了止收字。麾下,頭目也。】(陳)

餘獨與麾下(所善)數百人之河上澤中漁獵。由此(陳餘、張耳遂)有(郤)[隙]①。

趙王歇復居信都。(張)耳從項羽(諸侯)入關。(漢元年二月),項羽立諸侯(王,張)耳雅游,(人)多爲(之言)[人所稱],項羽(亦)素[亦](數)聞(張)耳賢,乃分趙立(張)耳爲常山王,治信都。信都更名襄國。

(陳)餘客多説項羽(曰):"陳餘、張耳一體有功於趙。"(項)羽以(陳)餘不從入關,聞其在南皮,即以南皮旁三縣(以)封之,而徙趙王歇王代。【亦是收拾名義。】

(張)耳之國,(陳)餘愈(益)怒,曰:"(張)耳與餘功等也,今(張)耳王,餘獨侯,(此項羽不平)。"及齊王田榮(畔)[叛]楚,(陳)餘乃②使夏説説田榮曰:"項羽爲天下宰不平,盡王諸將善地,徙故王王惡地,今趙王乃居代!願王假臣兵,請以南皮爲扞蔽。"田榮欲樹党(於趙以反楚),乃遣兵從(陳)餘。(陳)餘(因)悉三縣兵襲常山王(張)耳。(張)耳敗走,(念諸侯無可歸者),曰:"漢王與我有(舊)故,而項(羽又)[王]彊,立我,我欲之楚。"甘公曰:"漢王之入關,五星聚東井。東井者,秦分也。先至必(霸)[王]。楚雖彊,後必屬漢。"(故)耳走漢。漢(王)亦還定三秦,方圍章邯廢丘。(張)耳謁漢王,漢王厚遇之。

(陳)餘已敗(張)耳,皆(復)收趙地,迎趙王於代,復爲趙王。趙王德(陳)餘,立以爲代王。(陳)餘爲趙王弱,國初定,(不之國),留傅趙王,而使夏説以相國守代。

漢二年,東擊楚,使(使)告趙,欲與俱。(陳)餘曰:"漢殺張耳乃從。"於是漢王求人類(張)耳者斬(之),(持)其頭遺(陳)餘。【人有不幸似張耳者,高祖以耳故不忍,獨殺此無辜耳。】(陳)餘乃遣兵助漢。漢(之)敗於彭城西,(陳)餘亦(復覺)[聞](張)耳(不)[詐]死,即背漢。【謂其詐死,與前邸字、攝字,皆意外之意,然《史記》自好。】

漢(三年,韓信已定魏地),遣(張)耳與韓信擊破趙井陘,斬(陳)餘泜水上,追殺趙王歇襄國。[四年夏③],(漢)立(張)耳爲趙王。(漢)五年[秋],(張)耳薨,謚(爲)[曰]景王。【耳崎嶇植立,其王趙非望,一年死。】

---

① (郤)[隙] 案:底本原作一大字"郤",無墨綫勒之,後脱一小字"隙",玆據萬曆本、天啓本、今本《史記》卷八十九《張耳陳餘列傳》及今本《漢書》卷三十二《張耳陳餘傳》補。

② 餘乃案:底本"餘"字後原脱一"乃"字,玆據萬曆本、今本《史記》卷八十九《張耳陳餘列傳》及今本《漢書》卷三十二《張耳陳餘傳》補。

③ [夏] 案:底本原作一大字"夏",無墨綫勒之,玆據萬曆本、天啓本及今本《漢書》卷三十二《張耳陳餘列傳》改。

子敖嗣立爲(趙)王,[尚]高祖長女魯元公主,爲(趙)王(敖)后。

(漢)七年,高祖從平城過趙,趙王(朝夕袒韝蔽),【以魯元與其子,直故人意。袒韝蔽,三字如畫。】[旦暮]自上食,(禮)[體]甚卑,有子婿禮。高祖箕倨(罵)①詈,甚慢(易)之。趙相貫高、趙午(等)年六十餘,故(張)耳客也。(生平爲氣,乃)怒曰:"吾王孱王也!"説(王)[敖]曰:"(夫)天下豪(杰)[桀]并起,能者先立。今王事(高祖)[皇帝]甚恭,(而高祖)[皇帝遇王]無禮,請爲王殺之。"【此數高祖字,無謂。】(張)敖齧其指出血,曰:"君何言之誤! 且先(人)[王]亡國,賴(高祖)[皇帝]得復國,德流子孫,秋(毫)[豪]皆(高祖)[帝]力②也。願君無復出口。"【一傳首尾,皆是張耳之遺風。】貫高、(趙午)等十餘人(皆)相謂曰:"(乃)吾等非也。吾王長者, 不(倍)[背]德。且吾等義不辱,今(怨高祖)[帝]辱我王,故欲殺之,何(乃)[廼](洿)[汙]王爲(乎)? (令)事成歸王,事敗獨身坐耳。"

(漢)八年,上從東垣(還),過(趙),貫高等乃壁人柏人,要之置[厠]。【但置字,已足。】上過欲宿,心動,問曰:"縣名爲何?"曰:"柏人。""柏人者,迫於人(也)!"不宿(而)去。【問柏人即去,不必有此史,蓋意入《史記》,貫高等已足。】

(漢)九年,貫高怨家知其謀,(乃上變)告之。於是上(皆并)逮捕趙王、(貫高)、[諸反者趙午]等。十餘人皆争自(刎)[剄],貫高獨怒罵曰:"誰令公[等]爲之? 今王實無謀,而并捕王,公等(皆)死,誰[當]白王不反者!"乃(轞)[檻]車(膠致),與王詣長安。(治張敖之罪。上乃詔趙群臣賓客有敢從王皆族。貫高與客孟舒等十餘人,皆自髡鉗,爲王家奴,從來。貫)高(至),對獄,曰:"獨吾屬爲之,王(實)不知[也]。"吏(治)榜笞數千,刺(剟)[爇],身無(可擊)[完]者,終不復言。吕后數言張王以魯元(公主)故,不宜有此。上怒曰:"使張敖據天下,豈少(而)[廼]女乎!"(不聽)。廷尉以貫高(事)辭聞,上曰:"壯士! 誰知者,以私問之。"中大夫泄公曰:"臣(之邑子),素知之。此固趙國立名義不侵爲然諾者也。"【即輕諾者寡信,不侵又好,皆欲高上。爲人所難,先人意所欲,皆侵也。】上使泄公持節問之箯輿前。(仰)[卬]視(曰):"泄公(耶)?"(泄公)勞苦如(生)平[生](驩)[歡],與語,問張王果有(計)謀不。高曰:"人情(寧)[豈]不各愛其父母妻子(乎)[哉]?【語測千古。】今吾三族皆以論死,豈以王易吾親哉! 顧爲王

① 罵案:底本原作小字,兹據萬曆本、天啓本、今本《史記》卷八十九《張耳陳餘列傳》及今本《漢書》卷三十二《張耳陳餘傳》改。

② 力案:底本原作小字,兹據萬曆本、天啓本、今本《史記》卷八十九《張耳陳餘列傳》及今本《漢書》卷三十二《張耳陳餘傳》改。

實不反,獨吾等爲之。"具道本(指)[根]所以(爲者)王不知狀。【《漢書》此句變化得高。】於是泄公(入),具以報上[上],(乃)[廼]赦趙王。

上賢(貫)高(爲人)能[自]立然諾,使泄公(具)[赦之],告(之)曰:"張王已出。"(因赦貫高。貫高喜曰:"吾王審出乎?"泄公曰:"然。"泄公曰):"上多足下,故赦足下。"(貫)高曰:"所以不死(一身,無餘者),白張王不反(也)[耳]。今王已出,吾責(已)塞,(死不恨)矣。且人臣有簒(殺)[弑]之名,(何)[豈有]面目復事上哉!(縱上不殺我,我不愧於心乎)?"乃仰絶(肮,遂)[亢而]死。(當此之時,名聞天下。)

(張)敖已出,(以)尚魯元[公主如]故,封爲宣平侯。於是上賢張王諸客(以鉗奴從張王入關,無不)[皆以]爲諸侯相、郡守(者)。【又寫至此,多見惓惓。】[語在《田叔傳》。]及孝惠、高后、文(帝、孝)景時,張王客子孫皆(得)爲二千石。

[初,孝惠時,齊悼惠王獻城陽郡,尊魯元公主爲太后。高后元年,魯元太后薨。後六年宣平侯](張)敖(高后六年)[復]薨。[吕太后立敖]子偃爲魯(元)王,以母(吕)[爲太]后(女)故[也]。(吕后封爲魯元王。元王)[又憐其年少孤]弱,(兄弟少),乃封(張)敖(他姬)[前婦]子二人:壽爲樂昌侯,侈爲信都侯。高后崩,(諸吕無道),大臣誅(之而)[諸吕],廢魯(元)王及(樂昌侯、信都)[二]侯。孝文(帝)即位,復封故魯(元)王偃爲南宫侯,(續張氏)。[薨,子生嗣。武帝時,生有罪免,國除。元光中,復封偃孫廣國爲睢陵侯。薨,子昌嗣。太初中,昌坐不敬免,國除。孝平元始二年,繼絶世,封敖玄孫慶忌爲宣平侯,食千户。]

(太史公)[贊]曰:張耳、陳餘,世(傳)所稱賢(者);其賓客厮役,(莫非)[皆]天下俊(杰)[桀],所居國無不取卿相者。然(張)耳、(陳)餘始居約時,相然信(以)死,豈顧問哉。【相然,相許也,相許必以死也,無以字,不成句。豈顧問哉,謂豈待回顧通問哉。】及據國争權,卒相滅亡,何鄉者(相)慕用之誠,後相(倍)[背]之(戾)[盭]也!(豈非以利哉?名譽雖高,賓客雖盛,所由殆與太伯、延陵季子異矣)。[勢利之交,古人羞之,蓋謂是矣。]【只合哉字止,太史公已成蛇足。《漢書》三語,又不及其五字。】

第九卷　魏豹　彭越

魏豹彭越列傳第三十　史記九十

魏豹傳第三 漢書第三十三①　彭越傳第四 漢書第三十四②

魏豹(者),故魏諸公子也。其兄魏咎,故魏時封爲甯陵君。秦滅魏,(遷咎)爲(家)[庶]人。陳勝之(起)王也,咎往從之。(陳王)[勝]使魏人周市徇魏地,魏地已下,欲(相與)立周市爲魏王。(周)市曰:“天下昏亂,忠臣乃見。今天下共畔秦,其(義)[誼]③必立魏王後乃可。”齊、趙使車各五十乘,立(周)市爲(魏)王。【方亂時,乃有讓千乘,却請趙,繼絶世,如周市云云者,惜其福智不及。不然,豈不高視籍輩哉!】市(辭)不受,迎魏咎於陳。五反,陳王乃遣立咎爲魏王。

章邯已破陳王,(乃)進兵擊魏王於臨濟。魏王(乃)使周市(出)請救(於)齊、楚。齊、楚遣項它、田巴將兵隨市救魏。章邯遂擊破殺周市等軍,圍臨濟。咎爲其民約降。約[降]定,咎自(燒)殺。【約定,是。咎自殺,亦有耻者。】

魏豹亡走楚。楚懷王予(魏)豹數千人,復徇魏地。項羽已破秦[兵],降章邯。豹下魏二十餘城。立(豹)爲魏王。豹引精兵從項羽入關。(漢元年,項)羽封諸侯,欲有梁地,乃徙(魏王)豹於河東,都平陽,爲西魏王。

漢王還定三秦,渡臨晋,(魏王)豹以國屬焉,遂從擊楚於彭城。漢[王]敗還,至滎陽,豹請(歸)視親病,至國,(即)[則]絶河津畔漢。漢王(聞魏豹反,方東憂楚,未及擊),謂酈生曰:“緩頰往説(魏豹,能下)之,(吾以萬户封若)。”酈生往(説豹)。豹謝曰:“人生一世間,如白駒過隙(耳)。今

---

① 案:底本、萬曆本、天啓本誤作“《漢書》第三十二”,兹據今本《漢書》改。

② 案:底本、萬曆本、天啓本誤作“《漢書》第五十四”,兹據今本《漢書》改。

③ (義)[誼] 案:底本原作一大字“義”,無墨綫勒之,後脱一小字“誼”,兹據萬曆本、天啓本、今本《史記》卷九十《魏豹彭越列傳》及今本《漢書》卷三十三《魏豹田儋韓王信傳》補。

漢王(慢)[嫚]①(而)侮人,罵詈諸侯群臣如(罵)奴耳,非有上下禮節(也),吾不忍復見也。"【豹語似慷慨,其説高帝甚感切,然何以就縛?故庸人耳。】(於是)漢王遣韓信擊[豹,遂]虜(豹)[之](於河東)。傳[豹]詣滎陽,以(豹國)[其地]爲[河東、太原、上黨]郡。漢王令豹守滎陽。楚圍之急,周苛[曰:"反國之王,難與共守。]"遂殺(魏)豹。

彭越(者),[字仲],昌邑人也,(字仲)。常漁鉅野澤中,爲(群)盜。陳勝、(項梁之)起,(少年)或謂越曰:"(諸)豪杰相立畔秦,仲可(以來,亦)效之。"(彭)越曰:"兩龍方鬥,且待之。"

居歲餘,澤間少年相聚百餘人,往從(彭)越,(曰):"請仲爲長。"越謝(曰):"(臣)不願(與諸君)[也]②。"【《漢書》是。】少年彊請,乃許。與期旦日日出[時](會),後(期)[會]者斬。【會,期,《史記》是。】旦日日出,十餘人後,後者至日中。於是越謝曰:"臣老,諸君彊以爲長。今期而多後,不可盡誅,誅最後者一人。"令校長斬之。【起群盜,立節制,亦必有以相服。雖無一語,次第具見。】皆笑曰:"何至是?請後不敢。"於是越乃引一人斬之,設壇祭,(乃)令徒屬。徒屬皆(大)驚,畏越,(莫)[不]敢仰視。乃行略地,收諸侯散卒,得千餘人。

沛公之從碭北擊昌邑,(彭)越助之。昌邑未下,沛公引兵西。(彭)越亦將其衆居鉅野[澤]中,收魏[敗]散卒。項籍入關,王諸侯,還歸,(彭)越衆萬餘人(毋)[無]③所屬。【此遺漢間也。越終始從漢,而田横傳謂其中立,且爲漢,且爲楚,將無其迹疑似,故有爲奇兵。】(漢元年秋),齊王田榮(畔)[叛]④項王,漢乃使人賜(彭)越將軍印,使下濟陰以擊楚。楚(命)[令]蕭公角將兵擊越,越大破楚軍。漢(王)二年春,與魏(王)豹及諸侯東擊楚,(彭)越將其兵三萬餘人歸漢(於)外黄。漢王曰:"彭將軍收魏地得十餘城,欲急立魏後。【越欲立魏後,盛心也。】今西魏王豹(亦)魏(王)咎從弟(也),真魏(後)[也]。"乃拜(彭)越爲魏相國,擅將(其)兵,略定梁地。

漢王之敗彭城解而西也,(彭)越皆(復)亡其所下城,獨將其兵北居河

---

① (慢)[嫚]案:底本原作一大字"慢",無墨綫勒之,後脱一小字"嫚",兹據萬曆本、天啓本、今本《史記》卷九十《魏豹彭越列傳》及今本《漢書》卷三十三《魏豹田儋韓王信傳》》補。

② [也]案:底本原作一大字"也",無墨綫勒之,兹據萬曆本、天啓本、今本《史記》卷九十《魏豹彭越列傳》及今本《漢書》卷三十四《韓彭英盧吴傳》》改。

③ (毋)[無]案:底本原作一大字"毋",無墨綫勒之,後脱一小字"無",兹據萬曆本、天啓本、今本《史記》卷九十《魏豹彭越列傳》及今本《漢書》卷三十四《韓彭英盧吴傳》》補。

④ (畔)[叛]案:底本原作一大字"畔",無墨綫勒之,後脱一小字"叛",兹據萬曆本、天啓本、今本《史記》卷九十《魏豹彭越列傳》及今本《漢書》卷三十四《韓彭英盧吴傳》》補。

上。漢(王)三年,(彭)越常往來爲漢游兵,擊楚,絶其(後)粮于梁地。【最是得力處,自擅將略地,往來爲游兵,或攻或走,皆自爲去就。在當時劉、項對壘外,此足稱奇兵。至會垓下,其末耳。】(漢四年冬),項王與漢王相距滎陽,(彭)越攻下睢陽、外黄十七城。項王聞之,乃使曹咎守(城)[成]皋,自東收(彭)越所下城邑,皆復爲楚。越將其兵北走轂城。(漢五年秋),項王(之)南走陽夏,(彭)越復下昌邑旁二十餘城,得(穀)[粟]十餘萬斛,以給漢(王)食。

漢王敗,使使召(彭)越并力擊楚。越曰:"魏地初定,尚畏楚,未可去。"漢王追楚,爲項籍所敗固陵。乃謂留侯曰:"諸侯兵不從,爲之奈何?"留侯曰:"(齊王信之立,非君王之意,信亦不自堅)。彭越本定梁地,功多,始君王以魏豹故,拜(彭)越爲(魏)相國。今豹死[亡](毋)後,且越亦欲王,而君王不蚤定。(與此兩國約:即勝楚),[今取]睢陽以北至穀城,皆[許]以王彭(相國)[越];(從陳以東傅海),[又言所以](與)[許](齊王)[韓]信。(齊王信家在楚,此其意欲復得故邑。君王能出捐此地許二人,二人今可致;即不能,事未可知也。")語在《高紀》。於是漢王(乃)發使使(彭)越,如留侯策。使者至,(彭)越乃(悉)引兵會垓下,(遂破楚。五年),項籍(已)死。(春),立(彭)越爲梁王,都定陶。

六年,朝陳。九年,十年,皆來朝長安。

(十年秋),陳豨反代地,高帝自往擊[之]①,至邯鄲,徵兵梁(王)。梁王稱病,使[使](將)將兵詣邯鄲。高帝怒,使人讓梁王。梁王恐,欲自往謝。其將扈輒曰:"王始不往,見讓而往,往(則)[即]爲禽(矣)。不如遂發兵反。"梁王不聽,稱病。梁(王怒,其)太僕[有罪],(欲斬之。太僕)亡走漢,告梁王與扈輒謀反。於是上使使掩[捕]梁王,【獨掩字,勝。】(梁王不覺,捕梁王),囚之雒陽。有司治反形已具,請論如法。【謂其不誅輒,爲反形已具。臣瓚曰:"扈輒勸越反,而越不誅輒,是反形已具也。"】上赦以爲庶人,(傳處)[徙]蜀青衣。西至鄭,逢吕后從長安[東](來),欲之雒陽,道見(彭王)[越]。(彭王)[越]爲吕后泣涕,自言(無)[亡]②罪,願處故昌邑。吕后許諾,[詔]與俱東至雒陽。【不用詔字。】吕后(白)[言]上曰:"彭(王)[越]壯士[也],今徙之蜀,此自遺患,不如遂誅之。妾謹與俱來。"於是吕后(乃)令其舍人告(彭)越復謀反。廷尉(王恬開)奏請(族之。上乃可),遂

① [之] 案:底本原作一大字"之",無墨綫勒之,兹據萬曆本、天啓本、今本《史記》卷九十《魏豹彭越列傳》及今本《漢書》卷三十四《韓彭英盧吴傳》改。

② (無)[亡] 案:底本原作一大字"無",無墨綫勒之,後脱一小字"亡",兹據萬曆本、天啓本、今本《史記》卷九十《魏豹彭越列傳》及今本《漢書》卷三十四《韓彭英盧吴傳》補。

夷(彭)越宗族,(國除)。

太史公曰:魏豹、彭越雖故賤,然已席捲千里,南面稱孤,喋血乘勝日有聞矣。懷叛逆之意,及敗,不死而虜囚,身被刑戮,何哉?中材已上且羞其行,况王者乎!彼無異故,智略絶人,獨患無身耳。得攝尺寸之柄,其雲蒸龍變,欲有所會其度,以故幽囚而不辭云。【喋血乘勝日有聞矣,不可解。看上語意,謂其與喋血乘勝之日,則有聞矣。身已爲王,彼時不反,以此時反,故隱約如此。下語最是無力處,意聞字誤日字句讀。此贊曲折,語意甚奇。能言豪杰意中事,取於衆人所不取,亦其所遇素意如此。他人筆力幾許能發明?獨患無身耳五字,極論備。雲蒸龍變,又怪。其度二字,不可解,宜云度其,故亮以此也。】

第十卷 韓信

淮陰侯列傳第三十二 史記九十二

韓彭英盧吳傳第四 漢書三十四

(淮陰侯)韓信(者),淮陰人也。(始爲布衣時),[家]貧無行,不(得)[能]推擇爲吏,又不能治生[爲]商賈,【無用爲字。】常從人寄食(飲,人多厭之者)。[其母死無以葬,廼行營高燥地,令傍可置萬家者]。【其母死,營高冢,載之贊,以見其志。乃太史公過淮陰親見,又奇,移之寄食下,不類。然常從、常數從,頗碍,《漢書》以故欲小踈,删去下飲、下寄,是。至城下釣,絮諸母漂如畫。】(常數)[信]從(其)下鄉南昌亭長(寄)食,(數月),亭長妻(患)[苦]之,(乃)[廼]晨炊蓐食。食時信往,不爲具食。信亦知其意,(怒),(竟)[自]絶去。(信釣於)[至]城下[釣],(諸母漂),有一[漂]母(見信飢),[哀之],飯信,竟漂數十日。信(喜),(謂)漂母曰:"吾必(有以)重報母。"母怒曰:"大丈夫不能自食,吾哀王孫而進食,豈望報乎!"【此較平傳嫂語、門席、贏渡,平傳猶雅。他人寫一貧字,何至此?】

淮陰(屠中)少年(有)[又]侮信(者),曰:"(若)雖長大,好帶刀劍,(中情)怯耳。"衆辱(之)[信]曰:"(信)能死,刺我;不能(死),出(我袴)[跨]下。"於是信孰視(之),俛出(袴)[跨]下,(蒲伏)。【蓐食奇,漂母又奇,跨下又奇。跨勝袴,形容正在此。蒲伏,可笑耳。】一市(人)皆笑信,以爲怯。

及項梁渡淮,信[乃]杖劍從之,居戲下,無所知名。(項)梁敗,又屬項羽,(羽以)爲郎中。[信]數以策干項羽,羽(不)[弗]用。漢王之入蜀,信亡楚歸漢,未得知名,爲連敖。坐法當斬,其(輩)[疇]十三人皆已斬,(次)至信,(信)乃仰視,適見滕公,曰:"上不欲就天下乎?(何爲)[而]斬壯士!"滕公奇其言,壯其貌,釋(而不)[弗]斬。【而斬壯士語,不驚,又健。滕公盛德,乃具眼人也,在蕭何前,魏無知上。】與語,大説之。言於(上)[漢王],(上拜)[漢王]以爲治粟都尉,上未[奇]之(奇)也。

(信)數與蕭何語,何奇之。至南鄭,諸將(行道)[道]亡者數十人,信度何等已數言上,【等,蓋滕公也。】(上)不我用,即亡。何聞信亡,不及以聞,自追之。人有言上曰:"丞相何亡。"上(大)怒,如失左右手。居一二日,何來謁(上),上且怒且喜,罵何曰:"若亡,何也?"何曰:"臣(不)[非]敢亡(也),(臣)追亡者[耳]。"上曰:"(若)所追者誰[也]?"(何)曰:"韓信(也)。"上復罵曰:"諸將亡者以(十)數,公無所追;追信,詐也。"何曰:"諸將易得[耳]。至如信(者),國士無雙。【國士無雙,四字兩語,鋪叙蕭何奇信、追信、拜信本末,不遺餘力。所謂功第一,亦謂此,高帝自知之耳。】王必欲長王漢中,無所事信;必欲争天下,非信無(所)[可]與計事者。顧王策安(所)决(耳)。"王曰:"吾亦欲東耳,安能鬱鬱久居此乎?"何曰:"王計必(欲)東,能用信,信即留;不能用信,[信]終亡耳。"王曰:"吾爲公以爲將。"何曰:"雖爲將,信(必)不留。"王曰:"以爲大將。"何曰:"幸甚。"於是王欲召信拜之。何曰:"王素(慢)[嫚]無禮,今拜大將如(呼)[召]小兒(耳),此乃信所以去也。王必欲拜之,擇(良)日,齋戒,設壇場,具禮,乃可(耳)。"【須如此,方見史書。】王許之。諸將皆喜,人人各自以爲得大將。至拜(大將),乃韓信也,一軍皆驚。

信[已]①拜(禮畢),上坐。王曰:"丞相數言將軍,將軍何以教寡人計策?"信謝,因問王曰:"今東鄉争權天下,豈非項王耶?"(漢王)[上]曰:"然。"信曰:"大王自料勇悍仁(强)[彊]孰與項王?"漢王默默良久,曰:"(不)[弗]如也。"信再拜賀曰:"[唯]唯信亦以爲大王(不)[弗]如也。然臣嘗事(之)[項王],請言項王(之)爲人也。項王(暗啞叱吒)[意烏猝嗟],【暗啞叱咤,仿佛與意烏猝嗟異,八字得於開口,古無此奇,實見項王之爲人故耳。】千人皆廢,然不能任屬賢將,此特匹夫之勇(耳)[也]。【匹夫之勇易見,婦人之仁難言,此耳字與也字異。】項王見人恭(敬慈愛)[謹],言語(嘔嘔)[姁姁],人有(疾病)[病疾],涕泣分食飲,至使人有功,當封爵(者),[刻]印刓(敝),忍不能予,此所謂婦人之仁也。項王雖霸天下而臣諸侯,不居關中而都彭城。(有)[又]背義帝(之)約,而以親愛王,諸侯不平。諸侯之見項王(遷)逐義帝(置)江南,【此語却最緊要,微有欠。】亦皆歸逐其主(而)自王善地。項王所過(無)[亡]不殘滅(者),(天下)多怨百姓,【多怨百姓語,矯説得有本有末,此豈淮陰悪少哉!】[百姓]不(親)附,特劫於威彊[服]耳。名雖爲霸,實失天下心。故曰其彊易弱。今大王誠能反其道:任天下武勇,何(所)不誅!以天下城邑封功臣,何(所)不服!以義兵從思東

① [已]案:底本原作一大字"已",無墨綫勒之,玆據萬曆本、天啓本、今本《史記》卷九十二《淮陰侯列傳》及今本《漢書》卷三十四《韓彭英盧吴傳》改。

歸之士,何(所)不散!且三秦王爲秦將,將秦子弟數歲(矣),[而]所殺亡不可勝計,又欺其衆降諸侯,至新安,項王詐(阬)[阬]秦降卒二十餘萬[人]①,唯獨邯、欣、翳(得)脱,秦父兄怨此三人,痛(入)[於]骨髓。今楚强以威王此三人,秦民莫愛也。大王之入武關,秋毫(無)[亡]所害,除秦苛法,與(秦)民約,法三章耳,秦民(無)[亡]不欲得大王王秦者。於諸侯之約,大王當王關中,關中②民(咸)[户]知之。(大)王失職(入漢中,秦)[蜀]民(無)[亡]不恨者。今(大)王舉而東,三秦可傳檄而定也。”於是漢王大喜,自以爲得信晚。遂聽信計,部署諸將所擊。

(八月),漢王舉兵東出陳倉,定三秦。(漢)二年,出關,收魏、河南,韓、殷王皆降。(合)[令]齊、趙共擊楚。(四月),(至)彭城,漢兵敗散而還。信復(收)[發]兵與漢王會滎陽,復擊破楚京、索(之)間,以故楚兵(卒)不能西。

漢之敗却彭城,塞王欣、翟王翳亡漢降楚,齊、趙(亦反漢與楚和)。(六月),魏(王豹謁歸視親疾,至國,即絶河關)[亦皆]反(漢),與楚(約)和。漢王使酈生[往]説[魏王]豹,[豹]不(下)[聽]。(其八月),[乃]以信爲左丞相,擊魏。[信問酈生:“魏得毋用周叔爲大將軍乎?”曰:“相直也。”信曰:“豎子耳。”遂進兵擊魏。]魏(王)盛兵蒲(坂)[反],塞臨晋,信(乃)[廼]益爲疑兵,陳船欲渡臨晋,而伏兵從夏陽以木罌(缻)[缶]渡軍,襲安邑。魏王豹驚,引兵迎信,信遂虜豹,定(魏爲)河東(郡)。【此數語,計先定,卒皆有功,勝登壇云云。】[使人請漢王:“願益兵三萬人,臣請以北舉燕、趙,東擊齊,南絶楚之粮道,西與大王會於滎陽。”漢王與兵三萬人],(漢王)遣張耳與(信)俱,(引兵東北)進擊趙、代。(後九月),破代(兵),禽夏説閼與。信之下魏(破)代,漢輒使人收其精兵,詣滎陽以距楚。【漢王與兵三萬人,才破趙,即收其精兵,用見當時所遣非甚有餘。信後所用人非前所有,而能聲威如此,驅市人有法,古無比也。】

信(與張)耳以兵數萬,欲東下井陘擊趙。趙王、成安君陳餘聞漢且襲之(也),聚兵井陘口,號稱二十萬。廣武君李左車説成安君曰:“聞漢將韓信涉西河,虜魏王,禽夏説,新喋血閼與,今乃輔以張耳,議欲[以]下趙,此乘勝而去國遠鬥,其鋒不可當。臣聞千里餽粮,士有饑色,樵蘇後爨,師不宿飽。【待樵蘇而後爨。】今井陘之道,車不得方軌,騎不得成列,行數百

---

① [人]案:底本原作一大字“人”,無墨綫勒之,兹據萬曆本、天啓本、今本《史記》卷九十二《淮陰侯列傳》及今本《漢書》卷三十四《韓彭英盧吴傳》改。

② 關中案:底本原脱此二字,兹據萬曆本、天啓本、今本《史記》卷九十二《淮陰侯列傳》及今本《漢書》卷三十四《韓彭英盧吴傳》補。

里,其勢粮食必在(其)後。願足下假臣奇兵三萬人,從間(道)[路]絶其輜重;足下深溝高壘,(堅營)勿與戰。彼前不得鬥,退不得還,吾奇兵絶其後,(使)野無所掠[鹵],不至十日,(而)兩將之頭可致(於)戲下。願君留意臣之計。(否),必[不]爲二子所禽矣。"【《漢書》剪截皆是,但爲必不字與否必爲字大遠。以游説言之,必不婉,而否必峻。】成安君,儒者(也),常稱義兵不用詐謀奇計,[謂]曰:"吾聞兵法(十)[什]則圍之,倍則戰(之)。今韓信兵號數萬,其實不(過數千)。能千里(而)襲我,亦(已)[以]罷(極)[矣]。今如此避(而不)[弗]擊,後有大者,何以(加)[距]之!(則)諸侯謂吾怯,而輕來伐我。"不聽廣武君策,(廣武君策不用)。

(韓)信使[閒]人(間視)[窺],【間能窺知,所以敢下,此傳之密也。】知其不用,還報,則大喜,乃敢引兵遂下。未至井陘口三十里,止舍。夜半傳發,選輕騎二千人,人持一赤幟,從間道萆山而望趙軍,(誡)[戒]曰:"趙見我走,必空壁逐我,若疾入(趙壁),拔趙幟,立漢(赤)幟。"【盡成趙壁、趙幟與水上軍旗鼓狀,并與當日傳呼兩語,如見而聞,如井陘口與渡處,先後微次。】令其裨將傳(飱)[餐]①,曰:"今日破趙會食!"諸將皆(莫信),(佯)[嘸然陽]應曰:"諾。"[信]謂軍吏曰:"趙已先據便地(爲)壁,【去爲字大勝。】且彼未見(吾)大將旗鼓,未肯擊前行,恐吾(至)阻險而還。"(信)乃使萬人先行,出,背水陳。【前行兩字,還欠賓主,故知史未易作,未易注。此處頗欠分明,背水必已濟也,已濟而陣,然未是大將旗鼓,彼以爲試己,必未肯擊。前行,謂趙軍將欲臨水,則恐吾以阻水而還耳,故遣萬人先濟,背水而陣。舊注以信軍前行,失之。】趙軍望見(而)大笑。平旦,信建大將(之)旗鼓,行出井陘口,趙開壁擊之,大戰良久。於是信、張耳(佯)棄鼓旗,走水上軍。(水上軍開入之),復疾戰。【貢父疑復疾戰三字衍,果然。】趙(果)空壁爭漢鼓旗,逐(韓)信、(張)耳。(韓)信、(張)耳已入水上軍,軍皆殊死戰,不可敗。信所出奇兵二千騎(共)[者],候趙空壁逐利,(則)[即]馳入趙壁,皆拔趙旗[幟],立漢赤幟二千。趙軍已(不勝),不能得信[耳]等,欲還歸壁,壁皆漢赤幟,(而)大驚,以(爲)漢[爲]皆已(得)[破]趙王將矣,【看他結證得明。】(兵)遂亂,遁走,趙將雖斬之,(不)[弗]能禁(也)。於是漢兵夾擊,(大)破虜趙軍,斬成安君泜水上,禽趙王歇。

信乃令軍(中)毋(殺)[斬]廣武君,有(能)生得[之]者購千金。[頃之](於是),有縛(廣武君)而(致)[至]戲下者,信(乃)解其縛,東鄉坐,西鄉

---

① (飱)[餐]案:底本原作一大字"餐",前脱"飱"字,兹據萬曆本、天啓本、今本《史記》卷九十二《淮陰侯列傳》及今本《漢書》卷三十四《韓彭英盧吴傳》補。

對,[而]師事之。

諸(將)[校]効首虜休(畢),[皆]賀,因問信曰:"兵法[有]右背山陵,前左水澤,今者將軍令臣等反背水陳,【但背水陳,不問不答,何自得兵法哉?可謂用法得法外意。】曰'破趙會食',臣等不服。然竟以勝,此何術也?"信曰:"此在兵法,顧諸君(不)[弗]察耳。兵法不曰'陷之死地而後生,(置)[投]之亡地而後存[乎]'? 且信非得素拊循士大夫(也),【此也字缺不得,下也字可無。】(此)[經]所謂'(驅)[毆]市人而戰之[也]',其勢非置(之)死地,(使)人人自爲戰;今[即]予(之)生地,皆走,寧尚(可)得而用之乎!"【《漢書》是。】諸將皆服曰:"(善)。非(臣)所及也。"

於是(信)問廣武君曰:"僕欲北攻燕,東伐齊,何若(而)有功?"廣武君辭(謝)曰:"臣聞(敗軍之將,不可以言勇);亡國之大夫,不可以圖存。[敗軍之將,不可以語勇]。(今)[若]臣(敗亡之虜)[者],何足以權大事乎!"【甚從容,詞辨猶有古戰國之遺風。】信曰:"僕聞之,百里奚居虞而虞亡,(在)[之]秦而秦(霸)[伯],非愚於虞而智於秦也,用與不用,聽與不聽(也)[耳]。【也字好。】(誠令)[向使]成安君聽(足下)[子]計,(若信者)[僕]亦(已爲)禽矣。(以不用足下,故信得侍耳。"因固問曰:)"僕委心歸計,願(足下)[子]勿辭。"廣武君曰:"臣聞智者千慮,必有一失;愚者千慮,(必)[亦]有一得。【亦是好。】故曰'狂夫之言,聖人擇焉'。顧恐臣計未(必)足用,願効愚忠。(夫)[故]成安君有百戰百勝之計,一(旦)[日]而失之,軍敗鄗下,身死泜[水]上。今(將軍)[足下](涉西河),虜魏王,禽夏説(閼與,一舉而下井陘),不(終)[旬]朝破趙二十萬衆,誅成安君。名聞海内,威震(天下)[諸侯],(農夫)[衆庶]莫不輟(耕釋耒)[作怠惰],(褕)[靡]衣(甘)[媮]食,傾耳以待命者。(若此,將軍之所長也。)然而衆勞卒罷,其實難用[也]。今(將軍)[足下](欲)舉(倦弊)[勸敝]之兵,頓之燕堅城之下,(欲戰恐久力不能拔),情見(勢)[力]屈,[欲戰不拔],曠日[持久],粮[食單]竭,(而弱)[若]燕不(服)[破],齊必距境[而]以自彊(也)。(燕、齊)[二國]相持(而不下),則劉項之權未有所分也。(若此者,將軍所短也)。臣愚,竊以爲亦過矣。(故善用兵者不以短擊長,而以長擊短。)"【此聞言語,亦寫得别。謂衆人皆知信必勝必取,則無復鬥志,但日夜愉惰,美衣服,飲食以時,極言無所逃敗,遲不如蚤也。《漢書》易農夫,故明,又去短、長等,最是。】(韓)信曰:"然則何由?"廣武君對曰:"(方)[當]今(爲將軍)[之]計,(莫)[不]如(案:)[按]甲休兵,(鎮趙撫其孤),百里之内,牛酒日至,以饗士大夫(醳兵),北首燕路,(而)[然]後(遣辨士),【此處取《史記》,先後亦不過乘勝傳檄以摇之耳。策非奇也,事勢適當然者。且委曲輾轉,揣謀盡情,所長獨在牛酒享醳,北首燕路耳。】[發一乘之使],奉咫尺之書,(暴其所長於)[以使]燕,燕必不敢不聽從。燕(已從,使諠言者)[而]東(告)[臨]齊,【從燕而東臨齊,略不用一語,最得論事之體。】(齊必從風而服),雖有智者,亦不知爲齊計矣。如是,則天下事(皆)可圖也。兵(固)[故]有先聲而後實者,此之謂也。"(韓)信曰:"善。"(從其策)。【立片言以居要。】[敬奉教。於是用廣武君策],發使(使)燕,燕從風而靡。乃遣使報漢,因請立張耳(爲趙)王[趙],以(鎮)撫其國。漢王許之,(乃立張耳爲趙王)。

楚數使奇兵(渡)[度]河擊趙,(趙)王耳、(韓)信往來救趙,【閑處有力,見其有餘。】因行定趙城邑,發(兵詣)[卒佐]漢。楚方急圍漢王(於)滎陽,漢王(南)出,[南]之宛、葉(間),得(黥)[九江王]布,(走)入成皋,楚(又)復急圍之。(六月)[四年],漢王出成皋,(東渡)[度]河,獨與滕公(俱),從張耳軍修武。至,宿傳舍。晨自稱漢使,馳入(趙)壁。張耳、韓信未起,即其卧(内上)奪其印符,(以)麾召諸將,易置之。信、耳起,乃知[獨]漢王來,大驚。漢王奪兩人軍,即令張耳備守趙地,拜(韓)信爲相國,(收)[發]趙兵未發者擊齊。

信引兵東,未(渡)[度][1]平原,聞漢王使酈食其已説下齊,(韓)信欲止。(范陽辯士)蒯通説(韓)信[令擊齊。語在《通傳》。信然其計,遂度河,襲歷下軍,至臨菑。齊王走高密,使使於楚請救。《通傳》則云:後漢將韓信虜魏王,破趙、代,降燕,定三國,引兵將東擊齊,未度平原,聞漢王使酈食其説下齊,信欲止。通説信[2]]曰:"將軍受詔擊齊,而漢獨發間使下齊,寧有詔止將軍乎?何以得(毋)[無]行(也)!且酈生一士,伏軾掉三寸(之)舌,下齊七十餘城,將軍將數萬之衆,(歲餘)乃下趙五十餘城,爲將數歲,反不如一豎儒之功乎?"於是信然之。從其計,遂(渡)[度]河。齊已聽酈生,即留[之][3]縱酒,罷備漢守御。信因襲(齊)歷下軍,遂至臨菑。【如此襲齊不必信,能無有哀酈生者?士于功名之會,惟恨不至,一日下七十城,縱酒而飲,豈知蒯通之睨其側哉?爲高陽酒徒以死,未爲失也。】齊王(田廣)以酈生(賣)[爲欺]己,(乃)[而]烹之,[因敗](而)走(高密),[信遂定齊地,自立爲齊假王]。○《漢書》"後漢將"止此一段,入《蒯通傳》内[4],下接"漢方困於滎陽,遣張良"。使使之[於]楚

---

① (渡)[度]案:底本原作一大字"渡",無墨綫勒之,後脱"度"字,兹據萬曆本、天啓本、今本《史記》卷九十二《淮陰侯列傳》及今本《漢書》卷三十四《韓彭英盧吴傳》補。

② 信案:底本"通説"後原脱此"信"字,兹據萬曆本、天啓本、今本《史記》卷九十二《淮陰侯列傳》及今本《漢書》卷三十四《韓彭英盧吴傳》補。

③ [之]案:底本原作一大字"之",無墨綫勒之,兹據萬曆本、天啓本、今本《史記》卷九十二《淮陰侯列傳》及今本《漢書》卷四十五《蒯伍江息夫傳》改。

④ 萬曆本、天啓本此句作"自'后漢將'至此,《蒯通傳》内"。

請救。(韓)信已定臨菑,(遂)東追(廣)至高密西。楚(亦)使龍且將,號稱二十萬,救齊。

齊王(廣)、龍且并軍與信戰,未合。(人)或説龍且曰:【此人,又高於廣武。】"漢兵遠鬥窮[寇]戰,(其)鋒不可當也。齊、楚自居其地戰,兵易敗散。不如深壁,令齊王使其信臣招所亡城,(亡)城聞(其)王在,楚來救,必反漢。【《漢書》簡盡,甚不煩。】漢(兵)二千里客居齊,[齊]城皆反之,【疊字好。】其勢無所得食,可(無)[毋]戰而降也。"龍且曰:"吾平生知韓信爲人,易與耳。【或謂趙用廣武君策,信自謂成禽;又有謂信謙辭,且聞知其不用必有處,此皆書生之見。趙當亡,漢當興,故弗用耳。如或人説龍且語,以故主招亡臣,客主危疑中何不集?信非僥倖,亦當王,漢且不能禁也。】[寄食于漂母,無資身之策;受辱於跨下,無兼人之勇,不足畏也。]且(夫)救齊(不戰)而降之,吾何功?今戰而勝之,齊(之)半可得,何爲[而]止!"遂戰,與信夾濰水陳。(韓)信乃夜令人爲萬餘囊,(滿)盛沙,[以]壅水上流,引(軍)[兵]①半(渡)[度],擊龍且,(佯)[陽]不勝,還走。龍且果喜曰:"固知信怯(也)。"遂追(信)渡水。信使人决壅囊,水大至。龍且軍大半不得(渡)[度],即急擊,殺龍且。龍且水東軍散走,齊王廣亡去。信(遂)追北至城陽,(皆)虜[虜]楚卒。

(漢四年,遂)皆降[遂]平齊。使人言漢王曰:"齊(僞)[夸]詐多變,【誇詐,又明。】反覆之國(也),南邊楚,不爲假王以(鎮)[填]之,其(勢)[埶]不定。[今權輕,不足以安之,臣請自立],(願)爲假王(便)。"當是時,楚方急圍漢王於滎陽,(韓信)使者至,發書,漢王大怒,駡曰:"吾困於此,旦暮望(若)[而]來佐我,乃欲自立爲王!"張良、陳平[伏後]躡漢王足,因附耳語曰:"漢方不利,寧能禁信之[自]王乎?不如因(而)立,善遇之,使自爲守。不然,變生。"漢王亦(悟)[寤],因復駡曰:"大丈夫定諸侯,即爲真王耳,何以假爲!"(乃)遣張良(往)立信爲齊王,征其兵[使]擊楚。

楚(已)[以]亡龍且,項王恐,使盱(眙)[台]人武涉往説(齊王)信曰:"(天下共苦秦久矣,相與戮力擊秦。秦已破,計功割地,分土而王之,以休士卒。今漢王復興兵而東,侵人之分,奪人之地,已破三秦,引兵出關,收諸侯之兵以東擊楚,其意非盡吞天下者不休,其不知厭足如是甚也)。[足下何不反漢與楚?楚王與足下有舊故]。且漢王不可必,身居項王掌握中數矣,(項王憐而活之),然得脱,(輒倍)[背]約,復擊項王,其不可親信如此。今足

---

① (軍)[兵]案:底本原作一大字"軍",無墨綫勒之,其後脱一小字"兵"字,兹據萬曆本、天啓本、今本《史記》卷九十二《淮陰侯列傳》及今本《漢書》卷三十四《韓彭英盧吴傳》補。

下雖自以與漢王爲(厚)[金石]交,(爲之盡力用兵),[然]終爲(之)[漢王]所禽矣。足下所以得須臾至今者,以項王(尚存)[在](也)。(當今二王之事,權在足下。足下右投則漢王勝,左投則項王勝)。【漢初接戰國,語猶從容反覆,本末條理,不爲不整,政見語勢。看他説分土休兵與復東侵奪人分地,直是憐而活之。右投、左投,各不當去。《漢書》較直。】項王(今日)[即]亡,(則)次取足下。(足下與項王有故),何不(反漢)與楚連和,(參)[三][1]分天下而王(之)[齊]? 今釋此時,(而)自必於漢[王]以擊楚,且爲智者固若此(乎)[耶]!"(韓)信謝曰:"臣[得][2]事項王[數年],官不過郎中,位不過執戟,言不聽,畫[策]不用,故(倍)[背]楚(而)歸漢。漢王授我上將軍印,(予我)數萬[之]衆,解衣衣我,推食食我,言聽計用,(故)吾得(以)至於此。夫人深親信我,(我倍)[背]之不祥,(雖死不易)。幸爲信謝項王!"

武涉已去,(齊人)蒯通知天下權在(韓)[於]信,[深説以三分天下之計,語在《通傳》]。○下接"信不忍背漢",《通傳》連上"自立爲假王"。[云漢方困於滎陽,遣張良即立信爲齊王以安固之。項王以遣武涉説信,欲與連和。蒯通知天下權在信。]欲(爲奇策而感動之,以相人)説(韓)信,[令背漢,乃先微感信],曰:"僕嘗受相人之術。"[3](韓信曰:"先生相人何如?"對曰:"貴賤在於骨法,憂喜在於容色,成敗在於決斷,以此參之,萬不失一。"韓信曰:"善。先生相寡人何如?"對曰:"願少間。"信曰:"左右去矣。"通)曰:"相君之面,不過封侯,又危[而]不安。相君之背,貴(乃)[而]不可言。"(韓)信曰:"何謂也?"(蒯)通[因請間][4]【此處請間,則上已露。】曰:"天下初(發)[作]難也,俊雄豪杰(連)[建]號一呼,天下之士雲合霧集,魚鱗雜(還)[襲],(熛)[飄]至風起。當此之時,憂在亡秦而已。今(楚漢)[劉項]分争,使(天下無罪之人)肝(膽)[腦]塗地,(父子暴骸骨於)[流離]中野,不可勝數。(楚人起彭城,轉鬥逐北,至於滎陽,乘利席捲,威震天下。然兵困於京、索之間,迫西山而不能進者,三年於此矣。)【《漢書》易置楚漢兩段,楚後漢前,若以志勇俱困觀之,楚前是也。先張楚勝而迫西山,不進亦不後,言漢弱亦不深詆,正是游士兩可之口,而歸之鼎足,所圖在此。】以臣料之,(其勢)非天下(之)賢聖,

---

① (參)[三]案:底本原作一大字"三",無墨綫勒之,其前脱"參"字,兹據萬曆本、天啓本、今本《史記》卷九十二《淮陰侯列傳》及今本《漢書》卷三十四《韓彭英盧吴傳》補。

② [得]案:底本原作一大字"得",無墨綫勒之,兹據萬曆本、天啓本、今本《史記》卷九十二《淮陰侯列傳》及今本《漢書》卷三十四《韓彭英盧吴傳》改。

③ 案:此處萬曆本、天啓本衍一眉批【《史記》妙。】

④ [因請間]案:底本"因"字作大字,無墨綫勒之,兹據萬曆本、天啓本、今本《史記》卷九十二《淮陰侯列傳》及今本《漢書》卷四十五《蒯伍江息夫傳》改。

[其埶]【其勢在上，語此。】漢王將數十萬(之)衆，距鞏、(雒)[洛]，(阻)[岨]山河(之險)，一日數戰，(無)[亡]尺寸之功，折北不救，敗滎陽，傷成皋，(遂)[還]走宛、葉之間，此所謂智勇俱困者也。[楚人起彭城，轉門逐北至滎陽，乘利席勝，威震天下，然兵困於京、索之間，迫西山而不能進，三年於此矣。](夫)鋭氣挫於(險)[嶮]①塞，(而)粮食(竭)[盡]於内(府)[藏]，百姓罷極(怨望，容容)無所(倚)[歸命]。【容容，即顒顒望貌，苟自容而已。】固不能息天下之禍。當今[之時]，兩主(之命)縣(於)[命]足下。足下爲漢則漢勝，與楚則楚勝。臣願披(腹)心[腹]，(輸)[墮]肝膽，効愚(計)[忠]，恐足下不能用也。(誠能聽臣之)[方今爲足下]計，莫若兩利而俱存之，(三)[參]②分天下，鼎足而(居)[立]，其勢[埶]莫敢先動。夫以足下之賢聖，有甲兵之衆，據彊齊，從燕、趙，出空虚之地(而)[以]③制其後，【虚隙，謂伺隙，楚、漢皆可乘也。】因民之欲，西鄉爲百姓請命，(則)天下(風走而響應矣)，孰敢不聽！(割大弱彊，以立諸侯，諸侯已立，天下服聽而歸德於齊。)【割大弱彊，以立諸侯，正是其策之尤善者。《漢書》疑楚漢兩立，身據全齊，無地可割，故并削之。不知其意謂鼎足之後，伺隙而動，因其可弱者弱之，因衆建諸侯以自輔。觀下文，齊故非自割弱也。語有淺深，謀有遠近，意在言外，不當去，去之大有所失。】[足下](案)[按]齊[國]④之故，有(膠)[淮]、泗之地，懷諸侯(之)[以]德，深拱揖讓，則天下(之)君王相率而朝(於)齊矣。盖聞'天與弗取，反受其咎；時至(不)[弗]行，反受其殃'。願足下孰(慮)[圖]之。"

(韓)信曰："漢(王)遇我(甚)厚，(載我以其車，衣我以其衣，食我以其食。吾聞之，乘人之車者載人之患，衣人之衣者懷人之憂，食人之食者死人之事)，【《漢書》刪得潔淨。】吾豈可(以鄉)[見]利(倍義)[而背恩]乎！"(蒯生)[通]曰："(足下自以爲善漢王，欲建萬世之業，臣竊以爲誤矣。)始常山王、成安君(爲布衣時)，【文字之祖。】[故]相與爲刎頸之交，(後)[及]争張黶、陳(澤)[釋]之事，(二人相怨)。常山王(背項王)，奉(項嬰)頭(而)[鼠]竄(逃)，[以]歸(於)漢王。(漢王)借兵(而)東下，[戰於鄗北]，

① (險)[嶮]案：底本原作一大字"險"，無墨綫勒之，其後脱一小字"嶮"字，兹據萬曆本、天啓本、今本《史記》卷九十二《淮陰侯列傳》及今本《漢書》卷四十五《蒯伍江息夫傳》補。

② (三)[參]案：底本原作一大字"三"，無墨綫勒之，其後脱一小字"參"字，兹據萬曆本、天啓本、今本《史記》卷九十二《淮陰侯列傳》及今本《漢書》卷四十五《蒯伍江息夫傳》補。

③ (而)[以]案：底本原作一大字"而"，無墨綫勒之，其後脱一小字"以"字，兹據萬曆本、天啓本、今本《史記》卷九十二《淮陰侯列傳》及今本《漢書》卷四十五《蒯伍江息夫傳》補。

④ [國]案：底本原作一大字"國"，無墨綫勒之，兹據萬曆本、天啓本、今本《史記》卷九十二《淮陰侯列傳》及今本《漢書》卷四十五《蒯伍江息夫傳》改。

(殺)成安君[死於]泜水之南,頭足異處,(卒爲天下笑)。此二人相與,天下[之]至歡也。(然)而卒相(禽)[滅亡]者①,何也?患生於多欲而人心難測也。今足下(欲)行忠信以交於漢王,必不能固於二君之相與也,而事多大於張黶、陳(澤)[釋之事者]。故臣以爲足下必漢王之不危(己,亦誤)[足下過]矣。大夫種、(范蠡)存亡越,(霸)[伯]句踐,立功(成)名而身死(亡)。[語曰]:'野(獸已盡)[禽殫],(而獵狗)[走犬]烹;[敵國破,謀臣亡]。【逼似《國策》。】(夫)[故]以交友言之,則不(如)[過]張(耳之)[王]與成安君(者也);以忠(信)[臣]言之,則不過大夫種、(范蠡之於勾踐也)。此二(人)者,[宜]足以觀矣。願足下深慮之。且臣聞[之]勇略震主者身危,(而)功(蓋)[高]②天下者不賞。【不賞字,創于此。】(臣請言大王功略):足下涉西河,虜魏王,禽夏説,(引兵)下井陘,誅成安君,(徇)[之罪,以令於]趙,脅燕,定齊,南摧楚人之兵(二)[數]十萬[衆],(東殺)[遂斬]龍且,西鄉以報,此所謂功無二於天下,(而)略不世出者也。今足下(戴震主之威),挾不賞之功。【揣摩親切,發越慷慨。】[戴震主之威]歸楚,楚人不信;歸漢,漢人震恐:足下欲持是安歸乎?夫(勢)[埶]在人臣之位而有(震主之威,名)高天下[之名],(竊)[切]爲足下危之。"(韓)信(謝)曰:"(先)生且休矣,吾將念之。"

(後)數日,(蒯)通復説曰:"(夫)聽者事之候也,計者(事)[存亡]之機也,(聽過計失而能久安者,鮮矣。聽不失一二者,不可亂以言,計不失本末者,不可紛以辭)。夫隨廝養之役者,失萬乘之權;守儋石之禄者,(闕)[闕]③卿相之位。(故知者决之斷也,疑者事之害也,審毫釐之小計,遺天下之大數,智)[計]④誠知之,[而]决弗敢行者,百事之禍也。故(曰)'猛虎之猶(豫)[與],不(若)[如]蜂蠆之致(螫)[蓋];(騏驥之跼躅,不如駑馬之安步);【反覆取譬,極人情所難言。此文在漢初第一。】孟賁之狐疑,不如(庸夫)[童子]之必至(也);(雖有舜禹之智,吟而不言,不如瘖聾之指麾也')。此言貴能行之[也]。夫功者難成而易敗,時者難(得)[值]而易失(也)。'時乎時,不再來'。願足下(詳察),[無疑臣]之[計]。"(韓)信猶

① 者案:底本原作一小字,無墨綫勒之,玆據萬曆本、天啓本、今本《史記》卷九十二《淮陰侯列傳》及今本《漢書》卷四十五《蒯伍江息夫傳》改。

② (盖)[高]案:底本原作一大字"盖",無墨綫勒之,其後脱一小字"高"字,玆據萬曆本、天啓本、今本《史記》卷九十二《淮陰侯列傳》及今本《漢書》卷四十五《蒯伍江息夫傳》補。

③ (闕)[闕]案:底本原作一大字"闕",無墨綫勒之,其後脱一小字"闕"字,玆據萬曆本、天啓本、今本《史記》卷九十二《淮陰侯列傳》及今本《漢書》卷四十五《蒯伍江息夫傳》補。

④ (智)[計]案:底本原作一大字"智",無墨綫勒之,其後脱一小字"計"字,玆據萬曆本、天啓本、今本《史記》卷九十二《淮陰侯列傳》及今本《漢書》卷四十五《蒯伍江息夫傳》補。

(豫)[與]不忍(倍)[背]漢,又自以(爲)功多,漢(終)不奪我齊,遂謝(蒯)通。(蒯)通説不聽,(已)[惶恐,乃](佯)[陽]狂爲巫。【增惶恐,是。】["信不忍背漢,又自以功大,漢王不奪我齊,遂不聽"]○《通傳》"爲巫"下,接①"天下既定,後信以罪廢"。

漢王之(困)[敗]②固陵,用張良計,(召齊王)[征]信,(遂)將兵會(垓)[陔]下。項羽(已破)[死],高祖襲奪(齊王)[信]軍。【此處又襲又奪,然無一字可放。高祖用信而每疑之,前急時襲取易置,敗後容可亮。藉使事成,即襲如前,惟恐變生,皆英主神智不可及,他日謂天下之兵在此是也。其深中其欲者,徙楚,衣錦歸榮之。觀信至國以下,而高祖得之矣。】(漢五年正月),徙(齊王)信爲楚王,都下邳。

信至國,召所從食漂母,賜千金。及下鄉(南昌)亭長,賜(百)錢[百],曰:"公,小人(也),爲德不(卒)。"[竟]召辱己(之)少年令出(胯)[跨]下者以爲(楚)中尉。告諸將相曰:"此壯士也。方辱我時,(我)寧不能(殺)[死](之耶)?(殺)[死]之無名,故忍而就(於)此。"

項王亡將鍾離眛家在伊廬,素與信善。項王(死後)[敗,眛]亡歸信。漢(王)怨眛,聞(其)在楚,詔楚捕(眛)[之]。信初之國,行縣邑,陳兵出入。(漢六年,人)有(上書)[變]告楚王信[欲]反。(高帝以)[書聞上患之用]【《漢書》三語盡。】陳平(計)[謀],(天子巡狩諸侯,南方有雲夢,發使告諸侯會陳,吾將)[僞]游於雲夢[者],實欲襲信,信弗知。高祖且至楚,信欲發兵(反),自度無罪,欲謁上,恐見禽。人或説信曰:"斬眛謁上,上必喜,(無)[亡]患。"【如此,爲其爲羽報仇也。眛一夫何足存楚?皆策士常談,然語警。】信見眛計事。眛曰:"漢所以不擊取楚,以眛在公(所)。若欲捕我(以)自媚(於)漢,吾今(日)死,公(亦)隨手亡矣。"乃罵信曰:"公非長者!"卒自剄。信持其首,謁(高祖)於陳。(上)[高祖]令武士縛信,載後車。信曰:"果若人言,'狡兔死(走),[良]狗(烹)[亨]③;(高鳥盡,良弓藏;敵國破,謀臣亡。天下已定,我固當烹)!"上曰:"人告公反。"遂械(繫)信。至雒陽,赦(信罪),以爲淮陰侯。

信知漢王畏惡其能,(常)稱(病)[疾]不朝從。【皆史語最切處。】(信)由此日(夜)怨望,居常鞅鞅,羞與絳、灌等列。【如此心事,寫得到髓。】(信

① 萬曆本、天啓本此處作"《漢書》通傳語至此,接"。

② [敗]案:底本原作一大字"敗",無墨綫勒之,兹據萬曆本、天啓本、今本《史記》卷九十二《淮陰侯列傳》及今本《漢書》卷三十四《韓彭英盧吴傳》改。

③ (烹)[亨]案:底本原作一大字"烹",無墨綫勒之,其後脱一小字"亨",兹據萬曆本、天啓本、今本《史記》卷九十二《淮陰侯列傳》及今本《漢書》卷三十四《韓彭英盧吴傳》補。

常)[嘗]過樊將軍噲,噲(跪)[趨]拜送迎,言稱臣,曰:"大王乃肯臨臣!"信出門,笑曰:"生乃與噲等爲伍!"上(常)[嘗]從容與信言諸將能(不),各有差。【《漢書》於此勝。】上問曰:"如我能將幾何?"信曰:"陛下不過能將十萬。"上曰:"(於君)[如公]何如?"曰:"[如]臣多多(而)益(善)[辯]耳。"上笑曰:"多多益(善)[辯],何爲爲我禽?"信曰:"陛下不能將兵,而善將將,此乃信之(所以)爲陛下禽也。且陛下所謂天授,非人力也。"

[後]陳豨(拜)爲(鉅鹿守),[代相監邊],辭(於淮陰侯)[信]。(淮陰侯)[信]挈其手,(辟左右)與(之)步於庭,[數匝]仰天[而]歎曰:"子可與言乎?[吾]欲與子有言(也)。"【挈其手,辟左右,與之步于庭,仰天而歎,字字已是不可增損。增數匝已拙,增而歎少緩。欲與子有言也,却去也字,大非。其凄凉不决,正在此一也字。若增吾字,損也字,語勢徑直,則反形成矣,非徘徊猶與,甚不得已之意,從一也字,有成與不成之異。若此處看得信①有可悲,則過在高祖,文字之妙如此。】豨[因]曰:"唯將軍(令之)[命]。"(淮陰侯)[信]曰:"公[之]所居,天下精兵處也;而公,陛下之信幸臣也。人言公(之畔)[反],陛下必不信;再至,陛下乃疑(矣);三至,必怒而自將;吾爲公從中起,天下可圖也。"陳豨素知其能(也),信之,曰:"謹奉教!"漢十年,(陳)豨果反。(上)[高帝]自將而往,信[稱]病不從。陰使人(至)[之]豨所,(曰:"第舉兵,吾從此助公)。"【更不用此語,重出矣。】(信乃謀)[而]與家臣[謀]夜詐(詔)赦諸官徒奴,欲發(以)[兵]襲吕后、太子。部署已定,待豨報。其舍人得罪(於)信,信因,欲殺之。舍人弟上[書]變,告信欲反狀於吕后。吕后欲召,恐其黨不就,乃②與蕭相國謀,詐令人從(上)[帝]所來,(言)[稱]豨已(得死)[破],(列侯)群臣皆賀。相國紿信曰:"雖(疾)[病],彊入賀。"信入,吕后使武士縛信,斬之長樂鐘室。信方斬,曰:"吾(悔)不用蒯通(之)計,(乃)[反]爲(兒)女子所詐,豈非天哉!"遂夷信三族。

高祖已(從)[破]豨(軍來)[歸],至,(見)[聞]信死,且喜且(憐)[哀]之,【憐之,直。】問[曰]:"信死亦何言?"吕后(曰:"信言恨不用蒯通計)。"[道其語]。高祖曰:"(是)[此]齊辯士[蒯通]也。"[召,欲亨之。通至,自説釋弗誅,語在《通傳》。]〇《漢書·信傳》止此,以下入《蒯通傳》③。(天下既定,後信以罪廢爲淮陰侯,謀反被誅。臨死歎曰:"悔不用蒯通之言,死於兒女子之手。"高祖曰:"是齊辨士蒯通。")乃詔齊(捕)[召]蒯通。(蒯)通至,(上曰:"若教

---

① 信案:萬曆本、天啓本作"言"。

② 乃案:底本原作一小字,兹據萬曆本、天啓本、今本《史記》卷九十二《淮陰侯列傳》及今本《漢書》卷三十四《韓彭英盧吴傳》改。

③ 萬曆本、天啓本此處衍"接前'陽狂爲巫'"六字。

淮陰侯反乎?"對曰:"然,臣固教之。豎子不用臣之策,故令自夷於此。如彼豎子用臣之計,陛下安得而夷之乎!)"上(怒曰)[欲]:"烹之。"(通曰:"嗟乎,冤哉烹也!"上)曰:"若教韓信反,何(冤)[也]?"【文字有急辭不可緩者,問信死亦何言是也;有緩辭不可急者,通①陳秦風是也。《漢書》雖剪之使勁,然出之者不迫,則聽之者不移。此傳極似先秦,删即爲漢。必不得已,寧疏毋密,《史》《漢》之分也。】(對)[通]曰:"(秦之綱絶而維弛,山東大擾,異姓并起,英俊烏集。秦失其鹿,天下共逐之,於是高材疾足者先得焉。跖之狗吠堯,堯非不仁),狗(固)[各]吠非其主。當(是)[彼]時,臣(唯)獨知[齊王]韓信,非知陛下也。且[秦失其鹿,天下共逐之,高材者先得,]天下(鋭精持鋒)[匈匈争],欲爲陛下所爲(者甚衆),顧力不能(耳)。(又)可(盡烹之)[殫誅]耶?"(高祖曰:"置)[上廼赦]之。"(乃釋通之罪。)

[至齊悼惠王時,曹參爲相,禮下賢人,請通爲客。初,齊王田榮怨項羽,謀舉兵畔之,劫齊士,不與者死。齊處士東郭先生、梁石君在劫中,彊從。及田榮敗,二人醜之,相與入深山隱居。客謂通曰:"先生之於曹相國,拾遺舉過,顯賢進能,齊國莫若先生者。先生知梁石君、東郭先生世俗所不及,何不進之於相國乎?"通曰:"諾。臣之里婦,與里之諸母相善也。里婦夜亡肉,姑以爲盜,怒而逐之。婦晨去,過所善諸母,語以事而謝之。里母曰:'汝安行,我今令而家追汝矣。'即束緼請火於亡肉家,曰:'昨暮夜,犬得肉,争鬥相殺,請火治之。'亡肉家遽追呼其婦。故里母非談説之士也,束緼乞火非還婦之道也,然物有相感,事有適可。臣請乞火於曹相國。"乃見相國曰:"婦人有夫死三日而嫁者,有幽居守寡不出門者,足下即欲求婦,何取?"曰:"取不嫁者。"通曰:"然則求臣亦猶是也,彼東郭先生、梁石君,齊之俊士也,隱居不嫁,未嘗卑節下意以求仕也。願足下使人禮之。"曹相國曰:"敬受命。"皆以爲上賓。通論戰國時説士權變,亦自序其説,凡八十一首,號曰《雋永》②。初,通善齊人安其生,安其生嘗干項羽,羽不能用其策。而項羽欲封此兩人,兩人卒不肯受。]【太史公置酈生蒯通傳内,觀其言,武涉已去,蒯通又來,此豈可以常法拘其中?有成安、廣武,又有説龍且者,隨事隨筆,跋涉愈多,豈不能别爲蒯傳哉?《漢書》移此于彼,兒童之見也。】

太史公曰:吾如淮陰,淮陰人爲余言,韓信雖爲布衣時,其志與衆異。其母死,貧無以葬,然乃行營高敞地,令其旁可置萬家。余視其母冢,良然。假令韓信學道謙讓,不伐己功,不矜其能,則庶幾哉於漢家勳可以比周、召、太公之徒,後世血食矣。不務出此,而天下已集,乃謀畔逆,夷滅宗族,不亦宜乎!

---

① 通案:萬曆本、天啓本"通"前有"蒯"字。

② 《雋永》案:底本作《雋汞》,兹據萬曆本、天啓本及今本《漢書》卷四十五《蒯伍江息夫傳》改。師古曰:"雋音字兖反。雋,肥肉也。永,長也。言其所論甘美,而義深長也。"

第十一卷　樊噲　酈商　夏侯嬰　灌嬰

樊酈滕灌列傳第三十五　史記九十五

樊酈滕灌傳靳周傳第十一 漢書四十一

(舞陽侯)樊噲(者),沛人也。以屠狗爲事,[後]與高祖俱隱[於芒碭山澤間。陳勝]初[起,蕭何、曹參使噲求迎],(從)高祖(起豐,攻下沛。高祖)[立]爲沛公,(以)噲[以](爲)舍人。從攻胡陵、方與,還守豐,擊泗水監豐下,破之。復東定沛,破泗水守薛西。與司馬㞋戰碭東,却敵,斬首十五級,賜爵國大夫。常從沛公擊章邯軍濮陽,攻城先登,斬首二十三級,賜爵列大夫。(復常從),攻(城)陽[城],先登。【後與高祖俱隱於芒碭山澤間,較豐潤,然無益。蕭何、曹參使噲求迎,節次亦實。然别傳互見,亦可在他傳,爲重出矣,明班史是移來此致後,此亦微蠹,此爲修史者言之也。若作者初出,此是。自高祖爲沛公,以噲爲舍人,寫得更佳,不必改。兩常從,亦見當時獨親厚噲,不特戰時爲。然削復常從,則無此眼目。看他入復字,是,用意却又與前增後字,鄭重不同。】下户牖,破李由軍,斬首十六級,賜上(間)[聞]爵。從攻(圍)[圍都尉]東郡守尉於成武,却敵,斬首十四級,捕虜十(一)[六]人,賜爵五大夫。從(擊)[取]秦軍,出亳南。河間守軍於(扛)[杠]①里,破之。擊破趙賁軍開封北,以却敵先登,【此以字,連下賜爵卿。】斬侯一人,首六十八級,捕虜二十(七)②[六]人,賜爵卿。從攻破楊熊(軍)於曲遇。攻宛陵,先登,斬首八級,捕虜四十四人,賜爵封號賢成君。從攻長社、轘轅,絶河津,東攻秦軍③(於)尸[鄉],【增尸鄉字,減於字,是。】南攻秦軍於犨。破南陽守齮於陽城東,攻宛城,先登。西至酈,以却敵,斬首

---

① (扛)[杠]案:底本原作一大字“扛”,無墨綫勒之,其後脱一小字“杠”,兹據萬曆本、天啓本、今本《史記》卷九十五《樊酈滕灌列傳》及今本《漢書》卷四十一《樊酈滕灌傳靳周傳》補。

② (七)案:底本原作一大字“一”,以墨綫勒之,兹據萬曆本、天啓本、今本《史記》卷九十五《樊酈滕灌列傳》及今本《漢書》卷四十一《樊酈滕灌傳靳周傳》改。

③ 秦軍案:底本原作小字,兹據萬曆本、天啓本、今本《史記》卷九十五《樊酈滕灌列傳》及今本《漢書》卷四十一《樊酈滕灌傳靳周傳》改。

(二)十四級,捕虜四十人,賜重封。攻武關,至霸上,斬都尉一人,首十級,捕虜百四十六人,降卒二千九百人。

項羽在戲下,欲攻沛公。沛公從百餘騎因項伯面見項羽,謝無有閉關事。項羽既饗軍士,中酒,亞父謀欲殺沛公,令項莊拔劍舞坐中,欲擊沛公,項伯常(肩)[屏]蔽(沛公)[之]。時,[獨]沛公與張良得入坐,樊噲(在)[居]營外,聞事急,乃持(鐵)盾入。[初入](到)營,營衛止噲,噲直撞入,立帳下。【此跨下少年所羞伍者,然規諫留關中,排闥慷慨語,豈屠狗者哉!因項伯而無首無尾,極是事情,字字備。中酒,此是酒半。肩字妙,有力。屏字與擁字不同,如此則項氏君臣皆將疑伯矣。政以且舞且蔽,獨以肩爲舞態,圖書仿佛所不能陳特陳,此字本欠,項伯亦拔劍共舞意,故一字代兩傳互見。樊噲在營外,聞事急,乃持鐵盾入,語粗直,最得大概。班史不削姓,是。削鐵字,微減力。初入營緩,不似到營。憒憒無謂中,忽指東指西,便是畫圖貼説,頓成組麗。】項羽目之,問爲誰。張良曰:"沛公参乘樊噲[也]。"項羽曰:"壯士。"賜之卮酒彘肩。噲既飲酒,拔劍切肉食,(盡)之。項羽曰:"能復飲乎?"噲曰:"臣死且不辭,豈特卮酒乎!且沛公先入定咸陽,暴師霸上,以待大王。大王今日至,聽小人之言,與沛公有隙,臣恐天下解,心疑大王也。"項羽默然。【子長一手自作項紀,又作噲傳,看他筆勢種種,不遺而健,快復自過之,如騎老馬,即熟路暗行,略無顧慮。即卮酒彘肩與拔劍切肉,盡之,前紀許多從容,去一盡字,便彼此不相似。臣恐天下解,心疑大王也,又有味而古,可爲刪潤之祖。紀、傳兩樣各好,不相犯,最是奇俊。若曰在某傳,最拙。】沛公如厠,麾(樊)噲去。既出,沛公留車騎,獨騎(一)馬,(與樊)噲等四人步從,從(間道)山下[走]歸(走)霸上軍,【一字,不當去。去間道,謬。歸,又走,語勢適合如此。跋一句於此,精神出,眼目具,此後人所能,而自子長發之。】而使張良謝項羽。(項)羽亦因遂已,無誅沛公之心(矣)。是日微樊噲奔入營(誚)[譙]讓項羽,沛公(事)幾殆。

(明)[後數]日,項羽入屠咸陽,立沛公①爲漢王。【明日緊,不論後幾日皆可。屠咸陽三字,本無相涉,涉筆扶疏,亦不可無。】漢王賜噲爵爲列侯,號臨武侯。遷爲郎中,從入漢中。

還定三秦,别擊西丞白水北、(雍)[擁]②輕車騎(於)雍南,破之。從攻雍、斄城,先登。擊章平軍好畤,攻城,先登陷陳,斬縣令丞各一人,首十一

① 沛公案:底本"沛"字後原脱"公"字,兹據萬曆本、今本《史記》卷九十五《樊酈滕灌列傳》及今本《漢書》卷四十一《樊酈滕灌傳靳周傳》補。

② (雍)[擁]案:底本原作一大字"雍",無墨綫勒之,其後脱一小字"擁",兹據萬曆本、天啓本、今本《史記》卷九十五《樊酈滕灌列傳》及今本《漢書》卷四十一《樊酈滕灌傳靳周傳》補。

級,虜二十人,還[爲]郎中騎將。【有從有別,得一別字,映得諸從字明,從是在帝後,別是自行。於字,尋常可去,此亦難去。擁輕車騎於雍南,必是當時先有漢軍,得噲來,躛作一處,以此見漢功狀明,無毫髮失實,必秦餘商鞅之教也。觀論級與多最可見,筆法如此。先登,自先登陷陣,看他却敵,不雷同衆人之後耳。】從擊秦(軍)[車]騎壤東,却敵,遷爲將軍。攻趙賁,下郿、槐里、柳中、咸陽;灌廢丘,最。【灌,或以爲水攻,或以爲地名,以筆勢言之,地名是。】至櫟陽,賜食邑杜之樊鄉。從攻項籍,屠煮棗。擊破王武、程處軍於外黄。攻鄒、魯、瑕丘、薛。項羽敗漢王於彭城,盡復取魯、梁地。噲還至滎陽,益食平陰二千户。【敗還滎陽,無功而益食封,見得當時危急解體,雖噲不得不益封。此胸中有史,隨筆自見,非有意。】以將軍守廣武一歲。項羽引(而)東,從高祖擊項籍,下陽夏,虜楚周將軍卒四千人。圍項籍(於)陳,【此於字,去得不爲文章。】大破之。屠胡陵。

項籍(既)死,漢王(爲帝)[即皇帝①位],以噲(堅守戰)有功,益食[邑]八百户。[其秋],(從高祖攻反)燕王。臧荼[反],噲[從攻],虜荼,定燕地。楚王韓信反,噲從至陳,取信,定楚。更賜爵列侯,與(諸侯)剖符,世世勿絶,食舞陽,號爲舞陽侯,除前所食。【堅守戰,三字結案。與諸侯剖符,世世勿絶,與後即軍中斬噲,語相反。】以將軍從(高祖)攻反[者]韓王信於代。【燕王反,楚王韓信反,常語。此傳兩②反字在上,本末甚逆,本亦可不書,是他弄筆至此。然增一者字,又慙愧人。】自霍人以往至雲中,與絳侯等共定之,益食千五百户。因擊陳豨與曼丘臣軍,戰襄國,破柏人,先登,降[之]定清河、常山凡二十七縣,殘東垣,遷爲左丞相。破得綦毋卬、尹潘軍於無終、廣昌。【功狀史文,何可無少變化。戰襄國,破柏人,殘東垣,略點破事實,有殘則屠爲盡矣。降、定、擊、破得,皆傳内史文,似羨而非羨,得是并得其人。】破豨别將胡人王黄軍(於)代南,因擊韓信軍(於)參合。軍所將卒斬韓信,【截截然。減於字,或不減,覺燕軍所將卒,不可解而羨。】(破)[擊]豨胡騎横谷,斬將軍趙既,虜代丞相馮梁、守孫奮、大將王黄、將軍、大(卜)[將一人]太僕解福等十人。與諸將共定代鄉邑七十三。(其)後燕王盧綰反,噲以相國擊(盧)綰,破其丞相抵薊南,【未見抵之爲人名也。抵,訓至。一云,抵者,丞相之名。】定燕(地,凡)縣十八,鄉邑五十一。益食(邑)千三百户,定食舞陽五千四百户。從斬首百七十六級,虜二百八十

① [帝]案:底本原作一大字"帝",無墨綫勒之,兹據萬曆本、今本《史記》卷九十五《樊酈滕灌列傳》及今本《漢書》卷四十一《樊酈滕灌傳靳周傳》改。

② 两案:萬曆本、天啓本作"四",誤,應爲"兩"。

(八)[七]人。【斬虜所得,總會於此,而屠煑棗,殘東垣所處,不知其歲。】別破軍七,下城五,定郡六,縣五十二,得丞相一人,將軍十(二)[三]人,二千石以下至三百石十(一)[二]人。

噲以呂后(女)弟呂須[嬃]爲婦,生子伉,故其比諸將最親。

先黥布反時,高(祖)[帝]嘗病(甚),惡見人,卧禁中,詔户者無得入群臣。群臣絳、灌等莫敢入。十餘日,噲(乃)[廼]排闥直入,大臣隨之。上獨枕一宦者卧。噲等見上流涕曰:"始陛下與臣等起豐沛,定天下,何其壯也!今天下已定,又何憊也!且陛下病甚,大臣震恐,不見臣等計事,顧獨與一宦者絶乎?且陛下獨不見趙高之事乎?"高帝笑而起。【排闥二字,全無所祖。不稱蕭、曹、張、陳,而稱絳、灌,因見所爲,群臣碌碌,直噲等耳。噲入,絳、灌隨之,非噲不能造作。至流涕數語,粗粗鹵鹵,有布衣之憂,有骨肉之悲,不獨似噲口語,而三反四正復情詞俱竭,只是子長筆力。至一絶字,驚痛,聲淚俱透,更千萬語不能盡,千萬人不能道,此一字可諱可悟。趙高一語,更嗚咽而長。】

其後盧綰反,高帝使噲以相國擊燕。是時高帝病甚,人有惡噲黨於呂氏,【只一惡字,不見是何人何語,第有何意,寫得出來,故更不用言不用曰,而高帝聞之,即非告變與彈劾。】即上一日宫車晏駕,則噲欲以兵盡誅(滅)戚氏、趙王如意之屬。高帝(聞之)大怒,【去聞之,造次。】乃使陳平載絳侯代將,而即軍中斬噲。陳平畏呂后,執噲詣長安。至則高(祖)[帝]已崩,呂后釋噲,(使)[得]復爵邑。

孝惠六年,(樊)噲(卒)[薨],謚(爲)[曰]武侯。子伉[嗣](代侯)。而伉母呂(須)[嬃]亦爲臨光侯,高后時用事[顓](專)權,大臣盡畏之。(伉代侯九歲),【要此九歲字。】高后崩。大臣誅(諸呂)、呂(須)[嬃](媭屬)等,【諸呂嬃媭屬,似絮。】因誅伉。舞陽侯中絶數月。孝文帝(既)立,乃復封噲(他)庶子市人爲(舞陽)侯,【他字好。】復故(爵)邑。(市人立二十九歲卒)[薨],謚(爲)[曰]荒侯。子他廣[嗣](代侯)。六歲,(侯家)[其]舍人(得罪他廣,怨之,乃)上書(曰)[言]:"荒侯市人病不能爲人,令其夫人與其弟亂而生他廣,他廣實非荒侯子,(不當代後)。"(詔)下吏。(孝景中六年,他廣奪侯爲庶人,國除)。[免。平帝元始二年,繼絶世,封噲玄孫之子章爲舞陽侯,邑千户。]

(曲周侯)酈商(者),高陽人[也]。陳勝起(時),【此處何可缺一字。】商聚少年(東西略人),得數千[人]。沛公略地(至陳留),【此其隨時變態者。】六月餘,商以[所]將(卒)四千人屬沛公於岐。從攻長社,先登,賜爵封信成君。從(沛公)攻緱氏,絶河津,破秦軍洛陽東。從(攻)下宛、穰,定十七縣。别將攻旬關,[西]定漢中。

(項羽滅秦,立)沛公爲漢王。(漢王)賜商爵信成君,以將軍爲隴西都尉。别(將)定北地、(上)郡。破[章邯别將](雍將軍)[於]烏氏,【破軍是,無軍字,但地名,是反處也。】(周類軍)栒邑,(蘇駔軍於)泥陽。【紀事時有此。】賜食邑武城六千户。(以隴西都尉)從擊項籍軍(五月,出鉅野),與鍾離昧戰,(疾鬥),受梁相國印,益食(邑)四千户。(以梁相國將)【傳無他異,獨在諸以字,不論重疊,政欲班班然見眼目,此紀事之轉態也。若盡如他傳,即吏①文千百無異,不特不必删,亦不可删。】從擊項羽二歲(三月),攻胡陵。

(項羽既已死),漢王(爲)[即]帝[位]。(其秋),燕王臧荼反,商以將軍從擊荼,戰龍脱,先登陷陣,破荼軍易下,却敵,遷爲右丞相,賜爵列侯,與(諸侯)剖符,世世勿絶,食邑涿[郡]五千户,(號曰涿侯。以右丞相)别定上谷,因攻代,受趙相國印。(以右丞相趙相國别)與絳侯等定代[郡]、雁門,得代丞相程縱、守相郭同、將軍(已)[以]②下至六百石十九人。還,以將軍(爲)[將]太上皇衛一歲。(七)[十]月,以右丞相擊陳豨,殘東垣。又(以右丞相)從(高帝)擊黥布,攻其前(拒),【以兩陳言合爲拒。】[垣]陷兩陳,得以破布軍,更(食)[封爲]曲周[侯食邑]五千一百户,除前所食。凡别破軍三,降定郡六,縣七十三,得丞相、守相、大將[軍]各一人,小將[軍]二人,二千石(已)[以]③下至六百石十九人。

商事孝惠[帝、吕后,吕](高)后(時)[崩]。商(病)[疾],不治[事]。其子寄,字況,與吕禄善。及高后崩,大臣欲誅諸吕,吕禄爲將軍,軍於北軍,太尉勃不得入北軍,於是(乃)[迺]使人劫(酈)商,令其子(況)[寄]紿吕禄,吕禄信之,(故)與出游,而太尉勃(乃)[迺]得入據北軍,遂[以]誅諸吕。【病不治,劫之使令其子,又見其賣友。此其右袒,可知傳不欲顯。】[商]是歲(商卒)[薨],謚(爲)[曰]景侯。子寄[嗣](代侯)。天下稱酈況賣(交)[友](也)。【無此也字,豈不可怪也哉!】

孝景(前三年)[時],吴、楚、齊、趙反,上以寄爲將軍,圍趙城,(十)[七]月不能下。(得俞侯)欒布自平齊來,(乃)[迺](下趙城),滅趙,(王自殺,

---

① 吏案:萬曆本、天啓本作"史"字,底本作"吏"。

② (已)[以]案:底本原作一大字"已",無墨綫勒之,其後脱一小字"以",兹據萬曆本、天啓本、今本《史記》卷九十五《樊酈滕灌列傳》及今本《漢書》卷四十一《樊酈滕灌傅靳周傳》補。

③ (已)[以]案:底本原作一大字"已",無墨綫勒之,其後脱一小字"以",兹據萬曆本、天啓本、今本《史記》卷九十五《樊酈滕灌列傳》及今本《漢書》卷四十一《樊酈滕灌傅靳周傳》補。

除國)。孝景中二年,寄欲取平原君爲夫人,景帝怒,下寄吏,(有罪,奪侯)。[免。](景帝)[上](乃)[廼](以)[封]商(他)[它]①子堅爲繆侯,(續酈氏)[奉商]後。(繆靖侯卒,子康侯遂成立。遂成卒,子懷侯世宗立。世宗卒),[傳至玄孫](子侯)終根(立),[武帝時]爲太常,坐(法)[巫蠱誅],國除。[元始中,賜高祖時功臣自酈商以下子孫爵皆關内侯,食邑凡百餘人。]

(汝陰侯)夏侯嬰,沛人也。爲沛厩司御。每送使客還,過(沛)泗上亭,與高祖語,未嘗不移日也。嬰已而試補縣吏,與高祖相愛。高祖戲而傷嬰,人有告高祖。高祖時爲亭長,重坐傷人,告故不傷嬰,嬰證之。(後)[移]獄覆,【覆兼移意,不必言移也。】嬰坐高祖繫歲餘,掠笞數百,終(以是)脱高祖。【謂傷人爲罪重,則殺人又何如?疑當時傷嬰外,又傷别人,事發相重,乃自謂不曾傷嬰,恃嬰厚,故嬰復証不曾傷人,故坐繫。若身自受傷,故説不傷,則傷痕在。又証之,兩字難用。坐繫,掠笞,是以不傷重傷也,不通。】

高祖之初與徒屬欲攻沛也,嬰時以縣令史爲高祖使。上降沛一日,【使上降沛一日,本不可解,盖縣令史而從令降日上一日,言其以是日降也。然頗費力,不自然。】高祖爲沛公,賜(嬰)爵七大夫,以[嬰]爲太僕,[常奉車]。從攻胡陵②,嬰與蕭何降泗水監平,平以胡陵降,賜嬰爵五大夫。從擊秦軍碭東,攻濟陽,下户牖,破李由軍雍丘(下),以兵車趣攻戰疾,破之③,【三以兵車趣攻戰疾,每舉不省文,以見其所長疾者。又功狀之狀也,如先登與陷陣,各有實。】賜爵執帛。(常乙太僕奉車)從擊章邯軍東阿、濮陽下,以兵車趣攻戰疾,破之,賜爵執(珪)[圭]。(復常奉車)從擊趙賁軍開封,楊熊軍曲遇。嬰從捕虜六十八人,降卒八百五十人,得印一匱。(因復常奉車從)[又]擊秦軍雒陽東,以兵車趣攻戰疾,賜爵封,轉爲滕(公)[令]。因(復)奉車從攻[定]南陽,戰於藍田、芷陽,(以兵車趣攻戰疾),至霸上。(項羽至,滅秦,立)沛公爲漢王。(漢王)賜嬰爵列侯,號昭平侯,復爲太僕,從入蜀、漢。【既曰常乙太僕奉車,又曰復常奉車,則乙太僕復乙太僕五,子長豈不自厭?其傳意政謂嬰以太僕終其身,自起沛公奉車,至載孝

---

① (他)[它]案:底本原作一大字"他",無墨綫勒之,其後脱"它"字,兹據萬曆本、天啓本、今本《史記》卷九十五《樊酈滕灌列傳》及今本《漢書》卷四十一《樊酈滕灌傅靳周傳》補。

② 案:底本"胡陵"後原衍一小字"平",兹據萬曆本、天啓本及今本《漢書》卷四十一《樊酈滕灌傅靳周傳》删。

③ 之案:底本原作一小字,兹據萬曆本、天啓本、今本《史記》卷九十五《樊酈滕灌列傳》及今本《漢書》卷四十一《樊酈滕灌傅靳周傳》改。

惠、魯元止,見得他奉車所就如此。《漢書》盡削之,但曰常奉車止,抑誰不能此?】

還定三秦,從擊項籍。至彭城,項羽大破漢軍。漢王(敗),不利,馳去。見孝惠、魯元,載之。漢王急,馬罷,虜在後,常(蹶)[蹳]兩兒(欲)棄之,嬰常收,(竟)載(之,徐)行面雍樹(乃)馳。漢王怒,(行)欲斬嬰者十餘,卒得脱,而致孝惠、魯元於豐。【敗,不利,亦不可省,敗有復戰,唯覺不利,故馳去也。敗又急,又馬罷,又虜在後,又常蹶兩兒欲棄之,欲字豈可省?蹶字勝。常收,不一收。竟載之徐行,當載之。初,兩兒驚恐未定,故復徐行,直待其面雍樹,謂兩兒自依倚,對面帖定,乃馳,盡得形勢具足。若前初載而可馳,常常收載之,亦足矣。其徐其疾,皆在其手,故云怒。行欲斬嬰,妙在行字,謂欲去此累,復增此累,且馳且怒。】

漢王既至滎①陽,收散兵,復振,賜嬰食[邑沂](祈)陽。(復常奉車從)擊項籍[下邑],追至陳,卒定楚,至魯,益食兹氏。

漢王(立爲)[即]帝[位]。(其秋),燕王臧荼反,嬰(以太僕)從擊荼。明年,從至陳,取楚王信。更食汝陰,剖符世世勿絶。(以太僕)從擊代,至武泉、雲中,益食千户。因從擊韓信軍胡騎晋陽旁,大破之。追北至平城,爲胡所圍,七日不得通。高帝使使厚遺閼氏,冒頓[乃]開[其]圍一角。高帝出欲馳,嬰固徐行,弩皆持滿外(向)[鄉],卒[以]得脱。益食嬰細陽千户。(復以太僕)從擊胡騎句注北,大破之。(以太僕)擊胡騎平城南,三陷陳,功爲多,賜所奪邑五百户。(以太僕)[從]擊陳豨、黥布軍,陷陳却敵,益(食)千户,定食汝陰六千九百户,除前所食。

嬰自上初起沛,常爲太僕[從]②,竟高祖崩。以太僕事(孝)惠[帝]。(孝)惠帝及高后德嬰之脱孝惠、魯元於下邑(之)間也,乃賜嬰(縣)北第第一,曰"近我",以尊異之。(孝)惠帝崩,以太僕事高后。高后崩,代王之來,嬰以太僕與東牟侯入清宫,廢少帝,以天子法駕迎代王代邸,與大臣共立(爲孝)文(皇)帝,復爲太僕。八歲(卒)[薨],謚[曰](爲)文侯。(子夷侯灶立,七年卒。子共侯賜立,三十一年卒)。[傳至曾孫](子侯)頗尚平陽公主。(立十九歲,元鼎二年),坐與父御婢奸(罪),自殺,國除。[初嬰爲滕令奉車,故號滕公。及曾孫頗尚主,主隨外家姓,號孫公主,故滕公子孫更爲孫氏。]

---

① 滎案:底本原作"榮"字,兹據萬曆本、天啓本、今本《史記》卷九十五《樊酈滕灌列傳》及今本《漢書》卷四十一《樊酈滕灌傳靳周傳》改。

② 從案:底本"太僕"後原脱此字,兹據萬曆本、天啓本、今本《史記》卷九十五《樊酈滕灌列傳》及今本《漢書》卷四十一《樊酈滕灌傳靳周傳》補。

(潁陰侯)灌嬰(者),睢陽販繒者也。高祖(之)爲沛公,略地至雍丘(下),章邯(敗)殺項梁,【去敗字,是。】而沛公還軍於碭,嬰(初)以中涓從,擊破東郡尉於成武及秦軍於杠里,疾鬥,賜爵七大夫。[又]從攻秦軍亳南、開封、曲遇,戰疾力,賜爵執帛,號宣陵君。從攻陽武以西至雒陽,破秦軍尸北,北絶河津,南破南陽守齮陽城東,遂定南陽郡。西入武關,戰於藍田,疾力,【嬰無文墨,議論首尾功狀次第,止此精神尤異,獨在數疾力字耳。觀未拔與所將卒及身虜,得見秦漢間戰陣明整,文字覈實如此,非後來張惶附會比也。雖《左傳》,不免可觀少此。】至霸上,賜爵執(珪)[圭],號昌文君。

沛公(立)爲漢王,拜嬰爲郎中,從入漢中十月,拜爲中謁者。從還定三秦,下櫟陽,降塞王。還圍章邯(於)廢丘,未拔。從東出臨晋關,擊降殷王,定其地。擊項羽將龍且、魏相項他軍定陶南,疾戰,破之。賜嬰爵列侯,號昌文侯,食杜平鄉。

復以中謁者從降下碭,以[北]①至彭城。項羽擊,(大)破漢王。漢王遁而西,嬰從還,軍於雍丘。王武、魏公申徒反,從擊破之。【漢王敗遁,秦將又反,皆别傳偶見者。】攻下[外]黄,西收(兵),【去兵字,是。】軍於滎陽。楚騎來衆,漢王(乃)[廼]擇軍中可爲(車)騎將者,皆推故秦騎士重泉人李必、駱甲習騎兵,今爲校尉,可爲騎將。【去車字,是。多習騎兵三字,止有三字,又多一騎字。】漢王欲拜之,必、甲曰:"臣故秦民,恐軍不信臣,臣願得大王左右善騎者傅之。"【閑處又見嬰少年。】(灌)嬰雖少,然數力戰,(乃)[廼]拜(灌)嬰爲中大夫,令李必、駱甲爲左右校尉,將郎中騎兵擊楚騎於滎陽東,大破之。受詔别擊楚軍後,絶其(餉)[饟]道,起陽武至襄邑。【起陽武至襄邑屬上餉道,謂餉所徑從之道時時異,寫得樸實可觀。】擊項羽之將項冠於魯下,破之,所將卒斬右司馬、騎將各一人。擊破柘公王武軍(於)燕西,所將卒斬樓煩將五人、連尹一人。擊王武别將桓嬰白馬下,破之,所將卒斬都尉一人。以騎度河南,送漢王到雒陽,(使)[從]北迎相國韓信軍於邯鄲。還至敖倉,嬰遷爲御史大夫。

三年,以列侯食邑杜平鄉。(以御史大夫)受詔將郎中騎兵東屬相國韓信,【上有以列侯,重,以御史大夫,較是。】擊破齊軍於歷下,所將卒虜車騎將軍華毋傷及將吏四十六人。降下臨(菑)[淄],得(齊守)相田光。追齊相田横至嬴、博,[擊]破其騎,所將卒斬騎將一人,生得騎將四人。【節節

---

① 北案:底本"以"後原脱此字,兹據萬曆本、天啓本、今本《史記》卷九十五《樊酈滕灌列傳》及今本《漢書》卷四十一《樊酈滕灌傅靳周傳》補。

見嬰長騎事。】攻下嬴、博，破齊將軍田吸於千乘，(所將卒)斬(吸)[之]。東從韓信攻龍且、留公(旋)於(高)[假]密，卒斬龍且，生得右司馬、連尹各一人，樓煩將十人，身生得亞將周蘭。

齊地已定，韓信自立爲齊王，【如漢王遁歸，如信自立，皆文可省，然正欲以此見先後取著。】使嬰別將擊楚將公杲於魯北，破之。轉南，破薛郡長，身虜騎將(一人)。入攻博陽，前至下相以東南僮、取慮、徐。度淮，盡降其城邑，至廣陵。【叙得有力處。】項羽使項聲、薛公、郯公復定淮北。嬰度淮(北)，擊破項聲、郯公下邳，斬薛公，下下邳、[壽春]，擊破楚騎(於)平陽，遂降彭城，虜柱國項佗，降留、薛、沛、酇、蕭、相。攻苦、譙，復得亞將(周蘭)。【此周蘭疑，然復字又似是，必嘗逸者。】與漢王會頤鄉。從擊項籍軍(於)陳下，破之，所將卒斬樓煩將二人，虜(騎)將八人。【此分合皆有功。】賜益食邑二千五百户。

項籍敗垓下去也，嬰以御史大夫(受詔)將車騎別追項籍至東城，破之。【他人則無此去字，有受詔字，是，删非，見别追將，皆著。】所將卒五人共斬項籍，皆賜爵列侯。降左右司馬各一人，卒萬二千人，盡得其軍將吏。下東城、歷陽。(渡)[度]江，破吴郡長吴下，得吴守，遂定吴、豫章、稽郡。還定淮北，凡五十二縣。

漢王[即](立爲皇)帝[位]，賜益嬰邑三千户。(其秋)，以車騎將軍從擊(破)燕王(臧)荼。明年，從至陳，取楚王信。還，剖符，世世勿絶，食潁陰二千五百户，(號曰潁陰侯)。

以(車騎將軍)從擊(反)韓王信於代，至馬邑，(受詔)別降樓煩以北六縣，斬代左(相)[將]，破胡騎將于武泉北。復從擊(韓)信胡騎晋陽下，所將卒斬胡白題將一人。[又]受詔并將燕、趙、齊、梁、楚車騎，擊破胡騎於硰石。至平城，【此平城亦要見，亦今人所不必備者。】爲胡所(圍)[困]，(從還軍東垣)。

從擊陳豨，(受詔)別攻豨丞相侯敞軍曲逆下，破之，卒斬敞及特將五人。降曲逆、盧奴、上曲陽、安國、安平。攻下東垣。

黥布反，以車騎將軍先出，攻布別將於相，破之，斬亞將樓煩將三人。又進擊破布上柱國(軍)及大司馬軍。又進破布別將肥[銖](誅)。嬰身生得左司馬一人，所將卒斬其小將十人，追北至淮上。益食[邑]二千五百户。【六字殊無謂，與上邑食、與定令相屬，不得不爾，然頗失潤色。下自破布歸，亦然。】布已破，高帝歸，定令嬰食潁陰五千户，除前所食邑。凡從[所]得二千石二人，別破軍十六，降城四十六，定國一，郡二，縣五十二，得將軍二人，柱國、相(國)各一人，二千石十人。

嬰自破布歸，高帝崩，(嬰)以列侯事(孝)惠帝及吕(太)后。(太)[吕]后崩，吕禄等(以趙王自置爲將軍，軍長安)，[欲]爲亂。齊哀王聞之，舉兵西，(且入誅不當爲王者)。【此處寧詳，子長留此等何害。長安語，拙，如上二歸字耳。《漢書》删，且入誅不當爲王者，以下有風齊王以誅吕氏，疑其來或更助吕氏耳。然遣嬰受命擊齊而留滎陽，恐爲齊王所疑，故風曉之耳。此八字不當去。】(上將軍)吕禄等(聞之，乃遣)[以]嬰爲大將，(將)軍往擊之。嬰(行)至滎陽，乃與絳侯等謀，因屯兵滎陽，風齊王以誅吕氏事，齊兵止不前。絳侯等既誅諸吕，齊王罷兵歸，嬰(亦罷兵)自滎陽(歸)[還]，與絳侯陳平共立(代王，爲孝)文(皇)帝。【共立代王，爲語有力。齊哀王舉兵來，嬰屯滎陽，齊止而不前，最是緊要，史筆有深淺處。當時非嬰止之，則誅諸吕之後有難爲者矣。絳侯得誅諸吕於内，而齊罷歸者，嬰力也。至自滎陽還三歲，始議共立代王爲文帝。君子定嬰之功，不在絳侯、陳平下，此傳有焉。】(孝文皇帝)於是益封嬰三千户，賜(黄)金千斤，(拜)爲太尉。

三歲，絳侯勃免相(就國)，嬰爲丞相，罷太尉官。是歲，匈奴大入北地、上(郡)令丞相嬰將騎八萬五千(往)擊匈奴。匈奴去，濟北王反，詔(乃)罷嬰(之)兵。【此處大欠明白，何濟北方反而罷丞相之兵?】後歲餘，(嬰)以丞相(卒)[薨]①，謚曰懿侯。(子平侯阿代侯。二十八年卒，子彊代侯。十二年)，[傳至孫]彊有罪，絶(二歲。元光三年，天子)[武帝復]封(灌)嬰孫賢爲臨汝侯，(續灌氏)，[奉嬰後]。後(八歲，坐行賕)有罪，國除。

太史公曰：吾適豐沛，問其遺老，觀故蕭、曹、樊噲、滕公之家，及其素，異哉所聞！方其鼓刀屠狗賣繒之時，豈自知附驥之尾，垂名漢庭，德流子孫哉？余與他廣通，爲言高祖功臣之興時若此云。【有樊、酈、滕、灌，并涉蕭、曹之家之素。鼓刀屠狗，樊也；賣繒，灌也，概言興也。若此所謂疏蕩頗存，奇氣不足，律以後人筆法，亦且不堪。爲言高祖功臣之興時若此云。語别有恨，通語亦古。】

[贊曰：仲尼稱"犂牛之子騂且角，雖欲勿用，山川其舍諸?"言士不繫於世類也。語曰"雖有兹基，不如逢時"，信矣！樊噲、夏侯嬰、灌嬰之徒，方其鼓刀僕御販繒之時，豈自知附驥之尾，勒功帝籍，慶流子孫哉？當孝文時，天下以酈寄爲賣友。夫賣友者，謂見利而忘義也。若寄父爲功臣而又執劫，雖摧吕禄，以安社稷，義存君親，可也。]【有居

---

① (卒)[薨]案：底本原作一大字"卒"，無墨綫勒之，後脱"薨"字，兹據萬曆本、天啓本、今本《史記》卷九十五《樊酈滕灌列傳》及今本《漢書》卷四十一《樊酈滕灌傳靳周傳》補。

狗販繒,則所引經生語爲贅。納僕御於屠販中,屑屑徒可羞,惟酈寄語不可以不辨。義存君臣,甚善,然有功,君親如此,而當時天下猶以賣友爲耻,此孝文之世所以爲厚也。】

第十二卷
張蒼　周昌　趙堯　任敖　申屠嘉

張丞相列傳第三十六　史記九十六

張周趙任申屠傳第十二 漢書四十二

張(丞相)蒼(者),陽武人也。好書律曆。秦時爲御史,主柱下方書。【每朝,立柱下,主校籍等書。】有罪,亡歸。及沛公略地過陽武,蒼以客從攻南陽。蒼(坐法)當斬,解衣①伏質,身長大,肥白如瓠,時王陵見而怪其美士,乃言沛公,赦勿斬。【誅不用命者,非盡文士不能也。】遂(從)西入武關,至咸陽。沛公立爲漢王,入漢中,還定三秦。陳餘擊走常山王張耳,耳歸漢,漢(乃)以(張)蒼爲常山守。從(淮陰侯)[韓信]擊趙,蒼得陳餘。趙地已平,漢王以蒼爲代相,備邊寇。已而徙爲趙相,相趙王耳。耳卒,相[其子](趙王)敖。復徙相代(王)。燕王臧荼反,(高祖往擊之),蒼以代相從攻(臧)荼有功,(以六年中)封爲北平侯,食邑千二百户。

遷爲計相,【稱計相,在當時亦奇。】一月,更以列侯爲主計四歲。是時蕭何爲相國,而(張)蒼乃自秦時爲柱下[御]史,明習天下圖書記籍。(蒼)又善用算律曆,故令蒼以列侯君相府,領主郡國上計者。黥布反(亡),漢立皇子長爲淮南王,而(張)蒼相之。十四年,遷爲御史大夫。

周昌(者),沛人也。其從兄(曰周)苛,秦時皆爲泗水卒史。及高祖起沛,擊破泗水守監,於是(周昌、周)苛、[昌]②自卒史從沛公,沛公以(周)昌爲職志,(周)苛爲客。從入關,破秦。【其時文雅如此。】沛公立爲漢王,以(周)苛爲御史大夫,(周)昌爲中尉。

---

① 衣案:底本"解"後原脱此字,兹據萬曆本、天啓本、今本《史記》卷九十六《張丞相列傳》及今本《漢書》卷四十二《張周趙任申屠傳》補。

② 昌案:底本"苛"字後原脱此字,兹據萬曆本、天啓本、今本《史記》卷九十六《張丞相列傳》及今本《漢書》卷四十二《張周趙任申屠傳》補。

漢(王四)[三]①年,楚圍漢王滎陽急,漢王(遁)出去,而使(周)苛守滎陽城。楚破滎陽城,欲令(周)苛將。苛罵曰:"若趣降漢王!不然,今爲虜矣!"項羽怒,烹(周)苛。[漢王]於是(乃)拜(周)昌爲御史大夫。常從擊破項籍。(以)六年(中)與蕭、曹等俱封:(封周昌)爲汾陰侯;(周)苛子(周)成以父死事,封爲高景侯。

昌爲人彊力,敢直言,自蕭、曹等皆卑下之。昌嘗燕(時)入奏事,高帝方擁戚姬,昌還走,高帝逐得,騎(周)昌項[上]②,【古史直致,如高帝擁愛姬騎項,乃今人以爲小説可以諱者。諱賢本不在此,而後世以爲諱甚。此復何害高帝?乃益可知。】問曰:"我何如主也?"昌仰曰:"陛下即桀紂之主也。"於是上笑之,然尤憚(周)昌。及[高]帝欲廢太子,而立戚姬子如意爲太子,大臣固争(之),莫能得;上以留侯策(即)止。而(周)昌庭争之彊,上問其説,昌爲人吃,又盛怒,曰:"臣口不能言,然臣期期知其不可。陛下(雖)欲廢太子,臣期期不奉詔。"【兩期期并與其事,喜怒收盡之,詞不必達。】上欣然而笑。(既)[即]罷,吕后側耳於東(厢)[箱]③聽,見(周)昌,爲(跪)[跪]④謝曰:"微君,太子幾廢。"

是(後)[歲]⑤戚姬子如意爲趙王,年十歲,高祖憂(即)萬歲之後不全也。趙堯(年少),爲符璽御史。趙人方與公【忽及方與公,如此可愛。】謂御史大夫周昌曰:"君之史趙堯,年雖少,然奇[士](才也),君必異之,是且代君之位。"(周)昌笑曰:"堯年少,刀筆吏耳,何(能)至是乎!"【是此時,亦不主刀筆也。有此事,亦須次第俯仰,有以發之,是爲史。】居頃之,(趙)堯侍高祖。高祖獨心不樂,悲歌,群臣不知上(之)所以然。(趙)堯進請問曰:"陛下所爲不樂,非(爲)[以]趙王年少而戚夫人與吕后有(郤)[隙]⑥(邪)?備萬歲之後而趙王不能自全乎?"【邪字不可去,備字是兩截語。】高祖曰:"(然。吾)[我]私憂之,不知所出。"堯曰:"陛下獨(宜)爲趙王置貴彊相,及吕后、太子、群臣素所敬憚[者]乃可。"高祖曰:"然。吾念之欲如

---

① 三案:底本"四"字後原脱此字,兹據萬曆本、天啓本、今本《史記》卷九十六《張丞相列傳》及今本《漢書》卷四十二《張周趙任申屠傳》補。

② 上案:底本"項"字後原脱此字,兹據萬曆本、天啓本、今本《史記》卷九十六《張丞相列傳》及今本《漢書》卷四十二《張周趙任申屠傳》補。

③ [箱]案:底本"箱"字后衍一小字"聽",兹據萬曆本、天啓本、今本《史記》卷九十六《張丞相列傳》及今本《漢書》卷四十二《張周趙任申屠傳》删。

④ (詭)[跪]案:底本原作一大字"跪",墨綫勒之,前脱"詭"字,兹據萬曆本、天啓本、今本《史記》卷九十六《張丞相列傳》及今本《漢書》卷四十二《張周趙任申屠傳》補。

⑤ (後)[歲]案:底本原作一大字"後",無墨綫勒之,後脱"歲"字,兹據萬曆本、今本《史記》卷九十六《張丞相列傳》及今本《漢書》卷四十二《張周趙任申屠傳》補。

⑥ (郤)[隙]案:底本原倒为[隙](郤),兹據萬曆本、天啓本改。

是,而群臣誰可者?”堯曰:“御史大夫(周)昌,其人(有)堅忍(質)[伉]直,(且)自吕后、太子及大臣皆素(敬)[嚴]憚之。獨昌可。”高祖曰:“善。”【趙堯小吏,獨能測知帝意,逢可言之時耳。其爲趙王謀,則速之斃也。帝見群臣皆畏吕后者,如昌强一時,吕后徒以乃翁敬之。堯之際遇迎合,或自有命,方與公以爲奇才,未也。】於是(乃)召(周)昌,謂曰:“吾(欲)固[欲]煩公,公彊爲我相趙(王)。”(周)昌泣曰:“臣初起從陛下,陛下獨奈何中道而棄之於諸侯乎?”高祖曰:“吾極知其左遷,然吾私憂趙(王),念非公無可者。公不得已彊行!”於是徙御史大夫(周)昌爲趙相。

既行久之,高祖持御史大夫印弄之,曰:“誰可以爲御史大夫者?”孰視(趙)堯,曰:“無以易堯。”遂拜(趙)堯爲御史大夫。【此弄印,又極所以德堯之意。下云前亦有功,是高帝以愛子托人,必得如信布者乃可。否,則能調護兩宫間如滕公輩。又否,則能以言語微意感動如陸生。昌雖戇,悻悻者,觀其拒命直致如此,於高帝平生,豈有一語發明,能使婦人兒流涕不忍負者?此則堯召之也。吕后悍鷙,愈激之則愈烈,豈憚一昌?昌雖謝病,久之則亦死,愧苟息矣。】堯亦前有軍功食邑,及以御史大夫從擊陳豨有功,封爲江邑侯。

高祖崩,(吕)太后使使召趙王,其相(周)昌令王稱疾不行。使者三反,(周)昌[曰:“高帝屬臣趙王,王年少,竊聞太后怨戚夫人,欲召趙王并誅之。臣](固爲)不[敢]遣(趙)王,[王且亦疾,不能奉詔]。”(於是高)[太]后(患之),[怒],乃使使召[趙相](周昌)。(周昌)[相]至,謁(高)[太]后,[太](高)后(怒而)罵(周)昌曰:“爾不知我之怨戚氏乎?而不遣趙王?(何)?”昌既[被]徵,高后使使召趙王,(趙)王果來。至長安月餘,(飲藥而死)[見鴆殺]。(周)昌(因)謝病不朝見,三歲而(死)[薨,謚曰悼侯。傳子至孫意,有罪,國除。景帝復封昌孫左車爲安陽侯,有罪,國除。初,趙堯既代周昌爲御史大夫,高祖崩,事惠帝終世]。(後五歲),高后[元年],(聞御史大夫江邑侯趙)[怨]堯[前](高祖時)定趙王如意之畫,乃抵堯罪,以廣阿侯任敖爲御史大夫。

任敖(者,故)沛[人也,少爲]獄吏。高祖嘗(辟)[避]吏,吏繫吕后,遇之不謹。任敖素善高祖,怒,擊傷主吕后吏。及高祖初起,敖以客從,爲御史,守豐二歲。高祖立爲漢王,東擊項(籍)[羽],敖遷爲上黨守。陳豨反(時),敖堅守,封爲廣阿侯,食[邑]①千八百户。高后時爲御史大夫,三歲

① 邑案:底本“食”字后原脱此字,兹據萬曆本、今本《史記》卷九十六《張丞相列傳》及今本《漢書》卷四十二《張周趙任申屠傳》補。

免。[孝文元年薨,謚曰懿侯。傳子至曾孫越人,坐爲太常廟,酒酸不敬,國除。初,任敖免,](以)平陽侯曹窋[代敖]爲御史大夫。高后崩,(不)與大臣共誅[諸]吕(禄等)。【不與之與與誅遠矣,何二史之牴牾也?將何從?】[後坐事]免,以淮南相張蒼爲御史大夫。

蒼與絳侯等尊立(代王爲)孝文皇帝。四年,[代](丞相)灌嬰(卒,張蒼)爲丞相。

(自)漢興(至孝文)二十餘年,【此至孝文二十年,與後爲相十五年,皆眼目之不可失者。】(會)天下初定,(將相)公卿皆軍吏。(張)蒼爲計相時,緒正律曆。【時時尋其端緒,而是正之。】以高祖十月始至霸上,(因)故[因]秦時本(以)十月爲歲首,(弗)[不]革。推五德之運,以爲漢當水德之時,(尚)[上]黑如故。吹律調樂,(人)[入]①之音聲,及以比定律令。若百工,天下作程品。【人之音聲,將以此律令,若百工。若,亦及也。謂凡事以水德爲准,無所不至,最見其迂僻小創,故曰天下以爲程品,皆譏之,贊又譏之如此,而獨不信改服色,是未相前猶未盡行用。】至於爲丞相,卒就之,故漢家言律曆者,本(之)張蒼。蒼(本)[尤]好書,無所不觀,無所不通,而尤(善)[邃]律曆。

(張)蒼德[安國侯]王陵。(王陵者,安國侯也。)及(蒼)貴,(常)父事(王)陵。陵死後,蒼爲丞相,洗沐,常先朝陵夫人上食,然後敢歸家。

蒼爲丞相十餘年,魯人公孫臣上書,[陳終始五德傳],言漢土德時,其符(有)黄龍(當)見,[當改正朔易服色]。(詔)[事]下(其議張)蒼,(張)蒼以爲非是,罷之。其後黄龍見成紀,於是文帝召公孫臣以爲博士,草[立]土德(之)[時]曆制度,更元年。(張丞相)[蒼]由此自絀,謝病稱老。蒼任人爲中侯,大爲奸利,上以[爲]讓(蒼),蒼遂病免。(蒼爲丞相十五年而免。)孝景(前)五年,(蒼卒)[薨],謚(爲)[曰]文侯。[傳]子(康代侯,八年卒。子)[至孫]類(代爲侯,八年,坐臨諸侯喪後就位不敬),[有罪],國除。

初,(張)蒼父長不滿五尺,(及生蒼),蒼長八尺餘,(爲侯、丞相)。蒼子復長[八尺],及孫類長六尺餘,(坐法失侯)。【此五尺、八尺似無稽,及孫少減,爲怪耳。】蒼(之)免相後,(老),口中無齒,食乳,女子爲乳母。妻妾以百數,嘗孕者不復幸。(蒼)年百(有)餘歲(而)廼卒。[著書十八篇,言陰陽律曆事。]【古今人物,高品無不有,惟福勝智,雖至謬不可及。高帝功臣龍虎皆安在?而張蒼以庸材備位,無言論功業,爲相至十五年,百餘歲以善

① (人)[入]案:底本原作一大字"人",無墨綫勒之,前脱"人"字,兹據萬曆本、天啓本、今本《史記》卷九十六《張丞相列傳》及今本《漢書》卷四十二《張周趙任申屠傳》補。

終。當其推論,如巫祝小人,以爲至不祥。】

申屠(丞相)嘉(者),梁人[也],以材官蹶張從高祖擊項籍,遷爲隊率。從擊黥布(軍),爲都尉。孝惠時,爲淮陽守。孝文(帝)元年,舉故(吏士)[以]二千石從高[祖](皇帝)者,悉以爲關内侯,食邑二十四人,而(申屠)嘉食邑五百户。[十六年],(張蒼已爲丞相,嘉)遷爲御史大夫。張蒼免相,(孝)文帝(欲用)[以]皇后弟竇廣國(爲丞相,曰:"恐天下以吾私廣國。"廣國)賢有行,(故)欲相之,[曰:"恐天下以吾私廣國。]"(念)久[念](之)不可,而高帝時大臣(又皆多死),餘見無可者,乃以御史大夫嘉爲丞相,因故邑封爲故安侯。【久念不可,不成語。餘非無人,又見無一可者。】

嘉爲人廉直,門不受私謁。是時大中大夫鄧通方(隆)愛幸,賞賜累巨萬。文帝(嘗)[常]①燕飲通家,其[見]寵如是。是時(丞相)嘉入朝,而通居上(傍)[旁],有怠慢之禮。【禮字,無謂。】(丞相)[嘉]奏事畢,因言曰:"陛下[幸]愛[群](幸)臣,則富貴之;至於朝廷之禮,不可以不肅!"上曰:"君勿言,吾私之。"罷朝坐府中,嘉爲檄召(鄧)通詣丞相府,不來,且斬通。通恐,入言(文帝)[上]。(文帝)[上]曰:"汝第往,吾今使人召若。"通(至)[詣]丞相府,免冠,徒跣,頓首謝嘉。[嘉]坐自如,(故不)[弗]爲禮,【此下五字甚有氣力,皆自以意爲之。】責曰:"夫朝廷者,高皇帝之朝廷也。通小臣,戲殿上,大不敬,當斬。(吏)[史]今行斬之!"通頓首,首盡出血,不解。(文帝)[上]度丞相已困通,【度已困通,最是出豁,帝爲賢。】使使(者)持節召通,而謝丞相曰:"此吾弄臣,君釋之。"鄧通既至,爲(文帝)[上]泣曰:"丞相幾殺臣。"

嘉爲丞相五歲,(孝)文帝崩,孝景(帝)即位。二年,晁錯爲内史,貴幸用事,諸法令多所請變更,議以(謫)[適]罰侵削諸侯。而丞相嘉自絀所言不用,疾錯。錯爲内史,門東出,不便,更穿一門南出。南出者,太上皇廟堧垣[也]。嘉聞(之,欲因此以法)錯(擅)穿宗廟垣爲(門),奏請誅錯。(錯)客有語錯,錯恐,夜入宫上謁,自歸(景帝)[上]。至朝,(丞相)[嘉](奏)請誅内史錯。(景帝)[上]曰:"錯所穿非真廟垣,乃外堧垣,故(他)[冗]官居其中,且又我使爲之,錯無罪。"罷朝,嘉謂長史曰:"吾悔不先斬錯,乃(先)請之,爲錯所賣。"【必無先斬内史而後請之理,幸言之耳,而後世迂儒猶據爲案也。雖罪莫大如不孝者,豈可不聞乎?】至舍,因嘔血而死。謚(爲)

① (嘗)[常]案:底本原作一大字"嘗",無墨綫勒之,後脱"常"字,兹據萬曆本、天啓本、今本《史記》卷九十六《張丞相列傳》及今本《漢書》卷四十二《張周趙任申屠傳》補。

[曰]節侯。[傳]子(共侯蔑代,三年卒。子侯去病代,三十一年卒)。[至孫](子侯)臾(代,六歲,坐爲九江太守受故官送)有罪,國除。【此故官送不可知,何禮敬之嚴如此?】

自(申屠)嘉死(之)後,(景帝時)開封侯陶青、桃侯劉含(爲丞相)。及(今上)[武帝]時,柏至侯許昌、平棘侯薛澤、武彊侯莊青翟、(高)[商]陵侯趙周(等爲丞相)。【此因張蒼十五年相,并及其時代之相者,及因周昌及申屠嘉等戆直,與陳平傳王陵同,皆變體之妙。其泛言諸丞相無足稱,舍蒼傳又無所傳耆,故偏及之。所謂張丞相傳,謂求如蒼者,亦不可復得矣。】皆以列侯繼(嗣)[踵],(娖娖)[躇躇]廉謹,爲丞相備員而已,無所能發明功名(有)著於(當)世者。

(太史公)[贊]曰:張蒼文(學)[好]律曆,爲漢名相,而(絀賈生、公孫臣等言正朔服色事而不)[專]遵,(明)用秦之《顓頊曆》,何哉?周昌,木彊人也。任敖以舊德用。申屠嘉可謂剛毅守節(矣),然無術學,殆與蕭、曹、陳平異矣。【蕭、曹、陳平異,政謂周昌。】

第十三卷　酈食其　陸賈　朱建

酈生陸賈列傳第三十七　史記九十七

酈陸朱劉叔孫傳第十三 漢書四十三①

酈(生)食其(者),陳留高陽人也。好讀書,家貧落魄,無(以爲)衣食業,爲里監門(吏)。然[吏]縣中賢豪不敢役,【監門吏,《漢書》以爲吏縣中賢豪,最是。縣吏不敢役何足道,吏縣中之賢豪者不敢役一監門,意象可想,轉一字大别。監門,即吏縣,吏常能役之。】(縣中)皆謂之狂生。

及陳勝、項梁等起,諸將徇地過高陽者數十人,(酈生)[食其](問)[聞]其將皆握齱好(苛)[荷]禮自用,【聞其將,却無謂,須是問方見。後爲監門,問而自喜,故深自重。】不能聽大度之言,(酈生)[食其](乃)[廼](深)自(藏)匿。後聞沛公(將兵)略地陳留郊,【郊字,見得未下,陳留在。】沛公麾下騎士適(酈生)[食其]里中子(也),沛公時時問邑中賢(士)豪(俊)。騎士歸,(酈生)[食其]見,謂(之)曰:"吾聞沛公(慢)[嫚](而)易人,(多)[有]大略,此真吾所願從游,莫爲我先。若見沛公,謂曰:'臣里中有酈生,年六十餘,長八尺,人皆謂之狂生,自謂我非狂(生)'。"騎士曰:"沛公不(好)[喜]儒,諸客冠儒冠來者,沛公輒解其冠,(溲)溺其中。與人言,常大駡。未可以儒生説也。"(酈生)[食其]曰:"第言之。"騎士從容言(如酈生)[食其]所(誡)[戒]者。

沛公至高陽傳舍,使人召(酈生)[食其]。(酈生)[食其]至,入謁,沛公方(倨)[踞]牀(使)[令]兩女子洗(足),而見(酈生)[食其]。(酈生)[食其]入,(則)[即]長揖不拜,曰:"足下欲助秦攻諸侯乎?(且)欲率諸侯破秦(也)[乎]?"沛公駡曰:"豎儒!夫天下同苦秦久矣,故諸侯相率(而)攻秦,何謂助秦(攻諸侯乎)?"(酈生)[食其]曰:"必[欲]聚徒合義兵誅無道秦,不宜(倨)[踞]見長者。"於是沛公輟洗,起(攝)衣,【起衣,好。】延(酈生)[食其]上坐,謝之。(酈生)[食其]因言六國從(横)[衡]時。【六國時近,能

① 案:底本、萬曆本、天啓本誤作"漢書四十二",兹據今本《漢書》改。

言者少，此老人多可喜，恨不備見。】沛公喜，賜(酈生)[食其]食，問曰："計(將)安出？"(酈生)[食其]曰："足下起(糾)[瓦]合之(衆)[卒]，收散亂之兵，不滿萬人，欲以徑入彊秦，此所謂探虎口者也。夫陳留，天下之衝，四通五達之郊也，今其城[中]又多積粟。臣(善)[知]其令，[今]請(得)使(之)，令下足下。即不聽，足下舉兵攻之，臣爲内應。"於是遣(酈生)[食其往](行)，沛公引兵隨之，遂下陳留。【沛公引兵過陳留，無不下而去之之理。酈生自以爲功，如狐假虎威，説自常態，直不待攻可耳。别又載其夜斬令殉，殆過實。】號(酈)食其爲廣野君。

(酈生)[食其]言(其)弟(酈)商，使將數千人從沛公西南略地。(酈生)[食其]常爲説客，馳使諸侯。【此所以起酈生説辞也，史筆之妙。】

漢三年秋，項羽擊漢，拔滎陽，漢兵遁保鞏、(洛)。楚人聞(淮陰侯)[韓信]破趙，彭越數反梁地，則分兵救之。(淮陰)[韓信]方東擊齊，漢王數困滎陽、成皋，計欲捐成皋以東，屯鞏、(洛)[雒]以(拒)[距]楚。(酈生)[食其]因曰："臣聞之知天之天者，王事可成；不知天之天者，王事不可成。王者以民(人)爲天，而民(人)以食爲天。夫敖倉，天下轉輸久矣，臣聞其下廼有藏粟甚多。楚人拔滎陽，不堅守敖倉，廼引而東，令適卒分守成皋，此乃天所以資漢(也)。方今楚易取而漢反却，自奪(其)便，臣竊以爲過矣。【敖倉，天下轉輸也，臣聞其藏粟甚多，語可謂愚。但言楚不守，爲資漢最切，當取反却，自奪其便。後捐成皋以東生，此羽之所以困於垓下者，謂天亡之，良不爲過。】且兩雄不俱立，楚漢久相持不决，百姓騷動，海内摇蕩，農夫釋耒，[紅](工)女下機，天下之心未有所定也。願足下急復進兵，收取滎陽，據敖(倉)[庾]之粟，塞成皋之險，杜大行之道，距(蜚)[飛]狐之口，守白馬之津，以示諸侯(効實)刑制之勢，【塞成皋，杜大行等語，此時多有説，如趙井陘不守何？所謂亦形勢諸侯，政爲據敖倉設耳。効實二字，未有可去也，言其甚實之効，非空言與空意也。】則天下知所歸矣。方今燕、趙(已)[以]定，唯齊未下。今田廣據千里之齊，田間將二十萬之衆，軍於歷城，諸田宗彊，負海[岱]，阻河濟，南近楚，[齊]人多變詐，足下雖遣數十萬師，未可以歲月破也。臣請得奉明詔説齊王，使爲漢而稱東藩。"上曰："善。"

廼從其畫，復守敖倉，而使(酈生)[食其]説齊王曰："王知天下之所歸乎？"(王)曰："不知也。"曰："(王)知天下之所歸，則齊國可得而有也；若不知天下之所歸，即齊國未可(得)保也。"齊王曰："天下何(所)歸？"[食其]曰："[天下]歸漢。"[齊王]曰："先生何以言之？"曰："漢王與項王戮力西面擊秦，約先入咸陽者王之。(漢王先入咸陽)，項王(負)[背]約不與而王之漢中。項王遷殺義帝,漢王(聞之),起蜀漢之兵擊三秦,出關而責義帝之[負]處,收天下之兵,立諸侯之後。降城即以侯其將,得賂(即)[則]以分其士,與天下同其利,豪英賢(才)[材]皆樂爲之用。諸侯之兵四面而至,蜀漢之粟方船而下。① 項王有(倍)[背]約之名,殺義帝之負;於人之功無所紀,於人之罪無所忘;戰勝而不得其賞,拔城而不得其封;非項氏莫得用事;爲人刻印,(刓)[玩]而不能授;攻城得賂,積[財]而不能賞;天下畔之,賢(才)[材]②怨之,而莫爲之用。故天下之士歸於漢王,可坐而策也。夫漢王發蜀漢,定三秦;涉西河之外,援上黨之兵;下井陘,誅成安君;破北魏,舉三十二城;此(蚩尤)[黄帝]之兵(也),非人之力(也),天之福也。今已據敖倉之粟,塞成皋之險,守白馬之津,杜太行之(阪)[阸],距(蜚)[飛]狐之口,天下後服者先亡矣。王疾(先)下漢王,齊國社稷可得而保也;不下漢王,危亡可立而待也。"田廣以爲然,迺聽(酈生)[食其],罷歷下兵守戰備,與(酈生)[食其]日縱酒。

(淮陰侯)[韓信]聞(酈生)[食其馮](伏)軾下齊七十餘城,迺夜度兵平原襲齊。齊王田廣聞漢兵至,以爲(酈生)[食其]賣己,迺(曰):"(汝能止漢軍,我活汝;不然,我將亨汝!"酈生曰:"舉大事不細謹,盛德不辭讓。而公不爲若更言)!"【此傳首尾若是形容,至將烹就烹猶迂闊,大言取盛德不辭讓,而公不爲汝烹,故誤國大事,直若怏韓信至此。漢以得之,如我得之者,直踈宕不檢,有志頹③成,輕死生,外身世者也。世嘗有此人,類太史公筆力想見。《漢書》去此數語,大繆,遂覺酈生索然以終。】(齊王遂)亨(酈生)[食其],引兵(東)走。

漢十二年,曲周侯酈商以丞相將兵擊黥布有功。高祖舉(列侯)功臣,思(酈)食其。(酈)食其子(酈)疥數將兵,(功未當侯),上以其父故,封疥爲高梁侯。後更食武[陽,卒,子]遂嗣。三世,(元狩元年中,武遂)侯平[有罪],(坐詐詔衡山王取百斤金,當棄市,病死),國除(也)。【詐詔取金,惧事如此也,使人失笑。】

陸賈(者),楚人也。以客從高祖定天下,名(爲)有口辯(士),居左右,常使諸侯。④

① 萬曆本、天啓本此处衍一眉批:【先得其要,所謂天之福也。】

② (才)[材]案:底本原倒爲"(材)[才]",兹據萬曆本、天啓本、今本《史記》卷九十七《酈生陸賈列傳》及今本《漢書》卷四十三《酈陸朱劉叔孫傳》乙正。

③ 頹案:萬曆本、天啓本作"頋"。

④ 案:此處萬曆本、天啓本衍一眉批:【賈比他説士,最情實温厚。】

(及高祖)時,中國初定,尉(他)[佗]①平南越,因王之。高祖使(陸)賈賜(尉他)[佗]②印爲南越王。(陸生)[賈],至尉(他)[佗]③魋結箕(倨)[踞]見(陸生)[賈]。(陸生)[賈]因(進)説(他)[佗]曰:"足下中國人,親戚昆弟墳墓在真定。今足下反天性,棄冠帶,欲以區區之越與天子抗衡爲敵國,禍且及身矣。(且)夫秦失其(政)[正],諸侯豪杰并起,唯漢王先入關,據咸陽。項(羽)[籍](倍)[背]約,自立爲西楚霸王,諸侯皆屬,可謂至彊[矣]。然漢王起巴蜀,鞭笞天下,劫(略)諸侯,遂誅項羽(滅之)。【滅之二字,有力。】五年之間,海内平定,此非人力,天之所建也。天子聞君王王南越,[而]不助天下誅暴逆,【增而字,曲,當句句實。】將相欲移兵而誅王,天子憐百姓新勞苦,(故)且休之,遣臣授君王印,剖符通使。君王宜郊迎,北面稱臣,(廼)[乃]欲以新造未集之越,屈彊於此。漢誠聞之,掘燒[君]王先人冢[墓],夷(滅)[種]宗族,使一偏將將十萬衆臨越,(則)[即]越殺王降漢,如反覆手耳。"【從親戚兄弟墳墓説來,至掘燒、夷族,雖情至迫切,然不及越殺王降漢五字,與新造未集相應,利害甚明,語不待多而感動至矣。種如草木,謂分之也。】

於是(尉他)[佗]④廼蹶然起坐,謝(陸生)[賈]曰:"居蠻夷中久,殊失禮義。"【作尉他語,亦有可觀。】因問(陸生)[賈]曰:"我孰與蕭何、曹参、韓信賢?"(陸生)[賈]曰:"王似賢[也]。"復[問]曰:"我孰與皇帝賢?"(陸生)[賈]曰:"皇帝起豐沛,討暴秦,誅彊楚,爲天下興利除害,繼五帝三(皇)[王]之業,統[天下],理中國。中國之人以億計,地方萬里,居天下之膏腴,人衆車[輿](轝),萬物殷富,政由一家,自天地剖(泮)[判]未始有也。【泮字奇,語皆切。】今王衆不過數(十)萬,皆蠻夷,崎嶇山海間,譬(若)[如]⑤漢一郡,王何[乃](廼)比於漢!"(尉他)[佗]⑥大笑曰:"吾不起中國,故王此。使我居中國,何(渠)[遽]不若漢?"乃大説(陸生)[賈],留與飲數月。

---

① (他)[佗]案:底本原作一大字"他",無墨綫勒之,後脱一小字"佗",兹據萬曆本、天啓本、今本《史記》卷九十七《酈生陸賈列傳》及今本《漢書》卷四十三《酈陸朱劉叔孫傳》補。

② (他)[佗]案:底本原作一大字"他",無墨綫勒之,後脱一小字"佗",兹據萬曆本、天啓本、今本《史記》卷九十七《酈生陸賈列傳》及今本《漢書》卷四十三《酈陸朱劉叔孫傳》補。

③ (他)[佗]案:底本原作一大字"他",無墨綫勒之,後脱一小字"佗",兹據萬曆本、天啓本、今本《史記》卷九十七《酈生陸賈列傳》及今本《漢書》卷四十三《酈陸朱劉叔孫傳》補。

④ (他)[佗]案:底本原作一大字"他",無墨綫勒之,後脱一小字"佗",兹據萬曆本、天啓本、今本《史記》卷九十七《酈生陸賈列傳》及今本《漢書》卷四十三《酈陸朱劉叔孫傳》補。

⑤ (若)[如]案:底本原作一大字"若",無墨綫勒之,後脱一小字"如",兹據萬曆本、天啓本、今本《史記》卷九十七《酈生陸賈列傳》及今本《漢書》卷四十三《酈陸朱劉叔孫傳》補。

⑥ (他)[佗]案:底本原作一大字"他",無墨綫勒之,後脱一小字"佗",兹據萬曆本、天啓本、《史記》卷九十七《酈生陸賈列傳》及今本《漢書》卷四十三《酈陸朱劉叔孫傳》補。

曰:“越中無足與語,至生來,令我日聞所不聞。”賜(陸生)[賈]橐中裝直千金,(他)[它]送亦千金。(陸生)[賈]卒拜(尉他)[佗]爲[南]越王,令稱臣奉漢約。歸報,高(祖)[帝]大[説](悦),拜賈爲太中大夫。

(陸生)[賈]時時前説稱《詩》《書》。高帝罵之曰:“(廼)[乃]公居馬上(而)得之,安事《詩》《書》!”(陸生)[賈]曰:“(居)馬上得之,寧可以馬上治(之)乎?且湯武逆取而以順守之,文武并用,長久之術也。【逆取順守,皆極儒者所不能言,雖謂之誅意可也。今人有犯無隱,則發舒無不至以取名高。至爲湯武諱,則獨夫紂君爲輕。賈本説士,然依於厚,即逆取順守四字,君臣必順色而受之,怡然可以首肯,故不懌而有慙色。史筆如此,如見平生。而字,何可去?】昔者吴王夫差、智伯極武而亡;秦任刑法不變,卒滅趙氏。鄉使秦已并天下,行仁義,法先聖,陛下安得而有之?”高帝不懌(而)有慚色,(廼)謂(陸生)[賈]曰:“試爲我著秦所以失天下,吾所以得之者(何),及古成敗之國。”(陸生)[賈](乃粗述存亡之徵),凡著十二篇。每奏一篇,高帝未嘗不稱善,左右呼萬歲,【左右呼萬歲,幸其鄉道回心也,今人豈復有此?】(號)[稱]其書曰《新語》。

孝惠(帝)時,吕太后用事,欲王諸吕,畏大臣[及]有口者,(陸生)[賈]自度不能争之,廼病免(家居)。以好畤田地善,(可以)[往]家焉。有五男,(廼)[乃]出所使越(得)橐中裝,賣千金,分其子,子二百金,令爲生産。(陸生)[賈]常[乘]安車駟馬,從歌(舞)鼓(琴)瑟侍者十人,寶劍直百金,謂其子曰:“與(汝)[女]約:過[女](汝),[女](汝)給(吾)人馬酒食,極飲,十日而更。所死家,得寶劍車騎侍從者。一歲中[以]往來過(他)[它]①客,率不過再(三),過數,(見不)[擊]鮮,(無)[毋]久(慁)[溷](公)[女]爲也。”

吕太后時,王諸吕,諸吕擅權,欲劫少主,危劉氏。右丞相陳平患之,力不能争,恐禍及己。[平]嘗燕居深念。(陸生)[賈]往,[不]請,直入坐,(而)陳(丞相)[平]方(深)念,不(時)見(陸生)[賈]。(陸生)[賈]曰:“何念(之)深也?”(陳)平曰:“生揣我何念?”【在請,直入,不用不字,然不請又明。方念不見賈來,與白公倒杖,同何念深也,揣我何念,甚得賓主閒情意無欲矣,亦從容辨之,尤善。】(陸生)[賈]曰:“足下位爲上相,食三萬户侯,可謂極富貴無欲矣。然有憂念,不過患諸吕、少主耳。”陳平曰:“然。爲之奈何?”(陸生)[賈]曰:“天下安,注意相;天下危,注意將。【此安危相

---

① (他)[它]案:底本原作一大字“他”,無墨綫勒之,後脱一小字“它”,兹據萬曆本、天啓本、今本《史記》卷九十七《酈生陸賈列傳》及今本《漢書》卷四十三《酈陸朱劉叔孫傳》補。

將語,病顧辯説,意有所主,遂成名言。】將相和(調),則士(務)[豫]附;士(務)[豫]附,天下雖有變,(即)[則]權不分。[權不分],爲社稷計,在兩君掌握耳。臣常欲謂太尉絳侯,絳侯與我戲,易吾言。【猶從容及此,今人以爲不足書者。戲,易吾言,故語平耳。戲者,亦不可測也。】君何不交歡太尉,深相結?"爲陳平畫吕氏數事。(陳)平用其計,廼以五百金爲絳侯壽,厚具樂飲太尉,[太尉]亦報如之。(此)兩人深相結,(則)吕氏謀益(衰)[壞]。陳平乃以奴婢百人,車馬五十乘,錢五百萬,遺(陸生)[賈]爲(飲)食[飲]費。(陸生)[賈]以此游漢廷公卿間,名聲籍甚。及誅(諸)吕[氏],立孝文(帝,陸生)[賈]頗有力(焉)。孝文(帝)即位,欲使人之南越。(陳)丞相[平](等)乃言(陸生)[賈]爲太中大夫,往使尉(他)[佗],(令尉他)去黄屋稱制,令比諸侯,皆如意(旨)[指]。語在《南越》(語)[傳](中)。陸生竟以壽終。

(平原君)朱建(者),楚人也。故嘗爲淮南王黥布相,有罪去,後復事(黥)布。布欲反時,問(平原君)[建],(平原君)[建諫]止之,布不聽(而)聽梁父侯,遂反。漢既誅布,聞(平原君)[建]諫[之](不與謀,得不誅。語在《黥布傳》中)。[高祖賜建號]平原君,[家徙長安]。【《漢書》是。若無高祖賜號,何以見稱?與趙無忌同。】

爲人辯有口,刻廉剛直,(家於長安)。行不苟合,義不取容。辟陽侯行不正,得幸吕太后。(時辟陽侯)欲知(平原君)[建],【知,猶親也。】(平原君)[建]不肯見。及(平原君)[建]母死,(陸生素與平原君善,過之。平原君家)貧,未有以發喪,方假(貸)[貣]服具,陸(生)[賈素與建善,乃](令平原君發喪。)【《漢書》次第是,但令發喪,較有態。】(陸生往)見辟陽侯,賀曰:"平原君母死。"辟陽侯曰:"平原君母死,何乃賀我(乎)?"陸(賈)[生]曰:"前日君侯欲知平原君,平原君義不知君,以其母故。【建本不取辟陽侯,而陸云以其母故,義不知君,變化語言有味。知則爲君死矣,知字迥異。】今其母死,君誠厚送喪,則彼爲君死矣。"辟陽侯[廼](乃)奉百金(往税)[祝][1]。列侯貴人以辟陽侯故,往(税)[賻]凡五百金。

[久之],(辟陽侯幸吕太后),人或毁辟陽侯(於孝惠帝,孝)惠帝大怒,下吏,欲誅之。(吕)太后慚,不可(以)言。【有以字,文字醖籍。】大臣多害辟陽侯行,欲遂誅之。辟陽侯[困]急,(因)使人欲見(平原君)[建]。(平

① (税)[祝]案:底本原作一大字"税",無墨綫勒之,後脱一小字"祝",兹據萬曆本、天啓本、今本《史記》卷九十七《酈生陸賈列傳》及今本《漢書》卷四十三《酈陸朱劉叔孫傳》補。

原君)[建]辭曰:"獄急,不敢見君。"(廼)[乃]求見孝惠(帝)幸臣閎籍孺,【固不可苟合取容,反求見閎籍孺,非甚厚有難言者,又未嘗不知孺也。】説(之)曰:"君所以得幸帝,天下莫不聞。今辟陽侯幸太后而下吏,道路皆言君讒,欲殺之。今日辟陽侯誅,旦日太后含怒,亦誅君。[君]何不肉袒爲辟陽侯言(於)帝?帝聽君出辟陽侯,太后大歡。兩主(共)[俱]幸君,君(貴)富[貴]益倍矣。"於是閎籍孺大恐,從其計,言帝,[帝]果出辟陽侯。辟陽侯之囚,欲見(平原君)[建],(平原君)[建]不見(辟陽侯),辟陽侯以爲倍(己)[背之]①,大怒。及其成功出之,(廼)大驚。

吕太后崩,大臣誅諸吕,辟陽侯於諸吕至深,(而)卒不誅。計畫所以全者,皆陸生、平原君之力也。

孝文(帝)時,淮南厲王殺辟陽侯,以[黨]諸吕故。孝文(帝)聞其客(平原君)[朱建]爲[其](計)策,使吏捕欲治。聞吏至門,(平原君)[建]②欲自殺。諸子及吏皆曰:"事未可知,何(蚤)自殺爲?"(平原君)[建]曰:"我死禍絶,不及(而)[乃]身矣。"遂自剄。(孝)文帝聞而惜之,曰:"吾無[殺建]意(殺之)[也]。"廼召其子,拜爲中大夫。【惜哉!而失其子名。】使匈奴,單于無禮,(廼)罵單于,遂死匈奴中。

初,沛公引兵過陳留,酈生踵軍門上謁曰:"高陽賤民酈食其,竊聞沛公暴露,將兵助楚討不義,敬勞從者,願得望見,口畫天下便事。"使者入通,沛公方洗,問使者曰:"何如人也?"使者對曰:"狀貌類大儒,衣儒衣,冠側注。"沛公曰:"爲我謝之,言我方以天下爲事,未暇見儒人也。"使者出謝曰:"沛公敬謝先生,方以天下爲事,未暇見儒人也。"酈生瞋目按劍叱使者曰:"走!復入言沛公,吾高陽酒徒也,非儒人也。"使者懼而失謁,跪拾謁,還走,復入報曰:"客,天下壯士也,叱臣,臣恐,至失謁。曰'走!復入言,而公高陽酒徒也。"沛公遽雪足杖矛曰:"延客入!"

酈生入,揖沛公曰:"足下甚苦,暴衣露冠,將兵助楚討不義,足下何不自喜也?臣願以事見,而曰'吾方以天下爲事,未暇見儒人也'。夫足下欲興天下之大事而成天下之大功,而以目皮相,恐失天下之能士。且吾度足下之智不如吾,勇又不如吾。若欲就天下而不相見,竊爲足下失之。"沛公謝曰:"鄉者聞先生之容,今見先生之意矣。"廼延而坐之,問所以取天下者。酈生曰:"夫足下欲成大功,不如止陳留。陳留者,天下之據衝也,兵之

① [背之]案:底本"之"字前原脱一小字"背",兹據萬曆本、今本《史記》卷九十七《酈生陸賈列傳》及今本《漢書》卷四十三《酈陸朱劉叔孫傳》補。

② [建]案:底本原作一大字"建",無墨綫勒之,兹據萬曆本、天啓本、今本《史記》卷九十七《酈生陸賈列傳》及今本《漢書》卷四十三《酈陸朱劉叔孫傳》改。

會地也,積粟數千萬石,城守甚堅。臣素善其令,願爲足下説之。不聽臣,臣請爲足下殺之,而下陳留。足下將陳留之衆,據陳留之城,而食其積粟,招天下之從兵,從兵已成,足下横行天下,莫能有害足下者矣。”沛公曰:“敬聞命矣。”

於是酈生廼夜見陳留令,説之曰:“夫秦爲無道而天下畔之,今足下與天下從則可以成大功。今獨爲亡秦嬰城而堅守,臣竊爲足下危之。”陳留令曰:“秦法至重也,不可以妄言,妄言者無類,吾不可以應。先生所以教臣者,非臣之意也,願勿復道。”酈生留宿卧,夜半時斬陳留令首,踰城而下報沛公。沛公引兵攻城,縣令首於長竿以示城上人,曰:“趣下,而令頭已斷矣!今後下者必先斬之!”於是陳留人見令已死,遂相率而下沛公。沛公舍陳留南城門上,因其庫兵,食積粟,留出入三月,從兵以萬數,遂入破秦。

太史公曰:世之傳酈生書,多曰漢王已拔三秦,東擊項籍而引軍於鞏洛之間,酈生被儒衣往説漢王。廼非也。自沛公未入關,與項羽别而至高陽,得酈生兄弟。余讀陸生《新語》書十二篇,固當時之辯士。至平原君子與余善,是以得具論之。【於此而不著其名,惜哉!】

第十四卷　傅寬　靳歙　周緤

傅靳蒯成列傳第三十八　史記九十八

樊酈滕灌傅靳周傳第十一 漢書四十一

(陽陵侯)傅寬,以魏五大夫騎將從,爲舍人,起横陽。從攻安陽、杠里,(擊)趙賁軍於開封,及擊楊熊曲遇、陽武,斬首十二級,賜爵卿。從至霸上。沛公(立)爲漢王,(漢王)賜寬封號共德君。從入漢中,(遷)爲右騎將。(從)定三秦,賜食邑雕陰。從擊項籍,待懷,賜爵通德侯。從擊項冠、周蘭、龍且,所將卒斬騎將一人敖下,益食邑。

屬淮陰,擊破齊歷下軍,擊田解。屬相國參,殘博①,益食邑。因定齊地,剖符世世勿絶,封爲陽陵侯,二千六百户,除前所食。爲齊右丞相,備齊。五歲爲齊相國。

四月,擊陳豨,屬太尉勃,以相國代丞相噲擊豨。一月,徙爲代相國,將屯。二歲,爲(代)丞相,將屯。

孝惠五年(卒)[薨],謚(爲)[曰]景侯。(子須侯精立,二十四年卒。子共侯則立,十二年卒。)[傳至曾孫](子侯)偃(立),(二十一年,坐與淮南王)謀反,[誅](死),國除。

(信武侯)靳歙,以中涓從,起宛朐。攻濟陽。破李由軍。擊秦軍(亳南)、開封東(北),斬騎[千](十)人將一人,【如淳曰:“騎將率號爲千人。”】首五十七級,捕虜七十三人,賜爵封(號)臨平君。又戰藍田北,斬車司馬二人,騎長一人,首二十八級,捕虜五十七人。至霸上。沛公(立)爲漢王,賜歙爵建武侯,遷(爲)騎都尉。

從定三秦。别西擊章平軍於隴西,破之,定隴西六縣,所將卒斬車司

① 殘博案:底本原作“殘慱”,兹據萬曆本、天啓本、今本《史記》卷九十八《傅靳蒯成列傳》與今本《漢書》卷四十一《樊酈滕灌傅靳周傳》改。《索隱》曰:“博,太山縣也。”顧秘監云:“屬曹參,以殘破博縣也。”師古曰:“參,曹參也。博,太山縣也。”

馬、候各四人,騎長十二人。從東擊楚,至彭城。漢軍敗還,保雍丘,(去)擊反者王武等。略梁地,别(將)[西]擊邢説軍菑南,破之,身得説都尉二人,司馬、候十二人,降吏卒四千六百八十人。破楚軍滎陽東。(三年,賜食邑)四千二百户。

别之河内,擊趙(將)賁(郝)軍朝歌,破之,所將卒得騎將二人,車馬二百五十匹。從攻安陽以東,至棘蒲,下(七)[十]①縣。别攻破趙軍,得其將司馬二人,候四人,降吏卒二千四百人。從(攻)[降]下邯鄲。别下平陽,身斬守相,所將卒斬兵守、郡(守各)一人,降鄴。從攻朝歌、邯鄲,(及)[又]②别擊破趙軍,降邯鄲郡六縣。還軍敖倉,破項籍軍成皋南,擊絶楚餉道,起滎陽至襄邑。破項冠(軍)魯下。略地東至(繒)[鄫]③、郯、下邳,南至蘄、竹邑。擊項悍濟陽下。還擊項籍[軍]陳下,破之。别定江陵,降(江陵)柱國、大司馬以下八人,身得江陵王,(生)致(之)雒陽,因定南郡。從至陳,取楚王信,剖符世世勿絶,定食四千六百户,(號)[爲]信武侯。

以騎都尉從擊代,攻韓信平城下,還軍東垣。有功,遷爲車騎將軍④,并將梁、趙、齊、燕、楚車騎,别擊陳豨丞相敞,破之,因降曲逆。從擊黥布有功,益封,定食[邑]五千三百户。凡斬首九十級,虜百(三)[四]十二人;别破軍十四,降城五十九,定郡、國各一,縣二十三;得王、柱國各一人,二千石以下至五百石三十九人。

高后五年,(歙卒)[薨],謚(爲)[曰]肅侯。子亭[嗣](代侯。二十一年,坐事國人過律,)【事,役使也,謂使人違律數多也。】[有罪],(孝文後三年,奪侯),國除。

(蒯成侯)[周]緤(者),沛人也,(姓周氏)。(常爲高祖參乘),以舍人從[高祖]⑤起沛。至霸上,西入蜀、漢,還定三秦,[常爲參乘,賜]食邑池陽。[從]東[擊項羽滎陽],絶甬道,從出度平陰,遇(淮陰侯)[韓信軍](兵)襄國,

---

① (七)[十]案:底本"七"字後原脱一小字"十",兹據萬曆本、天啓本、今本《史記》卷九十八《傅靳蒯成列傳》與今本《漢書》卷四十一《樊酈滕灌傅靳周傳》補。

② (及)[又]案:底本原作一大字"及",無墨綫勒之,後脱一小字"又",兹據萬曆本、天啓本、今本《史記》卷九十八《傅靳蒯成列傳》與今本《漢書》卷四十一《樊酈滕灌傅靳周傳》補。

③ (繒)[鄫]案:底本原作一大字"鄫",無墨綫勒之,前脱一大字"繒",兹據萬曆本、天啓本、今本《史記》卷九十八《傅靳蒯成列傳》與今本《漢書》卷四十一《樊酈滕灌傅靳周傳》補。《索隱》:"《地理志》,繒屬東海。"《正義》:"今繒城在沂州丞縣。"

④ 車騎將軍案:底本原作"軍騎將軍",兹據萬曆本、天啓本、今本《史記》卷九十八《傅靳蒯成列傳》與今本《漢書》卷四十一《樊酈滕灌傅靳周傳》改。

⑤ [高祖]案:底本原作兩大字"高祖",無墨綫勒之,兹據萬曆本、天啓本、今本《史記》卷九十八《傅靳蒯成列傳》與今本《漢書》卷四十一《樊酈滕灌傅靳周傳》改。

(重)[戰有](乍)利(乍)不利,【本無可言,獨以泣涕愛上。乍利乍不利,語然,諸從上者皆然。】終(無)[亡]離上心。[上]①以緤爲信武侯,食邑三千三百户。(高祖十二年,以緤爲蒯成侯,除前所食邑)。

上欲自擊陳豨,(蒯成侯)[緤]【師古曰:"此字從崩從邑,音蒯。"非也。吕忱音陪。】泣曰:"始秦攻破天下,未(嘗)[曾]自行。今上常自行,是(爲無)[亡]人可使者乎?"上以爲"愛我",賜入殿門不趨,(殺人不死)。

[十二年,更封緤爲蒯成侯]。(至)孝文五年,(緤以壽終)[薨],謚(爲)[曰]貞侯。子昌[嗣](代侯)。有罪,國除。(至孝)景[帝](中二年),復封緤子[應爲鄲侯,薨,謚曰康侯。子仲]居[嗣](代侯,至元鼎三年,居)[坐]爲太常,有罪,國除。

太史公曰:陽陵侯傅寬、信武侯靳歙皆高爵,從高祖起山東,攻項籍,誅殺名將,破軍降城以十數,未嘗困辱,此亦天授也。蒯成侯周緤操心堅正,身不見疑,上欲有所之,未嘗不垂涕,此有傷心者然②,可謂篤厚君子矣。【此數子謂未嘗困辱,殆天授,已得其概,至篤厚君子,何過也!以傷語愛,不得不混褒之,不必何事,語句深厚,亦合止此。】○《漢書》贊在《灌嬰傳》後。

---

① [上]案:底本原作一大字"上",無墨綫勒之,兹據萬曆本、天啓本、今本《史記》卷九十八《傅靳蒯成列傳》與今本《漢書》卷四十一《樊酈滕灌傅靳周傳》改。

② 傷心者然案:底本"傷心者"後原脱"然"字,兹據萬曆本、今本《史記》卷九十八《傅靳蒯成列傳》與今本《漢書》卷四十一《樊酈滕灌傅靳周傳》補。

第十五卷　劉敬　叔孫通

劉敬叔孫通列傳第三十九　史記九十九

酈陸劉叔孫傳第十三 漢書四十三

(劉)[婁]敬(者),齊人也。漢五年,戍隴西,過(洛)[雒][1]陽,高帝在焉。(婁)敬脱輓輅,【輅與輓同音。】(衣其羊裘),見齊人虞將軍曰:"臣願見上言便[宜](事)。"虞將軍欲與(之)鮮衣,(婁)敬曰:"臣衣帛,衣帛見;衣褐,衣褐見。(終)不敢易衣。"【皆至不切游談,今人少肯留者。】(於是)虞將軍入言上,上召(入見),賜食。

已而問(婁)敬,(婁)敬説曰:"陛下都(洛)[雒]陽豈欲與周室比隆哉?"上曰:"然。"(婁)敬曰:"陛下取天下與周(室)異。周之先自後稷,堯封之邰,積德(累)[絫]善十(有)餘世。公劉避桀居豳。太王以狄伐故,去豳,杖馬箠[去]居岐,國人争(隨)[歸]之。及文王爲西伯,斷虞芮(之)訟,始受命,吕望、伯夷自海濱來歸之。武王伐紂,不期而會孟津(之)上八百諸侯,(皆曰紂可伐矣),遂滅殷。成王即位,周公之屬傅相焉,廼營成周,[都雒](洛邑),以(此)爲[此]天下(之)中(也),諸侯四方納貢職,道里(均)[鈞]矣,有德則易以王,無德則易以亡。【有德則易以王,無德則易以亡,雖周公語,少不近情,經他解説得别,甚有餘味,真得古人言外意,而豈隨人後附和一辭者乎?】凡居此者,欲令(周)務以德致人,不欲(依)阻險,令後世驕奢以虐民也。(及周之盛時,天下和洽,四夷鄉風慕義,懷德附離,而并事天子,不屯一卒,不戰一士,八夷大國之民莫不賓服,效其貢職。)及周之衰(也),分而爲(兩)[二],天下莫朝[周],周不能制(也)。非(其)德薄(也),(而)形勢弱也。【語有力。】今陛下起豐(擊)沛,收卒三千人,以之徑往(而)卷蜀漢,定三秦,與項(羽)[籍]戰滎陽,(争成皋之口),大戰七十,小戰四十,使天下之民肝腦塗地,父子暴(骨)[骸]中野,不可勝數,哭泣

---

[1] (洛)[雒]案:底本原作一大字"洛",無墨綫勒之,後脱小字"雒",兹據萬曆本、天啓本、今本《史記》卷九十九《劉敬叔孫通列傳》與今本《漢書》卷四十三《酈陸朱劉叔孫傳》補。

之聲(未)[不]絶,傷(痍)[夷]者未起,而欲比隆(於)成康之時,臣竊以爲不侔(也)[矣]。【也字,緩。】且夫秦地被山帶河,四塞以爲固,卒然有急,百萬之衆可具(也)。因秦之故,資甚美膏腴之地,此所謂‘天府’(者也)。【説得至近至切。】陛下入關而都之,山東雖亂,秦(之)故地可全而有也。夫與人鬥,不搤其(肮)[亢],拊其背,未能全(其)勝(也)。今陛下入關而都,按秦之故(地),此亦搤天下之(肮)[亢]而拊其背也。”

高帝問群臣,群臣皆山東人,争言周王數百年,秦二世[則](即)亡,不如都周。上疑未能決。及留侯明言入關便,即日(車)駕西都關中。

於是上曰:“本言都秦地者婁敬,‘婁’者(乃)‘劉’也。”賜姓劉氏,拜爲郎中,號(爲)[曰]奉春君。

漢七年,韓王信反,高帝自往擊(之)。至晋陽,聞信與匈奴欲(共)擊漢,上大怒,使人使匈奴。匈奴匿其壯士肥牛馬,(但)[徒]見[其]老弱及羸畜。使者十輩來,皆言匈奴(可)[易]擊。上使劉敬復往使匈奴,還報曰:“兩國相擊,此宜夸矜見所長。今臣往,徒見羸(瘠)[胔]老弱,此必欲見短,伏奇兵以争利。愚以爲匈奴不可擊也。”是時漢兵(已)[以]踰句注,(二)[三]十餘萬[衆]兵已業行。上怒,駡(劉)敬曰:“齊虜!以(口)舌得官,(今)廼[今]妄言沮吾軍。”械擊敬廣武。遂往,至平城,匈奴果出奇兵圍高帝白登,七日然後得解。高帝至廣武,赦敬,曰:“吾不用公言,以困平城。吾(皆以)[已]斬(前)[先]使十輩言可擊者矣。”廼封敬二千户,爲關内侯,號(爲)建信侯。

高帝罷平城歸,韓王信亡入胡。當是時,冒頓(爲)單于,兵彊,控弦(三)[四]十萬[騎],數苦北邊。上患之,問(劉)敬。(劉)敬曰:“天下初定,士卒罷於兵[革],未可以武服也。冒頓殺父代立,妻群母,以力爲威,未可以仁義説也。獨可以計久遠子孫爲臣耳,然(恐)陛下[恐]不能爲。”上曰:“誠可,何爲不能!顧爲奈何?”(劉)敬(對)曰:“陛下誠能以適長公主妻(之)[單于],厚奉遺之,彼知漢(適)女送厚,蠻夷必慕,以爲閼氏,生子必爲太子,代單于。何者?貪漢重幣。陛下以歲時漢所餘彼所鮮數問遺,(因)使辯士風諭以禮節。【今人言和親,非之易耳。在當時,未聞和親之利,他遠從殺父妻母説來,極有難此者。久遠,子孫爲臣,乍似不可知,至太子外孫,其道隱然於其間。問遺及此所餘彼所鮮,狄亦人耳,且中國後千百年所以休息,何嘗非婁敬之效哉?而儒者非之。】冒頓在,固爲子婿;死,(則)外孫爲單于。【子婿,固有不恭者矣。其言歲時問遺,辯士風諭,彌縫曲折,具至前計。】豈(嘗)[曾]聞外孫敢與大父(抗)[亢]禮(者)哉?(兵)可(無)[毋]戰以漸臣也。若陛下不能遣長公主,而令宗室及後宫詐稱公主,彼亦知,不肯貴近,無益也。”高帝曰:“善。”欲遣長公主。吕后(日夜)泣,曰:“妾惟[以一]太子、一女,奈何棄之匈奴!”上竟不能遣長公主,而取家人子(名)爲(長)公主,妻單于。【取家人子,詐稱無益,何其言之悉也?看以儒者,理極不迂,太子、一女,語已備。】使(劉)敬往結和親約。

(劉)敬從匈奴來,因言“匈奴河南白羊、樓煩王,去長安近者七百里,輕騎一日一(夜)[夕]可以至(秦中)。秦中新破,少民,地肥饒,可益實。夫諸侯初起時,非齊諸田,楚昭、屈、景莫(能興)[與]。今陛下雖都關中,實少人。北近胡寇,東有六國(之)[彊]族,(宗彊),一日有變,陛下亦未得(高)[安]枕而卧也。臣願陛下徙齊諸田,楚昭、屈、景、燕、趙、韓、魏後,及豪(桀)[杰][1]名家[且實](居)關中。無事,可以備胡;諸侯有變,亦足率以東伐。此彊本弱末之術也。”【新破、少民,與百萬可具,又自相反,故知説士不足盡憑。因其言六國之族宗彊,見齊、楚當時所以代興,與蕭何舉宗從沛公之盛。秦雖并國,未竭其人,此戰國爲後世慮盡。所言皆儒者,而儒者不言及,未可以羊裘、輓輅輕鄙之也。興亡之初,宜有此人。只如徙豪民實關中,在秦後,他人所不敢言,亦未易言。遷都、使虜、和親、徙大姓,皆漢初事大者,亦非一朝之便。萬世永賴,時乃功。】上曰:“善。”乃使劉敬徙所言關中十餘萬口。

叔孫通(者),薛人也。秦時以文學徵,待詔博士。數歲,陳勝起(山東,使者以聞),二世召博士諸儒生【秦何嘗盡擯文學,滅博士?諸生待詔,必有其所,亦必有養直,惡下流,無所可考矣。】問曰:“楚戍卒攻蘄入陳,於公(如何)[何如][2]?”【已攻蘄入陳,而猶以爲將也,可怒甚矣!】博士諸生三十餘人前曰:“人臣無將,將(即)[則]反,罪死無赦。願陛下急發兵擊之。”二世怒,作色。(叔孫)通前曰:“諸生言皆非(也)。夫天下(合)爲一家,毁郡縣城,鑠其兵,[視](示)天下(不)[弗]復用。且明主在(其)上,法令具於下,(使)[吏]人人奉職,四方輻輳,安(敢)有反者!此特群盗鼠竊狗盗(耳),何足置(之)齒牙間[哉]。郡守尉令捕(論)[誅],何足憂。”【此優人苟取容悦,責之實難。】二世喜(曰:“善。)”盡問諸生,諸生或言反,或言

① (桀)[杰]案:底本原作一大字“桀”,無墨綫勒之,後脱小字“杰”,兹據萬曆本、天啓本、今本《史記》卷九十九《劉敬叔孫通列傳》與今本《漢書》卷四十三《酈陸朱劉叔孫傳》補。

② (如何)[何如]案:底本原作兩大字“如何”,無墨綫勒之,後脱小字“何如”,兹據萬曆本、天啓本、今本《史記》卷九十九《劉敬叔孫通列傳》與今本《漢書》卷四十三《酈陸朱劉叔孫傳》補。

盗。於是二世令御史(案)[按]①諸生言反者下吏,非所宜言。諸[生]言盗者皆罷之。【此叔孫力也。】乃賜(叔孫)通帛二十匹,衣一襲,拜爲博士。(叔孫)通已出(宫),反舍,諸生曰:"(先)生何言之諛也?"【以儒者言固諛言無足論者。然當其時,直言與諸生相從下吏,何益?傳言通前詭辭,乃有論救諸生意,故或言盗者皆免。一時用意適合如此,未可盡非也。此傳形容皆得此意,非太史公筆力,則皆罪也。如此,猶有未能知其人者。】通曰:"公不知(也),我幾不(脱於)[免]虎口!"迺亡去,之薛,薛已降楚矣。及項梁之薛,(叔孫)通從之。敗(於)定陶,從懷王。懷王爲義帝,徙長沙,(叔孫)通留事項王。漢二年,漢王從五諸侯入彭城,(叔孫)通降漢王。(漢王敗而西,因竟從漢。)

(叔孫)通儒服,漢王憎之;迺變其服,服短衣,楚製,漢王喜。

(叔孫)通之降漢,從(儒生)弟子百餘人,然(通)無所(言)進,(專)[剸]言諸故群盗壯士進之。弟子皆(竊罵)曰:"事先生數(歲)[年],幸得從降漢,今不(能)進臣等,(專)[剸]言大猾,何也?"(叔孫)通(聞之),乃謂曰:"漢王方蒙矢石争天下,諸生寧能鬥乎?故先言斬將搴旗之士。諸生且待我,我不忘矣。"【能知大猾難,能使諸生如此,又難。通,非獨儒者也。其言故盗壯士,非有志當世,人又知其材,熟其人,何以知之?所謂斬將搴旗,必有其人,有其事。諸生所言所以事漢王不去者,其長不在後來定儀法而止也。】漢王拜(叔孫)通爲博士,號稷嗣君。

漢[王](五年),已并天下,諸侯共尊(漢王)爲皇帝於定陶,(叔孫)通就其儀號。高帝悉去秦(苛)儀法,爲簡易。【甚有本末。從去苛法、爲簡易、致争呼、知上厭、起朝儀,其言發而中,與子房相似。】群臣飲(酒)争功,醉或妄呼,拔劍擊柱,(高帝)[上]患之。(叔孫)通知上益(厭)[饜]之(也),説上曰:"夫儒者難與進取,可與守成。【儒者難與進取,可與守成,與前陸生逆取順守意相似。欲其納諫能聽,斷千古之意,兩言而足。至論禮因時世人情爲節文,可謂知禮意,不獨通時變也。】臣願徵魯諸生,與臣弟子共起朝儀。"高帝曰:"得無難乎?"(叔孫)通曰:"五帝異樂,三王不同禮。禮者,因時世人情爲之節文者也。故夏、殷、周(之)禮所因損益可知者,謂不相復也。臣願頗采古禮與秦儀雜就之。"上曰:"可試爲之,令易知,度吾所能行爲之。"

於是(叔孫)通使徵魯諸生三十餘人。魯有兩生不肯行,曰:"公所事

---

① (案)[按]案:底本原作一大字"按",無墨綫勒之,前脱一"案"字,兹據萬曆本、天啓本、今本《史記》卷九十九《劉敬叔孫通列傳》與今本《漢書》卷四十三《酈陸朱劉叔孫傳》補。

者且十主,皆面諛以得親貴。今天下初定,死者未葬,傷者未起,又欲起禮樂。禮樂所由起,(積德)百年[積德]而後可興也。吾不忍爲公所爲。公所爲不合古,吾不行。公往矣,無汙我!"【且十主,甚言其今日此,明日彼也。兩生何自能知通平生?即面諛盡之,使後世賤通,自此語始耳。然謂欲起禮樂大罪通,世豈有一日無禮樂哉?齊魯大儒可聞不可得見,欲積百年而後見之。】(叔孫)通笑曰:"若真鄙儒(也),不知時變。"

遂與所徵三十人西,及上左右爲學者與其弟子百餘人爲綿蕞野外。習之月餘,(叔孫)通曰:"上可試觀。"上(既觀),使行禮,曰:"吾能爲此。"【述高帝勉强能行,與諸將習隸俯伏,一書生律令,賢於教陳。所以然者,弟子百餘成行,又諸生左右學者爲之前也。此與美人習兵法無異。又因見高帝諸將之外,有此等人常在左右。】乃令群臣習(隸)[肄],會十月。【十月即正旦。】

漢七年,長樂宫成,諸侯群臣(皆)朝十月。儀:先平明,謁者治禮,引以次入殿門,廷中陳車騎(步)[戍]卒衛(宫)[官],設兵張旗志。傳(言)[曰]"趨"。殿下郎中夾陛,陛數百人。功臣列侯諸將軍軍吏以次陳西方,東鄉;文官丞相以下陳東方,西鄉。大行設九賓,臚句傳。於是皇帝輦出房,百官執(職)[戟]傳警,引諸侯王以下至吏六百石以次奉賀。自諸侯王以下莫不震恐肅敬。至禮畢[盡,伏](復)置法酒。諸侍坐殿上皆伏抑首,以尊卑次起上壽。觴九行,謁者言"罷酒"。御史執法舉不如儀者輒引去。竟朝置酒,無敢讙譁失禮者。於是高帝曰:"吾乃今日知爲皇帝之貴也。"(廼)拜(叔孫)通爲(太)[奉]常,賜金五百斤。

(叔孫)通因進曰:"諸弟子儒生隨臣久矣,與(臣)共爲儀,願陛下官之。"高帝悉以爲郎。(叔孫)通出,皆以五百(斤)金賜諸生。諸生廼(皆)喜曰:"叔孫生(誠)聖人(也),知當世(之要)務。"【吾嘗謂叔孫通有功於禮樂甚大,鄉使秦後漢初不及高帝定之,禮壞樂崩有甚於夷狄。惟簡易可行,所以萬世有增不廢也。通非腐儒,從竊罵至乃喜,備盡儒生。】

漢九年,高帝徙(叔孫)通爲太子太傅。(漢)十二年,高(祖)[帝]欲以趙王如意易太子,(叔孫)通諫(上)曰:"昔者晋獻公以驪姬(之)故廢太子,立奚齊,晋國亂者數十年,爲天下笑。秦以不蚤定扶蘇,(令趙高得以詐立),胡亥[詐立],自使滅祀,此陛下所親見。今太子仁孝,天下皆聞之;吕后與陛下攻苦食啖,其可背哉!【自使滅祀,與攻苦食啖,皆人所難言,此非面諛也。】陛下必欲廢適而立少,臣願先伏誅,以頸血汙地。"高帝曰:"公罷矣,吾(直)[持]戲耳。"【書法不造次,放過。】(叔孫)通曰:"太子天下本,本

(一)[壹]①摇天下[震](振)[動],奈何以天下(爲)戲!”高帝曰:“吾聽公(言)。”及上置酒,見留侯所招客從太子入見,上(迺)遂無易太子志矣。

高帝崩,孝惠即位,迺謂(叔孫)[通](生)曰:“先帝園陵寢廟,群臣莫(能)習。”徙[通]爲(太)[奉]常,定宗廟儀法。及稍定漢諸儀法,皆(叔孫生)[通](爲太常)所論著也。

(孝)惠帝爲東朝長樂宫,及間往(來),數蹕煩(人)[民],(迺)作复複道,方築武庫南。(叔孫生)[通]奏事,因請間曰:“陛下何自築複道?高[帝]寢衣冠月出游高廟,(高廟,漢太祖,奈何令後世)子孫[奈何]乘宗廟道上行哉?”【間往,數蹕,見常時宗廟之盛。此復道雖嫌於高廟,而孝於長樂矣。通言游衣冠甚嚴,又言道高廟、太祖,極其老人諄至狀。使高帝時如此,足憎,惠帝時可。】(孝)惠帝(大)懼,曰:“急壞之。”(叔孫生)[通]曰:“人主無過舉。今已作,百姓皆知之[矣],(今壞此,則示有過舉)。願陛下爲原廟渭北,衣冠月出游之,益廣(多)宗廟,大孝之本(也)。”上乃詔有司立原廟。(原廟起,以複道故。)

(孝)惠帝[常](曾春)出游離宫,(叔孫生)[通]曰:“古者有春嘗果,方今櫻桃熟,可獻,願陛下出,因取櫻桃獻宗廟。”上(乃)許之。諸果獻由此興。

(太史公)[贊]②曰:[高祖以征伐定③天下,而縉紳之徒騁其知辨,并成大業]。語曰“(千金之裘,非一狐之腋也;臺榭)[廊廟]之(榱)[材],非一木之枝(也);(三代)[帝王]之(際)[功],非一士之(智)[略](也)”。信哉!(夫高祖起微細,定海内,謀計用兵,可謂盡之矣。然而)劉敬脱輓輅(一説),[而]建(萬世)[金城]之安,(智豈可專邪)!叔孫通(希世度務制禮,進退與時變化,卒爲漢家儒宗。“大直若詘,道固委蛇”,蓋謂是乎)?[舍枹鼓而立一王之儀,遇其時也。酈生自匿監門,待主然後出,猶不免鼎鑊。朱建始名廉直,既距辟陽,不終其節,亦以喪身。陸賈位止大夫,致仕諸吕,不受憂責,從容平、勃之間,附會將相以彊社稷,身名俱榮,其最優乎!]

---

① (一)[壹]案:底本原作一大字“一”,無墨綫勒之,後脱一“壹”字,兹據萬曆本、天啓本、今本《史記》卷九十九《劉敬叔孫通列傳》與今本《漢書》卷四十三《酈陸朱劉叔孫傳》補。

② (太史公)[贊]案:底本“太史公”三字本無墨綫勒之,後脱一小字“贊”,兹據萬曆本、天啓本、今本《史記》卷九十九《劉敬叔孫通列傳》與今本《漢書》卷四十三《酈陸朱劉叔孫傳》補。

③ [征伐定]案:底本“征伐”後原脱一小字“定”,兹據萬曆本、天啓本、今本《史記》卷九十九《劉敬叔孫通列傳》與今本《漢書》卷四十三《酈陸朱劉叔孫傳》補。

第十六卷　季布　欒布

季布欒布列傳第四十　史記一百

季布欒布田叔傳第七 漢書三十七

季布(者),楚人也。爲(氣)任俠,有名(於楚)。項籍使將兵,數窘漢王。(及)項(羽)[籍]滅,高祖購求布千金,敢有舍匿,罪(及)三族。(季)布匿濮陽周氏。【此周氏奇甚,在朱家上,是能用朱家者,而其後朱家独聞。】周氏曰:"漢(購)[求]將軍急,迹且至臣家,(將軍)能聽臣,臣敢(獻)[進]計;即(不能)[否],願先自剄。"(季)布許之。迺髡鉗(季)布,衣褐(衣),置廣柳車中,并與其家僮數十人,之魯朱家所賣之。【并家僮賣之,古人如此深厚。】朱家心知(是)[其]季布[也],(迺)買(而)置(之)田[舍]。(誡其子曰:"田事聽此奴,必與同食。"朱家)迺(乘軺車)之雒陽,【軺車,一馬之車也,見其急。】見汝陰侯滕公。(滕公留朱家飲數日。因謂滕公)[説]①曰:"季布何(大)罪,(而上求之急也?"滕公曰:"布數爲項羽窘上,上怨之,故必欲得之。")【滕公厚德,所言皆轉敗爲成,又甚知人,其興國之藎臣也。《史記》從容,朱家之辞,與乘軺車,緩急皆是。《漢書》削去,太毒。】(朱家曰:"君視季布何如人也?"曰:"賢者也。"朱家曰):"臣各爲其主用,(季布爲項籍用),職耳。項氏臣[豈]可盡誅邪?今上始得天下,(獨)[而]以(己之)私怨求一人,何示(天下之)不廣也。且以季布之賢(而)漢求之急如此,此不北走胡,(即)南走越耳。【既書其事,豈容無俯仰?却不用得豈字,剪即字又好。】夫忌壯士以資敵國,【忌字深長,布于當時,必大有能事。高祖正以爲憂,故急求之耳。】此伍子胥所以鞭荆平(王)之墓也。【鞭楚墓,語深中其會滕公,知帝意者。】君何不從容爲上言(邪)[之]?"(汝陰侯)滕公心知朱家大俠,意(季)布匿其所,迺許(曰):"諾。"(待)[侍]間,果言如朱家指。上迺赦(季)布。當是時,諸公皆多(季)布能

① [説]曰案:底本"曰"字前原脱一小字"説",兹據萬曆本、天啓本、今本《史記》卷一百《季布欒布列傳》與今本《漢書》卷三十七《季布欒布田叔傳》補。

摧剛爲柔,朱家亦以此名聞當世。【此子長筆也,其意每出於此。第當其就髡鉗時,豈有富貴想哉?不得已耳。可謂摧剛爲柔,而能其所能,政復未就而止。】(季)布召見,謝,(上)拜(爲)郎中。

孝惠時,爲中郎將。單于嘗爲書嫚吕[太]后,(不遜),(吕)[太]后(大怒),召諸將議之。上將軍樊噲曰:"臣願得十萬衆,横行匈奴中。"諸將皆阿吕[太]后(意,曰)"[以噲言爲]然"。(季)布曰:"樊噲可斬也!夫[以]高帝(將)兵(四)[三]十餘萬(衆),困於平城,[噲時亦在其中]。今噲奈何以十萬衆横行匈奴中,面(欺)[謾]!且秦以事(於)胡,陳勝等起。(于)今瘡痍未瘳,噲又面諛,欲摇動天下。"是時殿上皆恐,【布語有氣伉健,宜殿上震恐。】太后罷朝,遂不復議擊匈奴事。

(季)布爲河東守,孝文時,人有言其賢(者,孝文)召,欲以爲御史大夫。(復有)[人又]言其勇,使酒難近。至,留邸一月,見罷。(季)布(因)進曰:"臣(無功竊寵),待罪河東。陛下無故召臣,此人必有以臣欺陛下者;今臣至,無所受事,罷去,此人必有(以)毁臣者。夫陛下以一人(之)譽(而)召臣,(以)一人(之)毁(而)去臣,臣恐天下有識者聞之有以(闚)[窺]陛下(也)。"上默[然]慚,(良久)曰:"河東吾股肱郡,故(時)[特]召君耳。"【進退如此,本難自言,氣勁辞直,足戒千古。寫至慚,良久,忽得一語,佳處政在時字,謂將復相召如此,何不可者。君臣真態,遂各可觀。政特字,雖文字適可,不及時字。】布(辭)之官。

[辯士](楚人)曹丘生,(辯士),數招權顧金錢。事貴人趙(同)[炎]等,與竇長君善。(季)布聞(之),寄書諫(竇)長君曰:"吾聞曹丘生非長者,勿與通。"及曹丘生歸,欲得書請(季)布。竇長君曰:"季將君不説足下,足下無往。"固請書,遂行。使人先發書,(季)布果大怒,待曹丘。曹丘至,(即)[則]揖(季)布曰:"楚人諺曰'得黄金百(斤),不如得季布(一)諾',【佞人巽入常態,非其諾,有其實,何足以傳。】足下何以得此聲(於)梁楚[之]間哉?且僕(楚人),[與]足下(亦)[俱]楚人(也)。[使]僕游,揚足下(之)名於天下,顧不(重邪)[美乎]?何足下距僕之深也!"(季)布乃大説,引入,留數月,爲上客,厚送之。(季)布名所以益聞者,曹丘揚之也。【布傳無他事,独載曹丘語以著其諾。布名所以益聞者,政以怒曹丘、辱曹丘,故傳非曹丘能揚之也,其道不能揚也。楚人輕薄,布以諾聞,又有弟如此,震于此方,皆項氏之英也。】

(季)布弟季心,氣蓋關中,遇人恭謹,爲任俠,方數千里,士(皆)争爲

(之)死。嘗殺人,亡(之)吴,從(袁)[爰][①]絲匿。長事(袁)[爰][②]絲,弟畜灌夫、籍福之屬。【弟畜語,亦奇。】嘗爲中司馬,中尉郅都不敢(不)加(禮)。少年多時時竊(籍)[借]其名以行。當是時,季心以勇,布以諾,(著)聞關中。

(季)布母弟丁公,爲(楚)[項羽]將。(丁公爲項羽)逐窘高祖彭城西,短兵接,(高祖)[漢王]急,顧[謂][③]丁公曰:"兩賢豈相(厄)[戹]哉!"(於是)丁公引兵而還,(漢王遂解去)。及項王滅,丁公謁見高祖。(高祖)以丁公徇軍中,[曰]:"丁公爲項王[臣]不忠,使項王失天下者,(迺丁公)也。"【是謂詐力。假仁義,誅心而論,豈仁心哉!】遂斬(丁公)[之],曰:"使後(世)爲人臣(者)無效丁公[也][④]!"

欒布(者),梁人也。(始梁王)彭越爲家人時,嘗與布游。窮困,(賃)[賣]傭於齊,爲酒(人)[家]保。數歲,(彭越)[别]去(之巨野中爲盜),而布爲人所略賣,爲奴於燕。[⑤] 爲其[主]家(主)報仇,燕將臧荼舉以爲都尉。(臧)荼(後)爲燕王,(以)布爲將。及(臧)荼反,漢擊燕,虜布。梁王彭越聞之,(迺)[乃]言上,請贖布(以)爲梁大夫。

使於齊,未(還)[反],漢召彭越,責以謀反[⑥],夷三族。(已而)梟(彭越頭)[首](於)雒陽,下詔(曰):"有(敢)收視者,輒捕之。"【下詔捕收視者,政復欲以此觀人心,得義士耳。此高帝術也。】布(從齊)還,奏事彭越頭下,祠而哭之。吏捕(布)以聞。上召布,駡曰:"若與彭越反耶?吾禁人勿收,若獨祠而哭之,與(越)反明矣。趣亨之。"方提(趣)[趨]湯,(布)顧曰:"願一言而死。"上曰:"何言?"布曰:"方上之困(於)彭城,敗滎陽、成皋間,項王所以(遂)不能[遂]西,徒以彭王居梁地,與漢合從苦楚也。當是之時,彭王(一)[壹]顧,與楚則漢破,與漢(而)[則]楚破。【而字政好。】且垓下之會,微彭王,項氏不亡。天下已定,彭王剖符受封,亦欲傳之萬世。今

---

① (袁)[爰]案:底本原作一大字"袁",無墨綫勒之,後脱一小字"爰",兹據萬曆本、天啓本、今本《史記》卷一百《季布欒布列傳》與今本《漢書》卷三十七《季布欒布田叔傳》補。

② (袁)[爰]案:底本原作一大字"袁",無墨綫勒之,後脱一小字"爰",兹據萬曆本、天啓本、今本《史記》卷一百《季布欒布列傳》與今本《漢書》卷三十七《季布欒布田叔傳》補。

③ [謂]案:底本原作一大字"謂",無墨綫勒之,兹據萬曆本、天啓本、今本《史記》卷一百《季布欒布列傳》與今本《漢書》卷三十七《季布欒布田叔傳》改。

④ [也]案:底本原作一大字"也",無墨綫勒之,兹據萬曆本、天啓本、今本《史記》卷一百《季布欒布列傳》與今本《漢書》卷三十七《季布欒布田叔傳》改。

⑤ 案:此处萬曆本、天啓本衍一眉批:【一爲盜,一爲奴,未可盡去。】

⑥ 反案:底本原作一小字"反",無墨綫勒之,兹據萬曆本、天啓本、今本《史記》卷一百《季布欒布列傳》與今本《漢書》卷三十七《季布欒布田叔傳》改。

(陛下一)[漢壹]徵兵於梁,彭王病不行,而(陛下)疑以爲反,反形未見,以苛(小)[細](案)誅(滅)之,臣恐功臣人人自危也。【漢誅功臣,惟彭越尤無謂。《史記》謂其不告扈輒謀,即反形具,距其謀猶爾,何以勸不反者哉?欒布明其功罪,無一語不肯綮,至謂其亦欲傳之萬世,豈反者哉?感動深切。高帝之愧,豈獨苛細哉?吕后使人再告,又醢又族,皆吕后示威耳。】今彭王已死,臣生不如死,請就烹。"(於是)上[乃](迺)釋布(罪),拜爲都尉。

孝文時,爲燕相,至將軍。布(迺)稱曰:"窮困不能辱身(下志),非人也;富貴不能快意,非賢也。"【此語感動千古,真能言也。】於是嘗有德(者)厚報之,有怨(者)必以法滅之。吴(軍)[楚]反時,以(軍)功封[爲](俞)[鄃]①侯,復爲燕相。燕齊之間皆爲(欒布)立社,號曰欒公社。【彼何以得人心如此?】

(景帝中五年)[布]薨。子賁嗣[侯。孝武時],[坐]爲太常犧牲不如令,國除。

(太史公)[贊]②曰:以項羽之氣,而季布以勇顯[名]於楚,身(屨)[履](典)軍搴旗者數矣,可謂壯士。【起得便出人意。屨,《漢書》作履,皆無謂。徒步耳,可用,又雅馴。】(然至被刑),[及至困厄奴]戮,【奴戮,不成語,非事實。】(爲人奴),[苟活]而不(死)[變],何(其下)也!彼(必)自負其材,(故)受辱(而)不羞,欲有所用其未足也,故終爲漢名將。賢者誠重其死。夫婢妾賤人感慨而自殺(者),非能勇也,其(計)畫無(復)[俚之至](之)耳。【其計畫無復之耳,之字疑云字,謂其無謀,無復可言耳。俚,雖方言聊賴,不似本語情至。】欒布哭彭越,[田叔③隨張敖],(趣湯)[赴死]如歸(者),彼誠知所處,(不自重其死)。雖(往)古烈士,何以加哉!【此贊發明,往來反覆,況古借今,語在事外,妙處正在重其死,與不自重其死。《漢書》全用其贊,削田叔數字可也,獨去不自重其死五字,減多少氣力。】

---

① (俞)[鄃]案:底本原作一大字"俞",無墨綫勒之,後脱一小字"鄃",兹據萬曆本、天啓本、今本《史記》卷一百《季布欒布列傳》與今本《漢書》卷三十七《季布欒布田叔傳》補。

② (太史公)[贊]案:底本"太史公"三字本無墨綫勒之,後脱一小字"贊",兹據萬曆本、天啓本、今本《史記》卷一百《季布欒布列傳》與今本《漢書》卷三十七《季布欒布田叔傳》補。

③ 田叔案:底本原作"曰叔",兹據萬曆本、天啓本、今本《史記》卷一百《季布欒布列傳》與今本《漢書》卷三十七《季布欒布田叔傳》改。

第十七卷　袁盎　晁錯

袁盎晁錯列傳第四十一　史記一百一

爰盎晁錯傳第十九 漢書四十九

(袁)[爰]①盎(者,楚人也),字絲。[其]父[楚人也],故爲群盜,徙(處)安陵。高后時,盎(嘗)爲吕禄舍人,(及)孝文(帝)即位,盎兄噲任盎爲(中)郎[中]。

絳侯爲丞相,朝罷趨出,意得甚。上禮之恭,常(自)[目]送之。(袁)盎進曰:"(陛下以)丞相何如人[也]?"上曰:"社稷臣。"盎曰:"絳侯所謂功臣,非社稷臣。社稷臣主在與在,主亡與亡。方吕后時,諸吕用事,擅相王,劉氏不絶如帶。是時絳侯爲太尉,[本](主)兵柄,弗能正。吕后崩,大臣相與共(畔)[誅]諸吕,太尉主兵,適會其成功,所謂功臣,非社稷臣。丞相如有驕主色。陛下謙讓,臣主失禮,竊爲陛下(不)[弗]取也。"後朝,上益莊,丞相益畏。【盎,險人,父群盜,猶有父風,亦漢廷之盜也。丞相退朝,有喜,安知其何故?上目送之,亦未至謙讓失體,直害其寵。且無謂之問,居擁立之後,莫非疑地,爲譖不疑。此猶廷論,置臣主於隙,所謂社稷臣,主在與在,主亡與亡,極似名言而實非也。當吕后之時,欲亡則社稷亡耳。謂絳侯主兵與奪北軍事異,又謂主兵,適會成功僥倖,凡事後毀成類如此。猶如有驕主色者,人之所不掩也。以此中人最害,雖有明者猶疑。自送何足言,或者目送爲是,以爲得其微也,孰知微者乃有喙不自明哉?恭自盛德,以目送爲謙讓,以謙讓爲失體,奸人妒幸,造間售欺,使帝不得不莊,勃不得不畏,安陵門外之禍,非不幸也。】已而絳侯望(袁)盎曰:"吾與(而)[汝]兄善,今兒(廷)[廷]毁我!"盎遂不謝。

及絳侯(免相之)[就]國,(國)人上書告以爲反,徵繫(清)[請]室,(宗室)諸公莫敢爲言,唯(袁)盎明絳侯無罪。絳侯得釋,盎頗有力。絳

① (袁)[爰]案:底本原作一大字"袁",無墨綫勒之,後脱一小字"爰",兹據萬曆本、天啓本、今本《史記》卷一百一《袁盎晁錯列傳》與今本《漢書》卷四十九《爰盎晁錯傳》補。

侯乃大與盎結交。【其見稱忼慨,贊謂仁心爲質,獨以其救絳侯事。然此反覆子常態,全不成義,竟是唇吻間。盖一時有心術爲名利者,不得爲大體也。】

淮南厲王朝,殺辟陽侯,居處驕甚。(袁)盎諫曰:"諸侯太驕必生患,可適削地。"【適,讀曰謫,不如本字,謂可如是而止,不至甚也。謫,不成語。】上弗(用)[許]。淮南王益横。(及棘蒲侯柴武太子)謀反(事)[發]覺,(治,連淮南王),[上徵],淮南王(徵,上因)遷之蜀,轞車傳送。(袁)盎時爲中郎將,(乃)諫曰:"陛下素驕(淮南王)[之],弗稍禁,以至此,今又暴摧折之。【《史記》是,有憐王之心。】淮南王爲人剛,[有]如(有)遇(霧)[霜]露行道死,陛下竟爲以天下(之)大弗能容,有殺弟(之)名,奈何?"【有如遇霧又勝霜,兩之字暢,不足復云。遇霧露,道死,語最厚,意最傷,使人惻然。弗能容,有殺弟名,雖懇到,惜憂①柔不及此,所以不能回也。至頓首就罪,乃有果然自任之意。】上(弗)[不]聽,遂行之。

淮南王至雍,病死,聞,上輟食,哭甚哀。盎入,頓首請(罪)[辠]。上曰:"以不用公言至此。"盎曰:"上自寬,此往事,豈可悔哉!且陛下有高世(之)行(者)三,此不足以毁名。"【豈可悔哉,亦小人語耳。謂有高行不足毁名,正是蠱人心術。此如俳優解愠,王廷之上,乃有此人。同是盎語,出于淮南世家,又别。可以觀史。】上曰:"吾高世(行)三者何事?"盎曰:"陛下居代時,太后嘗病,三年,陛下不交睫,(不)解衣,湯藥非陛下口所嘗弗進。夫曾参以布衣猶難之,今陛下親以王者修之,過曾参(孝)遠矣。【孝字移在此,好。】(夫)諸吕用事,大臣(專)[顓]制,然陛下從代乘六乘傳馳不測(之)淵,雖賁育之勇不及陛下。陛下至代邸,西(向)[鄉]讓天子(位)者(再)[三],南(面)[鄉]讓天子(位)者(三)[再]。【其平生造次,有説士之風。若帝聞其言,不問而已焉,不足爲説士矣。甚矣,諛言之入人耳也!三年必有其實,推類如見。六乘傳不測淵,亦造危論,西鄉、南鄉,想像隱然,謂其名重朝廷以此。】夫許由一讓,(而)陛下五以天下讓,過許由四矣。且陛下遷淮南王,欲以苦其志,使改過,有司[宿]衛不謹,故病死。"於是上(乃)[廼]解,(曰:"將奈何?"盎曰:"淮南王有三子,唯在陛下耳。"於是文帝立其三子皆爲王)。盎(由)[繇]此名重朝廷。

(袁)盎常引大體慷慨。宦者趙(同)[談]以數幸,常害(袁)盎,(袁)盎患之。盎兄子種爲常侍騎,(持節夾乘,説)[諫]盎曰:【《漢書》節去持節夾乘。本不用得,因又及之如此。《史記》有此。】"君(與鬥,廷)[衆]

① 憂案:萬曆本、天啓本作"優"。

辱之,(使其毀不用)。[後雖惡君,上不復信]。"【《史記》已盡之。】(孝文帝出),[於是上朝東宫],趙(同)[談](參)[驂]①乘,(袁)盎伏車前曰:"臣聞天子所與共六尺輿者,皆天下豪英。今漢雖乏人,陛下獨奈何與刀鋸[之]餘(人)[共]載!"【謀之正,用之識時。于是上朝東宫一語,又緊。獨奈何與刀鋸餘人載,語健峻,不合增。】於是上笑,下趙(同)[談]。(趙同)[談]泣下車。

(文帝)[上]從霸陵上,欲西馳下峻阪。(袁)盎(騎,并車擥)[攬]轡。上曰:"將軍怯耶?"盎[言]曰:"臣聞千金之子(坐)不垂堂,百金之子不騎衡,聖主不乘危(而)[不]徼幸。今陛下騁六(騑)[飛],馳(下峻)[不測]山,【不測,又勝。】(如)有[如]馬驚車敗,陛下縱自輕,奈高廟、太后何?"上乃止。

上幸上林,皇后、慎夫人從。其在禁中,常同(席)坐。及坐,郎署長布席,(袁)盎引却慎夫人坐。慎夫人怒,不肯坐。上亦怒,起,(入禁中)。盎因前説曰:"臣聞尊卑有序則上下和。今陛下既(已)[以]立后,慎夫人(乃)[迺]妾,妾主豈可(與)[以]同坐哉!且陛下幸之,(即)[則]厚賜之。陛下所以爲慎夫人,適所以禍之[也]。(陛下)獨不見'人(彘)[豕]'乎?"於是上(乃)[迺]説,(召)[入]語慎夫人。慎夫人賜盎金五十斤。【不可無也字,可以無陛下字。獨不見人彘乎?最警最善,極所難言。得于耳目之近,安得不竦而動?召語慎夫人,最見文帝好言之美。慎夫人賜金,又善,此處愛幸間辯出也。贊言傅會二字,最精真。】

然(袁)盎亦以數直諫,不得久居中,調爲隴西都尉。仁愛士卒,士卒皆争爲死。遷(爲)齊相。【去上爲字,是。】徙爲吴相,辭行,種謂盎曰:"吴王驕日久,國多奸。今(苟)[絲]欲(劾)[刻]治,【刻治好。】彼不上書告君,(即)[則]利劍刺君矣。南方卑濕,(君)[絲]能日飲,(毋)[亡]何,(時)説王(曰)毋反而已。【種説盎,亦其術耳,而用之甚厚,殆勝甚刻字,能得其平生。謂南方卑濕,日飲無何,淵然愛助,得之一言。時説王曰毋反而已,不可乎?略不費辭。】如此幸得脱。"盎用種之計,吴王厚遇盎。

盎告歸,道逢丞相申屠嘉,下車拜謁,丞相從車上謝(袁盎)。(袁)盎還,愧其吏,乃之丞相舍上謁,求見丞相。丞相良久(而)[乃]見(之)。(盎)因跪曰:"願請間。"丞相曰:"使君所言公事,之曹與長史掾議[之],吾且奏之;(即)[則]私(邪),吾不受私語。"(袁)盎即(跪)[起]説曰:"君爲

① (參)[驂]案:底本原作一大字"驂",無墨綫勒之,前脱一大字"參",兹據萬曆本、今本《史記》卷一百一《袁盎晁錯列傳》與今本《漢書》卷四十九《爰盎晁錯傳》補。

(丞)相,自度孰與陳平、絳侯?”丞相曰:“吾不如。”(袁)盎曰:“善,君(即)自謂(不)[弗]如。夫陳平、絳侯輔翼高帝,定天下,爲將相,而誅諸吕,存劉氏;君(乃)[迺]爲材官蹶張,遷爲隊(率)[帥],積功至淮陽守,非有奇計攻城野戰之功。【當時請間,必他有其説,遇戇者狠語,遂即事櫻拂之,使不必可自解。其意輕丞相,全在非有奇計,攻城野戰之功。至引人主受言,目以愚相,語順而氣張,前跪後起,是。】且陛下從代來,每朝,郎官[署]上書疏,未嘗不止輦受其言,(言)不可用置之,言可(受)採(之),未嘗不稱善。何也?(則)欲以致天下賢[英]士大夫。【添英字,《漢書》勝。】(上)日聞所不聞,(明所不知,日)[以]益聖(智);[而]君(今)自閉(鉗)[箝]天下之口而日益愚。夫以聖主責愚相,君受禍不久矣。”丞相乃再拜曰:“嘉鄙(野)人,(乃)[迺]不知,將軍幸教。”引(入)與[入]坐,爲上客。

盎素不好晁錯,(晁)錯所居坐,盎(去),[輒避];【《史記》潔。】盎[所居]坐,錯亦(去)[避]:兩人未嘗同堂語。及(孝文帝崩),【此崩,誠贅。】孝景(帝)即位,晁錯爲御史大夫,使吏案(袁)盎受吴王財物,抵(罪)[辠],詔赦以爲庶人。

吴楚反聞,(晁)錯謂丞史曰:“(夫袁)[爰]①盎多受吴王金錢,專爲蔽匿,言不反。今果反,欲請治盎宜知其計謀。”丞史曰:“事未發,治之有絶。今兵西鄉,治之何益!且(袁)盎不宜有謀。”(晁)錯猶豫未决。人有告(袁)盎(者),(袁)盎恐,夜見竇嬰,爲言吴所以反(者),願至(上)前口對狀。(竇)嬰入言(上),上(乃)[迺]召(袁)盎入見。(晁錯在前,及盎請辟人賜間,錯去,固恨甚。袁盎具)[竟]言吴所以反(狀,以錯故),獨急斬錯以謝吴,吴(兵乃)可罷。【其譖錯,倉卒乘人主危心,不顧社稷大計,一言而敗之東市,方信用其計。此險奸怪事,古所稀有,竇嬰相負倚之罪多矣。當其排錯,獨不可記適削地語耶?當時事不止此,《史記》包括略盡不費。】(其語具在《吴事》中。使袁)[上拜]盎爲(太)[泰]常,竇嬰爲大將軍。兩人素相(與)善。(逮吴反)[是時],諸陵(長者)長安中賢大夫争附兩人,車[騎]②隨者日數百乘。【逮吴反,正當吴事急,謂此兩人能通其意,緩急可依,故富者、素厚者日相依。】

及晁錯已誅,(袁)盎以(太)[泰]常使吴。吴王欲使將,不肯。欲殺之,使一都尉以五百人圍守盎軍中。[初],(袁)盎(自其)爲吴相時,(嘗

---

① (袁)[爰]案:底本原作一大字“袁”,無墨綫勒之,後脱一小字“爰”,兹據萬曆本、天啓本、今本《史記》卷一百一《袁盎晁錯列傳》與今本《漢書》卷四十九《爰盎晁錯傳》補。

② [騎]案:底本原作一大字“騎”,無墨綫勒之,兹據萬曆本、今本《史記》卷一百一《袁盎晁錯列傳》與今本本《漢書》卷四十九《爰盎晁錯傳》改。

有)從史(嘗)盜(愛)[私]盎侍兒,盎知之,弗泄,遇之如故。人有告從史,(言)“君知(爾)[女]與侍者通”,(乃)[廼]亡(歸)[去]。(袁)盎驅自追之,遂以侍者賜之,復爲從史。及(袁)盎使吴見守,從史適(爲)[在]守盎校(尉)[爲]司馬,(乃)[廼]悉以其裝齎(置)[買]二石醇醪,【置字,是。】會天寒,士卒饑渴,飲(酒)醉,西南陬卒皆卧,司馬夜引(袁)盎起,曰:“君可以去矣,吴王期旦日斬君。”盎弗信,曰:“(公)何爲者?”司馬曰:“臣故爲[君]從史盜(君)侍兒者[也]。”【《漢書》去酒,添君。從《史》,順。】盎乃驚謝曰:“公幸有親,【又添公幸有親,藹然意外。】吾不足(以累)[絫]公。”司馬曰:“君第去,臣亦且亡,(避)[辟]吾親,君何患!”(乃)[廼]以刀決(張)[帳],道從醉卒直(隧)出。司馬與分背,(袁)盎解節(毛)[旄]懷之,(杖)[屐],步行七(八)[十]里,明,見梁騎,(騎)馳去,遂歸報。【張道似是,下别出隧①字,又在醉卒間意。解節毛,形容至盡。杖字,大勝屐字,屐字難行。少騎字,不得下騎字,皆《史記》草創之妙。】

吴楚已破,上更以元王子平陸侯禮爲楚王,(袁)[以]②盎爲楚相。嘗上書(有所言),不用。(袁)盎病免(居)家[居],與閭里浮(沈)[湛],相隨行,鬥雞走狗。雒陽劇孟嘗過(袁)盎,盎善待之。③ 安陵富人有謂盎曰:“吾聞劇孟博徒④,將軍何自通之?”盎曰:“劇孟雖博徒⑤,然母死,客送(葬)[喪]車千餘乘,此亦有過人者。且緩急人所有。夫一旦(有急)叩門,不以親爲解,不以(存)[在]亡爲辭,天下所望者,獨季心、劇孟(耳)。今公(常)[陽]從數騎,一旦有緩急,寧足恃乎!”[遂]罵富人,弗與通。【子長只是借他人寫出胸次間事,邂逅近似,發越馳騁,真如其人。此本韓非序語意也。今公嘗從數騎,一旦有緩急,寧足恃乎!謂其不能爲人有無,非謂富者之無援也,即罵詞。陽從數騎,是數騎者陽隨之耳。緩急,數騎解體而去也。】諸公聞之,皆多(袁)盎。

袁盎雖(家)居[家]⑥,景帝時時使人問籌策。梁王欲求爲嗣,(袁)盎

---

① 隧案:底本、萬曆本、天啓本誤作“隊”,兹據上文改。

② (袁)[以]案:底本原作一大字“袁”,無墨綫勒之,後脱一小字“以”,兹據萬曆本、天啓本、今本《史記》卷一百一《袁盎鼂錯列傳》與今本《漢書》卷四十九《爰盎鼂錯傳》補。

③ 案:此處萬曆本衍一眉批:【又增劇孟,無故生問,答甚高。】

④ 博徒案:底本原作“慱徒”,兹據萬曆本、天啓本、今本《史記》卷一百一《袁盎鼂錯列傳》與今本《漢書》卷四十九《爰盎鼂錯傳》改。

⑤ 博徒案:底本原作“慱徒”,兹據萬曆本、天啓本、今本《史記》卷一百一《袁盎鼂錯列傳》與今本《漢書》卷四十九《爰盎鼂錯傳》改。

⑥ [家]案:底本原作一大字“家”,無墨綫勒之,兹據萬曆本、天啓本、今本《史記》卷一百一《袁盎鼂錯列傳》與今本《漢書》卷四十九《爰盎鼂錯傳》改。

進説,其後語塞。【梁王欲求爲嗣,盎進説,其後言塞,此大事必多利害迫情。聞①説人母子間意,惜秘不聞,不由子長登載,而褚先生輩揣摩妄論,故知修史别有其才。】梁王以此怨盎,(曾)使人刺盎。刺者至關中,問(袁)盎,(諸客譽)[稱]之皆不容口。乃見(袁)盎曰:"臣受梁王金(來)刺君,君長者,不忍刺君。【有從史,又有受金不忍刺之客,何奇士之多也！然卒不免。吾自絳侯、晁錯屢論之,亦其資如此。】然後刺(君)者十餘曹,備之!"(袁)盎心不樂,家(又)多怪,乃之(掊)[棓]②生所問占。還,梁刺客後曹(輩)果遮刺殺盎安陵郭門外。

晁錯(者),潁川人也。學申商刑名於軹張恢(先)[生]所,【先,即先生,此處改生字,後又改鄧公爲先生,互見可以爲名,則此先非矣。】與雒陽宋孟及劉(禮)[帶]同師。以文學爲太常掌故。

錯爲人陗直刻深。孝文(帝)時,天下(無)[亡]治《尚書》者,獨聞(濟南)[齊有]伏生故秦博士,治《尚書》,年九十餘,老不可徵,(乃)[廼]詔太常使人(往)受之。太常遣錯受《尚書》伏生所。還,因上(便宜事,以)《書》稱説。詔以爲太子舍人、門大夫,[遷博士。又上書言:"人主所以尊顯功名揚於萬世之後者,以知術數也。故人主知所以臨制臣下而治其衆,則群臣畏服矣;知所以聽言受事,則不欺蔽矣;知所以安利萬民,則海内必從矣;知所以忠孝事上,則臣子之行備矣:此四者,臣竊爲皇太子急之。人臣之議或曰皇太子亡以知事爲也,臣之愚,誠以爲不然。竊觀上世之君,不能奉其宗廟而劫殺於其臣者,皆不知術數者也。皇太子所讀書多矣,而未深知術數者,不問書説也。夫多誦而不知其説,所謂勞苦而不爲功。臣竊觀皇太子材智高奇,馭射伎藝過人絶遠,然於術數未有所守者,以陛下爲心也。【《漢書》載錯言,教太子出於術數,此儒者所諱也。雖然,名字出於諸葛武侯之口,人或能亮人以成敗是非,豈復有所謂是者哉！千古之下③受儒生之弊而不語,所謂以陛下爲心一語,尤可思。】竊願陛下幸擇聖人之術可用今世者,以賜皇太子,因時使太子陳明於前。唯陛下裁察。"上善之,於是拜錯爲太子]家令。以其辯得幸太子,太子家號曰"智囊"。

[是時匈奴彊,數寇邊,上發兵以御之。錯上言兵事,曰:臣聞漢興以來,胡虜數入邊地,小入則小利,大入則大利;高后時再入隴西,攻城屠邑,驅略畜産;其後復入隴西,殺吏卒,大寇盗。竊聞戰勝之威,民氣百倍;敗兵之卒,没世不復。自高后以來,隴西三困

① 聞案:萬曆本、天啓本作"闢"。

② (掊)[棓]案:底本原作一大字"掊",無墨綫勒之,後脱一小字"棓",兹據萬曆本、天啓本、今本《史記》卷一百一《袁盎晁錯列傳》與今本《漢書》卷四十九《爰盎晁錯傳》補。

③ 下案:萬曆本、天啓本作"不"。

於匈奴矣,民氣破傷,亡有勝意。今兹隴西之吏,賴社稷之神靈,奉陛下之明詔,和輯士卒,底厲其節,起破傷之民以當乘勝之匈奴,用少擊衆,殺一王,敗其衆。而法曰大有利。非隴西之民有勇怯,乃將吏之制巧拙異也。故兵法曰:"有必勝之將,無必勝之民。"繇此觀之,安邊境,立功名,在於良將,不可不擇也。

[臣又聞用兵,臨戰合刃之急者三:一曰得地形,二曰卒服習,三曰器用利。兵法曰:丈五之溝,漸車之水,山林積石,經川丘阜,屮木所在,此步兵之地也,車騎二不當一。土山丘陵,曼衍相屬,平原廣野,此車騎之地,步兵十不當一。平陵相遠,川谷居間,仰高臨下,此弓弩之地也,短兵百不當一。兩陳相近,平地淺屮,可前可後,此長戟之地也,劍楯三不當一。萑葦竹蕭,屮木蒙蘢,支葉茂接,此矛鋋之地也,長戟二不當一。曲道相伏,險阸相薄,此劍楯之地也,弓弩三不當一。士不選練,卒不服習,起居不精,動静不集,趨利弗及,避難不畢,前擊後解,與金鼓之音相失,此不習勒卒之過也,百不當十。兵不完利,與空手同;甲不堅密,與袒裼同;弩不可以及遠,與短兵同;射不能中,與亡矢同;中不能入,與亡鏃同:此將不省兵之禍也,五不當一。故兵法曰:器械不利,以其卒予敵也;卒不可用,以其將予敵也;將不知兵,以其主予敵也;君不擇將,以其國予敵也。四者,兵之至要也。

[臣又聞小大異形,彊弱異勢,險易異備。夫卑身以事彊,小國之形也;合小以攻大,敵國之形也;以蠻夷攻蠻夷,中國之形也。今匈奴地形技藝與中國異,上下山阪,出入溪澗,中國之馬弗與也;險道傾仄,且馳且射,中國之騎弗與也;風雨罷勞,饑渴不困,中國之人弗與也;此匈奴之長技也。若夫平原易地,輕車突騎,則匈奴之衆易撓亂也;勁弩長戟,射疏及遠,則匈奴之弓弗能格也;堅甲利刃,長短相雜,游弩往來,什伍俱前,則匈奴之兵弗能當也;材官騶發,矢道同的,則匈奴之革笥木薦弗能支也;下馬地鬥,劍戟相接,去就相薄,則匈奴之足弗能給也;此中國之長技也。以此觀之,匈奴之長技三,中國之長技五。陛下又興數十萬之衆,以誅數萬之匈奴,衆寡之計,以一擊十之術也。

[雖然,兵,凶器;戰,危事也。以大爲小,以彊爲弱,在俛仰之間耳。夫以人之死争勝,跌而不振,則悔之亡及也。帝王之道,出於萬全。今降胡義渠蠻夷之屬來歸誼者,其衆數千,飲食長技與匈奴同,可賜之堅甲絮衣,勁弓利矢;益以邊郡之良騎。令明將能知其習俗和輯其心者,以陛下之明約將之。即有險阻,以此當之;平地通道,則以輕車材官制之。兩軍相爲表裏,各用其長技,衡加之以衆,此萬全之術也。傳曰:"狂夫之言,而明主擇焉。"臣錯愚陋,昧死上狂言,唯陛下財擇。

[文帝嘉之,乃賜錯璽書寵答焉,曰:"皇帝問太子家令:上書言兵體三章,聞之。書言'狂夫之言,而明主擇焉'。今則不然。言者不狂,而擇者不明,國之大患,故在於此。使夫不明擇於不狂,是以萬聽而萬不當也。"

[錯復言守邊備塞,勸農力本,當世急務二事,曰:

[臣聞秦時北攻胡貉,築塞河上,南攻揚粤,置戍卒焉。其起兵而攻胡、粤者,非以衛邊地而救民死也,貪戾而欲廣大也,故功未立而天下亂。且夫起兵而不知其勢,戰則爲人禽,屯則卒積死。夫胡貉之地,積陰之處也,木皮三寸,冰厚六尺,食肉而飲酪,其人密理,鳥獸毳毛,其性能寒。楊粤之地少陰多陽,其人疏理,鳥獸希毛,其性能暑。秦之戍

卒不能其水土,戍者死於邊,輸者僨於道。秦民見行,如往棄市,因以謫發之,名曰“謫戍”。先發吏有謫及贅婿、賈人,後以嘗有市籍者,又後以大父母、父母嘗有市籍者,後入閭,取其左。發之不順,行者深怨,有背畔之心。凡民守戰至死而不降北者,以計爲之也。故戰勝守固則有拜爵之賞,攻城屠邑則得其財鹵以富家室,故能使其衆蒙矢石,赴湯火,視死如生。今秦之發卒也,有萬死之害,而亡銖兩之報,死事之後不得一算之復,天下明知禍烈及己也。陳勝行戍,至於大澤,爲天下先倡,天下從之如流水者,秦以威劫而行之之敝也。

[胡人衣食之業不著於地,其勢易以擾亂邊竟。何以明之?胡人食肉飲酪,衣皮毛,非有城郭田宅之歸居,如飛鳥走獸於廣野①,美草甘水則止,草盡水竭則移。以是觀之,往來轉徙,時至時去,此胡人之生業,而中國之所以離南畝也。今使胡人數處轉牧行獵於塞下,或當燕代,或當上郡、北地、隴西,以候備塞之卒,卒少則入。陛下不救,則邊民絶望而有降敵之心;救之,少發則不足,多發,遠縣纔至,則胡又已去。聚而不罷,爲費甚大;罷之,則復入。如此連年,則中國貧苦而民不安矣。

[陛下幸憂邊境,遣將吏發卒以治塞,甚大惠也。然今遠方之卒守塞,一歲而更,不知胡人之能,不如選常居者,家室田作,且以備之。以便爲之高城深塹,具藺石,布渠答,復爲一城,其内城間百五十步。要害之處,通川之道,調立城邑,毋下千家,爲中周虎落。先爲室屋,具田器,廼募罪人及免徒復作,令居之;不足,募以丁奴婢贖罪及輸奴婢欲以拜爵者;不足,廼募民之欲往者。皆賜高爵,復其家。予冬夏衣,廩食,能自給而止。郡縣之民得買其爵,以自增至卿。其亡夫若妻者,縣官買予之。人情非有匹敵,不能久安其處。塞下之民,禄利不厚,不可使久居危難之地。胡人入驅而能止其所驅者,以其半予之,縣官爲贖其民。如是,則邑里相救助,赴胡不避死。非以德上也,欲全親戚而利其財也。此與東方之戍卒不習地勢而心畏胡者,功相萬也。以陛下之時,徙民實邊,使遠方亡屯戍之事,塞下之民父子相保,亡係虜之患,利施後世,名稱聖明,其與秦之行怨民,相去遠矣。

[上從其言。募民徙塞下。錯復言:

[陛下幸募民相徙以實塞下,使屯戍之事益省,輸將之費益寡,甚大惠也。下吏誠能稱厚惠,奉明法,存恤所徙之老弱,善遇其壯士,和輯其心而勿侵刻,使先至者安樂而不思故鄉,則貧民相慕而勸往矣。臣聞古之徙遠方以實廣虛也,相其陰陽之和,嘗其水泉之味,審其土地之宜,觀其草木之饒,然後營邑立城,製里割宅,通田作之道,正阡陌之界,先爲築室,家有一堂二内,門户之閉,置器物焉,民至有所居,作有所用,此民所以輕去故鄉而勸之新邑也。爲置醫巫,以救疾病,以修祭祀,男女有昏,生死相卹,墳墓相從,種樹畜長,室屋完安,此所以使民樂其處而有長居之心也。

[臣又聞古之制邊縣以備敵也,使五家爲伍,伍有長;什長一里有假士;四里一連,連有假五百;什連一邑,邑有假候;皆擇其邑之賢材,有護習地形知民心者,居則習民於射法,出則教民於應敵。故卒伍成於内,則軍正定於外。服習以成,勿令遷徙,幼則同游,

---

① 廣野案:底本原作“廣壄”,兹據萬曆本、天啓本與今本《漢書》卷四十九《爰盎晁錯傳》改。

長則共事。夜戰聲相知，則足以相救；晝戰目相見，則足以相識；驩愛之心，足以相死。如此而勸以厚賞，威以重罰，則前死不還踵矣。所徙之民非壯有材力，但費衣粮，不可用也；雖有材力，不得良吏，猶亡功也。

［陛下絶匈奴不與和親，臣竊意其冬來南也，壹大治，則終身創矣。欲立威者，始於折膠，來而不能困，使得氣去，後未易服也。愚臣亡識，唯陛下財察。

［後詔有司舉賢良文學士，錯在選中。上親策詔之，曰：

［惟十有五年九月壬子，皇帝曰：昔者大禹勤求賢士，施及方外，四極之內，舟車所至，人迹所及，靡不聞命，以輔其不逮；近者獻其明，遠者通厥聰，比善戮力，以翼天子。是以大禹能亡失德，夏以長楙。高皇帝親除大害，去亂從，并建豪英，以爲官師，爲諫爭，輔天子之闕，而翼戴漢宗也。賴天之靈，宗廟之福，方內以安，澤及四夷。今朕獲執天子之正，以承宗廟之祀，朕既不德，又不敏，明弗能燭，而智不能治，此大夫之所著聞也。故詔有司、諸侯王、三公、九卿及主郡吏，各帥其志，以選賢良明於國家之大體，通於人事之終始，及能直言極諫者，各有人數，將以匡朕之不逮。二三大夫之行當此三道，朕甚嘉之，故登大夫于朝，親諭朕志。大夫其上三道之要，及永惟朕之不德，吏之不平，政之不宣，民之不寧，四者之闕，悉陳其志，毋有所隱。上以薦先帝之宗廟，下以興愚民之休利，著之於篇，朕親覽焉，觀大夫所以佐朕，至與不至。書之，周之密之，重之閉之。興自朕躬，大夫其正論，毋枉執事。烏虖，戒之！二三大夫其帥志毋怠！

［錯對曰：平陽侯臣窋、汝陰侯臣竈、潁陰侯臣何、廷尉臣宜昌、隴西太守臣昆邪所選賢良太子家令臣錯，昧死再拜言：臣竊聞古之賢王莫不求賢以爲輔翼，故黄帝得力牧而爲五帝，先大禹得咎繇而爲三王祖，齊桓得筦子而爲五伯長。今陛下講于大禹及高皇帝之建豪英也，退托於不明，以求賢良，讓之至也。臣竊觀上世之傳，若高皇帝之建功業，陛下之德厚而得賢佐，皆有司之所覽，刻於玉版，藏於金匱，歷之春秋，紀之後世，爲帝者祖宗，與天地相終。今臣窋等迺以臣錯充賦，甚不稱明詔求賢之意。臣錯中茅，亡識知，昧死上愚對，曰：

［詔策曰"明於國家大體"，愚臣竊以古之五帝明之。臣聞五帝神聖，其臣莫能及，故自親事，處於法宮之中，明堂之上；動靜上配天，下順地，中得人。故衆生之類亡不覆也，根著之徒亡不載也；燭以光明，亡偏異也；德上及飛鳥，下至水蟲，草木諸產，皆被其澤。然後陰陽調，四時節，日月光，風雨時，膏露降，五穀熟，祆孽滅，賊氣息，民不疾疫，河出圖，洛出書，神龍至，鳳鳥翔，德澤滿天下，靈光施四海。此謂配天地，治國大體之功也。

［詔策曰"通於人事終始"，愚臣竊以古之三王明之。臣聞三王臣主俱賢，故合謀相輔，計安天下，莫不本於人情。人情莫不欲壽，三王生而不傷也；人情莫不欲富，三王厚而不困也；人情莫不欲安，三王扶而不危也；人情莫不欲逸，三王節其力而不盡也。其爲法令也，合於人情而後行之；其動衆使民也，本於人事然後爲之。取人以己，內恕及人。情之所惡，不以彊人；情之所欲，不以禁民。是以天下樂其政，歸其德，望之若父母，從之若流水；百姓和親，國家安寧，名位不失，施及後世。此明於人情終始之功也。

［詔策曰"直言極諫"，愚臣竊以五伯之臣明之。臣聞五伯不及其臣，故屬之以國，

任之以事。五伯之佐之爲人臣也,察身而不敢誣,奉法令不容私,盡心力不敢矜,遭患難不避死,見賢不居其上,受禄不過其量,不以亡能居尊顯之位。自行若此,可謂方正之士矣。其立法也,非以苦民傷衆而爲之機陷也,以之興利除害,尊主安民而救暴亂也。其行賞也,非虚取民財妄予人也,以勸天下之忠孝而明其功也。故功多者賞厚,功少者賞薄。如此,斂民財以顧其功,而民不恨者,知與而安己也。其行罰也,非以忿怒妄誅而從暴心也,以禁天下不忠不孝而害國者也。故罪大者罰重,辠小者罰輕。如此,民雖伏罪至死而不怨者,知罪罰之至,自取之也。立法若此,可謂平正之吏矣。法之逆者,請而更之,不以傷民;主行之暴者,逆而復之,不以傷國。救主之失,補主之過,揚主之美,明主之功,使主内亡邪辟之行,外亡騫汙之名。事君若此,可謂直言極諫之士矣。此五伯之所以德匡天下,威正諸侯,功業甚美,名聲章明。舉天下之賢主,五伯與焉,此身不及其臣而使得直言極諫補其不逮之功也。今陛下人民之衆,威武之重,德惠之厚,令行禁止之勢,萬萬於五伯,而賜愚臣策曰"匡朕之不逮",愚臣何足以識陛下之高明而奉承之!

[詔策曰"吏之不平,政之不宣,民之不寧",愚臣竊以秦事明之。臣聞秦始并天下之時,其主不及三王,而臣不及其佐,然功力不遲者,何也?地形便,山川利,財用足,民利戰。其所與并者六國,六國者,臣主皆不肖,謀不輯;民不用,故當此之時,秦最富彊。夫國富彊而鄰國亂者,帝王之資也,故秦能兼六國,立爲天子。當此之時,三王之功不能進焉。及其末塗之衰也,任不肖而信讒賊,宫室過度,耆欲亡極,民力罷盡,賦斂不節;矜奮自賢,群臣恐諛,驕溢縱恣,不顧患禍;妄賞以隨喜意,妄誅以快怒心,法令煩憯,刑罰暴酷,輕絶人命,身自射殺;天下寒心,莫安其處。奸邪之吏,乘其亂法,以成其威,獄官主斷,生殺自恣。上下瓦解,各自爲制。秦始亂之時,吏之所先侵者,貧人賤民也;至其中節,所侵者富人吏家也;及其末塗,所侵者宗室大臣也。是故親疏皆危,内外咸怨,離散逋逃,人有走心。陳勝先倡,天下大潰,絶祀亡世,爲異姓福。此吏不平,政不宣,民不寧之禍也。今陛下配天象地,覆露萬民,絶秦之迹,除其亂法;躬親本事,廢去淫末,除苛解嬈,寬大愛人;肉刑不用,辠人亡帑;非謗不治,鑄錢者除;通關去塞,不孽諸侯;賓禮長老,愛恤少孤;辠人有期,後宫出嫁;尊賜孝悌,農民不租;明詔軍師,愛士大夫;求進方正,廢退奸邪;除去陰刑,害民者誅;憂勞百姓,列侯就都;親耕節用,視民不奢。所爲天下興利除害,變法易故,以安海内者,大功數十,皆上世之所難及,陛下行之,道純德厚,元元之民幸矣。

[詔策曰"永惟朕之不德",愚臣不足以當之。

[詔策曰"悉陳其志,毋有所隱",愚臣竊以五帝之賢臣明之。臣聞五帝其臣莫能及,則自親之;三王臣主俱賢,則共憂之;五伯不及其臣,則任使之。此所以神明不遺,而賢聖不廢也,故各當其世而立功德焉。傳曰"往者不可及,來者猶可待,能明其世者謂之天子",此之謂也。竊聞戰不勝者易其地,民貧窮者變其業。今以陛下神明德厚,資財不下五帝,臨制天下,至今十有六年,民不益富,盗賊不衰,邊竟未安,其所以然,意者陛下未之躬親,而待群臣也。今執事之臣皆天下之選已,然莫能望陛下清光,譬之猶五帝之佐也。陛下不自躬親,而待不望清光之臣,臣竊恐神明之遺也。日損一日,歲亡一歲,日

月益暮,盛德不及究於天下,以傳萬世,愚臣不自度量,竊爲陛下惜之。昧死上狂惑中茅之愚,臣言唯陛下財擇。

[時賈誼已死,對策者百餘人,唯錯爲高第,繇是遷中大夫。]

(數上書孝文時),[錯又]言[宜]削諸侯事,及法令可更定者,書(數十上),[凡三十篇]。【數十上與數上書固重,三十篇又與後三十章重。三十篇,所更定必多可觀,惜不傳。】孝文[雖]不[盡]聽,然奇其材,(遷爲中大夫)。當是時,太子善錯計策,(袁)[爰]①盎諸大功臣多不好錯。

景帝即位,以錯爲内史。錯(常)數請間,言事輒聽,(寵)幸傾九卿,【寵幸,不成語。】法令多所更[變](定)。丞相申屠嘉心弗便,力未有以傷。内史府居太上廟(壖)[堧]中,門東出,不便,錯(乃)[廼]穿(兩)門南出,【去兩字,是。】鑿廟(壖)[堧]垣。丞相(嘉聞),大怒,欲因此過爲奏請誅錯。錯聞之,即(夜)請間,(具)爲上言之。丞相奏事,因言錯擅鑿廟垣爲門,請下廷尉誅。上曰:"此非廟垣,乃(壖)[堧]中垣,不致於法。"【致字,疑當作至。】丞相謝。罷朝,[因]怒謂長史曰:"吾當先斬以聞,乃先請,(爲兒所賣),固誤。"丞相遂發病死。錯以此愈貴。

遷爲御史大夫,請諸侯之罪過,削(其地,收)其(枝)[支]郡。奏上,上令公卿列侯宗室(集)[雜]議,莫敢難,獨竇嬰争之,(由)[繇]此與錯有(郤)[隙]。錯所更令三十章,諸侯(皆諠)[讙]譁(疾晁錯)。錯父聞之,從潁川來,謂錯曰:"上初即位,公爲政用事,侵削諸侯,(别)疏人骨肉,(人)口(議)[讓]多怨公(者),【《漢書》作口讓,多怨,不甚明。】何[爲]也?"(晁)錯曰:"固也。不如此,天子不尊,宗廟不安。"(錯)父曰:"劉氏安矣,而晁氏危(矣),【去矣字,不得。】吾去公歸矣!"遂飲藥死,曰:"吾不忍見禍(及吾)[逮]身。"

(死)後十餘日,吴楚七國(果)[俱]反,以誅錯爲名。[上與錯議出軍事,錯欲令上自將兵,而身居守]。(及)[會]竇嬰[言],(袁)[爰]盎(進説),[詔召入見,上方與錯調兵食。上問盎曰:"君嘗爲吴相,知吴臣田禄伯爲人虖?今吴楚反,於公意何如?"對曰:"不足憂也,今破矣。"上曰:"吴王即山鑄錢,煑海爲鹽,誘天下豪杰,白頭舉事,此其計不百全,豈發虖?何以言其無能爲也?"盎對曰:"吴銅鹽之利則有之,安得豪杰而誘之!誠令吴得豪杰,亦且輔而爲誼,不反矣。吴所誘,皆亡賴子弟,亡命鑄錢奸人,故相誘以亂。"錯曰:"盎策之善。"上問曰:"計安出?"盎對曰:"願屏左右。"上屏人,獨錯在。盎曰:"臣所言,人臣不得知。"廼屏錯。錯趨避東箱,甚恨。上卒問盎,對曰:"吴楚相遺書,言高皇帝王子弟各有分地,今賊臣晁錯擅適諸侯,削奪之地,以故反名

① (袁)[爰]案:底本原作一大字"袁",無墨綫勒之,後脱一小字"爰",兹據萬曆本、今本《史記》卷一百一《袁盎晁錯列傳》與今本《漢書》卷四十九《爰盎晁錯傳》補。

爲西共誅錯,復故地而罷。方今計,獨有斬錯,發使赦吴楚七國,復其故地,則兵可無血刃而俱罷。"於是上默然,良久曰:"顧誠何如?吾不愛一人謝天下。"盎曰:"愚計出此,唯上孰計之。"乃拜盎爲泰常,密裝治行。

[後十餘日,丞相青翟、中尉嘉、廷尉歐劾奏錯曰:"吴王反逆亡道,欲危宗廟,天下所當共誅。今御史大夫錯議曰'兵數百萬,獨屬群臣,不可信,陛下不如自出臨兵,使錯居守。徐、僮之旁吴所未下者可以予吴'。錯不稱陛下德信,欲疏群臣百姓,又欲以城邑予吴,亡臣子禮,大逆亡道。錯當要斬,父母妻子同産無少長皆棄市。臣請論如法。"制曰:"可。"錯殊不知。廼使中尉召錯,紿載行市],(上令晁)錯衣朝衣斬東市。【《漢書》備載錯言邊事已多,故於其死不得盡略。《史記》備載袁盎等在吴王傳,故此傳不得復詳。各得體。】

(晁)錯已死,謁者僕射鄧公爲校尉,擊吴楚(軍)爲將。還,上書言軍事,(謁)見上。上問曰:"道軍所來,聞晁錯死,吴楚罷不?"鄧公曰:"吴(王)爲反數十(年)[歲]矣,發怒削地,以誅錯爲名,其意(非)[不]在錯也。且臣恐天下之士(噤)[拑]口,不敢復言(也)[矣]!"【削地,非始錯議也。自賈生痛哭,袁盎諫淮南,意者漢廷諸臣,無不知當削,便直畏禍及己,偷安旦夕爾。錯自文帝家令時,數言上書,皇皇忠臣之用心,舍是無大者,雖其父,猶衆人之見也。以錯之智,豈不知説人骨肉,口語籍籍,貽身後與家族之憂哉!劉氏安矣,謂錯父不如趙母,指括以全其宗。不類錯父,雖愚,亦知安劉不得不爾,則其子忠也,非誤劉氏也。以何説指之後人,又教之以全其宗,則愛宗大於愛國也。立論如此,反覆皆碍。】上曰:"何哉?"鄧公曰:"夫晁錯患諸侯彊大不可制,故請削(地)[之]以尊京師,萬世之利也。計畫始行,卒受大戮,内杜忠臣之口,外爲諸侯報仇,臣①竊爲陛下不取也。"於是景帝(默)[喟]然(良久),[長息]曰:"公言善,吾亦恨之。"乃拜鄧公爲城陽中尉。

鄧公,成固人也,多奇計。建元[年]中,上招賢良,公卿言鄧(公)[先],(時鄧公)[鄧先時]免,起家爲九卿。一年,復謝病免歸。其子章以修黄老言顯[於]諸公間。

(太史公)[贊]②曰:(袁)[爰]盎雖不好學,亦善傅會,仁心爲質,引義忼慨。遭孝文初立,資適逢世。時(以)[已]變易,及吴(楚一)[壹]説,(説雖行哉),[果於用辯],(然復)[身亦]不遂。(好聲矜賢,竟以名敗)。晁錯

① 臣案:底本原作一小字"臣",無墨綫勒之,兹據萬曆本、天啓本、今本《史記》卷一百一《袁盎晁錯列傳》與今本《漢書》卷四十九《爰盎晁錯傳》改。

② (太史公)[贊]案:底本"太史公"三字本無墨綫勒之,後脱一小字"贊",兹據萬曆本、天啓本、今本《史記》卷一百一《袁盎晁錯列傳》與今本《漢書》卷四十九《爰盎晁錯傳》補。

(爲家令時,數言事不用;後擅權,多所變更。諸侯發難,不急匡救,欲報私讎,反以亡軀。語曰"變古亂常,不死則亡",豈錯等謂邪!)[鋭於爲國遠慮,而不見身害。其父睹之,經於溝瀆,亡益救敗,不如趙母指括,以全其宗。悲夫!錯雖不終,世哀其忠。故論其施行之語著於篇。]

第十八卷　張釋之　馮唐

張釋之馮唐列傳第四十二　史記一百二

張馮汲鄭傳第二十 漢書五十

張(廷尉)釋之(者),[字季,南陽]堵陽人也,(字季。有)[與]兄仲同居。【廷尉不知有劉季耶？古今尚諱道,豈有此。】以(訾)[貲]爲騎郎,事(孝)文帝,十(歲)[年]不得調,(無)[亡]①所知名。釋之曰:"久宦減仲之産,不遂。"欲(自)免歸。中郎將(袁)[爰]②盎知其賢,惜其去,乃請徙釋之補謁者。釋之既朝畢,因前言便宜事。文帝曰:"卑之,毋甚高論,令今可施行也。"【雖不見所言,即高論可想。又是③文帝真情語,便如父子間也。未見其云何,望而卑之,疑其爲高論,人情每如此。】於是釋之言秦漢之間事,秦所以失(而)漢所以興者(久之)。文帝稱善,(乃)拜釋之爲謁者僕射。

(釋之)從行,[上]④登虎圈。(上)問上林尉(諸)禽獸簿,十餘問,尉左右視,盡不能對。虎圈嗇夫從傍代尉對上所問禽獸簿甚悉,欲以觀其能口對(響)[嚮]應無窮者。【問不得不對,當時聲色,正在響應無窮,欲以觀其能,此兩語能曲盡小人情態。非此兩語,則何嫌於能對者哉？當問,尉左右視,有能對者,安得不善而奬之？復何辭可諫而止？故釋之徐論其意,然極難言,故從絳侯、東陽侯發之響應,何不可者？其利口微意,正欲觀視其能,此史意也。無此形似,則釋之爲妒,能盡職者反爲過,皆害之大者。】文帝曰:"吏不當(若是)[如此]邪？尉(無)[亡]⑤賴!"(乃)詔釋之拜嗇夫爲

---

① (無)[亡]案:底本原作一大字"亡",無墨綫勒之,前脱一大字"無",兹據萬曆本、天啓本、今本《史記》卷一百二《張釋之馮唐列傳》及今本《漢書》卷五十《張馮汲鄭傳》補。

② (袁)[爰]案:底本原作一大字"爰",無墨綫勒之,前脱一大字"袁",兹據萬曆本、天啓本、今本《史記》卷一百二《張釋之馮唐列傳》及今本《漢書》卷五十《張馮汲鄭傳》補。

③ 是案:萬曆本、天啓本作"見"。

④ [上]案:底本原作一大字"上",無墨綫勒之,兹據萬曆本、天啓本、今本《史記》卷一百二《張釋之馮唐列傳》及今本《漢書》卷五十《張馮汲鄭傳》改。

⑤ (無)[亡]案:底本原作一大字"無",無墨綫勒之,後脱一小字"亡",兹據萬曆本、天啓本、今本《史記》卷一百二《張釋之馮唐列傳》及今本《漢書》卷五十《張馮汲鄭傳》補。

上林令。釋之(久之)前曰:【何可無久之字,正是節奏處。】“陛下以絳侯周勃何如人也?”上曰:“長者(也)。”又復問:“東陽侯張相如何如人也?”【此時,又有東陽侯張相如者,而人不知。】上復曰:“長者。”釋之曰:“夫絳侯、東陽侯稱爲長者,此兩人言事曾不能出口,豈斅此嗇夫諜諜利口捷給哉!【諜諜利口捷給,極其形容,想見嗇夫得意狀。】且秦以任刀筆之吏,(吏)争以亟疾苛察相高,(然)其弊徒文具(耳),(無)[亡][①]惻隱之實。以故不聞其過,陵(遲)[夷](而)至於二世,天下土崩。【剪得文健,説得病痛,引見親切,遠在事外,句句字字,非他口辯所及。亟疾苛察相高六字,已備盡俗吏之態。至其弊,徒文具,無惻隱之實,則非長者不能言。又轉至以故不聞其過,愈深長矣。乍看如不切,細思其味,彼文具色色整齊,即便謂能事已極,肯復爲人家國思事外,恤人心,計久遠哉?故曰無惻隱之實。如此,人視敗亡如戲,固宜蒙蔽虛罔,使上不聞過,然語最厚,似隱。】今陛下以嗇夫口辯而超遷之,臣恐天下隨風靡(靡),【正要多一靡字。】争(爲)口辯(而)無其實。且下之化上疾于影(響)[嚮],舉錯不可不(審)[察]也。”文帝曰:“善。”(乃)[廼]止不拜嗇夫。

(上)就車,召釋之(參)[驂]乘,徐行[行],問釋之秦之弊。具以質言。【質字有味,即前語可想。若謂質樸,與至誠同也。】至宫,上拜釋之爲公車令。

頃之,太子與梁王共車入朝,不下司馬門,於是釋之追止太子、梁王(無)[毋][②](得)入殿門。遂劾不下公門不敬,奏之。薄太后聞之,文帝免冠謝曰:“教兒子不謹。”薄太后(乃)使使承詔赦太子、梁王,然後得入。文帝(由)[繇]是奇釋之,拜爲中大夫。

頃之,至中郎將。從行至霸陵,[上]居(北)[外]臨厠。(是)時慎夫人從,上指(示)[視]慎夫人新豐道,曰:“此走邯鄲道也。”使慎夫人鼓瑟,上自倚瑟而歌,意(慘)悽[愴]悲懷,顧謂群臣曰:“嗟乎!以北山石爲椁,用紵絮斮陳,(絮)漆其間,豈可動哉!”【寫得情景俱活,其言有死生之感。多絮,正是釋之語耳。】左右皆曰:“善。”釋之前(進)曰:“使其中有可欲(者),雖錮南山猶有(郄)[隙];使其中(無)[亡][③]可欲(者),雖(無)[亡]

---

① (無)[亡]案:底本原作一大字“無”,無墨綫勒之,後脱一小字“亡”,兹據萬曆本、天啓本、今本《史記》卷一百二《張釋之馮唐列傳》及今本《漢書》卷五十《張馮汲鄭傳》補。

② (無)[毋]案:底本原作一大字“無”,無墨綫勒之,後脱一小字“毋”,兹據萬曆本、天啓本、今本《史記》卷一百二《張釋之馮唐列傳》及今本《漢書》卷五十《張馮汲鄭傳》補。

③ (無)[亡]案:底本原作一大字“無”,無墨綫勒之,後脱一小字“亡”,兹據萬曆本、天啓本、今本《史記》卷一百二《張釋之馮唐列傳》及今本《漢書》卷五十《張馮汲鄭傳》補。

石椁,又何戚焉!”文帝稱善。其後拜釋之爲廷尉。

頃之,上行出中渭橋,有一人從橋下走(出),【出字,是獄案。】乘輿馬驚。於是使騎捕[之],屬廷尉。釋之治問。曰:“縣人來,聞蹕,匿橋下。久(之),以爲行(已)過,(即)[既]出,見(乘輿)車騎,即走耳。”(廷尉)[釋之]奏當,(一)[此]人犯蹕,當罰金。【此人勝,但一人犯,擬於法,又輕。一字,是,謂如匹字耳。】(文帝)[上]怒曰:“此人親驚吾馬,(吾)馬賴(柔)和[柔],令他馬,固不敗傷我乎?而廷尉(乃)[廼]當之罰金!”釋之曰:“法者天子所與天下公共也。今法如(此)[是](而)更重之,是法不信於民也。且方其時,上使[使]【只使字,是。】(立)誅之則已。【有立誅語,後人吹求過當,未識游說。】今(既)[已]下廷尉,廷尉,天下之平也,(一)[壹]傾(而)天下用法皆爲[之]輕重,【去而字,增之字,文是。】民安所措其手足?唯陛下察之。”[上]良久,(上)曰:“廷尉當是也。”【此一傳,《漢書》又較明潔可愛。】

其後(有)人[有]盜高廟(坐)[座]①前玉環,(捕)得,文帝怒,下廷尉治。(釋之)案(律)盜宗廟服御物者爲奏,(奏)當棄市。上大怒曰:“人(之無)[亡]道,(乃)[廼]盜先帝(廟)器,吾屬廷尉者,欲致(族)之[族],而君以法奏之,非吾所以共承宗廟意也。”釋之免冠頓首謝曰:“法如是足也。且罪等,然以逆順爲(差)[基]。【基字文雅,差字又②别,差字是,甚婉,曲言之也。】今盜宗廟器而族之,有如萬分(之)一,假令愚民取長陵一抔土,陛下[且]③何以加其法(乎)[虖]?”【所載張季皆名言,亦捷給矣。惟其言近厚,使高論,必更可觀。且字,是。】(久之),文帝與太后言之,乃許廷尉當。是時,中尉條侯周亞夫與梁相山都侯王恬(開)[啓]見釋之持議平,(乃)[廼]結爲親友。張廷尉(由)[繇]此天下稱之。

(後)文帝崩,景帝立,釋之恐,稱(病)[疾]。欲免去,懼大誅至;欲見(謝),則未知何如。用王生計,卒見謝,景帝不過也。

王生者,善爲黄老言,處士(也)。【又有王生,點綴此傳。】嘗召居廷中,(三)公(九)卿盡會立,王生老人,曰“吾襪解”,顧謂(張廷尉)[釋之]:“爲我結襪!”釋之跪而結之。【屢使結襪字,是。《史記》欲其梗直,常有此罪,不厭也。】既已,人或(謂)[讓]王生(曰):“獨奈何廷辱張廷尉[如此],

---

① (坐)[座]案:底本原作一大字“坐”,無墨綫勒之,後脱一小字“座”,兹據萬曆本、天啓本、今本《史記》卷一百二《張釋之馮唐列傳》及今本《漢書》卷五十《張馮汲鄭傳》補。

② 又案:萬曆本、天啓本作“文”。

③ [且]案:底本原作一大字“且”,無墨綫勒之,兹據萬曆本、天啓本、今本《史記》卷一百二《張釋之馮唐列傳》及今本《漢書》卷五十《張馮汲鄭傳》改。

(使跪結襪)?”王生曰:“吾老且賤,自度終(無)[亡]①益於張廷尉。(張)廷尉方(今)天下名臣,【今字好。】吾故聊(辱廷尉),使(跪)結襪,欲[故]以重之。”【故字勝,欲字遠。】諸公聞之,賢王生而重(張廷尉)[釋之]。

張廷尉[釋之]事景帝歲餘,爲淮南(王)相,猶尚以前過也。(久之),【凡五久之,皆不當去。】(釋之)[年老病],卒。其子(曰張)摯,字長公,官至大夫,免。【此處推得病字分曉,末及其子摯官云云,似謂景帝尚不能忘情於其子也。】以不能取容當世,故終身不仕。

馮唐(者,其)[祖](大)父趙人[也]。父徙代。漢興徙安陵。唐以孝著,爲(中)郎[中]署長,【郎中,是。】事文帝。(文)帝輦過,問唐曰:“父老何自爲郎?家安在?”(唐)具以實(對)[言]。文帝曰:“吾居代時,吾尚食監高祛數爲我言趙將李齊之賢,戰於鉅鹿下。(今)吾每(飯)[飲食],意未嘗不在鉅鹿也。父[老]知之乎?”【寫文帝謾問與當時感慨中語,耿耿如對。尚食飯時,言輒念之。】唐對曰:“[齊]尚不如廉頗、李牧之爲將也。”上曰:“何(以)[已]?”唐曰:“臣大父在趙時,爲官(卒)[帥]將善李牧。臣父故爲代相,善(趙將)李齊,知其爲人也。”【其慷慨激發,有用帝之意,有俠士之風,字字不可去。】上既聞廉頗、李牧爲人,良説,(而)[廼]②(搏)[拊]髀曰:“嗟乎!吾獨不得廉頗、李牧(時)爲(吾)將,(吾)豈憂匈奴哉!”唐曰:“主臣!陛下雖(得)[有]③廉頗、李牧,(弗)[不]能用也。”上怒,起,入禁中。良久,召唐讓曰:“公(奈何)衆辱我,獨(無)[亡]④間處(乎)[虖]?”【獨無間處乎,不惜寫到此,正是妙意。】唐謝曰:“鄙人不知忌諱。”

當是(之)時,匈奴新大入朝那,殺北地都尉(昂)[卬]。上以胡寇爲意,(乃)[廼]卒復問唐曰:“公何以(知)[言]吾不能用(廉)頗、(李)牧也?”唐對曰:“臣聞上古王者(之)遣將也,跪而推轂,曰(閫)[闑]以内(者),寡人制之;(閫)[闑]以外(者),將軍制之。【未必古有此語,出自其口自别。千古可誦,往復收拾具足。】軍功爵賞皆决於外,歸而奏之。此非

---

① (無)[亡]案:底本原作一大字“無”,無墨綫勒之,後脱一小字“亡”,兹據萬曆本、天啓本、今本《史記》卷一百二《張釋之馮唐列傳》及今本《漢書》卷五十《張馮汲鄭傳》補。

② [廼]案:底本原作一大字“廼”,無墨綫勒之,兹據萬曆本、天啓本、今本《史記》卷一百二《張釋之馮唐列傳》及今本《漢書》卷五十《張馮汲鄭傳》改。

③ [有]案:底本作一大字“有”,無墨綫勒之,兹據萬曆本、天啓本、今本《史記》卷一百二《張釋之馮唐列傳》及今本《漢書》卷五十《張馮汲鄭傳》補。

④ (無)[亡]案:底本原作一大字“無”,無墨綫勒之,後脱一小字“亡”,兹據萬曆本、天啓本、今本《史記》卷一百二《張釋之馮唐列傳》及今本《漢書》卷五十《張馮汲鄭傳》補。

(虚)[空]言也。臣大父言,【看他作唐語,如《國策》。】李牧[之]①爲趙將居邊,軍市之租皆自用饗士,賞賜決於外,不從中(擾)[覆]也。委任而責成功,故李牧乃得盡其(智)[知]能,(遣)選車千三百乘,彀騎萬三千[匹],百金之士十萬,是以北逐單于,破東胡,滅澹林,西抑彊秦,南支韓、魏。當是(之)時,趙幾(霸)[伯]。【本不相涉,然語次或有,此所以爲善記。】(其)後會趙王遷立,其母倡也。(王遷立,乃)[用]郭開讒,【上句不切言,遷立,是,語再合。本不用其母倡也,作唐老人知事語,又見其說之有自,言外之意宛然。】[而](卒)誅李牧,令顔聚代之。是以(兵破士北),爲秦所(禽)滅。今臣竊聞魏尚爲雲中守,(其)軍市租盡以(饗)[給]士卒,[出]私養錢五日(一)[壹](椎)[殺]牛,【語精神,即尚自言,不及此語盡精實,足以感動告君者,宜法。】[以]②饗賓客軍吏舍人,是以匈奴遠避,不近雲中之塞。虜(曾)[嘗]一入,尚(率)[帥]車騎擊之,所殺甚衆。夫士卒盡家人子,起田中從軍,安知尺籍伍符。終日力戰,斬首捕虜,上功幕府,一言不相應,文吏以法繩之。其賞不行(而)吏奉法必用。(臣)愚,以爲陛下法太明,賞太輕,罰太重。且雲中守(魏)尚坐上功首虜差六級,陛下下之吏,削其爵,罰作之。(由)[繇]此言之,陛下雖得(廉頗)、李牧,(弗)[不]能用也。臣誠愚,觸忌諱,死罪(死罪)!"【八字懇懇可念,上言士卒,切切近於人情,語已甚憤。至其賞不行,奉法必用怨甚,如何去一而字?辭氣正在而字,跌得怨甚。三太字明潔。可以已矣,復出雲中守魏尚如案如結。回視初起,豪發傾倒,豈有不能吐而止哉?字字憤激。最後一語,情盡辭直,却多一死罪字。】文帝説。是日令(馮)唐持節赦魏尚,復以爲雲中守,而拜唐爲車騎都尉,主中尉及郡國車士。

(七)[十]年,景帝立,以唐爲楚相,(免)。武帝(立)[即位],求賢良,舉(馮)唐。唐時年九十餘,不能(復)爲官,(乃)[廼]以(唐)子(馮)遂爲郎。遂字王孫,亦奇士,(與余善)。【此三字,他人所不必者,孰知其切於傳記哉!】[魏尚,槐里人也。]

(太史公)[贊]③曰:張(季)[釋之]之(言長者),守法(不阿意);馮(公)[唐]之論將(率,有味哉!有味哉!語曰"不知其人,視其友"。二君

① [之]案:底本原作一大字"之",無墨綫勒之,兹據萬曆本、天啓本、今本《史記》卷一百二《張釋之馮唐列傳》及今本《漢書》卷五十《張馮汲鄭傳》改。

② [以]案:底本原作一大字"以",無墨綫勒之,兹據萬曆本、天啓本、今本《史記》卷一百二《張釋之馮唐列傳》及今本《漢書》卷五十《張馮汲鄭傳》改。

③ (太史公)[贊]案:底本"太史公"三字本無墨綫勒之,後脱一小字"贊",兹據萬曆本、天啓本、今本《史記》卷一百二《張釋之馮唐列傳》及今本《漢書》卷五十《張馮汲鄭傳》補。

之所稱誦,可著廊廟。《書》曰"不偏不党,王道蕩蕩;不党不偏,王道便便"。張季、馮公近之矣)。[汲黯之正直,鄭當時之推士,不如是,亦何以成名哉!楊子以爲孝文親詘帝尊以信亞夫之軍,曷爲不能用頗、牧彼將有激云爾。]【二傳皆一時之言,見文帝君臣如家人父子,班固雜以汲、鄭,即不類。至贊謂不如是,亦何以成名哉,謬矣。語適有當,豈知窮愁著書,崎嶇世故,而僥倖不朽,爲此言哉!此贊所謂不知其人,視其友,以前傳皆有袁盎、周亞夫、王開、魏尚,非無爲言之也。固用子長語,於此失之。子雲詳論事情,已不相似,不堪引用。】

第十九卷　吴王濞

吴王濞列傳第四十六　史記一百六

荆燕吴傳第五 漢書三十五

吴王濞(者),高帝兄(劉)仲之子也。高帝(已定天下七年),立(劉)仲爲代王。【仲,庸才,故能田作耳。】(而)匈奴攻代,(劉)仲不能堅守,棄國(亡),間行走雒陽,自歸(天子)。天子(爲骨肉故),不忍致法,廢(以)爲(郃)[合]①陽侯,[子濞封爲沛侯]。【入沛侯,是。】(高帝十一年秋,淮南王英)[黥]布反,(東并荆地,劫其國兵,西渡淮,擊楚),高帝自將往誅之。【黥布事迹,贅,且不明。】(劉仲子沛侯)濞年二十,(有氣力),以騎將從破布軍(蘄西會甀,布走)。【會甀字,多。布走,可嘆。】荆王劉賈爲布所殺,無後。上患吴、會稽輕悍,無壯王(以)填之,諸子少,乃立濞於沛爲吴王,王三郡五十三城。已拜受印,高(帝)[祖]召濞相之,(謂)曰:"若狀有反相。"(心)獨悔,業已拜,因拊其背,(告)曰:"漢後五十年東南有亂(者),豈若耶?然天下同姓(爲)一家(也),慎無反!"濞頓首曰:"不敢。"【秦漢以來,必多讖緯之説。後五十年與東南皆當時説,直非高祖能前知與蓄積必至也。惟相其反狀,有見悔不及,英主閱事矯情往往如此。拊背等語,任運慨然。應劭曰:"克期五十,占者所知。"如淳曰:"度其貯積足用爲難。"《索隱》曰:"案應氏之意,以後五十年東南有亂,本是占氣者所説,高祖素聞,故以戒濞。"如淳之説,亦合事理。】

會孝惠、高后時,天下初定,郡國諸侯各務自拊循其民。吴有豫章郡銅山,(濞則)[即]招致天下亡命者(益)[盗]鑄錢,[東]煮海水爲鹽,【吴錢行,非盗鑄也。盗字,是。爲添東字,差美。】以故無賦,國用(富)饒[足]。

孝文(帝)時,吴太子入見,得侍皇太子飲博。吴太子師傅皆楚人,輕悍,又素驕,博,争道,不恭,皇太子引博局提吴太子,殺之。於是遣其喪歸

① (郃)[合]案:底本原作一大字"郃",無墨綫勒之,後脱一小字"合",玆據萬曆本、天啓本、今本《史記》卷一百六《吴王濞列傳》及今本《漢書》卷三十五《荆燕吴傳》補。

葬。(至)吴,吴王愠曰:"天下(同)[一]宗,死長安即葬長安,何必來葬(爲)!"復遣喪之長安葬。吴王由(此)[是怨望],稍失藩臣(之)禮,稱(病)[疾]不朝。京師知其以子故(稱病不朝),驗問實不病,諸吴使來,輒繫責治之。吴王恐,[所](爲)謀滋甚。【所字,拙。】及後使人爲秋請,上復責問吴使者,使者(對)曰:"(王實不病,漢繫治使者數輩,以故遂稱病。且夫)'察見淵中魚,不祥'。今[吴]①王始詐(病)[疾],【吴本理不直,由使者言之,則詐情遂直。】及覺,見責急,愈益閉,恐上誅之,計乃無聊。唯上(棄之而)與更始。"【棄之字,不可。無一而字,多少清切。】於是天子(乃)[皆]赦吴使者歸之,而賜吴王几杖,老,不朝。【老字,下得妙。】吴得釋其(罪),謀亦益解。然其居國以銅鹽故,百姓無賦。【重出無賦,又見其得民之實。】卒踐更,輒(與)[予]②平賈。【高下與直適同平。】歲時存問茂材,賞賜閭里。(佗)[它]郡國吏欲來捕亡人者,(訟)[頌]共禁(弗)[不](予)[與]③。【訟作頌,音義同,謂略禁繫之如囚,使不可得也,最是語簡意足。】如此者(四)[三]十餘年,以故能使其衆。

晁錯爲太子家令,得幸[皇]太子,【皇字是,嫌於吴。】數從容言吴過可削。數上書説(孝文帝④)[之],【既從容言,又上書説,得錯極拳拳,非一旦語。八字得大概,動人聽。】文帝寬,不忍罰,以此吴[王]日益横。及(孝)景帝即位,錯爲御史大夫,説上曰:"昔高帝初定天下,昆弟少,諸子弱,大封同姓,故(王)孽子悼惠王王齊七十(餘)[二]城,庶弟元王王楚四十(餘)城,兄子(濞)王吴五十餘城:封三庶孽,分天下半。今吴王前有太子之(郤)[隙],詐稱病不朝,於古法當誅。文帝(弗)[不]忍,因賜几杖,德至厚[也]。【德至厚,是老人語。】[不](當)改過自新,(乃)[廼]益驕(溢)[恣],[公]即山鑄錢,煮海(水)爲鹽,誘天下亡人,謀作亂[逆]。今削之亦反,不削(之)亦反。削之,其反亟,禍小;不削[之],[其]反遲,禍大。"【增公字,又緊,利害明盡,語精到。不用《漢書》,倒置自佳。不削、反遲、禍大,六字三語,如注於耳。】三年冬,楚王[來]朝,(晁)錯因言楚王戊往年爲薄太后服,私奸服舍,請誅之。詔赦,(罰)削東海郡。(因削吴之豫章郡、會稽郡)。

---

① [吴]案:底本原作一大字"吴",無墨綫勒之,兹據萬曆本、天啓本、今本《史記》卷一百六《吴王濞列傳》及今本《漢書》卷三十五《荆燕吴傳》改。

② (與)[予]案:底本原作一大字"予",無墨綫勒之,前脱一大字"與",兹據萬曆本、天啓本、今本《史記》卷一百六《吴王濞列傳》及今本《漢書》卷三十五《荆燕吴傳》補。

③ (予)[與]案:底本原作一大字"予",無墨綫勒之,後脱一小字"與",兹據萬曆本、天啓本、今本《史記》卷一百六《吴王濞列傳》及今本《漢書》卷三十五《荆燕吴傳》補。

④ 孝文帝案:底本"文帝"前原脱"孝"字,兹據萬曆本、天啓本、今本《史記》卷一百六《吴王濞列傳》及今本《漢書》卷三十五《荆燕吴傳》補。

【此數字,删得正。】及前二年趙王有罪,削其(河間)、[常山]郡。膠西王卬以賣爵[事]有奸,削其六縣。

漢廷臣方議削吴。吴王(濞)恐削地無已,因[欲](以此)發謀,(欲)舉事。念諸侯無足與計(謀)者,聞膠西王勇,好(氣,喜)兵,諸(齊)[侯]①皆(憚)畏[憚之],於是乃使中大夫應高(誂)[口説]膠西王。【誂字,有商量,有描寫。】(無文書,口報)曰:"吴王不肖,有(宿夕)[夙夜]之憂,不敢自外,使[使臣]②喻其(歡)[愚]心。"【不肖,謂其鄙陋,無所象似也。只宿夕兩字便深切,謂夜以計之也。且説歡心,亦是譎辭,游説之常體,不必改,三語深切形容。】王曰:"何以教之?"高曰:"今者主上(興於奸,飾於)[任用]邪臣,(好小善),聽[信]讒賊,(擅)變更律令,【與奸,謂前無此怪事。飾於邪臣,謂與爲一片。好小善,直謂利其土地。此皆罪狀。】侵(奪)[削]諸侯(之地),徵求滋多,誅罰良(善)[重],【良善,言其懦也。下有甚字,則重字復。】日以益甚,(里)語有之[曰],'(舐)[狧]糠及米'。吴與膠西,知名諸侯也,一時見察,(恐)不得安肆矣。【恐字,婉,是説辭。】吴王身有内(病)[疾],不能朝請二十餘年,常患見疑,無以自白,(今)脅肩(累)[絫]足,猶懼不見釋。竊聞大王以爵事有(適)[過],所聞諸侯削地,罪不至此,此恐不(得)[止]削地而已。"王曰:"(然),有之。子將奈何?"【不得止削地而已,真説口。王謂曲,當須然字。】高曰:"同惡相助,同好相留,同情相(成)[求],同欲相趨,同利相死。今吴王自以(爲)與大王同憂,願因時循理,棄軀以除患(害)於天下,(億)[意]亦可乎?"【意字,是。億,疑古語有此言。】[膠西]王瞿然駭曰:"寡人何敢如是?(今)主上雖急,固有死耳,安得不(載)[事]?"【急,謂刻意。載字,勝。】高曰:"御史大夫(晁)[朝]錯,(熒)[營]惑天子,侵奪諸侯,蔽忠塞賢,朝廷疾怨,諸侯皆有(倍畔)[背叛]之意,人事極矣。彗星出,蝗蟲(數)起,【本極言主上,轉至晁錯。熒惑二字,初見,最工,復雜以災異,得語勢。至愁勞,聖人之所以起,若能言。】此萬世一時,而愁勞聖人(之)所以起也。【以愁勞爲句,甚非也。之字,節不得。】(故)吴王(欲)内以(晁)[朝]錯爲(討)[誅],【討字,是。此辯士乃知淺深變化,語皆醖藉可觀,間著一兩語,并盡大略。】外(隨)[從]大王后車,(彷徉)[方洋]天下,所鄉者降,所指者下,(天下)莫敢不服。大王誠幸而許之一言,則吴王率楚王略函谷關,守滎陽敖倉之粟,距漢兵。治次舍,須大王。

① (齊)[侯]案:底本"齊"字後原脱一小字"侯",兹據萬曆本、天啓本、今本《史記》卷一百六《吴王濞列傳》及今本《漢書》卷三十五《荆燕吴傳》補。

② [使臣]案:底本小字"臣"前原脱一小字"使",兹據萬曆本、天啓本、今本《漢書》卷三十五《荆燕吴傳》補。

大王(有)幸而臨之,則天下可并,兩主分割,不亦可乎?"王曰:"善。"(高)歸報吴王,(吴王)猶恐其不(與)[果],乃身自爲使[者],[至](使於)膠西,面(結)[約]之。

膠西群臣或聞王謀,諫曰○《漢書》接下文"諸侯地"①:"承一帝,(至樂也),[尚云不易],(今大王與吴西鄉,第)[假]令事成,兩主分争,患乃(始結)[益生]。○《漢書》連下文"王不聽"②。諸侯(之)地不(足)[能]爲漢(郡)什二,(而)爲(畔)[叛]逆以憂太后,非(長策)[計]也。"○《漢書》連上文"今承一帝"③。【諸侯地不能爲漢郡什二,爲叛逆以憂太后,非計也。今承一帝,尚云不易,假令事成,兩主分争,患乃益生。《漢書》語甚勤,然不及此。】王(弗)[不]聽,遂發使約齊、菑川、膠東、濟南、(濟北),皆許諾,(而曰"城陽景王有義,攻諸吕,勿與,事定分之耳)"。【濟北字,不當去。使人精神,意思感動,如見當日,正在而曰以下數語。人情有此,是諸王策。其間有不從者,又不忍害之,故先言後日所處以説之,亦不可無此數字。】

諸侯既新削罰,(振)[震]恐,多怨(晁)錯。及削吴會稽、豫章郡書至,則吴王先起兵,(膠西正月戊午)誅漢吏二千石以下,[膠西]④、膠東、菑川、濟南、楚、趙亦(然),[皆反],(遂)發兵西。齊王後悔,(飲藥自殺,畔)[背]約[城守]。【王與膠西王約,或是令膠西先起,至正月戊午,乃誅漢吏起耳。此正月丙午與齊王飲藥自殺,皆實。】濟北王城壞未完,其郎中令劫守(其)王,不得發兵。膠西[王、膠東王]爲渠率,(膠東)[與]菑川、濟南共攻圍臨菑。趙王遂亦(反),陰使匈奴與連兵。【膠西獨爲渠率,似亦是。去反字,是。】

七國之發也,吴王悉其士卒,下令國中曰:"寡人年六十二,身自將。少子年十四,亦爲士卒先。諸年上與寡人(比)[同],下與少子等(者),皆發。"(發)二十餘萬人。南使閩(越)、東越[閩],東越亦發兵從。

孝景(帝)[前]三年正月甲子,初起兵於廣陵。西涉淮,因并楚兵。發使遺諸侯書曰:"吴王劉濞敬問膠西王、膠東王、菑川王、濟南王、趙王、楚王、淮南王、衡山王、廬江王、故長沙王子:幸教(寡人)!以漢有賊臣[錯],無功天下,【來得悲壯,古語如此自妙。首言諸王幸教我,是老成語,無錯字不可。漢有賊臣,無功天下,是,甚切當。】侵奪諸侯[之]地,使吏劾繫訊治,

① 萬曆本、天啓本此條作"接下'諸侯地,不能爲漢'"。
② 萬曆本、天啓本此條作"連下'王不聽'"。
③ 萬曆本、天啓本此條作"連上'承一帝'"。
④ [膠西]案:底本小字"西"前原作一大字"膠",兹據萬曆本、天啓本、今本《史記》卷一百六《吴王濞列傳》及今本《漢書》卷三十五《荆燕吴傳》改。

以(僇)[侵]辱之爲故,【故者,常也,以爲常事,語好。】不以諸侯人君禮遇劉氏骨肉,絶先帝功臣,進任奸人(宂,詿)[誑]亂天下,欲危社稷。陛下多病志(失)[逸],【詿字好。志失字,是形容。】不能省察。欲舉兵誅之,謹聞教。敝國雖狹,地方三千里;人[民]雖少,精兵可具五十萬。寡人素事南越三十餘年,其王[諸]君皆不辭分其(卒)[兵]以隨寡人,又可得三十(餘)萬。寡人雖不肖,願以身從諸王。[南]越直長沙者,因王子定長沙以北,【《漢書》雖注,終未能喻。如淳曰:"南越直長沙者,因王子定之。"師古曰:"直,當也,言越地之北當長沙也。"】西走蜀、漢中。告越、楚王、淮南三王,與寡人西面;齊諸王與趙王定河間、河内,或入臨晋關,或與寡人會雒陽;燕王、趙王(固)[故]與胡王有約,燕王北定代、雲中,(摶)[轉]胡衆入蕭關,【摶音團,謂生聚其衆入關,《漢書》作轉,非。團,猶塊也。】走長安,匡正天(子)[下],以安高廟。願王勉之。楚元王子、淮南三王或不沐洗十餘年,怨入骨髓,欲(一)[壹]有所出(之)久矣,【又寫出楚、淮南,恨意何甚也。】寡人未得諸王之意,未敢聽。今諸王苟能存亡繼絶,振弱伐暴,以安劉氏,社稷(之)所願也。【之字,去不得。】(敝)[吴]國雖貧,寡人節衣食(之)用,積金錢,修兵革,聚(穀)[粮]食,夜以繼日,三十餘年矣。凡[皆]爲此,【皆字嫩。】願諸王勉(用)之。【有用字,是。】能斬捕大將者,賜金五千斤,封萬户;列將,三千斤,封五千户;裨將,二千斤,封二千户;二千石,千斤,封千户;(千石,五百斤,封五百户):皆爲列侯。其以軍若城邑降者,卒萬人,邑萬户,如得大將;【語意傾人,亦非後來所有,何秦漢間風氣慷慨如此?後人修史,此等反書或不録,第反書聞亦足矣。】人户五千,如得列將;人户三千,如得裨將;人户千,如得二千石;其小吏皆以差次受爵金。佗封賜皆倍(常)[軍]①法。其有故爵邑者,更益勿因。願諸王明以令士大夫,(弗)[不]敢欺也。寡人金錢在天下者往往而有,非必取於吴,諸王日夜用之(弗)[不]能盡。有當賜者告寡人,寡人且往遺之。敬以聞。"

七國反書聞(天子),天子乃遣太尉條侯周亞夫將三十六將軍,往擊吴楚;遣曲周侯酈寄擊趙;將軍欒布擊齊;大將軍竇嬰屯滎陽,監齊趙兵。

[初],吴楚反書聞,兵未發,竇嬰(未行),言故吴相(袁)[爰]盎。(盎時家居,詔)召入見。○此下至"唯上孰計之",《漢書》入《鼂錯》傳。上方與(鼂)錯調兵(笇軍)食,上問(袁)盎曰:"君嘗爲吴相,知吴臣田禄伯爲人乎?今吴楚反,於公[意]何如?"對曰:"不足憂也,今破矣。"上曰:"吴王即山鑄錢,

① (常)[軍]案:底本原作一大字"軍",無墨綫勒之,前脱一大字"常",兹據萬曆本、天啓本、今本《史記》卷一百六《吴王濞列傳》及今本《漢書》卷三十五《荆燕吴傳》補。

煮海(水)爲鹽,誘天下豪桀,白頭舉事。(若)此,其計不百全,豈發乎?何以言其無能爲也?"(袁)盎對曰:"吴(有)銅鹽[之]①利則有之,安得豪杰而誘之!誠令吴得豪杰,亦且輔(王)[而]爲義,不反矣。吴所誘皆無賴子弟、亡命、鑄錢奸人,故相(率)[誘]以(反)[亂]。"(晁)錯曰:"(袁)盎策之善。"上問曰:"計安出?"盎對曰:"願屏左右。"上屏人,獨錯在。盎曰:"臣所言,人臣不得知(也)。"乃屏錯。錯趨避東厢,(恨)甚[恨]②。上卒問盎,○以下至"無血刃俱罷"一段,《錯傳》與《漢濞》兩見,文大同小異。《漢濞傳》於"召入見"下接云"上問以吴楚之計"③。盎對曰:"吴楚相遺書,曰'(高皇帝王子弟各有分地,今)賊臣晁錯擅適(過)諸侯,削奪之地'。(故)以[故]反,(爲)名[爲]西共誅(晁)錯,復故地而罷。方今計獨[有]斬(晁)錯,發使赦(吴楚)七國,復其故(削)地,則兵可(無)[毋]④血刃而俱罷。"【盎直言其不足憂耳,本有何策?皆游談。獨錯在,復屏錯,非言錯而何?孰謂錯智囊哉?盎之反覆見于俯仰,當景帝言白頭舉事時,憂恐如不枝梧,盎已得其間矣。使錯即折之,不患無説,遂如反者,謂誅錯以謝,在他人且不平也。觀朝廷劾錯居守語,亦必欲加之罪耳,故論錯發難之端,而身處其逸,欲上親征以處其勞,故袁盎得而間之,彼信誤矣。《漢書》名爲誅錯,甚是,不用晁字。】(於是上嘿然良久,曰:"顧誠何如,吾不愛一人以謝天下。"盎曰:"臣愚計無出此),(願)[唯](上孰計之)。"[《漢書·濞傳》"血刃而俱罷"下云"上從其議,遂斬錯",語具在盎傳。](乃拜)[以]盎爲太常,[奉宗廟,使吴王],吴王弟子德侯爲宗正。○《漢書》此下直接下文"輔親戚"⑤。(盎)[密](裝治行)。【有密字,别。】(後十餘日,上使中尉召錯,紿載行東市。錯衣朝衣斬東市。)○《漢書》自"密裝"至此,雜見錯傳。(則遣袁盎奉宗廟,宗正)輔親戚,使(告)[至]吴(如盎策。至吴),吴楚兵已攻梁壁矣。宗正以親故,先入見,諭吴王(使)拜受詔。吴王聞(袁)盎來,亦知其欲説(己),笑而應曰"我已爲東帝,尚(何)誰拜?"不肯見盎而留(之)軍中,欲劫使將。盎不肯,使人圍守,且殺之,盎得夜(出,步)亡(去),走梁(軍),遂歸報。【盎謂誅錯則七國當罷,

---

① (之)案:底本原作一大字"之",無墨綫勒之,兹據萬曆本、天啓本、今本《史記》卷一百六《吴王濞列傳》及今本《漢書》卷四十九《爰盎晁錯傳》改。

② 甚[恨]案:底本"甚"字後原脱一小字"恨",兹據萬曆本、天啓本、今本《漢書》卷四十九《爰盎晁錯傳》補。

③ 萬曆本、天啓本此注作"自上方與錯至此以下,至'無血刃俱罷'一段,《漢書》入《錯傳》,後文大同小異"。

④ (無)[毋]案:底本原作一大字"無",無墨綫勒之,後脱一小字"毋",兹據萬曆本、天啓本、今本《史記》卷一百六《吴王濞列傳》及今本《漢書》卷三十五《荆燕吴傳》補。

⑤ 萬曆本、天啓本此條注作"下接下'輔親戚'"。

誅錯而無益于罷,歸報何事?甚矣,景帝之惑!】

條侯將乘六乘傳,會兵滎陽。至雒陽,見劇孟,喜曰:"七國反,吾乘傳至此,不自意全。又以爲諸侯已得劇孟,(劇)孟今無動。吾據滎陽,[滎陽]以東無足憂者。"【不用滎陽,可。】至雒陽,問[故]父絳侯(故)客鄧都尉曰:"策安出?"【鄧都尉之策,在吴已攻梁,梁已城守,後直教以勿救梁耳。此非亞夫所及。此客在劇孟上。亞夫至雒陽,始自請得便宜,守其策。初出兵時,慮不及此,而傳可互見。若不知梁,又不知吴,難與議此。】客曰:"吴兵鋭甚,難與争鋒。楚兵輕,不能久。方今爲將軍計,莫若引兵東北壁昌邑,以梁委吴,吴必盡鋭攻之。將軍深溝高壘,使輕兵絶淮泗口,塞吴饟道。[使](彼)吴梁相敝而粮食竭,【彼吴梁相敝,彼字好。】乃以全(彊)制其(罷)極,破吴必矣。"條侯曰:"善。"從其策,遂堅壁昌邑南,【南字,定屬下句。】輕兵絶吴饟道。

吴王之初發也,吴臣田禄伯爲大將軍。田禄伯曰:"兵屯聚而西,無佗奇道,難以(就)[立]功。臣願得五萬人,别循江淮而上,收淮南、長沙,入武關,與大王會,此亦一奇也。"【兵間常有此奇,第此間道甚遠,不切。淮南、長沙,當以事牽之。國何以取此?徒驚擾疑惑。惟其太子語真實可鑒,爲奸雄尔。大難,焉往而不凜凜!】吴王太子諫曰:"王以反爲名,此兵難以藉人,(藉)人亦且反王,奈何?且擅兵而别,多佗利害,(未可知也),徒自損耳。"吴王即不許田禄伯。

吴少將桓將軍説王曰:"吴多步兵,步兵利險;漢多車騎,車騎利平地。願大王所過城(邑)不下,直(棄)去,疾西據雒陽武庫,食敖倉粟,阻山河之險以令諸侯,雖(毋)[無]①入關,天下固以定矣。(即)大王徐行,留下城邑,漢軍車騎至,馳入梁楚之郊,事敗矣。"【此少將,明言天下之大計也。一傳三奇,田禄伯奇,周丘奇,然不及此數語别自有。所謂雖毋入関,天下固以定,人那得知!】吴王問[吴]諸老將,老將曰:"此少年推鋒(之計)可耳,安知大慮(乎)!"【推鋒者,謂一往不顧也。孰知利鈍政在此哉?寫得有形似。】於是王不用桓將軍計。

(吴)②王專并將其兵,未渡淮,諸賓客皆得爲將、校尉、[行間]、候司馬,獨周丘不(得)用。【諸賓客皆得將,輕進浮薄可見。傳語如此,最警。】周丘者,下邳人,亡命吴,酤酒無行,(吴)王(濞)薄之,(弗)[不]任。周丘

① (毋)[無]案:底本原作一大字"毋",無墨綫勒之,後脱一小字"無",兹據萬曆本、天啓本、今本《史記》卷一百六《吴王濞列傳》及今本《漢書》卷三十五《荆燕吴傳》補。

② 吴案:底本脱此字,兹據萬曆本、天啓本、今本《史記》卷一百六《吴王濞列傳》及今本《漢書》卷三十五《荆燕吴傳》補。

[乃]上謁,説王曰:"臣以無能,不得待罪行間。臣非敢求有所將[也],【却要也字。】願(得)[請]王一漢節,必有以報王。"(王)乃予之。【不言何所爲,遂付之,亦輕。】周丘得節,夜馳入下邳。下邳時聞吴反,皆城守。至傳舍,召令。(令)入户,使從者以罪斬令。遂召昆弟所善豪吏告曰:"吴反兵且至,(至),屠下邳不過食頃。今先下,家室必完,能者封侯[至]矣。"【何以至爲?】出乃相告(曰),下邳皆下。周丘一夜得三萬人,使人報吴王,遂將其兵北略城邑。比至陽城,兵十餘萬,破城陽中尉軍。聞吴王敗走,自度無與共成功,即引兵歸下邳。未至,(疽)[癰]發背死。

二月(中),吴王兵既破,敗走,於是天子制詔將軍(曰):【此處先見兵敗,亦是敘事之變。上聞吴敗,謂事後迂遠,覆出,故難。若吴王兵既破敗走,天子乃詔,又與上聞敗不同,頗碍,《漢書》不當因也。】"蓋聞爲善者,天報(之)以福;爲非者,天報(之)以殃。高皇帝親(表)[垂]功德,【詔書稱天,語甚直,諸不在言者,古作之厚也。親表功德與垂字義遠,表字是當時詔意,謂漢恩且欲繼絶,則削地非願也。增一而字,上下不甚通。】建立諸侯,幽王、悼惠王絶無後,孝文皇帝哀憐加惠,王幽王子遂、悼惠王子卬等,令奉其先王宗廟,爲漢藩國,德配天地,明并日月。【止言幽、悼,則於吴王濞何與焉?本詔語而此無他潤色。《漢書》增而字及謀字、伐字,皆非是。最後削二字,是。】[而]吴王濞(倍)[背]①德反義,誘受天下亡命辠人,亂天下幣,稱(病)[疾]不朝二十餘年,有司數請濞罪,孝文皇帝寬之,欲其改行爲善。今乃與楚王戊、趙王遂、膠西王卬、濟南王辟光、菑川王賢、膠東王雄渠約從[謀]反,【約從反,三字是,似悔誅錯。】爲逆無道,起兵以危宗廟,賊殺大臣及漢使者,迫劫萬民,[伐](夭)殺無罪,燒殘民家,掘其丘(冢)[壟],甚爲[虐]暴(虐)。(今)卬等又重逆無道,燒宗廟,鹵御物,朕甚痛之。朕素服避正殿,將軍其勸士大夫擊反虜。擊反虜者,深入多殺爲功,斬首捕虜比三百石以上(者)皆殺(之),無有所置。敢有議詔及不如詔者,皆要斬。"

初,吴王之渡淮,與楚王遂西敗棘壁,乘勝[而]前,【亦不須而字。】鋭甚。梁孝王恐,遣(六)將軍擊[之](吴),又敗梁兩(將)[軍],士卒皆還走(梁)。梁數使使報條侯求救,條侯不許。【謂其有憾於楚也。】又使使(惡)[訴]條侯於上,上使人告條侯救梁,(復)[又]守便宜不行。梁使韓安國及楚死事相弟張羽爲將軍,【使楚死事相三字,具見奇。】乃得頗敗吴兵。吴兵欲西,梁城守(堅),不敢西,即走條侯軍,會下邑。欲戰,條侯壁,不肯

① (倍)[背]案:底本原作一大字"倍",無墨綫勒之,後脱一小字"背",兹據萬曆本、天啓本、今本《史記》卷一百六《吴王濞列傳》及今本《漢書》卷三十五《荆燕吴傳》補。

戰。吴粮絶,卒饑,數挑戰,遂夜奔條侯壁,驚東南。條侯使備西北,果從西北[不得]入。【亦不須增不得入字。】吴大敗,士卒多饑死,(乃)畔散。於是,吴王乃與其(麾)[戲]下壯士(數)千人夜亡去,渡(江走)[淮],奔丹徒,保東越。東越兵可萬餘人,(乃)使人收聚亡卒。漢使人以利啖東越,東越即紿吴王,吴王出勞軍,(即)使人鏦殺吴王,盛其頭,馳傳以聞。吴王(子子華)、[太]子駒亡走閩越。吴王之棄(其)軍亡也,軍遂潰,往往稍降太尉[條侯及]梁軍。楚王戊軍敗,自殺。

三王之圍齊臨菑也,三月不能下。漢兵至,膠西、膠東、菑川王各引兵歸[國]。膠西王(乃袒)[徒]跣,席槁,飲水,謝太后。王太子德曰:“漢兵(遠)[還],【遠與還異,遠字長。以太子語與弓高侯狀,皆他人以爲不足書,書亦不必備者。】臣觀之已罷,可襲,願收(大)王餘兵擊之,不勝,(乃)[而]逃入海,未晚也。”王曰:“吾士卒皆已壞,不可(發)用。”【發,有再動意。】(弗)[不]①聽。漢將弓高侯穨當遺王書曰:“奉詔誅不義,降者(赦)[除]其罪,復故;不降者滅之。王何處,須以從事。”王肉袒叩頭漢軍壁,謁曰:“臣卬奉法不謹,驚駭百姓,乃苦將軍遠道至於窮國,敢請菹醢之罪。”弓高侯執金鼓見之,曰:“王苦軍事,願聞王發兵狀。”王頓首(膝)[鄰]②行對曰:“今者,晁錯天子用事臣,變更高皇帝法令,侵奪諸侯地。卬等以爲不義,恐其敗亂天下,七國發兵,且以誅錯。今聞錯已誅,卬等謹以罷兵歸。”將軍曰:“王苟以錯[爲]不善,【何用爲字?】何不以聞?及未有詔虎符,擅發兵擊義國。以此觀之,意非[徒]欲誅錯也。”乃出詔書爲王讀之。(讀之訖),【只合删去訖字。】曰:“王其自圖[之]。”王曰:“如卬等死有餘罪。”遂自殺。太后、太子皆死。膠東、菑川、濟南王皆[伏誅](死),(國除,納于漢)。【五字去,是。】酈將軍(圍)[攻]趙,十月而下之,趙王自殺。濟北王以劫故,(得)不誅,(徙王菑川)。

初,吴王首反,并將楚兵,連齊、趙。正月起(兵),三月皆破[滅],(獨趙後下。復置元王少子平陸侯禮爲楚王,續元王后。徙汝南王非王吴故地,爲江都王)。

(太史公)[贊]③曰:吴王(之王,由父省也)。【一省字,見其初獨因滅

① (弗)[不]案:底本原作一大字“弗”,無墨綫勒之,後脱一小字“不”,兹據萬曆本、天啓本、今本《史記》卷一百六《吴王濞列傳》及今本《漢書》卷三十五《荆燕吴傳》補。

② (膝)[鄰]案:底本原作一大字“膝”,無墨綫勒之,後脱一小字“鄰”,兹據萬曆本、天啓本、今本《史記》卷一百六《吴王濞列傳》及今本《漢書》卷三十五《荆燕吴傳》補。

③ (太史公)[贊]案:底本“太史公”三字本無墨綫勒之,後脱一小字“贊”,兹據萬曆本、天啓本、今本《史記》卷一百一《袁盎晁錯列傳》與今本《漢書》卷四十九《爰盎晁錯傳》補。

削其父,遂王其子。今其子以削故叛,老人更事,口語喟然,此觸彼應。此省字與廢字同義。】[擅山海之利],能薄(賦)斂,[以]使其衆,(以擅山海利)。逆亂之萌,自其子興。(争技發難,)【技,謂博勝也。】(卒亡其本;親越謀宗,竟以夷隕。鼂錯爲國遠慮,禍反近身。袁盎權説,初寵後辱。故)古者諸侯(地)不過百里,山海不以封。“(毋親夷狄,以疏其屬)”,蓋(謂吴邪)?[防此矣。鼂錯爲國遠慮,禍反及身。]“毋爲權首,(反)[將]受其咎”,豈[謂](盎)、錯[哉](邪)?【贊有惜錯意,又有快盎意,終不白。】

第二十卷　竇嬰　田蚡　灌夫

魏其武安侯列傳第四十七　史記一百七

竇田灌韓傳第二十二 漢書五十二

(魏其侯)竇嬰(者),[字王孫],孝文[皇]后從兄子也。父世觀津人[也]。喜賓客。孝文時,(嬰)爲吴相,病免。【無嬰字,則疑於世矣。】孝景(初)即位,爲詹事。

[帝弟]梁孝王(者,孝景弟也),【弟也,豈不甚明。】(其)母竇太后愛之。(梁)孝王朝,因[燕]昆弟(燕)飲。是時上未立太子,酒酣,[上]從容(言)曰:"千秋[萬歲](之)後傳(梁)王。"太后歡。(竇)嬰引巵酒進上,曰:"天下者,高祖天下,父子相傳,(此)漢之約也,上何以得(擅)傳梁王!"太后由此憎(竇)嬰。【嬰不顧竇太后,引誼别微,真忠臣也。】(竇)嬰亦薄其官,因病免。太后除(竇)嬰門籍,不得(入)朝請。

孝景三年,吴楚反,上察宗室諸竇(毋)[無]如(竇)嬰賢,(乃)召(嬰)。(嬰)入見,固(辭)[讓]謝[稱]病①不足任。太后亦慚。於是上曰:"天下方有急,王孫寧可以讓邪?"【前無王孫字,亦疑未必其字也,或班誤據此。】乃拜嬰爲大將軍,賜金千斤。(竇)嬰(乃)言(袁)[爰]②盎、欒布諸名將賢士在家者進之。所賜金,陳(之)廊廡下,軍吏過,輒令財取爲用,金無入家者。(竇)嬰守滎陽,監齊趙兵。七國(兵已盡)破,【去三字,是。】封(竇嬰)爲魏其侯。(諸)游士賓客争歸(魏其侯)[之]。(孝景時)每朝議大事,條侯、魏其(侯,諸)列侯莫敢與亢禮。

(孝景)四年,立栗太子,(使魏其侯)[以嬰]爲(太子)傅。(孝景)七

---

① [稱]病案:底本"病"字前原脱一小字"稱",兹據萬曆本、天啓本、今本《漢書》卷五十二《竇田灌韓傳》補。

② (袁)[爰]案:底本原作一大字"袁",無墨綫勒之,後脱一小字"爰",兹據萬曆本、天啓本、今本《史記》卷一百七《魏其武安侯列傳》及今本《漢書》卷五十二《竇田灌韓傳》補。

年,栗太子廢,(魏其)[嬰](數)爭(不)[弗]能得。(魏其)謝病,屏居[藍]田①南山(之)下數月,諸[竇]賓客辯士説(之),莫能來。梁人高遂乃説(魏其)[嬰]曰:"能富貴將軍者,上也;能親將軍者,太后也。今將軍傅太子,太子廢(而不能爭);爭不能(得)[拔],又(弗)[不]能死。自引謝病,擁趙女,屏間處而不朝。(相提而論),[祇如懟],(是)自明揚主(上)之過。有如兩宮(螫)[奭]將軍,則妻子(毋)[無]類矣。"【説,莫能來,不成語。相提,不可解,似是俗語提醒之提。相提二字,雖不可曉意者,亦對客不能忘言之類,非加懟也。螫字,甚有意。螫字好,宜音蜂螫之螫。奭,音杰,無謂。師古曰:"奭,怒貌也。"】(魏其侯)[嬰]然之,乃(遂)起,朝請如故。

條侯免相,竇太后數言魏其(侯)。(孝)景帝曰:"太后豈以(爲)臣有愛,(不)相魏其[者]? 魏其(者),沾沾自喜耳,多易。【《史記》好,第魏其者沾沾,又好。者字在下,政是語意,班非。沾沾,淋漓跛跡之貌,下語好,沾沾句絶是。】難以爲相持重。"遂不用,用建陵侯衛綰爲丞相。

(武安侯)田蚡(者),孝景[王皇]后同母弟也,生長陵。(魏其)[竇嬰]已爲大將軍(後),【去後字,極好。】方盛,蚡爲諸[曹]郎,未貴,往來侍酒(魏其)[嬰所],跪起如子(侄)[姓]。【師古曰:"姓,生也,言同子禮,若己所生。"】及孝景晚節,蚡益貴幸,爲(太)中大夫。(蚡)辯有口,學《盤盂》諸書,【應劭曰:"黄帝史孔甲所作銘也。凡二十九篇,書《盤盂》中。"】王(太)[皇]后賢之。孝景崩,[武帝初即位],【《漢書》稍易置兩句,既各失實微。】(即日太子立,稱制,所鎮撫多有田蚡賓客計策。【即日,則鎮撫,無謂。】蚡、弟田勝,皆以太后弟孝景後三年封):蚡[以舅封]爲武安侯,[弟]勝爲周陽侯。

(武安侯)[蚡]新(欲)用事(爲相),卑下賓客,進名士家居者貴之,欲以傾(魏其)諸將相。【至去魏其獨傾諸將相,尤碍。有魏其,則前傳諸相應。】[上所填撫多蚡賓客計策。會](建元元年),丞相綰病免,上議置丞相、太尉。籍福説(武安侯)[蚡]曰:"魏其侯貴久矣,[素]天下士(素)歸之。【轉一素字,佳。】今將軍初興,未(知)[如](魏其),【《漢書》未如字,雖未明,然足據。】即上以將軍爲(丞)相,必讓魏其。魏其爲(丞)相,將軍必爲太尉。太尉、(丞)相尊等耳,(又)有讓賢名。"(武安侯)[蚡]乃微言太后風上,於是乃以(魏其侯)[嬰]爲丞相,(武安侯)[蚡]爲太尉。籍福賀(魏其侯)

① 田案:底本原作小字,兹據萬曆本、天啓本、今本《史記》卷一百七《魏其武安侯列傳》及今本《漢書》卷五十二《竇田灌韓傳》改。

[嬰],因吊曰:“君侯資性喜善疾惡,方今善人譽君侯,故至丞相;然(君侯且疾惡),惡人衆,亦且毁君侯。君侯能相容,則幸久;不能,今以毁去矣。”(魏其)[嬰]不聽。

(魏其)[嬰、蚡](武安)俱好儒術,【因而及儒者迂闊。】推轂趙綰爲御史大夫,王臧爲郎中令。迎魯申公,欲設明堂,令列侯就國,除關,以禮爲服制,以興太平。舉適諸竇宗室無(節)行者,除其屬籍。(時)諸外家爲列侯,列侯多尚公主,皆不欲就國,以故毁日至竇太后。太后好黄老(之)言,【《史記》字字是。】而(魏其、武安)[嬰蚡]、趙綰、(王臧)等務隆推儒術,貶道家言,是以竇太后滋不説(魏其等。及建元)二年,御史大夫趙綰請(無)[毋]①奏事東宫。竇太后大怒[曰:“此欲復爲新垣平邪]!”乃罷逐趙綰、王臧(等),而免丞相[嬰]、太尉[蚡],以柏至侯許昌爲丞相,武彊侯莊青翟爲御史大夫。(魏其、武安)[嬰、蚡](由此)以侯家居。

(武安侯)[蚡]雖不任職,以王太后故,親幸,數言事多效,(天下吏)士[吏]趨勢利者,皆去(魏其)[嬰而]②歸(武安)[蚡]。(武安)[蚡]日益横。(建元)六年,竇太后崩,丞相昌、御史大夫青翟坐喪事不辯,免。[上]以(武安侯)蚡③爲丞相,大司農韓安國爲御史大夫。天下士郡(國)諸侯愈益附(武安)[蚡]。[蚡](武安者),[爲人]貌侵,生貴甚。又以爲諸侯王多長,上初即位,富於春秋,蚡④以肺腑爲(京師)相,非痛折節以禮詘之,天下不肅。當是時,丞相入奏事,(坐)語移日,所言皆聽。薦人或起家至二千石,權移主上。上乃曰:“君除吏(已)盡未?吾亦欲除吏。”嘗請考工地益宅,上怒曰:“(君何不)遂取武庫!”【兩語英明可畏,此豈可節耶⑤?】是後乃退。【是後乃退,斷續間殊欠區處。】(嘗)召客飲,坐其兄蓋侯(南)[北]鄉,【改北嚮,避嫌。】自坐東鄉,以爲漢相尊,不可以兄故私撓。(武安)由此滋驕,治宅甲諸第。田園極膏腴,(而)市買郡縣器物相屬於道。前堂羅鐘鼓,立曲旃;後房婦女以百數。諸(侯奉金玉)[奏珍物]狗馬玩好,不可勝數。

---

① (無)[毋]案:底本原作一大字“毋”,前脱一大字“無”,兹據萬曆本、天啓本、今本《史記》卷一百七《魏其武安侯列傳》及今本《漢書》卷五十二《竇田灌韓傳》補。

② [而]案:底本原作一大字“而”,無墨綫勒之,兹據萬曆本、天啓本、今本《史記》卷一百七《魏其武安侯列傳》及今本《漢書》卷五十二《竇田灌韓傳》改。

③ 蚡案:底本原作一小字“蚡”,無墨綫勒之,兹據萬曆本、天啓本、今本《史記》卷一百七《魏其武安侯列傳》及今本《漢書》卷五十二《竇田灌韓傳》改。

④ 蚡案:底本原作一小字“蚡”,無墨綫勒之,兹據萬曆本、天啓本、今本《史記》卷一百七《魏其武安侯列傳》及今本《漢書》卷五十二《竇田灌韓傳》改。

⑤ 耶案:底本作“耶”,萬曆本、天啓本作“邪”。

(魏其)[而嬰]失竇太后,益疏不用,無勢,諸(客)[公]稍(稍)自引而怠(傲)[驁],唯灌(將軍)[夫]獨(不失)[否](故)。(魏其)[嬰](日默默)[墨墨]不得(志)[意],而(獨)厚遇(灌將軍)[夫也]。【爲相時重、不用、無勢語,皆是,正在日字、獨字,語極有情。《漢書》墨墨,字雖奇而不切。】

灌(將軍)夫(者),[字仲孺],潁陰人也。(夫)父張孟,(嘗)[常]爲潁陰侯[灌]嬰舍人,得幸,因進之,至二千石,故蒙灌氏姓爲灌孟。吴楚反時,潁陰侯灌(何)[嬰]爲將軍,屬太尉,請(灌)孟爲校尉。夫以千人與父俱。(灌)孟年老,潁陰侯彊請之,鬱鬱不得意,故戰常陷堅,遂死吴軍中。[漢](軍)法,父子俱(從軍),有死事,得與喪歸。【泛及有情。】(灌)夫不肯隨喪歸,奮曰:"願取吴王若將軍頭,以報父(之)仇。"於是(灌)夫被甲持戟,募軍中壯士所善願從(者)數十人。及出壁門,莫敢前。獨[兩](二)人及從奴十(數)[餘]騎馳入吴軍,至(吴將麾)[戲]①下,所殺傷數十人。不得前,復(馳)還,走(入)漢壁,(皆)亡其奴,獨與一騎歸。夫身中大創十餘,適有萬金良藥,故得無死。(夫)②創少瘳,又復請將軍曰:"吾益知吴壁(中)曲折,請復往。"將軍壯[而]③義之,恐亡夫,乃言太尉,太尉(乃)[召]固止之。吴(已)[軍]破,(灌)夫以此名聞天下。

潁陰侯言(之上,上以)夫爲中郎將。數(月)[歲],坐法去。(後)家居長安,(長安)中諸公莫(弗)[不]稱(之。孝景時),(至)[由是復爲]代相。(孝景崩,今上)[武帝](初)即位,以爲淮陽天下(交)[郊],【郊字好。】勁兵處,故徙夫爲淮陽太守。(建元元年),入爲太僕。二年,夫與長樂衛尉竇甫飲,輕重不得,夫醉,搏甫。甫,竇太后昆弟(也)。上恐太后誅夫,徙[夫]爲燕相。數歲,坐法[免](去官),家居長安。【重家居長安。】

(灌)夫爲人剛直,使酒,不好面諛。貴戚諸(有)勢在己之右,(不)欲(加禮),必陵之;(諸)士在己(之)左,愈貧賤,(猶)[尤]益[禮]敬,與鈞。稠人廣衆,薦寵下輩。士亦以此多之。

夫不(喜)[好]文學,(好)[喜]任俠,已然諾。【所然諾,踐而後已。】諸所與交通,無非豪杰大猾。家累數千萬,食客日數十百人。陂池田園,宗族

① (麾)[戲]案:底本原作一大字"麾",無墨綫勒之,後脱一小字"戲",兹據萬曆本、天啓本、今本《史記》卷一百七《魏其武安侯列傳》及今本《漢書》卷五十二《竇田灌韓傳》補。

② (夫)案:底本原作一小字"夫",兹據萬曆本、天啓本、今本《史記》卷一百七《魏其武安侯列傳》及今本《漢書》卷五十二《竇田灌韓傳》改。

③ [而]案:底本原作一大字"而",無墨綫勒之,兹據萬曆本、天啓本、今本《史記》卷一百七《魏其武安侯列傳》及今本《漢書》卷五十二《竇田灌韓傳》改。

賓客爲權利,横(於)潁川。潁川兒(乃謌)[歌]之曰:"潁水清,灌氏寧;潁水濁,灌氏族。"

(灌)夫家居(雖富,然失勢),【五字不可去。】卿相侍中賓客益衰。【卿相侍中,爲貴客。】及(魏其侯①)[竇嬰]失勢,亦欲倚(灌)夫引繩(批)[排]根生平慕之後棄(之)者。【引繩,兩人共以擯絶人也。謂兩人共引一繩,擯却到底,不使得復入,直恨恨之語。批,猶批頰之批,必如此乃可親,而不足者乃可厭。】(灌)夫亦(倚魏其)[得嬰](而)通列侯宗室爲名高。兩人相爲引重,其游如父子然。相得驩甚,無厭,恨相知[之]晚(也)。

(灌)夫[嘗]有服,過丞相[蚡]。【嘗字,大不是。】(丞相)[蚡]從容曰:"吾欲與仲孺過魏其侯,會仲孺有服。"(灌)夫曰:"將軍乃肯幸臨况魏其侯,夫安敢以服爲解!請語魏其(侯帳)具,將軍旦日蚤臨。"(武安)[蚡]許諾。(灌)夫(具)[以]語(魏其侯如所謂武安侯。魏其)[嬰]。[嬰]與(其)夫人益市牛酒,夜(灑)[晒]掃,(早帳)[張]具至旦。【全得早字。】平明,令門下候伺。至日中,(丞相)[蚡]不來。[嬰](魏其)謂(灌)夫曰:"丞相豈忘之哉?"(灌)夫不懌,曰:"夫以服請,[不]宜(往)。"【不宜與宜往大異。不宜者,謂服不當請客,非謂蚡不宜不來也。宜往,謂以服請鄭重,亦不得不來也。皆通。宜往爲勁,不宜不成語。】乃駕,自往迎(丞相)[蚡]。(丞相)[蚡]特前戲許(灌)夫,殊無意往。(及)夫至門,(丞相)[蚡]尚卧[也]。於是夫(入)見,曰:"將軍昨日幸許過魏其,魏其夫妻治具,(自旦)至今,未敢嘗食。"(武安鄂)[蚡悟],謝曰:"吾(昨日)醉,(忽)忘與仲孺言。"乃駕往,【昨日忽忘,是。有往字,善。】[往]又徐行,(灌)夫愈益怒。及飲酒酣,夫起舞屬(丞相)[蚡],(丞相)[蚡]不起,夫(從)[徙]坐(上)語侵之。【從坐上與徙坐,不同。】(魏其)[嬰]乃扶(灌)夫去,謝(丞相)[蚡]。(丞相)[蚡]卒飲至夜,極歡而去。

(丞相)[後蚡](嘗)使籍福請(魏其)[嬰]城南田。【却合用嘗字。】(魏其)[嬰]大望曰:"老僕雖棄,將軍雖貴,寧可以勢[相]奪乎!"不許。(灌)夫聞,怒,罵(籍)福。(籍)福惡兩人有(郤)[隙]②,乃謾(自)好謝(丞相)[蚡]【正用自字。謾好,不成語,福語如此。】曰:"魏其老且死,易忍,且待之。"已而(武安)[蚡]聞(魏其、灌夫)[嬰夫]實怒不予(田),亦怒曰:"魏其子嘗殺人,蚡活之。蚡事魏其無所不可,(何)愛數頃田?【《漢書》作無所

---

① (侯)案:底本原作一小字"侯",兹據萬曆本、天啓本、今本《史記》卷一百七《魏其武安侯列傳》及今本《漢書》卷五十二《竇田灌韓傳》改。

② (郤)[隙]案:底本原作一大字"郄",無墨綫勒之,後脱一小字"隙",兹據萬曆本、天啓本、今本《史記》卷一百七《魏其武安侯列傳》及今本《漢書》卷五十二《竇田灌韓傳》補。

不可，愛，雖然强解無不可，獨數頃田三字，上下絶好。】且灌夫何與也？吾不敢復求田。”(武安)由此大(怨)[怒](灌夫、魏其)。

元光四年春，(丞相)[蚡]言灌夫家在潁川，横甚，民苦之。請案之。上曰：“此丞相事，何請。”(灌)夫亦持(丞相)[蚡]陰事，爲奸利，受淮南王金與語言。賓客居間，遂(止)[已]，俱解。

夏，(丞相)[蚡]取燕王女爲夫人，(有)太后詔，召列侯宗室皆往賀。(魏其侯)[嬰]過(灌)夫，欲與俱。夫謝曰：“夫數以酒失(得)過丞相，丞相今者又與夫有(郤)[隙]①。”(魏其)[嬰]曰：“事已解。”彊與俱。(飲)酒酣，(武安)[蚡]起爲壽，坐皆避席伏。已(魏其侯)[嬰]爲壽，獨故人避席(耳)，餘半膝席。(灌)夫(不悦。起)行酒，至(武安)[蚡]，(武安)[蚡]膝席曰：“不能滿觴。”夫怒，因嘻笑曰：“將軍貴人也，(屬)[畢]之！”時(武安)[蚡]不肯。【屬之者，强勸之也。若畢之，則爲夫語。時武安不肯，拙。】行酒次至臨汝侯[灌賢]，(臨汝侯)[賢]方與程不識耳語，又不避席。夫無所發怒[惡]，乃罵(臨汝侯)[賢]曰：“(生)平[生]毀程不識不直一錢，今日長者爲壽，乃②效女[曹]兒呫囁耳語！”(武安)[蚡]謂(灌)夫曰：“程李俱東西宫衛尉，今衆辱程將軍，仲孺獨不爲李將軍地乎？”(灌)夫曰：“今日斬頭(陷)[穴]胸，何知程李(乎)！”坐乃起更衣，稍稍去。(魏其侯)[嬰]去，(麾)[戲](灌)夫[夫]出。(武安)[蚡]遂怒曰：“此吾驕灌夫罪[也]。”【不用也字。】乃令騎留(灌)夫。(灌)夫(欲出)不得[出]。籍福起爲謝，案(灌)夫項令謝。夫愈怒，不肯(謝)[順]。(武安)[蚡]③乃(麾)[戲]騎縛夫置傳舍，召長史曰：“今日召宗室，有詔。”劾灌夫罵坐不敬，繫居室。遂(按)其前事，遣吏分曹逐捕諸灌氏支屬，皆得[罪]棄市(罪。魏其侯)[嬰](大)媿，爲資使賓客請，莫能解。(武安)[蚡]吏皆爲耳目，諸灌氏皆亡匿，夫繫，遂不得告言(武安)[蚡]陰事。

(魏其)[嬰]鋭(身)爲救(灌)夫。[嬰]夫人諫(魏其)曰：“灌將軍得罪丞相，與太后家(忤)[迕]，寧可救邪？”(魏其侯)[嬰]曰：“侯自我得之，自我捐之，無所恨。且終不令灌仲孺獨死，嬰獨生。”乃匿其家，竊出上書。立召入，具[告]言灌夫醉飽事，不足誅。上然之，賜(魏其)[嬰]食，曰：“東朝

---

① (郤)[隙]案：底本原作一大字“郄”，無墨綫勒之，後脱一小字“隙”，兹據萬曆本、天啓本、今本《史記》卷一百七《魏其武安侯列傳》及今本《漢書》卷五十二《竇田灌韓傳》補。

② 乃案：底本原作一小字“乃”，兹據萬曆本、天啓本、今本《史記》卷一百七《魏其武安侯列傳》及今本《漢書》卷五十二《竇田灌韓傳》改。

③ [蚡]案：底本原作一大字，無墨綫勒之，兹據萬曆本、天啓本、今本《史記》卷一百七《魏其武安侯列傳》及今本《漢書》卷五十二《竇田灌韓傳》改。

廷辯之。”

(魏其)[嬰](之)東朝,盛推(灌)夫(之)善,言其醉飽得過,乃丞相以他事誣罪之。(武安)[蚡](又)盛毁(灌)夫所爲横恣,罪逆不道。(魏其)[嬰]度(不)[無]可奈何,因言(丞相)[蚡]短。(武安)[蚡]曰:“天下幸而安樂無事,蚡得爲肺(腑)[附],所好音樂狗馬田宅。(蚡)所愛倡優巧匠之屬,不如魏其、灌夫日夜招聚天下豪杰壯士與論議,腹誹而心謗,(不)仰視天(而俯)[俛]畫地,辟(倪)[睨]①兩宫間,幸天下有變,而欲有大功。臣乃不(知)[如]②魏其等所爲。”(於是)上問朝臣:“兩人孰是?”御史大夫韓安國曰:“魏其言灌夫父死事,身荷戟馳(入)不測之吴軍,身被數十創,名冠三軍,此天下壯士,非有大惡,争杯酒,不足引他過以誅也。魏其言是(也)。【政使盡事實,今意如此,亦須寫得到。看《漢書》用《史記》本語,而每失之,故知《史記》自不同也。韓安國長者,本右魏其,直不得不并言武安,太史公多一字便是。非有大惡,争杯酒,不足,引他過以誅。明白曲盡,更待何如?】丞相亦言灌夫通奸猾,侵細民,家累巨萬,横恣潁川,輘轢宗室,侵犯骨肉,此所謂‘枝大於(本)[幹],脛大於股,不折必披’,丞相言亦是。唯明主裁之。”主爵都尉汲黯是魏其。内史鄭當時是魏其,後不(敢)堅(對)。【復形容到當時。】餘皆莫敢對。上怒内史曰:“公平生數言魏其、武安長短,今日廷論,局趣效轅下駒,吾并斬若屬矣。”【轅下駒,進退皆不定。】即罷起入,上食太后。太后亦已使人候(伺)[司]③,具以(告)[語]太后。太后怒,不食,曰:“(今)我在也,而人皆藉吾弟,令我百歲後,皆魚肉之(矣)[乎]。且帝寧能爲石人邪!此特帝在,即録録,設百歲後,是屬寧有可信者乎?”上謝曰:“俱(宗室)外家,【俱宗室,意當時称④后族同姓概曰宗室,家人常語耳。不知云何?徒出此。】故廷辯之。不然,此一獄吏所决耳。”是時郎中令石建爲上分别言兩人(事)。

(武安)[蚡]已罷朝,出止車門,召(韓)御史大夫[安國]載,怒曰:“與長孺共一(老)秃翁,何爲首鼠兩端?”(韓御史)[安國]良久謂(丞相)[蚡]曰:“君何不自喜?【首鼠者,出穴探人存亡,言安國探主意也。兩端,自别爲

---

① (倪)[睨]案:底本原作一大字“睨”,前脱一大字“倪”,兹據萬曆本、天啓本、今本《史記》卷一百七《魏其武安侯列傳》及今本《漢書》卷五十二《竇田灌韓傳》補。

② (知)[如]案:底本原作一大字“如”,有墨綫勒之,前脱一大字“知”,兹據萬曆本、天啓本、今本《史記》卷一百七《魏其武安侯列傳》及今本《漢書》卷五十二《竇田灌韓傳》補。

③ (伺)[司] 案:底本原作一大字“伺”,無墨綫勒之,後脱一小字“司”,兹據萬曆本、天啓本、今本《史記》卷一百七《魏其武安侯列傳》及今本《漢書》卷五十二《竇田灌韓傳》補。

④ 称案:萬曆本、天啓本作“太”。

句較勝，首鼠無兩端義。自喜，爲自矜①重耳。】夫魏其毀君，君當免冠解印綬歸，曰'臣以肺(腑)[附]幸得待罪，固非其任，魏其言皆是'。如此，上必多君有讓，不廢君。魏其必(内)愧，杜門齰舌自殺。今人毀君，君亦毀(人)[之]，譬如賈豎女子争言，何其無大體也！"(武安)[蚡]謝(罪)曰："争時急，不知出此。"

於是上使御史簿責(魏其)[嬰]所言灌夫頗不讎，(欺謾)。【要欺謾字。】劾繫都司空。孝景時，(魏其)[嬰]常受遺詔，曰"事有不便，以便宜論上"。及繫，灌夫罪至族，事日急，諸公莫敢復明言於上。(魏其)[嬰]乃使昆弟子上書言之，幸得(復)召見。書奏(上，而)案尚書大行無遺詔。詔書獨藏(魏其)[嬰]家，[嬰]家丞封。乃劾(魏其)[嬰]矯先帝詔，[害]罪當棄市。【害罪是律，害罪全不可解，姑備引用可耳。】五年十月，悉論灌夫(及家)[支]屬。(魏其)[嬰]良久乃聞，(聞)[有劾]即(恚)，【聞即恚，爲夫恨，故不必爲劾己也。】[陽]病痱，不食欲死。或聞上無意殺(魏其，魏其)[嬰]復食，治病，議定不死矣。乃有蜚語爲惡言聞上，故以十二月晦論棄市渭城。

(其)春，(武安侯病)[蚡疾，一身盡痛，若有擊者]，(專呼)[謼]②服謝罪。上使(巫)視鬼者(視)[瞻]之，【不必上使。】(見)[曰]："魏其[侯與]灌夫共守[笞]，欲殺之。"竟死。子恬嗣。元朔(三年)[中]，(武安侯坐衣襜褕入宫，不敬)，[有罪免]。

[後]淮南王安謀反覺，(治。王前)[始安入]朝[時]③【治字是，先後不明，《史記》《漢書》皆然。】(武安侯)[蚡]爲太尉，(時)迎(王)[安](至)霸上，謂(王)[安]曰："上未有太子，大王最賢，高祖孫，即宫車晏駕，非大王立，[尚](當)誰[立]哉！"淮南王大喜，厚遺金[錢]財物。上自(魏其)[嬰、夫事]時不直(武安)[蚡]，特爲太后故(耳)。及聞淮南(王金)事，上曰："使武安侯在者，族矣。"

(太史公)[贊]曰：(魏其、武安)[竇嬰、田蚡]，皆以外戚重，灌夫用一時決策而[各]名顯。(魏其之舉以吴楚，武安之貴在日月之際)，[并位卿相，大業定矣]。然(魏其)[嬰](誠)不知時變，(灌)夫(無)[亡]術而不遜，(兩人相翼，乃成禍亂。武安)[蚡]負貴而(好權，杯酒責望，陷彼兩賢。嗚呼哀

---

① 矜案：萬曆本、天啓本作"私"。

② (呼)[謼]案：底本原作一大字"呼"，無墨綫勒之，後脱一小字"謼"，兹據萬曆本、天啓本、今本《史記》卷一百七《魏其武安侯列傳》及今本《漢書》卷五十二《竇田灌韓傳》補。

③ [時]案：底本原作一大字"時"，無墨綫勒之，兹據萬曆本、天啓本、今本《史記》卷一百七《魏其武安侯列傳》及今本《漢書》卷五十二《竇田灌韓傳》改。

哉)！[驕溢,凶德參會,待時而發,藉福區區其間,惡能救斯敗哉!以韓安國之見器,臨其摯而顛墮,陵夷以憂死,遇合有命,悲夫!若王恢爲兵首而受其咎,豈命也虖?](遷怒及人,命亦不延。衆庶不載,竟被惡言。嗚呼哀哉!禍所從來矣!)

第二十一卷　韓長孺

韓長孺列傳第四十八　史記一百八

竇田灌韓傳第二十二 漢書五十二

(御史大夫)韓安國(者),[字長孺],梁成安人也,後徙睢陽。嘗受《韓子》、雜(家)説(於騶)[鄒]田生所。【雜家,是。】事梁孝王,爲中大夫。吴楚反時,孝王使安國及張羽爲將,扞吴兵於東界。張羽力戰,安國持重,以故吴不能過梁。吴楚(已)破,安國、張羽名由此顯[梁]。

梁(孝)王,(景帝母弟,竇太后愛之),[以至親故],【至親故,太易。】(令)得自(請)置相、二千石,【請字,何可無?】出入游戲,僭於天子。天子聞之,心(弗)[不]善(也)。太后知帝(不)[弗]善,廼怒梁使者,弗見,案責王所爲。(韓)安國爲梁使,見大長公主而泣曰:"何梁王爲人子之孝、爲人臣之忠,而太后曾(弗)[不]省也?"夫前日吴、楚、齊、趙七國反(時),自關以東皆合從[而]西鄉,惟梁最親,爲(艱)[限]難。【爲艱難三字,斟酌形容,有事實,有感動,餘皆特辭耳。】梁王念太后、帝在中,而諸侯擾亂,(一)[壹]①言泣數行[而]下,跪送臣等六人將兵擊却吴楚,吴楚以故兵不敢西,而卒破亡,梁(王)之力也。今太后以小(節)苛禮責望梁王。梁王父兄皆帝王,[而]②所見者大,故出稱(蹕)[趩]③,入言警,車旗皆帝所賜(也),即(欲)以(侘)[嫮]鄙[小]縣,驅馳國中,(以)[欲]夸諸侯,令天下(盡)知太后、帝愛之也。【豈可以警蹕爲小苛?父兄帝王語難隱,然復謂上與太后假借之過。然語説近情,大概是功大於過,則大過爲小。警蹕、車旗,復何益於事哉?古人言説婉,形勢闊,言彼而此自見,讀者尚不能覺。當時俯仰,

---

① (一)[壹]案:底本原作一大字"一",無墨綫勒之,後脱一小字"壹",兹據萬曆本、天啓本、今本《史記》卷一百八《韓長孺列傳》及今本《漢書》卷五十二《竇田灌韓傳》補。

② [而]案:底本原作一大字"而",無墨綫勒之,兹據萬曆本、天啓本、今本《史記》卷一百八《韓長孺列傳》及今本《漢書》卷五十二《竇田灌韓傳》改。

③ (蹕)[趩]案:底本原作一大字"蹕",無墨綫勒之,後脱一小字"趩",兹據萬曆本、天啓本、今本《史記》卷一百八《韓長孺列傳》及今本《漢書》卷五十二《竇田灌韓傳》補。

輾轉皆具，史得其概。不用時字，夸字奇，增小字又好。】今梁使來，輒案責之。梁王恐，日夜涕泣思慕，不知所爲。何梁王之(爲子)[忠]孝、(爲臣忠)，【政要重此一語。】而太后(弗)[不]恤也？”(大)長公主具以告太后，太后喜曰：“爲[帝]①言之(帝)。”【爲言之帝，似是太后令長公主并己意，不欲自言之，更自婉也。】言之，帝心迺解，而免冠謝太后曰：“兄弟不能相教，迺爲太后遺憂。”悉見梁使，厚賜之。其後梁王益親歡。太后、長公主更賜安國(可)直千餘金。(名)由此顯，結於漢。

其後安國坐法抵罪，蒙獄吏田甲辱安國。【此語甚力，非他人曲説詭計自謀者。蒙字，屬上亦可。田甲之甲，猶某甲，云其名不足書耳。】安國曰：“死灰獨不復然乎？”(田)甲曰：“然即溺之。”居無(何)[幾]，梁内使缺，漢使使者拜安國爲梁内史，起徒中爲二千石。田甲亡(走)。安國曰：“甲不就官，我滅而宗。”甲(因)肉袒謝。安國笑曰：“(可溺矣)！公等足與治乎？”【三字不可去，却多與字，欠，去。】卒善遇之。

(梁)内史之缺也，(孝)王新得齊人公孫詭，説之，欲請(以)爲内史。竇太后(聞)[所]，迺詔王以安國爲内史。

公孫詭、羊勝説(孝)王求爲帝太子及益地事，恐漢大臣不聽，迺陰使人刺漢用事謀臣。及殺故吳相(袁)[爰]②盎，景帝遂聞詭、勝等計畫，迺遣使捕詭、勝，必得。漢使十輩至梁，相以下舉國大索，月餘(不)[弗]得。(内史)安國聞詭、勝匿(孝)王所，(安國)[迺]入見王而泣曰：“主辱[者]【不用者字。】臣死。大王無良臣，故事紛紛至此。今詭、勝不得，請辭賜死。”王曰：“何至此？”安國泣數行下，曰：“大王自度於皇帝，孰與太上皇之與高(皇)帝及皇帝(之)與臨江王親？”(孝)【去孝字，是。】王曰：“弗如也。”安國曰：“夫太上皇、臨江親父子(之)間，然(而)高帝曰‘提三尺(劍)取天下者朕也’，故太上(皇)終不得制事，居于櫟陽。臨江(王)，適長太子(也)，以一言過，廢王臨江；用宫垣事，卒自殺中尉府。何者？治天下終不(以)[用]私亂公。【本無此耳，安國直以意言之。如耳聞者，則以形似易見也。故此語爲萬世笑，而不可謂無。】語曰：‘雖有親父，安知(其)不爲虎？雖有親兄，安知(其)不爲狼？’【俚語常有，引用得切，然不可訓。】今大

---

① [帝]案：底本原作一大字“帝”，無墨綫勒之，兹據萬曆本、天啓本、今本《史記》卷一百八《韓長孺列傳》及今本《漢書》卷五十二《竇田灌韓傳》改。

② (袁)[爰]案：底本原作一大字“袁”，無墨綫勒之，後脱一小字“爰”，兹據萬曆本、天啓本、今本《史記》卷一百八《韓長孺列傳》及今本《漢書》卷五十二《竇田灌韓傳》補。

王列在諸侯,(悦)[訹]①(一)邪臣浮説,【訹字,警。】犯上禁,撓明法。天子以太后故,不忍致法於[大]王。太后日夜涕泣,幸大王自改,(而)大王終不覺悟。有如太后宫車即晏駕,大王尚誰攀乎?”語未卒,(孝)王泣數行[而]下,謝安國曰:“吾今出(詭、勝)[之]。”[即日],詭、勝自殺。漢使還報,梁事皆得釋,安國(之)力也。【史筆。】(於是)景帝、太后益重安國。孝王(卒)[薨],共王即位,安國坐法失官,(居)家[居]。

(建元中),[武帝即位],武安侯田蚡爲(漢)太尉,親貴用事,安國以五百金(物)遺蚡。蚡言安國太后,(天子亦)[上]素聞(其)[安國]賢,即召以爲北地都尉,遷爲大司農。閩(越)、東越相攻,[遣]②安國(及)太行王恢將兵。未至越,越殺其王降,漢兵亦罷。(建元六年,武安侯)[其年田蚡]爲丞相,安國爲御史大夫。【看他寫出與蚡終始。】

匈奴來請和親,(天子)[上]下[其]③議。大行王恢,燕人(也),數爲邊吏,習(知)胡事。【燕近胡。】議曰:“漢與匈奴和親,率不過數歲即(復倍)[背]約。不如勿許,(興)[舉]兵擊之。”安國曰:“千里而戰,[即]兵不獲利。今匈奴負戎馬(之)足,④懷(禽)[鳥]獸(之)心,遷徙鳥(舉)[集],【集字,又别。】難得而制(也)。得其地不足(以)爲廣,有其衆不足(以)爲彊,自上古(不)[弗]屬(爲人)。【不屬字,老成,用古語,不屬人爲也。】漢數千里争利,則人馬罷,虜以全制其敝,[勢必危殆。臣故以爲](且彊弩之極,矢不能穿魯縞;衝風之末,力不能漂鴻毛。非初不勁,末力衰也。擊之不便),不如和親。”【漂風彊弩語,此屬之和親,《漢書》屬之義邊,反覆用見前史,出入潤色,各以語。到馳騁爲上,非必次第本然也。】群臣議(者)多附安國,於是上許和親。

(其)明年,(則元光元年),雁門馬邑豪聶(翁)【翁者,土豪之稱。】壹因大行王恢言(上曰):“匈奴初和親,親信邊,可誘以利[致之,伏兵襲擊,必破之道也。”上廼召問公卿曰:“朕飾子女以配單于,幣帛文錦,賂之甚厚。單于待命加謾,侵盗無已,邊竟數驚,朕甚閔之。今欲舉兵攻之,何如?”

[大行恢對曰:“陛下雖未言,臣固願效之。臣聞全代之時,北有彊胡之敵,内連中國之兵,然尚得養老長幼,種樹以時,倉廩常實,匈奴不輕侵也。今以陛下之威,海内爲

---

① (悦)案:底本原作一大字“悦”,無墨綫勒之,兹據萬曆本、天啓本、今本《史記》卷一百八《韓長孺列傳》及今本《漢書》卷五十二《竇田灌韓傳》補。

② [遣]案:底本原作一大字“遣”,無墨綫勒之,兹據萬曆本、天啓本、今本《史記》卷一百八《韓長孺列傳》及今本《漢書》卷五十二《竇田灌韓傳》改。

③ [其]案:底本原作一大字“其”,無墨綫勒之,兹據萬曆本、天啓本、今本《史記》卷一百八《韓長孺列傳》及今本《漢書》卷五十二《竇田灌韓傳》改。

④ 案:萬曆本、天啓本此處衍一眉批:【《管子書目》:匈奴爲騎寇,謂其負戎馬之足也。】

一,天下同任,又遣子弟乘邊守塞,轉粟挽輸,以爲之備,然匈奴侵盗不已者,無它,以不恐之故耳。臣切以爲擊之便。"

[御史大夫安國曰:"不然。臣聞高皇帝嘗圍於平城,匈奴至者投鞍高如城者數所。平城之飢,七日不食,天下歌之,及解圍反位,而無忿怒之心。夫聖人以天下爲度者也,不以己私怒傷天下之功,故廼遣劉敬奉金千斤,以結和親,至今爲五世利。孝文皇帝又嘗一擁天下之精兵聚之廣武常溪,然終無尺寸之功,而天下黔首無不憂者。孝文寤於兵之不可宿,故復合和親之約。此二聖之迹,足以爲效矣。鉅竊以爲勿擊便。"

[恢曰:"不然。臣聞五帝不相襲禮,三王不相復樂,非故相反也,各因世宜也。且高帝身被堅執鋭,蒙霧露,沐霜雪,行幾十年,所以不報平城之怨者,非力不能,所以休天下之心也。今邊竟數驚,士卒傷死,中國槥車相望,此仁人之所隱也。臣故曰擊之便。"

[安國曰:"不然。臣聞利不才者不易業,功不百者不變常,是以古之人君謀事必就祖,發政占古語,重作事也。且自三代之盛,夷狄不與正朔服色,非威不能制,彊弗能服也,以爲遠方絶地不牧之民,不足煩中國也。且匈奴,輕疾悍亟之兵也,至如猋風,去如收電,畜牧爲業,弧弓射獵,逐獸隨草,居處無常,難得而制。今使邊郡久廢耕織,以支胡之常事,其勢不相權也。臣故曰勿擊便。"

[恢曰:"不然。臣聞鳳鳥乘於風,聖人因於時。昔秦繆公都雍,地方三百里,知時宜之變,攻取西戎,辟地千里,并國十四,隴西、北地是也。及後蒙恬爲秦侵胡,辟數千里,以河爲竟,累石爲城,樹榆爲塞,匈奴不敢飲馬於河,置烽燧然後敢牧馬。夫匈奴獨可以威服,不可以仁畜也。今以中國之盛,萬倍之資,遣百分之一以攻匈奴,譬猶以彊弩射且潰之廱也,必不留行矣。若是,則北發月氏可得而臣也。臣故曰擊之便。"]

安國曰:"不然。臣聞用兵者以飽待飢,正治以待其亂,定舍以待其勞。故接兵覆衆,伐國墮城,常坐而役敵國,此聖人之兵也。且臣聞之,衝風之衰,不能起毛羽;彊弩之末,力不能入魯縞。夫盛之有衰,猶朝之必莫也。今將卷甲輕舉,深入長驅,難以爲功;從行則迫脅,衡行則中絶,疾則粮乏,徐則後利,不至千里,人馬乏食。兵法曰:'遺人獲也。'意者有它繆巧可以禽之,則臣不知也;不然,則未見深入之利也。臣故曰勿擊便。"

恢曰:"不然。夫草木遭霜者不可以風過,清水明鏡不可以形逃,通方之士,不可以文亂。今臣言擊之者,固非發而深入也,將順因單于之欲,誘而致之邊,吾選梟騎壯士陰伏而處以爲之備,審遮險阻以爲其戒。吾勢已定,或營其左,或營其右,或當其前,或絶其後,單于可禽,百全必取。"上曰:"善。"廼從恢議。

陰使聶(翁)一爲間,亡入匈奴,謂單于曰:"吾能斬馬邑令丞(吏),以城降,財物可盡得。"【得字,似多。】

單于愛信(之),以爲然,[而]許(聶翁壹)[之]。聶(翁)壹乃(還),詐斬死罪囚,縣其頭馬邑城,(示)[視]單于使者爲信。【《漢書》是。】曰:"馬邑長吏已死,可急來。”於是單于穿塞將十萬(餘)騎,入武州塞。

當是時,漢伏兵車騎材官三十餘萬,匿馬邑旁谷中。【安有三十餘萬作伏兵者?拙謀!拙謀!】衛尉李廣爲驍騎將軍,太僕公孫賀爲輕車將軍,大行王恢爲將屯將軍,太中大夫李息爲材官將軍。御史大夫(韓)安國爲護軍將軍,諸將皆屬(護軍)。約單于入馬邑(而漢兵)[兵]縱(發)。王恢、李息、(李廣)别從代主擊(其)輜重。於是單于入(漢長城武州)塞。未至馬邑百餘里,(行掠鹵,徒見畜牧於野,不見一①人。單于怪)[覺]之,(攻烽燧,得武州尉史。欲刺問尉史。尉史曰:“漢兵數十萬伏馬邑下。”單于顧謂左右曰:“幾爲漢所賣!”乃引兵)還[去]。(出塞,曰:“吾得尉史,乃天也。”命尉史爲“天王”)。[語在《匈奴傳》。]塞下傳言單于已(引)去。漢兵追至塞,度弗及,(即罷)。王恢等(兵三萬,聞單于不與漢合,度往擊輜重,必與單于精兵戰,漢兵勢必敗,則以便宜)[皆]罷兵,(皆無功)。

(天子)[上]怒(王)恢不出擊單于輜重,(擅引兵罷)也。恢曰:“始約[爲](虜)入馬邑城,兵與單于接,而臣擊其輜重,可得利。今單于(聞),不至而還,臣以三萬人衆不敵,(禔)[祇]取辱(耳)。(臣)固知還而斬,然(得)完陛下士三萬人。”於是下恢廷尉。廷尉當恢逗撓,當斬。恢(私)行千金丞相蚡。【一傳見蚡千五百金。】蚡不敢言於上,而言於太后曰:“王恢首(造)[爲]馬邑事,今不成而誅恢,是爲匈奴報讎也。”【甚似其口語。】上朝太后,太后以(丞相)[蚡]②言告[於]上。上曰:“首爲馬邑事者,恢(也),故發天下兵數十萬,從其言,爲此。且縱單于不可得,恢所部擊(其輜重),猶頗可得,以(慰)[尉]③士大夫心。今不誅恢,無以謝天下。”於是恢聞(之),廼自殺。

安國爲人多大略,(智)[知]④足以當世取舍,而出於忠厚(焉)。【智足以當世取舍,謂身謀亦在其中,而以爲言者,皆大體不得不然。而出於忠厚焉一語,略盡其微,真史筆語,無焉字不得。】貪嗜(於)財[利],然所推舉皆廉士賢於己者(也)。於梁舉壺遂、臧固、(郅)[至]他,【至他,似是,當字平仄皆可。】皆天下名士,士亦以此稱慕之,唯天子以爲國器。安國爲御史大

---

① 一案:底本原作一小字“一”,兹據萬曆本、天啓本、今本《史記》卷一百八《韓長孺列傳》及今本《漢書》卷五十二《竇田灌韓傳》改。

② [蚡]案:底本原作一大字“蚡”,無墨綫勒之,兹據萬曆本、天啓本、今本《史記》卷一百八《韓長孺列傳》及今本《漢書》卷五十二《竇田灌韓傳》改。

③ (慰)[尉]案:底本原作一大字“慰”,無墨綫勒之,後脱一小字“尉”,兹據萬曆本、天啓本、今本《史記》卷一百八《韓長孺列傳》及今本《漢書》卷五十二《竇田灌韓傳》補。

④ (智)[知]案:底本原作一大字“智”,無墨綫勒之,後脱一小字“知”,兹據萬曆本、天啓本、今本《史記》卷一百八《韓長孺列傳》及今本《漢書》卷五十二《竇田灌韓傳》補。

夫(四歲餘)[五年],丞相(田)蚡[薨](死),安國行丞相事,(奉)引墮車,蹇。(天子議置相),[上]欲用安國[爲丞相],使使視(之),蹇甚,廼更以平棘侯薛澤爲丞相。安國病免數月,(蹇瘉)[愈]①,(上)復(以安國)爲中尉。歲餘,徙爲衛尉。

[而](車騎)將軍衛青[等]②擊匈奴,(出上谷),破(胡)龍城。(將軍李廣爲匈奴所得),【去得,是。】(復失之;公孫敖大亡卒:皆當斬,贖爲庶人)。明年,匈奴大入邊,(殺遼西太守,及入雁門,所殺略數千人。車騎將軍衛青擊之,出雁門衛)。[語在青傳。](尉)安國爲材官將軍,屯於漁陽。(安國)③捕生[口]④虜,言匈奴遠去。【此爲匈奴所欺者。】即上(書)言方(田)[佃]作時,請且罷(軍)屯。罷(軍)屯月餘,匈奴大入上谷、漁陽。安國壁廼有七百餘人,出與戰,(不勝,復)[安國傷]入壁。匈奴虜略千餘人及畜產(而)去。[上](天子)(聞之),怒,使使責讓安國。徙(安國)益東,屯右北平。是時(匈奴)虜言當入東方。

安國始爲御史大夫及護軍,後稍(斥疏),下遷;(而)新(幸)壯將軍衛青等有功,益貴。【又幸又壯,書法大奇。】安國既[斥]疏(遠,默默也);【精神扼腕,在默默也。】將屯又(爲匈奴所欺),失亡多,甚自愧。幸得罷歸,廼益東徙(屯),【前言虜當入東方,見憂危也。】意忽忽不樂。數月,病(嘔)[歐]血死。(安國以元朔二年中卒。)[壺遂與太史遷等定漢律曆,官至詹事,其人深中篤行君子。上方倚欲以爲相,會其病卒。]

太史公曰:余與壺遂定律曆,觀韓長孺之義,壺遂之深中隱厚。世之言梁多長者,不虛哉!壺遂官至詹事,天子方倚以爲漢相,會遂卒。不然,壺遂之內廉行修,斯鞠躬君子也。【《史記》因韓長儒之不得相,言韓長儒之所舉而亦不得相者,以爲惜。班固取而綴之傳後,但覺壺遂跼蹐無以自容,與汲鄭傳翟公口語同,謂安國不及遂廉。】

---

① (瘉)[愈]案:底本原作一大字"瘉",無墨綫勒之,後脱一小字"愈",兹據萬曆本、天啓本、今本《史記》卷一百八《韓長孺列傳》及今本《漢書》卷五十二《竇田灌韓傳》補。

② [等]案:底本原作一大字"等",無墨綫勒之,兹據萬曆本、天啓本、今本《史記》卷一百八《韓長孺列傳》及今本《漢書》卷五十二《竇田灌韓傳》改。

③ (安國)案:底本原脱此二字,兹據萬曆本、天啓本、今本《史記》卷一百八《韓長孺列傳》及今本《漢書》卷五十二《竇田灌韓傳》補。

④ [口]案:底本原脱此字,兹據萬曆本、天啓本、今本《漢書》卷五十二《竇田灌韓傳》補。

第二十二卷　李廣　孫陵

李將軍列傳第四十九　史記一百九

李廣蘇建傳第二十四 漢書五十四

李(將軍)廣(者),隴西成紀人也。其先曰李信,秦時爲將,逐得燕太子丹者也。(故槐里,徙成紀。)【從一出語,警甚,是。謂其徙成紀以此,然不可考。】廣(家)世世受射。【要家字。】孝文(帝)十四年,匈奴大入蕭關,而廣以良家子從軍擊胡,用善(騎)射,殺首虜多,爲(漢中)郎。(廣從弟李蔡亦爲郎,皆爲武)騎常侍,(秩八百石。嘗)[數]從(行,有所衝陷折關及)[射獵]格[殺]猛獸,【《史記》非一事。】(而)文帝曰:"惜(乎),(子)[廣]不(遇)[逢]時!(如)令(子)當高(帝時)[祖世],萬户侯豈足道哉!"【文帝太息,知廣至矣,然非人君之言也。萬户侯固不在我哉!知人不用,用不及,與不知同。】

(及孝)景[帝](初立)[即位],(廣爲隴西都尉,徙)爲騎郎將。吴楚(軍)[反]時,(廣)爲驍騎都尉,從太尉亞夫(擊吴楚軍,取旗,顯功名)[戰]昌邑下[顯名]。【折關、取旗,皆是實事者。】以梁王授廣將軍印,[故]還,賞不行。(徙)爲上谷太守,[數與]匈奴(日以合)戰。典屬國公孫昆邪爲上泣曰:"李廣(才)[材]①氣,天下無雙,自負其能,數與虜(敵戰)[确],恐亡之。"【此屬固惜才過於文帝,語意甚傷。】(於是)[上]乃徙[廣]②爲上郡太守。(後廣轉爲邊郡太守,徙上郡)。【《史記》錯出,非是。】(嘗爲隴西、北地、雁門、代郡、雲中太守,皆以力戰爲名。)

匈奴(大)[侵]入上郡,(天子)[上]使中貴人從廣勒習兵擊匈奴。中貴人將(騎)數十[騎](縱)[從],見匈奴三人,與戰。(三人還)射,傷中貴人,殺其騎且盡。【騎數十縱,最是,得中貴意態,見少輕敵。還字,又好。且退

---

① (才)[材]案:底本原作一大字"才",無墨綫勒之,後脱一小字"材",兹據萬曆本、天啓本、今本《史記》卷一百九《李將軍列傳》及今本《漢書》卷五十二《李廣蘇建傳》補。

② [廣]案:底本原作一大字"廣",無墨綫勒之,兹據萬曆本、天啓本、今本《史記》卷一百九《李將軍列傳》及今本《漢書》卷五十二《李廣蘇建傳》改。

且引，故可射。】中貴人走廣。廣曰："是必射雕者也。"廣乃(遂)從百騎往馳三人。三人亡馬步行，行數十里。廣令其騎張左右翼，而廣身自射彼三人者，殺其二人，生得一人，果匈奴射雕者也。已縛之上(馬)[山]，望匈奴(有)數千騎，見廣，以爲誘騎，(皆)驚，上山陳。廣之百騎皆大(驚)[恐]，欲馳還走。【爲上郡守，知三人中必射雕者，然後見前日合戰爲有血脉。非日日合戰，何從知射雕者哉？此上又有以力戰爲名，其意與日合戰同。《漢書》易置字，是，但不省以力戰爲名却拙。三人亡馬步行，行數十里，諸貴人返，及廣逐已後且遠，射雕者已縛，遇數千①騎，見而驚，以爲誘，愈緩則誘愈明，此見敵生智者也。】廣曰："(吾)[我]去大軍數十里，今如此(以百騎)走，匈奴追射我立盡。今我留，匈奴必以我爲大(將)軍(誘)之[誘]，(必)不(敢擊)我[擊]。"廣令(諸騎)曰："前!"(前)未到匈奴陳二里所，【精神在重一前字。】止，令曰："皆下馬解鞍!"(其)騎曰："虜多(且近)，[如是解鞍]，即(有)急，奈何?"廣曰："彼虜以我爲走，今(皆)解鞍以示不(走)[去]，用堅其意。"(於是胡騎遂不敢擊。)有白馬將出護(其)兵，(李)廣上馬，與十餘騎犇射殺(胡)白馬將，而復還至其[百]騎中，解鞍，(令士皆)縱馬卧。【如見，寫得至此盡。】(是)時會暮，胡兵終怪之，(不)[弗]敢擊。夜半(時)，胡兵(亦)以爲漢有伏軍[兵]於(旁)[傍]②欲夜取之，[即](胡皆)引(兵而)去。平旦，(李)廣乃歸其大軍。(大軍不知廣所之，故弗從。)[後徙爲隴西、北地、雁門、雲中太守。]

(居久之，孝景崩)，武帝(立)[即位]，左右(以爲)[言]廣名將也，(於)[由]是(廣以上郡太守)[入]③爲未央衛尉，而程不識[時]亦爲長樂衛尉。程不識故與(李)廣俱以邊太守將(軍)屯。及出擊胡，而廣行無部(伍)[曲]行(陣)[陳]④，就善水草(屯)[頓]舍(止)，人人自便，不擊刁斗(以)自衛，莫府省(約)文書(籍事)，然亦遠斥候，未嘗遇害。程不識正部曲行伍營(陣)[陳]⑤，擊刁斗，(士)吏治軍簿(至)[致]明，軍不得(休息)[自便]，(然亦未嘗遇害)。【去然以下數字，是。】不識曰："李(廣)[將]軍極簡易，

---

① 千案：底本作"千"，萬曆本、天啓本作"十"，应从底本。

② (旁)[傍]案：底本原作一大字"旁"，無墨綫勒之，後脱一小字"傍"，兹據萬曆本、天啓本、今本《史記》卷一百九《李將軍列傳》及今本《漢書》卷五十二《李廣蘇建傳》補。

③ [入]案：底本原作一大字"入"，無墨綫勒之，兹據萬曆本、天啓本、今本《史記》卷一百九《李將軍列傳》及今本《漢書》卷五十二《李廣蘇建傳》改。

④ (陣)[陳]案：底本原作一大字"陣"，無墨綫勒之，後脱一小字"陳"，兹據萬曆本、天啓本、今本《史記》卷一百九《李將軍列傳》及今本《漢書》卷五十二《李廣蘇建傳》補。

⑤ (陣)[陳]案：底本原作一大字"陣"，無墨綫勒之，後脱一小字"陳"，兹據萬曆本、天啓本、今本《史記》卷一百九《李將軍列傳》及今本《漢書》卷五十二《李廣蘇建傳》補。

然虜卒犯之,無以禁(也);而其士(卒)亦佚樂,(咸樂)爲之死。我軍雖煩擾,(然)虜亦不得犯我。"【程不識爲人何爲?於此可去不去。】是時漢邊郡李廣、程不識(皆)爲名將,然匈奴畏(李)廣(之略),士卒(亦)多樂從(李廣)而苦程不識。(程)不識孝景時以數直諫爲太中大夫。爲人廉,謹於文法。

後漢[誘單于]以馬邑城(誘單于),【誘在下,是。】使大軍伏馬邑旁(谷),而廣爲驍騎將軍,(領)屬護軍將軍。【《漢書》是。】(是時)單于覺之,去,漢軍皆無功。(其)後四歲,廣以衛尉爲將軍,出雁門擊匈奴。匈奴兵多,破(敗)廣軍,生得廣。單于素聞廣賢,令曰:"得李廣必生致之。"胡騎得廣,廣時傷(病),置(廣)兩馬間,絡而盛[之]卧(廣)。【絡而盛之,是。】行十餘里,廣(佯)[陽]①死,睨其旁有一(胡)兒騎善馬,(廣)暫騰而上胡兒馬[上],因(推墮)[抱]兒,【抱兒,無出脱。】(取其弓),鞭馬南馳數十里,(復)得其餘軍,(因引而入塞)。匈奴(捕者)騎數百追之,廣行取(胡)兒弓,射殺追騎,以故得脱。於是至漢,漢下廣吏。吏當廣(所失)亡[失]多,爲虜所生得,當斬,贖爲庶人。【自敗傷以至下吏,吏當以重罪,贖爲庶人,意甚悲。】

(頃之),(家居)數歲。(廣家)與故潁陰侯(孫)屏(野)居藍田南山中射獵。嘗夜從一騎出,從人田間飲。還至(霸陵)亭,霸陵尉醉,呵止廣。廣騎曰:"故李將軍。"尉曰:"今將軍尚不得夜行,何(乃)故也!"(止)[宿]廣(宿)亭下。居無何,匈奴入(殺)遼西[殺]太守,敗韓將軍,韓將軍後徙[居]右北平[死]。於是(天子)[上]乃召拜廣爲右北平太守。廣(即)請霸陵尉與俱,至軍而斬之,[上書自陳謝罪。]

[上報曰:"將軍者,國之爪牙也。《司馬法》曰:'登車不式,遭喪不服,振旅撫師,以征不服;率三軍之心,同戰士之力,故怒形則千里竦,威振則萬物伏;是以名聲暴於夷貉,威棱憺乎鄰國。'夫報忿除害,捐殘去殺,朕之所圖於將軍也;若乃免冠徒跣,稽顙請罪,豈朕之指哉!將軍其率師東轅,彌節白檀,以臨右北平盛秋。"]

廣(居右北平)[在郡],匈奴(聞之),號曰"漢(之)飛將軍",【有之字,壯。】避之,數歲不(敢)入(右北平)[界]。

廣出獵,見草中石,以爲虎而射之,中石没(鏃)[矢],視之,石也。【皆當時傳説李將軍之辭。】[他日],(因復更)射之,終不能(復)入(石)矣。廣所居郡聞有虎,常自射之。及居右北平,射虎,虎騰傷廣,廣亦(竟)射殺

① (佯)[陽]案:底本原作一大字"佯",無墨綫勒之,後脱一小字"陽",兹據萬曆本、天啓本、今本《史記》卷一百九《李將軍列傳》及今本《漢書》卷五十二《李廣蘇建傳》補。

之。○連下文"石建卒"。【此段只合在此,《漢書》非。】廣(廉),[歷七郡太守前後四十餘年],得賞賜輒分其(麾)[戲]下①,飲食與士[卒]共之。(終廣之身,爲二千石四十餘年),家無餘財,終不言(家)[生]産事。(廣)爲人長,(猿)[爰]②臂,其善射亦天性(也),雖(其)子孫他人學者,莫能及(廣)。廣訥口少言,與人居則畫地爲軍陳,射闊狹以飲。專以射爲戲,(竟死。廣之)將兵,乏絶(之)處,見水,士卒不盡飲,(廣)不近水,(士卒)不盡(食)[餐],(廣)不嘗食。寬緩不苛,士以此愛樂爲用。其射,見敵(急),非在數十步之内,度不中不發,發即應弦而倒。用此,其將(兵)數困辱,(其)及射猛獸亦[數]③爲所傷云。

(居頃之),石建卒,(於是)上召廣代(建)爲郎中令。元朔六年,廣復爲(後)將軍,從大將軍(軍)出定襄,(擊匈奴)。諸將多中首虜率,(以功)爲侯者,而廣軍無功。後三歲,廣以郎中令將四千騎出右北平,博望侯張騫將萬騎與廣俱,異道。行(可)數百里,匈奴左賢王將四萬騎圍廣,廣軍士皆恐,廣乃使其子敢往馳之。敢(獨與)[從]數十騎(馳),直貫胡騎,出其左右而還,(告)[報]④廣曰:"胡虜易與耳。"軍士乃安。(廣)爲圜陳外(嚮)[鄉],胡急擊(之),矢下如雨。漢兵死者過半,漢矢且盡。廣乃令(士)持滿毋發,而廣身自以大黄射其裨將,殺數人,胡虜益解。會(日)暮,吏士(皆)無人色,而廣意氣自如,益治軍。軍中(自是)服其勇也。明日,復力戰,而博望侯軍亦至,匈奴(軍)乃解去。漢軍罷,弗能追。是時廣軍幾没,罷歸。漢法,博望侯(留遲)後期,當死,贖爲庶人。廣軍(功)自(如)[當],無賞。

初,廣(之)[與]從弟李蔡(與廣)俱[爲郎],事(孝)文帝。景帝時,蔡積功(勞)至二千石。(孝)武帝(時,至代相。以)元朔(五年)[中]爲輕車將軍,從大將軍擊右賢王,有功中率,封爲樂安侯。元狩二年(中),代公孫弘爲丞相。蔡爲人在下中,名聲出廣下(甚)遠[甚],然廣不得爵邑,官不過九卿,(而蔡爲列侯,位至三公。諸)廣之軍吏及士卒或取封侯。廣(嘗)與望氣王朔(燕)語,【《漢書》整,不及《史記》疏鹵而恨,燕語較曲折。】曰:

---

① 下案:底本原作小字,兹據萬曆本、天啓本、今本《史記》卷一百九《李將軍列傳》及今本《漢書》卷五十二《李廣蘇建傳》改。

② (猿)[爰]案:底本原作一大字"猨",無墨綫勒之,後脱一小字"爰",兹據萬曆本、天啓本、今本《史記》卷一百九《李將軍列傳》及今本《漢書》卷五十二《李廣蘇建傳》補。

③ [數]案:底本原作一大字"數",無墨綫勒之,兹據萬曆本、天啓本、今本《史記》卷一百九《李將軍列傳》及今本《漢書》卷五十二《李廣蘇建傳》改。

④ (告)[報]案:底本原作一大字"告",無墨綫勒之,後脱一小字"報",兹據萬曆本、天啓本、今本《史記》卷一百九《李將軍列傳》及今本《漢書》卷五十二《李廣蘇建傳》補。

“自漢(擊)[征]匈奴(而)廣未嘗不在其中,而諸(部)[妄]校尉以下,才能不及中(人),(然)以(擊胡)軍功取侯者數十人,(而)廣不爲後人,然[終]無尺寸(之)功以得封邑者,何也? 豈吾相不當侯邪? (且固命也)?”【太史公極意言李將軍不幸,故引弟蔡首末,僥倖至列侯三公,正是恨處。又取望氣者備廣胸懷口語,如慨而歎,縷縷可傷處,正在三而字,兩然字耳。且固命也,能使人墮淚。妄校尉,固好,然有才不及中人,足矣。】

朔曰:“將軍自念,豈常有(所)恨[者][1]乎?”廣曰:“吾(嘗)爲隴西守,羌嘗反,吾誘(而降),降者八百餘人,(吾)詐而同日殺之。至今(大)恨獨此耳。”朔曰:“禍莫大於殺已降,此廼將軍所以不得侯者也。”○以下《漢書》[2]接上“廣歷七郡太守”。

(後二歲)[元狩四年],大將軍、驃騎將軍大(出)擊匈奴,廣數自請行。(天子)[上]以爲老,弗許;良久乃許之,以爲前將軍。(是歲,元狩四年也)。【一字不可少。】

(廣既從)大將軍青(擊匈奴,既)出塞,(青)捕虜知單于所居,廼自以精兵走之,而令廣并於右將軍軍,出東道。東道少回遠,(而)大軍行水草少,其勢不屯行。【不可屯,亦不可行,水草少云。】廣[辭](自請)曰:“臣部爲前將軍,今大將軍乃徙(令)臣出東道,且臣結髮而與匈奴戰,(今)廼[今]一得當單于,臣願居前,先死單于。”大將軍(青亦)陰受上(誡)[指],以爲李廣(老),數奇,毋令當單于,恐不得所欲。【謂其數奇,未嘗不知其才能也。用人者嘗自用,當其陰誠,只欲爲青地,故子長又一語云恐不得所欲,而大將軍亦欲使敖復侯,皆自謂單于可唾手得矣。至封書幕府,語勢欲不可追。】(而)是時公孫敖新失侯,爲中將軍(從大將軍),大將軍亦欲使敖與俱當單于,故徙(前將軍)廣。廣(時)知之,固(自)辭(於大將軍)。大將軍(不)[弗]聽,令長史封書與廣之幕府,曰:“急詣部,如書。”廣不謝大將軍而起行,意[象](甚)慍怒而就部,引兵與右將軍食其合軍出東道。(軍亡導,或)[惑]失道,【軍亡導,豈可去哉?】後大將軍。大將軍與單于接戰,單于遁走,弗能得而還。南絶幕,[廼]遇(前)[兩]將軍、(右將軍)。廣已見大將軍,還入軍。大將軍使長史持糒醪遺廣,因問廣、食其失道狀,[曰],青欲上書報天子[失]軍曲折。【不用曰與失字。】廣未對,大將軍(使)長史急責廣之幕府(對)[上]簿。【使長史持糒醪與前封書,因使長史急責

---

① [者]案:底本原作一大字“者”,無墨綫勒之,兹據萬曆本、天啓本、今本《史記》卷一百九《李將軍列傳》及今本《漢書》卷五十二《李廣蘇建傳》改。

② 萬曆本、天啓本脱“以下《漢書》”四字。

對薄，皆事實如見，語次皆不少。師古曰："薄，謂文狀也。"】廣曰："諸校尉(無)[亡]罪，乃我自失道。吾今自上簿至幕府。"

(廣)謂其麾下曰："廣結髮與匈奴大小七十餘戰，今幸從大將軍出接單于兵，而大將軍(又)徙廣部行回遠，(而)又迷失道，豈非天哉！且廣年六十餘(矣)，終不能復對刀筆之吏[矣]。"遂引刀自剄。(廣軍士大夫一軍皆哭。)【廣軍哭，其士大夫哭，一軍皆哭。】百姓聞之，知與不知，(無)老壯皆爲垂(涕)[泣]。而右將軍獨下吏，當死，贖爲庶人。【傳首尾每句每字勃勃欲吐，非子長則功狀皆罰地，安能於勝敗之外，乃出古今名將之上，如此則可哀者，至今壯哉！】

廣(子)三(人)[子]，曰當户、椒、敢，[皆]爲郎。(天子)[上]與韓嫣戲，嫣少不遜，當户擊嫣，嫣走。於是(天子)[上]以爲(勇)[能]。當户(早)[蚤]①死，[乃]拜椒爲代郡太守，皆先廣死。(當户有遺腹子名陵。)廣死軍[中]時，敢從驃騎將軍。廣死明年，李蔡以丞相坐(侵孝②景園)，[詔賜冢地陽陵當得二十畝，蔡盗取三頃，頗賣得四十餘萬，又盗取神道外]壖地[一畝葬其中]，當下[獄](吏治，蔡亦)自殺，(不對獄，國除。李)敢以校尉從驃騎將軍擊胡左賢王，力戰，奪左賢王旗鼓，斬首多，賜爵關内侯，食邑二百户，代廣爲郎中令。【敢以力③戰，代廣郎中令且侯。】頃之，怨大將軍青之恨其父，【恨字，别。】廼擊傷大將軍，大將軍匿諱之。【《史記》有情理。】居無何，敢從上雍，至甘泉宫獵。驃騎將軍去病(與青有親)，[怨敢傷青]，射殺敢。去病時方貴幸，上[爲]諱，云鹿觸殺之。居歲餘，去病死。(而)敢有女爲太子中人，愛幸，敢男禹有寵於太子，然好利，[亦有勇。嘗與侍中貴人飲，侵陵之，莫敢應。後愬之上，上召禹，使刺虎，縣下圈中，未至地，有詔引出之。禹從落中以劍斫絶纍，欲刺虎。上壯之，遂救止焉。而當户有遺腹子陵，將兵擊胡，兵敗，降匈奴。後人告禹謀欲亡從陵，下吏死]，(李氏陵遲衰微矣)。

(李)陵，[字少卿]，(既壯，選)[少]爲[侍中]建章監，(監諸騎)。善[騎]射，愛[人謙讓，下]士(卒)，[甚得名譽]。(天子)[武帝]以爲[有廣之風]，(李氏世將，而)使將八百騎。(嘗)深入匈奴二千餘里，過居延視地形，(無所)[不]見虜(而)還。拜爲騎都尉，將(丹陽楚人)[勇敢]五千人，教射酒泉、張掖以(屯衛)[備]胡。

數(歲)[年，漢遣貳師將軍伐大宛，使陵將五校兵隨後。行至塞，會貳師還。上

① (早)[蚤]案：底本原作一大字"早"，無墨綫勒之，後脱一小字"蚤"，兹據萬曆本、天啓本、今本《史記》卷一百九《李將軍列傳》及今本《漢書》卷五十二《李廣蘇建傳》補。

② (孝)案：底本原为"李"字，兹據萬曆本、天啓本、今本《史記》卷一百九《李將軍列傳》改。

③ 力案：底本作"一"，萬曆本、天啓本作"力"，从校本。

賜陵書,陵留吏士,與輕騎五百出敦煌,至鹽水,迎貳師還,復留屯張掖。]【太史公以陵被禍,至陵傳匆匆如此,正亦得体。《漢書》詳密可愛。】

天漢二年(秋),貳師(將軍李廣利)將三萬騎[出酒泉],擊(匈奴)右賢王于(祁連)天山。(而使)[召]陵(將其射士步兵五千人出居延北可千餘里),欲[使爲貳師將輜重。陵召見武台,叩頭自請曰:"臣所將屯邊者,皆荊楚勇士奇材劍客也,力扼虎,射命中,願得自當一隊,到蘭干山南]以分(匈奴)[單于]兵,毋令專(走)[鄉]貳師[軍](也)。"[上曰:"將惡相屬邪!吾發軍多,毋騎予女。"陵對:"無所事騎,臣願以少擊衆,步兵五千人涉單于庭。"上壯而許之,因詔彊弩都尉路博德將兵半道迎陵軍。博德故伏波將軍,亦羞爲陵後距,奏言:"方秋匈奴馬肥,未可與戰,臣願留陵至春,俱將酒泉、張掖騎各五千人并擊東西浚稽,可必禽也。"書奏,上怒,疑陵悔不欲出而教博德上書,廼詔博德:"吾欲予李陵騎,云'欲以少擊衆'。今虜入西河,其引兵走西河,遮鉤營之道。"詔陵:"以九月發,出遮虜障,至東浚稽山南龍勒水上,徘徊觀虜,即亡所見,從浞野侯趙破奴故道抵受降城休士,因騎置以聞。所與博德言者云何?具以書對。"陵於是將其步卒五千人出居延,北行三十日,至浚稽山止營,舉圖所過山川地形,使麾下騎陳步樂還以聞。步樂召見,道陵將率得士死力,上甚説,拜步樂爲郎。]

陵(既)至(期還)[浚稽山,與](而)單于(以兵八)[相值,騎可三]萬圍(擊)陵軍。陵軍(五千人,兵矢既盡,士死者過半),[居兩山間,以大車爲營。陵引士出營外爲陳,前行持戟盾,後行持弓弩,令曰:"聞鼓聲而縱,聞金聲而止。"虜見漢軍少,直前就營。陵搏戰攻之,千弩俱發,應弦而倒。虜還走上山,漢軍追擊,](而所)殺[數千],(傷匈奴亦萬餘)人。[單于大驚,召左右地兵八萬餘騎攻陵,陵且戰]且引(且戰,連鬥八日),[南行數日,抵山谷中。連戰,士卒中矢傷,三創者載輦,兩創者將車,一創者持兵戰。陵曰:"吾士氣少衰而鼓不起者,何也?軍中豈有女子乎?"始軍出時,關東群盜妻子徙邊者隨軍爲卒妻婦,大匿車中。陵搜得,皆劍斬之。明日復戰,斬首三千餘級。引兵東南,循故龍城道行,四五日,抵大澤葭葦中,虜從上風縱火,陵亦令軍中縱火以自救。南行至山下,單于在南山上,使其子將騎擊陵。陵軍步鬥樹木間,復殺數千人,因發連弩射單于,單于下走]。【連弩射匈奴,服虔曰:"三十弩共一弦也。"張晏曰:"三十絭共一臂。"師古曰:"張是也。"劉云:"皆無理,妄説也。"盖古之合彈,并刃弩相連,以後激前,則一弩而得三十弩之力。或自有道,未可以爲妄也。漫發此語,以待考索。】[是日捕得虜,言"單于曰:'此漢精兵,擊之不能下,日夜引吾南近塞,得毋有伏兵乎?'諸當户君長皆言'單于自將數萬騎擊漢數千人不能滅,後無以復使邊臣,令漢益輕匈奴。復力戰山谷間,尚四五十里得平地,不能破,廼還。'"是時陵軍益急,匈奴騎多,戰一日數十合,復傷殺虜二千餘人。虜不利,欲去,會陵軍候管敢爲校尉所辱,亡降匈奴,具言"陵軍無後救,射矢且盡,獨將軍麾下及成安侯校各八百人爲前行,以黄與白爲幟,當使精騎射之,即破矣。"成安侯者,潁川人,父韓千秋,故濟南相,奮擊南越戰死,武帝封子延年爲侯,以校尉隨陵。單于得敢大喜,使騎并攻漢軍,疾呼曰:"李陵、韓延年趣降!"遂](還未到居延百餘里,匈奴遮狹絶道,陵食乏而救兵不到,虜)[遮道]急(擊)[攻](招降)陵。[陵居谷中,虜在山上,四面射,矢如雨下。漢軍南行,未至鞮汗山,一百五十萬矢皆盡,即棄車去。士尚三千餘人,徒斬車輻而持之,軍吏持尺刀,抵山入陿谷。單于遮其後,乘隅下壘石,士卒多死,不得行。昏後,陵便衣獨步出營,止左右:"無隨我,丈夫一取單于耳!"良久,陵還,太息曰:"兵敗,死矣!"軍吏或曰:"將軍威振匈奴,天命不遂,後求道徑還歸,如浞野侯爲虜所得,後亡還,天子客遇之,况於將軍乎!"陵曰:"公止!吾不死,非壯士也。"於是盡斬旌旗,及珍寶埋地中,陵歎曰:"復得數十矢,足以脱矣。今無兵復戰,天明坐受縛矣!各鳥獸散,猶有得脱歸報天子者。"令軍士人持二升糒,一半冰,期至遮虜鄣者相待。夜半時,擊鼓起士,鼓不鳴。陵與韓延年俱上馬,壯士從者十餘人。虜騎數千追之,韓延年戰死。]陵曰:"無面目報陛下。"遂降[軍人分](匈奴。其兵盡没,餘亡)散[脱至塞](得歸漢)者四百餘人。

[陵敗處去塞百餘里,邊塞以聞。上欲陵死戰,召陵母及婦,使相者視之,無死喪色。後聞陵降,上怒甚,責問陳步樂,步樂自殺。群臣皆罪陵,上以問太史令司馬遷,遷盛言:"陵事親孝,與士信,常奮不顧身以殉國家之急。其素所畜積也,有國士之風。今舉事一不幸,全軀保妻子之臣隨而媒蘖其短,誠可痛也!且陵提步卒不滿五千,深輮戎馬之地,抑數萬之師,虜救死扶傷不暇,悉舉引弓之民共攻圍之。轉鬥千里,矢盡道窮,士張空拳,冒白刃,北首爭死敵,得人之死力,雖古名將不過也。身雖陷敗,然其所摧敗亦足暴於天下。彼之不死,宜欲得當以報漢也。"初,上遣貳師大軍出,財令陵爲助兵,及陵與單于相值,而貳師功少。上以遷誣罔,欲沮貳師,爲陵游説,下遷腐刑。

[久之,上悔陵無救,曰:"陵當發出塞,廼詔彊弩都尉令迎軍。坐預詔之,得令老將生奸詐。"乃遣使勞賜陵餘軍得脱者。

[杅陵在匈奴歲餘,上遣因杅將軍公孫敖將兵深入匈奴迎陵。敖軍無功還,曰:"捕得生口,言李陵教單于爲兵以備漢軍,故臣無所得。"上](單于既得陵,素聞其家聲,及戰又壯,乃以其女妻陵而貴之。漢)聞,[於是]族陵[家]母[弟]妻子,[皆伏誅]。(自是之後,李氏名敗,而)隴西(之)士[大夫以李氏](居門下者,皆用)爲[愧](耻焉)。

[其後,漢遣使使匈奴,陵謂使者曰:"吾爲漢將步卒五千人横行匈奴,以亡救而敗,何負於漢而誅吾家?"使者曰:"漢聞李少卿教匈奴爲兵。"陵曰:"廼李緒,非我也。"李緒本漢塞外都尉,居奚侯城,匈奴攻之,緒降,而單于客遇緒,常坐陵上。陵痛其家以李緒而誅,使人刺殺緒。大閼氏欲殺陵,單于匿之北方,大閼氏死,廼還。

[單于壯陵,以女妻之,立爲右校王,衛律爲丁靈王,皆貴用事。衛律者,父本長水胡人。律生長漢,善協律都尉李延年,延年薦言律使匈奴。使還,會延年家收,律懼并誅,亡還降匈奴。匈奴愛之,常在單于左右。陵居外,有大事,廼入議。

[昭帝立,大將軍霍光、左將軍上官桀輔政,素與陵善,遣陵故人隴西任立政等三人俱至匈奴招陵。立政等至,單于置酒賜漢使者,李陵、衛律皆侍坐。立政等見陵,未得私

語,即目視陵,而數數自循其刀環,握其足,陰諭之,言可還歸漢也。後陵、律持牛酒勞漢使,博飲,兩人皆胡服椎結。立政大言曰:"漢已大赦,中國安樂,主上富於春秋,霍子孟、上官少叔用事。"以此言微動之。陵墨不應,孰視而自循其髮,答曰:"吾已胡服矣!"有頃,律起更衣,立政曰:"咄,少卿良苦!霍子孟、上官少叔謝女。"陵曰:"霍與上官無恙乎?"立政曰:"請少卿來歸故鄉,毋憂富貴。"陵字立政曰:"少公,歸易耳,恐再辱,奈何!"語未卒,衛律還,頗聞餘語,曰:"李少卿賢者,不獨居一國。范蠡徧游天下,由余去戎入秦,今何語之親也!"因罷去。立政隨謂陵曰:"亦有意乎?"陵曰:"丈夫不能再辱。"

[陵在匈奴二十餘年,元平元年病死。]

(太史公)[贊]曰:(《傳》曰"其身正,不令而行;其身不正,雖令不從"。其李將軍之謂也?余睹)李將軍(悛悛)[恂恂]如鄙人,口不能(道)[出]辭。及死之日,天下知與不知,皆爲盡(哀)[流涕]。彼其(忠實)[中]心誠信於士大夫也。諺曰"桃李不言,下自成蹊"。此言雖小,可以(諭)[喻]大(也)。[然三代之將,道家所忌,自廣至陵,遂亡其宗,哀哉!①]

---

① 萬曆本、天啓本此處衍"《漢書》贊後有蘇武"7字。

第二十三卷　匈奴

匈奴列傳第五十　史記一百十

匈奴傳上第六十四 漢書九十四

匈奴,其先(祖)夏后氏之苗裔(也),曰淳維。唐虞以上有山戎、獫(狁)[允]①、(葷)[薰]②粥,居於北(蠻)[邊],隨[草]畜牧而轉移。【子長於世家,推本先聖之後如神明,以爲天禄。及言匈奴祖禹,至於有國莫長焉,而使侵中國時有之,豈夫將以報抑鴻水之功耶?則夷進之久矣,亦莫能泯也。】其畜之所多則馬、牛、羊,其奇畜則橐(駞)[佗]、驢羸、駃騠、騊駼、驒(騱)[奚]。逐水草遷徙,(毋)[無]城郭常(處)[居]耕田之業,然亦各有分地。(毋)[無]文書,以言語爲約束。兒能騎羊,引弓射鳥鼠;【兒能騎羊,引弓射鳥鼠,雖其俗常事,寫出如畫得其所以彊者。】少長則射狐兔:(用爲)[肉]食。士力能彎弓,盡爲甲騎。其俗,寬則隨畜,(因射)[田]獵禽獸爲生業,【寬則隨畜馬牛,因而射,《史記》明。】急則人習戰攻以侵伐,其天性也。其長兵則弓矢,短兵則刀鋋。利則進,不利則退,不羞遁走。苟利所在,不知禮義。自君王以下,咸食畜肉,衣其皮革,被旃裘。壯者食肥美,老者[飲]食其餘。【不用飲字。】貴壯健,賤老弱。父死,妻其後母;兄弟死(者),皆取其妻妻之。其俗有名不諱,而無(姓)字。【何必屑屑一姓?大略是緬近西戎,而匈奴變於西戎。及武王都鎬,始放逐之於涇、洛之北,則昔者共居於岐,復有功焉。後人謂以戎狄開國及借助爲不善,以塞内雜處爲非,皆不知本末之論。有道,則無不可耳。涇、洛之北,涇、渭之間,所差幾何?而有華夷之異。】

夏道衰,而公劉失其稷官,變于西戎,邑於豳。其後三百有餘歲,戎狄攻大王亶父,亶父亡走[于]岐下,(而)豳人悉從亶父而邑焉,作周。其後百

① (狁)[允]案:底本原作一大字"狁",無墨綫勒之,後脱一小字"允",兹據萬曆本、天啓本、今本《史記》卷一百十《匈奴列傳》及今本《漢書》卷九十四《匈奴傳》補。

② (葷)[薰]案:底本原作一大字"葷",無墨綫勒之,後脱一小字"薰",兹據萬曆本、天啓本、今本《史記》卷一百十《匈奴列傳》及今本《漢書》卷九十四《匈奴傳》補。

有餘歲,周西伯昌伐畎夷(氏)。後十有餘年,武王伐紂而營雒邑,復居於酆、(鄗)[鎬],放逐戎夷涇、洛之北,以時入貢,(命)[名]曰"荒服"。【語如讖。】其後二百有餘年,周道衰,而[周]穆王伐(犬)[畎]戎,得四白狼、四白鹿以歸。自是之後,荒服不至。於是(周遂)作《(甫)[呂]刑》之辟。【得四白狼①、四白鹿,而荒服不至,《甫形》之辟,又何與荒服而爲之?如老人説事,依稀有其意而已。】[至]穆王之(後)[孫懿王時,王室遂衰,戎狄交侵,暴虐中國。中國被其苦,詩人始作,疾而歌之,曰:"靡室靡家,獫狁之故""豈不日戒,獫狁孔棘。"至懿王曾孫宣王,興師命將以征伐之,詩人美大其功,曰:"薄伐獫狁,至于太原""出車彭彭""城彼朔方"。是時四夷賓服,稱爲中興]。【詩人以薄伐爲實耳,儒者遂以爲美,以爲不極之塞外,皆後人之見。如秦襄公救周,而不能不東徙。極其所至,亦不過岐山之下,是古公故鄉,其又惡得爲境外哉?】(二百有餘年),[至于](周)幽王用寵姬褒姒之故,與申侯有郤。申侯怒而與(犬)[畎]戎共攻殺(周)幽王于(驪)[麗]②山之下,遂取周之(焦穫)[地,鹵獲]而居于涇渭之間,侵暴中國。秦襄公救周,於是周平王去酆、(鄗)[鎬]而東徙[于]雒邑。【《史記》少宣王中興一節,《漢書》有,然事情又不及,皆是筆力。】當(是之)時,秦襄公伐戎至(岐)[郊],始列爲諸侯。(是)後六十有五年,而山戎越燕而伐齊,齊釐公與戰於齊郊。(其)後四十四年,而山戎伐燕。燕告急(于)齊,齊桓公北伐山戎,山戎走。(其)後二十(有)餘年,而戎(狄)[翟]③至洛邑,伐周襄王,襄王[出]奔于鄭之氾邑。初,(周)襄王欲伐鄭,故取(戎狄)[翟]女爲后,與(戎狄)[翟](兵)共伐鄭。【此戎狄不可去,《漢書》過。】已而黜(狄)[翟]后,(狄)[翟]后怨,而襄王(後)[繼]母曰惠后,有子(子)帶,欲立之,於是惠后與(狄)[翟]后、子帶爲内應,開戎(狄)[翟],戎(狄)[翟]以故得入,破逐(周)襄王,而立子帶爲(天子)[王]。於是戎(狄)[翟]或居于陸渾,東至於衛,侵盗[尤甚],(暴虐中國。中國疾之,故詩人歌之曰"戎狄是膺","薄伐獫狁,至于太原","出輿彭彭,城彼朔方")。周襄王既居外四年,(乃)[廼]使使告急(于)[於]晋。晋文公初立,欲修霸業,乃興師伐(逐)戎翟,誅子帶,迎内(周)襄王,(居)于雒邑。

當是(之)時,秦晋爲彊國。晋文公攘戎翟,居于河西(圁)[圜]、洛之

① 白狼案:底本原作"白狐",兹據上文、萬曆本、天啓本、今本《史記》卷一百十《匈奴列傳》及今本《漢書》卷九十四《匈奴傳》改。

② (驪)[麗]案:底本原作一大字"驪",無墨綫勒之,後脱一小字"麗",兹據萬曆本、天啓本、今本《史記》卷一百十《匈奴列傳》及今本《漢書》卷九十四《匈奴傳》補。

③ (狄)[翟]案:底本原作一大字"狄",無墨綫勒之,後脱一小字"翟",兹據萬曆本、天啓本、今本《史記》卷一百十《匈奴列傳》及今本《漢書》卷九十四《匈奴傳》補。

間,號曰赤翟、白翟。[而]①秦穆公得由余,西戎八國服於秦,【居之西河、上郡、馮翊之間,而以爲攘却古今。若②此,不可不考也。由余自西戎來,得而用之,而西戎八國服一語中可見。】故(自)隴以西有緜諸、(緄)[畎]戎、翟、獂之戎,[在]岐、梁(山)、涇、漆之北有義渠、大荔、烏氏、朐衍之戎。而晋北有林胡、樓煩之戎,燕北有東胡、山戎。各分散(居)溪谷,自有君長,往往而聚者百有餘戎,然莫能相(一)[壹]③。

自是之後百有餘年,晋悼公使魏絳和戎翟,戎翟朝晋。後百有餘年,趙襄子踰句注,而破[之]并代以臨胡貉。【之字,是。】(其)後(既)與韓魏共滅(智)[知]④伯,分晋地而有之,則趙有代、句注(之)[以]北,[而]魏有河西、上郡,以與戎界邊。其後義渠之戎築城郭以自守,而秦稍蠶食[之],至於惠王,遂拔義渠二十五城。惠王(擊)[伐]魏,魏盡入西河及上郡于秦。秦昭王時,義渠戎王與宣太后亂,有二子。宣太后詐而殺義渠戎王於甘泉,遂起兵伐(殘)[滅]義渠。於是秦有隴西、北地、上郡,築長城以(拒)[距]⑤胡。【宣太后之滅義渠也,怪事,奇事,在武靈前,功又出武靈上矣。秦以此得要地。築長城是始皇、蒙恬之後,又因效也。】而趙武靈王亦變俗胡服,習騎射,北破林胡、樓煩;(築長城),自代并陰山下,至高闕爲塞,而置雲中、雁門、代郡。【趙亦效秦爲之耳。】其後燕有賢將秦開,爲質于胡,胡甚信之。歸而襲破(走)東胡,東胡却千餘里。與荆軻刺秦王秦舞陽者,開之孫也。燕亦築長城,自造陽至襄平。置上谷、漁陽、右北平、遼西、遼東郡以(拒)[距]⑥胡。當是(之)時,冠帶戰國七,而三國邊於匈奴。【冠帶戰國七,而三國邊於匈奴,屑屑然記其安及此。】其後趙將李牧時,匈奴不敢入趙邊。後秦滅六國,而始皇帝使蒙恬將數十萬之衆北擊胡,悉收河南地。因河爲塞,築四十四縣城臨河,徙適戍以充之。而通直道,自九原至雲陽,因邊山險塹溪谷可繕者(治)[繕]之,【可繕者繕之,謂燕趙所以築者。繕之,是。】起臨洮至遼東萬餘里。又度河據陽山北假中。

---

① [而]案:底本"秦"字前原脱一小字"而",兹據萬曆本、天啓本、今本《漢書》卷九十四《匈奴傳》補。

② 若案:底本爲"若",萬曆本及天啓本作"爲"。

③ (一)[壹]案:底本原作一大字"一",無墨綫勒之,後脱一小字"壹",兹據萬曆本、天啓本、今本《史記》卷一百十《匈奴列傳》及今本《漢書》卷九十四《匈奴傳》補。

④ (智)[知]案:底本原作一大字"智",無墨綫勒之,後脱一小字"知",兹據萬曆本、天啓本、今本《史記》卷一百十《匈奴列傳》及今本《漢書》卷九十四《匈奴傳》補。

⑤ (拒)[距]案:底本原作一大字"拒",無墨綫勒之,後脱一小字"距",兹據萬曆本、天啓本、今本《史記》卷一百十《匈奴列傳》及今本《漢書》卷九十四《匈奴傳》補。

⑥ (拒)[距]案:底本原作一大字"拒",無墨綫勒之,後脱一小字"距",兹據萬曆本、天啓本、今本《史記》卷一百十《匈奴列傳》及今本《漢書》卷九十四《匈奴傳》補。

當是(之)時,東胡彊而月氏盛。匈奴單于曰頭曼,頭曼不勝秦,北徙。十[有]餘年而蒙恬死,諸侯畔秦,中國擾亂,諸秦所徙適(戍)邊者皆復去,於是匈奴得寬,復稍度河南,與中國界於故塞。【築四十四縣,蒙恬死、匈奴得寬,皆活動有精神語。】

單于有太子名[曰]冒頓。後有(所)愛閼氏,生少子,(而單于)[頭曼]欲廢冒頓而立少子,(乃)[廼]使冒頓質於月氏。冒頓既質(於月氏),而頭曼急擊月氏。月氏欲殺冒頓,冒頓盜其善馬,騎(之)亡歸。頭曼以爲壯,令將萬騎。【頭曼父子間,意本有難寫者。看他質月氏,擊月氏,自月氏走,復壯之,反復曉然,十三、四語耳。】冒頓乃作(爲)鳴鏑,習勒其騎射,令曰:"鳴鏑所射而不悉射者,斬(之)。"行獵(鳥)獸,有不射鳴鏑所射(者),輒斬之。已而冒頓以鳴鏑自射(其)善馬,左右或(不)[莫]敢射(者),冒頓立斬(不射善馬者)[之]。【《史記》好。】居頃之,復以鳴鏑自射其愛妻,左右或頗恐,不敢射,(冒頓又)復斬之。(居)頃之,冒頓出獵,以鳴鏑射單于善馬,左右皆射之。於是冒頓知其左右(皆)可用。從其父單于頭曼獵,以鳴鏑射頭曼,其左右(亦)皆隨鳴鏑而射(單于)頭曼,(遂)盡誅其後母與弟及大臣不聽從者。[於是],冒頓自立爲單于。

冒頓既立,(是)時東胡彊(盛),聞冒頓殺父自立,廼使使謂冒頓[曰],欲得頭曼時(有)[號]千里馬。冒頓問群臣,群臣皆曰:"(千里馬),[此]匈奴寶馬也,勿(與)[予]。"冒頓曰:"奈何與人鄰國(而)愛一馬乎?"遂與之(千里馬)。【精神在兩千里馬,去之何也?】(居)頃之,東胡以爲冒頓畏之,(乃)使使謂冒頓[曰],欲得單于一閼氏。冒頓復問左右,左右皆怒曰:"東胡無道,乃求閼氏!請擊之。"冒頓曰:"奈何與人鄰國愛一女子①乎?"遂取所愛閼氏(與)[予]東胡。東胡王愈(益)驕,西侵。【侵字,如犬牙相入者。】與匈奴(間),中[間]有棄地,莫居,千餘里,各居其邊爲甌脱。東胡使使謂冒頓曰:"匈奴所與我界甌脱外棄地,匈奴(非)[不]能至也,吾欲有之。"冒頓問群臣,(群臣)或曰:"此棄地,予之(亦可,勿予亦可)。"於是冒頓大怒曰:"地者,國之本也,奈何予(之)[人]!"諸言[與](予之)者,皆斬之。冒頓上馬,令國中有後者斬,遂東襲擊東胡。東胡初輕冒頓,不爲備。及冒頓以兵至,(擊),大破滅東胡王,(而)虜其民(人)[衆](及)畜産。既歸,西擊走月氏,南并樓煩、白羊河南王。(侵燕代),悉復收秦所使蒙恬所奪匈奴地者,與漢關故河南塞,【悉復收秦所使蒙恬所奪匈奴地者,與漢關

① 女子案:底本原倒爲"子女",兹據萬曆本、天啓本、今本《史記》卷一百十《匈奴列傳》及今本《漢書》卷九十四《匈奴傳》乙正。

某地，謂如蟬聯有力，非後人所及。】至朝那、膚施，遂侵燕代。是時漢（兵）［方］與項羽相距，中國罷於兵革，以故冒頓得自彊，控弦之士三十餘萬。

自淳維以至頭曼千有餘歲，時大時小，別散分離，尚矣，其世傳不可得而次（云）。然至冒頓而匈奴最彊大，盡服從北夷，而南與（中國）［諸夏］爲敵國，其世（傳國）［姓］官號（乃）可得而記云。

［單于姓攣鞮氏，其國稱之曰"撑犁孤塗單于"。匈奴謂天爲"撑犁"，謂子爲"孤塗"，單于者，廣大之貌也，言其象天單于然也。］置左右賢王，左右谷蠡（王），左右大將，左右大都尉，左右大當户，左右骨都侯。匈奴謂賢曰"屠耆"，故常以太子爲左屠耆王。自（如）左右賢王以下至當户，大者萬［餘］騎，小者數千，凡二十四長，立號曰"萬騎"。［其］（諸）大臣皆世官。呼衍氏、蘭氏，其後有須卜氏，此三姓其貴種也。諸左（方）王將居東方，直上谷以（往者），東接穢貉、朝鮮；右（方）王將居西方，直上郡以西，接（月氏）、氐、羌；而單于（之）庭直代、雲中：各有分地，逐水草移徙。而左右賢王、左右谷蠡（王）最（爲）大國，左右骨都侯輔政。諸二十四長亦各自置千長、百長、什長、裨小王、相（封）、都尉、當户、且渠之屬。

歲正月，諸長（小）會單于庭，祠。五月，大會（籠）［龍］城，祭其先、天、地、鬼神。秋，馬肥。大會蹛林，課校人畜計。其法：拔刃尺者死，坐盗者没入其家；有罪，小者軋，大者死。獄久者不（過）［滿］十日，一國之囚不過數人。而單于朝出營，拜日之始生，夕拜月。其坐，長左而北，鄉日，上戊巳。其送死，有棺槨金銀衣（裘）［裳］，而無封樹喪服；近幸臣妾從死者，多至數（千）［十］百人。舉事（而候星月，）［常隨月，］（月）盛壯（則）［以］攻戰，月虧則退兵。其攻戰，斬首虜賜一卮酒，而所得鹵獲因以予之，得人以爲奴婢。故其戰，人人自爲（趣）［趨］利，善爲誘兵以（冒）［包］敵。【包字勝。】故其（見敵則）逐利，如鳥之集；其困敗，（則）瓦解雲散矣。戰而扶（輿）［轝］①死者，盡得死者家財。

後北服渾（庾）［窳］、屈射、丁（靈）［零］、（鬲）［隔］昆、【隔字是。】［龍］（薪）［新］（犁）［犂］之國。於是匈奴貴人大臣皆服，以冒頓（單于）爲賢。

是時漢初定（中國），徙韓王信於代，都馬邑。匈奴大攻圍馬邑，韓（王）信降匈奴。匈奴得信，因引兵南踰句注，攻太原，至晋陽下。高帝自將兵往擊之。會冬大寒雨雪，卒之墮指者十二三，於是冒頓（詳）［陽］敗走，誘漢兵。漢兵逐擊冒頓，冒頓匿其精兵，見其羸弱，於是漢悉兵，多步兵，三

① （輿）［轝］案：底本原作一大字"輿"，無墨綫勒之，後脱一小字"轝"，兹據萬曆本、天啓本、今本《史記》卷一百十《匈奴列傳》及今本《漢書》卷九十四《匈奴傳》補。

十二萬,北逐之。【説佯敗走,誘漢兵,又匿精兵,見老弱,漢又多步兵,步兵又多未至,節節是次第。至中外不相救餉一句,曲盡其實。】高帝先至平城,步兵未盡到。冒頓縱精兵(四)[三]十[餘]萬騎圍高帝于白登,七日,漢兵中外不得相救餉。匈奴騎,其西方盡白(馬),東方盡(青)駹(馬),北方盡(烏)驪(馬),南方盡騂馬。高帝乃[廼]使使間厚遺閼氏,【此處載得有理。】閼氏乃[廼]①謂冒頓曰:"兩主不相困。今得漢地,(而)單于終非能居之(也)。且漢(王)[主]②(亦)有神,單于察之。"冒頓與韓(王)信(之)將王黄、趙利期,而(黄、利)兵(又)[久]不來,疑其與漢有謀,亦取閼氏之言,(乃)[廼](解)[開]圍之一角。於是高[皇]帝令士皆持滿傅矢外鄉,從解角直出,(竟)[得]與大軍合,而冒頓遂引兵(而)去。漢亦引兵(而)罷,使劉敬結和親之約。

是後韓(王)信爲匈奴將,及趙利、王黄等數(倍)[背]約,侵盗代、[雁門]、雲中。居無幾何,陳豨反,(又)與韓信合謀擊代。漢使樊噲往擊之,復(拔)[收]代、雁門、雲中郡縣,不出塞。是時匈奴以漢將[數率]衆往降,故冒頓常往來侵盗代地。於是(漢)[高祖]患之,(高帝)乃使劉敬奉宗室女(公)[翁]主爲單于閼氏,【師古曰:"諸王女曰翁主。"言其父自主婚。】歲奉匈奴絮繒酒(米)食物各有數,約爲(昆)[兄]弟以和親,冒頓(乃)[廼]少止。後燕王盧綰[復]反,率其黨(數千)[且萬]人降匈奴,往來苦上谷以東,[終]高祖(崩)[世]。

孝惠、(吕)[高](太)后時,(漢初定,故匈奴)[冒頓浸](以)驕。【爲《漢書》只當云爾,《漢書》載匈奴謾辭與答書,有何不可缺者?而不爲魯諱。】(冒頓乃)[廼]爲書[使使]③遺高后,(妄言)[曰:"孤僨之君,生於沮澤之中,長於平野牛馬之域,數至邊境,願游中國。陛下獨立,孤僨獨居。兩主不樂,無以自虞,願以所有,易其所無。]"高后[大怒,召丞相平及樊噲、季布等,議斬其使者,發兵而](欲)擊之。[樊噲曰:"臣願得十萬衆,横行匈奴中。"問季布,布](諸將)曰:"(以高帝賢武,然尚困於平城)。[噲可斬也!前陳豨反於代,漢兵三十二萬,噲爲上將軍,時匈奴圍高帝於平城,噲不能解圍。天下歌之曰:'平城之下亦誠苦!七日不食,不能彀弩。'今歌吟之聲未絶,傷痍者甫起,而噲欲摇動天下,妄言以十萬衆横行,是

---

① 乃[廼]案:底本无此两字,兹據萬曆本、天啓本、今本《史記》卷一百十《匈奴列傳》及今本《漢書》卷九十四《匈奴傳》補。

② (王)[主]案:底本原作一大字"王",無墨綫勒之,後脱一小字"主",兹據萬曆本、天啓本、今本《史記》卷一百十《匈奴列傳》及今本《漢書》卷九十四《匈奴傳》補。

③ [使使]案:底本原作兩大字"使使",無墨綫勒之,兹據萬曆本、天啓本、今本《史記》卷一百十《匈奴列傳》及今本《漢書》卷九十四《匈奴傳》改。

面謾也。且夷狄譬如禽獸,得其善言不足喜,惡言不足怒也。]”(於是)高后(乃止),[曰:“善。”令大謁者張澤報書曰:“單于不忘弊邑,賜之以書,弊邑恐懼。退日自圖,年老氣衰,髮齒墮落,行步失度,單于過聽,不足以自汙。弊邑無罪,宜在見赦。竊有御車二乘,馬二駟,以奉常駕。”冒頓得書,復使使來謝曰:“未嘗聞中國禮義,陛下幸而赦之。”因獻馬,遂](復與匈奴)和親。

至孝文(帝初立)[即位],復修和親(之事)。其三年[夏](五月),匈奴右賢王入居河南地[爲寇,於是](孝)[文帝下詔曰:“漢與匈奴約爲昆弟,無侵害邊境,所以輸遺匈奴甚厚。今右賢王離其國,將衆居河南地,非常故。往來入塞,捕殺吏卒,驅]侵(盜)上郡(葆)[保]①塞蠻夷,(殺略人民),[令不得居其故。陵轢邊吏,入盜,甚驁無道,非約也]。(於是孝文帝詔丞相灌嬰),[其]發[邊吏]②車騎八萬(五千)詣高奴,[遣丞相灌嬰將]擊右賢王。”右賢王走出塞,文帝幸太原。是時,濟北王反,文帝歸,罷丞相擊胡之兵。

其明年,單于遺漢書曰:“天所立匈奴大單于敬問皇帝無恙。前時皇帝言和親事,稱書意合(歡)[驩]③。漢邊吏侵侮右賢王,右賢王不請,聽後義盧侯難(氏)[支]等計,與漢吏相(距)[恨],絶二主之約,離(兄)[昆]弟之親。皇帝讓書再至,發使以書報,不來漢使不至,漢以其故不和,鄰國不附。令以(小)[少]吏之敗約故,罰右賢王,使(之)[至]西[方]求月氏擊之。以天之福,吏卒良,馬(彊)力[彊],【强力,語勝。】以(夷)滅[夷]月氏,盡斬殺降下[定]之。(定)樓蘭、烏孫、呼揭及其旁二十六國,皆(以)[已]爲匈奴。諸引弓之民,并爲一家。北州(已)[以]定,願寢兵休士(卒)養馬,除前事,復故約,以安邊民,以應(始)古[始],【始古,是。】使少者得成其長,老者[得]安其處,【不須得字,是。】世世平樂。【甚質。】未得皇帝之志(也),故使郎中係(雩)[虖]淺奉書,請獻橐佗一(匹)、騎馬二(匹)、駕二駟。皇帝即不欲匈奴近塞,則且詔吏民遠舍。使者至,即遣之。”(以)六月中來至(薪)[新]望之地。書至,漢議擊與和親孰便。公卿皆曰:“單于新破月氏,乘勝,不可擊[也]。且得匈奴地,澤鹵,非可居也。和親甚便。”漢許之。

孝文(皇帝)前六年,(漢)遺匈奴書曰:“皇帝敬問匈奴大單于無恙。使(郎中)係(雩)[虖]淺遺朕書(曰)[云]:‘(右賢王不請,聽後義盧侯難氏

---

① (葆)[保]案:底本原作一大字“葆”,無墨綫勒之,後脱一小字“保”,兹據萬曆本、天啓本、今本《史記》卷一百十《匈奴列傳》及今本《漢書》卷九十四《匈奴傳》補。

② [邊吏]案:底本原作兩大字“邊吏”,有墨綫勒之,兹據萬曆本、天啓本、今本《史記》卷一百十《匈奴列傳》及今本《漢書》卷九十四《匈奴傳》改。

③ (歡)[驩]案:底本原作一大字“歡”,無墨綫勒之,後脱一小字“驩”,兹據萬曆本、天啓本、今本《史記》卷一百十《匈奴列傳》及今本《漢書》卷九十四《匈奴傳》補。

等計,絶二主之約,離兄弟之親,漢以故不和,鄰國不附。今以小吏敗約故,罰右賢王使西擊月氏,盡定之)。願寢兵休士(卒養馬),除前事,復故約,以安邊民,(使少者得成其長,老者得安其處),世世平樂。'朕甚嘉之,此古聖王之(意)[志]也。漢與匈奴約爲兄弟,所以遺單于甚厚。(倍)[背]約離兄弟之親者,常在匈奴。然右賢王事已在赦前,(單于)勿深誅。單于若稱書意,明告諸吏,使無負約,有信敬如單于書。使者言單于自將(伐)[并]國有功,甚苦兵事。服繡袷綺衣、(繡袷)長襦、錦(褡)袍各一,比(余)[疏]一,黄金飾具帶一,黄金(胥紕)[犀毗]一,【《索隱》曰:"《漢書》作犀毗。"此作胥,犀、胥,聲声相近。《戰國策》云:"趙武靈王賜周紹具帶黄金師比。"延篤云:"冠胡革,冠帶鉤也。"則此帶鉤非①名師比,則胥犀與師相近而説異耳。犀毗、胥紕、師比名同,即今鉤搭。】繡十匹,錦(三)[二]十匹,赤綈、緑繒各四十匹,使中大夫意、謁者令肩遺單于。"

後頃之,冒頓死,子稽粥立,號曰老上單于。

老上稽粥單于初立,(孝)文(皇)帝復遣宗(室)[人]女(公)[翁]主爲單于閼氏,【宗人女、翁主,自爲小異同。】使宦者燕人中行説傅(公)[翁]主。説不欲行,漢彊使之。説曰:"必我(行)也,爲漢患者。"中行説既至,因降單于,單于(甚親)[愛]幸之。【中行説不欲行,史載其言,必聞其語,可殺不足復遣也。世嘗有此人,姑息爲邊患,即尤多。此降與愛幸,皆史意。】

初,(匈奴)[單于]好漢繒絮食物,中行説曰:"匈奴人衆不能當漢之一郡,然所以彊[之]者,以衣食異,無(仰)[卬]於漢(也)。今單于變俗,好漢物,漢物不過什二,則匈奴盡歸於漢矣。其得漢[絮]②繒(絮),以馳草棘中,衣袴皆裂敝,以(示)[視]不如旃裘(之完)[堅]善也;得漢食物,皆去之,以(示)[視]不如(湩)[重]酪之便美也。"於是説教單于左右疏記,以計(課)[識]其人衆畜(物)[牧]。【匈奴人衆不能當漢一郡者,以其生人之少,不如其畜之繁,所用漢物多也。非匈奴歸漢,而匈奴之人皆動心矣。使絶漢幣而匈奴缺乏,則其説亦不行矣。其用意之切,政在教之左右疏記,使知人衆畜産自足以富。】

漢遺單于書,(牘)以尺一(寸)[牘],辭曰"皇帝敬問匈奴大單于無

---

① 非案:萬曆本及天啓本作"亦"。

② [絮]案:底本原作一大字"絮",無墨綫勒之,兹據萬曆本、天啓本、今本《史記》卷一百十《匈奴列傳》及今本《漢書》卷九十四《匈奴傳》改。

恙”,所[以]①遺物及言語云云。【其中行説所爲匈奴,不可盡告語也,故爲此以示之。】中行説令單于(遺漢書)以尺二寸牘,及印封皆令廣大長,倨(傲)[驁]其辭曰“天地所生日月所置匈奴大單于敬問漢皇帝無恙”,所以遺物言語亦云云。

漢使或言(曰):“匈奴俗賤老。”中行説窮漢使曰:“而漢俗屯戍從軍當發者,其(老)親豈(有)不自(脱)[奪]温厚肥美(以)齎送飲食行(戍)[者]乎?”漢使曰:“然。”(中行)説曰:“匈奴明以(戰)攻[戰]爲事,(其)老弱不能鬥,故以其肥美飲食壯健[壯健](者,蓋)以自(爲守)衛,如此父子各得(久)相保,何以言匈奴輕老也?”【觀中行説口語,未易以宦者,輕也。宦者中有人必資敵國,其説至今存,至今用,虜俗不盡變。】漢使曰:“匈奴父子(乃)同穹廬(而)卧。父死,妻其後母;兄弟死,盡(取)[妻]其妻(妻之)。無冠帶之(飾)[節],闕廷之禮。”【前説賤老已異,此又因冠帶、闕廷、禮義、室屋,辯乃更精。使有此言,自是其意當輕中國云耳。】中行説曰:“匈奴之俗,(人)食畜肉,飲其汁,衣其皮;畜食草飲水,隨時轉移。故其急則人習騎射,寬則人樂無事,(其)約束(輕)[徑],易行(也)。君臣簡(易),[可久],一國之政猶一(身)[體]也。父(子)兄(弟)死,(取)[則妻]其妻(妻之),惡種姓之失也。故匈奴雖亂,必立宗種。今中國雖(詳)[陽]不取其父兄之妻,親屬益疎則相殺,至(乃)[到]易姓,皆從此類[也]。【佯字,最可惡。至乃易姓,久而愈驗,視此兩句,亦與由余無異。欲勝夷,其亦思所處哉!】且禮義之敝,上下交怨(望),而室屋之極,生力(必)屈[焉]。夫力耕桑以求衣食,築城郭以自備,故其民急則不習戰(功)[攻],緩則罷於作業。【作業者,并指室屋城郭數語。如能文之人,抑揚慷慨,妙盡事情,令人語塞。】嗟土室之人,顧無(多辭令),喋喋(而)佔佔,冠固何當?”

自是之後,漢使欲辯論者,中行説輒曰:“漢使(無)[毋]多言,顧漢所輸匈奴繒絮米糵,令其量中,必善美而已(矣),何以[言]爲(言)乎?且所給備善則已;不備[善而]苦惡,【此不備善苦惡,最自口語。】則候秋熟,以騎馳蹂(而)[廼]稼穡(耳)[也]。”日夜教單于候利害處。

孝文(皇帝)十四年,匈奴單于十四萬騎入朝那、蕭關,殺北地都尉卬,虜人民畜産甚多,遂至彭陽。使(奇)[騎]兵入燒回中宫,【奇兵,是。】候騎至雍甘泉。於是文帝以中尉周舍、郎中令張武爲將軍,發車千乘,(騎)十萬[騎],軍長安旁以備胡寇。【軍長安旁與至甘泉相應,窘甚,其不即出塞

---

① 所[以]案:底本“所”字後原脱一小字“以”,兹據萬曆本、天啓本、今本《漢書》卷九十四《匈奴傳》補。

者也。】而拜昌侯盧卿爲上郡將軍,寧侯魏遬爲北地將軍,隆慮侯周竈爲隴西將軍,東陽侯張相如爲大將軍,成侯董赤爲前將軍,大發車騎往擊胡。單于留塞内月餘(乃去),漢逐出塞即還,不能有所殺。匈奴日(已)[以]驕,歲入邊,殺(掠)[略]人民(畜産)甚(多)[衆]①,雲中、遼東最甚,(至代)郡萬餘人。【郡萬餘,是。】漢[甚]患之,(乃)[廼]使使遺匈奴書。單于亦使當户報謝,復言和親事。

孝文(帝)後二年,使使遺匈奴書曰:"皇帝敬問匈奴大單于無恙。使當户、且(居)[渠]雕渠難、郎中韓遼遺朕馬二匹,已至,敬受。先帝制:長城以北引弓之國,受(命)[令]單于;長城以内冠帶之室,朕亦制之。使萬民耕織射獵衣食,父子(無)[毋]離,臣主相安,俱無暴(逆)[虐]。今聞渫惡民貪降其(進取之利)[趨],(倍)[背]義絶約,忘萬民之命,離兩主之驩,然其事已在前矣。書(曰)[云]:'二國已和親,兩主歡説,寢兵休卒養馬,世世昌樂,(闟)[翕]然更始。'朕甚嘉之。【渫惡,猶薄惡,言狼。下貪降其進取之利,自謂兩界皆有降者,各圖己利耳。《漢書》作貪降其趨,降如字訓下殆不可解,喀然無所覆。闟勝翕。】聖(人)者日新,改作更始,使老者得息,幼者得長,各保其首領而終其天命。朕與單于俱由此道,順天恤民,世世相傳,施之無窮,天下莫不咸(便)[嘉使]。漢與匈奴鄰(國之)敵[之國],匈奴處北地,寒,殺氣蚤降,故詔吏遺單于秫蘗金帛(絲)[綿]絮(佗)[它]②物歲有數。今天下大安,萬民熙熙,[獨]朕與單于爲之父母。朕追念前事,薄物細故,謀臣計失,皆不足以離(兄)[昆]弟之歡。朕聞天不頗覆,地不偏載。朕與單于皆捐(往)細故,俱蹈大道[也],墮壞前惡,以圖長久,使兩國之民若一家,子元元萬民,下及魚鼈,上及飛鳥,跂行喙息(蠕)[蝡]動之類,莫不就安利(而辟)[避]③危殆。故來者不止,天之道也。俱去前事:朕釋逃虜民,單于(無)[毋]言章尼等。【來者不止,如服則舍之,謂今所遣釋前所降漢者,單于亦勿復問其降漢之罪,真君人之言也。此俱去前事與捐往細等,不是重出。】朕聞古之帝王,約分明而(無)[不]食言。單于留志,天下大安,和親之後,漢過不先。【只漢過不先四字,見得負約常在單于。】單于其察之。"

---

① (多)[衆]案:底本原作一大字"多",無墨綫勒之,後脱一小字"衆",兹據萬曆本、天啓本、今本《史記》卷一百十《匈奴列傳》及今本《漢書》卷九十四《匈奴傳》補。

② (佗)[它]案:底本原作一大字"佗",無墨綫勒之,後脱一小字"它",兹據萬曆本、天啓本、今本《史記》卷一百十《匈奴列傳》及今本《漢書》卷九十四《匈奴傳》補。

③ (辟)[避]案:底本原作一大字"辟",無墨綫勒之,後脱一小字"避",兹據萬曆本、天啓本、今本《史記》卷一百十《匈奴列傳》及今本《漢書》卷九十四《匈奴傳》補。

單于既約和親,於是制詔御史(曰):“匈奴大單于遺朕書,【大字明厚,去曰字是,數語曲盡諄至。】(言)和親已定,亡人不足以益衆廣地,匈奴無入塞,漢無出塞,犯令約者殺之,可以久親,後無咎,俱便。朕已許(之)。【去之,好。】其布告天下,使明知之。”

後四(歲)[年],老上(稽粥)單于死,子軍臣(立爲)單于。(既)立,(孝文皇帝復與匈奴和親)。而中行説復事之。[漢復與匈奴和親。]【《漢書》備,有意。】

軍臣單于立(四歲)[歲餘],匈奴復絶和親,大入上郡、雲中各三萬騎,所殺略甚衆(而去)。於是漢使三將軍軍屯北地,代屯句注,趙屯飛狐口,緣邊亦各堅守以備胡寇。又置三將軍,軍長安西細柳、渭北棘門、霸上以備胡。胡騎入代句注邊,烽火通於甘泉、長安。數月,漢兵至邊,匈奴亦(去)遠塞,漢兵亦罷。後歲餘,(孝)文帝崩,(孝)景帝立,而趙王遂(乃)[廼]陰使(人)於匈奴。吴楚反,欲與趙合謀入邊。漢圍破趙,匈奴亦止。自是(之)後,(孝)景帝復與匈奴和親,通關市,給遺(匈奴)[單于],遣(公)[翁]主,如故約。終(孝)景[帝世]時,時小入盜邊,無大寇。

(今)[武]帝即位,【武帝,《史》作今帝,《漢書》作武帝。】明和親約束,厚遇,(通)關市,饒給之。匈奴自單于以下皆親漢,往來長城下。

漢使馬邑人聶翁壹(奸)[間](蘭)[闌]出物與匈奴交[易],【間字,是。】(詳)[陽]爲賣馬邑城以誘單于。單于信之,而貪馬邑財物,(乃)[廼]以十萬騎入武州塞。漢伏兵三十餘萬馬邑旁,御史大夫韓安國爲護軍[將軍],護四將軍以伏單于。單于既入漢塞,未至馬邑百餘里,見畜布野而無人牧者,怪之,乃攻亭。(是)時雁門尉史行徼,見寇,(葆)[保]①此亭,(知漢兵謀),單于得,欲(殺)[刺]之,尉史[知漢謀],(乃)[廼下具②]告單于(漢兵所居)。單于大驚曰:“吾固疑之。”乃引兵還。出曰:“吾得尉史,天也,(天使若言)。”【有四字,又切至。】以尉史爲“天王”。漢兵約單于入馬邑而縱[兵],【多兵字。】單于不至,以故(漢兵)無所得。(漢)將軍王恢部出代擊胡輜重,聞單于還,兵多,不敢出。漢以恢本[建]造兵謀而不進,(斬)[誅]恢。自是(之)後,匈奴絶和親,攻當路塞,往往入盜於(漢)邊,不可勝數。然匈奴貪,尚樂關市,(嗜)[耆]漢財物,漢亦(尚)[通]關市不絶以中之。

---

① (葆)[保]案:底本原作一大字“葆”,無墨綫勒之,後脱一小字“保”,兹據萬曆本、天啓本、今本《史記》卷一百十《匈奴列傳》及今本《漢書》卷九十四《匈奴傳》補。

② 下具案:底本“下”字後原脱一小字“具”,兹據萬曆本、天啓本、今本《漢書》卷九十四《匈奴傳》補。

自馬邑軍後五(年)[歲]之秋,漢使四將(軍)各萬騎擊胡關市下。將軍衛青出上谷,至(籠)[龍]城,得胡首虜七百人。公孫賀出雲中,無所得。公孫敖出代郡,爲胡所敗七千(餘人)。李廣出雁門,爲胡所敗,(而)匈奴生得廣,廣[後](得)[道]亡歸。漢囚敖、廣,敖、廣贖爲庶人。其冬,匈奴數[千人](入)盜邊,漁陽尤甚。漢使將軍韓安國屯漁陽備胡。其明年秋,匈奴二萬騎入漢,殺遼西太守,略二千餘人。(胡)又(入)敗漁陽太守軍千餘人,圍(漢)將軍安國,安國時千餘騎亦且盡,會燕救之至,匈奴(乃)[廼]去。(匈奴)又入雁門,殺略千餘人。於是漢使將軍衛青將三萬騎出雁門,李息出代郡,擊胡,得首虜數千(人)。其明年,衛青復出雲中以西至隴西,擊胡之樓煩、白羊王於河南,得胡首虜數千,牛羊百餘萬。於是漢遂取河南地,築朔方,復繕故秦時蒙恬所爲塞,因河[而]爲(固)[利]。漢亦棄上谷之(什)[斗]辟縣造陽地以予胡。【斗辟,語奇,作辟,字奇,然什字即斗字之誤。】是歲,(漢之)元朔二年也。

其後冬,(匈奴)軍臣單于死。其(軍臣單于)弟左谷蠡王伊稚斜自立爲單于,攻(破)[敗]軍臣單于太子於單。【《漢書》所削,節節是。】於單亡降漢,漢封(單于)[於單]①爲(涉)[陟]安侯,數月(而)死。

伊稚斜單于既立,其夏,匈奴數萬騎入(殺)代郡[殺]太守(恭)[共友],(及)略千餘人。(其)秋,(匈奴)②又入雁門,殺略千餘人。其明年,(匈奴)又(復)入代郡、定襄、上郡,各三萬騎,殺略數千人。匈奴右賢王怨漢奪之河南地而築朔方,數(爲)寇,盜邊,及入河南,侵擾朔方,殺略吏民甚衆。

其明年春,漢(以)[遣]衛青(爲大將軍),將六將軍、十餘萬人,出朔方高闕(擊胡)。右賢王以爲漢兵不能至,飲酒醉,漢兵出塞六七百里,夜圍右賢王。右賢王大驚,脱身逃走,(諸)精騎往往隨後去。漢[將軍]得右賢王[人]衆男女萬五千人,【不用將軍。】裨小王十餘人。其秋,匈奴萬騎入(殺)代郡[殺]都尉朱(英)[央],略千餘人。

其明年春,漢復遣大將軍衛青將六將軍、(兵)十餘萬騎,(乃)[仍]再出定襄數百里擊匈奴,【乃字,是。】得首虜前後(凡)萬九千餘級,而漢亦亡兩將軍,(軍)三千餘騎。右將軍建得以身脱,而前將軍翕侯趙信兵不利,降匈奴。趙信者,故胡小王,降漢,漢封爲翕侯,以前將軍與右將軍并軍(分

① (單于)[於單]案:底本原作兩大字"單于",無墨綫勒之,後脱兩小字"於單",兹據萬曆本、天啓本、今本《史記》卷一百十《匈奴列傳》及今本《漢書》卷九十四《匈奴傳》補。

② (匈奴)案:底本此句原脱兩大字"匈奴",兹據萬曆本、天啓本、今本《史記》卷一百十《匈奴列傳》及今本《漢書》卷九十四《匈奴傳》補。

行),[介]獨遇單于兵,故盡没。【介獨,不可解。介與分,字似。】單于既得翕侯,以爲自次王,用其姊妻之,與謀漢。信教單于益北絶幕,以誘罷漢兵,徼極而取之,(無)[毋]近塞。單于從(其計)[之]。其明年,胡(騎)[數]①萬(人)[騎]入上谷,殺數百人。

(其)明年春,漢使驃騎將軍去病將萬騎出隴西,過焉(支)[耆]山千餘里,(擊匈奴),得胡首虜(騎萬)八千餘級,(破)得休屠王祭天金人。其夏,驃騎將軍復與合騎侯數萬騎出隴西、北地二千里,(擊匈奴)。過居延,攻祁連山,得胡首虜三萬餘(人)[級],裨小王以下(七)十餘人。是時,匈奴亦來入代郡、雁門,殺略數百人。漢使博望侯及李將軍廣出右北平,擊匈奴(右)[左]賢王。(右)[左]賢王圍李(將軍)[廣],(卒可)[廣軍]四千人,(且盡),[死者過半],殺虜亦過當。會博望侯軍救至,李將軍得脱。(漢)[盡](失)亡(數千人)[其軍],合騎侯後(驃)[票]騎將軍期,及(與)博望侯皆當死,贖爲庶人。

其秋,單于怒(渾)[昆](耶)[邪]王、休屠王居西方爲漢所殺虜數萬人,欲召誅之。(渾)[昆](耶)[邪](王與)休屠王恐,謀降漢,漢使驃騎將軍(往)迎之。(渾)[昆](耶)[邪]王殺休屠王,并將其衆降漢。凡四萬餘人,號十萬。於是漢已得(渾耶王)[昆邪],則隴西、北地、河西益少胡寇,徙關東貧民處所奪匈奴河南[地]新秦中以實之,而[西]減北地以西戍卒半。(其)明年[春],匈奴入右北平、定襄各數萬騎,殺略千餘人(而去)。

其(明)年春,漢謀(曰)[以爲]"翕侯信爲單于計,居幕北,以爲漢兵不能至"。乃粟馬,發十萬騎,[私]負(私)從馬凡十四萬匹,粮重不與焉。【中國鋪張之弊,二十四萬騎粮重不與,則步兵又不可知也。前後師出之盛,未有如此。粟馬者欲其肥健,言出塞深入有數千里,粟者已非其舊粒,亦未必可久,真危道也,独賴與虜相遇耳。當時力士雄壯如此,諸將人人能②戰。至匈奴自知不如而走,此雖漢初韓、彭輩有不及者,未可以青、去病非能臣也。】令大將軍青、(驃)[票]騎將軍去病中分軍,大將軍出定襄,(驃)[票]騎將軍出代,咸約絶幕擊(匈奴)。匈奴單于聞之,遠其輜重,以精兵待於幕北。與大將軍接戰一日,會暮,大風起,漢兵縱左右翼圍單于。單于自度戰不能(如)[與]漢兵,(單于)遂獨(身)與壯騎數百潰漢圍西北遁走。漢兵夜追[之]不得。行(斬)捕[斬](匈奴)首虜[凡]萬九千級,北至(闐)[寘]顔山趙信城而還。

---

① [數]案:底本此字原作"殺",兹據萬曆本、天啓本、今本《漢書》卷九十四《匈奴傳》改。
② 能案:萬曆本、天啓本作"先"。

單于之(遁)走,其兵往往與漢(兵)[軍]相亂而隨單于。單于久不與其大衆相得,(其)右谷蠡王以爲單于死,乃自立爲單于。真單于復得其衆,(而)右谷蠡(王)乃去(其單于)號,復[其故位],(爲右谷蠡王。漢驃)[票]騎(將軍)之出代二千餘里,與左(賢)王接戰,漢兵得胡首虜凡七萬餘(級)[人],左(賢)王將皆遁走。(驃)[票]騎封於狼居胥山,禪姑衍,臨翰海而還。【去病封禪,雖屬兒戲,然自平城以來,能犁亭掃穴,則自匈奴患中國,千餘歲一時也。周得中策儒者之繆,武帝席文帝之後,徒以意氣作成,旋赫然振古如此,恨賈生不及見也。讀匈奴傳至此,氣奪欲盡。】

是後匈奴遠遁,而幕南無王庭。漢渡河自朔方以西至令居,往往通渠置田官,吏卒五六萬人,稍蠶食,地接匈奴以北。【前見徙關東貧民處所奪虜地,又見渡河置田官,蚕食接境,非將帥武臣力能使不敢飲馬,則陷赤子於塞外。使中行説尤存,豈不鐵騎蹂吾稼耶?以此推見,切實減卒戍半,非容易者,第不知後來此段居者,究竟如何?】

初,漢兩將(軍)大出圍單于,所殺虜八九萬,而漢士(卒)物故[者]亦[萬]數(萬),漢馬死者十餘萬[匹]。【載得功狀平實。《漢書》萬數似少,馬死似多。】匈奴雖病,遠去,而漢(亦)馬[亦]少,無以復往。(匈奴)[單于]用趙信(之)計,[遣]使(於漢),好辭請和親。天子下其議,或言和親,或言遂臣之。丞相長史任敞曰:"匈奴新(破),困,宜(可)使爲外臣,朝請於邊。"漢使(任)敞[使]①於單于。單于聞敞計,大怒,留之不遣。【天子與宰相論計廟堂之上,而單于輒聞之,必其使副有漏言者矣。】先是漢亦有所降匈奴使者,單于亦輒留漢使相當。漢方復收士馬,會(驃)[票]騎將軍去病死,於是漢久不北擊胡。

數歲,伊稚斜單于立十三年死,子烏維立爲單于。是歲,(漢)元鼎三年也。烏維單于立,而漢(天子)[武帝]始出巡[狩]郡縣。其後漢方南誅兩越,不擊匈奴,匈奴亦不(侵)入邊。

烏維(單于)立三年,漢已滅(南)[兩]越,遣故太僕[公孫]賀將萬五千騎出九原二千餘里,至浮苴井(而還,不見匈奴一人。漢又遣故)從(驃)[票]侯趙破奴萬餘騎出令居數千里,至匈奴河水(而還,亦)[皆]②不見匈奴一人[而還]。【故從驃侯,以破奴嘗從驃騎由此道,《史記》字字是。兩不見匈奴一人,最見所用趙信之計者,緊切悟後人處,不當用。】

---

① [使]案:底本原脱此字,兹據萬曆本、天啓本、今本《漢書》卷九十四《匈奴傳》補。

② [皆]案:底本此字原作一大字"皆",無墨綫勒之,兹據萬曆本、天啓本、今本《史記》卷一百十《匈奴列傳》及今本《漢書》卷九十四《匈奴傳》改。

是時天子巡邊[親]，至朔方，勒兵十八萬騎以見武節，而使郭吉風告單于。【勒兵十八萬騎，遣使徼匈奴，以見當時在行武節，遣告往來，何其壯也！】(郭吉)既至匈奴，匈奴主客問所使，郭吉(禮)卑[體]①(言)好，[言]曰："吾見單于而口言。"單于見吉，吉曰："南越王頭已(懸)[縣]於漢北闕[下]。今單于(能)即[能]前與漢戰，【要前字。】天子自將兵待邊；(單于)即不能，(即)[亟]南面而臣於漢。何(徒)[但]遠走，亡匿于幕北寒苦無水草之地，(毋)爲(也)。"語卒，(而)單于大怒，立斬主客見者，而留郭吉不歸，遷[辱]之北海上。【郭吉不歸，而天子亦返，以見匈奴遠徙之利，漢兵出塞外之難。當時親往如此，在廷無留行者，亦雖是，前此六、七年，屢出屢戰，屢圍屢勝，其君臣狎以遠略，無不可喜。向微趙信計，漢豈復有匈奴哉！】而單于終不肯爲寇於漢邊，休養(息)士馬，習射獵，數使使(於漢)，好辭甘言求(請)和親。

漢使王烏等(窺)[闚]②匈奴。匈奴法，漢使(非)[不]③去節(而)[不]④以墨黥其面(者)不得入穹廬。【黥面者，殆自別，其爲漢人，不至出入不測也。】王烏，北地人，習胡俗，去其節，黥面，(而得)入(穹)廬。單于愛之，(詳)[陽]許[曰吾](甘言)，爲遣(其)太子入(漢爲)質[於漢]，【《漢書》曰字，不用。其字，去不得。】以求和親。【不用辱字，而辱見矣。】

漢使楊信[使]⑤於匈奴。是時漢東拔(穢)[歲]貉、朝鮮以爲郡，而西置酒泉郡以(鬲)[隔]絶胡與羌通之路。漢又西通月氏、大夏，(又)以(公)[翁]主妻烏孫王，以分匈奴西方之援國。又北益廣田至(胘靁)[胘雷]爲塞，而匈奴終不敢以爲言。【信使以下，叙當日之盛，與所以斷匈奴臂四塞之者，政在三又字。而匈奴終不敢以言，與前終不敢寇漢邊相應者，極馳騁。】是歲，翕侯信死，漢用事者以匈奴(爲)已弱，可臣從也。楊信爲人剛直屈强，素非貴臣[也]，單于不親。(單于)欲召入，不肯去節，(單于乃)[廼]坐穹廬外見楊信。楊信(既見)，[説]單于(説)曰："即欲和親，以單于

---

① [體]案：底本原作一小字"禮"，兹據萬曆本、天啓本、今本《漢書》卷九十四《匈奴傳》改。

② (窺)[闚]案：底本原作一大字"窺"，無墨綫勒之，後脱一小字"闚"，兹據萬曆本、天啓本、今本《史記》卷一百十《匈奴列傳》及今本《漢書》卷九十四《匈奴傳》補。

③ (非)[不]案：底本原作一大字"非"，無墨綫勒之，後脱一小字"不"，兹據萬曆本、天啓本、今本《史記》卷一百十《匈奴列傳》及今本《漢書》卷九十四《匈奴傳》補。

④ (而)[不]案：底本原作一大字"而"，後脱一小字"不"，兹據萬曆本、天啓本、今本《史記》卷一百十《匈奴列傳》及今本《漢書》卷九十四《匈奴傳》補。

⑤ [使]案：底本此字原作一大字"使"，無墨綫勒之，兹據萬曆本、天啓本、今本《史記》卷一百十《匈奴列傳》及今本《漢書》卷九十四《匈奴傳》改。

太子爲質于漢。"【次第語,皆峻明。】①單于曰:"非故約。故約,漢常遣(公)[翁]主,給繒絮食物有品,以和親,而匈奴亦不[復]擾邊。今乃欲反古,令吾太子爲質,無幾矣。"匈奴俗,見漢使非中貴人,其儒(先)[生],以爲欲説,折其辭辯;(其)少年,以爲欲刺,折其氣。【以吾使爲欲説也,故書生來則先折其辨;又恐其欲刺也,故少年來者必先折其氣,非爲欲刺使者以折之也。兩語寫虜情最辨,亦以其非中貴人故耳。虜人貴勢,中貴人似不如此也。】每漢(使)[兵]入匈奴,匈奴輒報償。漢留匈奴使,匈奴亦留漢使,必得當(乃)[迺](肯)止。

楊信既歸,漢使王烏,(而單于)[等如匈奴,匈奴]復讇以甘言,欲多得漢財物,紿(謂)王烏曰:【有謂字,雅。】"吾欲入漢見天子,面相(約)[結]爲兄弟。"王烏歸報漢,漢爲單于築邸于長安。【築邸,輕信耻國。】匈奴曰:"非得漢貴人使,吾不與誠語。"匈奴使其貴人至漢,病,(漢予)[服]藥,欲愈之,不幸而死。(而)漢使路充國佩二千石印綬(往)使,(因)送其喪,厚(葬)[幣]直數千金,(曰"此漢貴人也")。單于以爲漢殺吾貴使者,乃留路充國不歸。諸所言者,單于特空紿王烏,殊無意入漢(及)遣太子來質。【所謂使貴人者,亦安知其何人?漢既以貴人遇之,又報知曰此亦漢貴人也,故單于遂謂②殺吾貴使者,政要漢曰此漢貴人一句,以見吾納侮之實。諸所言者,皆空紿,特結一段本意,而情態畢見矣。何可無及字?】於是匈奴數使奇兵侵犯[漢]邊。漢(乃)[迺]拜郭昌爲拔胡將軍,及浞野侯屯朔方以東,備胡。(路充國留匈奴三歲,單于死。)

烏維單于立十歲(而)死,子(烏)[詹]師廬立③(爲單于)。年少,號爲兒單于。是歲元封六年也。自(此之)[是]後,單于益西北,左方兵直雲中,右方[兵]直酒泉、敦煌(郡)。

兒單于立,漢使兩使(者),一[人]弔單于,一[人]弔右賢王,欲以乖其國。【兩使入其國,正欲其知,知故疑。其後左大都尉之謀,未必非弔右賢王之効也。惜其蹉跌,使受降之城與長安之邸俱虚耳。】使者入匈奴,匈奴悉將致單于。單于怒而(盡)[悉]留漢使。漢使留匈奴者前後十餘輩,而匈奴使來,漢亦輒留[之]相當。

是歲,漢使貳師將軍(廣利)西伐大宛,而令因杅將軍(敖)築受降城。

---

① 案:萬曆本、天啓本脱此條眉批。

② 謂案:萬曆本、天啓本作"將"。

③ 師廬立案:底本"師廬"後原脱一大字"立",兹據萬曆本、天啓本、今本《史記》卷一百十《匈奴列傳》及今本《漢書》卷九十四《匈奴傳》補。

其冬,匈奴大雨雪,畜多饑寒死。[而](兒)單于年少,好殺伐,國[中](人)多不安。左大都尉欲殺單于,使人間告漢曰:"我欲殺單于降漢,漢遠;[漢]即(兵)來[兵](迎)[近]我,我即發。"【近字,是。】初,漢聞此言,故築受降城。猶以爲遠。

其明年春,漢使浞野侯破奴將二萬(餘)騎出朔方(西)北二千餘里,期至浚稽山而還。浞野侯既至期(而還),左大都尉欲發而覺,單于誅之,發(左方)兵擊浞野[侯]。浞野侯行捕首虜(得)數千人。還,未至受降城四百里,匈奴(兵)八萬騎圍之。浞野侯夜(自)出[自]求水,匈奴(間捕)生得浞野侯,因急擊其軍。【此期至而還,亦似匆匆無謂,爲虜所覺耳,聞誅而還也。若外有漢兵逼境,而内亂政殆可乘,殆破奴悞都尉也。圍中夜出自取水,非有間,則一兵之及耳,何至生得?得亦何至即知其爲浞野耶?一軍皆没可疑,翕侯死後復有此,何匈奴之得助也。】軍[吏]①(中郭縱爲護,維王爲渠,相與謀曰:"及諸校尉)畏亡將(軍)而誅(之),莫相勸[而]歸。"軍遂没於匈奴。【《史記》不可解,《漢書》是。】(匈奴兒)單于大喜,遂遣(奇)兵攻受降城。不能下,乃(寇)[侵]入邊而去。(其)明年,單于欲自攻受降城,未(至)[到],病死。

兒單于立三歲而死。子(年)少,匈奴(乃)[迺]立其季父烏維單于弟右賢王(呴)[句](犁)[黎]湖爲單于。是歲太初三年也。

(呴)[句](犁)[黎]湖單于立,漢使光禄徐自爲出五原塞數百里,遠者千(餘)里,築城障列亭至(廬)[盧]朐,而使游擊將軍韓説、長平侯衛伉屯其旁,使强弩都尉路博多築居延澤上。

其秋,匈奴大入(定襄)、雲中、[定襄、五原、朔方],殺略數千人,敗數二千石而去,行(破)壞光禄所築(城列)亭(鄣)[障]。又使右賢王入酒泉、張掖,略數千人。會任文擊救,盡復失[其]②所得而去。(是歲),[聞]貳師將軍破大宛,斬其王(而)還。【何武帝所遣之多才也!左右貴宰之門,得青、去病。任文,不知何如人,及其擊救,乃能盡還所失,不惟刷耻,使奪氣去。至廣利,斬大宛王,宜其震矣。盛哉!如使仲舒、黯御史大夫,選則選矣,亦未易至此也。】(匈奴)[單于]欲遮之,不(能)[敢](至)。其冬,(欲攻受降城,會單于)病死。

(呴)[句](犁)[黎]湖單于立一歲死。(匈奴乃立)其弟左大都尉且鞮

---

① 軍[吏]案:底本"軍"字後原脱一小字"吏",兹據萬曆本、天啓本、今本《漢書》卷九十四《匈奴傳》補。

② [其]案:底本原作一大字"其",無墨綫勒之,兹據萬曆本、天啓本、今本《史記》卷一百十《匈奴列傳》及今本《漢書》卷九十四《匈奴傳》改。

侯[立]①爲單于。

漢既誅大宛,威震外國。天子意欲遂困胡,(乃)[廼]下詔曰:"高皇帝遺朕平城之憂,高后時單于書絶悖逆。昔齊襄公復(百)[九]世之讎,《春秋》大之。"【語未終而止,史之所削歟?】是歲太初四年也。

且鞮侯單于(既)[初]立,[恐漢襲之],盡歸漢使之不降者。路充國等[於漢](得歸)。單于(初立,恐漢襲之),乃自謂"我兒子,安敢望漢天子!漢天子,我丈人行(也)。"漢遣中郎將蘇武厚幣賂遺單于。單于益驕,禮甚倨,非漢所望也。【固知一時病在厚幣賂遺,爲甘言所誤。匈奴雖貪,未可厚幣好也。前路充國以厚幣留至,蘇武又以厚幣得倨,彼独畏强大耳。悖禮,意施報,難矣哉!】(其)明年,浞野侯破奴得亡歸漢。

其明年,漢使貳師將軍(廣利以)[將]三萬騎出酒泉,擊右賢王於天山,得(胡)首虜萬餘級而還。匈奴大圍貳師(將軍),幾不[得]脱。漢兵物故什六七。漢(復)[又]使因杅將軍(敖)出西河,與强弩都尉會涿(涂)[邪]山,(毋)[亡]所得。(又)使騎都尉李陵將步(騎)[兵]五千人,出居延北千餘里,與單于會,合戰,陵所殺傷萬餘人,兵(及)食盡,欲(解)歸,(匈奴)[單于]②圍陵,陵降匈奴,其兵(遂没),得(還)[脱歸漢]者四百人。單于(乃)[廼]貴陵,以其女妻之。

後二歲,[漢](復)使貳師將軍(將)六萬騎步,兵(十)[七]萬出朔方。强弩都尉路博德將萬餘人,與貳師會。游擊將軍説將步(騎)[兵]三萬人,出五原。因杅將軍敖將(萬)騎[萬]、步兵三萬人,出雁門。【武帝以雄才盛氣,變化一時人物而用之,龍虎一時。晚年鼓舞意倦,至以數才人失士大夫心,喪師萬里外。即所遣蘇武厚幣答其善意,非異時楊信、郭吉比也。至節旄落盡,牧羝齧雪海上,帝於是福智盡矣。傷哉!非言語議論之臣。】匈奴聞,悉遠其累重於余吾水北,而單于以十萬(騎)待水南,與貳師(將軍)接戰。貳師(乃)解而引歸,與單于連(戰)[鬥]十餘日。(貳師聞其家以巫蠱族滅,因并衆降匈奴,得來還千人一兩人耳。)游擊(説)亡所得。因杅(敖)與左賢王戰,不利,引歸。(是歲漢兵之出擊匈奴者不得言功多少,功不得御。)【謂所喪亡多,雖有功亦少,不見賞御也。】(有詔捕太醫令隨但,言貳師將軍家室族滅,使廣利得降匈奴。)③

---

① [立]案:底本原作一大字"立",無墨綫勒之,兹據萬曆本、天啓本、今本《史記》卷一百十《匈奴列傳》及今本《漢書》卷九十四《匈奴傳》改。

② [單于]案:底本原作兩大字"單于",無墨綫勒之,兹據萬曆本、天啓本、今本《史記》卷一百十《匈奴列傳》及今本《漢書》卷九十四《匈奴傳》改。

③ 萬曆本、天啓本此處衍一條注文"《史記》文至此,《漢書》末終"。

太史公曰:孔子著《春秋》,隱桓之間則章,至定哀之際則微,爲其切當世之文而罔褒,忌諱之辭也。世俗之言匈奴者,患其徼一時之權,而務讇納其説,以便偏指,不參彼已;將率席中國廣大,氣奮,人主因以决策,是以建功不深。堯雖賢,興事業不成,得禹而九州寧。且欲興聖統,唯在擇任將相哉!唯在擇任將相哉!【罔褒,謂不得不褒,則有可諱矣。《索隱》曰:"不參終始利害也。"彼已者,猶詩人譏辭,曰彼己之子是也。彼已,謂知彼知己,所引詩非是。《索隱》以不參句絶,尤非。遷亦欲爲微隱者,然已著大意,不滿當時,以爲順從君之欲。所謂席國廣大、氣奮,深得體要。建功不深,又似惜其志未盡成者,何前後之異也?則其中有難言者矣。引定哀已淺,托堯禹尤淺。武帝之建立如此,猶謂將不得人,則後無將矣。將相非武帝所急也,帝盖自爲將相者。】

[贊曰:《書》戒"蠻夷猾夏",《詩》稱"戎狄是膺",《春秋》"有道守在四夷",久矣夷狄之爲患也。故自漢興,忠言嘉謀之臣曷嘗不運籌策相與争於廟堂之上乎?高祖時則劉敬,吕后時樊噲、季布,孝文時賈誼、鼂錯,孝武時王恢、韓安國、朱買臣、公孫弘、董仲舒,人持所見,各有同異,然總其要,歸兩科而已。縉紳之儒則守和親,介胄之士則言征伐,皆偏見一時之利害,而未究匈奴之終始也。自漢興以至于今,曠世歷年,多於春秋,其與匈奴,有修文而和親之矣,有用武而克伐之矣,有卑下而承事之矣,有威服而臣畜之矣,詘伸異變,强弱相反,是故其詳可得而言也。

[昔和親之論,發於劉敬。是時天下初定,新遭平城之難,故從其言,約結和親,賂遺單于,冀以救安邊境。孝惠、高后時遵而不違,匈奴寇盗不爲衰止,而單于反以加驕倨。逮至孝文,與通關市,妻以漢女,增厚其賂,歲以千金,而匈奴數背約束,邊境屢被其害。是以文帝中年,赫然發憤,遂躬戎服,親御鞍馬,從六郡良家材力之士,馳射上林,講習戰陳,聚天下精兵,軍於廣武,顧問馮唐,與論將帥,喟然歎息,思古名臣,此則和親無益,已然之明效也。

[仲舒親見四世之事,猶復欲守舊文,頗增其約。以爲"義動君子,利動貪人,如匈奴者,非可以仁義説也,獨可説以厚利,結之於天耳。故與之厚利以没其意,與盟於天以堅其約,質其愛子以累其心,匈奴雖欲輾轉,奈失重利何,奈欺上天何,奈殺愛子何。夫賦斂行賂不足以當三軍之費,城郭之固無以異於貞士之約,而使邊城守境之民父兄緩帶,稚子咽哺,胡馬不窺於長城,而羽檄不行於中國,不亦便於天下乎!"察仲舒之論,考諸行事,廼知其未合於當時,而有闕於後世也。當孝武時,雖征伐克獲,而士馬物故亦略相當;雖開河南之野,建朔方之郡,亦棄造陽之北九百餘里。匈奴人民每來降漢,單于亦輒拘留漢使以相報復,其桀驁尚如斯,安肯以愛子而爲質乎?此不合當時之言也。若不置質,空約和親,是襲孝文既往之悔,而長匈奴無已之詐也。夫邊城不選守境武略之臣,修障隧備塞之具,厲長城勁弩之械,恃吾所以待邊寇。而務賦斂於民,遠行貨賂,割剥百姓,以奉寇讎。信甘言,守空約,而幾胡馬之不窺,不已過乎!

[至孝宣之世,承武帝奮擊之威,直匈奴百年之運,因其壞亂幾亡之阸,權時施宜,覆

以威德,然後單于稽首臣服,遣子入侍,三世稱藩,賓於漢庭。是時邊城晏閉,牛馬布野,三世無犬吠之驚,黎庶亡干戈之役。

[後六十餘載之間,遭王莽篡位,始開邊隙,單于由是歸怨自絶,莽遂斬其侍子,邊境之禍構矣。故呼韓邪始朝於漢,漢議其儀,而蕭望之曰:“戎狄荒服,言其來服荒忽無常,時至時去,宜待以客禮,讓而不臣。如其後嗣逃竄伏,使於中國不爲叛臣。”及孝元時,議罷守塞之備,侯應以爲不可,可謂盛不忘衰,安必思危,遠見識微之明矣。至單于咸棄其愛子,昧利不顧,侵掠所獲,歲鉅萬計,而和親賂遺,不過千金,安在其不棄質而失重利也?仲舒之言,漏於是矣。

[夫規事建議,不圖萬世之固,而偷恃一時之事者,未可以經遠也。若乃征伐之功,秦漢行事,嚴尤論之當矣。故先王度土,中立封畿,分九州,列五服,物土貢,制外内,或修政刑,或修文德,遠近之勢異也。是以《春秋》内諸夏而外夷狄。夷狄之人貪而好利,被髮左衽,人面獸心,其與中國殊章服,異習俗,飲食不同,言語不通,辟居北垂寒露之野,逐草隨畜,射獵爲生,隔以山谷,雍以沙幕,天地所以絶内外也。是故聖王禽獸畜之,不與約誓,不就攻伐;約之則費賂而見欺,攻之則勞師而招寇。其地不可耕而食也,其民不可臣而畜也,是以外而不内,疏而不戚,政教不及其人,正朔不加其國;來則懲而御之,去則備而守之。其慕義而貢獻,則接之以禮讓,羈靡不絶,使曲在彼,盖聖王制御蠻夷之常道也。]

第二十四卷
衛青 霍去病 公孫賀 李息 公孫敖 李沮 趙食其 曹襄 韓説 郭昌 荀彘 李蔡 張次公 蘇建 趙信 張騫 路博德 趙破奴

衛將軍驃騎列傳第五十一　史記百一十一

衛青霍去病列傳二十五 漢書五十五

(大將軍)衛青(者),[字仲卿,其父鄭季,河東]平陽人也。(其父鄭季,爲吏),[以縣吏]給事(平陽)侯家,[平陽侯曹壽尚武帝姊陽信長公主。季]與(侯妾)[主家僮]衛媪通,生青。青[有]同母兄衛長(子)[君及](而)姊(衛)子夫,[子夫]自平陽公主家得幸(天子)[武帝],故[青]冒姓爲衛氏。(字仲卿。長子更字長君。母號爲)衛媪。(媪)長女(衛)[君]孺,次女少兒,次女(即)[則]子夫。(後)子夫男弟步廣,皆冒衛氏。

青爲侯家人,少時歸其父,(其)父使牧羊。(先)[民]母之子皆奴畜之,不以爲兄弟數。青嘗從[人](入)至甘泉居室,有一鉗徒相青曰:“貴人也！官至封侯。”青笑曰:“人奴之生,得(毋)[無]笞罵即足矣,安得封侯事乎!”

青壯,爲侯家騎,從平陽主。建元二年春,青姊子夫得入宮幸上。皇后,(堂邑)大長公主女也,無子,妒。大長公主聞衛子夫幸,有身,妬之,乃使人捕青。青時給事建章,未知名。大長公主執囚青,欲殺之。其友騎郎公孫敖與壯士[往]篡(取)之,(以)故得不死。上聞,廼召青爲建章監,侍中,及(同)母昆弟貴,賞賜數日間累千金。[君]孺爲太僕公孫賀妻。少兒故與陳掌通,上召貴掌。公孫敖由此益(貴)[顯]。子夫爲夫人。青爲太中大夫。

元光(五)[六]年,[拜](青)爲車騎將軍,擊匈奴,出上谷;(太僕)公孫賀爲輕車將軍,出雲中;太中大夫公孫敖爲騎將軍,出代郡;衛尉李廣爲驍騎將軍,出雁門:軍各萬騎。青至籠城,斬首虜數百。騎將軍敖亡七千騎;衛尉(李)廣爲虜所得,得脱歸;皆當斬,贖爲庶人。賀亦無功。[唯青賜爵關内侯。是後匈奴仍侵犯邊。語在《匈奴傳》。]

元朔元年春,衛夫人有男,立爲皇后。其秋,青(爲車騎將軍,出雁門),[復將]三萬騎[出雁門](擊匈奴,斬首虜數千人。明年,匈奴入殺遼西太守,虜略漁陽二千餘人,敗韓將軍軍。漢令將軍)李息(擊之),出代[郡,青斬首虜數千。明年],(令車騎將軍)青[復]①出雲中(以)西至高闕。遂(略河南地),至于隴西,捕首虜數千,畜(數十)[百餘]萬,走白羊、樓煩王。遂(以)[取]河南地爲朔方郡。以三千八百户封青爲長平侯。青校尉蘇建(有功,以千一百户封建)爲平陵侯。(使建築朔方城。青校尉)張次公(有功,封)爲岸頭侯。[使建築朔方城。](天子)[上]曰:"匈奴逆天理,亂人倫,暴長虐老,以盗竊爲務,行詐諸蠻夷,造謀籍兵,數爲邊害,故興師遣將,以征厥罪。《詩》不云乎'薄伐玁狁,至于太原','出車彭彭,城彼朔方'。今車騎將軍青度西河至高闕,獲首(虜)二千三百級,車輜畜産畢收爲鹵,已封爲列侯,遂西定河南地,按榆溪舊塞,絶梓領,梁北河,討蒲泥,破符離,斬輕鋭之卒,捕伏聽者三千(七)[一]十(一)[七]級,執訊獲醜,毆馬牛羊百有餘萬,全甲兵而還,益封青三千[八百]户。"其(明年)[後],匈奴[此歲]入(殺)代郡(太守友,入略)雁門(千餘人。其明年,匈奴大入代)定、襄、上郡、[朔方,所]殺略漢(數千人)[甚衆。語在《匈奴傳》。]

(其明年),元朔(之)五年春,(漢)令(車騎將軍)青將三萬騎出高闕;衛尉蘇建爲游擊將軍,左内史李沮爲彊弩將軍,太僕公孫賀爲騎將軍,代相李蔡爲輕車將軍,皆領屬車騎將軍,俱出朔方;大行李息、岸頭侯張次公爲將軍,[俱]出右北平:(咸擊匈奴)。匈奴右賢王當(衛)青等兵,以爲漢兵不能至此,飲醉。漢兵夜至,圍右賢王,右賢王驚,夜(遁)[逃],獨與其愛妾一人(壯)騎數百馳,潰圍北去。漢輕騎校尉郭成等(逐)[追]數百里,(不及)[弗得],得右賢裨王十餘人,衆男女萬五千餘人,畜數(千)[十]百萬,於是引兵而還。至塞,天子使使者持大將軍印,即軍中拜(車騎將軍)青爲大將軍,諸將皆以兵屬(大將軍),(大將軍)立號而歸。(天子)[上]曰:"大將軍青躬率戎士,師大捷,獲匈奴王十有餘人,益封青(六)[八]千[七百]户②。"而封青子伉爲宜春侯,(青)子不疑爲陰安侯,(青)子登爲發干侯。青固謝曰:"臣幸得待罪行間,賴陛下神靈,軍大捷,皆諸校(尉)力戰之功也。陛下幸已益封臣青。臣青子在襁褓中,未有勤勞,上幸(列)[裂]地封

---

① [復]案:底本原作一大字"復",無墨綫勒之,兹據萬曆本、天啓本、今本《史記》卷百一十一《衛將軍驃騎列傳》及今本《漢書》卷五十五《衛青霍去病列傳》改。

② 户案:底本原作一小字"户",兹據萬曆本、天啓本、今本《史記》卷百一十一《衛將軍驃騎列傳》及今本《漢書》卷五十五《衛青霍去病列傳》改。

爲三侯,非臣待罪行間所以勸士力戰之意也。伉等三人何敢受封!”(天子)[上]曰:“我非忘諸校(尉)功也,今固且圖之。”乃詔御史曰:“護軍都尉公孫敖三從大將軍擊匈奴,常護軍,傅校獲王,(以千五百户)封敖爲合騎侯。都尉韓説從大將軍出(窳)[寘]渾,至匈奴右賢王庭,爲(麾)[戲]①下搏戰獲王,(以千三百户)封説爲龍頟侯。騎將軍(公孫)賀從大將軍,獲王(以千二百户)封賀爲南窌侯。輕車將軍李蔡再從大將軍獲王,(以千六百户)封蔡爲樂安侯。校尉李朔、(校尉)趙不虞、(校尉)公孫戎奴,各三從大將軍獲王,(以千三百户)封朔爲(涉)[陟]軹侯,(以千三百户封)不虞爲隨成侯,(以千三百户封)戎奴爲從平侯。將軍李沮、李息及校尉豆如意[中郎將綰皆]有功,賜爵關内侯,[沮、息、如意]食邑各三百户。”其秋,匈奴入代,殺都尉(朱英)。

(其)明年春,大將軍青出定襄,合騎侯敖爲中將軍,太僕賀爲左將軍,翕侯趙信爲前將軍,衛尉蘇建爲右將軍,郎中令李廣爲後將軍,左内史李沮爲彊弩將軍,咸屬大將軍,斬首數千級而還。月餘,悉復出定襄(擊匈奴),斬首虜萬餘人。(右將軍)[蘇]建、(前將軍)[趙]信并軍三千餘騎,獨逢單于兵,與戰一日餘,漢兵且盡。(前將軍)[信]故胡人,降爲翕侯,見急,匈奴誘之,遂將其餘騎可八百,奔降單于。(右將軍)蘇建盡亡其軍,獨以身得亡去,自歸(大將軍)[青]。(大將軍)[青]問其罪正閎、長史安、議郎周霸等:“建當云何?”霸曰:“自大將軍出,未嘗斬裨將。今建棄軍,可斬以明將軍之威。”閎安曰:“不然。兵法‘小敵之堅,大敵之禽也’。今建以數千當單于數萬,力戰一日餘,士(盡),皆不敢有二心,自歸。(自歸)而斬之,是示後無反意也。不當斬。”(大將軍)[青]曰:“青幸得以(肺腑)[胏附]②待罪行間,不患無威,而霸説我以明威,甚失臣意。且使臣職雖當斬將,以臣之尊寵而不敢自擅專誅於境外,(而具)[其]歸天子,天子自裁之,於(是)以(見)[風]爲人臣不敢專權,不亦可乎?”軍吏皆曰:“善。”遂囚建詣行在所。(入塞罷兵。)

是歲也,[霍去病始侯]。○《漢書》此下别起《霍去病傳》③。

(大將軍姊子)霍去病,[大將軍青姊少兒子也,其父霍仲孺先與少兒通,生去

① (麾)[戲]案:底本原作一大字“麾”,無墨綫勒之,後脱一小字“戲”,兹據萬曆本、天啓本、今本《史記》卷百一十一《衛將軍驃騎列傳》及今本《漢書》卷五十五《衛青霍去病列傳》補。

② [胏附]案:底本原作一小字“附”,前脱一小字“胏”,兹據萬曆本、天啓本、今本《漢書》卷五十五《衛青霍去病列傳》補。

③ 萬曆本、天啓本此條注文作“《史記》‘是歲也’連‘大將軍姊子’,《漢書》衛青傳至此,下别起《霍去病傳》。”

病。及衛皇后尊,少兒更爲詹事陳掌妻。去病以皇后姊子],年十八(幸)爲(天子)侍中。善騎射,再從大將軍,[大將軍]受詔[予](與)壯士爲(剽)[票]姚校尉,與輕勇騎八百直棄大將軍數百里赴利,斬捕首虜過當。於是(天子)[上]曰:"(剽)[票]姚校尉去病斬首[捕]虜二千二十八級,(及)[得]相國、當户,斬單于大父行籍若侯産,(生)捕季父羅姑,比再冠軍,以[二]千(六)[五]百户封去病爲冠軍侯。上谷太守郝賢四從大將軍,捕(斬)首虜(二)千(餘人)[三百級],(以千一百户)封賢爲(衆)[終]利侯。"[騎士孟已有功,賜爵關内侯,邑二百户。]是歲,失(兩)[大]將軍,亡翕侯,(軍)功不多,故(大將軍)[青]不益封。(右將軍)[蘇]建至,(天子)[上](不)[弗]誅,(赦其罪),贖爲庶人。

(大將軍)[青](既還),賜千金。是時王夫人方幸於上,甯乘説(大將軍)[青]曰:"將軍所以功未甚多,身食萬户,三子皆爲侯者,(徒)以皇后故也。今王夫人幸而宗族未富貴,願將軍奉所賜千金爲王夫人親壽。"(大將軍)[青](乃)以五百金爲[王夫人親]壽。(天子)[上]聞(之),問(大將軍)[青],(大將軍)[青]以實(言)[對],上乃拜甯乘爲東海都尉[校尉]。

張騫從大將軍,以嘗使大夏,留匈奴中久,(導)[道]軍,知善水草處,軍得以無饑渴,因前使絶國功,封騫[爲]博望侯。

(冠軍侯)去病(既)侯三歲,元狩(二)[三]年春,(以冠軍侯去病)爲(驃)[票]①騎將軍,將萬騎出隴西,有功。(天子)[上]曰:"(驃)[票]②騎將軍率戎士踰烏盭,討遬濮,涉狐奴,歷五王國,輜重人衆攝(慴)[讋]者弗取,(冀)[幾]獲單于子。轉戰六日,過焉支山千有餘里,合短兵,[鏖皋蘭下],殺折蘭王,斬盧(胡)[侯]王,[鋭悍者]誅,全甲[獲醜],執渾邪王子及相國、都尉,[捷]首虜八千(餘)[九百六十]級,收休屠祭天金人,[師率減什七],益封去病二千[二百]户。"

其夏,(驃騎將軍)[去病]與合騎侯敖俱出北地,異道;博望侯張騫、郎中令李廣俱出右北平,異道;(皆擊匈奴。郎中令)[廣]將四千騎先至,(博望侯)[騫]將萬騎(在)後(至)。匈奴左賢王將數萬騎圍(郎中令)[廣],(郎中令)[廣]與戰二日,死者過半,所殺亦過當。(博望侯)[騫]至,匈奴兵引去。(博望侯)[騫]坐行留,當斬,贖爲庶人。而(驃騎將軍)[去病]出北地,(已)遂深入,(與)合騎侯失道,不相得,(驃騎將軍)[去病](踰居延)至

---

① (驃)[票]案:底本原作一大字"驃",無墨綫勒之,後脱一小字"票",兹據萬曆本、天啓本、今本《史記》卷百一十一《衛將軍驃騎列傳》及今本《漢書》卷五十五《衛青霍去病列傳》補。

② (驃)[票]案:底本原作一大字"驃",無墨綫勒之,後脱一小字"票",兹據萬曆本、天啓本、今本《史記》卷百一十一《衛將軍驃騎列傳》及今本《漢書》卷五十五《衛青霍去病列傳》補。

祁連山,捕首虜甚多。(天子)[上]曰:"(驃)[票]①騎將軍(踰)[涉鈞耆,濟]居延,遂(過)[臻]小月氏,攻祁連山,[揚武乎觻得],得[單于單桓]、酋塗王,[及相國、都尉]以衆降[下]者二千五百人,[可謂能舍服知成而止矣。捷](斬)首虜三萬二百(級),獲五王,(五)王母、單于閼氏、王子五十九人,相國、將軍、當户、都尉六十三人,師大率減什三,益封去病五千[四百]户。賜校尉從至小月氏[者]爵左庶長。鷹擊司馬破奴再從(驃)[票]②騎將軍斬遬濮王,捕稽且王,[右]千騎將(得)王、王母各一人,王子以下四十一人,捕虜三千三百三十人,前行捕虜千四百人,(以千五百户)封破奴爲從(驃)[票]侯。校尉(句王)高不識,從(驃)[票]騎將軍捕呼于(屠)[耆]王(王)子以下十一人,捕虜千七百六十八人,(以千一百户)封不識爲宜冠侯。校尉僕多有功,封爲輝渠侯。"合騎侯敖坐行留不與(驃)[票]騎將軍會,當斬,贖爲庶人。諸宿將所將士馬兵亦不如(驃騎)[去病],(驃騎)[去病]所將常選,然亦敢深入,常與壯騎先其大(將)軍,軍亦有天幸,未嘗困絶也。然而諸宿將常(坐)留落不(遇)[耦]。由此(驃騎)[去病]日以親貴,比大將軍。

其(秋)[後],單于怒渾邪王居西方數爲漢所破,亡數萬人,以(驃)[票]騎之兵也。(單于怒),欲召誅渾邪王,渾邪王與休屠王等謀欲降漢,使人先(遣使嚮邊境要遮。漢人令報天子)要[道]③邊。是時大行李息將城河上,得渾邪王使,即馳傳以聞。(天子)[上](聞之,於是)恐其以詐降而襲邊,乃令(驃騎將軍)[去病]將兵往迎之。(驃騎)[去病]④既(渡)[度]河,與渾邪(王)衆相望。渾邪(王)裨[王]將見漢軍而多欲不降者,頗遁去。(驃騎)[去病]乃馳入[得]與渾邪王相見,斬其欲亡者八千人,遂獨遣渾邪王乘傳先詣行在,所盡將其衆(渡)[度]河,降者數萬[人],號稱十萬。既至長安,天子所以賞賜(者)數十(鉅)[钜]萬。封渾邪王萬户,爲漯陰侯。封其裨王呼毒尼爲下摩侯,(鷹庇)[雁疪]爲輝渠侯,禽黎爲河綦侯,大當户(銅離)[調雖]爲常樂侯。於是(天子)[上]嘉(驃騎)[去病]之功,曰:"(驃)[票]騎將軍去病率師(攻)[征]匈奴西域王渾邪,王及厥衆萌咸(相)奔[於]率,以軍粮接食,并將控弦萬有餘人,誅獟(駻)[悍],(獲)[捷]首虜八千餘

---

① (驃)[票]案:底本原作一大字"驃",無墨綫勒之,後脱一小字"票",兹據萬曆本、天啓本、今本《史記》卷百一十一《衛將軍驃騎列傳》及今本《漢書》卷五十五《衛青霍去病列傳》補。

② (驃)[票]案:底本原作一大字"驃",無墨綫勒之,後脱一小字"票",兹據萬曆本、天啓本、今本《史記》卷百一十一《衛將軍驃騎列傳》及今本《漢書》卷五十五《衛青霍去病列傳》補。

③ [道]案:底本原作一大字"道",無墨綫勒之,兹據萬曆本、天啓本、今本《史記》卷百一十一《衛將軍驃騎列傳》及今本《漢書》卷五十五《衛青霍去病列傳》改。

④ (驃騎)[去病]案:底本"驃騎"後原脱兩小字"去病",兹據萬曆本、天啓本、今本《史記》卷百一十一《衛將軍驃騎列傳》及今本《漢書》卷五十五《衛青霍去病列傳》補。

級,降異國之王三十二人,戰士不離傷,十萬之衆(咸)[畢]懷集服,仍(與)[興]之勞,爰及河塞,庶幾(無)[亡][1]患,(幸既永綏矣)。以千七百户益封(驃)[票]騎將軍。"減隴西、北地、上郡戍卒之半,以寬天下(之)繇[役]。

(居頃之),(乃)[迺]分(徙)[處]降者[於]邊五郡故塞外,而皆在河南,因其故俗,爲屬國。其明年,匈奴入右北平、定襄,殺略漢千餘人。

其明年,(天子)[上]與諸將議曰:"翕侯趙信爲單于畫計,常以爲漢兵不能度幕輕留,今大發(士)卒,其(勢)[埶]必得所欲。"是歲元狩四年也。

(元狩四年)春,上令大將軍青、(驃)[票]騎將軍去病(將)各五萬騎,步兵轉者踵軍數十萬,而敢力戰深入之士皆屬(驃騎)[去病]。(驃騎)[去病]始爲出定襄,當單于。捕虜[虜]言單于東,(乃)[迺]更令(驃騎)[去病]出代郡,令(大將軍)[青]出定襄。郎中令[李廣]爲前將軍,太僕[公孫賀]爲左將軍,主爵趙食其爲右將軍,平陽侯襄爲後將軍,皆屬大將軍。(兵即度幕,人馬凡五萬騎,與驃騎等咸擊匈奴單于。)趙信爲單于謀曰:"漢兵(既)[即]度幕,人馬罷,匈奴可坐收虜耳。"(乃)[迺]悉遠北其輜重,皆以精兵待幕北。而適直(大將軍)[青]軍出塞千餘里,見單于兵陳而待,於是(大將軍)[青]令武剛車自環爲營,而縱五千騎往當匈奴。匈奴亦(縱)[從](可)萬騎。會日且入,[而]大風起,(砂)[沙]礫擊面,兩軍不相見,漢益縱左右翼繞單于。單于視漢兵多,而士馬尚彊,戰而匈奴不利,薄暮,單于遂乘六贏,壯騎可數百,直冒漢圍西北馳去。(時已)昏,漢匈奴相紛挐,殺傷大當。漢軍左校捕虜,言單于未昏而去,漢軍因發輕騎夜追之,(大將軍)[青](軍)因隨其後。匈奴兵亦散走。(遲)[會]明,行二百餘里,不得單于,頗捕斬首虜萬餘級,遂至寘顏山趙信城,得匈奴積粟食軍。軍留一日而還,悉燒其城餘粟以歸。

(大將軍)[青]之與單于會也,而前將軍廣、右將軍食其軍别從東道,或失道,(後擊單于)。大將軍引還,過幕南,(乃得)[迺相逢](前將軍、右將軍。大將軍)[青]欲使使歸報,令長史簿責(前將軍)廣,廣自殺。(右將軍)[食其](至,下吏),贖爲庶人。(大將軍)[青]軍入塞,凡斬(捕)首虜萬九千級。

是時匈奴衆失單于十餘日,右谷蠡王(聞之),自立爲單于。單于後得其衆,右王(乃)[迺]去單于之號。

(驃騎將軍)[去病](亦將五萬)騎[兵],車重與大將軍軍等,而(無)

---

① (無)[亡]案:底本原作一大字"無",無墨綫勒之,後脱一小字"亡",兹據萬曆本、天啓本、今本《史記》卷百一十一《衛將軍驃騎列傳》及今本《漢書》卷五十五《衛青霍去病列傳》補。

[亡]裨將。悉以李敢等爲大校,當裨將,出代、右北平[二]千餘里,直左方兵,所斬捕功已多[於](大將軍)[青]。(軍)既[皆]還,(天子)[上]曰:"(驃)[票]騎將軍去病率師,躬將所獲葷(粥)[允]之士,約輕齎,絶大幕,涉獲[單于]章渠,以誅北車耆,轉擊左大將(軍),(斬)[雙]獲旗鼓,歷(涉離)[度難]侯。濟弓(閭)[盧],獲屯頭王、韓王等三人,將軍、相國、當户、都尉八十三人,封狼居胥山,禪於姑衍,登臨翰海。執(鹵)[訊]獲醜七萬有四百四十三級,師率減什(三)[二],取食於敵,(逴)[卓]行殊遠而粮不絶,以五千八百户益封(驃)[票]騎將軍。"右北平太守路博德屬(驃)[票]騎將軍,會(與)[興]城,不失期,從至檮余山,斬首捕虜二千(七)[八]百級,(以千六百户)封博德爲(符)[邳]離侯。北地都尉(邢)[衛]山從(驃)[票]騎將軍獲王,(以千二百户)封山爲義陽侯。故歸義侯因淳王復陸支、樓(專)[剸]王伊即軒皆從(驃)[票]騎將軍有功,(以千三百户)封復陸支爲(壯)[杜]侯,(以千八百户封)伊即軒爲衆利侯。從(驃)[票]侯破奴、昌武侯安稽從(驃)[票]騎有功,益封各三百户。[漁陽太守解]、校尉敢[皆獲](得)[鼓]旗(鼓),[賜爵](爲)關内侯,[解]食邑[三百户,敢]二百户。校尉自爲爵(大)[左]庶長。軍吏卒爲官,賞賜甚多。而(大將軍)[青]不得益封,(軍)吏卒(皆)無封(侯)者。[唯河西太守常惠、雲中太守遂成受賞,遂成秩諸侯相,賜食邑二百户,黄金百斤,惠爵關内侯。]

兩軍之出塞,塞閲官及私馬凡十四萬匹,而[後](復)入塞者不滿三萬匹。(乃)[迺](益)置大司馬位,(及)大將軍、(驃)[票]騎將軍皆爲大司馬。定令,令(驃)[票]騎將軍秩禄與大將軍等。自是(之)後,(大將軍)青日(退)[衰],而(驃騎)[去病]日益貴。(舉大將軍)[青]故人門下多去事(驃騎)[去病],輒得官爵,唯[獨]任安不肯[去]。

(驃騎將軍)[去病]①爲人少言不泄,有氣敢(任)[往]。(天子)[上]嘗欲教之(孫)吴[孫]兵法,對曰:"顧方略何如耳,不至學古兵法。"(天子)[上]爲治第,令(驃騎)視之,對曰:"匈奴(未)[不]②滅,無以家爲也。"由此上益重愛之。然少而侍中,貴,不省士。其從軍,(天子)[上]爲遣太官齎數十乘,既還,重車餘棄粱肉,而士有饑者。其在塞外,卒乏粮,或不能自振,而(驃騎)[去病]尚穿域(蹋)[蹹]鞠也。事多此類。(大將軍)[青](爲人)仁(善)[喜士]退讓,以和柔自媚於上,然[於]天下未有稱也。

---

① [去病]案:底本原作兩大字"去病",無墨綫勒之,萬曆本、天啓本同,兹據《史記》卷百一十一《衛將軍驃騎列傳》及今本《漢書》卷五十五《衛青霍去病列傳》改。

② [不]案:底本原作一大字"不",無墨綫勒之,兹據萬曆本、天啓本、今本《史記》卷百一十一《衛將軍驃騎列傳》及今本《漢書》卷五十五《衛青霍去病列傳》改。

(驃騎將軍)[去病]自四年軍後三(年)[歲],元狩六年(而卒)[薨]。(天子)[上]悼之,發屬國玄甲,軍陳自長安至茂陵,爲冢[象](像)祁連山。謚之,并武與廣地曰景桓侯。子嬗[嗣](代侯)。嬗(少),字子侯,上愛之,幸其壯而將之。(居六歲,元封元年,嬗)[爲奉車都尉,從封太山而薨](卒,謚哀侯。)無子,(絶),國除。

自(驃騎將軍)[去病]死後,(大將軍)[青]長子宜春侯伉坐法失侯。後五歲,伉弟二人,陰安侯不疑(及)發干侯登皆坐酎金失侯。失侯後二歲,冠軍侯國(除)[絶]。(其)後四年,[元封五年],(大將軍)青(卒)[薨],謚(爲)[曰]①烈侯。子伉[嗣](代爲長平侯)。[六年坐法免。]

自(大將軍)[青]圍單于(之)後,十四(年)[歲]而卒。竟不復擊匈奴者,以漢馬少,(而)[又]方南誅兩越,東伐朝鮮,擊羌、西南夷,以故久不伐胡。

[初,青既尊貴,而平陽侯曹壽有惡疾就國,長公主問:"列侯誰賢者?"左右皆言大將軍。主笑曰:"此出吾家,常騎從我,奈何?"左右曰:"於今尊貴無比。"於是長公主風白皇后,皇后言之,上廼詔青](大將軍以其得)尚平陽(長公)主,[與主合葬,起冢象盧山云]。(故長平侯伉代侯。六歲,坐法失侯。)

(左右兩大將軍及諸裨將)名:

最大將軍青,凡七出擊匈奴,斬捕首虜五萬餘級。一與單于戰,收河南地,(遂)置朔方郡,再益封,凡萬(一)[六]千(八)[三]百户。封三子爲侯,[侯](三)千三百户。并之,[二]萬(五千七)[二]百户。[其](校尉)裨將[及校尉](以從大將軍)侯者九人。(其裨將及校尉已)爲[特]將者十(四)[五]人。(爲裨將者曰)李廣、[張騫、公孫賀、李蔡、曹襄、韓説、蘇建,皆]自有傳。(無傳者曰):

(將軍公孫賀。賀,義渠人,其先胡種。賀父渾邪,景帝時爲平曲侯,坐法失侯。賀,武帝爲太子時舍人。武帝立八歲,以太僕爲輕車將軍,軍馬邑。後四歲,以輕車將軍出雲中。後五歲,以騎將軍從大將軍有功,封爲南窌侯。後一歲,以左將軍再從大將軍出定襄,無功。後四歲,以坐酎金失侯。後八歲,以浮沮將軍出五原二千餘里,無功。後八歲,以太僕爲丞相,封葛繹侯。賀七爲將軍,出擊匈奴無大功,而再侯,爲丞相。坐子敬聲與陽石公主奸,爲巫蠱,族滅,無後。)②

(將軍)李息,郁郅人[也]。事景帝。至武帝立八歲,爲材官將軍,軍馬

---

① (爲)[曰]案:底本"爲"字後原脱一小字"曰",兹據萬曆本、天啓本、今本《史記》卷百一十一《衛將軍驃騎列傳》及今本《漢書》卷五十五《衛青霍去病列傳》補。

② 萬曆本、天啓本北處衍"《漢書》别傳"四字。

邑；後六歲，爲將軍出代；後三歲，爲將軍，從大將軍出朔方；皆無功。凡三爲將軍，其後常爲大行。

（將軍）公孫敖，義渠人。以郎事（武）［景］帝。［至］武帝立十二歲，爲（驃）騎將軍。出代，亡卒七千人，當斬，贖爲庶人。後五歲，以校尉從大將軍（有功），封（爲）合騎侯。後一歲，以中將軍從大將軍，再出定襄，無功。後二歲，以將軍出北地，後驃騎［失］期，當斬，贖爲庶人。後二歲，以校尉從大將軍，無功。後十四歲，以因杅將軍築受降城。七歲，復以因杅將軍再出擊匈奴，至余吾，亡士（卒）多，下吏，當斬，詐死，亡居民間五六歲。後（發）覺，復擊。坐妻爲巫蠱，族。凡四爲將軍（出擊匈奴，一侯）。

（將軍）李沮，雲中人。事景帝。武帝立十七歲，以左內史爲彊弩將軍。後一歲，復爲彊弩將軍。

（將軍李蔡，成紀人也。事孝文帝、景帝、武帝。以輕車將軍從大將軍有功，封爲樂安侯。已爲丞相，坐法死。）①

（將軍）張次公，河東人。以校尉從（衛）［大］將軍（青有功），封（爲）岸頭侯。其後太后崩，爲將軍，軍北軍。後一歲，（爲將軍），［復］從大將軍。［凡］再爲將軍，［後］坐法失侯。（次公父隆，輕車武射也。以善射，景帝幸近之也。）

（將軍蘇建，杜陵人。以校尉從衛將軍青，有功，爲平陵侯，以將軍築朔方。四歲，爲游擊將軍，從大將軍出朔方。後一歲，以右將軍再從大將軍出定襄，亡翕侯，失軍，當斬，贖爲庶人。其後爲代郡太守，卒，冢在大猶鄉。）

（將軍）趙信，以匈奴相國降，爲（翕）侯。武帝立十（七歲），［八年］，爲前將軍，與（單于）［匈奴］戰，敗降匈奴。

（將軍張騫，以使通大夏，還，爲校尉。從大將軍有功，封爲博望侯。後三歲，爲將軍，出右北平，失期，當斬，贖爲庶人。其後使通烏孫，爲大行而卒，冢在漢中。）②

（將軍）趙食其，祋祤人（也）。武帝立（二）十（二歲），［八年］，以主爵［都尉從大將軍，斬首六百六十級。元狩三年，賜爵關內侯，黃金百斤。明年］，爲右將軍，從大將軍出定襄，迷失道，當斬，贖爲庶人。

（將軍曹襄，以平陽侯爲後將軍，從大將軍出定襄。襄，曹參孫也。）③

（將軍韓說，弓高侯庶孫也。以校尉從大將軍有功，爲龍頟侯，坐酎金

---

① 萬曆本、天啓本地處衍“《漢書》別傳”四字。

② 萬曆本、天啓本地處衍“《漢書》別傳”四字。

③ 萬曆本、天啓本地處衍“《漢書》別傳”四字。

失侯。元鼎六年,以待詔爲横海將軍,擊東越有功,爲按道侯。以太初三年爲游擊將軍,屯於五原外列城。爲光禄勳,掘蠱太子宫,衛太子殺之。)①

(將軍)郭昌,雲中人(也)。以校尉從大將軍。元封四年,以太中大夫爲拔胡將軍,屯朔方。還擊昆明,無功,奪印。

(將軍)荀彘,太原廣武人。以御見,侍中,[用](爲)校尉,數從大將軍。(以)元封三年爲左將軍擊朝鮮,無功。(以)[坐]捕樓船將軍(坐法死)[誅]。

最(驃)[票]騎將軍去病,凡六出擊匈奴,其四出以將軍,斬(捕)首虜十一萬餘級。(及)渾邪王以衆降數萬,(遂)開河西酒泉之地,西方益少胡寇。四益封,凡萬(五)[七]千(一)[七]百户。其校尉吏有功(爲)侯者(凡)六人,(而後)爲將軍[者]二人。

(將軍)路博德,[西河]平州人。以右北平太守從(驃)[票]騎將軍(有功),[封](爲符)[邳]離侯。(驃)[票]騎死後,博德以衛尉爲伏波將軍,伐破南越,益封。其後坐法失侯。爲彊弩都尉,屯居延,卒。

(將軍)趙破奴,(故九)[太]原人。嘗亡入匈奴,已而歸漢,爲(驃)[票]騎將軍司馬。出北地(時有功),封(爲)從(驃)[票]侯。坐酎金失侯。後一歲,爲匈河將軍,攻胡至匈河水,無功。後(二)[一]歲,擊虜樓蘭王,[後](復封)爲浞野侯。後六歲,[以](爲)②浚稽將軍,將二萬騎擊匈奴左(賢)王,左(賢)王與戰,兵八萬騎圍破奴,破奴(生)爲虜所得,遂没其軍。居匈奴中十歲,復與其太子安國亡入漢。後坐巫蠱,族。

自衛氏興,大將軍青首封,其後(枝)[支]③屬[五人]爲(五)侯。凡二十四歲而五侯(盡)[皆]奪[國],(衛氏無爲侯者)。[征和中,戾太子敗,衛氏遂滅。而霍去病弟光貴盛,自有傳。]

(太史公)[贊]曰:蘇建(語余曰:"吾)嘗[説]責④大將軍至尊重,而天下之賢士大夫(毋)[無]稱焉,願將軍觀古名將所招選(擇賢)者,勉之哉。(大將軍)[青]謝曰:'自魏其、武安之厚賓客,天子嘗常切齒。彼親(附)[待]士大夫,招賢(絀)[黜]不肖者,人主之柄也。人臣奉法遵職而已,何與招士!'"(驃)[票]騎亦(放)[方]此意,(其)爲將如此。

① 萬曆本、天啓本地處衍"《漢書》别傳"四字。

② [以](爲)案:底本原作兩大字"以爲",無墨綫勒之,兹據萬曆本、天啓本、今本《史記》卷百一十一《衛將軍驃騎列傳》及今本《漢書》卷五十五《衛青霍去病列傳》改。

③ (枝)[支]案:底本原作一大字"枝",無墨綫勒之,後脱一小字"支",兹據萬曆本、天啓本、今本《史記》卷百一十一《衛將軍驃騎列傳》及今本《漢書》卷五十五《衛青霍去病列傳》補。

④ 責案:底本原作"(責)[責]","責"字後衍一小字"責",兹據萬曆本、天啓本、今本《史記》卷百一十一《衛將軍驃騎列傳》及今本《漢書》卷五十五《衛青霍去病列傳》改删。

第二十五卷
公孫弘　主父偃　徐樂　嚴安

平津侯主父列傳第五十二　史記一百一十二

公孫弘傳第二十八 漢書五十八
主父徐嚴列傳第三十四 漢書六十四

（丞相）公孫弘（者，齊）菑川（國）薛（縣）人也，（字季）。少時爲（薛）獄吏，有罪，免。家貧，牧豕海上。年四十餘，乃學《春秋》雜説。（養後母孝謹。）

（建元元年，天子）［武帝］初即位，招賢良文學（之）士。是時弘年六十，（徵）以賢良［徵］爲博士。使匈奴，還報，不合（上）意，上怒，以爲不能，弘乃移病免歸。

元光五年，（有詔）［復］徵［賢良］文學，菑川國復推上（公孫）弘。弘（讓）謝（國人）曰："（臣）［前］已嘗西（應命，以）［用］不能罷（歸），願更（推）選。"國人固推弘，弘至太常。（太常令所征儒士各對）［上］策，［詔諸儒：

［制曰：蓋聞上古至治，畫衣冠，異章服，而民不犯；陰陽和，五穀登，六畜蕃，甘露降，風雨時，嘉禾興，朱草生，山不童，澤不涸；麟鳳在郊藪，龜龍游於沼，河洛出圖書；父不喪子，兄不哭弟；北發渠搜，南撫交趾，舟車所至，人迹所及，跂行喙息，咸得其宜。朕甚嘉之，今何道而臻乎此？子大夫修先聖之術，明君臣之義，講論洽聞，有聲乎當世，敢問子大夫：天人之道，何所本始？吉凶之效，安所期焉？禹湯水旱，厥咎何由？仁義禮智四者之宜，當安設施？屬統垂業，物鬼變化，天命之符，廢興何如？天文地理人事之紀，子大夫習焉。其悉意正議，詳具其對，著之于篇，朕將親覽焉，靡有所隱。

［弘對曰：

［臣聞上古堯舜之時，不貴爵賞而民勸善，不重刑罰而民不犯，躬率以正而遇民信也；末世貴爵厚賞而民不勸，深刑重罰而奸不止，其上不正，遇民不信也。夫厚賞重刑未足以勸善而禁非，必信而已矣。是故因能任官，則分職治；去無用之言，則事情得；不作無用之器，則賦斂省；不奪民時，不妨民力，則百姓富；有德者進，無德者退，則朝廷尊；有功者上，無功者下，則群臣逡；罰當罪，則奸邪止；賞當賢，則臣下勸：凡此八者，治民之本

也。故民者,業之則不争,理得則不怨,有禮則不暴,愛之則親上,此有天下之急者也。故法不遠義,則民服而不離;和不遠禮,則民親而不暴。故法之所罰,義之所去也;和之所賞,禮之所取也。禮義者,民之所服也,而賞罰順之,則民不犯禁矣。故畫衣冠,異章服,而民不犯者,此道素行也。

[臣聞之,氣同則從,聲比則應。今人主和德於上,百姓和合於下,故心和則氣和,氣和則形和,形和則聲和,聲和則天地之和應矣。故陰陽和,風雨時,甘露降,五穀登,六畜蕃,嘉禾興,朱草生,山不童,澤不涸,此和之至也。故形和則無疾,無疾則不夭,故父不喪子,兄不哭弟,德配天地,明并日月,則麟鳳至,龜龍在郊,河出圖,洛出書,遠方之君莫不説義,奉幣而來朝,此和之極也。

[臣聞之,仁者愛也,義者宜也,禮者所履也,智者術之原也。致利除害,兼愛無私,謂之仁;明是非,立可否,謂之義;進退有度,尊卑有分,謂之禮;擅殺生之柄,通壅塞之塗,權輕重之數,論得失之道,使遠近情僞必見於上,謂之術;凡此四者,治之本,道之用也,皆當設施,不可廢也。得其要,則天下安樂,法設而不用;不得其術,則主蔽於上,官亂於下。此事之情,屬統垂業之本也。

[臣聞堯遭鴻水,使禹治之,未聞禹之有水也。若湯之旱,則桀之餘烈也。桀紂行惡,受天之罰;禹湯積德,以王天下。因此觀之,天德無私親,順之和起,逆之害生。此天文地理人事之紀。臣弘愚戇,不足以奉大對。]

[時對者]百餘人,[太常奏]弘第居下。策奏,天子擢弘對爲第一。召入見,(狀)[容]①貌甚麗,拜爲博士,[待詔金馬門]。

[弘復上疏曰:"陛下有先聖之位而無先聖之名,有先聖之民而無先聖之吏,是以勢同而治異。先世之吏正,故其民篤;今世之吏邪,故其民薄。政弊而不行,令倦而不聽,夫使邪吏行弊政,用倦令治薄民,民不可得而化,此治之所以異也。臣聞周公旦治天下,期年而變,三年而化,五年而定。唯陛下之所志。"書奏,天子以册書答曰:"問:弘稱周公之治,弘之材能自視孰與周公賢?"弘對曰:"愚臣淺薄,安敢比材於周公!雖然,愚心曉然見治道之可以然也。夫虎豹馬牛,禽獸之不可制者也,及其教馴服習之,至可牽持駕服,唯人之從。臣聞揉曲木者不累日,銷金石者不累月,夫人之於利害好惡,豈比禽獸木石之類哉?期年而變,臣弘尚竊遲之。"上異其言。]

是時,[方]②通西南夷(道,置郡)[邑],巴蜀(民)苦之,詔使弘視(之)[焉]。還奏事,盛毁西南夷無所用,上不聽。

(弘爲人恢奇多聞,常稱以爲人主病不廣大,人臣病不儉節。弘爲布被,食不重肉。後母死,服喪三年。)每朝會議,開陳其端,(令)[使]人主自擇,不肯面折庭争。於是(天子)[上]察其行(敦)[慎]厚,辯論有餘,習文法

① (狀)[容]案:底本原作一大字"狀",無墨綫勒之,後脱一小字"容",兹據萬曆本、天啓本、今本《史記》卷一百一十二《平津侯主父列傳》及今本《漢書》卷五十八《公孫弘傳》補。

② [方]案:底本原作一大字"方",無墨綫勒之,兹據萬曆本、天啓本、今本《史記》卷一百一十二《平津侯主父列傳》及今本《漢書》卷五十八《公孫弘傳》改。

吏事,(而又)緣飾以儒術,上(大)説之。(二)[一]歲中,至左内史。弘奏事,有[所]不可,不[肯]庭辯(之)。嘗與主爵都尉汲黯請間,(汲)黯先發之,弘推其後,(天子)[上]常説,所言皆聽,以此日益親貴。嘗與公卿約議,至上前,皆(倍)[背]其約以順上旨。汲黯庭詰弘曰:"齊人多詐而無情(實),始[爲]與臣等建此議,今皆(倍)[背]之,不忠。"上問弘。弘謝曰:"夫知臣者以臣爲忠,不知臣者以臣爲不忠。"上然弘言。左右幸臣每毀弘,上益厚遇之。[弘爲人談笑多聞,常稱以爲人主病不廣大,人臣病不儉節。養後母孝謹,後母卒,服喪三年。爲内史數年。]

(元朔三年,張歐免,以弘爲)[遷]御史大夫。(是)時(通西南夷),[又]東置(滄)[蒼]海,北築朔方之郡。弘數諫,以爲罷敝中國以奉無用之地,願罷之。於是(天子)[上]乃使朱買臣等難弘置朔方之便。發十策,弘不得一。弘迺謝曰:"山東鄙人,不知其便若是,願罷西南夷、(滄)[蒼]海(而)專奉朔方。"上迺許之。

汲黯曰:"弘位在三公,奉禄甚多,然爲布被,此詐也。"上問弘。弘謝曰:"有之。夫九卿與臣善者無過黯,然今日庭詰弘,誠中弘之病。夫以三公爲布被,誠飾詐欲以釣名。且臣聞管仲相齊,有三歸,侈擬於君,桓公以霸,亦上僭於君。晏嬰相景公,食不重肉,妾不衣絲,齊國亦治,(此)[亦]下比於民。今臣弘位爲御史大夫,(而)爲布被,自九卿以下至於小吏無差,誠如(汲)黯言。且無(汲)黯(忠),陛下安(得)聞此言。"(天子)[上]以爲[有](謙)讓,愈益(厚)[賢]之。

[元朔中],(卒以弘)[代薛澤]爲丞相。[先是,漢常以列侯爲丞相,唯弘無爵,上於是下詔曰:"朕嘉先聖之道,開廣門路,宣招四方之士,蓋古者任賢而序位,量能以授官,勞大者厥禄厚,德盛者獲爵尊,故武功以顯重,而文德以行褒。其以高成之平津鄉户六百五十]封[丞相弘爲]平津侯。"[其後以爲故事,至丞相封,自弘始也。]

[時上方興功業,婁舉賢良。弘自見爲舉首,起徒步,數年至宰相封侯,於是起客館,開東閣以延賢人,與參謀議]。〇連下文"弘身食一肉脱粟"①。

(弘爲人)[然其性]意忌,外寬内深。諸(嘗)[常]與弘有(郤)[隙](者),[無遠近],雖(詳)[陽]與善,[後竟](陰)報其(禍)[過]。殺主父偃,徙董仲舒(於)膠西,皆弘(之)力也。〇連下文"弘身後淮南"②。食一肉脱粟(之)飯,故人(所善)賓客仰衣食,(弘)奉禄皆以給之,家無所餘。(士亦以此賢之)〇連上文"然其性意忌"。

① 萬曆本、天啓本脱"脱溧"兩字。

② 萬曆本、天啓本此處衍"衡山王謀反"五字。

[後]①淮南、衡山王(謀)反,治党與方急。弘病甚,自以爲無功而封[侯居],(位至丞)[宰]相[位],宜佐明主(鎮)[填]撫國家,使人由臣子之道。今諸侯有(畔)[叛]②逆之計,此(皆宰相)[大臣]奉職不稱[也],恐(竊)病死,無以塞責。乃上書曰:"臣聞'天下(之)通道五,所以行之者三。(曰)君臣,父子,(兄弟),夫婦,長幼[朋友]之(序)[交],此五者天下之通道也。[仁]、[知](智)、(仁)、勇,(此)三者(天下之通德),所以行之(者)也'。故曰'(力行近乎仁),好問近乎(智)[知,力行近乎仁],知耻近乎勇。知此三者,(則)知所以自治;知所以自治,然後知所以治人'。(天下)未有不能自治而能治人者也,(此百世不易之道也)。(今)陛下躬(行大)孝[弟]③,(鑒)[監]④三王,建周道,兼文武,[招徠四方之士,任](厲)賢(予禄)[序位],量能授官,[將以厲百姓勸賢材也]。今臣(弘罷)[愚]駑(之質),無汗馬之勞,陛下過意擢臣弘卒伍之中,封爲列侯,致位三公。臣弘行能不足以稱,[加](素)有負薪之(病)[疾],恐先狗馬填溝壑,終無以報德塞責。願歸侯(印),乞骸骨,避賢者路。"(天子)[上]報曰:"古者賞有功,褒有德,守成(尚)[上]文,遭遇右武,未有易此者也。朕(宿昔)[夙夜]庶幾獲承[至]尊(位),懼不能寧,惟所與共爲治者,君宜知之。盖君子善善[及後世](惡惡,君宜知之,君)若(謹)[兹]行,常在朕躬。君不幸罹霜露之(病)[疾],何恙不已,乃上書歸侯、乞骸骨?是章朕之不德也。今事少閒,君其[存精神,止念](省思)慮,(一精神),輔[助](以)醫藥[以自持]。"因賜告牛酒雜帛。居數月,(病)有瘳,視事。

(元狩二年,弘病。)[凡爲丞相御史六歲,年八十終],(竟以)丞相(終)[位。其後李蔡、嚴青翟、趙周、石慶、公孫賀、劉屈氂繼踵爲丞相。自蔡至慶,丞相府客館丘虚而已。⑤至賀、屈氂時,壞以爲馬廐車庫奴婢室矣。唯慶以惇謹,復終相位,其餘盡伏誅云。弘]子度嗣(爲平津)侯。(度)爲山陽太守十餘歲,[詔徵鉅野令史成詣公車,度留不遣],坐(法失侯),[論爲城旦]。

[元始中,修功臣後,下詔曰:"漢興以來,股肱在位,身行儉約,輕財重義,未有若公

---

① [後]淮南案:底本"淮南"前原脱一小字"後",兹據萬曆本、天啓本、今本《漢書》卷五十八《公孫弘傳》補。

② (畔)[叛]案:底本原作一大字"畔",無墨綫勒之,後脱一小字"叛",兹據萬曆本、天啓本、今本《史記》卷一百一十二《平津侯主父列傳》及今本《漢書》卷五十八《公孫弘傳》補。

③ [弟]案:底本原作一大字"弟",無墨綫勒之,兹據萬曆本、天啓本、今本《漢書》卷五十八《公孫弘傳》改。

④ (鑒)[監]案:底本原作一大字"鑒",無墨綫勒之,後脱一小字"監",兹據萬曆本、天啓本、今本《史記》卷一百一十二《平津侯主父列傳》及今本《漢書》卷五十八《公孫弘傳》補。

⑤ 案:萬曆本、天啓本此處衍一眉批:【照前開東閣,相爲點綴。】

孫弘者也。位在宰相封侯,而爲布被脱粟之飯,奉禄以給故人賓客,無有所餘,可謂减於制度,而率下篤俗者也。與内富厚而外爲詭服以釣虚譽者殊科。夫表德章義,所以率世厲俗,聖王之制也。其賜弘後子孫之次見爲適者,爵關内侯,食邑三百户。”]

主父偃(者),齊[國]臨菑人也。學長短縱横(之)術,晚(乃)[廼]學《易》《春秋》、百家[之]言。游齊諸(生)[子]間,(莫能厚遇也。齊)諸儒生相與排擯,不容於齊。家貧,假(貸)[貣]①無所得,(廼)北游燕、趙、中山,皆莫能厚(遇,爲)客甚困。(孝武元光元年中),以(爲)諸侯莫足游者,[元光元年](乃)[廼]西入關見衛將軍。衛將軍數言上,上不(召)[省]。資用乏,留久,諸(公)[侯]賓客多厭之,乃上書闕下。朝奏,暮召入見。所言九事,其八事爲律令,一事諫伐匈奴。(其辭)曰:

臣聞明主不惡切諫以博觀,忠臣不(敢)避重誅以直諫,是故事無遺策而功流萬世。今臣不敢隱忠避死以效愚計,願陛下幸赦而少察之。

《司馬法》曰:“國雖大,好戰必亡;天下雖平,忘戰必危。天下既平,天子大(凱)[愷],春蒐秋獮,諸侯春振旅,秋治兵,所以不忘戰也。”且(夫)怒者逆德也,兵者凶器也,争者末節也。古之人君一怒必伏尸流血,故聖王重行之。夫務戰勝窮武事(者),未有不悔者也。昔秦皇帝任戰勝之威,蠶食天下,并吞戰國,海内爲一,功齊三代。務勝不休,欲攻匈奴,李斯諫曰:“不可。夫匈奴無城郭之居,委積之守,遷徙鳥舉,難得而制(也)。輕兵深入,糧食必絶;(踵)[運]糧以行,重不及事。得其地不足以爲利(也),[得](遇)其民不可(役)[調]而守也。勝必(殺)[棄]之,非民父母也。靡敝中國,(快)[甘]心匈奴,非(長策)[完計]也。”秦皇帝不聽,遂使蒙恬將兵[而]攻胡,(辟)[却]地千里,以河爲境。地固澤(鹹)鹵,不生五穀。然後發天下丁男以守北河。暴兵露師十有餘年,死者不可勝數,終不能踰河而北。是豈人衆[之]不足,兵革[之]不備哉?其勢不可也。又使天下(蜚)[飛]芻輓粟,起於(東)[黄]、腄、琅(琊)[邪]負海之郡,轉輸北河,率三十鍾而致一石。男子疾耕不足於糧(饟)[餉],女子紡績不足於帷幕。百姓靡敝,孤寡老弱不能相養,道(路)死者相望,盖天下始(畔)[叛](秦)也。

及至高皇帝定天下,略地於邊,聞匈奴聚(於)代谷之外而欲擊之。御史成(進)諫曰:“不可。夫匈奴(之性),獸聚而鳥散,從之如搏(影)[景]。今以陛下盛德攻匈奴,臣竊危之。”高帝不聽,遂(北)至(於)代谷,果有平

---

① (貸)[貣]案:底本原作一大字“貸”,無墨綫勒之,後脱一小字“貣”,兹據萬曆本、天啓本、今本《史記》卷一百一十二《平津侯主父列傳》及今本《漢書》卷六十四《主父徐嚴列傳》補。

城之圍。高(皇)帝(盖)悔之(甚),(乃)[廼]使劉敬往結和親(之約),然後天下(忘)[亡]干戈之事。故兵法曰:"興師十萬,日費千金。"(夫)秦常積衆(暴兵)數十萬人,雖有覆軍殺將係虜單于(之功,亦)適足以結怨深讎,不足以償天下之費。(夫上虛府庫,下敝百姓,甘心於外國,非完事也。)夫匈奴(難得而制,非一世也)。行盜侵(驅)[敺],所以爲業(也),天性固然。上(及)[自]虞夏殷周,固(弗)[不]程督,禽獸畜之,不(屬)[比]爲人。夫[不]①上(不)觀虞夏殷周之統,而下(修)[循]近世之失,此臣之所[以]大(憂)[恐],百姓(之)所疾苦也。且夫兵久則變生,事苦則慮易。(乃)使邊境之民靡敝愁苦(而有離心),將吏相疑而外市,故尉佗、章邯得(以)成其私(也。夫)[而]秦政(之所以)不行(者),權分(乎)二子,此得失之效也。故《周書》曰:"安危在出令,存亡在所用。"願陛下(詳察)[孰計]之,(少加意)而(熟慮)[加察]焉。

是時,(趙人)徐樂、(齊人)嚴安[亦]俱上書言世務,(各一事)。○《漢書》此下連下文"書奏,上召見",别起《徐樂傳》②。

徐樂,[燕郡無終人也,上書]曰:"臣聞天下之患在於土崩,不在(於)瓦解,古今一也。何謂土崩?秦之末世是也。陳涉無千乘之尊,尺土之地,身非王公大人名族之後,(無)鄉曲之譽,非有孔、[曾]墨、曾子之賢,陶朱、猗頓之富也,然起窮巷,奮棘矜,偏袒大呼(而)天下從風,此其故何也?由民困而主不恤,下怨而上不知(也),俗已亂而政不修,此三者陳涉之所以爲資也。(是)[此]之謂土崩。故曰天下之患在(於)[乎]土崩。何謂瓦解?吴、楚、齊、趙之兵是也。七國謀爲大逆,號皆稱萬乘之君,帶甲數十萬,威足以嚴其境内,財足以勸其士民,然不能西攘尺寸之地而身爲禽於中原者,此其故何也?非權輕於匹夫而兵弱於陳涉也,當是之時,先帝之德(澤)未衰而安土樂俗之民衆,故諸侯無(境)[竟]外之助。此之謂瓦解。故曰天下之患不在瓦解。由(是)[此]觀之,天下誠有土崩之勢,雖布衣窮處之士或首(惡)[難]而危海内,陳涉是也。况三晋之君或存乎!天下雖未(有大)治也,誠能無土崩之勢,雖有彊國勁兵不得(旋)[還]③踵而身爲禽(矣),吴、楚、(齊、趙)是也。况群臣百姓能爲亂乎(哉)!此二體者,安危之明要

① 夫[不]案:底本"夫"字後原脱一小字"不",兹據萬曆本、天啓本、今本《史記》卷一百一十二《平津侯主父列傳》及今本《漢書》卷六十四《主父徐嚴列傳》補。

② 萬曆本、天啓本此條注文作"史文連下,《漢書》接嚴安傳内'書奏,上召見',至末别起《徐樂傳》。"

③ (旋)[還]案:底本原作一大字"旋",無墨綫勒之,後脱一小字"還",兹據萬曆本、天啓本、今本《史記》卷一百一十二《平津侯主父列傳》及今本《漢書》卷六十四《主父徐嚴列傳》補。

(也),賢主之所留意而深察也。

"間者關東五穀[數]①不登,年歲未復,民多窮困,重之以邊境之事,推數循理而觀之,(則)民(且)[宜]有不安其處者矣。不安故易動。易動者,土崩之勢也。故賢主獨觀萬化之原,明於安危之機,修之廟堂之上,而銷未形之患[也]。其要,期使天下無土崩之勢而已矣。故雖有彊國勁兵,陛下逐走獸,射(蜚)[飛]鳥,弘游燕之囿,淫(縱)[從]②恣之觀,極馳騁之樂,自若(也)。金石絲竹之聲不絶於耳,帷(帳)[幄]③之私俳優(侏)[朱]④儒之笑不乏於前,而天下無宿憂。名何必(湯武)[夏子],俗何必成康!雖然,臣竊以爲陛下天然之(聖)[質],寬仁之資,而誠以天下爲務,則[禹]湯(武)之名不難侔,而成康之俗[未⑤必不](可)復興也。此二體者立,然後處尊安之實,揚(名)廣譽於當世,親天下而服四夷,餘恩遺德爲數世隆,南面(負)[背](扆)[依]攝袂而揖王公,此陛下之所服也。臣聞圖王不成,其敝足以安。安則陛下何求而不得,何(爲)[威]而不成,(何)[奚]征而不服(乎)哉!"○《漢書》徐傳止此。下别起《嚴安傳》⑥。

嚴安[者,臨菑人也。以故丞相史]上⑦書,曰:

[臣聞《鄒子》曰:"政教文質者,所以云救也,當時則用,過則舍之,有易則易之,故守一而不變者,未睹治之至也。"今天下人民用財侈靡,車馬衣裘宫室皆競修飾,調五聲使有節族,雜五色使有文章,重五味方丈於前,以觀欲天下。彼民之情,見美則願之,是教民以侈也。侈而無節,則不可贍,民離本而徼末矣。末不可徒得,故搢紳者不憚爲詐,帶劍者夸殺人以矯奪,而世不知醜,故奸軌浸長。夫佳麗珍怪固順於耳目,故養失而泰,樂失而淫,禮失而采,教失而僞。僞、采、淫、泰,非所以范民之道也。是以天下人民逐利無已,犯法者衆。臣願爲民制度以防其淫,使貧富不相耀以和其心。心既和平,其性恬安。恬安不營,則盗賊銷;盗賊銷,則刑罰少;刑罰少,則陰陽和,四時正,風雨時,草木暢茂,五穀蕃熟,六畜遂字,民不夭厲,和之至也。]

臣聞周有天下,其治三百余歲,成康其隆也,刑錯四十餘年而不用。及

① [數]案:底本原作一大字"數",無墨綫勒之,玆據萬曆本、天啓本、今本《史記》卷一百一十二《平津侯主父列傳》及今本《漢書》卷六十四《主父徐嚴列傳》改。

② (縱)[從]案:底本原作一大字"縱",無墨綫勒之,後脱一小字"從",玆據萬曆本、天啓本、今本《史記》卷一百一十二《平津侯主父列傳》及今本《漢書》卷六十四《主父徐嚴列傳》補。

③ (帳)[幄]案:底本原作一大字"帳",無墨綫勒之,後脱一小字"幄",玆據萬曆本、天啓本、今本《史記》卷一百一十二《平津侯主父列傳》及今本《漢書》卷六十四《主父徐嚴列傳》補。

④ (侏)[朱]案:底本原作一大字"侏",無墨綫勒之,後脱一小字"朱",玆據萬曆本、天啓本、今本《史記》卷一百一十二《平津侯主父列傳》及今本《漢書》卷六十四《主父徐嚴列傳》補。

⑤ 未案:底本作"末",萬曆本、天啓本作"未",从校本。

⑥ 萬曆本、天啓本此條注作"史文連下,《漢書》徐傳至此,下别起《嚴安傳》"。

⑦ 上案:底本原作一小字"上",玆據萬曆本、天啓本、今本《史記》卷一百一十二《平津侯主父列傳》及今本《漢書》卷六十四《主父徐嚴列傳》改。

其衰(也),亦三百餘(歲)[年],故五伯更起。(五)伯者,常佐天子興利除害,誅暴禁邪,匡正海内,以尊天子。五伯既没,賢聖莫續,天子孤弱,號令不行。諸侯恣行,彊陵弱,衆暴寡,田常篡齊,六卿分晋,并爲戰國,此民之始苦也。於是彊國務攻,弱國(備)[修]守,合從連(横)[衡],馳車(擊)轂[擊],介胄生蟣虱,民無所告愬。

及至秦王,蠶食天下,并吞戰國,稱號(曰)皇帝,(主)[一]①海内之政,壞諸侯之城。銷其兵,鑄以爲鐘虡,示不復用。元元黎民得免於戰國,逢明天子,人人自以爲更生。(嚮)[鄉]②使秦緩(其)刑罰,薄賦斂,省繇役,貴仁義,賤權利,上篤厚,下(智)[佞]巧,變風易俗,化於海内,則世世必安矣。秦不行是風,(而修)[循]其故俗,爲智巧權利者進,篤厚忠(信)[正]者退,法嚴(政峻)[令苛],諂諛者衆,日聞其美,意廣心(軼)[逸]。欲(肆)威海外,(乃)使蒙恬將兵以北攻[彊]③胡,辟地進境,戍於北河,(蜚)[飛]芻輓粟以隨其後。又使尉(佗)屠睢將樓船之士(南)攻(百)越,使監禄鑿渠運粮,深入越[地]④,越人遁逃。曠日持久,粮食[乏]絶,越人擊之,秦兵大敗。秦乃使尉佗將卒以戍越。當是時,秦禍北構於胡,南掛於越,宿兵[於]無用之地,進而不得退。行十餘年,丁男被甲,丁女轉輸,苦不聊生,自經於道樹,死者相望。及秦皇帝崩,天下大(叛)[畔]⑤。陳勝、吴廣舉陳,武臣、張耳舉趙,項梁舉吴,田儋舉齊,景駒舉郢,周市舉魏,韓廣舉燕,窮山通谷,豪士并起,不可勝載也。然[本]⑥皆非公侯之後,非長官之吏(也),無尺寸之勢,起閭巷,杖棘矜,應時而(皆)動,不謀而俱起,不約而同會,壤長地進,至(于)[乎]⑦(霸)[伯]⑧王,時教使然也。秦貴爲天子,富有天下,滅世絶

---

① [一]案:底本原作一大字"一",無墨綫勒之,兹據萬曆本、天啓本、今本《史記》卷一百一十二《平津侯主父列傳》及今本《漢書》卷六十四《主父徐嚴列傳》改。

② (嚮)[鄉]案:底本原作一大字"嚮",無墨綫勒之,後脱一小字"鄉",兹據萬曆本、天啓本、今本《史記》卷一百一十二《平津侯主父列傳》及今本《漢書》卷六十四《主父徐嚴列傳》補。

③ [彊]案:底本原作一大字"彊",無墨綫勒之,兹據萬曆本、天啓本、今本《史記》卷一百一十二《平津侯主父列傳》及今本《漢書》卷六十四《主父徐嚴列傳》改。

④ [地]案:底本原作一大字"地",無墨綫勒之,兹據萬曆本、天啓本、今本《史記》卷一百一十二《平津侯主父列傳》及今本《漢書》卷六十四《主父徐嚴列傳》改。

⑤ (叛)[畔]案:底本原作一大字"叛",無墨綫勒之,後脱一小字"畔",兹據萬曆本、天啓本、今本《史記》卷一百一十二《平津侯主父列傳》及今本《漢書》卷六十四《主父徐嚴列傳》補。

⑥ [本]案:底本原作一大字"本",無墨綫勒之,兹據萬曆本、天啓本、今本《史記》卷一百一十二《平津侯主父列傳》及今本《漢書》卷六十四《主父徐嚴列傳》改。

⑦ (于)[乎]案:底本原作一大字"于",無墨綫勒之,後脱一小字"乎",兹據萬曆本、天啓本、今本《史記》卷一百一十二《平津侯主父列傳》及今本《漢書》卷六十四《主父徐嚴列傳》補。

⑧ (霸)[伯]案:底本原作一大字"霸",無墨綫勒之,後脱一小字"伯",兹據萬曆本、天啓本、今本《史記》卷一百一十二《平津侯主父列傳》及今本《漢書》卷六十四《主父徐嚴列傳》補。

祀(者),窮兵之禍也。故周失之弱,秦失之彊,不變之患也。

今(欲招)[徇]南夷,朝夜郎,降羌僰,略(濊)[薉]州,建城邑,深入匈奴,燔其(蘢)[龍]城,議者美之。此人臣之利(也),非天下之長策也。今中國無狗吠之(驚)[警],而外累於遠方之備,靡敝國家,非所以子民也。行無窮之欲,甘心快意,結怨於匈奴,非所以安邊也。禍(結)[拏]而不解,兵休而復起,近者愁苦,遠者驚駭,非所以①持久也。今天下鍛甲(砥)[摩]劍,(橋)[撟]箭(累)[控]弦,轉輸(運)[軍]粮,未見休時,此天下(之)所共憂也。夫兵久而變起,事煩而慮生。今外郡之地或幾千里,列城數十,形束壤制,(旁)[帶]脅諸侯,非(公)[宗]室之利也。上觀齊晋(之)所以亡(者),公室畢削,六卿大盛也;下(觀)[覽]秦之所以滅(者),[刑]嚴(法)[文]刻(深),欲大無窮也。今郡守之權非特六卿之重也,地幾千里非特閭巷之資也,甲兵器械非特棘矜之用也,以(遭)[逢]萬世之變,則不可(稱)[勝]諱也。[後以安爲騎馬令。]○此下文《漢書》歸《主父傳》②。

書奏(天子,天子)[上]召見三人,謂曰:"公(等)皆安在?何相見之晚也!"(於是上)乃拜(主父)偃、(徐)樂、(嚴)安[皆]③爲郎中。[偃]數(見),上疏言事,(詔拜偃)[遷](爲)謁者[中郎],(遷樂爲)中大夫。(一)歲中四遷(偃)。

偃説上曰:"古者諸侯[地]不過百里,彊弱之形易制。今諸侯或連城數十,地方千里,緩則驕奢易爲淫亂,急則阻其(彊)[强]而合從以逆京師。今以法割削(之),則逆節萌起,前日晁錯是也。今諸侯子弟或十數,而適嗣代立,餘雖骨肉,無尺(寸)地[之]封,則仁孝之道不宣。願陛下令諸侯得推恩分子弟,以地侯之。彼人人喜得所願,上以德施,實分其國,(不削而)[必]稍[自銷]弱矣。"於是上從其計。又説上曰:"茂陵初立,天下豪杰(并)兼[并]之家,亂衆(之)民,皆可徙茂陵,内實京師,外銷奸猾,此所謂不誅而害除。"上又從(其計)[之]。

尊立衛皇后,及發燕王定國陰事,蓋④偃有功焉。大臣皆畏其口,賂遺累千金。人或説偃曰:"太横(矣)。"(主父)[偃]曰:"臣結髮游學四十餘年,身不得遂,親不以爲子,昆弟不收,賓客棄我,我阸日久矣。(且)丈夫

① 所以案:底本"以"字前原脱一大字"所",兹據萬曆本、天啓本、今本《史記》卷一百一十二《平津侯主父列傳》及今本《漢書》卷六十四《主父徐嚴列傳》補。

② 萬曆本、天啓本地條注文作"《漢書》嚴安傳至此,下文入《主父傳》"。

③ [皆]案:底本原作一大字"皆",無墨綫勒之,兹據萬曆本、天啓本、今本《史記》卷一百一十二《平津侯主父列傳》及今本《漢書》卷六十四《主父徐嚴列傳》改。

④ 蓋案:底本脱一大字"蓋",萬曆本、天啓本同,兹據今本《史記》卷一百一十二《平津侯主父列傳》及今本《漢書》卷六十四《主父徐嚴列傳》補。

生不五鼎食,死(即)[則]①五鼎烹耳。吾日暮(途遠),故倒行(暴)[逆]施之。"

偃盛言朔方地肥饒,外阻河,蒙恬[築]城(之)以逐匈奴,内省轉輸戍漕,廣中國,滅胡之本也。上覽其説,下公卿議,皆言不便。公孫弘曰:"秦時常發三十萬衆築北河,終不可就,已而棄之。"(主父偃盛言其便),[朱買臣難詘弘],(上竟用主父計),[遂置](立)朔方郡。[本偃計也。]

元朔(二年)[中],(主父)[偃]言齊王内[有]淫(佚)[失之]行(僻),上拜(主父)[偃]爲齊相。至齊,遍召昆弟賓客,散五百金予之,數(之)曰:"始吾貧時,昆弟不我衣食,賓客不我内門;今吾相齊,諸君迎我或千里。吾與諸君絶矣,毋復入偃之門!"乃使人以王與姊奸事動王,王以爲終不得脱(罪),恐效燕王論死,乃自殺。(有司以聞。)

(主父)[偃]始爲布衣時,嘗游燕、趙,及其貴,發燕事。趙王恐其爲國患,欲上書言其陰事,爲(偃)居中,不敢發。及[其]爲齊相,出關,即使人上書,告(言主父)偃受諸侯金,以故諸侯子(弟)多以得封者。及齊王[以]自殺,(上)聞[上]大怒,以爲(主父)[偃]劫其王令自殺,乃徵下吏治。(主父)[偃]服受諸侯[之]金,實不劫[齊]王令自殺。上欲勿誅,(是時)公孫弘(爲御史大夫),(乃言)[爭]曰:"齊王自殺無後,國除爲郡,入漢,(主父)偃本首惡,(陛下不)[非]誅(主父)偃,無以謝天下。"乃遂族(主父)偃。

(主父)[偃]方貴幸時,(賓)客以千數,及(其)族死,無一人[視]②(收者,唯)獨(洨)孔車收葬(之)[焉]。(天子)[上](後)聞之,以(爲孔)車[爲]長者(也)。

太史公曰:公孫弘行義雖修,然亦遇時。漢興八十餘年矣,上方鄉文學,招俊乂,以廣儒墨,弘爲舉首。主父偃當路,諸公皆譽之,及名敗身誅,士爭言其惡。悲夫!

---

① [則]案:底本原作一大字"則",無墨綫勒之,兹據萬曆本、天啓本、今本《史記》卷一百一十二《平津侯主父列傳》及今本《漢書》卷六十四《主父徐嚴列傳》改。

② [視]案:底本原作一大字"視",無墨綫勒之,兹據萬曆本、天啓本、今本《史記》卷一百一十二《平津侯主父列傳》及今本《漢書》卷六十四《主父徐嚴列傳》改。

第二十六卷　司馬相如傳上

司馬相如列傳第五十七　史記一百一十七

司馬相如傳上第二十七 漢書五十七上

司馬相如(者),[字長卿],蜀郡成都人也。(字長卿。)少時好讀書,學擊劍,(故其親)名(之曰)犬子。【犬子,必當時俗語,以爲最黠靈識者,《漢書》以爲愛也。師古曰:"父母愛之,不欲稱斥,故爲此名也。"】相如既學慕藺相如之爲人[也],更名相如。以(貲)[訾]爲郎,事孝景帝,爲武騎常侍,非其好也。會景帝不好辭賦,是時梁孝王來朝,從游説之士齊人鄒陽、淮陰枚乘、吴(莊)[嚴]忌夫子之徒,【《漢書》以爲尊稱,是。師古曰:"當時尊尚號曰夫子。"】相如見而説之,因病免,客游梁。(梁孝王令與諸生同舍,相如)得與諸(生)[侯]游士居,數歲,乃著《子虛之賦》。【相如志獨在辭賦,梁者,辭賦之藪。自病免,有志。侯字,是。】

會梁孝王(卒)[薨],相如歸,而家貧無以自業。素與臨邛令王吉相善,吉曰:"長卿久宦游不遂,而[困]來過我。"【賦成而王卒,而困,是臨邛令哀故人之困,豈無他料理?顧相與設畫,次第出此言,是一段小説耳。子長以奇著之,如聞如見,乃并與其精神意氣,隱微曲折盡就,盖至俚褻而尤可觀,使後人爲之,則穢矣。】於是相如往,舍都亭。臨邛令繆爲恭敬,日往朝相如。相如初尚見之,後稱病,使從者謝吉,吉愈益謹肅。臨邛(中)多富人,(而)卓王孫(家)僮[客]八百人,【僮客者,通貴賤之稱。】程鄭亦數百人,(二人)乃相謂曰:"令有貴客,爲具召之。"【二人字,是。無二人,則卓與程鄭爲三姓矣,故知小小不缺。】并召令。令既至,卓氏客以百數。至日中,(謁)[請]司馬長卿,長卿謝病不能(往)[臨],臨邛令不敢嘗食,[身]自(往)迎相如。相如[爲]不得已,[而]强往,一坐盡傾。酒酣,臨邛令前奏琴曰:"竊聞長卿好之,願以自娱。"相如辭謝,爲鼓一再行。是時卓王孫有女文君新寡,好音,故相如繆與令相重,而以琴心挑之。相如(之臨邛)[時],從車騎,雍容閒雅甚都;及飲卓氏,弄琴,文君竊從户窺之,心悦而好之,恐不得當也。【自初至都亭及弄琴,是幾許鄭重,只須繆與相重,而以琴心挑之一語，形神俱變。琴心挑之四字，古無是字，亦無此奇，徒四壁立語亦然。時字，甚是，剩出。甚都字，妙意正在恐不得當一語。此人情所有而不自言，人亦不能言者，未必非後人所忽而實欠也。】既罷，相如乃(使)[令侍]人重賜文君侍者通殷勤。文君夜亡奔相如，相如(乃)與馳歸成都。【此事談笑間萬態，有貧有富。若如刻畫之論，則臨邛令爲逋逃主，相如爲亡命家，去女失令，奈何獨在人世上哉？此女兒稱文君，必能辭賦好之者，意非獨琴也。】家(居)徒四壁立。卓王孫大怒曰："女(至)不材，我不忍殺，[一錢]不分(一錢)也。"【一錢不分，是。】人或謂王孫，王孫終不聽。文君久之不樂，[謂長卿]曰："(長卿)第俱如臨邛，從昆弟假(貸)[貣]①猶足[以]爲生，何至自苦如此！"相如與俱之臨邛，盡賣(其)車騎，買(一)酒舍(酤酒，而)[乃]令文君當(壚)[盧]。相如身自著犢鼻褌與[庸]保(庸)雜作，滌器於市中。卓王孫(聞而)耻之，爲杜門不出。昆弟諸公更謂王孫曰："有一男兩女，所不足者非財也。今文君[既](已)失身於司馬長卿，長卿故倦游，【長卿自爲句。】雖貧，其人材足依也，且又令客，(獨)奈何相辱如此！"【字字如畫，亦字字小說。】卓王孫不得已，分(予)[與]②文君僮百人，錢百萬，及其嫁時衣被財物。文君乃與相如歸成都，買田宅，爲富人。【長卿故貧，不檢其身，至滌器，皆王吉之謀。所以劫王孫，挾昆弟諸公者，必多有其意。漢法雖嚴，蜀風俗自厚。王吉者，戰國游俠中之瑣瑣者也。長卿栖屑浮沉，爲其所用，得志一時，爲笑千古。吾亮長卿責王吉，真損友也，語最近實。當時，王吉令臨邛也。此皆今人所欲删，或避諱之者。自長卿以來常有此，至唐宋而絶。】

居久之，蜀人楊得意爲狗監，侍上。上讀《子虛賦》而善之，曰："朕獨不得與此人同時哉！"得意曰："臣邑人司馬相如自言爲此賦。"上驚，乃召問相如。相如曰："有是。然此乃諸侯之事，未足觀(也)。請爲天子游獵[之]賦，(賦成奏之)。"上(許)，令尚書給筆札。相如以"子虛"，虛言也，爲楚稱；"烏有先生"者，烏有此事也，爲齊難；"(無)[亡]是公"者，(無)[亡]是人也，欲明天子之義。故(空)[虛]藉此三人爲辭，以推天子諸侯之苑囿。其卒章歸之於節儉，因以風諫。奏之天子，天子大說。其辭曰：

楚使子虛使於齊，齊王悉發(境内之士，備)車騎(之衆)，與使者出田。【賦欲其鋪，不當節。】田罷，子虛過(詫)[姹]烏有先生，(而無)[亡]是公

① (貸)[貣]案：底本原作一大字"貸"，無墨綫勒之，後脱一小字"貣"，兹據萬曆本、天啓本、今本《史記》卷一百一十七《司馬相如列傳》及今本《漢書》卷五十七《司馬相如傳》補。

② (予)[與]案：底本原作一大字"予"，無墨綫勒之，後脱一小字"與"，兹據萬曆本、天啓本、今本《史記》卷一百一十七《司馬相如列傳》及今本《漢書》卷五十七《司馬相如傳》補。

(在)[存]焉。坐定,烏有先生問曰:"今日田樂乎?"子虛曰:"樂。""獲多乎?"曰:"少。""然則何樂?"對曰:"僕樂(齊)王之欲夸僕以車騎之衆,而僕對以雲夢之事也。"曰:"可得聞乎?"

子虛曰:"可。王駕車千乘,選徒萬騎,田(於)[于]海濱。列卒滿澤,罘罔彌山,掩(兔)[菟]轔鹿,射麋(脚)[格]麟。騖於鹽浦,割鮮染輪。【脚麟好,爲掛其一脚也。鹽浦字,新隱焉,有不足之意。割鮮染輪,亦譏。】射中獲多,矜而自功。顧謂僕曰:'楚亦有平原廣澤游獵之地饒樂若此者乎?楚王之獵(何)[孰]與寡人?'僕下車對曰:'臣,楚國之鄙人也,幸得宿衛十有餘年,時從出游,游於後園,覽於有無,然猶未能徧覩也,又烏足以言其外澤(者)乎!'齊王曰:'雖然,略以子之所聞見(而)言之。'

僕對曰:'唯唯。臣聞楚有七澤,嘗見其一,未覩其餘也。臣之所見,蓋特其小小者耳,名曰雲夢。雲夢者,方九百里,其中有山焉。其山則盤紆岪鬱,隆崇(㩳)[律]崒;岑(岩)[崟]參差,日月蔽虧;交錯糾紛,上干青雲;罷池陂陀,下屬江河。其土則丹青赭堊,雌黄白坿,錫碧金銀,衆色炫耀,照爛龍鱗。【賦無異,直夸多鬥靡,如魚龍曼衍,欲不可極,使人動心駭目,恣肆厭足,而復反之於萬一耳。相如,賦之祖也,然所陳若此,未見其勝,乃更足羞。蓋禽獸草木之名于舉,其又不若參差形似,若有若無之爲得也,未能細評,姑發其概。罷與擺同,池與迤同,謂山勢擺發迤靡耳。陂陁無謂,陂即坡字,坡、陀常態。陂音婆,亦非。至云龍鱗,語則工矣。丹書青赤白,何莫不然,實字虛用。】其石則赤玉玫瑰,琳(瑉琨珸)[瑉昆吾],瑊玏玄厲,(瑌)[碝]石武夫。其東則有蕙圃衡蘭,芷若(射干),穹窮昌蒲,江離(蘪)[麋]蕪,諸(蔗)[柘](猼)[巴]且。【蕙圃衡蘭,多一圃字,以爲工亦可,以爲羨亦可。射干,不可更少。蔗,甘柘也。猼、且,郭璞曰:"蘘,荷也。"文穎曰:"巴且,一名芭蕉。"】其南則有平原廣澤,登降陁靡,案衍壇曼,緣以大江,限以巫山。其高燥則生葴(蔪)[析]苞荔,(薛)[薜]莎青薠。其卑濕則生藏莨兼葭,東薔雕胡,蓮藕(菰)[觚](蘆)[盧],(菴蕳)[奄閭]軒(芋)[于],衆物居之,不可勝圖。其西則有涌泉清池,激水推移;外發(芙蓉淩)[夫容蔆]華,内隱钜石白沙。【蒿蘆,薄物,何足以陳?張揖曰:"奄閭,蒿也。"芙蓉、菱花兩物,然芙蓉即連。钜石白沙,又非其類。其扶疏演迤,正在東南之間。又益以燥湿泉池之次,分爲内外,然區别以爲多異名。】其中則有神龜蛟鼉,(瑇)[毒](瑁)[冒]鼈黿。其北則有陰林鉅樹,楩柟豫章,桂椒木蘭,(蘗)[檗]離朱楊,櫨梸梬栗,橘柚芬芳。【芬芳與蕙圃同。】其上則有(赤猿蠷蝚),鵷鶵孔鸞,騰遠射干。其下則有白虎玄豹,蟃蜒貙豻,(兕象野犀,窮奇獌狿。)【赤猿蠷蝚,謂枝上者。《漢書》疑其獸也,又剪犀象以對之。】

於是乎乃使(專)[剸]諸之倫,手格此獸。楚王乃駕馴(駮)[駁]①之駟,乘雕玉之輿,靡魚須之橈旃,曳明月之珠旗,建干將之雄戟,左烏(嘷)[號]之雕弓,右夏服之勁箭;陽子驂乘,(纖)[孅]②阿爲御;【愈真矣。專諸雖南人,克類何限?若所引魚須、明月、烏號、夏服、陽子、纖阿,則不必楚所有齊所無也。謂陽子爲伯樂,亦鑿。張揖云:"陽子,伯樂也。孫陽,字伯樂。"】案節未舒,即陵狡獸,(轔)[蹵]邛邛,(蹵)[轔]距虛,軼野馬(而)轊騊駼,【去而字,固健,存而,又俊。】乘遺風(而)射游騏;(儵)[倏](眒)[胂](凄)[倩]浰,【倏眒倩浰,似斜視貌。】雷動(熛)[焱]至,星流(霆)[電]擊,弓不虛發,中必决眥,洞胸達(腋)[掖],絶乎心繫,獲若雨獸,【若雨獸,可。】掩(草)[屮]蔽地。於是楚王乃弭節(裴回)[徘徊]③,翱翔容與,覽乎陰林,觀壯士之暴怒,與猛獸之恐懼,徼𨙸受詘,殫睹衆物之變態。【𨙸與郤同,四字甚有商略。】

於是鄭女曼姬,【只是嫵曼,以曼爲鄧而對鄭。郭璞曰:"曼姬,謂鄧曼。"】被阿錫,揄紵縞,雜纖羅,(垂)[垂]霧縠;襞積褰縐,(紆徐委曲),鬱橈溪谷;衯衯裶裶,揚袘(衈)[戌]削,(飛)[蜚](纖)[襳](垂)[垂]髾;扶輿猗靡,噏呷萃蔡,下摩蘭蕙,上拂羽盖,錯翡翠之(威)[葳]蕤,繆繞玉綏;(縹乎)[眇眇]忽忽,若神(仙)之(仿佛)[髣髴]④。【此溪谷與前龍鱗同,然溪谷字拙。戌削,俚語,非雜注重出,誰能知之?纖髾,較有模寫。萃與猝同,蔡音蔡叔之蔡,矖矖索索之聲也,然亦不得爲佳。只一衣字,連三句固是,以見其賦體之盛,然變化向背,雜出於眉目之間者如欠。至上拂羽盖,則敗矣。錯翡翠之葳蕤,繆繞玉綏,謂其繽紛綽約,雜出於其間。至縹忽、仿佛,良是,却非其上牽强之比。】

於是乃[群]相與獠於蕙圃,媻珊勃窣上金堤,【媻珊以下七字,最有形容。】掩翡翠,射鵕鸃,微矰出,(纖)[孅]繳施,弋白鵠,連駕鵝,雙鶬下,玄鶴加。怠而後(發),游於清池;【怠而後發,謂别往也。】浮文鷁,揚(桂)[旌栧](枻),張翠帷,建羽盖,罔瑇瑁,釣紫貝;摐金鼓,吹鳴籟,榜人歌,聲流喝,水蟲駭,波鴻沸,涌泉起,奔揚會,礧石相擊,硠硠礚礚若雷霆之聲,聞乎

① (駮)[駁]案:底本原作一大字"駮",無墨綫勒之,前脱一大字"駁",兹據萬曆本、天啓本、今本《史記》卷一百一十七《司馬相如列傳》及今本《漢書》卷五十七《司馬相如傳》補。

② (纖)[孅]案:底本原作一大字"纖",無墨綫勒之,後脱一小字"孅",兹據萬曆本、天啓本、今本《史記》卷一百一十七《司馬相如列傳》及今本《漢書》卷五十七《司馬相如傳》補。

③ [徘徊]案:底本"徊"字前原脱一小字"徘",兹據萬曆本、天啓本、今本《漢書》卷五十七《司馬相如傳》補。

④ (仿佛)[髣髴]案:底本"仿佛"後原脱二小字"髣髴",兹據萬曆本、天啓本及今本《漢書》卷五十七《司馬相如傳》補。

數百里(之)外。【水蟲,即龍耳。鴻,即大沸也。諸鋪叙皆景,惟金隄以下靡靡可觀。】

將息獠者,擊靈鼓,起烽燧,車案行,騎就隊,纚乎淫淫,(班)[般]乎裔裔。於是楚王乃登陽雲之臺,泊乎無爲,澹乎自持,勺藥之和具而後御之。不若大王終日馳騁(而)[曾]不下輿,脟割輪(淬)[焠]①,自以爲娱。【陽雲之台,即陽臺也,其驕之以此。澹、泊,則占地位語也。徒以芍藥之和,具爲楚之雅致,與脟割輪淬,雖遠,竟亦何足以雄?】臣竊觀之,齊殆不如。'於是王(默然)無以應僕也。"

烏有先生曰:"是何言之過也! 足下不遠千里,來況齊國,王悉(發)境内之士,(而)備車騎之衆,(以)[與使者]出田,乃欲戮力致獲,以娱左右也,何名爲夸哉! 問楚地之有無者,願聞大國之風烈,先生之餘論也。今足下不稱楚王之德厚,而盛推雲夢以爲(高)[驕],奢言淫樂而顯侈靡,竊爲足下不取也。必若所言,固非楚國之美也,有而言之,是章君之惡[也];無而言之,是害足下之信[也]。章君(之)惡(而)傷私義,二者無一可,而先生行之,必且輕於齊而累於楚矣。且齊東(有)[陼](巨)[鉅]②海,南有琅邪,【語莫俊於此矣! 齊語不多,而氣概吞吐已極,即無是不能過也。】觀乎成山,射乎之罘,浮渤澥,游孟諸,邪與肅慎爲鄰,右以湯谷爲界,秋田乎青丘,仿偟乎海外,吞若雲夢者八九,其於胸中曾不蔕芥。若乃俶儻瑰(偉)[瑋]③,異方殊類,珍怪鳥獸,萬端鱗(崒)[崪]④,充仞其中者,不可勝記,禹不能名,(契)[禼]不能計。然在諸侯之位,不敢言游戲之樂,苑囿之大;先生又見客,是以王辭(而)不(能)復,何爲無(用)[以]應哉!"

(無)[亡]⑤是公听然而笑曰:"楚則失矣,[而]齊亦未爲得也。夫使諸侯納貢者,非爲財幣,所以述職也;封疆畫界者,非爲守御,所以禁淫也。

---

① (淬)[焠]案:底本原作一大字"淬",無墨綫勒之,後脱一小字"焠",兹據萬曆本、天啓本、今本《史記》卷一百一十七《司馬相如列傳》及今本《漢書》卷五十七《司馬相如傳》補。

② (巨)[鉅]案:底本原作一大字"鉅",無墨綫勒之,前脱一大字"巨",兹據萬曆本、天啓本、今本《史記》卷一百一十七《司馬相如列傳》及今本《漢書》卷五十七《司馬相如傳》補。

③ (偉)[瑋]案:底本原作一大字"瑋",無墨綫勒之,前脱一大字"偉",兹據萬曆本、天啓本、今本《史記》卷一百一十七《司馬相如列傳》及今本《漢書》卷五十七《司馬相如傳》補。

④ (崒)[崪]案:底本原作一大字"崒",無墨綫勒之,後脱一小字"崪",兹據萬曆本、天啓本、今本《史記》卷一百一十七《司馬相如列傳》及今本《漢書》卷五十七《司馬相如傳》補。

⑤ (無)[亡]案:底本原作一大字"無",無墨綫勒之,後脱一小字"亡",兹據萬曆本、天啓本、今本《史記》卷一百一十七《司馬相如列傳》及今本《漢書》卷五十七《司馬相如傳》補。

今①齊列爲東藩，而外私肅慎，捐國(踰)[隃]②限，越海而田，其於義固未可也。且二君之論，不務明君臣之義(而)正諸侯之禮，徒事争[於]游(獵)[戲]之樂，苑囿之大，欲以奢侈相勝，荒淫相越，此不可以揚名發譽，而適足以(貶)[𦳘]君自損③也。

且夫齊楚之事又(焉)[烏]足道(邪)[乎]！君未睹夫鉅麗也，獨不聞天子之上林乎？左蒼梧，右西極，丹水更其南，紫淵徑其北；終始霸、(滻)[産]④，出入涇、渭；酆、(鄗)[鎬]⑤、潦、潏，紆餘委蛇，經營(乎)其内。蕩蕩(兮)[乎]八川分流，相背(而)異態。東西南北，馳騖往來，出乎椒丘之闕，行乎洲淤之浦，徑乎桂林之中，過乎泱莽之(野)[埜]。汩乎(渾)[混]流，順阿而下，赴隘陿之口。觸穹石，激堆埼，沸乎暴怒，洶湧(滂濞)[彭湃]，滭(浡)[弗](潏)[宓]汩，(湢測)[偪側]⑥泌瀄，横流逆折，轉騰潎洌，(澎)[滂]濞沆(溉)[漑]，穹隆雲撓，(蜿灗)[宛潬]膠(戾)[盭]，踰波趨浥，(涖涖)[溢溢]⑦下瀨，批岩衝(壅)[擁]⑧，奔揚滯沛，臨坻注壑，瀺灂賈(墜)[隊]⑨，(湛湛)[沉沉]⑩隱隱，砰磅訇礚，潏潏淈淈，湁潗鼎沸，馳波跳沫，汩㴔漂疾，悠遠長懷，寂漻無聲，肆乎永歸。然後灝溔潢漾，安翔徐佪，翯乎滈滈，東注大湖，衍溢陂池。於是(乎)蛟龍赤螭，䱭䲛(螹)[漸]離，鰅鰫鰬魠，禺禺(鱋魶)[魼鰨]，揵鰭(擢)[掉]尾，(撅)[振]鱗奮翼，潛處(於)[乎]⑪深

---

① 今案：底本原作一小字“今”，兹據萬曆本、天啓本、今本《史記》卷一百一十七《司馬相如列傳》及今本《漢書》卷五十七《司馬相如傳》改。

② (踰)[隃]案：底本原作一大字“踰”，無墨綫勒之，後脱一小字“隃”，兹據萬曆本、天啓本、今本《史記》卷一百一十七《司馬相如列傳》及今本《漢書》卷五十七《司馬相如傳》補。

③ 損案：底本原作一小字“損”，兹據萬曆本、天啓本、今本《史記》卷一百一十七《司馬相如列傳》及今本《漢書》卷五十七《司馬相如傳》改。

④ (滻)[産]案：底本原作一大字“滻”，無墨綫勒之，後脱一小字“産”，兹據萬曆本、天啓本、今本《史記》卷一百一十七《司馬相如列傳》及今本《漢書》卷五十七《司馬相如傳》補。

⑤ (鄗)[鎬]案：底本原作一大字“鄗”，無墨綫勒之，後脱一小字“鎬”，兹據萬曆本、天啓本、今本《史記》卷一百一十七《司馬相如列傳》及今本《漢書》卷五十七《司馬相如傳》補。

⑥ (湢測)[偪側]案：底本“偪側”原爲大字，前脱兩大字“湢測”，兹據萬曆本、天啓本、今本《史記》卷一百一十七《司馬相如列傳》及今本《漢書》卷五十七《司馬相如傳》補。

⑦ (涖涖)[溢溢]案：底本“溢溢”前原脱兩大字“涖涖”，兹據萬曆本、天啓本、今本《史記》卷一百一十七《司馬相如列傳》及今本《漢書》卷五十七《司馬相如傳》補。

⑧ (壅)[擁]案：底本原作一大字“壅”，無墨綫勒之，後脱一小字“擁”，兹據萬曆本、天啓本、今本《史記》卷一百一十七《司馬相如列傳》及今本《漢書》卷五十七《司馬相如傳》補。

⑨ (墜)[隊]案：底本原作一大字“墜”，無墨綫勒之，後脱一小字“隊”，兹據萬曆本、天啓本、今本《史記》卷一百一十七《司馬相如列傳》及今本《漢書》卷五十七《司馬相如傳》補。

⑩ (湛湛)[沉沉]案：底本原作兩大字“湛湛”，無墨綫勒之，後脱兩小字“沉沉”，兹據萬曆本、天啓本、今本《史記》卷一百一十七《司馬相如列傳》及今本《漢書》卷五十七《司馬相如傳》補。

⑪ (於)[乎]案：底本原作一大字“乎”，無墨綫勒之，前脱一大字“於”，兹據萬曆本、天啓本、今本《史記》卷一百一十七《司馬相如列傳》及今本《漢書》卷五十七《司馬相如傳》補。

岩;魚鼈讙聲,萬物衆夥,明月珠子,(玓瓅)[的皪]①江靡,蜀石黄碝,水玉磊砢,磷磷爛爛,采色澔(旰)[汗],叢積乎其中。【上林者,即無是也。只左蒼梧,右西極,而其誕著矣。丹水、紫淵,若有若無,雜以霸、滻、涇、渭、酆、鎬其間,使虚實相半,聽者眩耳。八川分流者,猶言八面,非必上文水名也。潦、潏對,始終出入之語也,其驕異以此。楚雖雲夢九百里,然語侈誠不足道。無是反之,務出於淫靡變態,便不可知,不可窮,盖得其意,有其氣矣,而亦不足可多也。水變無盡,而欲以偏旁疊字,如駢如儷爲盡文,不知經營相背之已足。彼雲夢者,豈其少此?用其意,則又欲包齊括楚,則入於上林,壓以天子之盛,無可以争,故曰經乎桂林之中,而配以過乎泱莽之野。言無足也四字,又有模寫。奔揚四字,有商略。悠遠長懷、肆乎永歸,極臨流想像情性之語,賦之善狀者。魚鳥飛潛,豈可以名數哉?亦欲出於人之所不知爲博,故時時異名者。若非包齊與楚,則未必彼所無也。其下草木亦然。】(鴻鵠鸕)[鳿鷫鵠]②鴇,駕鵝(鸀)[屬](瑦)[玉],(鵁)[交](鯖)[精](鷃)[旋]目,煩鶩(鷛)[庸](鶏)[渠],(鱥)[箴](鴜)[疵]鵁(鸕)[盧],群浮乎其上。泛淫(泛)[氾]濫,隨風澹淡,與波揺蕩,(掩)[奄]薄(草)[水](渚)[陼]③,唼喋菁藻,咀嚼菱藕。【且爲名物各四五句,止獨賴汎淫,而不徒言其往來食宿,點綴繁麗,乃有足多甋者。如甑如釜,亦猶上龍鱗、溪谷,下溝瀆同,亦欲如盡故耳。】

於是乎崇山[矗矗]巃嵷,崔巍(嵯峨),深林钜木,嶄岩(嵾)[参](嵯)[差],九嵏、巀嶭,南山峨峨,岩陁甗錡,摧崣崛崎,振(溪)[溪]通谷,蹇産溝瀆,谽呀豁閜,(自)[阜]④陵别(島)[隖]⑤,崴磈嵔瘣,丘墟崫(崛)[礨],隱轔鬱(嵋)[壘],登降施靡,陂池貏豸,(沇)[允]溶淫鬻,散涣夷陸,亭皋千里,靡不被築。掩以緑蕙,被以江離,糅以(蘪)[蘼]蕪,雜以(流)[留]夷。(專)[布]結縷,攢戾莎,揭車衡蘭,藁本射干,兹薑蘘荷,葴(橙)[持]若蓀,鮮(枝)[支]黄礫,蔣芧青薠,布濩閎澤,延曼太原,(麗)[離]靡廣衍,應風披

① (玓瓅)[的皪]案:底本原作兩大字"玓瓅",無墨綫勒之,後脱兩小字"的皪",兹據萬曆本、天啓本、今本《史記》卷一百一十七《司馬相如列傳》及今本《漢書》卷五十七《司馬相如傳》補。

② (鴻鵠鸕)[鳿鷫鵠]案:底本原作三大字"鴻鵠鸕",無墨綫勒之,後脱三小字"鳿鷫鵠",兹據萬曆本、天啓本、今本《史記》卷一百一十七《司馬相如列傳》及今本《漢書》卷五十七《司馬相如傳》補。

③ (渚)[陼]案:底本"陼"字前原脱一大字"渚",兹據萬曆本、天啓本、今本《史記》卷一百一十七《司馬相如列傳》及今本《漢書》卷五十七《司馬相如傳》補。

④ (自)[阜]案:底本"阜"字前原脱一大字"自",兹據萬曆本、天啓本、今本《史記》卷一百一十七《司馬相如列傳》及今本《漢書》卷五十七《司馬相如傳》補。

⑤ (島)[隖]案:底本"隖"字前原脱一大字"島",兹據萬曆本、天啓本、今本《史記》卷一百一十七《司馬相如列傳》及今本《漢書》卷五十七《司馬相如傳》補。

靡,吐芳揚烈,郁郁(斐斐)[菲菲],衆香發越,肹蠁布寫,晻[薆](曖)(苾)[咇](勃)[茀]。

於是乎周覽(泛)[氾]觀,(瞋盼)[缜紛]軋(沕)[芴],芒芒怳忽,視之無端,察之無(崖)[涯]。日出東沼,入(於)[乎]西陂。【此周覽泛觀,與前泛淫蕙圃類,間而出之情性,賦之弛張,亦不得不然。惟日出東沼,入於西彼,入字忽見而止,最是有態,皆言南北之相反。】其南則隆冬生長,踊水躍波;[其]獸則(犤)[庸]旄獏犛,沈牛麈麋,赤首圜題,窮奇象犀。其北則盛夏含凍裂地,涉冰揭河;[其]獸則麒麟角(觽)[端],騊駼橐駞,蛩蛩驒騱,駃騠驢(騾)[臝]。【一句之物,或二三四,雜以此無端厓。若總二四與二四,則厭。】

於是乎離宮別館,彌山跨谷,高廊四注,重坐曲閣,華榱壁璫,輦道纚屬,步櫩周流,長途中宿。夷嵕築堂,(纍)[絫]臺增成,【嵕者,山之峰,如馬如馳者,夷之以爲堂。臺者,增之以如城,又囙其奥以爲房,郭璞以爲"潜通臺上",亦有理。宫室本不止此,然長途以下,大略具矣,故屬之以形容俛仰而足。】岩突洞房,(俛)[頫]杳眇而無見,仰(攀)[䒠]橑而捫天,奔星更於閨(闥)[闥],宛虹拖於楯軒。【奔星以下,殊得賦体。】青(虬)[龍]蚴蟉於東厢,象輿婉(蟬)[僤]於西清,靈圄燕於閑(觀)[館],偓佺之倫暴于南榮,醴泉湧於清室,通川過(乎)[於]中庭。【暴字,尤佳,即負暄也。】(槃)[磐]石裖崖,嶔岩倚傾,嵯峨(磼磼)[嶕嶫][1],刻削峥嶸,玫瑰碧琳,(珊瑚)[珊瑚][2]叢生,瑉玉旁唐,(璸)[玢](斒)[豳]文(鱗)[磷],赤瑕駁犖,雜臿其間,(垂綏)[晁采]琬琰,和氏出焉。【垂綏,謂綏絡貌。】

於是乎盧橘夏孰,黄甘橙楱,枇杷橪柿,[亭](楟)(㮈)厚朴,梬棗楊梅,櫻桃蒲陶,隱夫(鬱)[薁]棣,(榙)(槤)[荅遝](荔)[離](枝)[支],羅乎後宫,列乎北園。(貤)[貤]丘陵,下平原,揚翠葉,扤紫莖,發紅華,(秀)[垂]朱榮,煌煌扈扈,照曜鉅野。沙棠櫟櫧,華(氾)[楓](檘)[枰]櫨,留落胥(餘)[邪],仁頻并閭,欃檀木蘭,豫章女貞,長千仞,大連抱,夸條直暢,實葉葰(茂)[楙],攢立叢倚,連卷(累)[欐]佹,崔錯骫癸,阬衡閜砢,垂條扶(於)[疏],落英幡纚,紛溶(蕭)[箾]蔘,(旖旎)[猗柅]從風,瀏莅卉(吸)

① (磼磼)[嶕嶫]案:底本"嶕嶫"字前原脱兩大字"磼磼",兹據萬曆本、天啓本、今本《史記》卷一百一十七《司馬相如列傳》及今本《漢書》卷五十七《司馬相如傳》補。

② (珊瑚)[珊瑚]案:底本原作兩大字"珊瑚",無墨綫勒之,後脱兩小字"珊瑚",兹據萬曆本、天啓本、今本《史記》卷一百一十七《司馬相如列傳》及今本《漢書》卷五十七《司馬相如傳》補。

[歙],盖象金石之聲,管籥之音。柴池兹虒,旋(環)[還①乎]後宫,雜(遝)[襲]累輯,被山緣谷,循阪下隰,視之無端,究之無窮。

於是乎玄猿素雌,蜼玃飛(鸓)[蠝],蛭蜩(蠗)[玃](蝚)[猱]②,(螹)[獑]胡豰蛫,棲息乎其間;長嘯哀鳴,【長嘯哀鳴,與前唼喋相應。】翩幡互經,夭蟜枝格,偃蹇杪顛。(於是乎)隃絶梁,騰殊榛,捷垂條,踔(希)[稀]③間,牢落陸離,爛(曼)[漫]遠遷。若此(輩)者,數(千)百[千]處。(嬉)[娱]游往來,宫宿館(客)[舍],庖厨不徙,後宫不移,百官備具。【庖厨不徙,後宫不移,又似日出入語。】於是乎背秋涉冬,天子校獵。乘鏤象,六玉虯,拖蜺旌,靡雲旗,前皮軒,後道游;孫叔奉轡,衛公驂乘,扈從横行,出乎四校之中。【扈,如扈魚,郭解非。郭曰:"言跋扈縱恣,不安鹵薄矣"。】鼓嚴簿,縱(獠)[獵]者,江河爲陆,泰山爲櫓,車騎雷起,(隱)[殷]④天動地,先後陸離,離散别追,淫淫裔裔,緣陵流澤,雲布雨施。

生貔豹,【生者,生得之耳。】搏豺狼,手熊羆,足(野)[埜]羊,【且手且足。】蒙鶡蘇,(袴)[絝]⑤白虎,被(豳)[班]文,跨(野)[埜]馬。陵三嵏之危,下磧歷之坻;(俓)[徑](陖)[峻]赴險,越壑厲水。(推)[椎]⑥蜚廉,弄解(豸),[廌]格(瑕)[蝦]蛤,鋋猛氏,(罥)[羂](騕)[要]褭,射封豕。箭不苟害,解脰(陷)腦;弓不虚發,應聲而倒。於是(乎)乘輿(彌)[弭]節(裴回)[徘徊],翱翔往來,睨部曲之進退,覽將帥之變態。然後(浸潭)[侵淫]促節,儵夐遠去,【漸合而忽去。】流離輕禽,蹵履狡獸,(轊)[轊]白鹿,捷(狡兔)[菟]⑦,軼赤電,遺光耀,追怪物,出宇宙,【寫出輕舉歘忽之狀極,而至於軼電足矣。又遺光曜於後,又如見怪逐之,如不可極。賦之夸麗,於是爲最。】彎(繁)[蕃]弱,滿白羽,射游梟,櫟蜚(虡)[遽],擇肉[而]後發,先中

① 還案:底本原作一大字"還",無墨綫勒之,兹據萬曆本、天啓本、今本《史記》卷一百一十七《司馬相如列傳》及今本《漢書》卷五十七《司馬相如傳》改。

② (蝚)[猱]案:底本原作一大字"蝚",無墨綫勒之,後脱一小字"猱",兹據萬曆本、天啓本、今本《史記》卷一百一十七《司馬相如列傳》及今本《漢書》卷五十七《司馬相如傳》補。

③ (希)[稀]案:底本原作一大字"希",無墨綫勒之,後脱一小字"稀",兹據萬曆本、天啓本、今本《史記》卷一百一十七《司馬相如列傳》及今本《漢書》卷五十七《司馬相如傳》改。

④ (隱)[殷]案:底本原作一大字"隱",無墨綫勒之,後脱一小字"殷",兹據萬曆本、天啓本、今本《史記》卷一百一十七《司馬相如列傳》及今本《漢書》卷五十七《司馬相如傳》補。

⑤ (袴)[絝]案:底本原作一小字"絝",前脱一大字"袴",兹據萬曆本、天啓本、今本《史記》卷一百一十七《司馬相如列傳》及今本《漢書》卷五十七《司馬相如傳》補。

⑥ (推)[椎]案:底本原作一大字"推",無墨綫勒之,後脱一小字"椎",兹據萬曆本、天啓本、今本《史記》卷一百一十七《司馬相如列傳》及今本《漢書》卷五十七《司馬相如傳》補。

⑦ (兔)[菟]案:底本原作一大字"兔",無墨綫勒之,後脱一小字"菟",兹據萬曆本、天啓本、今本《史記》卷一百一十七《司馬相如列傳》及今本《漢書》卷五十七《司馬相如傳》補。

[而]命處,弦矢分,藝殪仆。

然後揚節而上浮,陵驚風,歷駭(飇)[猋]①,乘虛(無)[亡]②,與神俱,(轔)[藺]玄鶴,亂昆雞,遒孔鸞,促鵕鸃,拂翳鳥,捎鳳皇,捷鴛鶵,(掩)[揜]③焦明。

道盡塗殫,回車而還。(招)[消]搖乎襄羊,降集乎北紘,率乎直指,(闇)[揜]乎反鄉。蹷石(闕)[關],歷封巒,過(鳷)[雉]鵲,望露寒,下棠梨,息宜春,西馳宣曲,濯鷁牛首,登龍臺,掩細柳,觀士大夫之勤略,鈞(獠)[獵]者之所得獲。(觀)徒車之所(轔)[閵]轢,(乘)騎之所蹂若,人(民)之所蹈(躪)[藉],【六字雜見,又好。明,《文選》作明,最正。乘騎,《選》作步騎。若字連下,是,《選》非。人民,《選》作大臣。】與其窮極倦𨄔,驚憚(慴)[讋]伏,不被創刃而死者,(佗佗)[它它]④籍籍,填阬滿谷,(揜)[掩]⑤平彌澤。

於是乎游戲懈怠,置酒乎(昊)[顥]天之臺,張樂乎膠輵之(宇)[寓];【所謂儷句,正不厭多,有餘有盡,惟此縷縷。】撞千石之鐘,立萬石之(鉅)[虡];建翠華之旗,樹靈鼉之鼓。奏陶唐氏之舞,聽葛天氏之歌,千人倡,萬人和,山陵爲之震動,川谷爲之蕩波。巴渝宋蔡,淮南(于)[干]遮,文成顛歌,族(舉)[居]遞奏,金鼓迭起,鏗(鎗)[鎗](鐺鼟)[鏜鞈],洞心駭耳。荆吳鄭衛之聲,《韶》《護》《武》《象》之樂,陰淫案衍之音,鄢、郢繽紛,《激楚》結風,俳優侏儒,狄鞮之倡,所以娱耳目(而)樂心意者,麗靡爛(熳)[漫]於前,靡曼美色於後。【甚有形容。】

若夫青琴(宓)[虙]妃之徒,絶殊離俗,妖冶(嫺)[閑]都,靚莊刻飾,便嬛(婥)[綽]約,柔橈(嬛嬛)[嫚嫚],(嫵)[嫵]媚(姌)[纖](嫋)[弱];(抴)[曳]獨繭之褕袘,眇閻易以(戌)[恤]削,(便姗嫳屑)[便姗嫳屑],與世殊服;芬(香)[芳]漚鬱,酷烈淑郁;皓齒粲爛,宜笑的皪;長眉連娟,微睇綿藐;色授魂(與)[予],心愉於側。【閻易、戌削、恤削,皆不可解,特可引用耳。戌

① (飇)[猋]案:底本原作一大字"飇",無墨綫勒之,後脱一小字"猋",兹據萬曆本、天啓本、今本《史記》卷一百一十七《司馬相如列傳》及今本《漢書》卷五十七《司馬相如傳》補。

② (無)[亡]案:底本原作一大字"無",無墨綫勒之,後脱一小字"亡",兹據萬曆本、天啓本、今本《史記》卷一百一十七《司馬相如列傳》及今本《漢書》卷五十七《司馬相如傳》補。

③ (掩)[揜]案:底本原作一大字"掩",無墨綫勒之,後脱一小字"揜",兹據萬曆本、天啓本、今本《史記》卷一百一十七《司馬相如列傳》及今本《漢書》卷五十七《司馬相如傳》補。

④ (佗佗)[它它]案:底本原作兩大字"佗佗",無墨綫勒之,後脱兩小字"它它",兹據萬曆本、天啓本、今本《史記》卷一百一十七《司馬相如列傳》及今本《漢書》卷五十七《司馬相如傳》補。

⑤ (揜)[掩]案:底本原作一大字"揜",無墨綫勒之,後脱一小字"掩",兹據萬曆本、天啓本、今本《史記》卷一百一十七《司馬相如列傳》及今本《漢書》卷五十七《司馬相如傳》補。

如刻，削或字義有之。闇易，衣長，已無足觀，字亦不雅，疑闇字去聲，通用，謂其光豔橫生，旋轉容易之見。雖皆强解，而近古人語朴，乃不如昌黎"飄輕裾、曳長袖"，簡而意美。惟宜笑，得《楚辭》。微睇，即含睇耳。側字，最出，當是惻字，舊注是。】

於是酒中樂酣，天子芒然而思，似若有亡。曰：'嗟乎，此(泰)[大][1]奢侈！朕以覽聽餘間，無事棄日，順天道以殺伐，時休息[以]於此，恐後世靡麗，遂往而不(反)[返]，非所以爲繼嗣創業垂統也。'於是乎乃解酒罷獵，而命有司曰：'地可(以)墾辟，【正要以字。】悉爲農郊，以贍(萌)[氓]隸；隤牆填(塹)[壍][2]，使山澤之民得至焉。實陂池而勿禁，虚宫(觀)[館]而勿仞。發倉廩以(賑)[救][3]貧(窮)[民][4]，補不足，恤鰥寡，存孤獨。出德號，省刑罰，改制度，易服色，(更)[革]正朔，與天下爲始。'

於是曆吉日以齊戒，襲朝(衣)[服]，乘法駕，建華旗，鳴玉鸞，游乎六藝之囿，[馳]騖乎仁義之塗，覽觀《春秋》之林，射《狸首》，兼《騶虞》，弋玄鶴，(建)[舞]干戚，(載)[戴][5]雲罕，掩群《雅》，悲《伐檀》，樂樂胥，修容乎《禮》園，翱翔(于)[乎]《書》圃，述《易》道，放怪獸，登明堂，坐清廟，恣群臣，奏得失，四海之内，靡不受獲。【長卿壯語殊短，故六藝、《春秋》《禮》《書》《易》，又雜之玄鶴怪獸間，亦未易與儒者語之也。本欲爲正道，以朴素，而靡愈甚，字多重出，謂夫鳥獸草木之名，不過此類也。】於斯之時，天下大説，(嚮)[鄉][6]風而聽，隨流而化，(喟)[芔]然興道而遷義，刑錯而不用，德隆(乎)[於]三皇，功羡於五帝。若此，故獵乃可喜也。

若夫終日(暴露)馳騁，勞神苦形，罷車馬之用，抏士卒之精，費府庫之財，而無德厚之恩，務在獨樂，不顧衆庶，忘國家之政，(而)貪雉(兔)[菟][7]

---

① (泰)[大]案：底本原作一大字"泰"，無墨綫勒之，後脱一小字"大"，兹據萬曆本、天啓本、今本《史記》卷一百一十七《司馬相如列傳》及今本《漢書》卷五十七《司馬相如傳》補。

② (塹)[壍]案：底本原作一大字"塹"，無墨綫勒之，後脱一小字"壍"，兹據萬曆本、天啓本、今本《史記》卷一百一十七《司馬相如列傳》及今本《漢書》卷五十七《司馬相如傳》補。

③ (賑)[救]案：底本原作一大字"賑"，無墨綫勒之，後脱一小字"救"，兹據萬曆本、天啓本、今本《史記》卷一百一十七《司馬相如列傳》及今本《漢書》卷五十七《司馬相如傳》補。

④ (窮)[民]案：底本原作一大字"窮"，無墨綫勒之，後脱一小字"民"，兹據萬曆本、天啓本、今本《史記》卷一百一十七《司馬相如列傳》及今本《漢書》卷五十七《司馬相如傳》補。

⑤ (載)[戴]案：底本原作一大字"載"，無墨綫勒之，後脱一小字"戴"，兹據萬曆本、天啓本、今本《史記》卷一百一十七《司馬相如列傳》及今本《漢書》卷五十七《司馬相如傳》補。

⑥ (嚮)[鄉]案：底本原作一大字"嚮"，無墨綫勒之，後脱一小字"鄉"，兹據萬曆本、天啓本、今本《史記》卷一百一十七《司馬相如列傳》及今本《漢書》卷五十七《司馬相如傳》補。

⑦ (兔)[菟]案：底本原作一大字"兔"，無墨綫勒之，後脱一小字"菟"，兹據萬曆本、天啓本、今本《史記》卷一百一十七《司馬相如列傳》及今本《漢書》卷五十七《司馬相如傳》補。

之獲,則仁者不(由)[繇]①也。從此觀之,齊楚之事,豈不哀哉！地方不過千里,而囿居九百,是草木不得墾辟,而民無所食也。夫以諸侯之細,而樂萬乘之所侈,僕恐百姓之被其尤也。"

於是二子愀然改容,超若自失,逡巡避席,曰:"鄙人固陋,不知忌諱,乃今日見教,謹(聞)[受]命矣。"

賦奏,天子以爲郎。(無)[亡]是公言(天子)上林廣大,山谷水泉萬物,及子虛言(楚)雲夢所有甚衆,侈靡多過其實,且非義理所(尚)[止],故删取其要,歸正道而論之。【此數語蛇足,更不可解。以爲删相如賦耶?則非理者尚衆。班氏删《史記》者,亦不見删,何也?】

---

① (由)[繇]案:底本原作一大字"由",無墨綫勒之,後脱一小字"繇",兹據萬曆本、天啓本、今本《史記》卷一百一十七《司馬相如列傳》及今本《漢書》卷五十七《司馬相如傳》補。

第二十七卷　司馬相如傳下

司馬相如列傳第五十七　史記一百一十七

司馬相如傳下第二十七 漢書五十七下

相如爲郎數歲，會唐蒙使略通夜郎(西)僰中，【有西字，又明。】發巴蜀吏卒千人，郡又多爲發轉漕萬餘人，用[軍]興法誅其渠(帥)[率]①，【興法字，可。略通夜郎，《漢書注》"行取曰略"，與東略之不知意同。經略之也，以其遠，使相如視經營何如。相如辯士之口，文過以爲工，故深入父老子弟之罪，而於唐蒙所爲不甚發越，殆非《周誥》《湯盤》之體。今人乃取以爲法，此不論文字之所以不同也。】巴蜀民大驚恐。上聞之，乃(使)[遣]相如責唐蒙等，因喻告巴蜀民以非上意。檄曰：

告巴蜀太守：蠻夷自擅不討之日久矣，時侵犯邊境，勞士大夫。陛下即位，存撫天下，(輯)[集]安中國。然後興師出兵，北征匈奴，單于怖駭，交臂受事，(詘)[屈]膝請和。康居西域，重譯(請朝)[納貢]，稽首來享。移師東指，閩越相誅。右吊番禺，太子入朝。南夷之君，西僰之長，常效貢職，不敢(怠墮)[惰怠]②，延頸舉踵，喁喁然皆(争歸)[鄉風慕]義，欲爲臣妾，道里遼遠，山川阻深，不能自致。夫不順者已誅，而爲善者未賞，故遣中郎將往賓之，發巴蜀之士(民)各五百人，以奉幣(帛)，衛使者不然，靡有兵革之事，戰鬥之患。今聞其乃發軍興制，驚懼子弟，憂患長老，郡又擅爲轉粟運輸，皆非陛下之意也。【語甚雅甚真，然於體未盡得。】當行者或亡逃自賊殺，亦非人臣之節也。

夫邊郡之士，聞烽舉燧燔，皆攝弓而馳，荷兵而走，流汗相屬，惟恐居

① (帥)[率]案：底本原作一大字"帥"，無墨綫勒之，後脱一小字"率"，兹據萬曆本、天啓本、今本《史記》卷一百一十七《司馬相如列傳》及今本《漢書》卷五十七《司馬相如傳》補。

② (怠墮)[惰怠]案：底本原作二大字"怠墮"，無墨綫勒之，後脱二小字"惰怠"，兹據萬曆本、天啓本、今本《史記》卷一百一十七《司馬相如列傳》及今本《漢書》卷五十七《司馬相如傳》補。

後,觸白刃,冒流矢,(義)[議]①不反顧,計不旋踵,人懷怒心,如報私仇。【甚有力量。】彼豈樂死惡生,非編列之民,而與巴蜀異主哉?計深慮遠,急國家之難,而樂盡人臣之道也。故有剖符之封,析珪而爵,位爲通侯,居列東第,終則遺顯號於後世,傳土地於子孫,[事]行(事)甚忠敬,居位甚安佚,名聲施於無窮,功列著而不滅。是以賢人君子,肝腦塗中原,膏液潤(野草)[埜中]而不辭也。【謂之檄,則宜有感激催抑者。他發越收拾皆合,獨衛使者不然字,與肝腦、膏液等語,以爲雅,則盡事理,以爲實,則單于怖駭。以下語,悖,非事體也。】今奉幣(役)[使]至南夷,即自賊殺,或亡逃抵誅,身死無名,謚爲至愚,耻及父母,爲天下笑。人之度量相越,豈不遠哉!然此非獨行者之罪也,父兄之教不先,子弟之率不謹(也);寡廉鮮耻,而俗不長厚也。其被刑戮,不亦宜乎!【寡廉鮮耻,而俗不長厚,本似不切。意者,其中必有利漢幣而逃者,直難顯責之耳。故謬微爲深厚淑詞以感切之,是謂能言,然讀是②檄者,今猶未喻也。】

陛下患使者有司之若彼,悼不肖愚民之如此,故遣信使曉(喻)[諭]③百姓以發卒之事,【信使,師古曰:"誠信之人以爲使也。"】因數之以不忠死亡之罪,讓三老孝弟以不教誨之(過)[責]。方今田時,重煩百姓,已親見近縣,恐遠所溪谷山澤之民不徧聞,檄到,亟下縣道,(使)咸(知)[諭]陛下(之)意,(唯)毋忽(也)。【已親見近縣,師古曰:"近縣之人,使者已自見而口諭矣。"】

相如還報。唐蒙已略通夜郎,因通西南夷道,發巴、蜀、廣漢卒,作者數萬人。治道二歲,道不成,事卒多物故,費以(巨)[億]萬計。蜀民及漢用士者多言其不便。是時邛、筰之君長聞南夷與漢通,得賞賜多,多欲願爲内臣妾,請吏,比南夷。(天子)[上]問相如,相如曰:"邛、筰、冉、駹者近蜀,道(亦)易通,(秦)[異]時嘗通爲郡縣[矣],至漢興而罷。今誠復通,爲置(郡)縣,愈於南夷。"(天子)[上]以爲然,乃拜相如爲中郎將,建節往使。副使[者]王然于、壺充國、吕越人馳四乘之傳,【王然于、壺充國,皆不可知,欠注。】因巴蜀吏幣物以賂西[南]夷。至蜀,(蜀)太守以下郊迎,縣令負弩矢先驅,蜀人以爲寵。於是卓王孫、臨邛諸公皆因門下獻牛酒以交歡。卓

① (義)[議]案:底本原作一大字"義",無墨綫勒之,後脱一小字"議",兹據萬曆本、天啓本、今本《史記》卷一百一十七《司馬相如列傳》及今本《漢書》卷五十七《司馬相如傳》補。

② 是案:萬曆本、天啓本作"書"。

③ 曉(喻)[諭]案:底本原作一大字"諭",無墨綫勒之,前脱大字"曉"及"喻",兹據萬曆本、天啓本、今本《史記》卷一百一十七《司馬相如列傳》及今本《漢書》卷五十七《司馬相如傳》補。

王孫喟然而歎,自以得使女尚司馬長卿晚,(而)[乃]厚分與其女財,與男等(同)。(司馬長卿)[相如使](便)略定西[南]夷,邛、筰、冉、駹斯榆之君皆請爲(内)臣[妾]。除邊關[邊],關益斥,西至沬、若水,南至牂牁爲徼,通(零關)[靈山]道,橋孫水,以通邛(都)[筰]。還報天子,(天子)大説。

相如使時,蜀長老多言通西南夷[之]不爲用,(唯)大臣亦以爲然。【此惟字,甚大。】相如欲諫,業已建之,不敢,乃著書,籍(以)蜀父老爲辭,而己詰難之,以風天子,且因宣其使指,令百姓[皆]知天子(之)意。其辭曰:

漢興七十有八載,德茂存乎六世,威武紛(紜)[云],湛恩汪濊,群生(澍)[霑]濡,洋溢乎方外。【賦之俳體。】於是乃命使西征,隨流而攘,風之所被,罔不披靡。【一句便盡,所以爲風。】因朝冉從駹,定筰存邛,略斯榆,舉苞(滿)[蒲],結軌還轅,東鄉將報,至于蜀都。

耆老大夫(薦)[搢]紳先生之徒二十有七人,儼然造焉。辭畢,(因)進曰:"蓋聞天子之於夷狄也,其義羈縻勿絶而已。今罷三郡之士,通夜郎之塗,三年于茲,而功不竟,士卒勞倦,萬民不贍,今又接[之]以西夷,百姓力屈,恐不能卒業,此亦使者之累也,竊爲左右患之。且夫邛、筰、西僰之與中國并也,歷年茲多,不可記已。仁者不以德來,彊者不以力并,意者(其)殆不可乎!今割齊民以附夷狄,弊所恃以事無用,鄙人固陋,不識所謂。"

使者曰:"烏謂此(邪)[乎]?必若所云,則是蜀不變服而巴不化俗也。【相如蜀人,首刼以巴蜀之不變則無今日,便是無辭之辭。】①(余)[僕]尚惡聞若説?然斯事體大,固非觀者之所覯也。余之行急,其詳不可得聞已,請爲大夫粗陳其略。蓋世必有非常之人,然後有非常之事;有非常之事,然後有非常之功。非常者,固常[人]之所異也。【人字雖明,無之亦可。】故曰非常之(原)[元],黎民懼焉;及臻厥成,天下晏如也。

"昔者鴻水(浡)[沸]出,泛濫衍溢,民人(登)[升]降移徙,(陭隔)[崎嶇]②而不安。夏后氏戚之,乃堙(鴻水)[洪原]③,决江疏河,(漉)[灑]沈(贍)[澹](菑)[災]④,東歸之於海,而天下永寧。當斯之勤,豈惟民哉。心煩於慮而身親其勞,躬[胝胼]胝無胈,膚不生毛。【《漢書》胝胼,胝,蓋虚

① 萬曆本、天啓本此條評語爲:【相如蜀人,首刼以巴蜀之不變顯然今日,便是無辭之辭。】

② (陭隔)[崎嶇]案:底本原作兩大字"陭隔",無墨綫勒之,後脱兩小字"崎嶇",兹據萬曆本、天啓本、今本《史記》卷一百一十七《司馬相如列傳》及今本《漢書》卷五十七《司馬相如傳》補。

③ [洪原]案:底本"原"字前原脱一小字"洪",兹據萬曆本、天啓本、今本《史記》卷一百一十七《司馬相如列傳》及今本《漢書》卷五十七《司馬相如傳》補。

④ (菑)[災]案:底本原作一大字"菑",無墨綫勒之,后脱一小字"災",兹據萬曆本、天啓本、今本《史記》卷一百一十七《司馬相如列傳》及今本《漢書》卷五十七《司馬相如傳》補。

字,猶𡑞也。骿者,脅骨,謂其僂㑩①從事也。雖是諛辭,然寫出武帝非常狀,屹然在前古之上。】故休烈顯乎無窮,聲稱浹乎于兹。

“且夫賢君之踐位也,豈特委瑣握躪,拘文牽俗,循誦習傳,當世取説云爾哉!必將崇論(閎)[竑]議,創業垂統,爲萬世規。故馳騖乎兼容并包,而勤思乎參天貳地。且《詩》不云乎:‘普天之下,莫非王土;率土之濱,莫非王臣。’是以六合之内,八方之外,浸(潯)[淫]衍溢,懷生之物有不浸潤於澤者,賢君耻之。今封疆之内,冠帶之倫,咸獲嘉祉,靡有闕遺矣。而夷狄殊俗之國,遼絶異黨之(地)[域],舟(輿)[車]不通,人迹罕至,政教未加,流風猶微。内之則犯義侵禮於邊境,外之則邪行横作,放(弑)[殺]其上。君臣易位,尊卑失序,父兄不辜,幼孤爲奴[虜],係(纍)[絫]號泣,内(嚮)[鄉]②而怨,曰‘盖聞中國有至仁焉,德洋(而)恩普,物靡不得其所,今獨曷爲遺已’。【句句有鋒力。】舉踵思慕,若枯旱之望雨。盭夫爲之垂涕,况乎上聖,又(惡)[烏]③能已?故北出師以討彊胡,南馳使以誚勁越。四面風德,二方之君鱗集仰流,願得受號者以億計。故乃關沬、若,徼牂牁,鏤(零)[靈]山,梁孫原。創道德之塗,垂仁義之統。將博恩廣施,遠撫長駕,使疏逖不閉,(阻深)[曶爽]闇昧得耀乎光明,以偃甲兵於此,而息[討](誅)伐於彼。遐邇一體,中外(提)[禔]福,不亦康乎?夫拯民於沉溺,奉至尊之休德,反衰世之陵(遲)[夷],繼周氏之絶業,(斯乃)天子之急務也。百姓雖勞,又惡可以已哉?【横出一語。】

“且夫王[者](事)固未有不始於憂勤,而終於佚樂者也。然則受命之符,合在於此(矣)。方將增(泰)[太]④山之封,加梁父之事,鳴和鸞,揚樂頌,上咸五,下登三。觀者未睹指,聽者未聞音,猶(鷦)[焦](明)[朋]已翔乎寥廓,而羅者猶視乎藪澤。悲夫!”【大概語如賦體,故受命以下本不可缺而縷縷,至鷦明、羅者,然頗不切。封禪之意,已見於此。】

於是諸大夫(芒)[茫]然喪其所懷來(而)失厥所以進,喟然并稱曰:“允哉漢德,此鄙人之所願聞也。百姓雖(怠)[勞],請以身先之。”敞罔靡徙,(因)遷延而辭避。

---

① 㑩案:萬曆本、天啓本作“傴”。

② (嚮)[鄉]案:底本原作一大字“嚮”,無墨綫勒之,后脱一小字“鄉”,兹據萬曆本、天啓本、今本《史記》卷一百一十七《司馬相如列傳》及今本《漢書》卷五十七《司馬相如傳》補。

③ (惡)[烏]案:底本原作一大字“惡”,無墨綫勒之,后脱一小字“烏”,兹據萬曆本、天啓本、今本《史記》卷一百一十七《司馬相如列傳》及今本《漢書》卷五十七《司馬相如傳》補。

④ (泰)[太]案:底本原作一大字“泰”,無墨綫勒之,后脱一小字“太”,兹據萬曆本、天啓本、今本《史記》卷一百一十七《司馬相如列傳》及今本《漢書》卷五十七《司馬相如傳》補。

其後人有上書言相如使時受金,失官。居歲餘,復召爲郎。

相如口吃而善著書。常有消渴(疾)[病]。與卓氏婚,饒於財。【不可少,此卓氏,時時見得相如之爲人。】[故]其(進仕)[事]宦,未嘗肯與公卿國家之事,常稱(病)[疾]間居,不慕官爵。常從上至長楊獵,是時天子方好自擊熊(彘)[豕],馳逐(野)[埜]獸,相如[因]上疏諫(之)。其辭曰:

臣聞物有同類而殊能者,故力稱烏獲,捷言慶忌,勇期賁、育。臣之愚,竊以爲人誠有之,獸亦宜然。今陛下好陵阻險,射猛獸,卒然遇(軼)[逸][1]材之獸,駭不存之地,犯屬車之清塵,輿不及還轅,人不暇施巧,雖有烏獲、逢蒙之伎,(力)不得用,枯木朽株盡爲(害)[難]矣。是胡越起於轂下,而羌夷接軫也,豈不殆哉!雖萬全[而]無患,然本非天子之所宜近也。【憂愛懇欵,語厚意長,可爲奏疏法,雖千賦不及此一字一句形容深密。枯木朽株盡爲害矣,謂胸挂也。胡越羌夷,隱約爲甚,如此方達,不然不達。雖萬全無患,然本非天子之所宜近也。何其老成婉曲,亦感動優柔,識進退辯給。】

且夫清道而後行,中路而後馳,【減一後字。】猶時有銜橛之變,(而)况[乎]涉(乎蓬蒿)[豐草],(馳)[騁](乎)丘(墳)[虚],前有利獸之樂而内無存變之意,其爲(禍)[害]也不亦難矣!【須是減一亦字,乃佳。】夫輕萬乘之重不以爲安,(而)樂出(於)萬有一危之塗以爲娱,臣竊爲陛下不取(也)。【而、於二字,皆不可省。】

盖明者遠見於未萌而智者避危於無形,禍固多藏於隱微而發於人之所忽者也。故鄙諺曰"家(累)[絫]千金(者),坐不垂堂"。此言雖小,可以(喻)[諭]大。臣願陛下(之)留意幸察。

上善之。還過宜春宫,相如奏賦以哀二世行失(也)。其辭曰:

登陂陁之長阪兮,坌入曾宫之嵯峨。臨曲江之隑州兮,望南山之參差。巖巖深山之谾谾兮,通谷豁兮谽(谺)[㗗]。汩淢(噏習)[靸]以永逝兮,注平皋之廣衍。觀衆樹之(塕)[蓊]薆兮,覽竹林之榛榛。東馳土山兮,北揭石瀨。(彌)[弭]節容與兮,歷吊二世。持身不謹兮,亡國失勢。信讒不寤兮,宗廟滅絶。(嗚呼)[烏乎][2](哀哉)!操行之不得(兮,墳)墓蕪穢而不修兮,魂(無)[亡]歸而不食。(夐邈絶而不齊兮,彌久遠而愈佅。精罔閬而飛揚兮,拾九天而永逝。嗚呼哀哉!)【起得磊落悲慨。差,協峨,音嗟。賦有不當鋪叙者,只此賦起語已極其鋪叙。持身不謹、信讒不寤,兩語已

---

① (軼)[逸]案:底本原作一大字"軼",無墨綫勒之,後脱一小字"逸",兹據萬曆本、天啓本、今本《史記》卷一百一十七《司馬相如列傳》及今本《漢書》卷五十七《司馬相如傳》補。

② (嗚呼)[烏乎]案:底本原作二大字"嗚呼",無墨綫勒之,後脱二小字"烏乎",兹據萬曆本、天啓本、今本《史記》卷一百一十七《司馬相如列傳》及今本《漢書》卷五十七《司馬相如傳》補。

足,更欲何如?是未喻賦體也。如此當筵歎息,語不欲多,而感者自難爲情。班氏删後四語最工,可謂詩中絶句之體,而晦翁猶以爲未及也。】

相如拜爲孝文園令。(天子)[上]①既美子虚之事,相如見上好仙(道),因曰:"上林之事未足美也,尚有靡者。臣嘗爲《大人賦》,未就,請具而奏之。"相如以爲列仙之(傳)[儒]居山澤間,形容甚臞,此非帝王之(僊)[仙]意也,乃遂(就)[奏]《大人賦》。其辭曰:

世有大人兮,在(于)[乎]②中州。宅彌萬里兮,曾不足以少留。悲世俗之迫隘兮,朅輕舉而遠游。(垂)[乘]絳幡之素蜺兮,載雲氣而上浮。建格澤之(長)[修]竿兮,總光耀之采旄。【如此只是帝王。】垂旬始以爲幓兮,(抴)[曳]彗星而爲髾。掉指橋以偃(蹇)[寋]兮,又(旖旎)[猗抳]以招摇。攬欃槍以爲旌兮,靡屈虹而爲綢。紅杳(渺)[眇]以(眩)[玄]湣兮,猋風湧而雲浮。駕應龍象輿之蠖略(逶)[委]麗兮,驂赤螭青(虬)[虯]之(蚴)[蚴]蟉蜿蜒。【自應龍以下,只是形容龍之變態,稠疊若不及極,其實不過五句,而每句數意,此賦之變態尤得意者。一低一卬,夭蟜屈折。隆穹,即龍穹貌。驕驁、連卷,從是出焉。沛艾,言其强力倔强。仡,其欲立也。佁儗,不肯行也。跮踱、轇輵,皆紛紜貌。怵臭,如有所畏。梁倚,雖不可曉,其狀如梁,自相負倚,非一龍也,元是赤螭青虯之雜。叫、奡,皆不妥帖之至。艘,即廟路,戒途同。蔑蒙,其霧氣陰翳,至大作小纔了,至霧消雲散,則變態盡矣。】低卬夭蟜(据)[裾]以驕驁兮,詘折隆窮蠼以連卷。沛艾赳螑仡以佁儗兮,放散畔岸驤以孱顔。跮踱輵(轄)[螛]容以(委)[骫]麗兮,(綢繆)[蜩蟉]偃(蹇)[寋]怵臭以梁倚。糾蓼叫奡(蹋)[踏]③以(艘)[艐]路兮,蔑蒙踴躍(騰)而狂(趡)[趭]。【五句之内,注什多,相蒙以爲博實,亦不多言,然比《子虚》爲老成滂沛矣。】莅颯(卉)[芔](翕)[歙](熛)[猋]至電過兮,焕然霧除,霍然雲消。【佁儗,即滯,宜音。莅颯欻翕,至群仙以降、蔓延淫灑,再至載王女語,使人駭且欲悔,而卒歸之正,盖西王母數語是至也。此使人意消,何神仙之足言?末舉遠游,却又似有所見,未肯以爲虚無也。虚無之善者也,只是氛氣,一徑一洞,一出一入,但見其多耳。】

---

① (天子)[上]案:底本原作兩大字"天子",無墨綫勒之,兹據萬曆本、天啓本、今本《史記》卷一百一十七《司馬相如列傳》及今本《漢書》卷五十七《司馬相如傳》補。

② (于)[乎]案:底本原作一大字"于",無墨綫勒之,後脱一小字"乎",兹據萬曆本、天啓本、今本《史記》卷一百一十七《司馬相如列傳》及今本《漢書》卷五十七《司馬相如傳》補。

③ (蹋)[踏]案:底本原一大字"蹋",無墨綫勒之,後脱一小字"踏",兹據萬曆本、天啓本、今本《史記》卷一百一十七《司馬相如列傳》及今本《漢書》卷五十七《司馬相如傳》補。

邪絶少陽而登太陰兮，與真人乎相求。互折窈窕以右轉兮，横厲飛泉以正東。悉徵靈圉而選之兮，部(乘)[署]衆神於瑶光。使五帝先導兮，反太(一)[壹]①而從陵陽。左玄冥而右(含)[黔]雷兮，前(陸)[長]離而後(潏湟)[矞皇]。廝徵伯僑而役羨門兮，(屬)[詔]岐伯使尚方。祝融[警](驚)而蹕御兮，清(芬)氣[氛]而後行。屯余車(其)[而]萬乘兮，綷雲蓋而樹華旗。使勾芒其將行兮，吾欲往乎南(嬉)[娭]。

歷唐堯於崇山兮，過虞舜於九疑。紛湛湛其差錯兮，雜遝膠(葛)[輵]以方馳。騷擾衝蓯其相紛挐兮，滂濞泱軋(灑)[麗]以林離。(鑽)[攢]羅列聚叢以蘢茸兮，衍曼流爛(壇)[痑]以陸離。徑入(靁)[雷]室之砰磷鬱律兮，洞出鬼谷之(崫)[堀]礨(嵬磈)[崴魁]。徧覽八紘而觀四(荒)[海]兮，朅渡九江(而)越五河。經營炎火而浮弱水兮，杭絶浮渚(而)涉流沙。奄息(總)[葱]極泛濫水(嬉)[娭]兮，使靈媧鼓(瑟)[琴]而舞馮夷。時若(薆薆)[曖曖]②將混濁兮，召屏翳誅風伯(而)刑雨師。西望昆侖之軋沕(洸)[荒]忽兮，直徑馳乎三危。【健語。】排閶闔而入帝宫兮，載玉女而與之歸。【若無靈媧、屏翳等，便載王女，豈不突兀孤絶?】(舒)[登]閬風而(摇)[遥]③集兮，亢烏騰而一[壹]止。【亢烏，即日也。】低回陰山翔以紆曲兮，吾乃今(目)[日]睹西王母。(皬)[暠]然白首戴勝而穴處兮，亦幸有三足烏爲之使。必長生若此而不死兮，雖濟萬世不足以喜。

回車朅來兮，絶道不周，會食幽都。呼吸沆瀣[兮]飡朝霞(兮)，噍咀芝英兮嘰瓊華。【跌宕至此極。】(嬐侵潯)[僸祲尋]而高縱兮，紛鴻(湧)[溶]而上厲。貫列缺之倒景兮，涉豐隆之滂(沛)[濞]。(馳)[騁]游道而(循)[修]降兮，騖遺霧而遠逝。迫區中之隘陜兮，舒節出乎北垠。遺屯騎於玄闕兮，軼先驅於寒門。下峥嶸而無地兮，上(寥)[嵺]廓而無天。視眩(眠)[泯]而(無)[亡]④見兮，聽(惝恍)[敞怳]而(無)[亡]⑤聞。乘虚(無)[亡]而上(假)[遐]兮，超無友而獨存。

① (一)[壹]案：底本原一大字"一"，無墨綫勒之，後脱一小字"壹"，兹據萬曆本、天啓本、今本《史記》卷一百一十七《司馬相如列傳》及今本《漢書》卷五十七《司馬相如傳》補。

② (薆薆)[曖曖]案：底本原作兩大字"薆薆"，無墨綫勒之，後脱兩小字"曖曖"，兹據萬曆本、天啓本、今本《史記》卷一百一十七《司馬相如列傳》及今本《漢書》卷五十七《司馬相如傳》補。

③ (摇)[遥]案：底本原一大字"摇"，無墨綫勒之，後脱一小字"遥"，兹據萬曆本、天啓本、今本《史記》卷一百一十七《司馬相如列傳》及今本《漢書》卷五十七《司馬相如傳》補。

④ (無)[亡]案：底本原一大字"無"，無墨綫勒之，後脱一小字"亡"，兹據萬曆本、天啓本、今本《史記》卷一百一十七《司馬相如列傳》及今本《漢書》卷五十七《司馬相如傳》補。

⑤ (無)[亡]案：底本原一大字"無"，無墨綫勒之，後脱一小字"亡"，兹據萬曆本、天啓本、今本《史記》卷一百一十七《司馬相如列傳》及今本《漢書》卷五十七《司馬相如傳》補。

相如既奏《大人(之頌)[賦]》,天子大說,飄飄有(凌)[陵]雲(之)氣,(似)游天地之間意。【賦奏天子,宜有感悟,盖西王母皓首語,如優人風諫,安得復有游天地之間意?史以《大人賦》,故意其如此,非也。尋常綴三語事後,有得有失,觀者自知之耳。之字、似字,不可失,似字更好。《史記》明。】

相如既病免,家居茂陵。天子曰:"司馬相如病甚,可往從悉取其書;若(不然),後(失)之矣。"【茂陵雖病免,武帝於文士惜才如家人父子,既知其病甚,又憐其遺書,此雖朋友鄉曲厚善有不及者,謂後失之,何勤懇也!】使所忠往,而相如已死,家無[遺]書。問其妻,對曰:"長卿(固)未嘗有書也。時時著書,人又取去,(即空居)。長卿未死時,爲一卷書,曰有使(者)來求書,奏之。(無他書。)"其遺札書言封禪事,(奏所忠)。所忠奏(其書)[焉],天子異之。其(書)[辭]曰:

伊上古之初肇,自(昊)[灝]①穹(兮)生民,歷(撰)[選]列辟,以迄(于)[乎]秦。率邇者踵武,(逖)聽[逖]者風聲。紛綸葳蕤,堙滅而不稱者,不可勝數也。(續韶)[繼昭]夏,崇號謚,略可道者七十有二君。罔若淑而不昌,疇逆失而能存?

軒轅之前,遐哉邈乎,其詳不可得聞(也)[已]。五三《六經》載籍之傳,維見可觀也。《書》曰"元首明哉,股肱良哉"。因斯以談,君莫盛於(唐)堯,臣莫賢於后稷。后稷創業於唐,公劉發迹於西戎,文王改制,爰周郅隆,大行越成,而(後)[后]②陵(夷)[遲]衰微,千載(無)[亡]聲,豈不善始善終哉。然無異端,慎所由於前,謹遺教於後耳。故軌迹夷易,易遵也;湛恩(蒙湧)[厖洪],易豐也;憲度著明,易則也;垂統理順,易繼也。是以業隆於襁褓而崇冠[乎](于)二后。揆厥所元,終都攸卒,未有殊尤絶迹可考(于)[於]今者也。然猶躡梁(父)[甫],登(泰)[太]③山,建顯號,施尊名。大漢之德,(熢)[逢]涌原泉,沕潏(漫衍)[曼羨],旁魄四塞,雲(專)[布]霧散,上暢九垓,下泝八埏。懷生之類沾濡浸潤,協氣横流,武節(飄)[猋]逝,

---

① (昊)[灝]案:底本原一大字"昊",無墨綫勒之,後脱一小字"灝",兹據萬曆本、天啓本、今本《史記》卷一百一十七《司馬相如列傳》及今本《漢書》卷五十七《司馬相如傳》補。

② (後)[后]案:底本原一大字"後",無墨綫勒之,後脱一小字"后",兹據萬曆本、天啓本、今本《史記》卷一百一十七《司馬相如列傳》及今本《漢書》卷五十七《司馬相如傳》補。

③ (泰)[太]案:底本原一大字"泰",無墨綫勒之,後脱一小字"太",兹據萬曆本、天啓本、今本《史記》卷一百一十七《司馬相如列傳》及今本《漢書》卷五十七《司馬相如傳》補。

(邇)[爾]①(陜)[陿]游原,迥闊泳(沬)[末]②,首惡(湮)[鬱]没,闇昧昭(晢)[晰],昆蟲(凱澤)[闓懌],回首面内。然後囿騶虞之珍群,僥麋鹿之怪獸,(䆃)[導]一莖六穗於庖,犧双觡共抵之獸,獲周餘(珍收)[放]龜于岐,招翠黄乘龍於沼。鬼神接靈圉,賓於閑館。奇物譎詭,俶儻窮變。欽哉,符瑞臻兹,猶以爲薄,不敢道封禪。盖周躍魚隕杭,休之以燎,微夫斯之爲符也,以登介(山)[丘],不亦恧乎! 進(讓)[攘]之道,(其)何[其]爽與?

於是大司馬進曰:"陛下仁育群生,義征不(憓)[譓],諸夏樂貢,百蠻執贄,德侔往初,功無與二,休烈(浹)[液]洽,符瑞衆變,期應紹至,不特創見。意者(泰)[太]③山、梁父設壇場望幸,盖號以況榮,上帝垂恩儲祉,將以(薦)[慶]成,陛下(謙)[嗛]讓而弗發也。挈三神之(驩)[歡]④,缺王道之儀,群臣恧焉。或謂且天爲質闇[示],珍符固不可辭;若然辭之,是泰山靡記而梁父(靡)[罔]幾也。亦各并時而榮,咸濟[厥]世而屈,説者尚何稱於後,而云七十二君(乎)[哉]? 夫修德以錫符,奉符以行事,不爲進越[也]。故聖王弗替,而修禮地祇,謁欵天神,勒功中(嶽)[岳],以彰至尊,舒盛德,發號榮,受厚福,以浸黎民(也)。皇皇哉斯事! 天下之壯觀,王者之(丕)[卒]業,不可貶也。願陛下全之。而後因雜(薦)[縉]紳先生之略術,使獲(耀)[曜]日月之末光絶炎,以展采錯事,猶兼正列其義,(校)[祓](飭)[飾]厥文,作《春秋》一藝,將襲舊六爲七,攄之無窮,俾萬世得激清流,揚微波,蜚英聲,騰茂實。前聖之所以永保鴻名而常爲稱首者用此,宜命掌故悉奏其(義)[儀]而覽焉。"

於是天子沛然改容,曰:"(愉)[俞]乎,朕其試哉!"乃遷思回慮,總公卿之議,詢封禪之事,詩大澤之博,廣符瑞之富。(乃)[遂]作頌曰:

自我天覆,雲之油油。甘露時雨,厥壤可游。滋液滲漉,何生不育;嘉穀六穗,我穡曷蓄。

非唯雨之,又潤澤之;非唯(濡之)[偏我],泛(尃)[布]濩之。【此雨、此濡,爲天與水耳。潤澤者,雨之所不及;布濩者,水之所不足也。《漢書》偏

---

① (邇)[爾]案:底本"邇"字後原脱一小字"爾",兹據萬曆本、天啓本、今本《史記》卷一百一十七《司馬相如列傳》及今本《漢書》卷五十七《司馬相如傳》補。

② [末]案:底本此字原作"永",兹據萬曆本、天啓本、今本《漢書》卷五十七《司馬相如傳》改。

③ (泰)[太]案:底本原一大字"泰",無墨綫勒之,後脱一小字"太",兹據萬曆本、天啓本、今本《史記》卷一百一十七《司馬相如列傳》及今本《漢書》卷五十七《司馬相如傳》補。

④ (驩)[歡]案:底本原一大字"驩",無墨綫勒之,後脱一小字"歡",兹據萬曆本、天啓本、今本《史記》卷一百一十七《司馬相如列傳》及今本《漢書》卷五十七《司馬相如傳》補。

我，則雨潤澤爲不解。】萬物熙熙，懷而慕(思)[之]。名山顯位，望君之來。君(乎)[兮]君(乎)[兮]，侯不邁哉！

般般之獸，樂我君(囿)[圃][1]；白質黑章，其儀可(嘉)[喜]；旼旼(睦睦)[穆穆][2]，君子之(能)[態]。蓋聞其聲，今(觀)[視]其來。厥塗靡(蹤)[從]，天瑞之徵。兹(亦)[爾]於舜，虞氏以興。【旼旼睦睦，謂鳳，故曰蓋聞其聲。又曰兹亦於舜，謂舜，亦有此解。皆以爲獸，豈有此聲？或《漢書》又改兹爾於舜，與亦字迥矣。】

濯濯之麟，游彼靈畤。孟冬十月，君徂郊祀。馳我君輿，帝(以)[用]享祉。三代之前，蓋未嘗有。

宛宛黄龍，興德而升。采色(炫)[玄]耀，(熿)[焕]炳煇(湟)[煌][3]。正陽顯見，覺寤黎烝。於傳載之，云受命所乘。

厥之有章，不必諄諄。依類(記)[托]寓，諭以封巒。

披藝觀之，天人之際已交，上下相發允答。【相發允答爲句，則不可解矣。已交，自已交。相發，自相發。允答，自允答。古語如此，皆厚。】聖王之(德)[事]，兢兢翼翼(也)。故曰"[於]興必慮衰，安必思危"。是以湯武至尊嚴，不失肅祗；舜在假典，顧省厥遺：此之謂也。【假，格也。謂其祀大有典，猶恐有所闕遺也。其殆以納于大麓，亦封禪者乎？無可擣擡，故出於此。】

(司馬)相如既卒五歲，天子[上]始祭后土。八年而遂(先)禮中(嶽)[岳][4]，封於泰山，至梁甫禪肅然。

相如(他)[它][5]所著，若《遺平陵侯書》《與五公子相難》《草木書》篇不采，采其尤著公卿者云。

(太史公)[贊]曰：[司馬遷稱]《春秋》推見至隱，《易》本隱以之顯，《大雅》言王公大人而德逮黎庶，《小雅》譏小己之得失，其流及上。所(以)言

---

① (囿)[圃]案：底本原一大字"囿"，無墨綫勒之，後脱一小字"圃"，兹據萬曆本、天啓本、今本《史記》卷一百一十七《司馬相如列傳》及今本《漢書》卷五十七《司馬相如傳》補。

② (睦睦)[穆穆]案：底本原兩大字"睦睦"，無墨綫勒之，後脱兩小字"穆穆"，兹據萬曆本、天啓本、今本《史記》卷一百一十七《司馬相如列傳》及今本《漢書》卷五十七《司馬相如傳》補。

③ (湟)[煌]案：底本原作一大字"煌"，無墨綫勒之，前脱一大字"湟"，兹據萬曆本、天啓本、今本《史記》卷一百一十七《司馬相如列傳》及今本《漢書》卷五十七《司馬相如傳》補。

④ (嶽)[岳]案：底本原一大字"嶽"，無墨綫勒之，後脱一小字"岳"，兹據萬曆本、天啓本、今本《史記》卷一百一十七《司馬相如列傳》及今本《漢書》卷五十七《司馬相如傳》補。

⑤ (他)[它]案：底本原一大字"他"，無墨綫勒之，後脱一小字"它"，兹據萬曆本、天啓本、今本《史記》卷一百一十七《司馬相如列傳》及今本《漢書》卷五十七《司馬相如傳》補。

雖(外)殊,其合德一也。相如雖多虚辭濫説,然[要]其(要)歸引之[於]節儉,此[亦](與)《詩》之風諫何異。楊雄以爲靡麗之賦,勸百[而]風一,猶(馳)騁鄭衛之聲,曲終而奏雅,不已(虧)[戲]乎?(余采其語可論者著于篇)。【楊雄字以下,班氏之詞也。】

第二十八卷
淮南厲王長　淮南王安　衡山王賜

淮南衡山列傳第五十八　史記一百一十八

淮南衡山濟北王傳第十四 漢書四十四
蒯伍江息夫傳第十五 漢書四十五

淮南厲王長(者),高(祖)[帝]少子也,其母故趙王張敖美人。高(祖)[帝]八年,從東垣過趙,趙王獻(之)美人。厲王母[也],(得)幸(焉),有身。趙王(敖弗)[不]敢内宫,爲築外宫(而)舍之。及貫高等謀反(柏人)事(發)覺,并逮治王,盡(收)捕王母兄弟美人,繫之河内。厲王母亦繫,告吏曰:"[日]得幸上,有(身)[子]。"吏以聞(上)。上方怒趙(王),未[及]理厲王母。厲王母弟趙兼因辟陽侯言吕后,吕后妬,(弗)[不]肯白,辟陽侯不彊争。(及)厲王母已生厲王,恚,即自殺。吏奉厲王詣上①,上②悔,令吕后③母之,而葬(厲王)[其]母真定。真定,厲王母(之)家(在焉,父世)縣也。

(高祖)十一年(十月),淮南王(黥)布反,(立子長爲淮南王,王黥布故地,凡四郡)。上自將(兵)擊滅布,[即立子長爲淮南],(厲)王(遂即位)。(厲)王蚤失母,常附吕后,孝惠、吕后時以故得幸無患(害,而)[然]常心怨辟陽侯,(弗)[不]敢發。及孝文(帝)初即位,(淮南王)自以爲最親,驕蹇,數不奉法。上(以親故,常)寬赦之。三年,入朝。甚横。從上入苑(囿)獵,與上同(車)[輦],常謂上"大兄"。厲王有材力,力(能)扛鼎,乃往請辟陽侯。辟陽侯出見之,即自(袖鐵)[褒金]椎椎(辟陽侯)[之],(令)[命]從

① 上案:底本原作一小字"上",兹據萬曆本、天啓本、今本《史記》卷一百一十八《淮南衡山列傳》及今本《漢書》卷四十四《淮南衡山濟北王傳》改。

② 上案:底本原作一小字"上",兹據萬曆本、天啓本、今本《史記》卷一百一十八《淮南衡山列傳》及今本《漢書》卷四十四《淮南衡山濟北王傳》改。

③ 吕后案:底本原作二小字"吕后",兹據萬曆本、天啓本、今本《史記》卷一百一十八《淮南衡山列傳》及今本《漢書》卷四十四《淮南衡山濟北王傳》改。

者(魏敬剄)[刑]之。【《漢書》字字是,惟刑與剄異。厲王生不知母,長而不忘讎恨,身犯危法,以攄其憤。使無驕恣自禍,此志豈不與天壤相磨,可稱風誦者哉!太史公好奇,贊復少此。】(厲王乃)馳(走)[詣]闕下,肉袒[而]謝曰:"臣母不當坐趙[時]事,(其時)辟陽侯力能得之吕后,(弗)[不]争,罪一也。趙王如意子母無罪,吕后殺之,辟陽侯(弗)[不]争,罪二也。吕后王諸吕,欲以危劉氏,辟陽侯(弗)[不]争,罪三也。臣謹爲天下誅賊(臣辟陽侯),報母之讎,(謹)伏闕下請罪。"(孝)文[帝]傷其志,爲親故,(弗)[不]治,赦(厲王)[之]。【文帝傷其志,是。已。後群臣雜奏,指長身自賊殺無罪一人,謂此。觀其言,當時辟陽侯力能得之吕后,諸最隱痛,謂天下賊信然,何謂無罪?】當是時,[自]薄太后及太子諸大臣皆憚厲王,厲王以此歸國益(驕)恣,不用漢法,出入(稱)警蹕,稱制,自(爲)[作]法令,(擬於天子)。[數上書不遜順。文帝重自切責之。時帝舅薄昭爲將軍,尊重,上令昭予厲王書諫數之,曰:

[竊聞大王剛直而勇,慈惠而厚,貞信多斷,是天以聖人之資奉大王也甚盛,不可不察。今大王所行,不稱天資。皇帝初即位,易侯邑在淮南者,大王不肯。皇帝卒易之,使大王得三縣之實,甚厚。大王以未嘗與皇帝相見,入朝見,未畢昆弟之歡,而殺列侯以自爲名。皇帝不使吏與其間,赦大王,甚厚。漢法,二千石缺,輒言漢補,大王逐漢所置,而請自置相、二千石。皇帝骫天下正法而許大王,甚厚。大王欲屬國爲布衣,守冢真定。皇帝不許,使大王毋失南面之尊,甚厚。大王宜日夜奉法度,修貢職,以稱皇帝之厚德,今迺輕言恣行,以負謗於天下,甚非計也。

[夫大王以千里爲宅居,以萬民爲臣妾,此高皇帝之厚德也。高帝蒙霜露,沬風雨,赴矢石,野戰攻城,身被創痍,以爲子孫成萬世之業,艱難危苦甚矣。大王不思先帝之艱苦,日夜怵惕,修身正行,養犧牲,豐粢盛,奉祭祀,以無忘先帝之功德,而欲屬國爲布衣,甚過。且夫貪讓國土之名,輕廢先帝之業,不可以言孝。父爲之基,而不能守,不賢。不求守長陵,而求之真定,先母後父,不誼。數逆天子之令,不順。言節行以高兄,無禮。幸臣有罪,大者立斷,小者肉刑,不仁。貴布衣一劍之任,賤王侯之位,不知。不好學問大道,觸情妄行,不詳。此八者,危亡之路也,而大王行之。棄南面之位,奮諸、賁之勇,常出入危亡之路,臣之所見,高皇帝之神必不廟食於大王之手,明白。

[昔者,周公誅管叔、放蔡叔,以安周;齊桓殺其弟,以反國;秦始皇殺兩弟,遷其母,以安秦;項王亡代,高帝奪之國,以便事;濟北舉兵,皇帝誅之,以安漢。故周、齊行之於古,秦、漢用之於今,大王不察古今之所以安國便事,而欲以親戚之意望於太上,不可得也。亡之諸侯,游宦事人,及舍匿者,論皆有法。其在王所,吏主者坐。今諸侯子爲吏者,御史主;爲軍吏者,中尉主;客出入殿門者,衛尉太行主;諸從蠻夷來歸誼及以亡名數自占者,内史縣令主。相欲委下吏,無與其禍,不可得也。王若不改,漢繫大王邸,論相以下,爲之奈何?夫墮父大業,退爲布衣所哀,幸臣皆伏法而誅,爲天下笑,以羞先帝之德,甚爲大王不取也。

[宜急改操易行,上書謝罪,曰:"臣不幸蚤失先帝,少孤,吕氏之世,未嘗忘死。陛下即位,臣怙恩德驕盈,行多不軌。追念辠過,恐懼,伏地待誅不敢起。"皇帝聞之必喜。大王昆弟歡忻於上,群臣皆得延壽於下;上下得宜,海内常安。願孰計而疾行之。行之有疑,禍如發矢,不可追已。]

[王得書不説。]六年,令男子但等七十人與棘蒲侯柴武太子奇謀,以(輂)[輦]車四十乘反谷口,令人使閩越、匈奴。【輂,近輦,然字異,音異,當考。輦車,人挽行以載兵器。】事覺,治之,[廼]使使召淮南王。(淮南)王至長安。

"丞相(臣)張蒼、典客(臣)馮敬行御史大夫事,[與]宗正(臣逸)、廷尉(臣賀、備盜賊中尉臣福)[雜奏](昧死言:淮南王)長廢先帝法,不聽天子詔,居處無度,爲黄屋盖(乘輿,出入擬)[儗][1](於)天子,擅爲法令,不用漢法。及所置吏,以其郎中春爲丞相,[收]聚(收)漢諸侯人及有罪亡者,匿與居,爲治家室,賜[與](其)財物爵禄田宅,爵或至關内侯,奉以二千石所(不)當得,(欲以有爲)。大夫但、士伍開章等七十人與棘蒲侯太子奇謀反,欲以危宗廟社稷。使(開章陰告長,與)謀使閩越及匈奴發其兵。【《漢書》所節皆是,惟所不當得、欲以有爲,最是深入,其罪不當去。如淳曰:"律有罪失官爵,稱仕伍也。開章,人名。"】(開章之淮南見長,長數與坐語飲食,爲家室娶婦,以二千石俸奉之。開章使人告但,已言之王。)【使《漢書》不節去,則與上令男子但等,豈不錯迕?語亦重復。】(春使使報但等)。(吏)[事]覺(知),(使)長安尉奇等往捕開章。長匿不予,與故中尉簡忌謀,殺以閉口。爲棺槨衣衾,葬之肥陵(邑),謾吏曰'不知安在'。又(佯)[陽][2]聚土,樹表其上,曰'開章死,(埋)[葬]此下'。【長愚如此。】及長身自賊殺無罪者一人;令吏論殺無罪者六人;爲[亡]命棄市(罪)詐捕命者以除罪;擅罪人,(罪人)無告劾繫治城旦(舂)以上十四人;赦免罪人,死罪十八人,城旦舂以下五十八人;賜人爵關内侯以下九十四人。【命棄市,上命也。詐捕命者,則衡命者也。詐稱捕衡命者,而脱之市也。《漢書》增亡字,注又愈不可解。殆以命者爲無罪者,則無罪者稱命者爲最疑。晋灼曰:"亡命者當棄市,而王藏之,詐捕不命者而言命,以脱命者之罪。"擅罪人以下,非多罪人字也,得罪人字愈明,謂以罪人元不曾有人告。無告,謂本無告者。劾繫治城旦以上,與赦免、城旦以下,皆擅也。】前日長病,陛下[心]

---

[1] (擬)[儗]案:底本原作一大字"擬",無墨綫勒之,後脱一小字"儗",兹據萬曆本、天啓本、今本《史記》卷一百一十八《淮南衡山列傳》及今本《漢書》卷四十四《淮南衡山濟北王傳》補。

[2] (佯)[陽]案:底本原作一大字"佯",無墨綫勒之,後脱一小字"陽",兹據萬曆本、天啓本、今本《史記》卷一百一十八《淮南衡山列傳》及今本《漢書》卷四十四《淮南衡山濟北王傳》補。

憂(苦)之,使使者賜(書)、棗脯。長(不欲受賜),不肯見拜使者。南海民處廬江界中者反,淮南吏卒擊之。陛下(以淮南民貧苦),遣使者[齎](賜長)帛五(千)[十]匹,【十字,疑是。】以賜吏卒勞苦者。長不欲受賜,謾(言)曰'無勞苦者'。南海(民)王織上書獻璧[帛]皇帝,忌擅燔其書,不以聞。【南海王欠講,若民王姓,則無獻璧帛之理。《史記》無帛字,則疑民是。《漢書》去民字,有帛字,則南海王不當無聞。】吏請召治忌,長不遣,謾(言)曰'忌病'。(春又請長,願入見,長怒曰'汝欲離我自附漢'。)長[所犯,不軌],當棄市,臣請論如法。"

制曰:"朕不忍(致)[置]法於王,其與列侯[吏]二千石議。"【此其丞相春也。】

"(臣蒼、臣敬、臣逸、臣福、臣賀昧死言:臣謹與)列侯吏二千石臣嬰等四十三人議,皆曰'(長不奉法度,不聽天子詔,乃陰聚徒黨及謀反者,厚養亡命,欲以有爲'。臣等議):[宜]論如法。"

制曰:"(朕不忍致法於王),其赦長死罪,廢勿王。"【致字,是。】

"(臣蒼等昧死言:長有大死罪,陛下不忍致法,幸赦,廢勿王)。【存此制可也,帝意藹然。】[有司奏](臣),請處蜀(郡)嚴道邛郵,遣其子[子]母從居,縣爲築蓋家室,皆(廩)[日三]食給薪菜鹽(豉)炊食器席蓐。(臣等昧死請,請佈告天下)。"【蜀嚴道邛郵,以其險陋甚卑耳,當時未議及瘴海也。縣鄉聊置,又初築,盖可想。日三食,可,但加以下薪菜等,愈屑。若出其罪合布告,如此縣欲發傳車可得也。子、子母,奇。】

制曰:"(計)食長給肉日五斤,酒二斗。【日三食薪菜,而詔給酒肉,故以厚。尚多一給字,節之,是。】令故美人(才)[材]人得幸者十人從居。(他可)。"

[於是],盡誅所與謀者。(於是)迺遣(淮南王)[長],載以輜車,令縣(以)次傳。(是時袁)[爰]盎諫(上)曰:"上素驕淮南王,(弗)[不]爲置嚴(傅)相[傅],以故至此。【相傅,則語健。】且淮南王爲人剛,今暴摧折之,臣恐[其](卒)逢霧露病死,陛下(爲)有殺弟之名,奈何!"上曰:"吾特苦之耳,(今)[令]復之。"【今字緩,是。】(縣傳淮南王者皆不敢發車封。)淮南王(乃)謂侍者曰:"誰謂乃公勇者?(吾安能勇)!吾以驕(故)不聞(吾)過[故]至此。(人生一世間,安能邑邑如此!)"【人生語,亦不可缺。】迺不食[而]死。[縣傳者不敢發車封],至雍,雍令發(封)[之],以死聞。上[悲]哭(甚悲),謂(袁)[爰]盎曰:"吾不(聽)[從]公言,卒亡淮南王。"盎曰:"[淮南王]不可奈何,願陛下自寬。"【不用此淮南王字。】上曰:"爲之奈何?"盎曰:"獨斬丞相、御史以謝天下迺可。"上即令丞相、御史(遂考)[逮]諸縣傳

(送)淮南王不發封餽侍者,皆棄市。乃以列侯葬淮南王於雍,[置]守冢三十(户)[家]。

孝文八年,(上)憐淮南王,(淮南)王有子四人,[年]皆七八歲,乃封子安爲阜陵侯,子勃爲安陽侯,子賜爲(周)陽[周]侯,子良爲東城侯。

(孝文)十二年,民有作歌歌淮南(厲)王曰:"一尺布,尚可縫;一斗粟,尚可舂。兄弟二人不(能)相容。"上聞之,(乃歎)曰:"[昔]堯舜放逐骨肉,周公殺管蔡,天下稱聖。(何者?)不以私害公。天下豈以[爲]我(爲)貪淮南(王)地邪?"迺徙城陽王王淮南故地,而追尊謚淮南王爲厲王,置園(復)如諸侯儀。

(孝文)十六年,(徙淮南王喜復故城陽)。上憐淮南(厲)王廢法不軌,自使失國蚤(死)[夭,迺徙淮南王喜復王故城陽,而](乃)立(其)[厲王]三子,[王淮南故地],[三分之]:阜陵侯安爲淮南王,安陽侯勃爲衡山王,(周)陽[周]侯賜爲廬江王,(皆復得厲王時地,三分之)。東城侯良前薨,無後(也)。

孝景三年,吴楚七國反,吴使者至淮南,淮南王欲發兵應之。其相曰:"(大)王必欲(發兵)應吴,臣願爲將。"王乃屬(相兵)[之]。(淮南)相已將兵,因城守,不聽王而爲漢;漢亦使曲城侯將兵救淮南:淮南以故得完。吴使者至廬江,廬江王(弗)[不]應,而往來使越。(吴使者)至衡山,衡山王堅守無二心。孝景四年,吴楚已破,衡山王朝,上以爲貞信,乃勞苦之曰:"南方卑濕。"徙(衡山)王王[於]濟北,(所)以褒之。及薨,遂賜謚爲貞王。廬江王[以]邊越,數使使相交,(故)徙爲衡山王,王江北。(淮南王如故)。

淮南王安爲人好(讀)書鼓琴,不喜弋獵狗馬馳騁,亦欲以行陰德拊循百姓,流[名]譽(天下)。① [招致賓客方術之士數千人,作爲《内書》二十一篇,《外書》甚衆,又有《中篇》八卷,言神仙黄白之術,亦二十餘萬言。時武帝方好藝文,以安屬爲諸父,辯博善爲文辭,甚尊重之。每爲報書及賜,常召司馬相如等視草迺遣。初,安入朝,獻所作《内篇》,新出,上愛祕之。使爲《離騷傳》,旦受詔,日食時上。又獻《頌德》及《長安都國頌》,每宴見,談説得失及方技賦頌,昏暮然後罷。]

(時時怨望厲王死,時欲畔逆,未有因也。及建元二年,淮南王)[安初]入朝。(素)[雅]善[太尉]武安侯,武安侯(時爲太尉,乃逆王)[迎之]霸上,與(王)語曰:"方今上無太子,(大)王親高皇帝孫,行仁義,天下莫不聞。(即)宫車一日晏駕,非(大)王[尚](當)誰立者!"【淮南逆節,萌於田蚡。

① 案:萬曆本、天啓本此處衍一眉批:【淮南王以下二十七字,備其大者。《漢書》雖列其才能風流,然人怨望,猝不能得。】

無將誅,意蚡可謂將者也。】淮南王大喜,厚遺武安侯(金財物)[寶賂]。(陰結)[其群臣]賓客,[江淮間多輕薄,以厲王遷死感激安]。(拊循百姓,爲畔逆事。)【爲畔逆事,拙。】建元六年,彗星見,淮南王心怪之。或説王曰:"先吴軍(起)時,彗星出,長數尺,然尚流血千里。今彗星(長)竟天,天下兵當大起。"王心以爲上無太子,天下有變,諸侯并争,愈益治(器械)攻戰具,積金錢賂遺郡國(諸侯)游士(奇材)。(諸辯士爲方略者)妄作妖言,【賂遺奇材句,諸辯士妖言句,增減明。】(諂)[阿]諛王,王喜,多賜[予之](金錢,而謀反滋甚)。

(淮南)王有女陵,慧,有口(辯)。王愛陵,(嘗)多予金錢,爲中詷長安,約結上左右。元朔[二](三)年,上賜淮南王几杖,不朝。(淮南王王)后荼,(王)愛幸(之。王后)生(太)子遷,[爲太子],(遷)取(王)皇太后外孫修成君女爲[太子]妃。王謀爲反具,畏太子妃知而内泄事,廼與太子謀,令詐(弗)[不]愛,三月不同席。【事情委曲難知,寫得盡。】王(乃詳)[陽](爲)怒太子,閉(太子)使與妃同内(三月,太子)終不近妃。【兩三月,必略應法故。】妃求去,王乃上書謝歸(去)之。(王)后荼、太子遷及女陵(得愛幸),擅國權,(侵)奪民田宅,妄致繫人。

(元朔五年),太子學用劍,自以爲人莫及,聞郎中(靁)[雷]被巧,(乃)召與戲。被(一)[壹]①再辭讓,誤中太子。太子怒,被恐。此時有欲從軍者輒詣(京師)[長安],被即願奮擊匈奴。太子(遷)數惡被(於王),王使郎中令斥免,欲以禁後,[元朔五年]被遂亡(至)[之]長安,上書自明。(詔下其)事[下]廷尉、河南。河南治,逮淮南太子,王、王后計欲(無)[毋]遣太子,遂發兵(反),計[未定]猶(豫)[與],十餘[日](未定)。會有詔,即訊太子。(當是時),淮南相怒壽春丞留太子逮不遣,劾不敬。王(以)請相,相(弗)[不]聽。王使人上書告相,事下廷尉治。(蹤)[從]迹連王,王使人候(伺)[司]②漢公卿,(公卿)請逮捕治王。王恐(事)[欲]發[兵],【比欲發兵,與事發迥異,但應後未晚字耳。】太子遷謀曰:"漢使即逮王,(王)令人衣衛士衣,持戟居(庭中),王旁有非是[者],(則)[即]刺殺之,臣亦使人刺殺淮南中尉,廼舉兵,未晚[也]。"【不須也字。】是時上不許公卿(請),而遣漢中尉宏即訊驗王。(王聞漢使來,即如太子謀計。漢中尉至),王視[漢中尉](其)顔色和,(訊)[問](王以)斥雷被事耳,(王)自度無何,不發。中尉

---

① (一)[壹]案:底本原作一大字"一",無墨綫勒之,後脱一小字"壹",兹據萬曆本、天啓本、今本《史記》卷一百一十八《淮南衡山列傳》及今本《漢書》卷四十四《淮南衡山濟北王傳》補。

② (伺)[司]案:底本原作一大字"伺",無墨綫勒之,後脱一小字"司",兹據萬曆本、天啓本、今本《史記》卷一百一十八《淮南衡山列傳》及今本《漢書》卷四十四《淮南衡山濟北王傳》補。

還,以聞。公卿治者曰:"淮南王安(擁)[雍]閼[求]奮擊匈奴者雷被等,(廢)格明詔,當棄市。"【但沮格一夫,當以棄市,不持違詔重,亦擊匈奴者,以爲難得也,然過矣。】詔(弗)[不]許。(公卿)請廢勿王,[上](詔弗)[不]許。(公卿)請削五縣,(詔)[可](削)二縣。【《史記》兩詔弗許,兩公卿,極可觀。《漢書》可二縣,又奇。】使中尉宏赦(淮南王)[其]罪,罰以削地。中尉入淮南界,宣言赦王。王初聞(漢)公卿請誅之,未知得削地,聞漢使來,恐其捕之,乃與太子謀(刺之)如前計。(及)中尉至,即賀王,王以故不發。【此中尉一再自處,甚善,爲漢省事。】其後自傷曰:"吾行仁義見削[地],[寡人]甚耻之。"(然淮南王削地之後,其)爲反謀益甚。諸使[者]道(從)長安來,爲妄(妖)言,言上無男、(漢不治),即喜;(即)言漢廷治,有男,(王)[即]怒,以爲妄言、非也。【接即喜字,是。】

(王)日夜與(伍被)、左吴等按《輿地圖》,部署兵所從入。【此處合去伍被。】王曰:"上無太子,宫車即晏駕,(廷)[大]臣必征膠東王,不即常山王,諸侯并争,吾可以無備乎!且吾高(祖)[帝]孫,親行仁義,陛下遇我厚,吾能忍之;萬世之後,吾寧能北面(臣)事豎子乎!"〇《漢書》連下文"王有孽子"。《漢書》此下文入《伍傳》①。

[伍被,楚人也。或言其先②伍子胥後也。被以材能稱,爲淮南中郎。是時淮南王安好術學,折節下士,招致英儁以百數,被爲冠首。久之,淮南王陰有邪謀,被數微諫。後]王坐東宫,召(伍)被[欲]與(謀)[計事,呼之]曰:"將軍上。"【《漢書》取爲被傳,最失。欲爲計事,呼之,頗無益。】被(悵然)曰:"(上寬赦大王),王(復)安得(此)亡國之(語)[言]乎!(臣聞)[昔]子胥諫吴王,吴王不用,迺曰'臣今見麋鹿游姑蘇之臺也'。今臣亦[將]見宫中生荆棘,露霑衣也。"[於是]王怒,繫(伍)被父母,囚之三月。[王]復召[被]曰:"將軍許寡人乎?"被曰:"(不,直來)[小臣將]爲大王畫[計]耳。臣聞聰者聽於無聲,明者見於未形,故聖人萬舉[而]萬全。(昔)文王(一)[壹]③動而功顯(于千)[萬]世,列爲三(代)[王],(此)所謂因天心以動作者也,(故海内不期而隨。此千歲之可見者,夫百年之秦,近世之吴楚,亦足以喻國家之存亡矣)。【正是佳處,《漢書》失之。】〇《被傳》連下文"曰:'方今漢廷治乎?'"。披曰:"臣不敢避子胥之誅,願太王毋爲吴王之聽。(昔)[往者]秦[爲無道,殘賊天下],

① 萬曆本、天啓本此條注作"《漢書》連下'王有孽子',此下文入《伍被傳》"。

② 其先案:底本"其"字後原脱一小字"先",兹據萬曆本、天啓本、今本《漢書》卷四十五《蒯伍江息夫傳》補。

③ (一)[壹]案:底本原作一大字"一",無墨綫勒之,後脱一小字"壹",兹據萬曆本、今本《史記》卷一百一十八《淮南衡山列傳》及今本《漢書》卷四十五《蒯伍江息夫傳》補。

(絶先王之道),殺術士,燔詩書,[滅聖迹],棄禮義,(尚詐力),任刑(罰)[法],轉(負)海[瀕]之粟致(之)[于]西河。當是之時,男子疾耕不足於(糟糠)[粮餽],女子紡績不足於盖形。遣蒙恬築長城,東西數千里,暴兵露師常數十萬,死者不可勝數,僵尸(千里)[滿野],流血(頃畝)[千里,於是]百姓力(竭)[屈],欲爲亂者十(家)[室]而五。又使徐福入海求[仙藥]【《漢書》甚善,欲爲虚詞,徐詭説,無不可者。然於傳宜削,謂其猥多非正事,實備出處而已。】(神異物,還爲僞辭曰:'臣見海中大神,言曰:"汝西皇之使邪?"臣答曰:"然。""汝何求?"曰:"願請延年益壽藥。"神曰:"汝秦王之禮薄,得觀而不得取。"即從臣東南至蓬萊山,見芝城宫闕,有使者銅色而龍形,光上照天。於是臣再拜問曰:"宜何資以獻?"海神曰:"以令名男子若振女與百工之事,即得之矣。"'秦皇帝大説),[多齎珍寶],(遣振)[童]男女三千人,(資之)五(穀種)種百工而行。【五穀種種,又不止五穀也;雖百工,亦種種也,古語常如此互見。】徐福得平原(廣)[大]澤,止王不來。於是百姓悲痛(相)[愁]思,欲爲亂者十(家)[室]而六。又使尉佗踰五嶺攻百越,尉佗知中國勞極,止王[南越](不來),【止王南越,是。不來字,誤。】(使人上書,求女無夫家者三萬人,以爲士卒衣補。秦皇帝可其萬五千人),[行者不還,往者莫返]。【求女無夫家者,補士卒衣,正是實可傷痛處。《漢書》既删去,却云行者不還,往者不返,越無往者,既與行者,爲泛詞溢語耳。】於是百姓離心瓦解,欲爲亂者十(家)[室]而七。○《漢書·伍傳》連下文"與萬乘之駕"至"叩心怨上,欲爲亂者十室而八"止①。【此十五六七初見,此奇文之成章,《漢書》易置爲八而不加多。】客謂高皇帝曰:"時,可矣。"高(皇)帝曰:'待之,聖人當起東南。'間不一(年)[歲],陳(勝)、吴(廣)[大呼](發矣)。(高皇帝始於豐沛,一倡)[劉項并和]天下(不期而響)[嚮]②應(者不可勝數也。此)所謂蹈瑕[釁](候間),因秦之亡[時]而動(者也)。百姓願之,若[枯]旱之望雨,故起于行陳之中(而立爲天子),[以成帝王之功],(功高三王,德傳無窮)。今大王見高(皇帝)[祖]得天下之易也,獨不觀近世之吴楚乎?【《漢書》精神。】○《漢書·伍傳》連下文"當今陛下臨制"至"被以爲過矣"止③。夫吴王賜號爲劉氏祭酒,[受几杖而](復)不朝,王四郡之衆,地方數千里,(内鑄消)[采山]銅以爲錢,(東)煮海水以爲鹽,(上取)[伐]江陵[之]木以爲船,(一船之載當中國數十兩車),國富民衆。行(珠玉金帛)[珍寶]賂諸侯

① 萬曆本、天啓本脱"《漢書》"和"止"三字。

② (響)[嚮]案:底本原作一大字"響",無墨綫勒之,後脱一小字"嚮",兹據萬曆本、天啓本、今本《史記》卷一百一十八《淮南衡山列傳》及今本《漢書》卷四十五《蒯伍江息夫傳》補。

③ 萬曆本、天啓本脱此"《漢書》"和"止"三字。

(宗室大臣,獨竇氏不與)。【言小小不到,亦以致敗,謂嬰將軍。】(計定謀成),[與七國合從]舉兵而西。破(於)大梁,敗(於)狐父,奔走而(東),[還](至於丹徒),[爲]越(人)[所]禽(之),[死於丹徒,頭足異處],身(死)[滅](絶)祀[絶],爲天下(笑)[戮]。夫以吴(越之)衆不能成功者何[也]? 誠逆天(道)[違衆]而不(知)[見]時也。○《漢書·伍傳》連下文"王曰:'男子之所死者'",止未見其福也。① 【《漢書》此句亦宜去之,又且不續失②史之弊也。】(方今)[且]大王之兵衆不能十分吴楚之一,天下安寧有[又](有)萬倍於(吴楚)秦(之)時,願(大)王(從)[用]臣之計。(大王不從臣之計,今見大王事必不成而語先泄也。)臣③聞(微)[箕]子過故國而悲,(於是)作《麥秀》之歌,(是)痛紂之不用王子比干[之言]也。故孟子曰:'紂貴爲天子,死曾不(若)[如]匹夫'。是紂先自絶(於天下)久矣,非死之日(而)天(下)去之[也]。今臣亦竊悲大王棄千乘之君,(必且)[將]④賜絶命之書,爲群臣先,[身]死(於)[于]東宫也。"(於是王氣怨結而不揚,涕滿匡而横流,即)[被因流涕而]起,(歷階而去。)【《漢書》被流涕感動,《史記》游談如賦,近乎小説矣。】○《伍傳》連下文下"王復召問被"止⑤。

王有孽子不害,最長,王(弗)[不]愛,(王、王)后、太子皆不以爲子兄數。不害(有)子建,材高有氣,常怨望太子不省其父;(又怨)時諸侯皆得分子弟爲侯,【合去又怨字。】(而)淮南王(獨)[有](二)[兩]子,一[子]爲太子,[而]建父(獨)不得爲侯。(建)陰結交,欲(告敗)[害]太子,以其父代之。太子知之,數捕繫(而榜)笞建。建具知太子之[欲]謀(欲)殺漢中尉,即使所善壽春(莊芷)[嚴正](以元朔六年)上書(於)天子曰:"毒藥苦(於)口利(於)病,忠言逆(於)耳利(於)行。今淮南王孫建,材能高,淮南王(王)后荼、荼子(太子)遷常疾害建。建父不害無罪,擅數(捕)繫,欲殺之。今建在,可徵問,具知淮南[王]陰事。"書[既]聞,上以其事下廷尉。(廷尉下)河南治。是(時)[歲,元朔六年也]。故辟陽侯孫審卿善丞相公孫弘,怨淮南厲王殺其大父,(乃深購)[陰求]淮南事[而構之]於弘,弘廼疑淮南有畔逆計(謀),深[探](窮治)其獄。河南治建,辭引(淮南)太子及黨與。[初,王數以舉兵謀問伍被,被常諫之,以吴楚七國爲效,王引陳勝、吴廣,被復言形

---

① 案:萬曆本、天啓本脱"止未見其福也"6字。

② 失案:底本作"失",萬曆本、天啓本作"大"。

③ 臣案:底本原作一小字"臣",兹據萬曆本、今本《史記》卷一百一十八《淮南衡山列傳》及今本《漢書》卷四十五《蒯伍江息夫傳》改。

④ [將]案:底本原作一大字"將",無墨綫勒之,兹據萬曆本、天啓本、今本《史記》卷一百一十八《淮南衡山列傳》及今本《漢書》卷四十五《蒯伍江息夫傳》改。

⑤ 萬曆本、天啓本此條注文作"《伍傳》連下'后王復召被問'"。

勢不同，必敗亡。及建見治，王恐國陰事泄，欲發，復問被，被爲言發兵權變。語在《被傳》。]〇《漢書》連下文"於是，王鋭欲發。"

(淮南王患之，欲發，問伍被曰)："[方今]漢廷治[乎]亂[乎]？"(伍)被曰："天下治。"王(意)不説，(謂伍被)曰："公何以言(天下)治也？"被[對][1]曰："被竊觀朝廷(之政)，君臣(之義)，父子(之親)，夫婦(之别)，長幼之序[2]，皆得其理，上之舉錯遵古之道，風俗紀綱未有所缺(也)。重裝富賈，周流天下，道無不通，(故)交易之道行。南越賓服，羌僰(入)[貢]獻，東甌入(降)[朝]，廣長榆，開朔方，匈奴折(翅)傷(翼)，(失援不振)。雖未及古太平(之)時，然猶爲治也。"王怒，被謝死罪。王又(謂被)曰："山東即有(兵)[變]，漢必使大將軍將而制山東，公以爲大將軍何如人也？"被曰："[臣]被所善(者)黄義，從大將軍擊匈奴，(還，告被曰)[言]：'大將軍遇士大夫(有)[以]禮，(於)[與]士卒有恩，衆皆樂爲(之)用。騎上下山(若)[如](蜚)[飛]，(材幹)[材力]絶人。'(被以爲材能)如此，數將習兵，未易當也。及謁者曹梁使長安來，言大將軍號令明，當敵勇(敢)，常爲士卒先。[須士卒]休，[乃]舍。穿井(未通，須士卒盡)得水，(乃)[乃廼][3]敢飲。軍罷，[士]卒(盡)已(渡)[踰]河，廼度。【《漢書》須士卒休，乃舍，徒增羡，無此理。第舉穿井事，須其得水乃飲，最是。《漢書》軍下，亦多士卒兩字。】皇太后所賜金(帛)[錢]，盡以[賞]賜(軍吏)。雖古名將，(弗)[不]過也。"

王(默然)，[曰："夫蓼太子知略不世出，非常人也，以爲漢廷公卿列侯皆如沐猴而冠耳。"被曰："獨先刺大將軍，乃可舉事。]"〇《漢書·伍傳》連下文"王復問被曰"。(淮南王見建已徵治，恐國陰事且覺，欲發，被又以爲難)，[王](乃)復問被曰："公以爲吴(興)[舉]兵(是邪)非(也)[邪]？"被曰："(以爲)非也。〇《漢書·伍傳》此下連上文"夫吴王賜號起至不見時也"一段止，無下文。[4] (吴王至富貴也，舉事不當，身死丹徒，頭足異處，子孫無遺類。臣爲吴王悔之甚。願王孰慮之，無爲吴王之所悔)。"王曰："男子之所死者一言耳。且吴何知反，漢將一日過成皋者四十餘人。今我令樓緩先要成皋之口，周被下潁川兵塞轘轅、伊闕之道，陳定發南陽兵守武關，河南太守獨有雒陽耳。【男子之所死者一言耳，此激發被爲己死不疑，被懷不盡也，最是人所不能道。漢

---

① [對]案：底本原作一大字"對"，無墨綫勒之，兹據萬曆本、天啓本、今本《史記》卷一百一十八《淮南衡山列傳》及今本《漢書》卷四十五《蒯伍江息夫傳》改。

② 長幼之序案：底本"長幼之序"後原衍一小字"也"，兹據萬曆本、天啓本、今本《史記》卷一百一十八《淮南衡山列傳》及今本《漢書》卷四十五《蒯伍江息夫傳》删。

③ (乃)[廼]案：底本原作一大字"乃"，無墨綫勒之，後脱一小字"廼"，兹據萬曆本、天啓本、今本《史記》卷一百一十八《淮南衡山列傳》及今本《漢書》卷四十五《蒯伍江息夫傳》補。

④ 案：萬曆本、天啓本此句爲"《伍傳》下連上'夫吴王賜號爲劉氏祭酒'"。

將一旦過成皋者四十餘人，説得英特明爽。疑此緩字，即被字誤，觀下周被，愈明。】何足憂。然此北尚有臨晋關、河東、上黨與河内、趙國[界者，通穀數行]。人言(曰)‘絶成皋之(口)[道]，天下不通’。據三川之險，招(山東)[天下]之兵，(舉事如此)，公以爲何如？”被曰：“臣見其禍，未見其福也。”○《漢書·伍傳》連下文“後漢逮淮南王孫建，繫治之”起，至“未見其福上。”王曰：“左吴、趙賢、朱驕如皆以爲(有福)，什(事)[八]九成，公獨以爲(有禍)無福，何(也)？”被曰：“大王之群臣近幸素能使衆者，皆前繫詔獄，餘無可用者。”王曰：“陳勝、吴廣無立錐之地，(千)[百]人之聚，起於大澤，奮臂大呼(而)天下(響)[嚮]①應，西至於戲而兵百二十萬。今吾國雖小，(然而)勝兵(者)可得[二]十(餘)萬，(非直適戍之衆，鐖鑿棘矜也)，公何以言有禍無福？”【被非一日一時之言，故重疊不自覺。班史穿爲一欵，而四分五裂之，甚不然也。可以無被傳，不可缺問對曲折先後。】被曰：○《漢書·伍傳》連上文“臣不敢避子胥之誅”。“(往者秦爲無道，殘賊天下)，興萬乘之駕，作阿房之宫，收太半之賦，發閭左之戍，父不寧子，兄不(便)[安]弟，政苛刑(峻)[慘]，(天下熬然若焦)，民皆引領而望，傾耳而聽，悲號仰天，叩心(而)怨上，(故陳勝大呼，天下響應)。[欲爲亂者十室而八。]○《漢書·伍傳》連上文“客謂高皇帝曰”。當今陛下臨制天下，(一)[壹]齊海内，(泛)[氾]愛蒸庶，布德施惠，口雖未言，聲疾雷(霆)[震]，令雖未出，化馳如神，心有所懷，威動(萬)[千]里，下之應上，猶(影)[景](響)[嚮]也。而大將軍材能(不特)[非直]章邯、楊熊也。(大)王以陳勝、吴廣(諭)[論]之，被以爲過矣。”○《伍傳》連上文“且大王之兵衆不能什分吴楚之一”。[至]王[復召問，被](曰)：“苟如公言，不可[以]儌幸邪？”被曰：‘[必不得已]，被有愚計。”【真策士之風。】王曰：“奈何？”被曰：“當今諸侯無異心，百姓無怨氣。朔方之郡(田)[土]地廣，(水草)美，民徙者不足以實其地。(臣之愚計)，可(僞)爲丞相御史請書，徙郡國豪(杰)[桀]②(任俠)及(有)耐罪以上，[以]赦令除(其罪)，[家]③産五十萬以上者，皆徙其家屬朔方之郡，益發甲卒，急其會日。又僞爲④左右都司空上林中都官詔獄(逮)書，[逮]諸侯太子[及]幸臣。

---

① (響)[嚮]案：底本原作一大字“響”，無墨綫勒之，後脱一小字“嚮”，兹據萬曆本、天啓本、今本《史記》卷一百一十八《淮南衡山列傳》及今本《漢書》卷四十五《蒯伍江息夫傳》補。

② (杰)[桀]案：底本原作一大字“杰”，無墨綫勒之，後脱一小字“桀”，兹據萬曆本、天啓本、今本《史記》卷一百一十八《淮南衡山列傳》及今本《漢書》卷四十五《蒯伍江息夫傳》補。

③ [家]案：底本原作一大字“家”，無墨綫勒之，兹據萬曆本、天啓本、今本《史記》卷一百一十八《淮南衡山列傳》及今本《漢書》卷四十五《蒯伍江息夫傳》改。

④ 爲案：底本原作一小字“爲”，兹據萬曆本、天啓本、今本《史記》卷一百一十八《淮南衡山列傳》及今本《漢書》卷四十五《蒯伍江息夫傳》改。

【爲字是。】如此則民怨,諸侯懼,即使辯(武)[士]隨而説之,(儻)[黨]可[以]儌幸(什得一乎)?”王曰:“此可也。雖然,吾以(爲)不至若此。”[專發而已]。於是王[鋭,欲發,]乃①令官奴入宫[中],作皇帝璽、丞相、御史、大[夫]將軍、(軍)吏、中二千石、都官令、丞印、及旁近郡太守、都尉印,漢使節法冠,欲如伍被計。使人(僞)[爲]得罪而西,事大將軍、丞相;一日發兵,(使人)即刺(殺)大將軍[衛]青,而説丞相[弘]下之,如發蒙耳。

(王)欲發國中兵,恐(其)相、二千石不聽。王廼與伍被謀(先殺相、二千石:僞)[爲]失火宫中,相、二千石救火,(至即)[因]殺之。(計未决),又欲令人衣求盗衣,持羽檄,從(東)[南]方來,呼[言]曰“南越兵入(界)”,欲因以發兵。乃使人(至)[之]廬江、會稽爲求盗,未(發)[决]。”○《漢書》本傳連下文“廷尉以建辭連太子遷”②。[後漢逮淮南王孫建,繫治之。]王[恐陰事泄,謂](問,伍)被曰:“[事至。吾欲遂發,天下勞苦有間矣,諸侯頗有失行,皆自疑我]。(吾)舉兵西鄉,(諸侯)必有應(我)者;(即)無應,(奈何)?[即還略衡山,勢不得不發。]”【《史記》是。收衡山,被計也。】被曰:“(南收)[略]衡山以擊廬江,有尋陽之船,守下雉之城,結九江之浦,絶豫章之口,彊弩臨江而守,以禁南郡之下,東(收江都),[保]會稽,南通勁越,屈强江淮間,(猶)可[以](得)延歲月之壽[耳。未見其福也]。”【利害策盡。】(王曰:“善。無以易此,急則走越耳。)”○《伍傳》連上文“王曰:左吴、趙賢”。

(於是)廷尉以(王孫)建辭連(淮南王)太子遷聞。上遣廷尉監(因拜)[與]淮南中尉,逮捕太子。至淮南,(淮南)王聞,與太子謀召相、二千石,欲殺而發兵。召相,相至;内史以出爲解。中尉曰:“臣受詔使,不得見王。”王念獨殺相而内史、中尉不來,無益也,即罷相。(王)[計]猶(豫)[與],(計)未决。太子念所坐者謀(刺)[殺]漢中尉,所與謀[殺]者已死,以爲口絶,乃謂王曰:“群臣可用者皆前繫,今無足與舉事者。王以[爲]非時發,恐無功,臣願會逮。”王亦[愈](偷)欲休,即許太子。【此偷字,反覆困甚,見被自陳,故得反覆詳備,非意之也。】太子(即)自(剄)[刑],不殊。伍被自詣吏,(因)[具]告與淮南王謀反,(反蹤迹具如此)。○《伍傳》下接“天子以伍被雅辭。”③

吏因捕太子、王后,圍王宫,盡(求)捕王(所與謀反)賓客在國中者,索

---

① 乃案:底本原作一小字“乃”,兹據萬曆本、天啓本、今本《史記》卷一百一十八《淮南衡山列傳》及今本《漢書》卷四十五《蒯伍江息夫傳》改。

② 萬曆本、天啓本此條脱“《漢書》”和“文”三字。

③ 萬曆本、天啓本此條注文作“伍傳用此傳‘被詣吏自告’以下語,下接‘天子以伍被至遂誅’,被傳終。”

得反具以聞。上下公卿治,所連引與淮南王謀反列侯二千石豪(杰)[桀]①數千人,皆以罪輕重受誅。衡山王賜,淮南王弟(也),當坐收,有司請逮捕衡山王。(天子)[上]曰:"諸侯各以其國爲本,不當相坐。與諸侯王列侯(會肆丞相諸侯)議。"【真人君之言。】趙王彭祖、列侯(臣)讓等四十三人(議),皆曰:"淮南王安(甚)大逆無道,謀反明白,當伏誅。"膠西王(臣)端議曰:"(淮南王)安廢法[度]行邪,[辟有](懷)詐僞心,以亂天下,(熒)[營]惑百姓,[背](倍)畔宗廟,妄作妖言。《春秋》曰'臣[毋](無)將,將而誅'。安罪重於將,謀反形已定。臣端所見其書(節)印圖及他逆(無)[亡]道事驗明白,(甚大逆無道),當伏(其)法。(而)論國吏二百石以上及比者,宗室近幸臣不在法中者,不能相教,(當)皆[當]②免(官)削爵爲士伍,毋得宦爲吏[者]。其非吏,【蘇林曰:"非吏,故曰它。"師古曰:"爲近幸之人,非吏人者。"】他贖死金二斤八兩。【本只是非吏論,又取他字點爲句,甚奇,然竟是他贖死耳。】以章(臣)安之罪,使天下明知臣子之道,毋敢復有邪僻(倍)[背]畔之意。"丞相弘、廷尉湯等以聞,(天子)[上]使宗正以符節治王。未至,(淮南王)安自(剄)[刑]殺。(王)后(荼)、太子(遷)諸所與謀(反者)皆(族)[收夷]。○連下文"國除"。天子以伍被雅辭多引漢(之)美,欲勿誅。(廷尉)[張]湯[進]曰:"被首爲(之)[王]畫反計,(被)罪無赦。"遂誅被。【被不可誅,張湯進言,最得其狀,謂首畫計,冤哉!】③國除爲九江郡。

衡山王賜,(王)后乘舒生子三人,長男爽爲太子,(次男孝),次女無采。[少男孝。]【後有中兄孝,則不爲少男。】(又)姬徐來生子男女四人,美人厥姬生子二人。(衡山王)、淮南(王)[衡山](兄弟)相責望禮節,間不相能。衡山王聞淮南王作爲畔逆(反)具,亦心結賓客以應之,恐爲所并。【心結字精,猥書之。】

元光六年,(衡山王)入朝,(其)謁者衛慶有方術,欲上書事天子,王怒,故劾慶死罪,彊榜服之。(衡山)内史以爲非是,却其獄。王使人上書告内史,内史治,言王不直。【師古曰:"内史被治而具言王之意狀。"《漢書》注以爲治内史。】(王)又數侵奪人田,壞人冢以爲田。有司請逮治衡山

① (杰)[桀]案:底本原作一大字"杰",無墨綫勒之,後脱一小字"桀",兹據萬曆本、天啓本、今本《史記》卷一百一十八《淮南衡山列傳》及今本《漢書》卷四十五《蒯伍江息夫傳》補。

② 皆[當]案:底本"皆"字後原脱一小字"當",兹據萬曆本、天啓本、今本《史記》卷一百一十八《淮南衡山列傳》及今本《漢書》卷四十五《蒯伍江息夫傳》補。

③ 萬曆本、天啓本衍一條注文"《伍傳》止此。"

王。(天子)[上]不許,爲置吏二百石以上。衡山王以此恚,與奚慈、張廣昌謀,求能爲兵法候星氣者,日夜(從)[縱](容)[臾]王(密)謀反事。【《漢書》請衡山字,失,不去何也?疑多與字。從容,如字,又勝,却不可無密字。刺字,是。】

(王)后乘舒死,立徐來爲(王)后。厥姬俱幸。兩人相妒,厥姬乃惡(王后)徐來於太子曰:"徐來使婢蠱(道)殺太子母。"太子心怨徐來。徐來兄至衡山,太子與飲,以刃(刺)[刑]傷(王后兄)[之]。(王)后[以此]怨(怒)[太子],數(毁)惡(太子)[之]於王。(太子)女弟無采,嫁棄歸,(與奴奸,又)與客奸。太子[數以]數讓(無采)[之],【數以、數讓,亦是。】無采怒,不與太子通。(王)后聞之,即善遇無采。(無采)及(中兄)孝[孝]少失母,附(王)后,(王)后以計愛之,與共毁太子,王以故數繫笞太子。元朔四年中,人有賊傷(王)后假母者,王疑太子使人傷之,笞太子。後王病,太子時稱病不侍。孝、(王后)、無采惡太子:"(太子)實不病,自言(病),有喜色。"【謂自言病矣,又有喜色。】王[於是]大怒,欲廢太子,[而]立(其)弟孝。(王)后知王決廢太子,又欲并廢孝。(王)后有侍者,善舞,王幸之,(王)后欲令(侍者)與孝亂以汙之,欲并廢(兄弟)[二子]而[以]①(立其)[己]子廣代(太子)[之]。【《漢書》明。】太子(爽)知之,念后數惡己無已時,欲與亂以止其口。(王)后飲太子,[太子]前爲壽,因據(王)后股,求與(王后)卧。(王)后怒,以告王。王乃召,欲縛(而)笞之。太子知王常欲廢己[而]立(其弟)孝,乃謂王曰:"孝與王御者奸,無采與奴奸,王(彊)[始]②食,請上書。"即(倍)[背]王去。【自作訣别語,又奇。】王使人止之,莫能禁,[王]乃自(駕)追捕太子。太子妄惡言,王械繫(太子)宫中。孝日益[以]親幸。王奇孝材能,廼佩之王印,號曰將軍,令居外(宅)[家],多給金錢,招致賓客。賓客來者,微知淮南、衡山有逆計,[皆](日夜從容)[將養]勸之。【將養字,勝。】王廼使孝客江都人(救)[枚]赫、陳喜作輣車(鏃)[鍛]矢,刻天子璽、將相軍吏印。王日夜求壯士如周丘等,數稱引吴楚反時計畫,(以)約束。衡山王非敢效淮南王求即天子位,畏淮南起并其國,以爲淮南已西,發兵定江淮(之)間而有之,望如是。

元朔五年秋,(衡山王)當朝,六年,過淮南,淮南王廼昆弟語,除前(郤)[隙],約束反具。衡山王即上書謝病,上賜(書)不朝。

---

① [以]案:底本原作一大字"以",無墨綫勒之,兹據萬曆本、天啓本、今本《史記》卷一百一十八《淮南衡山列傳》及今本《漢書》卷四十四《淮南衡山濟北王傳》改。

② (彊)[始]案:底本原作一大字"彊",無墨綫勒之,後脱一小字"始",兹據萬曆本、天啓本、今本《史記》卷一百一十八《淮南衡山列傳》及今本《漢書》卷四十四《淮南衡山濟北王傳》補。

(元朔六年中,衡山王)[廼]使人上書請廢太子爽,立孝爲太子。爽聞,即使所善白嬴之長安上書,言[衡山王與子謀逆,言]孝作(輣)[兵]車(鏃)[鍛]矢,與王御者姦,(欲以敗孝。白嬴)至長安,未及上書,[即]吏捕嬴,以淮南事繫。王聞(爽使白嬴上書)[之],恐[其]言國陰事,即上書反告太子(爽所)[以]爲不道(棄市罪事)。事下沛郡治。【謂諸所爲不在棄市下,非止一事。】元(朔)[狩](七)[元]年冬,有司(公卿下沛郡)求捕(所)與淮南[王]謀反者(未得),得陳喜於(衡山王子)孝家。吏劾孝首匿喜。孝以爲陳喜雅數與王計(謀)反,恐其發之,聞律先自告除其罪,又疑太子使白嬴上書發其事,即先自告,(告)所與謀反者(救)[枚]赫、陳喜等。廷尉治[事]驗,(公卿)請逮捕衡山王治(之)。(天子)[上]曰:"勿捕還。"遣中尉安、大行息即問王,王具以情實對。吏皆圍王宮(而)守之。中尉、大行還,以聞,公卿請遣宗正、大行與沛郡雜治王。【且守且聞。】王聞,即自(剄)殺。孝先自告反[告],除其罪;[孝]坐與王御婢姦,(棄市)。【不用此孝字。】[及](王)后徐來(亦)坐蠱(殺)前(王)后乘舒,及太子爽[坐告]王(告)[父]不孝,皆棄市。諸[坐]與(衡山)王謀反者皆(族)[誅]。國除爲(衡山)郡。【《史記》文順,《漢書》添告字,贅辭。告父王,雖異,不如王告不孝直。兩坐字,煩。】

(太史公)[贊]曰:《詩》(之所謂)[云]"戎狄是膺,荆舒是懲",信哉是言也。淮南、衡山親爲骨肉,疆土千里,列(爲)[在]諸侯,不務遵蕃臣職以承輔天子,而(專)[剸](挾)[懷]邪辟之計,謀爲畔逆,仍父子再亡國,各不終其身,(爲天下笑)。此非獨王(過)也,【過以下,删削皆是。】亦其俗薄,臣下漸靡使然(也)。夫荆楚(僄)[剽](勇)輕(悍),好作亂,廼自古記之矣。

第二十九卷　汲黯　鄭當時

汲黯列傳第六十　史記一百二十

張馮汲鄭傳第二十 漢書五十①

汲黯,字長孺,濮陽人也。其先有寵於古之衛君[也]。至黯(七)[十]②世,世爲卿大夫。(黯)以父任,孝景時爲太子洗馬,以(莊)嚴見憚。(孝景帝崩,太子)[武帝]即位,黯爲謁者。東(越)[粤]相攻,上使黯往視之。(不至),【有不至字,又好。】至吴而還,報曰:"(越)[粤]人相攻,固其俗(然),不足以辱天子(之)使[者]。"【然字若屬下句,又有力。看他寫汲黯,自初使越時便别,至矯制又别。其平生如此,故所至爲朝廷重。】河内失火,(延)燒千餘家,上使黯往視之。還報曰:"家人失火,屋比延燒,不足憂(也)。臣過河(南)[内],河(南)[内]貧人傷水旱萬餘家,或父子相食,臣謹以便宜,持節發河(南)[内]倉粟以振貧民。(臣)請歸節,伏矯制(之罪)[辠]。"上賢而釋之,遷爲滎陽令。黯耻爲令,[稱疾](病)歸田里。上聞,(乃)[廼]召(拜)爲中大夫。以數切諫,不得久留内,遷爲東海太守。黯學黄老(之)言,治官(理)民,好清静,擇丞史(而)任之。(其治),責大指而已,不[細]苛(小)。【責大指而已,又不苛小,今人以爲多矣。】黯多病,卧(閨)閤内不出。歲餘,東海大治。稱之。上聞,召(以)爲主爵都尉,列於九卿。治務在無爲而已,(弘)[引]大體,不拘文法。【弘大體,又好。】

(黯)爲人性倨,少禮,面折,不能容人之過。合己者善待之,不合(己)者(不)[弗]能忍見,士亦以此不附焉。【面折,不能容人之過,古語類如此,甚佳。忍字切。】然好(學),游俠,任氣節,(内)行修潔,[其](好直)諫,(數)犯主之顔色,常慕傅柏、(袁)[爰]③盎之爲人(也)。善灌夫、鄭當時

---

① 案:底本、萬曆本、天啓本誤作"漢書四十八",兹據今本《漢書》改。

② (七)[十]案:底本原作一大字"七",無墨綫勒之,後脱一小字"十",兹據萬曆本、天啓本、今本《史記》卷一百二十《汲黯列傳》及今本《漢書》卷五十《張馮汲鄭傳》補。

③ (袁)[爰]案:底本原作一大字"袁",無墨綫勒之,後脱一小字"爰",兹據萬曆本、天啓本、今本《史記》卷一百二十《汲黯列傳》及今本《漢書》卷五十《張馮汲鄭傳》補。

及宗正劉棄[疾]。【皆子長極意發明。其人善灌夫、鄭當時，亦藉以明之，皆傳中品目。】亦以數直諫，不得久居位。

(當)是時，太后弟武安侯[田]蚡爲丞相，中二千石(來)拜謁，蚡(不)[弗]爲禮。(然)黯見蚡未嘗拜，(常)揖之。【未嘗拜、常揖，甚不厭多。】(天子)[上]方招文學儒者，上曰吾欲云云，黯對曰："陛下内多欲而外施仁義，奈何欲效唐虞之治(乎)[虖]！"上(默然)怒，變色而罷朝。公卿皆爲黯懼。上退，謂(左右)[人]曰："甚矣，汲黯之戇也！"群臣或數黯，黯曰："天子置公卿輔弼之臣，寧令從諛承意，陷主於不義(乎)[虖]？且已在其位，縱愛身，奈辱朝廷何！"

黯多病，病且滿三月，上常賜告者數，終不(愈)[瘉]。最後(病，莊)[嚴]助爲請告。上曰："汲黯何如人(哉)[也]？"【莊助爲請，欲使得去也。問何如人者，有惜其去意。】(助)曰："使黯任職居官，無以(踰)[瘉]人。【莊助發明得之，先言無以踰人。至守城深堅四字，可以托六尺之孤，可以寄百里之命，他説得又親切，過於子長矣。】然至其輔少主，守(城)[成](深堅，招之不來，麾之不去)，【不曉《漢書》偏去此等。】雖自謂賁育(亦不)[弗]能奪(之矣)[也][①]。"上曰："然。古有社稷之臣，至如[汲]黯，近之矣。"【招之不來，麾之不去，此等力亦不可及。武帝問莊助，言曰，然，古有社稷之臣，至如黯，近之矣。儒生知此，未必能道也。】

大將軍青侍中，上踞厠(而)視之。丞相弘(燕)[晏]見，上或時不冠。至如[嘗]黯(見)，(上)不冠不見也。上嘗坐武帳(中)，黯前奏事，上不冠，望見黯，避(帳)[帷]中，使人可其奏。其見敬禮如此。【將言望見黯，避帷中，故先從衛青、弘常日見時時[②]説來。如此，則前所謂尊重，後所謂封侯，皆爲不足道矣。傳中横豎發越，無不得意。】

張湯(方)以更定律令爲廷尉，黯(數)質責湯於上前，曰："公爲正卿，上不能褒先帝之功業，下不能(抑)[化]天下之邪心，安國富民，使囹圄空虚，(二者無一焉)。【《漢書》是。】(非苦於就行，放析就功)，何(乃)[空]取高皇帝約束紛更之爲？[而]公以此無種矣。"【空字最勝，增而字亦勝。非苦於就行，放析就功，如不可曉，殆枉[③]以爲直，破析苛碎，須要如己意，自爲功耳。】黯時與湯論議，湯辯常在文深小苛，黯(伉厲守高不能屈)，(忿)[憤]發駡曰："天下謂刀筆吏不可(以)爲公卿，果然。必湯也，今天下

---

① (矣)[也]案：底本原作一大字"矣"，無墨綫勒之，後脱一小字"也"，兹據萬曆本、天啓本、今本《史記》卷一百二十《汲黯列傳》及今本《漢書》卷五十《張馮汲鄭傳》補。

② 時案：萬曆本、天啓本作"上"。

③ 枉案：萬曆本、天啓本作"極"。

重足而立,(側)[反]目而視矣!”

是時,漢方征匈奴,招懷四夷。黯務少事,(承上)間,常言與胡和親,[毋](無)起兵。上方(嚮)[鄉]①儒術,尊公孫弘。及事益多,吏民巧(弄)。上分別文法,湯等數奏決讞以幸。【然事愈多,吏民巧弄,上據文法,操持取必,而儒術者,無以折之,故湯等數奏決讞見幸。班史去一弄字,則爲上分別文法矣。】而黯常毀儒,面觸弘等徒懷詐飾智以阿人主取容,而刀筆[之]吏專深文巧詆,陷人於(罪),[罔](使不得反其真),以(勝)[自]爲功。【古人語別,其言深文巧詆,陷人於罪,使不得反其真,以勝爲功,何其深切痛至!非老練閱歷,惻怛周謹,不能爲此言也。《漢書》以爲不切。】上愈益貴弘、湯,弘、湯(深)心疾黯,(唯天子)[雖上]亦不説也,欲誅之以事。弘爲丞相,(乃)[廼]言上曰:“右内史界部中多貴人宗室,難治,非素重臣(不)[弗]能任,請徙黯爲右内史。”(爲右内史)數歲,官事不廢。

大將軍青既益尊,姊爲皇后,然黯與亢禮。(人)或説黯曰:“自天子欲[令]群臣下大將軍,大將軍尊(重益)貴,[誠重],君不可以不拜。”黯曰:“夫以大將軍有揖客,反不重邪?”大將軍聞,愈賢黯,數請問[以](國家)朝廷所疑,遇黯(過)[加]於平(生)[日]。

淮南王謀反,憚黯,曰:“[黯]好直諫,守節死義,(難惑以非)。【難惑以非,不特畔逆,雖金錢不能行也。】至(如)説(丞相)[公孫]弘[等],如發蒙(振落)耳。”【振落字,古雅有味。】

(天子)[上]既數征匈奴有功,黯(之)言益不用。

始黯列(爲)九卿[矣],而公孫弘、張湯爲小吏。即弘、湯稍(益)貴,與黯同位,黯又非毀弘、湯(等)。【此處《漢書》,字字是。】已而弘至丞相,封(爲)侯;湯(至)御史大夫;(故)黯時丞(相)史皆與(黯)同列,或尊用過之。黯褊心,不能無少望,見上,(前)言曰:“陛下用群臣如積薪耳,後來者居上。”【積薪,又見談笑,亦無不强頊可觀,謂其無學,亦近②。】(上默然。有間)黯罷,上曰:“人果不可以無學,觀[汲]黯之言(也)日益甚[矣]。”

居無何,匈奴渾邪王(率)[帥]衆來降漢,發車二萬乘。縣官(無)[亡]錢,從民貰馬。民或匿馬,馬不具。上怒,欲斬長安令。黯曰:“長安令

---

① (嚮)[鄉]案:底本原作一大字“嚮”,無墨綫勒之,後脱一小字“鄉”,兹據萬曆本、天啓本、今本《史記》卷一百二十《汲黯列傳》及今本《漢書》卷五十《張馮汲鄭傳》補。

② 近案:萬曆本、天啓本作“遠”。

(無)[亡]①罪,獨斬[臣]②黯,民(乃)[趣]肯出馬,【獨斬黯,民乃肯出馬,真意輕丞相之言也。】且匈奴畔其主而降漢,(漢)徐以縣次傳之,【要漢字。】何至令天下騷動,罷(弊)中國,(而)[甘心](以事)夷狄之人(乎)[虖]③!"上默然。(及)[後]渾邪[王]至,賈人與市者,坐當死(者)五百餘人。黯[入]請間,見高門,曰:"夫匈奴攻當路塞,絶和親,中國(興)[舉]兵誅之,死傷(者)不可勝計,而費以(巨)[鉅]萬百數。臣愚以爲陛下得胡人皆以爲奴婢,(以)賜從軍死(事)者家;(所)鹵獲,因(予)[與]之:以謝天下(之苦),塞百姓之心。今縱不能,渾邪(率)[帥]數萬之衆來(降),虚府庫賞賜,發良民侍養,(譬)若奉驕子。愚民安知市買長安中(物)而文吏繩以爲闌出財物(于)[如]邊關乎?陛下縱不能得匈奴之(資)[贏]以謝天下,【縷縷事情,文法出入俱盡。减物字,改資字,大明。贏字,反語,謂不能得其利,更自以利與之耳。】又以微文殺無知者五百餘人,(是所謂'庇其葉而傷其枝'者也),臣竊爲陛下(不)[弗]取也。"【《漢書》好。】上(默然,不)[弗]許,曰:"吾久不聞汲黯之言,今又復妄發矣。"後數月,黯坐小法,會赦免官。於是黯隱於田園。

(居)[者]數年,會更[立]五銖錢,民多盜鑄錢[者],楚地尤甚。上以爲淮陽楚地之郊[也],(乃)召(拜)黯[拜]爲淮陽太守。黯伏謝不受印[綬],詔數彊予,然後奉詔。(詔)召(見黯)[上殿],黯(爲上)泣曰:"臣自以爲填溝壑,不復見陛下,不意陛下復收(用)之。臣常有狗馬[之心,今]病,【今病句,絶。】力不能任郡事,臣願爲中郎,出入禁闥,補過拾遺,臣之願也。"上曰:"君薄淮陽邪?吾今召君矣。顧淮陽吏民不相得,吾徒得君(之)重,卧而治之。"黯既辭(行),過大行李息,曰:"黯棄[逐]居郡,不得與朝廷議(也)[矣]。【黯棄逐居郡,與前願留禁闥,皆足以發明忠君之心。】然御史大夫(張)湯智足以(拒)[距]④諫,詐足以飾非,(務巧佞之語,辯數之辭),【兩語盡古今奸臣之態。】非肯正爲天下言,專阿主意。主意所不欲,因而毁之;主意所欲,因而譽之。好興事,舞文法,内懷詐以御主心,外挾賊吏以爲(威)重。公列九卿,不早言之[何]?【增何字,佳。】公與之俱受其僇

---

① (無)[亡]案:底本原作一大字"無",後脱一小字"亡",兹據萬曆本、天啓本、今本《史記》卷一百二十《汲黯列傳》及今本《漢書》卷五十《張馮汲鄭傳》補。

② [臣]案:底本原作一大字"臣",無墨綫勒之,兹據萬曆本、天啓本、今本《史記》卷一百二十《汲黯列傳》及今本《漢書》卷五十《張馮汲鄭傳》改。

③ (乎)[虖]案:底本原作一大字"乎",無墨綫勒之,後脱一小字"虖",兹據萬曆本、天啓本、今本《史記》卷一百二十《汲黯列傳》及今本《漢書》卷五十《張馮汲鄭傳》補。

④ (拒)[距]案:底本原作一大字"拒",無墨綫勒之,後脱一小字"距",兹據萬曆本、天啓本、今本《史記》卷一百二十《汲黯列傳》及今本《漢書》卷五十《張馮汲鄭傳》補。

矣。”息畏湯,終不敢言。黯居郡如[其]故治,淮陽政清。後張湯(果)敗,上聞黯與息言,抵息罪。令黯以諸侯相秩居淮陽①,[居淮陽]【增淮陽,是。】[十](七)歲而卒。

卒後,上以黯故,官其弟(汲)仁至九卿,子(汲)偃至諸侯相。黯(姑)姊子司馬安亦少與黯爲太子洗馬。安文深,巧善宦,(官)四至九卿,以河南太守卒。昆弟以安故,同時至二千石者十人。濮陽段宏始事蓋侯信,信任宏,宏[官]亦再至九卿。然衛人仕者皆嚴憚汲黯,出其下。【因以黯故,生以安故。因以安故,又及段宏,可謂輾轉甚不切者。及言衛人仕者,然後一時出處有可嘆者,又與傳第一語,有寵於古之衛君者相發云。】

鄭當時(者),字莊,陳人也。其先鄭君嘗(爲)[事]項籍(將);籍死,(已)而屬漢。高祖令諸故項籍臣名籍,鄭君獨不奉詔。詔盡拜名籍者爲大夫,而逐鄭君。鄭君死孝文時。

(鄭莊)[當時]以任俠自喜,脱張羽於(厄)[阸],聲聞梁、楚(之)間。孝景時,爲太子舍人。每五日洗沐,常置驛馬長安諸郊,【置驛馬,爲傳遞,欲速甚也。】(存諸故人),請謝賓客,夜以繼日,至(其)明旦,常恐不徧。(莊)[當時]好黄老(之)言,其慕長者如恐不[稱自]見。【如恐不見,謂見棄也,自見,全非。】年少官薄,然其(游)知(交)[友]②皆(其)大父行天下有名之士也。武帝(立)[即位],(莊)[當時]稍遷爲魯中尉、濟南太守、江都相,至九卿爲右内史。以武安(侯)、魏其時議,貶秩爲詹事,遷爲大[司]農(令)。

(莊)[當時]爲(太史,誡)[大吏戒]門下:“客至,(無)[亡]貴賤(無)[亡]留門[下]者。”執賓主之禮,以其貴下人。(莊)[性]廉,又不治(其)産(業,仰)[卬]奉賜(以)給諸公。然其餽遺人,不過(筭)[具]器食。每朝,候上(之)間説,未嘗不言天下(之)長者。其推轂士及官屬丞史,誠有味其言(之)也,常引以爲賢於己。【有味其言之,正在之字,謂常引以爲賢於己之言。】未嘗名吏,與官屬言,若恐傷之。聞人之善言,進之上,唯恐後。山東(士)諸公以此翕然稱鄭莊。

(鄭莊)使視决河,自請治行五日。【此一節,莊可少耶?】上曰:“吾聞‘鄭莊行,千里不齎粮’,(請)治行者何也?”【武帝字鄭莊,知其平生如家人

---

① 淮陽案:底本原作小字“淮陽”,後脱三小字“居淮陽”。兹據萬曆本、天啓本、今本《史記》卷一百二十《汲黯列傳》及今本《漢書》卷五十《張馮汲鄭傳》改。

② [友]案:底本脱一小字“友”,兹據萬曆本、天啓本、今本《史記》卷一百二十《汲黯列傳》及今本《漢書》卷五十《張馮汲鄭傳》補。

語。】然(鄭莊)[當時]在朝,常趨和承意,不敢甚(引)[斥臧](當)否。(及晚節),漢征匈奴,招四夷,天下費多,財用益(匱)[屈。當時爲大司農]。(莊)任人賓客(爲大農)僦(人)[入],多逋負。【莊任人是自保,舉下賓客又僦人,然皆逋負。蹴,只是借。】司馬安爲淮陽太守,發其事,(莊)[當時]以此陷罪,贖爲庶人。頃之,守長史。(上以爲老,以莊爲)[遷]汝南太守。數歲,以官卒。[昆弟以當時故,至二千石者六七人。]

(鄭莊)[當時始與]汲黯(始)列爲九卿,(廉),内行修(絜)。(此)兩人中廢,(家貧),賓客益落。(及居郡,卒後),[當時死],家(無)[亡]餘(貲)財。【因當時憐汲黯,上有廉字,故下面説家貧,家貧而復賓客落。此兩人皆居郡卒,卒時復皆無餘財,《漢書》何誤也?】(莊兄弟子孫以莊故,至二千石六七人焉。)

[先是,下邽翟公爲廷尉,賓客亦填門;及廢,門外可設爵網。後復爲廷尉,客欲往,翟公大署其門曰:"一死一生,乃知交情。一貧一賤,乃知交態。一貴一賤,交情乃見。"]

太史公曰:夫以汲、鄭之賢,有勢則賓客十倍,無勢則否,況衆人乎!下邽翟公有言,始翟公爲廷尉,賓友(闐)[亦填]門;及廢,門外可設(雀)[爵]羅。翟公復爲廷尉,賓客欲往,翟公乃大署其門曰:"一死一生,乃知交情。一貧一富,乃知交態。一貴一賤,交情乃見。"汲、鄭亦云,悲夫!《漢》贊同《張馮傳》。

第三十卷
酷吏 郅都 甯成 周陽由 趙禹 張湯 義縱 王温舒 尹齊 楊僕 減宣 杜周

酷吏列傳第六十二　史記一百二十二

張湯傳第二十九 漢書五十九
杜周傳第三十 漢書六十①

〇張杜二傳《漢書》别見不入《酷吏》

孔子曰:"導之以政,齊之以刑,民免而無耻。導之以德,齊之以禮,有耻且格。"老氏稱:"上德不德,是以有德;下德不失德,是以無德。法令滋章,盗賊多有。"(太史公曰):信哉是言也!法令者治之具,而非制治清濁之(源)[原]也。昔天下之(網)[罔]嘗密矣,然奸(僞萌)[軌愈]起,其極也,上下相遁,至於不振。當是之時,吏治若救火揚沸,非武健嚴酷,惡能勝其任而(愉)[婾]快乎!【太史公語不多而意深厚。法令者,治之具,而非制治清濁之源,便得大綱。説到奸僞萌起,上下相遁,即借法爲欺,未嘗不以法從事而無情實,故至於不振。及此時,非酷吏救止,安能偷少頃之快?非止酷吏也,語勢、事勢皆不得不然。】言道德者,溺(其)[於]職矣。故曰:"聽訟,吾猶人也,必也使無訟乎。""下士聞道大笑之"。非虚言也。漢興,破觚而爲圜,斲(雕)[琱]而爲(朴)[樸,號爲](網)[罔]漏(於)吞舟之魚,【俊潔。】而吏治(烝烝)[蒸蒸]不至於奸,黎民艾安。由是觀之,在彼不在此。

高后時,酷吏獨有侯封,刻轢宗室,侵辱功臣。吕氏已敗,遂(禽)[夷]侯封之家。孝景時,鼂錯以刻深頗用術輔其資,而七國之亂,發怒於錯,錯

---

① 案:《漢書》另有卷九十《酷吏列傳》第六十,底本脱此卷。

卒(以)被戮。【錯本非酷吏比也,直①借言刻者之不可爲耳。】其後有郅都、甯成之(屬)[倫]。

郅都(者),[河東大](揚)[陽]人也。以郎事(孝)文帝。(孝)景[帝]②時,(都)爲中郎將,敢直諫,面折大臣於朝。嘗從入上林,賈姬(如)[在]厠,野彘(卒)來入厠。【如字、卒字,减不得。】上目都,都不行。上欲自持兵救賈姬,都伏上前曰:"亡一姬復一姬進,天下所少寧(賈)姬等(乎)[邪]? 陛下縱自輕,奈宗室太后何!"上還,彘亦(去),[不傷賈姬]。太后聞之,賜都金百斤,[上亦賜金百斤],由此重(郅)都。

濟南瞯氏,宗人三百餘家,豪猾,二千石莫能制,於是景帝(乃)拜都爲濟南(太)守。(都)至,則(族滅)[誅]瞯氏首惡,余皆股栗。居歲餘,郡中不拾遺。旁十餘郡守畏都如大府。

都爲人勇,有氣(力),公廉,不發私書,問遺無所受,請寄無所聽。常(自)稱曰:"已(倍)[背]親而[出](仕),【只仕字,絶,句較優。】身固當奉職死節官下,終不顧妻子矣。"

(郅)都遷爲中尉。丞相條侯至貴(倨)[居]也,而都揖丞相。是時民(朴)[樸],畏罪自重,而都獨先嚴酷,致行法不避貴戚,【多致字,是語氣。】列侯宗室見都側目而視,號曰"蒼鷹"。

臨江王徵詣中尉府對簿,臨江王欲得刀筆爲書謝上,而都禁吏(不)[弗](予)[與]。魏其侯使人(以)間(與)[予]臨江王。臨江王既[得]③爲書謝上,因自殺。竇太后聞之,怒,以危法中都,都免歸家。(孝)景帝(乃)[迺]使使(持節)[即]拜都爲雁門太守,(而)便道之官,得以便宜從事。匈奴素聞郅都節,(居)[舉]邊,爲引兵去,竟(郅)都死不近雁門。匈奴至爲偶人象(郅)都,令騎馳射,莫能中[其],見憚如此。【此憚字,謂騎射者。】匈奴患之。(竇太后)乃(竟)中都以漢法。【《漢書》無竇太后字,甚碍。此竟字,何用?】景帝曰:"都忠臣。"欲釋之。竇太后曰:"臨江王獨非忠臣(邪)[乎]?"於是(遂)斬(郅)都[也]。

(寧)[甯]成(者),[南陽]穰人也。以郎謁者事景帝。好氣,【好氣二字,亦前所無。】爲(人小)[少]吏,必陵其長吏;爲人上,操下[急]如束濕(薪)。(滑)[猾]賊任威。稍遷至濟南都尉,而郅都爲守。始前數都尉

---

① 直案:萬曆本、天啓本作"特"。

② [帝]案:底本原作一大字"帝",無墨綫勒之,兹據萬曆本、天啓本、今本《史記》卷一百二十二及今本《漢書》卷九十《酷吏列傳》改。

③ [得]案:底本原作一大字"得",無墨綫勒之,兹據萬曆本、天啓本、今本《史記》卷一百二十二及今本《漢書》卷九十《酷吏列傳》改。

(皆)步入府,因吏謁守如縣令,其畏(郅)都如此。及成徵,直(陵)[凌]都出其上。都素聞其聲,(於是)善遇,與結歡。久之,(郅)都死,後長安左右宗室多(暴)犯法,(於是)上召(寧)成爲中尉。其治效郅都,其廉弗如,然宗室豪杰[人]皆(人人)惴恐。

武帝即位,徙爲内史。外戚多毀成之短,抵罪髡鉗。是時九卿(罪)死即死,少被刑,而成[刑]極(刑),自以爲不復收,(於是)[迺]①解脱,詐刻傳出關歸家。稱曰:"仕不至二千石,賈不至千萬,安可比人乎!"(乃)[迺]貰(貸)[貣]②(買)陂田千餘頃,【貰貸買,是。】假貧民,役使數千家。數年,會赦。致産數千[萬](金),爲任俠,持吏長短,出從數十騎。其使民威重於郡守。【一傳皆無事實,直空自形容,欲盡得其爲人。】

周陽由(者),其父趙兼以淮南王舅(父)③侯周陽,故因(姓周陽)氏[焉]。由以宗家任爲郎,事(孝)文(及景)帝。景帝時,由爲郡守。武帝即位,吏治尚(循)[修]謹(甚),然由居二千石中,最爲暴酷驕恣。所愛者,撓法活之;所憎者,曲法(誅)滅之。所居郡,必夷其豪。爲守,視都尉如令;爲都尉,(必)陵太守,奪之治。(與)汲黯(俱)爲忮,司馬安之文惡,俱在二千石列,同車未嘗敢均茵(伏)[馮]。

(由)後[由]爲河東都尉,(時)與其守勝屠公争權,相告言(罪)。勝屠公當抵罪,(義)[議]不受刑,自殺,而由棄市。

自(寧)[甯]成、周陽由之後,事益多,民巧法,大抵吏(之)治類多成、由等矣。

趙禹者,斄人[也]。以佐史補中都官,用廉爲令史,事太尉[周]亞夫④。亞夫爲丞相,禹爲丞相史,府中皆稱其廉平。然亞夫弗任,曰:"極知禹無害,然文深,不可以居大府。"【於是,又見條侯之長者,真宰相之言也。】(今上)[武帝]時,禹以刀筆吏積勞,(稍)遷爲御史。上以爲能,至(太)中大夫。與張湯論定(諸)律令,作見知,吏傳(得)相監司。用[以]法(益刻),(蓋)[盡]自此始。〇連下文《張湯傳》内"禹爲人廉",至"官屬陰罪"。又連後"趙禹嘗中廢"至"以壽卒於家"結傳。

---

① [迺]案:底本原作一大字"迺",無墨綫勒之,玆據萬曆本、天啓本、今本《史記》卷一百二十二及今本《漢書》卷九十《酷吏列傳》改。

② (貸)[貣]案:底本原作一大字"貸",無墨綫勒之,後脱一小字"貣",玆據萬曆本、天啓本、今本《史記》卷一百二十二及今本《漢書》卷九十《酷吏列傳》補。

③ 舅(父)案:底本"舅"字后原脱一大字"父",玆據萬曆本、天啓本、今本《史記》卷一百二十二及今本《漢書》卷九十《酷吏列傳》補。

④ [周]亞夫案:底本"亞夫"作一大字"周",無墨綫勒之,玆據萬曆本、天啓本、今本《史記》卷一百二十二及今本《漢書》卷九十《酷吏列傳》改。

張湯(者),杜[陵]人也。(其)父爲長安丞,出,湯爲兒守舍。還(而)鼠盜肉,(其)父怒,笞湯。湯掘(窟)[熏]得(盜)鼠及餘肉,劾鼠掠治,傳爰書,訊鞫論報,并取鼠與肉,具獄,磔堂下。(其)父見之,視(其)文辭如老獄吏,大驚,遂使書獄。【亦其天資偏得之,此非學力可至。使無功業,則劾鼠而已。其所知遇,皆當時酷吏氣類之合,非苟然者。】父死後,湯爲長安吏,(久之)。

周陽侯(始)爲諸卿時,嘗繫長安,湯傾身[事](爲)之。及出爲侯,大與湯交,徧見(湯)貴人。【爲之,是。此湯字,何可無?】湯給事内史,爲(寧)[甯]成掾,以湯爲無害,【無害者,猶言莫能破也。】言太府,調(爲)茂陵尉,治方中。

武安侯爲丞相,徵湯爲史,(時)薦(言之天子),補[侍]御史,(使案事)。治陳皇后[巫]蠱獄,深竟黨與。【何可無巫字?】(於是)上以爲能,(稍)遷(至)太中大夫。與趙禹共定諸律令,務在深文,拘守職之吏。【語自切中,與前傳相監司同。】已而(趙)禹(遷爲中尉,徙爲)[至]少府,(而張)湯爲廷尉,兩人交歡,(而)兄事禹。【太史公從兄事禹來,先説禹之見。湯詐遠不及禹,班氏列爲二,别增意在奉公,但覺及禹爲無謂。】

禹爲人廉(倨)[裾]。爲吏以來,舍(毋)[無]食客。公卿相造請禹,(禹)終不[行]報謝,務在絶知友賓客之請,孤立行一意而已。【倨字,自爲句。其自信果决,以小人之腹拒人,尤在不覆案語,孤立行一意而已。如見其人,雖自言,其長不及此。】見(文)法輒取,【見文法輒取,最見老吏情狀,寫得面目具。】亦不覆案,求官屬陰罪。○自"禹爲人廉"已下至此止,《漢書》入《趙禹傳》下①。[禹志在奉公孤立,而]

湯(爲人多詐),舞智以御人。始爲小吏,乾没,與長安富賈田甲、魚翁叔之屬交私。及列九卿,收接天下名士大夫,己心内雖不合,然陽浮(慕)[道與]之。【乾没,猶陸沉,汩没、浮沉,字亦相似,謂得乾利難曉。如淳曰:"得利爲乾,失利爲没。"陽浮慕之,好,增道字,拙。】

是時上方鄉文學,湯决大獄,欲傅古義,乃請博士弟子治《尚書》《春秋》補廷尉史,[平]亭疑法。【亭疑法,好。】奏讞疑(事),必(豫)[奏]先爲上分别其原,上所是,受而著讞(决)法廷尉(絜)[挈]令,【絜、挈,皆音揭,《漢》音非。】揚主之明。奏事即譴,湯(應)[摧]謝,【應謝、摧謝不同,應則隨口謝耳,只如上責臣足矣。】鄉上意所便,必引正、監、掾史賢者,曰:"固爲臣議,如[此]上責臣,臣弗用,愚抵(於)此。"罪常釋。(聞)[閒]即奏事,

① 萬曆本、天啓本此條注文末脱一"下"字。

上善之,曰:"臣非知爲此奏,(乃)[廼](正)、監、掾史某[所]爲(之)。"【兩曰字相應。】其欲薦吏,揚人之善(蔽)[解]人之過如此。【蔽字勝解字。】所治即上意所欲(罪)[辠],予監(史)[吏]深(禍)[刻]者;【深禍語好。】即上意所欲釋,(與)[予]監(史)[吏]輕平者。所治即豪,必舞文巧詆;即下户羸弱,時口言,雖文致法,上(財)[裁]察。於是往往釋湯所言。【自亭疑法、必奏即遣、所治即上意、即豪、即下户,截截亦如老吏。時口言,雖文致法,上裁察,乃自爲深刻,而導上慈恕,最難寫處。正不用往往釋語而必釋,可知此皆是他舞意,謂舞知舞文。】湯至於大吏,内行修(也)。[交]通賓客飲食,於故人子弟爲吏及貧昆弟,調護之尤厚。其造請諸公,不避寒暑。是以湯雖文深意忌不專平,【多不專平句。】然得此聲譽。而[深]刻(深)吏多爲爪牙用者,依於文學之士。【復多依於文學之士句。】丞相弘數稱其美。【弘資刻薄,故美湯如其意。】及治淮南、衡山、江都反獄,皆窮根本。嚴助(及)伍被,上欲釋之。【獨載上所欲釋,亦争二人,卒死,他事可見。】湯争曰:"伍被本(畫)[造]反謀,而助親幸出入禁闥(爪牙)[腹心之]臣,乃交私諸侯,如此弗誅,後不可治。"(於是)上可論之。其治獄所[巧]排大臣自[以]爲功,多此類。【所排大臣,謂時雖大臣决獄,亦爲所排也,非巧詆也。】(於)[繇]是(湯)益尊任,遷(爲)御史大夫。

會渾邪等降漢,大興兵伐匈奴,山東水旱,貧民流徙,皆(仰)[卬]給縣官,縣官空虚。(於是)[湯](丞)[承]上指,請造白金及五銖錢,籠天下鹽鐵,排富商大賈,出告緡令,鉏豪彊并兼之家,舞文巧詆以輔法。湯每朝奏事,語國家用,日(晏)[旰],天子忘食。【每言國家用度,日晏,天子忘食,必多可喜。若此如上所載,亦誰不能也?】丞相取充位,天下事皆决(於)湯。百姓不安其生,騷動,縣官所興,未獲其利,奸吏并侵漁,於是痛繩以(罪)[辠]。(則)自公卿以下,至於庶人,咸指湯。湯嘗病,(天子)[上](至)自[至舍]視(病),其隆貴如此。【《史記》有力。】

匈奴(來請)[求]和親,【來請勝。】群臣議(上)前。博士狄山曰:"和親便。"上問其便,山曰:"兵(者)凶器,未易數動。高帝欲伐匈奴,大困平城,乃遂結和親。孝惠、高后時,天下安樂。及(孝)文帝欲事匈奴,北邊蕭然苦兵(矣)。【是書生語。】孝景時,吴楚七國反,景帝往來(兩)[東]宫間,天下寒心(者)數月。【天下字,非。】吴楚已破,竟景帝不言兵,天下富實。今自陛下(舉)[興]兵擊匈奴,中國以空虚,邊(民)大困貧。由(此)[是]觀之,不如和親。"上問湯,湯曰:'此愚儒,無知。"狄山曰:"臣固愚忠,【忠,自爲句。】若御史大夫湯乃詐忠。(若)湯之治淮南、江都,以深文痛詆諸侯,别疏骨肉,使藩臣不自安。【兩若字,是。】臣固知湯之爲詐忠。"於是上作色曰:"吾使生居一郡,能無使虜入盜乎?"山曰:"不能。"曰:"居一縣?"(對)曰:"不能。"復曰:"居一障間?"山自度辯窮且下吏,曰:"能。"(於是上)[廼]遣山乘障。至月餘,匈奴斬山頭而去。(自)是(以)後,群臣震(慴)[讋]。

湯(之)客田甲,雖賈人,有賢操。【又從容及於田甲,而湯愈無所容矣。】始湯爲小吏(時),與錢通,及(湯)爲大吏,[而]甲所以責湯行義(過失,亦)有烈士[之]風。

湯爲御史大夫七歲,敗。

河東人李文[故]嘗與湯有(却)[隙],已而爲御史中丞,(恚),[薦]①數從中文(書)事有可以傷湯者,不能爲地。湯有所愛史魯謁居,知湯(不)[弗]平,使人上(蜚)[飛]變告文奸事,事下湯,湯治論殺文,而湯心知謁居爲之。上問(曰):"(言)變事(蹤迹)[從跡]安起?"湯(佯)[陽]驚曰:"此殆文故人怨之。"謁居病卧閭裏主人,湯自往視(疾)[病],爲謁居摩足。趙國以冶鑄爲業,王數訟鐵官事,湯常排趙王。趙王求湯陰事。謁居嘗案趙王,趙王怨之,并上書告:"湯,大臣也,史謁居有病,湯至爲摩足,疑與爲大奸。"事下廷尉,謁居病死,事連其弟,弟繫導官。【師古曰:"導,擇也。"以主擇米,故曰導官。時或以諸獄皆滿,故權寄在此繫之,非本獄所也。】湯亦治他囚導官,見謁居弟,欲陰爲之,而(詳)[陽]不省。謁居弟(弗)[不]知,[而]怨湯,【欲陰云云,而陽不省,亦屬人深。其弟又不知而怨,是以斃於詐也。】使人上書,告湯與謁居謀共變(告)李文。【徒減一告字,上下句讀不成。有告字,則上告字是;告湯以共變爲句,下告字是,湯告文以事字爲句。】事下減宣。宣嘗與湯有(郤)[隙],及得此事,窮竟其事,未奏也。會人有盜發孝文園瘞錢,丞相青翟朝,與湯約俱謝,至前,湯念獨丞相以四時行園,【此湯念字,亦是駕空,説出來便以七歲敗。】當謝,湯無與也,不謝。丞相謝,上使御史案其事。湯欲致其文丞相見知,丞相患之。三長史皆害湯,欲陷之。

始,長史朱買臣,(會稽人也。讀《春秋》。莊助使人言買臣),(買臣以《楚辭》與助俱幸,侍中,爲太中大夫,用事;而湯乃爲小吏,跪伏使買臣等前。【莊助使人言買臣,本不切,只欲見買臣所以德助者。本讀《春秋》,而以《楚詞》幸,則皆助力也。至淮南獄事,安得不甚恨?其不切中有深意類此,未易削則削也。跪伏使三字,謂其伏且奔走狀。】已而湯爲廷尉,治淮南

---

① [薦]案:底本原作一大字"薦",無墨綫勒之,兹據萬曆本、天啓本、今本《史記》卷一百二十二及今本《漢書》卷五十九《張湯傳》改。

獄，排擠莊助，買臣固怨望。及湯爲御史大夫，買臣以會稽守爲主爵都尉，列於九卿。數年，坐法廢，守長史，見湯，湯坐牀上，丞史遇買臣，弗爲禮。買臣楚士，深怨，常欲死之。)【忽及楚士又怪，本吴稱楚又怪。】[“素怨湯”，語在其傳。]

王朝，齊人(也)。以術至右内史。邊通，學長短，剛暴(彊)人也，官(再)至濟南相。【此術字，是長短字，與上讀《春秋》字，皆謂深文勝湯者。張晏曰:“蘇張之謀，趣彼爲短，歸此爲長。”戰國名長短術也。】故皆居湯右，已而失官，守長史，詘體於湯。湯數行丞相事，知此三長史素貴，常陵折之。(以)故三長史合謀曰:“始湯約與君謝，已而賣君；今欲劾君以宗廟事，此欲代君耳。吾知湯陰事。”使吏捕案湯左田信等，曰湯且欲(奏)[爲]請[奏]，信輒先知之，居物致富，與湯分之，及他奸事。事辭頗聞。上問湯曰:“吾所爲，賈人輒(先)知(之)，益居其物，是類有吾謀告之者。”【且欲奏請，田信輒先知之，即漏泄機事可想。故上問曰吾所爲，賈人輒先知之。所謂居物致富，本亦何罪？至益居其物始明。是類有以吾謀告之者，則上深入湯過也。此反尔之道也。】湯不謝。(湯)又(詳)[陽]驚曰:“固宜有。”減宣亦奏謁居(等)事。(天子)[上](果)以湯懷詐面欺，使使八輩簿責湯。【摩足，何足以言奸？即其以謁居奸，則其始之告李文可見，上固疑，告變蹤迹，故此語入之，使湯不自匿，上亦亮之。由其詐驚不用情，故由田信先知語，上又轉以賈人先知，是湯自以李文故人語疑之也。由是而推，所居物必有不可言者矣。固宜有，又激甚之。固宜有三字，亦狠語，故可憾耳。簿責，師古曰:“以文簿一一責之。”】湯具自道無此，不服。於是上使趙禹責湯。禹至，讓湯曰:“君何不知分也。君所治夷滅者幾何人矣？今人言君皆有狀，天子重致君獄，欲令君自爲計，何多以對(簿)爲？”【只一語盡矣，凡權寵富貴與所以害物者，皆至是極矣。故曰君何不知分也？何多以對簿爲？即禹平生不覆案者。】湯(乃)[迺]爲書謝曰:“湯無寸尺[之]功，起刀筆吏，陛下幸致[位](爲)三公，無以塞責。然謀陷湯(罪)者，三長史也。”遂自殺。

湯死，家産直不過五百金，皆所得奉賜，無他(業)[贏]。昆弟諸子欲厚葬湯，湯母曰:“湯爲天子大臣，被(汙)惡言而死，何厚葬(乎)[爲]！”載以牛車，有棺[而]無槨。(天子)[上]聞之，曰:“非此母不(能)生此子。”乃書案誅三長史。丞相青翟自殺。出田信，上惜湯，[復]稍(遷)[進]其子安世。○《漢書》湯傳止此①。

① 萬曆本、天啓本此條後衍“下文接前‘官屬陰罪’至‘未入趙禹傳’”

(趙禹)[嘗]中廢，已(而)爲廷尉。始條侯以(爲)禹賊深，(弗任)。及禹爲少府，(比)九卿。(禹)酷急，至晚節，事益多，吏務爲嚴峻，而禹治加緩，(而)名爲平。王温舒等後起，治[峻](酷於)禹。【《漢書》作峻禹，又好。】禹以老，徙爲燕相。數歲，[誖]亂(悖)有罪，免歸。後(湯)十餘年，以壽卒于家。○《漢書》自"嘗中廢"以下入《趙禹傳》後結①。

義縱(者)，河東人也。(爲)少年時，(嘗)[常]與張次公俱攻剽爲群盜。縱有姊(姁)，以醫幸王太后。(王)太后問："有子兄弟爲官者乎?"姊曰："有弟無行，不可。"【縱非娣言，此盗不至。】太后(乃)[廼]告上，[上]拜義姁弟縱爲中郎，補上黨郡中令。治敢(行)[往]，【往勝行字。】少(蘊)[温]藉，縣無逋事，舉(爲)②第一。遷爲長陵及長安令，直法行治，不避貴戚。以捕案太后外孫修成(君)子(仲)[中]，上以爲能，遷爲河内都尉。至則族滅其豪穰氏之屬，河内道不拾遺。而張次公亦爲郎，以勇悍從軍，敢深入，有功，[封]③爲岸頭侯。

(寧)[甯]成家居，上欲以爲郡守。御史大夫弘曰："臣居山東爲小吏時，(寧)[甯]成爲濟南都尉，其治如狼牧羊。成不可(使)[令]治民。"上(乃)[廼]拜成爲關都尉。歲餘，關(東)吏[税肄]隸郡國出入關者，號曰"寧見乳虎，無(值)[直](寧)[甯]成之怒"。[其暴如此。]【不用此句。】義縱自河内遷爲南陽太守，聞(寧)[甯]成家居南陽，(及縱)至關，(寧)[甯]成側行送迎，然縱氣盛，弗爲禮。至郡，遂(案)[按]④(寧)[甯]氏，(盡)破碎其家。成坐有罪，及孔、暴之屬皆(犇)[奔]亡，【其暴害如此，又畏人如此，必其自有歉也。孔、暴與甯爲三。徐廣曰："孔、暴二姓，大族。"】南陽吏民重足一迹。而平氏朱彊、杜衍、杜周爲縱爪牙之吏，任用，遷爲廷[尉]史。軍數出定襄，定襄吏民亂敗，於是徙縱爲定襄太守。縱至，掩定襄獄中重罪(輕繫)二百餘人，及賓客昆弟私入相視者亦二百餘人。縱(一)[壹切]捕鞠，曰"爲死罪解脱"。【此輕繫字，不可去，謂重者、輕者。及賓客私入相視者，皆掩以爲死罪解脱。若止是重罪，却真是爲死罪解脱矣。】是日皆報殺四百餘人。(其後)郡中不寒而栗，猾民佐吏爲治。【猾民從此佐之，最是情狀可憎處。】

---

① 萬曆本、天啓本此條注文作"《漢書》趙禹傳後即接義縱"。

② 舉(爲)案:底本"舉"字後原脱一大字"爲"，兹據萬曆本、天啓本、今本《史記》卷一百二十二及今本《漢書》卷九十《酷吏列傳》補。

③ [封]案:底本原作一大字"封"，無墨綫勒之，兹據萬曆本、天啓本、今本《史記》卷一百二十二及今本《漢書》卷九十《酷吏列傳》改。

④ (案)[按]案:底本原作一大字"案"，無墨綫勒之，後脱一小字"按"，兹據萬曆本、天啓本、今本《史記》卷一百二十二及今本《漢書》卷九十《酷吏列傳》補。

是時趙禹、張湯(以深刻)爲九卿矣,然其治尚寬,輔法而行,(而)縱以鷹擊毛摯爲治。① 後會[吏]五銖錢白金起,民爲奸,京師尤甚,(乃)[廼]以縱爲右内史,王温舒爲中尉。温舒至惡,(其)所爲(不)[弗]先言縱,縱必以氣(淩)[陵]②之,敗壞其功。其治,所誅殺甚多,然取爲小治,奸益不勝,直指始出矣。【取爲小治,奸益不勝,極見酷吏之無益,人必不服。今日小定,明日即不可行此而誅之,亦不勝。取,音促,是。】吏之治以斬殺縛束爲務,閻奉以惡用矣。縱廉,其治(放)[放]郅都。上幸鼎湖,病久,已而卒起幸甘泉,道(多)不治。上怒曰:"縱以我爲不(復)行此道乎?"【酷吏傳時時有眼目謂此等,武帝出語皆可畏。】(嗛)[銜]之。至冬,楊可方受告緡,縱以爲此亂民,部吏捕其爲可使者。【以告緡爲亂民,捕其爲告緡者,此在酷吏中本是得民之事,而以此死罪,殆義縱獨欲行其意③,張湯亦欲獨行其意耳。】天子聞,使杜式治,以爲廢格沮事,棄縱市。後一歲,張湯亦死。

王温舒(者),陽陵人也。少時椎埋爲奸,【椎、埋,兩義。】已而試(補)縣亭長,數廢[數]。【多數字,是。】爲吏,以治獄至廷[尉]史。事張湯,遷爲御史。督盗賊殺傷甚多,稍遷至廣平都尉。擇郡中豪敢(任)[往]吏十餘人,【往字,是。】(以)爲爪牙,皆把其陰重罪,而縱使督盗賊,快其意所欲得,此人雖有百罪,弗法,即有避[回],(因其事)夷之,亦滅宗。【此人者,即上十餘人。百罪,即陰重罪,先犯之在手,有避則因夷滅之。《漢書》以得此人爲句,則此人乃賊也。下避回字,尤④無理。夷滅,亦無謂。】以(其)故齊趙之郊盗(賊)不敢近廣平,廣平聲爲道不拾遺。上聞,遷爲河内太守。

素居廣平時,皆知河内豪奸之家,及往,[以]九月(而)至。令郡具私馬五十匹,爲驛自河内至長安,部吏如居廣平時方略,捕郡中豪猾,(郡中豪猾)相連坐千餘家。【重出郡中豪猾,是。】上書請,大者至族,小者乃死,家盡没入償臧。奏行不過二(三)日,得可事。論報,至流血十餘里。河内皆怪其奏,以爲神速。盡十二月,郡中(毋)[無](聲,毋敢夜行,野無)犬吠之盗。其頗不得失,之旁郡國[追求](梨來),【梨來,雖不可解,可引用。】會春,温舒頓足歎曰:"嗟乎,令冬月益展一月,足吾事矣!"【《漢書》全似,全不似。】其好殺(伐)行威不愛人如此。(天子)[上]聞之,以爲能,遷爲中

---

① 案:萬曆本、天啓本此處衍一眉批:【昔之猾民,今畏縱之嚴,反爲吏耳目,助公務以自效。】

② (凌)[陵]案:底本原作一大字"凌",無墨綫勒之,後脱一小字"陵",兹據萬曆本、天啓本、今本《史記》卷一百二十二及今本《漢書》卷九十《酷吏列傳》補。

③ 意案:萬曆本、天啓本作"義"。

④ 尤案:萬曆本、天啓本作"俱"。

尉。其治復放河内,(徙諸名)[徙請召猜]禍(猾)吏與從事,河内則楊皆、麻戊,關中楊贛、成信等。【此禍猾吏,亦垂不朽。】義縱爲内史,憚[之]未敢恣治。及縱死,張湯敗後,徙爲廷尉,而尹齊爲中尉。[坐法抵罪]〇連下"《楊僕傳》内'温舒復爲中尉'"。

尹齊(者),東郡茌平人[也]。以刀筆[吏]稍遷至御史。事張湯,(張)湯數稱以爲廉武[帝],使督盗賊,【此稱廉武,班稱武帝,豈不遠甚!】(所)斬伐不避貴(戚)。[埶]遷(爲)關(内)都尉,聲甚於(寧)[甯]成。上以爲能,(遷)[拜]爲中尉,吏民益(凋)[彫](敝)。[輕](尹)齊木彊少文,豪惡吏伏匿而善吏不能爲治,以故事多廢,抵罪。【可歎!豪惡吏,亦豈易得用哉!】(上復徙温舒爲中尉。)[後復爲淮陽都尉,王温舒敗]〇連下《楊僕傳》内"後數年,病死"。(而楊僕以嚴酷爲主爵都尉。)【太史公壞人心術,在此等傳,不足爲戒。乃有欣然實踐之者,未有不得志者也。貨殖之教可,酷吏之戒人可,不謹之敢摯是,《史記》聯綿只是一傳。《漢書》以責楊僕詔書增入,而僕不類酷吏矣,然僕之敢摯,亦未見有也。】

楊僕(者),宜陽人也。以千夫爲吏。河南守(案)舉(以爲能,遷)爲御史,使督盗賊關東。治放尹齊,以(爲)敢(摯)[擊]行。稍遷至主爵都尉,(列九卿。天子)[上]以爲能。南越反,拜爲樓船將軍,有功,封將梁侯。[東越反,上欲復使將,爲其伐前勞,以書勅責之曰:"將軍之功,獨有先破石門、尋陿,非有斬將搴旗之實也,烏足以驕人哉!前破番禺,捕降者以爲虜,掘死人以爲獲,是一過也。建德、吕嘉逆罪不容於天下,將軍擁精兵不窮追,超然以東越爲援,是二過也。士卒暴露連歲,爲朝會不置酒,將軍不念其勤勞,而造佞巧,請乘傳行塞,因用歸家,懷銀黄,垂三組,夸鄉里,是三過也。失期内顧,以道惡爲解,失尊尊之序,是四過也。欲請蜀刀,問君賈幾何,對曰率數百,武庫日出兵而陽不知,挾僞干君,是五過也。受詔不至蘭池宫,明日又不對。假令將軍之吏問之不對,令之不從,其罪何如?推此心以在外,江海之間可得信乎!今東越深入,將軍能率衆以掩過不?"僕惶恐對曰:"願盡死贖罪。"與王温舒俱破東越,後復與左將軍荀彘俱擊朝鮮],爲(荀)彘所縛,[語在《朝鮮傳》。還,免爲庶人]。(居久之),病死。〇《漢書》楊僕傳止此,下起減宣傳。

(而)温舒復爲中尉。爲人少文,居(廷)[它]惛惛不辯,至於中尉則心開。【居廷是,《漢書》作居它,然足用。】(督盗賊),素習關中俗,知豪惡吏,豪惡吏盡復爲用,(爲方略)。【爲方略,要此三字,豪惡吏變爲方略吏矣。】吏苛察,(盗賊)[淫]惡少年投缿購告言奸,置伯[落](格)長以(牧)[收]司奸(盗賊)。【《漢書》作淫惡少年而去盗賊,是專用察奸矣,非是。疑購,即篇字耳。】温舒(爲人)[多]諂,善事有(勢)[埶]者;即無(勢)[埶](者),視之如奴。有(勢)[埶]家,雖有奸如山,弗犯;即無(勢)[埶](者),[雖]貴戚必侵辱。舞文巧(詆)[請]下户之猾,以(焄)[動]大豪。【舞文巧詆,是。《漢書》巧爲句。而請下户之猾,不通。動,又不如焄,與薰同。】其治中尉如此。奸猾窮治,大(抵)[氐]盡靡爛獄中,行論無出者。其爪牙吏虎而冠。於是中尉部中中猾以下皆伏,有(勢)[埶]者爲游聲譽,稱治。(治)數歲,其吏多以權[貴]富。

温舒擊東越還,議有不中意(者),坐[以](小)法(抵罪)免。是時(天子)[上]方欲作通天台而未有人,温舒請覆中尉脱卒,得數萬人作。上説,拜爲少府。徙(爲)右内史,治如其故,奸邪少禁。坐法失官。復爲右輔,行中尉(事),如故操。

歲餘,會宛軍發,詔征豪吏,温舒匿其吏華成,及人有變告温舒受員騎錢,他奸利事,罪至族,自殺。【似謂每員每騎。】其時兩弟及兩婚家亦各自坐他罪而族。光禄[勳]①徐自爲曰:"悲夫,夫古有三族,而王温舒罪至同時而五族乎!"

温舒死,家(直累)[絫]千金。○《漢書》《王温舒傳》止此,下起《尹齊傳》。

後數(歲)[年],(尹齊亦以淮陽都尉)病死,家直不滿五十金。所誅滅淮陽甚多,及死,仇家欲燒其尸,(尸)[妻]亡去歸葬。【徐廣曰:"尹齊死未及斂,恐怨家欲燒之,屍亦飛去。"徐廣以尸亡去,故生此。雖知極無此理,然《漢書》作妻亡去,則尸不知所措,語似欠,又不如尸亡去,自不必飛。】○《漢書》此段結上文尹齊傳後下楊僕傳。

(自温舒等以惡爲治,而)[是時]郡守、(都)尉、諸侯[相]二千石欲爲治者,(其治)大抵盡(放)[效王]温舒[等],而吏民益輕犯法,盜賊滋起。南陽有梅免、(白)[百]政,楚有(殷)[假]中、杜少,齊有徐勃,燕趙之間有堅盧、范(生)[主]②之屬。大群至數千人,擅自號,攻城邑,取庫兵,釋死罪,縛辱郡(太)守、都尉,殺二千石,爲檄告縣(趣)[趨]具食;小群(盜)以百數,掠鹵鄉里者不可(勝)[稱]數(也)。【使盜賊可以人人而察,寸寸而治,則伯格長爲萬世長城矣。子長於酷吏,盡載當時所以不近人情,流血數里,若姦宄無以自容者而終之。以大群、小群,輕犯法而不可禁,向非事實,如此語謂酷吏所能,不可遵用哉？此子長之意也。】於是(天子)[上]始使御史中丞、丞相長史[使]督之。猶弗能禁(也),乃使光禄大夫范昆、諸(輔)[部]都尉及故九卿張德等衣繡衣,持節,虎符發兵以興擊,斬首大部或至萬餘級,

① [勳]案:底本原作一大字"勳",無墨綫勒之,兹據萬曆本、天啓本、今本《史記》卷一百二十二及今本《漢書》卷九十《酷吏列傳》改。

② (生)[主]案:底本原作一大字"生",無墨綫勒之,後脱一小字"主",兹據萬曆本、天啓本、今本《史記》卷一百二十二及今本《漢書》卷九十《酷吏列傳》補。

及以法誅通[行]飲食,坐[相]連(諸)郡,甚者數千人。數歲,(乃)[廼]頗得其渠率。散卒失亡,復聚黨阻山川(者),往往而群(居),無可奈何。於是作"沈命法",曰群盗起不發覺,發覺而[弗]捕(弗)滿品者,【品,格也。】二千石以下至小吏主者皆死。其後小吏畏誅,雖有盗(不)[弗]敢發,恐不能得,坐課累府,府亦使(其)不言。故盗賊寖又多,上下相爲匿,以(文辭)避[文]法焉。【至此,乃與起語上下相遁,至於不振者相應。】○《漢書》自"是時郡守尉、諸侯相"以下入《減宣傳》後。

減宣(者),楊人也。以佐史(無害)給事河東守(府)。衛將軍青使買馬河東,見宣無害,言上,徵爲(大)厩丞。官事辯,稍遷至御史及(中)丞。使治主父偃及(治)淮南反獄,所以微文深詆殺者甚衆,稱爲敢决疑。數廢數起,爲御史及中丞者幾二十歲。王温舒(免)[爲]中尉,而宣爲左内史。其治米鹽,事大小皆關其手,自部署縣名曹(實)[實]物,【實物,是。】官吏令丞(不)[弗]得擅摇,痛以重法繩之。居官數年,一切(郡中)爲小治(辯)[辯],然獨宣以小(致)[至]①大,能(因力)[自]行之,難以爲經。中廢。爲右扶風,坐(怨),[怒其吏]成信,信亡(藏)[臧]上林中,宣使郿令[將軍卒,闌入上林中蠶室門攻亭]格殺信,(吏卒格信時),射中(上林)苑門,宣下吏(詆罪,以)爲大逆,當族,自殺。而杜周任用。○連上文《楊僕傳》内"是時,郡守都尉、諸侯相二千石"②。

杜周(者),南陽杜衍人[也]。義縱爲南陽[太]守,以[周]爲爪牙,(舉)[薦之,張湯]爲廷尉史。(事張湯,湯數言其無害,至御史。)使案邊失亡,所論殺甚(衆)[多]③。奏事中(上)意,任用,與減宣(相編),更爲中丞[者]十餘歲。【相編,即相埒。】

(其治與宣相放,然)[周少言]重遲,(外寬),[而]内深次骨。【如無外寬,即内深,且次骨何謂?雖强辨文過語,而當於古今,尚有可推見者,不獨法也。】宣爲左内史,周爲廷尉,其治大[抵]放張湯而善候(伺)[司]。上所欲擠者,因而陷之;上所欲釋(者),久繫待問而微見其冤狀。客有(讓)[謂]周曰:"君爲天(子)[下]决平,不循三尺法,專以人主意指爲獄。獄者固如是乎?"周曰:"三尺安出哉?前主所是著爲律,後主所是疏爲令,當時爲是,何古之法乎!"

---

① [至]案:底本原作"治",兹據萬曆本、天啓本、今本《史記》卷一百二十二及今本《漢書》卷九十《酷吏列傳》改。

② 諸侯相二千石案:底本脱此6字,兹據萬曆本、天啓本、今本《漢書》卷九十《酷吏列傳》改。

③ [多]案:底本原作一大字"多",無墨綫勒之,兹據萬曆本、天啓本、今本《史記》卷一百二十二及今本《漢書》卷五十九《杜周傳》改。

至周爲廷尉，詔獄亦益多矣。二千石繫者新故相因，不減百餘人。郡吏(大)[太]①府舉之廷尉，一歲至千餘章。章大者連逮證案數百，小者數十人；遠者數千[里]，近者數百里【俱不用一里字。】會獄，【會字絶。】吏因責如章告劾，不服，以(笞)掠[笞]定之。【所告所劾不服，則笞之掠之。】於是聞有逮[證]，皆亡匿。獄久者至更數赦，十(有)餘歲而相告言，大(抵)[氐]盡詆以不道，以上廷尉及中都官，【《漢書》不道、以上，絶無理。】詔獄逮至六七萬人，吏所增加十[有餘]萬(餘人)。

周中廢，後爲執金吾，逐(盜)，捕(治)桑弘羊、衛皇后昆弟子刻深，(天子)[上]以爲盡力無私，遷爲御史大夫。(家兩子，夾河爲守。其治暴酷皆甚於王温舒等矣。)[始](杜)周(初徵)爲廷史，有一馬，(且不全)；及(身)久任事，(至)[列]三公(列)，[而](子孫尊官)，[兩子夾河爲郡守]，家訾累(數)巨萬矣。【《史記》首尾只似當時一傳，故趙禹卒張湯，温舒於義縱，義縱卒於楊僕，尹齊甚於寧成，杜周甚於温舒，皆横行逆見，而心術形勢、時事勝敗、民俗情僞，無不可以一時而得。若禹自禹，湯自湯，誰不能者！】②[治皆酷暴，唯少子延年行寬厚云。]

(太史公)[贊]曰：自郅都[以下]，(杜周十人者，此)皆以酷烈爲聲。然(郅)都(伉)[抗]直，引是非，争(天下)大體。張湯以知(陰陽)，[阿邑]人主與俱上下，【陰陽，謂向背。然阿邑連人主字，又實詆嚴，雖不甚可解，可用。】時(數)辯當否，國家賴其便。趙禹(時據)[据]法守正。杜周從諛，以少言爲重。(自)張湯死後，(網)[罔]密，(多詆嚴，官)事[叢]，寖以秏廢。九卿(碌碌)奉(其官)[職]，救過不(贍)[給]，何暇論繩墨之外乎！[自是以至哀、平，酷吏衆多，然莫足數此其知名見紀者也。](然此十人中)，【酷吏十人，都斬，成髡鉗，由、縱棄市，湯自殺，温舒五族，尹齊亡去，減宣自殺，惟杜周有子顯，趙禹壽。】其廉者足以爲儀表，其汙者(足以爲戒)，方略教(導)[道，壹切]禁奸(止邪，一切)亦(皆彬彬)質有(其)文武焉。雖(慘)酷，(斯)稱其位矣。[湯、周子孫貴盛，故别傳。](至若蜀守馮當暴挫，廣漢李貞擅磔人，東郡彌僕鋸項，天水駱璧推減，河東褚廣妄殺，京兆無忌、馮翊殷周蝮鷙。水衡閻奉朴擊賣請。【雖即推減，疑即鍼字與鋸項字。朴擊，致人買請求耳，又郅都以來所不爲也。】何足數哉！何足數哉！)

---

① (大)[太]案：底本原作一大字“大”，無墨綫勒之，後脱一小字“太”，兹據萬曆本、天啓本、今本《史記》卷一百二十二及今本《漢書》卷五十九《杜周傳》改。

② 案：此條眉批，萬曆本、天啓本作【《史記》首尾只似當時一傳，故趙禹卒于張湯，温舒始於義縱，義縱亦卒於楊僕，尹齊甚於寧成，杜周甚於温舒，皆横行逆見，而心術形勢、時事勝敗、民俗情僞，無不可以一目而得。若禹自禹，湯自湯，誰不能者？】衍“于”“始”“亦”三字，“時”作“目”。

第三十一卷
游俠 魯朱家 田仲 劇孟 王孟 郭解[①]

游俠列傳第六十四　史記一百二十四

游俠傳第六十二 漢書九十二

《韓子》曰:"儒以文亂法,而俠以武犯禁。"【學士則儒也。】二者皆譏,而學士多稱於世云。至如以術取宰相卿大夫,輔翼其世主,功名俱著於春秋,固無可言者。及若季次、原憲,閭巷人也,讀書懷獨行君子之德,義不苟合當世,當世亦笑之。故季次、原憲終身空室蓬户,褐衣蔬食不厭。死而已四百餘年,而弟子志之不倦。【韓非子刻薄,欲箝制人心術,使必不得騁,而獨取俠客之義,如其《説難》與《孤憤》。至緩急者,人之所時有也,更自藹然。叩其意,本不取季次、原憲等,盖言其有何功業而志之不倦,却借他説游俠之所爲,有過之者而不見稱,持其語厚而意深也。】今游俠,其行雖不軌於正義,然其言必信,其行必果,已諾必誠,不愛其軀,赴士之厄困,既已存亡死生矣,【死生,死而生者也。】而不矜其能,羞伐其德,盖亦有足多者焉。

且緩急,人之所時有也。太史公曰:昔者虞舜窘於井廩,伊尹負於鼎俎,傅説匿於傅險,吕尚困於棘津,夷吾桎梏,百里飯牛,仲尼畏匡,菜色陳、蔡。此皆學士所謂有道仁人也,猶然遭此菑,况以中材而涉亂世之末流乎?其遇害何可勝道哉!【韓非子由是以學士引次、憲,爲人所稱。太史公只直謂爲學士,亦不免賴游俠,無游俠則如彼。又謂次、憲與游俠比,則彼必能有所於同,又非笑學士拘於咫尺之義,可謂擯詆不遺餘力。亦若儒者之於游俠,然俯仰悲慨,得之身世之感,亦無不憐傷其意耳焉。猶然,又好主意,爲不害跖蹻之爲義,而讀莫喻。】

鄙人有言曰:"何知仁義,已饗其利者爲有德。"故伯夷醜周,餓死首陽山,而文武不以其故貶王;跖、蹻暴戾,其徒誦義無窮。由此觀之,"竊鉤者誅,竊國者侯,侯之門,仁義存",非虚言也。

---

① 案:萬曆本和天啓本目録無田仲、王孟。

今拘學或抱咫尺之義，久孤於世，豈若卑論儕俗，與世沈浮而取榮名哉！而布衣之徒，設取予然諾，千里誦義，爲死不顧世，此亦有所長，非苟而已也。故士窮窘而得委命，此豈非人之所謂賢豪間者邪？誠使鄉曲之俠，予季、次原憲比權量力，效功於當世，不同日而論矣。要以功見言信，俠客之義又曷可少哉！

古布衣之俠，靡得而聞已。近世延陵、孟嘗、春申、平原、信陵之徒，皆因王者親屬，藉於有土卿相之富厚，招天下賢者，顯名諸侯，不可謂不賢者矣。此如順風而呼，聲非加疾，其勢激也。至如閭巷之俠，修行砥名，聲施於天下，莫不稱賢，是爲難耳。然儒、墨皆排擯不載。自秦以前，匹夫之俠，湮滅不見，余甚恨之。【既説鄉曲之俠，又閭巷之俠，又匹夫之俠，節節不放過，要見難之，又難以此。直至捍當時之文，與暴豪之徒，反覆而愈明。】以余所聞，漢興有朱家、田仲、王公、劇孟、郭解之徒，雖時扞當世之文罔，然其私義廉潔退讓，有足稱者。名不虛立，士不虛附。至如朋黨宗彊比周，設財役貧，豪暴侵凌孤弱，恣欲自快，游俠亦醜之。余悲世俗不察其意，而猥以朱家、郭解等令與暴豪之徒同類而共笑之也。

［古者天子建國，諸侯立家，自卿大夫以至於庶人各有等差，是以民服事其上，而下無覬覦。【《漢書》序傳甚嚴，正有本末，一反子長。然爲子長立言，甚難。】孔子曰："天下有道，則政不在大夫。"百官有司奉法承令，以修所職，失職有誅，侵官有罰。夫然，故上下相順，而庶事理焉。

［周室既微，禮樂征伐自諸侯出。桓文之後，大夫世權，陪臣執命。陵夷至於戰國，合從連衡，力政爭彊。繇是列國公子，魏有信陵，趙有平原，齊有孟嘗，楚有春申，皆藉王公之勢，競爲游俠，雞鳴狗盜，無不賓禮。而趙相虞卿棄國捐君，以周窮交魏齊之厄；信陵無忌竊符矯命，戮將專師，以赴平原之急；皆以取重諸侯，顯名天下。搤掔而游談者，以四豪爲稱首。於是背公死黨之議成，守職奉上之義廢矣。

［及至漢興，禁網疏闊，未之匡改也。是故代相陳豨從車千乘，而吴濞、淮南皆招賓客以千數。外戚大臣魏其、武安之屬競逐於京師，布衣游俠劇孟、郭解之徒，馳騖於閭閻，權行州域，力折公侯。衆庶榮其名迹，覬而慕之。雖其陷於刑辟，自與殺身成名，若季路、仇牧，死而不悔也。故曾子曰："上失其道，民散久矣。"非明王在上，視之以好惡，齊之以禮法，民曷繇知禁而反正乎！

［古之正法：五伯，三王之罪人也；而六國，五伯之罪人也。夫四豪者，又六國之罪人也。況於郭解之倫，以匹夫之細，竊殺生之權，其罪已不容於誅矣。觀其温良泛愛，振窮周急，謙退不伐，亦皆有絶異之姿。惜乎不入於道德，苟放縱於末流，殺身亡宗，非不幸也！

［自魏其、武安、淮南之後，天子切齒，衛、霍改節。然郡國豪桀處處各有，京師親戚冠盖相望，亦古今常道，莫足言者。唯成帝時，外家王氏賓客爲盛，而樓護爲帥。及王莽

時,諸公之間陳遵爲雄,閭里之俠原涉爲魁。]

(魯)朱家(者),[魯人],(與)高祖同時[也]。魯人皆以儒教,而朱家用俠聞。所(藏)[臧]活豪士以百數,其餘庸人不可勝言。【但以意寫朱家,平生如所知句。勝字緊,復何以首尾千百爲?】然終不伐其能,(歆)[飲]其德,諸所嘗施,唯恐見之。振人不贍,先從貧賤始。家無[亡]餘財,衣不(完)[兼]采,食不重味,乘不過軥牛。專趨人之急,甚於己之私。既陰脱季布(將軍)之(阸)[戹]①,【《漢書》去將軍字,即語衰。】及布尊貴,終身不見(也)。自關以東,莫不延頸願交(焉)。

楚田仲以俠聞,(喜劍),父事朱家,自以爲行弗及[也]②。田仲(已)死,(而)[後]③(雒陽)有劇孟。○《漢書》朱家傳止此,下别起劇孟傳。④

劇孟者,洛陽人也。周人以商賈爲資,(而)劇孟以(任)俠顯(諸侯)。吴楚反時,條侯爲太尉,乘傳(車)[東]將至河南,得劇孟,喜曰:"吴楚舉大事而不求[劇]孟,吾知其無能爲已(矣)。"天下騷動,(宰相)[大將軍]得之若(得)一敵國云。劇孟行大類朱家,而好博,多少年之戲。然(劇)孟母死,自遠方送喪蓋千乘。及(劇)孟死,家無餘十金之財。而符離(人)王孟亦以俠稱江淮之間。

是時濟南瞯氏、陳周(庸)[膚]亦以豪聞,景帝聞之,使使盡誅此屬。其後代諸白、梁韓毋辟、陽翟薛況、陝(韓)[寒]孺紛紛復出焉。

郭解,[河内]軹人也,(字翁伯),[温]善相人(者)許負外孫也。解父(以)任俠,孝文時誅死。【温善相人,義異,欲不可解。許負,善相人,不知外孫族死耶?且其父亦以俠誅。俠之不可爲也,哀哉!】解爲人(短小精)[静]悍,不飲酒。【咸短小,向後,是。靜悍,與精悍不同,精悍,人可觀。】少時陰賊,[感慨](慨)不快意,(身)所殺甚衆。【陰賊、感概,是。】以軀(借交)[藉友]報仇,(藏)[臧]命作奸,剽攻(不)休,(及)[乃]⑤鑄錢掘冢,(固)不可勝數。【不休與休,乃迥别。《漢書》奇,此從折節後生。】適有天幸,窘急常得脱,若遇赦。及解年長,更折節爲儉,以德報怨,厚施而薄望。然其

---

① (阸)[戹]案:底本原作一大字"阸",無墨綫勒之,後脱一小字"戹",兹據萬曆本、天啓本、今本《史記》卷一百二十四《游俠列傳》及今本《漢書》卷九十二《游俠傳》補。

② [也]案:底本原作一大字"也",無墨綫勒之,兹據萬曆本、天啓本、今本《史記》卷一百二十四《游俠列傳》及今本《漢書》卷九十二《游俠傳》改。

③ [後]案:底本原作一大字"後",無墨綫勒之,兹據萬曆本、天啓本、今本《史記》卷一百二十四《游俠列傳》及今本《漢書》卷九十二《游俠傳》改。

④ 案:此句前萬曆本、天啓本衍"史文連下劇孟"6字。

⑤ (及)[乃]案:底本原作一大字"及",無墨綫勒之,後脱一小字"乃",兹據萬曆本、天啓本、今本《史記》卷一百二十四《游俠列傳》及今本《漢書》卷九十二《游俠傳》補。

自喜爲俠益甚。既已振人之命，不矜其功，而陰賊著於心，(卒)[本]發於睚眦如故云。而少年慕其行，亦輒爲報(仇)[讐]，不使知也。解姊子負解之(勢)[埶]，與人飲，使之(嚼)[釂]。【嚼，義不同。】非其任，彊(必)灌之。人怒，(拔刀)刺殺解姊子，亡去。解姊怒曰："以翁伯(之義)，[時]人殺吾子，賊不得。"棄其尸(於)道[旁]，弗葬，欲以辱解。解使人微知賊處。賊窘自歸，具以實告解。解曰："公殺之(固)當，吾兒不直。"【以誠自歸，故去之。若杯酒之過，自不可至殺也。其矯情好名，亦見於此。】遂去其賊，(罪)[辠]其姊子，(乃)收而葬之。諸公聞之，皆多解之義，益附焉。

解出(入)，人皆避(之)。有一人獨箕踞視之，解(遣人)問其(名)姓[名]。客欲殺之。解曰："居邑屋(至)不見敬，是吾德不修也，彼何(罪)[辠]！"乃陰(屬)[請]尉史曰："是人，吾所(急)[重](也)，至踐更時脱之。"每至(踐)[直]更，數過，吏弗求。怪之，問其故，(乃)解使脱之。箕踞者(乃)[廼]肉袒謝罪。少年聞之，愈益慕解之行。

(雒)[洛]陽人有相仇者，邑中賢豪居間(者)以十數，終不聽。【居中間和輯之。】客(乃)[廼]見(郭)解。解夜見仇家，仇家曲聽(解)。解(乃)謂仇家(曰)："吾聞(雒)[洛]陽諸公在(此)間，多不聽(者)。今子幸而聽解，解奈何(乃)從他縣奪人邑(中)賢大夫權乎！"(乃)[廼]夜去，不使人知，曰："且(無)[毋](用)[庸]，(待我)待我去，令(雒)[洛]陽豪居(其)間，(乃)[廼]聽(之)。"

解[爲人短小]，(執)恭(敬)[儉，出未嘗有騎]，不敢乘車入其縣(廷)[庭]。之旁郡國，爲人請求事，事可出，出之；不可者，(各)[令]①厭其意，然後(乃)[廼]敢嘗酒食。諸公以[此](故)嚴重之，争爲用。邑中少年及旁近縣(賢)豪，夜半過門常十餘車，請得解客舍養之。

及徙豪(富)茂陵也，解(家)貧，不中訾，吏恐，不敢不徙。衛將軍爲言："郭解家貧，不中徙。"上曰："[解]②布衣，權至使將軍(爲言)，此其家不貧。"解(家遂)徙。諸公送者出千餘萬。軹人楊季主子爲縣掾，(舉徙解)[鬲之]。【鬲之，讀情理，與舉徙大異，《漢書》是。師古曰："鬲塞其送，不令解得之。"】解兄子斷楊掾頭。(由此楊氏與郭氏爲仇。)

解入關，關中賢豪知與不知，聞(其)聲，争交歡(解)。(解爲人短小，不飲酒，出未嘗有騎。已)[邑人]又殺楊季主。(楊)季主家上書，人又殺

① (各)[令]案：底本原作一大字"各"，無墨綫勒之，後脱一小字"令"，兹據萬曆本、天啓本、今本《史記》卷一百二十四《游俠列傳》及今本《漢書》卷九十二《游俠傳》補。

② [解]案：底本原作一大字"解"，無墨綫勒之，兹據萬曆本、天啓本、今本《史記》卷一百二十四《游俠列傳》及今本《漢書》卷九十二《游俠傳》改。

(之)闕下。上聞,(乃)[迺]下吏捕解。解亡,置其母家室夏陽,身至臨晋。臨晋籍少(公)[翁]素不知解,(解冒),因(求)出關。籍少(公)[翁]已出解,解(轉)[傳]①(入)太②原,所過輒告主人(家)[處]。吏逐(之),迹至籍少(公)[翁]。少(公)[翁]自殺,口絶。久之,(乃)得解。窮治所犯,爲[而]解所殺,皆在赦前。軹有儒生侍使者坐,客譽郭解,生曰:"(郭)解專以奸犯公法,何謂賢!"解客聞之,殺此生,斷(其)舌。吏以(此)責解,解實不知殺者。殺者亦竟(絶),莫知爲誰。吏奏解(毋罪)[無罪]。御史大夫公孫弘議曰:"解布衣爲任俠行權,以睚眦殺人,解(雖弗)[不]知,此(罪)[辠]甚於解[知]殺之。當大逆無道。"【武帝、公孫弘同,出於人君爲英明,出於相爲已甚。吾嘗爲公孫弘刻深,此語其一也,《春秋》《公》《穀》之敝也。】遂族(郭)解(翁伯)。

自是之後,(爲)俠者極衆,(敖)而無足數者。【敖,雖甚可解處,語乃似巧。】然關中長安樊(仲)[中]子,槐里趙王孫,長陵高公子,西河郭翁(仲)[中],太原(鹵)[魯](公)[翁]孺,臨淮兒長卿,東陽(田)[陳]君孺,雖爲俠而(逡逡)[恂恂]有退讓君子之風。至若北道姚氏,西道諸杜,南道仇景,東道(趙他)[佗]、羽公子,南陽趙調之徒,(此)盗跖[而]居民間者耳,曷足道哉! 此乃鄉者朱家(之)[所]③羞也。

太史公曰:吾視郭解,狀貌不及中人,言語不足採者。然天下無賢與不肖,知與不知,皆慕其聲,言俠者皆引以爲名。諺曰:"人貌榮名,豈有既乎!"【谓不識其人也,但聞其名者,如见以爲榮,雖不好,猶以爲好也。此鄙語,通用得稱。】於戲,惜哉!

---

① (轉)[傳]案:底本"轉"後原脱一小字"傳",兹據萬曆本、天啓本、今本《史記》卷一百二十四《游俠列傳》及今本《漢書》卷九十二《游俠傳》補。

② 大案:底本"太"原作"大",兹據萬曆本,天啓本、今本《史記》卷一百二十四《游俠列傳》及今本《漢書》卷九十二《游俠傳》補。

③ [所]案:底本原作一大字"所",無墨綫勒之,兹據萬曆本、天啓本、今本《史記》卷一百二十四《游俠列傳》及今本《漢書》卷九十二《游俠傳》改。

第三十二卷　佞幸 鄧通 韓嫣 李延年

佞幸列傳第六十五　史記一百二十五

佞幸傳第六十三 漢書九十三

（諺曰"力田不如逢年，善仕不如遇合"，【偶合，是。徐廣曰："遇，亦作偶。"】固無虛言。非獨女以色媚，而士宦亦有之。）

（昔以色幸者多矣。）【昔以色幸者多矣，涉及古人，亦只如此。】（至）漢興，[佞幸寵臣]高祖（至暴抗也，然）[時則有]籍孺（以佞幸）；孝惠（時）有閎孺。此兩人非有材能，（徒）[但]以婉（佞）[媚]貴幸，與上卧起，公卿皆因關說。故孝惠時郎侍中皆冠鵕，貝帶，傅脂粉，化閎、籍之屬也。兩人徙家安陵。

[其後寵臣]，孝文時（中寵臣），士人則鄧通，宦者則趙（同）[談]、北宮伯子。（北宮伯子以愛人長者；而趙同以星氣幸，常爲文帝參乘；鄧通無技能。）[孝武時士人則韓嫣，宦者則李延年；孝元時宦者則弘恭、石顯；孝成時士人則張放、淳于長；孝哀時則有董賢。孝景、昭、宣時皆無寵臣。景帝惟有郎中令周仁。昭帝時，駙馬都尉秺侯金賞嗣父車騎將軍日磾爵爲侯，二人之寵取過庸，不篤。宣帝時，侍中中郎將張彭祖少與帝微時同席研書，及帝即尊位，彭祖以舊恩封陽都侯，出常參乘，號爲愛幸。其人謹敕，無所虧損，爲其小妻所毒薨，國除。]

鄧通，蜀郡南安人也，以濯船爲黃頭郎。（孝）文帝[嘗]夢欲上天，不能，有一黃頭郎（從後）推（之）上天，顧見其衣（裻）[尻]帶後穿。【帝夢且誰知之？殆帝欲貴通，自言之爾。上天亦安用此物哉？其帝夢挾之以登天者乎？姓鄧名通，頗無謂。《漢書》於問下，以意釋之，然後事情備著。裻，猶尻也，然裻雅。師古曰："謂衣當尻而居革帶之下處也。"《正義》曰："裻，音篤，衫襦之橫者，音是。"如說非。裻，猶督也，與尻同直，聲衣，以其衣穿叔，從衣，實亦督義。】覺而之漸臺，以夢中陰目求推者郎，（即）見鄧通，其衣後穿，夢中所見也。召問其名姓，姓鄧（氏），名通，[鄧猶登也]，文帝[甚]說（焉），尊幸之日[日]異。【增一日字，甚警。】通亦愿謹，不好外交，雖賜洗沐，不欲出。於是文帝賞賜通（巨）[鉅]萬以十數，官至上大夫。文帝時

(時)[間]如(鄧)通家游戲。然(鄧)通無他[技]能,不能有所薦(士)[達],獨自謹(其)身以媚上而已。【不能有所薦士,語謬。】上使善相[人]者相通,曰當貧餓死。(文帝)[上]曰:"能富通者在我(也)。【文帝,恭儉主也,露臺至惜百金,曰中人之産,曰爲天下守財,獨賜通累數十钜萬,又予銅山爲私鑄,何嗜好之至此也!當時功臣名將,未聞有數勸賞眷顧萬一者。】何(謂)[説]貧(乎)?"【何説貧三字,又好。】於是賜(鄧)通蜀嚴道銅山,得自鑄錢,"鄧氏錢"布天下。其富如此。

文帝嘗病癰,鄧通嘗爲(帝)[上](唶)[嗽]吮之。【嗽,宜如齰,與嗽[①]異。嗽,音山角反,亦通。】(文帝)[上]不樂,從容問(通)曰:"天下誰最愛我者乎?"通曰:"宜莫(如)[若]太子。"太子入問(病)[疾],(文帝)[上]使[太子](唶)[齰]癰,[太子](唶)[齰]癰而色難之。已而聞(鄧)通嘗爲(帝唶)[上齰](吮)之,太子(心)慚,(由此)[繇是](怨)[心恨]通(矣)。【乃不用兩太子齰癰。景帝,刻薄人也。心恨,不思此人爲爾父吮癰何罪?帝問通對非爲此也,直帝不當使比通耳,然復何憾。史稱帝不樂、以不語,即親得之耳目,有不能盡。具文見意,宜若如此。】及文帝崩,景帝立,鄧通免,家居。居無何,人有告(鄧)通盗出徼外鑄錢,下吏驗問,頗有(之),遂竟案,盡没入[之](鄧)通家,尚負責數(鉅)[钜]萬,長公主賜鄧通,吏輒隨没入之,一簪不得著身。於是長公主乃令假衣食。竟不得名一錢,寄死人家。[趙談者,以星氣幸。北宫伯子長者愛人,故親近,然皆不比鄧通。]【《漢書》有此,不可解。】

(孝景帝時中無寵臣,然獨郎中令周文仁,仁寵最過庸,乃不甚篤。)【此文仁,仁,即如王孫嫣。《索隱》曰:"仁,字文。"】

(今天子中寵臣,士人則韓王孫嫣,宦者則李延年。)

韓嫣(者),[字王孫],弓高侯頽[當之]孽孫也。【之字,無益。】(今上)[武帝]爲膠東王時,嫣與上學書相愛。及上爲太子,愈益親嫣。嫣善騎射,(善佞),[聰慧]。上即位,欲事伐(匈奴)[胡],而嫣先習(胡)兵,以故益尊貴,官至上大夫,賞賜(擬)[儗](於)鄧通。[始]時,嫣常與上[共]卧起。【不用始字、共字。】江都王入朝,(有詔得)從[上](入)獵上林中。天子車駕(蹕)[趩][②]道未行,【蹕字,自爲句。道未行,甚明。】(而)先使嫣乘副車,從數十百騎,(騖)馳視獸。江都王望見,以爲天子,辟從者,伏謁道(傍)

---

① 嗽案:萬曆本、天啓本作"唶"。

② (蹕)[趩]案:底本原作一大字"蹕",無墨綫勒之,後脱一小字"趩",兹據萬曆本、天啓本、今本《史記》卷一百二十五《佞幸列傳》及今本《漢書》卷九十三《佞幸傳》補。

[旁]。嫣驅不見。既過,江都王怒,爲皇太后泣(曰):"請得歸國入宿衛,比韓嫣。"【江都語怒甚,武帝以寵殺嫣。】太后[繇](由)此(嗛)[銜]嫣。嫣侍(上),出入永巷不禁,以奸聞皇太后。(皇)太后怒,使使賜嫣死。上爲謝,終不能得,嫣遂死。(而)[嫣弟](案道侯韓)説,(其弟也),亦(佞)[愛]幸,[以軍功封案道侯,巫蠱時爲戾太子所殺。子增封龍雒侯大司馬車騎將軍,自有傳。]【《漢書》是。】

李延年,中山人(也)。[身及]父母(及身)兄弟(及女),皆故倡也。延年坐法腐[刑],給事狗[監]中。【不可用刑字。】(而平陽公主言延年)女弟(善舞,上見,心説之,及入永巷),[得幸於上①,號李夫人,列《外戚傳》,](而召貴延年)。延年善歌,爲(變)新[變]聲,【新變好。】(而)[是時],上方興天地[諸]祠,欲造樂,[令司馬相如等作]詩[頌](歌弦之)。延年[輒](善)承意,弦[歌](次)[所造](初)詩,[爲之新聲曲。而李夫人産昌邑王],(其女弟②亦幸,有子男)。延年[繇是貴爲協律都尉],佩二千石印[綬],(號協聲律),[而]與上卧起,(其)[甚]③(貴)[愛]幸,埒(如)韓嫣(也)。【埒者,略可,如也。】久之,[延年其弟季](寖)與中人亂,出入驕恣。及(其女弟)李夫人卒後,[其]愛馳,(則)[上遂](禽)誅延年(昆)[兄]弟[宗族](也)。

(自)是(之)後,(内)寵(嬖)臣,大(底)[氐]外戚之家,(然不足數)也。衛青、霍去病(亦)皆(以外戚貴)[愛]幸,然(頗用材),[亦以功]能自進。

太史公曰:甚哉愛憎之時!彌子瑕之行,足以觀後人佞幸矣。雖百世可知也。

[贊曰:柔曼之傾意,非獨女德,蓋亦有男色焉。觀籍、閎、鄧、韓之徒非一,而董賢之寵尤盛,父子并爲公卿,可謂貴重人臣無二矣。然進不繇道,位過其任,莫能有終,所謂愛之適足以害之者也。漢世衰於元、成,壞于哀、平。哀、平之際,國多釁矣。主疾無嗣,弄臣爲輔,鼎足不彊,棟幹微撓。一朝帝崩,奸臣擅命,董賢縊死,丁、傅流放,辜及母后,奪位幽廢,咎在親便嬖,所任非仁賢。故仲尼著"損者三友",王者不私人以官,殆爲此也。]

---

① [得幸於上]案:底本"得幸"後原脱兩小字"於上",兹據萬曆本、天啓本、今本《史記》卷一百二十五《佞幸列傳》及今本《漢書》卷九十三《佞幸傳》補。

② (女弟)案:底本作"弟女",誤。兹據萬曆本、天啓本、今本《史記》卷一百二十五《佞幸列傳》及今本《漢書》卷九十三《佞幸傳》改。

③ (其)[甚]案:底本原作一大字"其",無墨綫勒之,後脱一小字"甚",兹據萬曆本、天啓本、今本《史記》卷一百二十五《佞幸列傳》及今本《漢書》卷九十三《佞幸傳》補。

第三十三卷　滑稽 淳于髡 優孟 優旃

滑稽列傳第六十六　史記一百二十六

孔子曰："六藝於治一也。"《禮》以節人,《樂》以發和,《書》以道事,《詩》以達意,《易》以神化,《春秋》以道義。太史公曰:天道恢恢,豈不大哉! 談言微中,亦可以解紛。【滑稽者,甚鄙褻,乃且從六藝莊語說來,即此太史公之滑稽也。其言天道,亦由是耳。今俳優引語皆然。但聞天道恢恢,豈不大哉,亦使人笑,謂當解紛之時,則六藝無用也。】

淳於髡者,齊之贅婿也。長不滿七尺,滑稽多辯,數使諸侯,未嘗屈辱。【言其賤。】齊威王之時喜隱,【喜隱者,自恃其明以①知也,故其入也,速於游說,不然者不足也。】好爲淫樂長夜之飲,沈湎不治,委政卿大夫。百官荒亂,諸侯并侵,國且危亡,在於旦暮,左右莫敢諫。淳于髡說之以隱曰:"國中有大鳥,止王之庭,三年不蜚又不鳴,王知此鳥何也?"王曰:"此鳥不飛則已,一飛沖天;不鳴則已,一鳴驚人。"【與烹阿、封即墨同,此則小說之體也。】於是乃朝諸縣令長七十二人,賞一人,誅一人,奮兵而出。諸侯振驚,皆還齊侵地。威行三十六年。語在田完世家中。

威王八年,楚大發兵加齊。齊王使淳于髡之趙請救兵,齎金百斤,車馬十駟。淳於髡仰天大笑,冠纓索絶。【畫狀。】王曰:"先生少之乎?"髡曰:"何敢!"王曰:"笑豈有說乎?"曰:"今者臣從東方來,見道傍有禳田者,操一豚蹄,酒一盂,而祝曰:'甌窶滿篝,汙邪滿車【汙邪,下地田也。】②,五穀蕃熟,穰穰滿家。'臣見其所持者狹而所欲者奢,故笑之。"【謂高者、下者,俱欲熟。】③於是齊威王乃益齎黄金千鎰,白璧十雙,車馬百駟。髡辭而行,至趙。趙王與之精兵十萬,革車千乘。楚聞之,夜引兵而去。

威王大說,置酒後宫,召髡賜之酒。問曰:"先生能飲幾何而醉?"髡對曰:"臣飲一斗亦醉,一石亦醉。"威王曰:"先生飲一斗而醉,惡能飲一石

---

① 以案:萬曆本、天啓本作"與"。

② 案:此一條按位置當爲夾批之字詞注釋,據今本《史記》卷一百二十六,此條注釋爲《集解》司馬彪所注,非眉批。

③ 案:萬曆本、天啓本脱此條眉批。

哉！其説可得聞乎？”髡曰：“賜酒大王之前，執法在傍，御史在後，髡恐懼俯伏而飲，不過一斗徑醉矣。若親有嚴客，髡帣韝鞠䠧，【帣，收衣裒也。韝，臂捍也。鞠，曲也。䠧，音其紀反，與跽同，小跪也。】①待酒於前，時賜餘瀝，奉觴上壽，數起，飲不過二斗徑醉矣。若朋友交游，久不相見，卒然相睹，歡然道故，私情相語，飲可五六斗徑醉矣。若乃州閭之會，男女雜坐，行酒稽留，六博投壺，相引爲曹，握手無罰，目眙不禁，前有墮珥，後有遺簪，髡竊樂此，飲可八斗而醉二參。【二參者，以二者參之，謂有進於前，此不是重前。】日暮酒闌，合尊促坐，男女同席，履舄交錯，杯盤狼藉，堂上燭滅，主人留髡而送客，羅襦襟解，微聞薌澤，當此之時，髡心最歡，能飲一石。【無此理。】②故曰酒極則亂，樂極則悲；萬事盡然，言不可極，極之而衰。”以諷諫焉。齊王曰：“善。”乃罷長夜之飲，以髡爲諸侯主客。宗室置酒，髡嘗在側。

其後百餘年，楚有優孟。

優孟者，故楚之樂人也。長八尺，多辯，常以談笑諷諫。楚莊王之時，有一愛馬，衣以文繡，置之華屋之下，席以露床，啖以棗脯。馬病肥死，使群臣喪之，欲以棺槨大夫禮葬之。【不必有是事，有是事不必有是言。至群臣喪之，非滑稽何？】左右爭之，以爲不可。王下令曰：“有敢以馬諫者，罪至死。”優孟聞之，入殿門。仰天大哭。王驚而問其故。優孟曰：“馬者王之所愛也，以楚國堂堂之大，何求不得，而以大夫禮葬之，薄，請以人君禮葬之。”【其至此，無根基甚矣，真説士③也！】④王曰：“何如？”對曰：“臣請以雕玉爲棺，文梓爲槨，楩楓豫章爲題湊，發甲卒爲穿壙，老弱負土，齊趙陪位於前，韓魏翼衛其後，廟食太牢，奉以萬户之邑。諸侯聞之，皆知大王賤人而貴馬也。”王曰：“寡人之過一至此乎！爲之奈何？”優孟曰：“請爲大王六畜葬之。以壟竈爲槨，銅歷爲棺，齎以薑棗，薦以木蘭，祭以粮稻，衣以火光，葬之於人腹腸。”於是王乃使以馬屬太官，無令天下久聞也。

楚相孫叔敖知其賢人也，善待之。病且死，屬其子曰：“我死，汝必貧困。若往見優孟，言我孫叔敖之子也。”居數年，其子窮困負薪，逢優孟，與言曰：“我，孫叔敖子也。父且死時，屬我貧困往見優孟。”優孟曰：“若無遠有所之。”即爲孫叔敖衣冠，抵掌談語。歲餘，像孫叔敖，楚王及左右不能別

① 案：此條按位置當爲夾批之字詞注釋，據今本《史記》卷一百二十六，此條注釋爲《集解》徐廣所注，非眉批。

② 案：萬曆本、天啓本脱此條眉批。

③ 士案：底本作“土”，誤，兹據文意改。

④ 案：萬曆本、天啓本脱此條眉批。

也。莊王置酒,優孟前爲壽。莊王大驚,以爲孫叔敖復生也,欲以爲相。優孟曰:“請歸與婦計之,三日而爲相。”莊王許之。三日後,優孟復來。王曰:“婦言謂何?”孟曰:“婦言慎無爲,楚相不足爲也。如孫叔敖之爲楚相,盡忠爲廉以治楚,楚王得以霸。今死,其子無立錐之地,貧困負薪以自飲食。必如孫叔敖,不如自殺。”因歌曰:“山居耕田苦,難以得食。起而爲吏,身貪鄙者餘財,不顧耻辱。身死家室富,又恐受賕枉法,爲奸觸大罪,身死而家滅。貪吏安可爲也!念爲廉吏,奉法守職,竟死不敢爲非。廉吏安可爲也!楚相孫叔敖持廉至死,方今妻子窮困負薪而食,不足爲也!”於是莊王謝優孟,乃召孫叔敖子,封之寢丘四百户,以奉其祀。後十世不絶。此知可以言時矣。

其後二百餘年,秦有優旃。

優旃者,秦倡侏儒也。善爲笑言,然合於大道,秦始皇時,置酒而天雨,陛楯者皆沾寒。優旃見而哀之,謂之曰:“汝欲休乎?”陛楯者皆曰:“幸甚。”優旃曰:“我即呼汝,汝疾應曰諾。”居有頃,殿上上壽呼萬歲。優旃臨檻大呼曰:“陛楯郎!”郎曰:“諾。”優旃曰:“汝雖長,何益,幸雨立。我雖短也,幸休居。”於是始皇使陛楯者得半相代。

始皇嘗議欲大苑囿,東至函谷關,西至雍、陳倉。優旃曰:“善。多縱禽獸於其中,寇從東方來,令麋鹿觸之足矣。”始皇以故輟止。【語自好。】①

二世立,又欲漆其城。優旃曰:“善。主上雖無言,臣固將請之。漆城雖於百姓愁費,然佳哉!漆城蕩蕩,寇來不能上。即欲就之,易爲漆耳,顧難爲蔭室。”於是二世笑之,以其故止。居無何,二世殺死,優旃歸漢,數年而卒。【不成文字。】②

太史公曰:淳于髡仰天大笑,齊威王横行。優孟摇頭而歌,負薪者以封。優旃臨檻疾呼,陛楯得以半更。豈不亦偉哉!

---

① 案:萬曆本、天啓本脱此條眉批。
② 案:萬曆本、天啓本脱此條眉批。

第三十四卷　日者　司馬季主

日者列傳第六十七　史記一百二十七[①]

自古受命而王,王者之興何嘗不以卜筮决於天命哉！其於周尤甚,及秦可見。代王之入,任於卜者。太卜之起,由漢興而有。【只三語,亦自奇。】

司馬季主者,楚人也。卜於長安東市。

宋忠爲中大夫,賈誼爲博士,同日俱出洗沐,相從論議,誦易先王聖人之道術。究徧人情,相視而歎。賈誼曰:"吾聞古之聖人,不居朝廷,必在卜醫之中。今吾已見三公九卿朝士大夫,皆可知矣。試之卜數中以觀采。"二人即同輿而之市,游於卜肆中。天新雨,道少人,司馬季主閒坐,弟子三四人侍,方辯天地之道,日月之運,陰陽吉凶之本。二大夫再拜謁。司馬季主視其狀貌,如類有知者,即禮之,使弟子延之坐。坐定,司馬季主復理前語,分别天地之終始,日月星辰之紀,差次仁義之際,列吉凶之符,語數千言,莫不順理。

宋忠、賈誼瞿然而悟,獵纓正襟危坐,曰:"吾望先生之狀,聽先生之辭,小子竊觀於世,未嘗見也。今何居之卑,何行之汙?"

司馬季主捧腹大笑曰:"觀大夫類有道術者,今何言之陋也,何辭之野也！今夫子所賢者何也?所高者誰也?今何以卑汙長者?"

二君曰:"尊官厚禄,世之所高也,賢才處之。今所處非其地,故謂之卑。言不信,行不驗,取不當,故謂之汙。夫卜筮者,世俗之所賤簡也。世皆言曰:'夫卜者多言誇嚴以得人情,虚高人禄命以説人志,擅言禍災以傷人心,矯言鬼神以盡人財,厚求拜謝以私於己。'此吾之所恥,故謂之卑汙也。"

司馬季主曰:"公且安坐。公見夫被髮童子乎?日月照之則行,不照則止,問之日月疵瑕吉凶,則不能理。由是觀之,能知别賢與不肖者寡矣。

---

① 案:萬曆本、天啓本此處有一眉批:【張守節謂《日者傳》非太史公所作,觀其辯肆淺深,亦豈褚生所能?】

“賢之行也,直道以正諫,三諫不聽則退。其譽人也不望其報,惡人也不顧其怨,以便國家利衆爲務。故官非其任不處也,禄非其功不受也;見人不正,雖貴不敬也;見人有汙,雖尊不下也;得不爲喜,去不爲恨,非其罪也,雖累辱而不愧也。

“今公所謂賢者,皆可爲羞矣。卑疵而前,孅趨而言;相引以勢,相導以利;比周賓正,以求尊譽,以受公奉;【疵、孅,皆有意。賓,即擯,説得只切,但欲求利,不顧逆與暴。】事私利,枉主法,獵農民;以官爲威,以法爲機,求利逆暴;【略盡情實。】譬無異於操白刃劫人者也。初試官時,倍力爲巧詐,飾虚功執空文以誷主上,用居上爲右;試官不讓賢陳功,見僞增實,以無爲有,以少爲多,以求便勢尊位;食飲驅馳,從姬歌兒,不顧於親,犯法害民,虚公家;此夫爲盗不操矛弧者也,攻而不用弦刃者也,欺父母未有罪而弑君未伐者也。何以爲高賢才乎?【甚暢甚茂。】

“盗賊發不能禁,夷貊不服不能攝,奸邪起不能塞,官耗亂不能治,四時不和不能調,歲穀不熟不能適。才賢不爲,是不忠也;才不賢而托官位,利上奉,妨賢者處,是竊位也;有人者進,有財者禮,是僞也。子獨不見鴟梟之與鳳皇翔乎?蘭芷芎藭棄於廣野,蒿蕭成林,使君子退而不顯衆,公等是也。【忽自比述作,奇。】

“述而不作,君子義也。【文字照應皆是。】今夫卜者,必法天地,象四時,順於仁義,分策定卦,按式正棋,然後言天地之利害,事之成敗。昔先王之定國家,必先龜策日月,而後乃敢代;正時日,乃後入家;産子必先占吉凶,後乃有之。自伏羲作八卦,周文王演三百八十四爻而天下治。越王勾踐仿文王八卦以破敵國,霸天下。由是言之,卜筮有何負哉!

“且夫卜筮者,掃除設坐,正其冠帶,然後乃言事,此有禮也。言而鬼神或以饗,忠臣以事其上,孝子以養其親,慈父以畜其子,此有德者也。而以義置數十百錢,病者或以愈,且死或以生;患或以免,事或以成;嫁子娶婦或以養生;此之爲德,豈直數十百錢哉! 此夫老子所謂‘上德不德,是以有德’。【甚善! 甚善!】今夫卜筮者利大而謝小,老子之云豈異於是乎?

“《莊子》曰:‘君子内無飢寒之患,外無劫奪之憂,居上而敬,居下不爲害,君子之道也。’今夫卜筮者之爲業也,積之無委聚,藏之不用府庫,徙之不用輜車,負裝之不重,止而用之無盡索之時。持不盡索之物,游於無窮之世,雖莊氏之行未能增於是也,子何故而云不可卜哉? 天不足西北,星辰西北移;地不足東南,以海爲池;日中必移,月滿必虧;【不自知其爲誕,忽舉天地所不足，爲自解脱計①。】先王之道，乍存乍亡。公責卜者言必信，不亦惑乎！

“公見夫談士辯人乎？慮事定計，必是人也，然不能以一言説人主意，【以戰國策士，仍歸其功，其言又好。】故言必稱先王，語必道上古；慮事定計，飾先王之成功，語其敗害，以恐喜人主之志，以求其欲。多言夸嚴，莫大於此矣。然欲彊國成功，盡忠於上，非此不立。今夫卜者，導惑教愚也。【四字似古語，有宋俚語正在此。】夫愚惑之人，豈能以一言而知之哉！言不厭多。

“故騏驥不能與罷驢爲駟，而鳳凰不與燕雀爲群，而賢者亦不與不肖者同列。故君子處卑隱以辟衆，自匿以辟倫，微見德順以除群害，以明天性，助上養下，多其功利，不求尊譽。公之等喁喁者也，何知長者之道乎！”

宋忠、賈誼忽而自失，芒乎無色，悵然噤口不能言。於是攝衣而起，再拜而辭。行洋洋也，出市門僅能自上車，伏軾低頭，卒不能出氣。

居三日，宋忠見賈誼於殿門外，乃相引屏語相謂自嘆曰：“道高益安，勢高益危。居赫赫之勢，失身且有日矣。夫卜而有不審，不見奪糈；爲人主計而不審，身無所處。【本贊可厭，獨不審精。】此相去遠矣，猶天冠地履也。此《老子》之所謂‘無名者萬物之始’也。天地曠曠，物之熙熙，或安或危，莫知居之。我與若，何足預彼哉！彼久而愈安，雖曾氏之義未有以異也。”

久之，宋忠使匈奴，不至而還，抵罪。而賈誼爲梁懷王傅，王墮馬薨，誼不食，毒恨而死。此務華絶根者也。

太史公曰：古者卜人所以不載者，多不見於篇。及至司馬季主，余志而著之。【《正義》謂非太史公作，觀其辯肆淺深，又豈褚生所能？《正義》曰：“《史記》至元成間，十篇有録無書，而褚先生補《日者》《龜策》，言辭多鄙陋，非太史之本意也。”】

① 爲自解脱計案：底本原脱此五字，兹據萬曆本、天啓本補。

第三十五卷
貨殖 范蠡 子貢 陶朱 白圭 猗頓 卓氏 烏氏 程鄭 宛孔氏 宣曲 刁間 師史 任氏[①]

貨殖列傳第六十九　史記一百二十九

貨殖傳第六十一 漢書九十一

老子曰："至治之極，鄰國相望，雞狗之聲相聞，民各甘其食，美其服，安其俗，樂其業，至老死不相往來。"必用此爲務，輓近世塗民耳目，則幾無行矣。【即妙論。】

太史公曰：夫神農以前，吾不知已。至若詩書所述虞夏以來，耳目欲極聲色之好，口欲窮芻豢之味，身安逸樂，而心誇矜勢能之榮使。【説得有本有末，非班固迂生之比也。】俗之漸民久矣，雖户説以眇論，終不能化。故善者因之，其次利道之，其次教誨之，其次整齊之，最下者與之争。【説教至親切處。】

夫山西饒材、竹、穀、纑、旄、玉石；山東多魚、鹽、漆、絲、聲色；江南出柟、梓、薑、桂、金、錫、連、丹砂、犀、瑇瑁、珠璣、齒革；龍門、碣石北多馬、牛、羊、旃裘、筋角；銅、鐵則千里往往山出棋置：此其大較也。皆中國人民所喜好，謡俗被服飲食奉生送死之具也。故待農而食之，虞而出之，工而成之，商而通之。此寧有政教發徵期會哉？人各任其能，竭其力，以得所欲。故物賤之徵貴，貴之徵賤，【貴之微賤易見，賤之微貴難知。當下里無用之時，一日而急，則珠玉爲不足棄，穀粟猶是也。】各勸其業，樂其事，若水之趨下，日夜無休時，不召而自來，不求而民出之。豈非道之所符，而自然之驗邪？【是謂刀筆。】

---

① 案：萬曆本和天啓本"貨殖"在前，"滑稽"和"日者"在後，且"貨殖"依次爲：范蠡、子贛、白圭、猗頓、烏氏、寡婦清、卓氏、程鄭、宛孔氏、邴氏、宣曲、刁間、師史、任氏。和底本相比，萬曆本和天啓本標題增加了寡婦清和邴氏，脱陶朱。四庫本同萬曆本。

《周書》曰："農不出則乏其食,工不出則乏其事,商不出則三寶絶,虞不出則財匱少。"【文字厚。】財匱少而山澤不辟矣。此四者,民所衣食之原也。原大則饒,原小則鮮。上則富國,下則富家。貧富之道,莫之奪予,而巧者有餘,拙者不足。【極其推明。】故太公望封於營丘,地瀉鹵,人民寡,於是太公勸其女功,極技巧,通魚鹽,則人物歸之,繦至而輻凑。故齊冠帶衣履天下,海岱之間斂袂而往朝焉。其後齊中衰,管子修之,【貼一句而注管子。】設輕重九府,則桓公以霸,九合諸侯,一匡天下;而管氏亦有三歸,位在陪臣,富於列國之君。是以齊富彊至於威、宣也。【其筆不乏。】

故曰:"倉廩實而知禮節,衣食足而知榮辱。"禮生於有而廢於無。故君子富,好行其德;小人富,以適其力。淵深而魚生之,山深而獸往之,人富而仁義附焉。【愈①見其猥而深可亮。】富者得勢益彰,失勢則客無所之,以而不樂。夷狄益甚。諺曰:"千金之子,不死於市。"此非空言也。故曰:"天下熙熙,皆爲利來;天下壤壤,皆爲利往。"夫千乘之王,萬家之侯,百室之君,尚猶患貧,而况匹夫編户之民乎!

[昔先王之制,自天子公侯卿大夫士至于皂隸抱關擊柝者,其爵禄奉養宫室車服棺槨祭祀死生之制各有差品,小不得僭大,賤不得踰貴。夫然,故上下序而民志定。於是辨其土地川澤丘陵衍沃原隰之宜,教民種樹畜養;五穀六畜及至魚鼈鳥獸雚蒲材幹器械之資,所以養生送終之具,靡不皆育。育之以時,而用之有節。中木未落,斧斤不入於山林;豺獺未祭,罝網不布於野澤;鷹隼未擊,矰弋不施於徯隧。既順時而取物,然猶山不茬蘖,【茬,即槎。】②澤不伐夭,蝝魚麛卵,咸有常禁。所以順時宣氣,蕃阜庶物,穡足功用,如非之備也。然後四民因其土宜,各任智力,夙興夜寐,以治其業,相與通功易事,交利而俱贍,非有徵發期會,而遠近咸足。故《易》曰"后以財成輔相天地之宜,以左右民","備物致用,立成器以爲天下利,莫大乎聖人",此之謂也。《管子》云古之四民不得雜處。士相與言仁誼於閒宴,工相與議技巧於官府,商相與語財利於市井,農相與謀稼穡於田野,朝夕從事,不見異物而遷焉。故其父兄之教不肅而成,子弟之學不勞而能,各安其居而樂其業,甘其食而美其服,雖見奇麗紛華,非其所習,辟猶戎翟之與於越,不相入矣。是以欲寡而事節,財足而不爭。於是在民上者,道之以德,齊之以禮,故民有耻而且敬,貴誼而賤利。此三代之所以直道而行,不嚴而治之大略也。

[及周室衰,禮法墮,諸侯刻桷丹楹,大夫山節藻棁,八佾舞於庭,《雍》徹於堂。其流至乎士庶人,莫不離制而棄本,稼穡之民少,商旅之民多,穀不足而貨有餘。

[陵夷至乎桓、文之後,禮誼大壞,上下相冒,國異政,家殊俗,耆欲不制,僭差亡極。於是商通難得之貨,工作亡用之器,士設反道之行,以追時好而取世資。僞民背實而要名,奸夫犯害而求利,篡弑取國者爲王公,圉奪成家者爲雄桀。禮誼不足以拘君子,刑戮

① 愈案:萬曆本、天啓本脱此字。

② 案:萬曆本、天啓本脱此條眉批。

不足以威小人。富者木土被文錦，犬馬餘肉粟，而貧者短褐不完，唅菽飲水。其爲編戶齊民，同列而以財力相君，雖爲僕虜，猶亡慍色。故夫飾變詐爲奸軌者，自足乎一世之間；守道循理者，不免於飢寒之患。其教自上興，繇法度之無限也。故列其行事，以傳世變云。]

昔（者越）［粵］王勾踐困於會稽之上，（乃）［廼］用范蠡、計然。計然曰："知鬭則修備，時用則知物，二者形則萬貨之情可得而（觀已）［見矣］。故（歲在金，穰；水，毁；木，饑；火，旱）。【借知鬭則修備，以明時用則知物，其理甚明，未有欲聞而徒手也。知物之爲時用，猶知彼知己，所以鬭也。金穰、水毁，皆大概之論，非謂必然。下六穰，六旱，十二年饑，亦然。一水一旱，有時作，無時備，不會常稔常旱也。】旱則資舟，水則資車，物之理也。（六歲穰，六歲旱，十二歲一大饑。夫糶，二十病農，九十病末。末病則財不出，農病則草不辟矣。上不過八十，下不減三十，【二十、九十、八十，皆言斗。】則農末俱利，平糶齊物，關市不乏，治國之道也。積著之理，務完物，無息幣。【完者，無不有也。息幣，即無藏幣。】以物相貿易，腐敗而食之貨勿留，無敢居貴。論其有餘不足，則知貴賤。貴上極則反賤，賤下極則反貴。貴出如糞土，賤取如珠玉。財幣欲其行如流水）。"【貴時不出，則反賤矣，故如糞土，言及時也。多見吝者，欲更貴而失，最害。】［推此類而］修之十年，國富，厚賂戰士，（士赴矢石，如渴得飲），遂報彊吴，（觀兵中國，稱號"五霸"）。

（范蠡既雪）［刷］會稽之恥，［范蠡］（乃喟然而）嘆曰："計然之策（七）［十］，（越）用其五而得意。【此七、此五，亦大概揣言之。】既（已）［以］施於國，吾欲（用）［施］之家。"（乃）［廼］乘扁舟浮（於）江湖，變名易姓，適齊爲鴟夷子皮，之陶爲朱公。（朱公）以爲陶天下之中，諸侯四通，貨物所交易也。（乃）［廼］治産積居。與時逐而不責於人。故善治（生）［産］者，能擇人而任時。【借陶朱形己意，故時時自言，與時逐而不責於人，善治生者能擇人而任時，皆是也。非陶朱公語也，皆関世有益必不可易之言也。】十九年之（中）［間］三致千金，［而］再（分散）［散分］①與貧（交）［友］（疏）昆弟。（此所謂富好行其德者也。）後年衰老而聽子孫，（子孫）修業而息之，遂至（巨）［鉅］萬。故言富者（皆）稱陶朱（公）。

子贛既學於仲尼，退而仕（於）衛，（廢著）［發貯］鬻財（於）曹、魯之間，【廢著，雖當時語，竟似發著耳，猶化居也。】七十子之徒，賜最爲饒（益），

---

① （分散）［散分］案：底本原作兩大字"分散"，無墨綫勒之，後脱兩小字"散分"，兹據萬曆本、天啓本、今本《史記》卷一百二十九《貨殖列傳》及今本《漢書》卷九十一《貨殖傳》補。

【饒益,不成語。益,疑益①字屬下句,他是添原憲入來,故須益②。】[而顏淵簞食瓢飲,在于陋巷。](原憲不厭糟糠,匿於窮巷。)子貢結駟連騎,束帛之幣(以)聘享諸侯,所至,國君無不分庭與之(抗)[亢]禮。(夫使孔子名布揚於天下者,子貢先後之也。此所謂得勢而益彰者乎?)【富好行德,得勢而益彰,各自照應。】[然孔子賢顏淵而譏子贛,曰:"回也,其庶乎,屢空。賜不受命,而貨殖焉,意則屢中]。"

白圭,周人也。當魏文侯時,李克務盡地力,而白圭樂觀時變,故人棄我取,人取我(與)[予]③。【如論此傳,時於精事著精語。樂觀時變,與盡地力相遠,雖以此傾天下可也。人棄我取,人取我予,此老子之所未言。】(夫歲熟取穀,予之絲漆;蠒出取帛絮,與之食。太陰在卯,穰;明歲衰惡。至午,旱;明歲美。至酉,穰;明歲衰惡。至子,大旱;明歲美,有水。至卯,【多至卯二字。】積著率歲倍。【積著率,如字。《正義》曰:"貯律二音,即白圭云云。"】欲長錢,取下穀;長石斗,取上種)。能薄飲食,忍嗜欲,節衣服,與用事僮僕同苦樂,趨時若猛獸摯鳥之發。故曰:"吾治生(産),猶伊尹、吕尚之謀,孫吴用兵,商鞅行法是也。(是)故(其)智不足與權變,勇不足以决斷,仁不能以取予,彊不能[以]有(所)守,雖欲學吾術,終不告(之矣)[也]。"蓋天下言治生[者]祖白圭。(白圭其有所試矣,能試有所長,非苟而已也。)【此語蛇足。】

猗頓用鹽鹽起。(而)邯鄲郭縱以(鐵)[鑄]冶成業,與王者埒富。

烏氏(倮)[蠃]畜牧,及衆,斥賣,求奇繒物,間獻(遺)戎王。戎王什倍其償,(與之)[予]畜,畜至用穀量(馬)牛[馬]。秦始皇(帝)令(倮)[蠃]比封君,以時與列臣朝請。(而)④。

巴(蜀)寡婦清,其先得丹穴,而擅其利數世,家亦不訾。清,寡婦(也),能守其業,用財自衛,[人]不[敢](見侵)犯。秦[始]皇(帝)以爲貞婦而客之,爲築女懷清臺。○連下文"秦漢之制,列侯封君食租税"⑤。(夫倮鄙人牧長,清窮鄉寡婦,禮抗萬乘,名顯天下,豈非以富邪?)【自陶朱、子貢、白圭、猗頓、巴婦,皆一片,故豈非以富邪?與上行德,得勢爲三。至漢興,乃别論,不當斷而斷。】

---

① 益案:底本、校本均作"盖",讹,據上下文改。

② 益案:底本、校本均作"盖",讹,據上下文改。

③ (與)[予]案:底本原作一大字"與",無墨綫勒之,後脱一小字"予",玆據萬曆本、天啓本、今本《史記》卷一百二十九《貨殖列傳》及今本《漢書》卷九十一《貨殖傳》補。

④ 萬曆本、天啓本此處衍一條注文"《史記》連下文,《漢書》别起"。

⑤ 連下文,萬曆本、天啓本作"下文接"。

漢興,海内爲一,開關梁,弛山澤之禁,是以富商大賈周流天下,交易之物莫不通,得其所欲,而徙豪杰諸侯彊族於京師。【物者,件别各有聚處。】

關中自汧、雍以東至河、華,膏壤沃野千里,自虞夏之貢以爲上田,而公劉適邠,太王、王季在岐,文王作豐,武王治鎬,故其民猶有先王之遺風,好稼穡,殖五穀,地重,重爲邪。及秦文、孝繆居雍,隙隴蜀之貨物而多賈。獻孝公徙櫟邑,櫟邑北却戎翟,東通三晋,亦多大賈。武昭治咸陽,因以漢都,長安諸陵,四方輻湊并至而會,地小人衆,故其民益玩巧而事末也。南則巴蜀。巴蜀亦沃野,地饒巵、薑、丹砂、石、銅、鐵、竹、木之器。【關中南,則巴蜀沃野,地饒巵、薑①、丹砂、石、銅、鐵、竹、木之器,所産必不止此,舉此可謂索莫,直行文不可已耳,非事實。】南御滇僰,僮。西近邛笮,笮馬、旄牛。然四塞,棧道千里,無所不通,唯褒斜綰轂其口,以所多易所鮮。【須作旄牛,然看語乃足奇。綰轂,猶綰轄,謂總轄處。】天水、隴西、北地、上郡與關中同俗,然西有羌中之利,北有戎翟之畜,畜牧爲天下饒。然地亦窮險,唯京師要其道。故關中之地,於天下三分之一,而人衆不過什三;然量其富,什居其六。

昔唐人都河東,殷人都河内,周人都河南。夫三河在天下之中,若鼎足,王者所更居也,建國各數百千歲,土地小狹,民人衆,都國諸侯所聚會,故其俗纖儉習事。【纖者,纖靡,有侈無儉,非纖嗇之比。】楊、平陽陳西賈秦、翟,北賈種、代。種、代,石北也,地邊胡,數被寇。人民矜懻忮,好氣,任俠爲姦,不事農商。然迫近北夷,師旅亟往,中國委輸時有奇羡。其民羯羠不均,【羯羠,如羊狼鬥也。】自全晋之時固已患其僄悍,而武靈王益厲之,其謡俗猶有趙之風也。故楊、平陽陳掾其間,得所欲。【陳掾,《索隱》以爲猶經營馳逐,然不通,古無此,謬。當時楊姓、陳姓因緣其間,得所欲也,且②椽、緣通。《索隱》曰:"椽音逐緣反,猶經營馳逐也。"】温、軹西賈上黨,北賈趙、中山。中山地薄人衆,猶有沙丘紂淫地餘民,民俗懁急,仰機利而食。丈夫相聚游戲,悲歌忼慨,起則相隨椎剽,休則掘冢作巧奸冶,【下語甚别。】多美物,【徐廣:"美,一作弄。"】爲倡優。女子則鼓鳴瑟,跕屣,游媚貴富,入後宫,徧諸侯。

然邯鄲亦漳、河之間一都會也。北通燕、涿,南有鄭、衛。鄭、衛俗與趙相類,然近梁、魯,微重而矜節。濮上之邑徙野王,野王好氣任俠,衛之風也。

夫燕亦勃、碣之間一都會也。南通齊、趙,東北邊胡。上谷至遼東,地

---

① 薑案:底本模糊不清,校本均作"菱"。按《史記》原文,應作"薑"。
② 且案:底本作"耳",萬曆本、天啓本作"且",兹據萬曆本。

踔遠，人民希，數被寇，大與趙、代俗相類，而民雕捍少慮，有魚鹽棗栗之饒。北鄰烏桓、夫餘，東綰穢貉、朝鮮、真番之利。

洛陽東賈齊、魯，南賈梁、楚。故泰山之陽則魯，其陰則齊。

齊帶山海，膏壤千里，宜桑麻，人民多文綵布帛魚鹽。臨菑亦海岱之間一都會也。其俗寬緩闊達，而足智，好議論，地重，難動揺，怯於衆鬥，勇於持刺，故多劫人者，大國之風也。【持刺，即好持論刺幾也，非持物刺人。若持刺人，則鬧矣。】其中具五民。

而鄒、魯濱洙、泗，猶有周公遺風，俗好儒，備於禮，故其民齪齪。頗有桑麻之業，無林澤之饒。地小人衆，儉嗇，畏罪遠邪。及其衰，好賈趨利，甚於周人。

夫自鴻溝以東，芒、碭以北，屬巨野，此梁、宋也。陶、睢陽亦一都會也。昔堯作游成陽，舜漁於雷澤，湯止于亳。其俗猶有先王遺風，重厚多君子，好稼穡，雖無山川之饒，能惡衣食，致其蓄藏。

越、楚則有三俗。【都説得有本，不獨不稱帝王而已。】夫自淮北沛、陳、汝南、南郡，此西楚也。其俗剽輕，易發怒，地薄，寡於積聚。江陵故郢都，西通巫、巴，東有雲夢之饒。陳在楚夏之交，通魚鹽之貨，其民多賈。徐、僮、取慮，則清刻，矜己諾。

彭城以東，東海、吴、廣陵，此東楚也。其俗類徐、僮。朐、繒以北，俗則齊。浙江南則越。夫吴自闔廬、春申、王濞三人招致天下之喜游子弟，東有海鹽之饒，章山之銅，三江、五湖之利，亦江東一都會也。

衡山、九江、江南、豫章、長沙，是南楚也，其俗大類西楚。郢之後徙壽春，亦一都會也。而合肥受南北潮，皮革、鮑、木輸會也。與閩中、干越雜俗，故南楚好辭，巧説少信。江南卑濕，丈夫早夭。多竹木。豫章出黄金，長沙出連、錫，然堇堇物之所有，取之不足以更費。九疑、蒼梧以南至儋耳者，與江南大同俗，而揚越多焉。番禺亦其一都會也，珠璣、犀、瑇瑁、果、布之湊。【好辭，巧説，謂詞賦之類，此復何與於貨殖，直足閒談。其心胸包括，取之不竭。自東賈齊魯，南賈梁楚，已有吞吴并粤之意，故隨意所及，縷縷不絶於口。及至番禺一語，而更樸語好，忽然而出，忽然而入。】

潁川、南陽，夏人之居也。夏人政尚忠朴，猶有先王之遺風。潁川敦愿。秦末世，遷不軌之民於南陽。南陽西通武關、鄖關，東南受漢、江、淮。宛亦一都會也。俗雜好事，業多賈。其任俠，交通潁川，故至今謂之“夏人”。

夫天下物所鮮所多，人民謡俗，【夫天下物，所鮮所多，人民謡俗，猶其題目。其説見下。】山東食海鹽，山西食鹽鹵，領南、沙北固往往出鹽，大體如此矣。

總之,【總之,又如大概商略。】楚越之地,地廣人希,飯稻羹魚,或火耕而水耨,果隋嬴蛤,不待賈而足,地勢饒食,無饑饉之患,以故呰窳偷生,無積聚而多貧。【隋,以爲略謡,未喻。《正義》曰:"隋,今爲謡,音同,上古少字也。"】是故江淮以南,無凍餓之人,亦無千金之家。沂、泗水以北,宜五穀桑麻六畜,地小人衆,數被水旱之害,民好畜藏,【形容無不的當實密。】故秦、夏、梁、魯好農而重民。三河、宛、陳亦然,加以商賈。齊、趙設智巧,仰機利。燕、代田畜而事蠶。○自"漢興,海内"至此,《漢書》間用其語於地理志中。

由此觀之,賢人深謀於廊廟,論議朝廷,守信死節隱居岩穴之士設爲名高者安歸乎?歸於富厚也。是以廉吏久,久更富,廉賈歸富。【誰人説道廊廟之富與岩穴之養,皆自有所見,迫人於不可復辯,可以徐思而不可以猝喻。至廉吏久,久更富,又有理。爲廉者必貧,書生常語也;謂廉者能自保,則歷任顯是更富也。歸富,又①精,速得爲賈之利,賢於待賈,其歸亦不可筭。】富者,人之情性,所不學而俱欲者也。故壯士在軍,攻城先登,陷陣却敵,斬將搴旗,前蒙矢石,不避湯火之難者,爲重賞使也。其在閭巷少年,攻剽椎埋,劫人作奸,掘冢鑄幣,任俠并兼,借交報仇,篡逐幽隱,不避法禁,走死地如騖者,其實皆爲財用耳。今夫趙女鄭姬,設形容,揳鳴琴,揄長袂,躡利屣,目挑心招,出不遠千里,不擇老少者,奔富厚也。游閑公子,飾冠劍,連車騎,亦爲富貴容也。弋射漁獵,犯晨夜,冒霜雪,馳阬谷,不避猛獸之害,爲得味也。博戲馳逐,鬥雞走狗,作色相矜,必争勝者,重失負也。醫方諸食技術之人,焦神極能,爲重糈也。吏士舞文弄法,刻章僞書,不避刀鋸之誅者,没於賂遺也。農工商賈畜長,固求富益貨也。此有知盡能索耳,終不餘力而讓財矣。【語至此竭。】

諺曰:"百里不販樵,千里不販糴。"【此不販,以遠故。】居之一歲,種之以穀;十歲,樹之以木;百歲,來之以德。德者,人物之謂也。今有無秩禄之奉,爵邑之人,而樂與之比者。命曰"素封"。○下文接前"爲築女懷清臺"。[秦漢之制,列侯]封(者)[君]食租税,歲率户二百。千户之君則二十萬,朝覲聘享出其中。庶民農工商賈,率亦歲萬息二千(户),百萬之家(則)[即]二十萬,而更(徭)[繇]租賦出其中。衣食(之欲,恣所)好美矣。故曰陸地牧馬二百(蹄)[蹏],牛(蹄角)千[蹏角],千足羊,澤中千足彘,水居千石魚(陂)[波],山居千章之(材)[萩]。安邑千樹棗;燕、秦千樹栗;蜀、漢、江陵千樹橘;淮北、(常山)[滎](已)南,河濟之間千樹萩;陳、夏千畝(漆)[桼];

① 又案:萬曆本、天啓本作"人"。

齊、魯千畝桑麻；渭川千畝竹；及名國萬家之城，帶郭千畝畝鍾之田，若千畝卮茜，千畦薑韭：此其人皆與千户侯等。○連下文“諺曰‘以貧求貧’”。(然是富給之資也，不窺市井，不行異邑，坐而待收，身有處士之義而取給焉。若至家貧親老，妻子軟弱，歲時無以祭祀進醵，飲食被服不足以自通，如此不慚耻，則無所比矣。是以無財作力，少有鬥智，既饒争時，此其大經也。今治生不待危身取給，則賢人勉焉。是故本富爲上，末富次之，奸富最下。無岩處奇士之行，而長貧賤，好語仁義，亦足羞也。)

(凡編户之民，富相什則卑下之，伯則畏憚之，千則役，萬則僕，物之理也。)[諺曰](夫用)[以]貧求富，農不如工，工不如商，刺繡文不如倚市門，此言末業，貧者之資也。通邑大都，酤一歲千釀，醯醬千瓨，(醬)[漿]千(甔)[儋]，屠牛羊彘千皮，(販)穀(糶)[糴]千鍾，薪稿千車，船長千丈，木千章，竹竿萬个，(其)軺車百乘，牛車千(輛)[兩]，木器(髹)[桼]者千枚，銅器千鈞，素木鐵器若卮茜千石，馬(蹄躈)[蹏噭]千，牛千足，羊彘千雙，(僮)[童]①手指千，筋角丹沙千斤，其帛絮細布千鈞，文采千匹，(搨)[荅]布皮革千石，(漆)[桼]千[大]斗，蘗麴鹽豉千(瓵)[合]，鮐鮆千斤，鯫(千石)，鮑千鈞，棗栗千石者三之，狐(鼦)[貂]裘千皮，羔羊裘千石，旃席千具，(佗)[它]果(菜)[采]千(鍾)[種]，子貸金錢千貫，節駔(會)[儈]②，貪賈三之，廉賈五之，【貪賈三，廉賈五，甚難解。貪賈，正是貴時不肯賣，欲其愈貴，不知貴出如糞土之義，故得三；廉賈反之，而其轉爲無窮，所以五。三、五，亦大凡之辭。】此亦比千乘之家，[此]其大率也。○連下文“蜀卓氏”。(佗雜業不中什二，則非吾財也。)

(請略道當世千里之中，賢人所以富者，令後世得以觀擇焉。)

蜀卓氏之先，趙人也，用鐵冶富。秦破趙，遷卓氏[之蜀]。(卓氏見虜略，獨)夫妻推輦，行(詣遷處)。諸遷虜少有餘財，争與吏，求近處，處葭萌。唯卓氏曰：“此地(狹)[陿]薄。吾聞(汶)[峄]山之下，沃(野)[埜]，下有(蹲)[踆]鴟，至死不飢。民工(於)[作布](市)，易賈。”乃求遠遷。致之臨邛，大(喜)[憙]，即鐵山鼓鑄，運籌(策)[筭貫]，(傾)滇蜀(之)民，富至(僮)[童](千)[八百]人。田池射獵之樂，擬於人君。

程鄭，山東遷虜也，亦冶鑄，賈(椎髻)[魋結](之)民，富埒卓氏，(俱居臨邛)。[程、卓既衰，至成、哀間，成都羅裒訾至鉅萬。初，裒賈京師，隨身數十百萬，

① (僮)[童]案：底本原作一大字“僮”，無墨綫勒之，後脱一小字“童”，兹據萬曆本、天啓本、今本《史記》卷一百二十九《貨殖列傳》及今本《漢書》卷九十一《貨殖傳》補。

② (會)[儈]案：底本原作一大字“會”，無墨綫勒之，後脱一小字“儈”，兹據萬曆本、天啓本、今本《史記》卷一百二十九《貨殖列傳》及今本《漢書》卷九十一《貨殖傳》補。

爲平陵石氏持錢。其人强力。石氏訾次如、苴,親信,厚資遣之,令往來巴蜀,數年間致千餘萬。袁舉其半賂遺曲陽、定陵侯,依其權力,賒貸郡國,人莫敢負。擅鹽井之利,期年所得自倍,遂殖其貨。]

宛孔氏之先,梁人也,用鐵冶爲業。秦(伐)[滅]魏,遷孔氏南陽。大鼓鑄,規陂(池)[田],連(車)騎,游諸侯,因通商賈之利,有游閑公子之(賜與)名。然其贏得過當,(愈)[瘉]於(纖)[孅]嗇,家致(富)數千金,故南陽行賈盡法孔氏之雍容①。

魯人俗儉嗇,而(曹邴)[丙]氏尤甚,以鐵冶起,富至(巨)[鉅]萬。然家自父兄子(孫)[弟]約,(俛)[頫]有拾,(仰)[卬]有取,貰貸行賈遍郡國。鄒、魯以其故多去文學而趨利(者,以曹邴氏也)。【鄒、魯以曹邴故,去文學而趨利,此即前甚於周人之語,足使人慚。】

齊俗賤奴虜,而刁間獨愛貴之。桀黠奴,人之所患(也),唯刁間收取,使之逐漁鹽商賈之利,或連車騎,交守相,然愈益任之。【刁間兩語如此,又傳之变。】終得其力,起(富)數千萬。故曰“寧爵(毋)[無]刁”,言(其)能使豪奴自饒,而盡其力[也。刁間既衰,至成、哀間,臨菑姓偉訾五千萬。]②

周人既(纖)[孅],而師史尤甚,轉轂(以)百數,賈郡國,無所不至。(洛)[雒]陽街居在齊秦楚趙之中,(貧人學事)富家,相矜以久賈,(數)過邑不入門,設(任)[用]此等,故師史能致(七)[十]千萬。【纖字,非纖嗇之謂,觀下轉轂百數可見,正是纖巧侈靡耳。又泛説洛陽街居,如言形勝兵法,貧者皆老於富家,以久賈棄家爲常,故曰設任此等,謂爲周人貰事可任也。】[師史既衰,至成、哀、王莽時,雒陽張長叔、薛子仲訾亦十千萬。莽皆以爲納言士,欲法武帝,然不能得其利。]

宣曲任氏(之)[其]先,爲督道倉吏。秦之敗也,豪杰(皆)争取金玉,(而)任氏獨窖倉粟。【所以證人棄我取之必然。】楚漢相距滎陽(也),民不得耕種,米石至萬,而豪杰金玉盡歸任氏,任氏以此起富。富人(争)奢侈,而任氏折節爲(儉),力田畜。(田畜)人争取賤賈,任氏獨取貴善。富者數世。【師古解善、富,與史異。】然任公家約,非田畜所(出)[生](弗)[不]衣食,公事不畢則(身)不得飲酒食肉。以此爲閭里率,故富而主上重之。【謂當開邊時,惟長此輩富厚耳,其下故又及吴楚。】

塞之斥也,唯橋(姚)[桃以](已)致馬千匹,牛倍之,羊萬(頭),粟以萬鍾計。吴楚(七國)兵[之]起(時),長安中列侯封君行從軍旅,齎貸子錢

① 萬曆本、天啓本衍“史文連下,《漢書》另起”一條注文。
② 萬曆本、天啓本衍“史文連下,《漢書》另起”一條注文。

[家],子錢家以爲(侯邑國在關東),關東成敗未决,莫肯(與)[予]。唯(無)[毋]鹽氏出捐千金貸,其息什之。三月,吴楚平。一歲之中,則(無)[毋]鹽氏(之)息什倍,用此富(埒)關中。

關中富商大賈,大(抵)[氐]盡諸田,田(嗇)[牆]、田(闌)[蘭]。韋家栗氏,安陵、(杜)杜氏,亦(巨)[鉅]萬。[前富者既衰,自元、成訖王莽,京師富人杜陵樊嘉,茂陵摯綱,平陵如氏、苴氏,長安丹王君房,豉,樊少翁、王孫大卿爲天下高訾。樊嘉五千萬,其餘皆鉅萬矣。王孫卿以財養士,與雄傑交,王莽以爲京司市師,漢司東市令也。]

此其章章尤(異)[著]者也。(皆非有爵邑奉禄弄法犯奸而富,盡椎埋去就,)【椎埋,無謂,當是盡椎埋識。去就,與下面隨時俯仰語相似。然不甚可曉,第必非椎埋者。】(與時俯仰,獲其贏利,以末致財,用本守之,以武一切,用文持之,變化有概,故足術也。若至力農畜,工虞商賈,爲權利以成富,大者傾郡,中者傾縣,下者傾)[其餘郡國富民兼業顓利,以貨賂自行,取重於]鄉里者,不可勝數。【亦如談兵。】

(夫纖嗇筋力,治生之正道也,而富者必用奇勝。)[故秦陽以]田農,(拙業),而(秦陽以蓋)[甲]一州。(掘冢,奸事也,而田叔以起。博戲,惡業也,而桓發用之富。行賈,丈夫賤行也,而雍樂成以饒。)[翁伯以]販脂,(辱處也,而雍伯千金)[傾縣邑。張氏以]賣(漿)[醬]①(小業也)而(張氏千萬)[隃侈],[質氏以]灑削,(薄技也),而(郅氏)鼎食。[濁氏以]胃脯,(簡微耳,濁氏)[而]連騎。[張里以]馬醫,(淺方,張里)[而]擊鍾[皆越法矣]。(此皆誠壹之所致。)

(由是觀之,富無經業,則貨無常主,能者輻湊,不肖者瓦解。千金之家比一都之君,巨萬者乃與王者同樂。豈所謂"素封"者邪?非也?)

[然常循守事業,積累贏利,漸有所起。至於蜀卓,宛孔,齊之刁間,公擅山川銅鐵魚鹽市井之入,運其籌策,上争王者之利,下錮齊民之業,皆陷不軌奢僭之惡。又况掘冢搏掩,犯奸成富,曲叔、稽發、雍樂成之徒,猶復齒列,傷化敗俗,大亂之道也。]

嘉靖十六年歲次丁酉山人高瀔覆校。

---

① (漿)[醬]案:底本原作一大字"漿",無墨綫勒之,後脱一小字"醬",兹據萬曆本、天啓本、今本《史記》卷一百二十九《貨殖列傳》及今本《漢書》卷九十一《貨殖傳》補。

附録一:《班馬異同》歷代敘録與題跋

1. 南宋陳振孫(约 1183—约 1260)《直齋書録解題》,上海古籍出版社,1987 年,第 431 頁。

卷十四:《馬班異辭》三十五卷(盧文弨校本作《班馬異辭》),倪思撰。以班史仍《史記》之舊而多删改,大抵務趨簡嚴,然或删而遺其事實,或改而失其本意,因其異則可以知其筆力之優劣,而又知作史述史之法矣。

2. 元馬端臨(约 1254—1323)《文獻通考》,中華書局,1986 年,第 1675 頁。

卷二百經籍考二十七:《班馬異同》三十五卷。陳氏曰倪思撰,以班史仍《史記》之舊而多删改,大抵務趨簡嚴,然或删而遺其事實,或改而失其本意,因其異則可以知其筆力之優劣,而又知作史述史之法矣。

3. 明楊士奇(1366—1444)《班馬異同跋》,明嘉靖十六年(1537)李元陽刻本。

右《史漢異同》,近從鄒侍講借録,凡三册。此書吾郡前輩家有之,相傳作於須溪,而編内不載。觀其評論批點,臻極精妙,信非須溪不能。然《文獻通考》云:"倪思撰《班馬異同》三十五卷。"思以班史仍《史記》之舊而多删改,務趨簡嚴,或删而遺其事實,或改而失其本意,因其異可以知其優劣,所論政與今所録者合,而卷數亦同。豈非書作於倪,而評論批點出於須溪邪?(永樂壬寅八月既望,廬陵楊士奇識。)

4. 汪佃(?—1540)《序刻班馬異同後》,明嘉靖十六年(1537)李元陽刻本。

古稱史才最難,左氏而下惟子長、孟堅爲史家宗,優劣之評紛紛,迄未有定。倪思氏又合二書校其異同,凡遷盈辭,固所刊落者豎抹其旁,竄定增益者細書于下,若仍舊文則迄止以屬之,以故簡帙甚約,而二書之文,凡百餘萬言咸備無遺,其用意亦精勤矣哉!簡端時有論斷,是遷者什七八,且商略往迹標表微辭,犂然咸當于人心。相傳出劉須溪氏,今亦無所考。或者即出思手,盖據其異同而附著所見云耳。大抵班書較遷史誠爲簡嚴,然遺事實而失本意,亦往往有如昔人之所譏者。剏首創與纂述功有難易,則二子之甲乙可慨見矣。舊未有刻本,吉郡士大夫家多私相傳寫,予始獲見於今少宰鐘石費公所,手録以歸。丙戌秋,被命校書於建。將攜刻焉。既,中尼不行,乃今復官于兹。一日,侍御中溪李公出所輯《史記題評》一帙,將校刻,以廣其傳。其爲評訂,殆且百家,而《史漢異同》具焉,盖攻古文者牖也。然不欲廢《異同》原書,將并存之,而無善本。予具以告,公亟命致之,以屬前侍御高君世魁、隱士高生瀫,精校入梓,且屬予一言見書之所自。予謂是書沉淪之久,自今始顯,固陳編之幸。然四方之士,得見史氏繁省之旨,與夫作史述史之法,豈非學者之幸?予不佞,獲相兹役,用成中溪公之美,因附名不朽,且償宿願焉,又非予之大幸歟!寫本凡三册,名《史漢異同》,今名與卷數則仍倪氏之舊。云中溪公發身詞苑,綉斧所臨,風紀大振,興滯划弊,百度維新,而尤以興文作士爲首務,異迹不可殫書,此特其一節爾。

嘉靖丁酉仲冬,福建按察司僉事奉、敕整飭建寧兵備前翰林院侍讀、經筵講官兼修國史弋陽汪佃撰。

5. 晁瑮(1507—1560)《晁氏寳文堂書目》3 卷,明鈔本。

卷上:《史漢異同》。

6. 朱睦㮮(1518—1587)《萬卷堂書目》,清光緒至民國間觀古堂書目叢刊本。

卷二史評:《班馬異同》三十五卷,宋倪思。

7. 劉伯燮(1532—1584)《鶴鳴集》,明萬曆十四年(1586)鄭懋洵刻本。

卷二十《班馬異同序》:侍御劉公先是刻《莊子義》者二,已,乃謂子"學外史氏家,其可弗講乎?顧子長、孟堅二氏,今人啜其醨茹其英,剽剥裁績,將字截而句肉之分裂四割,善能膾炙,獨其精神命脉,淹合綸櫛,其誰知之哉?爰取《班馬異同》刻之,以示學者,以輔翼諸子學,以共推戴六經傳。儻令學者不失原本,善自旁通於意言篇什之外,其必繇斯乎?其必繇斯乎?"劉伯燮曰:"今世俗學者,溟涬粗有所得,即偃然自以爲得諸心爾,乃攻伐諸家,芟剔百氏,而不知犧尊之在清廟,儼然青黄矣,以視木亶與琴瑟之跗,吾與彼其爲溝中斷一也。下此則公爲掩襲之行,意見藻麗本無異於前人,乃遂操戈以入其室曰:'此吾家也,爾何有乎?'是井魚不可與語天,夏蟲不可與語冰。"嗟嗟!允若是,其異同之辨難言矣!馬興於西漢之季,班起於東漢之間,其中同而異,異而同,同乎,所不得不同;異乎,所不得不異,以至同同而異異,昔人評之詳矣。乃二家言竟如出一手,若遂準繩之在列不可踰者,何以故?書成,遂各爲一家言,不相侔,如風馬牛之不相及者,何以故?兹其所以見古人風而陋今世俗,學者伎倆罅隙之見乎?夫胡人彈骨,越人嚙臂,中國歃血,其爲誓不同,而信一也。三苗髽首,羌人括領,中國冠笄,越人鬋髮,飾各異,而其於服一也。李廣行無部伍,不擊刁斗,莫府省文書,未嘗遇害;程不識正部曲,擊刁斗,士吏治軍簿至明,軍不得休息,亦未嘗遇害。知程、李二將軍律,則知班、馬異同矣。是書之出也久,滇李仁甫大錖元陽氏曾刻於閩中,侍御即其本翻梓之,仍存其姓氏,弗削抑班馬同,而弗異之心乎? 乃所以見古道也。顧仁甫少以文名,書成未之序,余序其首,乃所以媿仁甫矣。

8. 彭大翼(1552—1643)辑,張幼學增定《山堂肆考》,明萬曆二十三年金陵書林周顯刻本。

角集卷二十七文學:《班馬異同》。倪思,歸安人,宋乾道初進士,謚文節,著《班馬異同》。

9. 祁承㸁(1563—1628)《澹生堂藏書目》,《明人書目題跋叢刊》,書目文獻出版社,1993 年,第 966 頁。

《班馬異同》三十五卷,六册。宋倪思輯,元劉孟會評。

10. 韓敬(1580—?)《班馬異同序》,明萬曆刻本。

鄉先正宋倪文節公有《班馬異同》一書,當時館閣極重之,又得須溪先生評定,遂使龍門、蘭臺精神面目從故紙生動,真讀史者一快助也。文節以直諫著光、寧時,重華之對,姜氏之講,明大倫於天下,皆言人所不能言。當侂胄柄國,士大夫捐棄廉耻,匍匐私門,恩主、恩父之稱偏於縉紳,誰感以騎虎不下面斥之者? 既彌遠拜相,制詞僭錯,公抗疏引董賢事折之,遂得罷歸。其生平如此。歸而逍遥兼山、霅水之間,讀書談道,自謂有十五樂而無一憂,有三十幸而無一敗意;此其胸次洒洒,真足上下千古,宜乎爲須溪先生所服膺也。余又嘗見元人張浩贈須溪詩曰:"首陽餓夫甘一死,叩馬何曾罪辛巳。淵明頭上漉酒巾,義熙以後全無人。"盖宋祀既移,終身不出,與《史記》之避紂、《漢書》之不事莽者,同一風致,豈獨以賞鑒擅長耶? 先生視文節爲前輩,偶得其書,親爲品騭,條分縷析,比他秩更精。繇其薑桂性合,蘭茝臭同,故於操觚之中,寓執鞭之意。不然,當日蓬山、鳳池之間,著述殊夥,豈無有作《南園記》,撰《元龜策》者,何足辱先生一唾哉? 余既爲文節鄉人,而發先生遺書頗多,故尚論其世,以告世之善讀班馬者。西吴後學韓敬題。

11. 周弘祖(嘉靖三十八年 1559 進士)《古今書刻》,叢書集成續編本。

上編:《班馬異同》。

12. 吴楚材(1655—1719)《疆識略》,明萬曆十七年陽春園刻本。

十八卷:《班馬異同》。

13. 鄒善長重訂《彙苑詳注》,明萬曆三十三年鄒道元刻梅墅石渠閣補修本。

書名:《班馬異同》。

14. 錢謙益(1582—1664)《絳雲樓書目》,叢書集成初編本。

卷一史學類:《班馬異同》十册。35卷,倪思。

15. 錢曾(1629—1701)撰,瞿鳳起編《虞山錢遵王藏書目録彙編》,上海古籍出版社2005年版,第42頁。

卷二史論:《班馬異同》三十五卷。述雜史六本。

16. 季振宜(1630—?)《季滄葦書目》,叢書集成初編本。

宋倪思《班馬異同》二十五卷。

17.《南無道派宗譜》1卷,清抄本。

《班馬異同》。

18.《(康熙)寧化縣志》,清同治八年重刊本。

卷六書籍:《班馬異同》。

19. 陈梦雷(1650—1741)《古今圖書集成·理學彙編·經籍典》,清雍正銅活字本。

經籍典第四百十一卷:《班馬異同》三十五卷,陳氏曰,倪思撰,以班史仍《史記》之舊而多删改,大抵務趣簡嚴。然或删而遺其事實,或改而失其本意,因其異則可以知其筆力之優劣,而又知作史述史之法矣。

20. 嵇曾筠(1670—1738)等《(雍正)浙江通志》,清文淵閣四庫全書本。

卷二百四十三史論:《班馬異同》三十五卷,《書録解題》倪思撰。

21. 張彦琦雍正初舉教廉《博雅備考》,清雍正裕昆堂刻本。

卷二史學:《班馬異同》。附。

《附班馬異同》:竊謂述舊易,作始難。故摭實而有文采者左氏是也,馮虚而有理致者莊子是也,屈原變國風雅頌而爲離騷,子長易編年而爲紀傳,前未有比,後可爲法,非豪杰特起之士,其孰能之?學者往往取班馬之異同較其優劣,或述所聞小有不同處,然優劣不在是也。試反復深論之。夫取其抑揚之大意而不取其登載之年月者,表也。述歷代之沿革而訂其可否者,書與志也。褒貶寓于直筆,是非存乎公論者,紀與傳也。如遷之《諸侯王年表》以下,以地爲主,故年經而國緯,所以觀天下之大勢。《漢高祖功臣表》以下,以時爲主,故國經而年緯,所以觀一時之得失。《將相名臣年表》又以大事爲主,所以觀君臣之職分,皆有深意存焉。孟堅《侯表》徒列子孫世數之繁官,《表》僅書公卿拜罷之日,似諸家譜牒,以名臣混于列職之中,不記大事,失本旨矣。且創爲《古今人物表》,抑揚多未當,且不言漢人,盖有所畏忌也,何以名爲《古今人物表》乎?又謂漢紹堯運,自當繼堯,非遷作《史記》厠于秦項,更不稽之談矣。遷因武帝有求仙之惑,今日用方士,明日遣祠官,溺于左道,以罷民力而不知,故著《封禪書》微諷之,而救其失也。又因武帝有聚斂之欲,今日禁鹽鐵,明日興告緡,與細民競刀錐之利,而心日侈,故著《平準書》以救正之,終之以"烹弘羊,天乃雨",深惡聚斂之臣也。其著律書,不言律而言兵;序曆書,不言《太初》而言古曆;禮書載禮論,樂書述樂記,隱寓時制,無足取,欲王者,復古也。《天官書》則初言星隕而五霸迭興,次言漢初日食而諸吕亂政,又次言元光、元狩,蚩尤旗見而兵師四出,見天變必應人事,以警人主也。一人之事繫天下治亂之本,則爲《本紀》,故紀五帝、紀周、始皇,并六國成一統,故紀之。項羽主分封,政由羽出,故紀之。孝惠之時政由吕后,故紀之。一人之事而世之興起實由之,或可傳子孫者,則曰《世家》,故列孔子於世家,重儒道之所由傳也。陳勝列于世家,開闢群雄,見秦之所由滅也。叙列傳而首伯夷,重清節也。傳《幸佞》《酷吏》《日者》者,《滑稽》《貨殖》《游俠》《刺客》,皆當世所崇尚以垂勸戒也。班固乃易《封禪》曰《郊祀》,而不載原廟薦新之事,宗廟迭毁之議;易《平準》曰《食貨》,而以弘羊均輸罔利之術,比成周泉府之法。削《項羽本紀》,并《陳勝世家》,歸之列傳,使高祖之起事受封,若有諱言之,雖曰尊高祖而失其實,且開後世史官忌諱之由,而後世竟無信史,皆固作俑。即此大段不同處。觀之,子長之識與才,高絶千古矣,固豈能及共萬一哉!况遷值漢武猜雄之主,有腹誹之誅,張湯、趙禹等皆吹毛索垢,以媚取容,遷又值創臣痛深之後,猶能奮筆直書,不爲稍諱,絶無顧慮,此其膽識胸襟,真有超出尋常萬萬者,頭可斷而筆不可屈。較之,班固易世久遠,述他人之成規,猶必創爲尊漢之論,以邀譽于君,其心術本領,不啻天淵之隔矣。此固之所以諂附竇憲,而不得正命而死也。惟其叙事詳密簡潔,能鎔鑄劉氏《新序》《説苑》《七略》之辭,自成一家家言,可與子長并傳矣。善乎,凌約之言曰:馬與班皆千古妙筆,子長之才豪而不覊,李廣之騎射也;孟堅之文贍而有體,程不識之部伍也。此可謂定論也。或又曰:遷負邁世之氣,生龍門,南游禹穴,歷江淮,闚九疑,浮于沅湘,北涉汶泗,講業齊魯之都,觀孔子之遺風,採摭同異,搜羅舊聞合三千年事,而斷之于五十萬言之中,山嶽崒嵂之奇,江海澎湃之勢,皆會悟其妙,驅遣于筆墨間,如天馬行空,不可覊絡。固規摹揣合,甘寄籬下,惟其步驟容與,和鸞中節,雖不及子長之雄邁千古,而亦非後人所能學步者矣。

22. 嵇璜(1711—1794)等奉敕撰《續通志》,成書于乾隆五十年(1785),清文淵閣四庫全書本。

卷一百五十七藝文略正史:《班馬異同》三十五卷,宋倪思撰,劉仁翁評。

23. 王太嶽(1722—1785)《四庫全書考證》,清武英殿聚珍版叢書本。

卷二十五《班馬異同》,宋倪思編。

24. 紀昀(1727—1805)《欽定四庫全書總目》,中華書局 1997 年版,第 620 頁。

卷四五《班馬異同》:《班馬異同》三十五卷(浙江汪汝瑮家藏本)。舊本或題宋倪思撰,或題劉辰翁撰。楊士奇《跋》曰:"《班馬異同》三十五卷,相傳作於須溪。觀其評泊批點,臻極精妙,信非須溪不能。而《文獻通考》載爲倪思所撰,豈作于倪而評泊出於須溪耶?其語亦兩持不決,案《通考》之載是書,實據《直齋書録解題》。使果出於辰翁,則陳振孫時何得先爲著録?是固可不辨而明矣。是編大旨,以班固《漢書》多因《史記》之舊,而增損其文,乃考其字句異同,以參觀得失。其例以《史記》本文大書,凡《史記》無而《漢書》所加者,則以細字書之;《史記》有而《漢書》所删者,則以墨筆勒字旁。或《漢書》移其先後者,則注曰《漢書》上連某文,下連某文。或《漢書》移入别篇者,則注曰《漢書》見某傳。二書互勘,長短較然,于史學頗爲有功。昔歐陽棐編《集古録》跋尾,以真迹與集本并存,使讀者尋删改之意,以見前人之用心。思撰是書,盖即此意。特棐所列者一人之異同,思所列者兩人之異同,遂爲創例耳。其中如"戮力"作"勠力"、"沉船"作"湛船"、"由是"作"繇是"、"無狀"作"亡狀"之類,"鈇質"作"斧質"、"數却"作"數卻"之類,特今古異文。"半菽"作"芋菽"、"蛟龍"作"交龍"之類,特傳寫訛舛。至於"秦軍"作"秦卒"、"人言"作"人謂"、"三兩人"作"兩三人"之類,尤無關文義,皆非有意竄改。思一一贅列,似未免稍傷繁瑣。然既以異同名書,則隻字單詞皆不容略,失之過密,終勝於失之過疏也。至英布、陳涉諸傳,軼而未録,明許相卿作《史漢方駕》,始補入之,則誠千慮之一失矣。思字正甫,湖州歸安人。乾道二年進士。歷官寶文閣學士,謚文節。事迹具《宋史》本傳。

25. 永瑢(1743—1790)《四庫全書總目》,清乾隆五十四年武英殿刻本。

卷四十六:《班馬異同評》三十五卷。浙江汪汝瑮家藏本。宋倪思撰,劉辰翁評。辰翁,字會孟,廬陵人。景定壬戌廷試對策忤賈似道,置丙第,遂以親老請掌濂溪書院。後召入史館,及除太常博士,皆不就,宋亡後隱居以終。其文集散佚,僅存《四景詩》及《須溪記鈔》,盖不及十分之一。今從《永樂大典》裒輯遺篇,始稍成卷帙。惟所評諸書尚傳,此本亦其一也。辰翁人品頗高潔,而文章多涉僻澀。其點論古書,尤好爲纖詭新穎之詞,實於數百年前預開明末竟陵之派。此書據文義以評得失，尚較爲切實。然於顯然共見者，往往贅論，而筆削微意罕所發明。又倪思原書，本較其文之異同。辰翁所評，乃多及其事之是非，大抵以意斷制，無所考証。既非論文，又非論古，未免兩無所取。楊士奇跋，以爲臻極精妙，過矣。舊無專刻，僅附倪思書以行。然究爲以辰翁之書亂思之書，故有疑《班馬異同》即爲辰翁作者。語詳《班馬異同》條下。今各著録，俾兩不相淆焉。

26.《欽定四庫全書總目》，中華書局 1997 年版，第 642—643 頁。

卷四六《班馬異同評》：班馬異同評三十五卷(浙江汪汝瑮家藏本)：宋倪思撰，劉辰翁評。辰翁，字會孟，廬陵人。景定壬戌廷試對策，忤賈似道，置丙第，遂以親老請掌濂溪書院。後召入史館，及除太常博士，皆不就。宋亡後隱居以終。其文集散佚，僅存《四景詩》及《須溪記鈔》，蓋不及十分之一。今從《永樂大典》裒輯遺篇，始稍成卷帙。惟所評諸書尚傳，此本亦其一也。辰翁人品頗高潔，而文章多涉僻澀。其點論古書，尤好爲纖詭新穎之詞，實於數百年前預開明末竟陵之派。此書據文義以評得失，尚較爲切實。然於顯然共見者，往往贅論，而筆削微意罕所發明。又倪思原書，本較其文之異同。辰翁所評，乃多及其事之是非，大抵以意斷制，無所考証。既非論文，又非論古，未免兩無所取。楊士奇《跋》，以爲臻極精妙，過矣。舊無專刻，僅附倪思書以行。然究爲以辰翁之書亂思之書，故有疑《班馬異同》即爲辰翁作者。(語詳《班馬異同》條下。)今各著録，俾兩不相淆焉。

27.《钦定續文獻通考》乾隆十二年(1747)奉敕编，清文淵閣四庫全書本。

卷一百六十一經籍考：劉辰翁《班馬異同評》三十五卷。辰翁，字會孟，廬陵人。景定間廷試，對策，忤賈似道，置丙第。以親老請掌濂溪書院。宋亡後，隱居以終。楊士奇跋曰："《班馬異同》三十五卷，相傳出於須溪。觀其評泊批點，臻極精妙，信非須溪不能。而《文獻通考》載爲倪思所撰，豈作於倪而評泊出於須溪耶?"臣等謹案：馬端臨《通考》載《班馬異同》三十五卷，實據陳振孫《直齋書録解題》，以爲倪思所撰，使或出於辰翁，則陳振孫時亦不得先爲著録。盖倪思有《班馬異同》一書，而辰翁評之特以所評，舊無専刻，僅附倪思書以行，故有疑《班馬異同》即爲辰翁所作者。楊士奇跋語亦兩持不决。今《四庫全書》定爲劉辰翁《班馬異同評》三十五卷。又，倪思《班馬異同》，馬氏收入史評門。考思原書本較《史》《漢》之異同，宜與正史相附，故辰翁是書亦即附入正史門内。

28.《清通志》，清文淵閣四庫全書本。

卷一百十一校讐略：宋倪思《班馬異同》。

29.《(乾隆)紹興府志》,清乾隆五十七年刊本。

卷之七十七史評類:《班馬異同》三十五卷,《欽定四庫書目》,倪思撰。

史評類:倪思撰《班馬異同》三十五卷,《書录解題》倪思撰,《欽定四庫書目》倪思撰。《班马異同》[萬曆秀水縣誌 沈啓原著]。

30. 清萬蔚亭輯《困學紀聞集證》,清嘉慶八年刻本。

卷十二上:案《簡明書目》,宋倪思撰《班馬異同》三十五卷。劉辰翁評點。大旨以《漢書》多因《史記》之舊,而篇章字句時有竄改,因參合兩書,證其異同,以求史家筆削之意。

31. 孫星衍(1753—1818)《平津館鑒藏書籍記》,清光緒10年刻本。

卷二:《班馬異同》卅五卷,題宋倪思撰,元劉會孟評,明李元陽校,前有目録一卷,後有永樂壬寅楊士奇跋、嘉靖丁酉汪佃序。據楊、汪兩跋,此書本名《史漢異同》,不題撰人姓名,舊未有刻本,李元陽付梓,據《文獻通考》題作倪思,改名《班馬異同》,每頁十八行,行十九字。《史記》大字作正文,《漢書》小字注末。後有"嘉靖十六歲次丁酉山人高瀫覆校"十五字。收藏有"新安汪氏"朱文方印,"啓淑信印"白文方印。

32. 清陳鴻墀(1758—?)《全唐文紀事》卷一百十,清同治十二年方功惠廣州刻本。

《韓集舉正》十卷、《外集舉正》一卷,宋方崧卿撰。……然司馬遷因《國策》作《史記》,不以《史記》廢《國策》;班固因《史記》作《漢書》,不以《漢書》廢《史記》。

倪思嘗集《國策》《史記》《漢書》之同異,纂爲二書,今其《班馬異同》猶有傳本。然則雖有考異,不妨并存此書,以備參訂,亦何必堅持門户,盡没前人著作之功乎?

33. 周中孚(1768—1831)《鄭堂讀書記》,民國吴興叢書本。

卷十五史部一:《班馬異同》三十五卷,明李元陽校刊本。宋倪思撰,元劉會孟評。思字正甫,歸安人,乾道二年進士,歷官寶文閣學士,謚文節。會孟,名辰翁,號次溪,盧陵人。景定壬戌廷賦對策,忤賈似道,置丙第,遂以親老請掌濂溪書院。後召入史館,及除太常博士,皆不就。宋亡後,隱居以終。《四庫全書》著録,版心作《史漢異同》,《書録解題》類書類《通考》俱載之。陳氏又作《馬班異辭》,則一書而二名矣。陳氏稱思以班氏史仍《史記》之舊而多删改,大抵務趨簡嚴,然或删而遺其事實,或改而失其本意,因其異則可以知其筆力之優劣,而又知作史述史之法矣。而卷末楊東里士奇跋,亦稱《史漢異同》,相傳作于次溪而編内不載。觀其評論批點,臻極精妙,信非次溪不能。然《文獻通考》云倪思撰,豈非書作于倪,而評論批點出于次溪耶?

謹案:《四庫全書》存目有《班馬異同評》三十五卷,云宋倪思撰,劉辰翁評,知東里所言洵然。是本所題,不知何以不稱名而稱字也?且是書雖有三十五卷而考之不全,如《孝文》《孝景》二本紀,《天官》《封禪》《河渠》《平準》四書,《陳涉》《外戚》《楚元王》《荆燕》《齊悼惠王》《梁孝王》《五宗》《三王》八世家,《鄒陽》《賈誼》《黥布》《韓王信》《盧綰》《田儋》《萬石》《張叔》《田叔》《南越》《東越》《朝鮮》《西南夷》《儒林》《大宛》十五傳及《太史公自序》,俱與《漢書》有異同詳略處,而皆不及考,未知何意?豈倪之原本久佚,倪又有選史删改《古書異辭》十二卷,見《書録解題》《通考》,已佚。今所傳者,係劉氏評本。劉或選取一半而評之,故非倪之原本,而陳氏所著卷數,又出後人依評本妄改耶?明許台仲相卿因倪之本,稍爲釐訂,改爲《史漢方駕》三十五卷,《四庫存目》只頂入《陳勝》《英布》二傳,而卷數不增,又不遍補倪氏所遺,莫測其意例之所在矣。聊附記於此,不別著録。

34. 范邦甸(1778—1817)《天一閣書目》清嘉慶文選樓刻本。駱兆平《新編天一閣書目》,中華書局,1996年,第99页。

卷二之一史部:《史漢異同》三十五卷,刊本,宋倪思撰,元劉會孟評,明李元陽校。永樂廬陵楊士奇跋云:“右《史漢異同》近從鄒侍講借録,凡三册。此書相傳作於須溪而編内不載,觀其評論批點,臻極精妙,信非須溪不能。然《文獻通考》云:‘倪思撰《班馬異同》三十五卷。’思以班史仍史記之舊而多删改,務趨簡嚴,或删而遺其事實,或改而失其本意,因其異可以知其優劣,所論政與今所録者合,而卷數亦同。豈非書作於倪,而評論批點出於須溪邪?”弋陽汪佃跋。

35. 沈復粲(1779—1850)編,潘景鄭校訂《鳴野山房書目》,上海古籍出版社2005年版,第155頁。

卷四集之四尺牘:《班馬異同》五本。

卷五四部匯:劉須溪九種二十五本:《班馬異同》須溪劉辰翁評點。

36. 張恕(1790—1878)《漢書讀》,民國間四明張氏約園刻四明叢書本。

卷首:劉辰翁《班馬異同評點》。辰翁,字會孟,廬陵人,宋進士。

37. 錢泰吉(1791—1863)《曝書雜記》,清別下齋叢書本。

卷二:《班馬異同》三十五卷,嘉靖丁酉福建刊本,盖劉須溪評點,倪文節公思之書也。道光癸巳,衎石兄贈余。倪公嘗爲遷史删改《古書異辭》十二卷,見《直齋書録解題》,今失傳。《班馬異同》,《書録解題》作《馬班異辭》,謂因其異則可以知其筆力之優劣,而又知作史述史之法,可謂得倪公著書之大旨。然以入類書類,殊不協。《四庫》著録正史類,亦稱其有功史學。海昌許黄門相卿苦其細書,文相連屬,但以字形廣狹爲分,不便疾讀,别爲《史漢方駕》。《史》《漢》同者從中大書;《史》《漢》異者分左右行書,右史左漢,《四庫提要》謂其條理井然,較思書爲勝。余得於郡城書肆,盖黄門既歿,而仲君長孺侍御校刊者。侍御爲先太常公女夫,兩世皆以直諫著。黄門與先太常爲道義交,其遺集余亦得藏之。

38. 錢泰吉(1791—1863)《甘泉鄉人稿》,清同治十一年刻光緒十一年增修本。

卷八:《班馬異同》三十五卷,嘉靖丁酉福建刊本,盖劉須溪評點,倪文節公思之書也。道光癸巳,衎石兄贈余。倪公嘗爲遷史删改《古書異辭》十二卷,見《直齋書録解題》,今失傳。《班馬異同》,《書録解題》作《馬班異辭》,謂因其異則可以知其筆力之優劣,而又知作史述史之法,可謂得倪公著書之大旨。然以入類書類,殊不協。《四庫》著録正史類,亦稱其有功史學。海昌許黄門相卿苦其細書,文相連屬,但以字形廣狹爲分,不便疾讀,别爲《史漢方駕》《史》《漢》同者從中大書,《史》《漢》異者分左右行書,右《史》左《漢》,《四庫提要》謂其條理井然,較思書爲勝。余得於郡城書肆,盖黄門既歿,而仲君長孺侍御校刊者。侍御爲先太常公女夫,兩世皆以直諫著。黄門與先太常爲道義交,其遺集余亦得藏之。(亦見於《曝書雜記》卷二)

39. 莫友芝(1811—1871)《郘亭知見傳本》,民國三年(1914)傅增湘藏園排印本。

卷四:《班馬異同》三十五卷。

40. 楊紹和(1830—1875)《海源閣書目》,清咸豐刻本。

史部:《班馬異同》二十七卷【三十五卷 宋倪思撰 宋劉辰翁評 明刻本】四册　鈐有"竹書"諸印。

史部:《班馬異同》二十七卷【三十五卷 宋倪思撰 宋劉辰翁評 明萬曆刻本】四册。

41. 劉坤一(1830—1902)等修,趙之謙等纂《(光緒)江西通志》,清光緒七年(1881)刻本。

卷一百二藝文略:《班馬異同評》三十五卷,劉辰翁評。《四庫全書》存目:字會孟,盧陵人。

42. 丁丙(1832—1899)《善本書室藏書志》,清光緒刻本。

卷六:《班馬異同》三十五卷,明刊本,鮑氏知不足齋藏書,宋倪思編,劉辰翁評。永樂壬寅八月,楊士奇識云:"右《史漢異同》,相傳作於須溪,而編内不載,觀其評論批點,臻極精妙,信非須溪不能。然《文獻通考》云:

‘倪思撰《班馬異同》三十五卷。’思以班史仍史記之舊而多删改,務趨簡嚴,或删而遺其事實,或改而失其本意,因其異可以知其優劣,所論政與今所録者合,而卷數亦同。豈非書作於倪,而評論批點出於須溪耶?”舊有李元陽校,弋陽汪佃跋本。此則韓敬所序刊也。思字正甫,歸安人,乾道二年進士,歷官寶文閣學士,《宋史》有傳。有“沈令聞印”“歙鮑氏知不足齋藏書”“鮑廷博印”三印。廷博,字以文,號渌飲,本歙人,寄居桐鄉,嘉慶十八年特恩賞給舉人。“知不足齋者”,其藏書處也。所叢書,多人間秘本。

43. 張之洞(1837—1909)撰,范希曾補正《書目答問補正》,上海古籍出版社2010年版,第60頁。

卷二史部:《班馬異同評》三十五卷。宋倪思撰,劉辰翁評。嘉靖丁酉福建刻本。倪書爲考《史》《漢》文辭異同,劉評無謂,今倪書無單行本。補臧鏞輯隋蕭該《漢書音義》三卷、叙録一卷,原刻本,德化李氏木犀軒本。

44. 陆心源(1838—1894)《皕宋樓藏書志》,清光緒萬卷樓藏本。

卷十八史部:《班馬異同》三十五卷,明刊本。宋倪思撰。楊士奇跋永樂壬寅。汪佃序嘉靖丁酉。

45. 吴廣霈(生卒年不詳),《班馬異同序》,續修四庫全書本。

此書《書録解題》原作《班馬異辭》,名似較正,不知何時乃易今名,其作俑於《文獻通考》耶?國朝海昌許黄門相卿,苦其細書,文相連屬,易於混淆,乃另爲《史漢方駕》,同者從中大書,異者分左右行書,右《史》左《漢》。《四庫提要》謂其條理井然,較思書爲勝。此書曾校勘於乾嘉一代,顧從未獲見者何?欲會當訪求而並讀之。

46.《(同治)湖州府志》,清同治十三年(1874)刊本。

卷五十七:《班馬異同》三十卷,存。《四庫總目》:舊本或題宋倪思撰,或題劉辰翁撰。楊士奇跋曰:《班馬異同》三十五卷,相傳作於須溪。觀其評泊批點,臻極精妙,信非須溪不能。而《文獻通考》載爲倪思所撰,豈作於倪而評泊出於須溪耶?其語亦兩持不決。案:《通考》之載是書,實據《直齋書録解題》。使果出於辰翁,則陳振孫時何得先爲著録?是固可不辨而明矣。是編大旨以班固《漢書》多因《史記》之舊而增損其文,乃考其字句異同以參觀得失。其例以《史記》本文大書,凡《史記》無而《漢書》所加者,則以細字書之。《史記》有而《漢書》所删者,則以墨筆勒字旁。或《漢書》移其先後者,則注曰《漢書》上連某文,下連某文。或《漢書》移入别篇者,則注曰《漢書》見某傳。二書互勘,長短較然,於史學頗爲有功。昔歐陽棐編《集古録》跋尾,以真迹與集本並存,使讀者尋删改之意,以見前人之用心。思撰是書,盖即此意。特棐所列者一人之異同,思所列者兩人之異同,遂爲創例耳。其中如“戮力”作“勠力”、“沉船”作“湛船”、“由是”作“繇是”、“無狀”作“亡狀”、“鈇質”作“斧質”、“數却”作“數卻”之類,特今古異文。“半菽”作“芋菽”、“蛟龍”作“交龍”之類,特傳寫訛舛。至於“秦軍”作“秦卒”、“人言”作“人謂”、“三兩人”作“兩三人”之類,尤無關文義,皆非有意竄改。思一一贅列,似未免稍傷繁瑣,然既以異同名書,則隻字單詞,皆不容略。失之過密,終勝於失之過疏也。至英布、陳涉諸傳,軼而未録。明許相卿作《史漢方駕》,始補入之,則誠千慮之一失矣。思字正甫,事迹具《宋史》本傳。

47. 李盛鐸(1859—1935)《木樨軒藏書書録》,民國本。

卷二史部:《班馬異同》三十五卷;【宋倪思撰;宋劉會孟評】明刊本。宋倪思撰,宋劉會孟評。評列眉端。有“古潭州袁卧雪廬收藏”白文方印。

48. 葉德輝(1864—1927)《郋園讀書志》,明文書局,1990 年,第 270 至 271 頁。

卷三:《文獻通考》以爲倪思撰者,明引陳氏曰,即《直齋書録解題》也。陳氏先於須溪,使果爲須溪之書,《直齋》胡爲著録？緣當時須溪評點諸書風行,坊肆刻是書者,但題須溪名,不題撰人名,故士奇未之深考,遂有此兩可之詞。亦足見須溪議論入人之深,故使讀者數典而忘其祖矣。

49. 丁仁(1879—1949)《八千卷樓書目》,民國本。

卷四史部:《班馬異同》三十五卷,宋倪思撰,劉辰翁評點,明刊本。

50. 劉承幹(1881—1963)《嘉業堂藏書記》,民國二十九年鉛印本。

卷二史部紀傳類:《班馬異同》三十五卷(明嘉靖刻本)宋倪思撰,元劉會孟評,明李元陽校,嘉靖丁酉汪佃後跋。

51.《(光緒)歸安縣志》,清光緒八年(1882)刊本。

卷第二十:《班馬異同》三十卷,存。《四庫總目》舊本或題宋倪思撰,或題劉辰翁撰。楊士奇跋曰:“《班馬異同》三十五卷,相傳作於須溪。觀其評泊批點,臻極精妙,信非須溪不能。而《文獻通考》載爲倪思所撰,豈作於倪而評泊出於須溪耶？”其語亦兩持不决。案《通考》之載是書,實據《直齋書録解題》,使果出於辰翁,則陳振孫時何得先爲著録？是固可不辨而明矣。是編大旨,以班固《漢書》多因史記之舊而增損其文,乃考其字句異同以參觀得失。其例以《史記》本文大書,凡《史記》無而《漢書》所加者,則以細字書之。《史記》有而《漢書》所删者,則以墨筆勒字旁。或《漢書》移其先後者,則注曰《漢書》上連某文,下連某文。或《漢書》移入别篇者,則注曰《漢書》見某傳。二書互勘,長短較然,於史學頗爲有功。

52.《(民國)廬陵縣志》,民國九年刻本。

卷二十六:劉辰翁《班馬異同評》三十五卷,楊士奇跋略曰:“《班馬異同》三十五卷,相傳作於須溪。觀其評注批點,臻極精妙,信非須溪不能,而《文獻通考》載爲倪思所撰,豈作於倪而評注出於須溪邪?”《續文獻通考》云:“馬端臨載《班馬異同》三十五卷,實據陳振孫《直齋書録解題》,以爲倪思所撰。使或出於辰翁,則陳振孫時亦不得先爲著録。蓋倪思有《班馬異同》一書,而辰翁評之,特以所評舊無專刻,謹附倪思書以行,故有疑《班馬異同》即爲辰翁所作,楊士奇跋語亦復兩持不決。今《四庫全書》定爲辰翁。《班馬異同評》三十五卷,又倪思《班馬異同》,馬氏收入史評門。考思原書,書本較《漢》《史》之異同,宜與正史相附,故辰翁是書亦即附入正史門内。”

附録二:《宋史·倪思傳》①

倪思字正甫,湖州歸安人。乾道二年進士,中博學宏詞科。累遷秘書郎,除著作郎兼翰林權直。光宗即位,典册與尤袤對掌。故事,行三制并宣學士。上欲試思能否,一夕并草除公師四制,訓詞精敏,在廷誦歎。

權侍立修注官,直前奏:“陛下方受禪,金主亦新立,欲制其命,必每事有以勝之,彼奢則以儉勝之,彼暴則以仁勝之,彼怠惰則以憂勤勝之。”又請增置諫官,專責以諫事。又乞召内外諸將訪問,以知其才否。

遷將作少監兼權直學士院,兼權中書舍人,升中書舍人兼直學士院、同修國史,尋兼侍講。

初,孝宗以户部經費之餘,則於三省置封樁庫以待軍用,至紹熙移用始頻。會有詔發緡錢十五萬入内帑備犒軍,思謂實給他費,請毋發,且曰:“往歲所入,約四百六十四萬緡,所出之錢不及二萬,非痛加撙節,則封樁自此無儲。”遂定議犒軍歲以四十萬緡爲額,由是費用有節。又言:“唐制使諫官隨宰相入閣,今諫官月一對耳,乞許同宰執宣引,庶得從容論奏。”上稱善,除禮部侍郎。

上久不過重華宫,思疏十上,言多痛切。會上召嘉王,思言:“壽皇欲見陛下,亦猶陛下之于嘉王也。”上爲動容。時李皇后寖預政,思進講姜氏會齊侯於濼,因奏:“人主治國必自齊家始,家之不能齊者,不能防其漸也。始於褻狎,終於恣横,卒至於陰陽易位,内外無别,甚則離間父子。漢之吕氏,唐之武、韋,幾至亂亡,不但魯莊公也。”上悚然。趙汝愚同侍經筵,退語人曰:“讜直如此,吾黨不逮也。”

兼權吏部侍郎,出知紹興府。寧宗即位,改婺州,未上,提舉太平興國宫,召除吏部侍郎兼直學士院。御史姚愈劾思,出知太平州,歷知泉州、建寧府,皆以言者論去。久之,召還,試禮部侍郎兼直學士院。侂胄先以書致殷勤,曰:“國事如此,一世人望,豈宜專以潔己爲賢哉?”思報曰:“但恐方拙,不能徇時好耳。”

時赴召者,未引對先謁侂胄,或勸用近例,思曰:“私門不可登,矧未見君乎?”逮入見,首論言路不通:“自吕祖儉謫徙而朝士不敢輸忠,自吕祖泰

① 〔元〕脱脱等撰:《宋史》,北京:中華書局,1985年版,第12113—12116頁。

編竄而布衣不敢極説。膠庠之士欲有吐露,恐之以去籍,諭之以呈藁,誰肯披肝瀝膽,觸冒威尊？近者北伐之舉,僅有一二人言其不可,如使未舉之前,相繼力争之,更加詳審,不致輕動。”又言:“蘇師旦贓以巨萬計,胡不黥戮以謝三軍？皇甫斌喪師襄漢,李爽敗績淮甸,秦世輔潰散蜀道,皆罪大罰輕。”又言:“士大夫寡廉鮮耻,列拜於勢要之門,甚者匍匐門竇,稱門生不足,稱恩坐、恩主甚至于恩父者,諛文豐賂,又在所不論也。”侂胄聞之大怒。

思既退,謂侂胄曰:“公明有餘而聰不足:堂中剖决如流,此明有餘;爲蘇師旦蒙蔽,此聰不足也。周筠與師旦并爲奸利,師旦已敗,筠尚在,人言平章騎虎不下之勢,此李林甫、楊國忠晚節也。”侂胄悚然曰:“聞所未聞!”

司諫毛憲劾思,予祠。侂胄殛,複召,首對,乞用淳熙例,令太子開議事堂,閑習機政。又言:“侂胄擅命,凡事取内批特旨,當以爲戒。”

除權兵部尚書兼侍讀。求對,言:“大權方歸,所當防微,一有干預端倪,必且仍蹈覆轍。厥今有更化之名,無更化之實。今侂胄既誅,而國人之言猶有未靖者,盖以樞臣猶兼宫賓,不時宣召,宰執當同班同對,樞臣亦當遠權,以息外議。”樞臣,謂史彌遠也。金人求侂胄函首,命廷臣集議,思謂有傷國體。徙禮部尚書。

史彌遠擬除兩從官,参政錢象祖不與聞。思言:“奏擬除目,宰執當同進,比專聽侂胄,權有所偏,覆轍可鑒。”既而史彌遠上章自辨,思求去,上留之。思乞對,言:“前日論樞臣獨班,恐蹈往轍,宗社堪再壞耶？宜親擢台諫,以革權臣之弊,並任宰輔,以鑒專擅之失。”彌遠懷恚,思請去益力,以寶謨閣直學士知鎮江府,移福州。

彌遠拜右丞相,陳晦草制用“昆命元龜”語,思歎曰:“董賢爲大司馬,册文有‘允執厥中’一言,蕭咸以爲堯禪舜之文,長老見之,莫不心懼。今制詞所引,此舜、禹揖遜也。天下有如蕭咸者讀之,得不大駭乎？”仍上省牘,請貼改麻制。詔下分析,彌遠遂除晦殿中侍御史,即劾思藩臣僭論麻制,鐫職而罷,自是不復起矣。

久之,除寶文閣學士,提舉嵩山崇福宫。嘉定十三年卒,謚文節。

參考文獻

［1］〔宋〕倪思撰，劉辰翁評：《班馬異同》，明嘉靖十六年李元陽刻本。

［2］〔宋〕倪思撰，劉辰翁評：《班馬異同》，明萬曆韓敬序刻本。

［3］〔宋〕倪思撰，劉辰翁評：《班馬異同》，明天啓甲子聞啓祥刻本。

［4］〔宋〕倪思撰，劉辰翁評：《班馬異同》，文淵閣四庫全書本。

［5］〔漢〕司馬遷撰：《史記》，北京：中華書局，2014 年版。

［6］〔漢〕班固撰：《漢書》，北京：中華書局，1962 年版。

［7］〔南朝・宋〕范曄撰：《後漢書》，北京：中華書局，1965 年版。

［8］〔唐〕魏徵等撰：《隋書》，北京：中華書局，1973 年版。

［9］〔後晋〕劉昫等撰：《舊唐書》，北京：中華書局，1986 年版。

［10］〔宋〕歐陽修、宋祁等撰：《新唐書》，北京：中華書局，1986 年版。

［11］〔元〕脱脱等撰：《宋史》，北京：中華書局，1977 年版。

［12］〔宋〕李燾撰：《續資治通鑒長編》，北京：中華書局，2004 年版。

［13］〔明〕陳邦瞻撰：《宋史紀事本末》，北京：中華書局，1977 年版。

［14］〔清〕陸心源輯：《宋史翼》，北京：中華書局，1991 年版。

［15］〔清〕徐松輯：《宋會要輯稿》，北京：中華書局，1957 年影印本。

［16］〔清〕張廷玉撰：《明史》，北京：中華書局，1974 年版。

［17］〔清〕趙爾巽，等：《清史稿》，北京：中華書局，1977 年版。

［18］〔元〕馬端臨撰：《文獻通考》，北京：中華書局，1990 年版。

［19］〔宋〕陳振孫撰：《直齋書録解題》，徐小蠻、顧美華點校，上海：上海古籍出版社，2005 年版。

［20］〔清〕紀昀等撰：《欽定四庫全書總目》，四庫全書研究所整理，北京：中華書局，1997 年版。

［21］馮惠民、李萬健等選編，《明人書目題跋叢刊》北京：書目文獻出版社，1994 年版。

［22］《清人書目題跋叢刊》（五、六、九、十），中華書局影印本。

［23］胡玉縉、王欣夫輯：《四庫全書總目提要補正》，北京：中華書局，1964 年版。

[24]〔清〕錢曾撰,丁瑜點校:《讀書敏求記》,北京:書目文獻出版社,1983年版。

[25]〔清〕孫星衍:《平津館鑒藏書籍記》,清光緒10年刻本。

[26]〔清〕丁丙撰:《善本書室藏書志》,清光緒10年刻本。

[27]〔清〕劉湝年撰:《(光緒)惠州府志》,清光緒10年刊本。

[28]〔清〕張之洞撰、范希曾補正、徐鵬導讀:《書目答問補正》,上海:上海古籍出版社,2001年版。

[29]葉德輝撰:《郋園讀書志》,台北:明文書局,1990年版。

[30]駱兆平编:《新編天一閣書目》,北京:中華書局,1996年版。

[31]〔清〕錢泰著:《甘泉鄉人稿》,清同治11年刻光緒11年增修本。

[32]〔清〕周中孚著:《鄭堂讀書記》,民國吴興叢書本。

[33]〔清〕徐乾學著:《憺園文集》,清康熙刻冠山堂印本。

[34]張新科著:《史記與中國文學》,北京:商務印書館,2010年版。

[35]白壽彝著:《司馬遷與班固》,北京:求實出版社,1981年版。

[36]施丁著:《史記研究》,北京:中國大百科全書出版社,2009年版。

[37]徐朔方著:《史漢論稿》,南京:江蘇古籍出版社,1984年版。

後　記

2016年,本書獲批國家社科後期資助,原本計畫於次年結項並出版。不巧的是,2017年9月,我被派往石河子大學工作,結項一事便耽擱了。2019年春,我從石河子返回後,重新著手項目的整理,並於2020年夏順利結項。2021年春,我接到關寧女士的電話,才知道國家社科規劃辯將《班馬異同評》的出版權授予陝西人民出版社。

我要感謝張新科先生。《論語》云:“子温而厲,威而不猛,恭而安。”我想,這正是先生的寫照。先生内心温和,舉止莊重,待人謙虚,對事業滿懷敬意,對學生充滿愛心。慚愧的是,我至今一事無成,實在愧對先生的諄諄教誨。

我要感謝李小娟、魯麗、馮潔和秦茹梅等同學。他們是我的研究生,在課餘幫助我完成了大部分文字輸入工作。對他們的付出,我深表謝意。

我還要感謝編輯晏藜女士。她的温和和耐心,讓人如沐春風。

遺憾的是,我的父親却再也無法看到我的著作了。風樹之悲,夫復何言!

王曉鵑

2022年2月26日於西安